어른을 위한
그림 동화 심리 읽기

Aschenputtel : First published in 1993 by Walter Verlag
ⓒ 2010 Schwabenverlag AG, Patmos Verlag, Ostfildern

Dornröschen : First published in 2005 by Walter Verlag
ⓒ 2010 Schwabenverlag AG, Patmos Verlag, Ostfildern

Die Kluge Else & Rapunzel : First published in 1986 by Walter Verlag
ⓒ 2010 Schwabenverlag AG, Patmos Verlag, Ostfildern

Korean Tralslation copyright ⓒ 2013 Gyoyangin, Seoul
The Korean edition was published by arrangement with Schwabenverlag AG,
Patmos Verlag, Ostfildern, Germany through Literary Agency Greenbook

이 책의 한국어판 저작권과 판권은 저작권에이전시 그린북을 통한 저작권자와의
독점 계약으로 교양인에 있습니다. 저작권법에 의해 한국 내에서 보호를 받는
저작물이므로 무단 전재와 무단 복제, 전송, 배포 등을 금합니다.

· · · · ·

Artist's Family ⓒ Otto Dix / BILD-KUNST, Bonn - SACK, Seoul, 2017
Sleeping Woman ⓒ Fondation Oskar Kokoschka / 2017, SACK, Seoul
Sleeping Venus ⓒ Foundation Paul Delvaux, Sint - Idesbald - SABAM Belgium / SACK 2017

이 책에 사용된 일부 그림 작품은 SACK를 통해 BILD-KUNST, ProLitteris, SABAM와
저작권 계약을 맺은 것입니다. 저작권법에 의해 한국 내에서 보호를 받는 저작물이므로
무단 전재 및 복제를 금합니다.

어른을 위한
그림 동화 심리 읽기

재투성이에서 라푼첼까지
심층심리학으로 들여다본 여성 심리의 비밀

오이겐 드레버만 | 김태희 옮김

교양인
GYOYANGIN

그림 동화에 관하여

　'그림 동화(Grimms Märchen)'는 야코프 그림(Jacob Grimm, 1785~1863)과 빌헬름 그림(Wilhelm Grimm, 1786~1859) 두 형제가 예로부터 독일 지역에 전해 내려온 옛이야기들을 모아서 엮은 《어린이와 가정을 위한 이야기(Kinder-und Hausmärchen)》라는 책에 수록된 작품들을 가리킨다. 우리말로 흔히 '동화'라고 옮기는 독일어 märchen은 '옛이야기', '민화', '동화'의 뜻을 지니고 있다.

　그림 형제는 둘 다 언어학자이자 문헌학자로서 괴팅겐 대학 교수를 지냈으며, 두 사람이 함께 《독일 전설》, 《독일어 사전》 등 여러 권의 책을 냈다. 공동 저작 가운데 형제의 이름을 널리 알린 것이 바로 《어린이와 가정을 위한 이야기》였다.

　형제는 민중의 삶을 담은 민요, 민담, 전설 같은 민간 전승을 문학의 원류로 보고 중시하던 낭만주의의 영향을 받아 독일의 옛이야기에 관심을 갖게 되었다. 둘은 1807년부터 옛이야기를 수집해 1812년 12월에 86편의 이야기가 실린 1권을 펴냈고 뒤이어 1814년에 70편의 이야기를 담은 2권을 발행하였다. 이 1권과 2권을 합쳐 초판이라고 한다. 그 뒤로도 새로운 이야기를 추가하거나 수정하면서 여러 차례 개정판을 냈고 1857년에 200편의 이야기를 수록한 7판을 냈다. 판을 거듭할 때마다 같은 이야기라도 조금씩 내용이 달라졌는데 오늘날 우리가 아는 '그림 동화'는 최종판이 된 7판에 실린 내용이다.

'그림 동화' 중에는 다른 이름으로 더 유명한 작품이 있다. 그림 형제의 〈재투성이〉는 프랑스의 문필가인 샤를 페로(Charles Perrault, 1628~1703) 버전의 이야기가 더 널리 알려져 있고, 〈가시장미 공주〉 역시 페로의 〈잠자는 숲속의 미녀〉라는 제목이 훨씬 익숙하다.

샤를 페로는 그림 형제보다 100년도 더 전에 유럽에 전승되는 민담을 수집해 어린이를 위한 이야기로 다듬어 《옛날이야기(Histoires ou Contes du Temps Passé)》(1697)라는 책으로 펴냈다. 페로의 책에 실린 〈상드리용(Cendrillon)〉 이야기는 그림 형제의 〈재투성이(Aschenputtel)〉와 마찬가지로 계모와 의붓자매에게 괴롭힘을 당하면서도 착하고 성실하게 살던 한 소녀가 무도회에서 왕자를 만나 행복한 신부가 된다는 내용이다. 프랑스어로 '재투성이'라는 뜻의 '상드리용'이 영어로 옮겨지면서 '신데렐라(Cinderella)'가 되었다고 한다. 그러나 페로와 그림 형제의 이야기는 큰 뼈대는 같지만 세부적인 면에서 차이가 있다. 예를 들어, 유리 구두와 호박 마차, 요정 대모는 페로의 이야기에만 등장한다. 또 그림 형제의 '재투성이'가 페로의 소녀에 비해 자발적이고 주도적인 모습을 보인다.

그림 형제의 〈가시장미 공주(Dornröschen)〉와 페로의 〈잠자는 숲속의 미녀(La Belle au Bois Dormant)〉도 큰 줄거리는 같지만 세부 내용에서 차이가 있다. 그림 형제의 이야기는 왕자가 입맞춤으로 공주를 깨우고 결혼을 하는 것으로 끝나지만, 페로의 이야기는 행복한 결혼식으로 끝나지 않는다. 페로 판본에서 왕자는 공주와 결혼한 것을 2년간 비밀로 했다가 자신의 아버지인 왕이 죽자 공주와 두 자녀를 자신의 성으로 데리고 가는데, 성에는 아이를 잡아먹는 식인귀인 어머니 왕비가 있었다. 왕자가 전쟁에 나간 사이에 식인귀 어머니가 공주를 죽이려 하지만 다행히 왕자가 위기의 순간에 돌아와 공주는 목숨을 구하고 식인귀 어머니는 스스로 목숨을 끊는다.

차례

• '그림 동화'에 관하여

∽ 재투성이 ∽

들어가는 글 · 13

동화 읽기 · 26

심층심리학적 해석

불안의 그늘에서 자라는 아이 · 36
"병에 걸린 아내는 죽음이 가까워졌음을 알고……"

착한 아이 콤플렉스의 기원 · 51
"사랑하는 딸아, 경건하고 착하게 살아야 한다."

'살아 있음'의 죄의식 · 60
"매일 어머니 무덤에 가서 눈물을 흘렸습니다."

고통 속에서 얻는 자긍심 · 79
"아이는 화덕 옆 재 속에서 잠을 잤습니다."

'악한 계모'는 누구인가? · 85
"당장 나가서 일하란 말이야, 이 부엌데기야."

아버지는 왜 딸을 도와주지 않을까? · 98
"아버지는 말을 타고 장에 갔습니다."

'먼지 속 왕녀'의 소망 · 113
"재투성이는 무도회에 가고 싶어 울었습니다."

재투성이에게 금지된 곳 · 121
"사람들이 널 보면 다 비웃을 거야."

슬픔을 지우는 해방의 춤 · 130
"저녁이 될 때까지 재투성이는 춤을 추었습니다."

재투성이는 왜 세 번 도망칠까? · 142
"소녀는 재빠르게 왕자에게서 벗어났습니다."

아니마와 아니무스의 만남 · 163
"이 사람이 진짜 신부입니다."

가시장미 공주

들어가는 글 · 195

동화 읽기 · 199

심층심리학적 해석

'완벽한' 아내의 내밀한 불안 · 204
"아, 우리에게 아이가 있다면 얼마나 좋을까!"

실패한 남편, 사랑받는 아버지 · 214
"딸을 얻은 왕은 기쁨에 겨워 어쩔 줄 몰랐습니다."

나르시시즘적 부성애의 비극 · 224
"황금 접시가 열두 개밖에 없었습니다."

자라지 않는 아이 · 237
"공주는 물레 바늘에 찔려 죽을 것이다."

여성성에 대한 깊은 두려움 · 252
"모두 깊은 잠에 빠졌습니다."

방어와 불안의 가시울타리 · 268
"왕자들은 성 안으로 들어갈 수 없었습니다."

잃어버린 여자를 찾는 왕자의 모험 · 275
"그곳으로 가서 아름다운 가시장미 공주를 보겠습니다."

만남과 치유 · 287
"왕자의 입술이 닿자 공주는 눈을 떴습니다."

라푼첼

들어가는 글 · 315

동화 읽기 · 319

심층심리학적 해석

사랑의 두 얼굴, 어머니와 마녀 · 325
"라푼첼을 먹을 수 없다면 죽을 것 같아요."

아버지가 사라져야 하는 이유 · 335
"네가 어떻게 감히 내 라푼첼을 훔쳐 갈 수 있지?"

라푼첼의 탑, 백설공주의 관 · 346
"마녀는 아이를 탑 안에 가두었습니다."

고독의 탑에서 부르는 노래 · 355
"그때 너무나 사랑스러운 노랫소리가 들려왔습니다."

마녀와 왕자, 둘로 나뉜 세계 · 362
"머리칼이 내려왔고 왕자는 위로 올라갔습니다."3

추방당한 딸 · 374
"사악한 아이 같으니라고."

라푼첼 안의 마녀, 초자아의 처벌 · 380
"너는 다시는 그녀를 보지 못할 것이다!"

사랑을 선택하는 용기 · 388
"눈물이 왕자의 두 눈을 적시자 눈이 다시 밝아졌습니다."

❧ 영리한 엘제 ❧

들어가는 글 · 403

동화 읽기 · 408

심층심리학적 해석

아버지의 소유물 · 414
"딸을 가진 남자가 있었습니다."

영리해선 안 되는 '영리한 엘제' · 418
"제 딸은 머릿속에 실타래가 있어요."

아버지와 똑같은 남자와 결혼하는 이유 · 432
"우리 이제 딸아이를 결혼시켜야겠소."

처벌의 불안과 강박 · 440
"아마 곡괭이가 떨어져 내 아이를 죽일 거예요."

내면을 보지 못하는 남편 · 456
"집안일을 하는 데 이 정도 영리하면 될 것이오."

문제를 회피하는 구강기적 퇴행 · 465
"곡식을 먼저 벨까, 밥을 먼저 먹을까?"

자기 밖에서 자기를 찾는 불가능한 여정 · 469
"내가 엘제인가, 엘제가 아닌가?"

불안의 그물 풀어내기 · 479
"엘제는 계속 걸어 마을을 떠났습니다."

- 주석 · 485
- 찾아보기 · 565

재투성이
Aschenputtel

〈재투성이〉는 겉보기에는 그런대로 무난한 환경이지만
환영받지 못하는 잉여의 아이로 성장하는 모든 아이들의 이야기이다.
이런 상황에서도 어떻게 포기하지 않고 사랑을 갈망하고
행복을 꿈꿀 수 있는지, 그 비밀을 이 그림 동화에서 만날 수 있다.
〈재투성이〉는 아름다움이 수치를 이기는,
참된 삶이 거짓 삶을 이기는, 내적 본질이 왜곡된 겉모습을
이기는 일에 관해 말하는 으뜸가는 동화다.

| 들어가는 글 |

아름다움이 수치를 이기는 인간의 신비에 관한 동화

어린 시절부터 삶이 '재투성이' 같다고 느끼는 사람들의 사연에 종종 귀를 기울였다. 이 동화 해석은 그런 사람들에게 헌정하는 것이다. 그들의 도움으로 '그림 동화(Grimms Märchen)'의 뜻과 의의를 이해할 수 있었기 때문이다.

"부유한 한 남자가 살았습니다. 아내는 아이를 낳고 세상을 떠났습니다."라는 한 문장이 누군가의 인생 전체를 의미할 수도 있다. 살아 있는 사람의 인생 이야기인 것처럼 동화를 읽고, 소설이나 동화를 듣는 것처럼 살아 있는 사람의 이야기를 새겨들을 때에야 비로소 이 문장의 참된 의미가 밝혀진다. 한 편의 동화를 이해하려면, 그리고 한 사람을 이해하려면, 삶과 문학 사이에 존재한다고 흔히 생각하는 그 차이를 없애야 한다. 그러한 차이를 참으로 받아들이기에는 동화는 너무 생생하고 삶은 너무 환상적이다.

〈재투성이〉라는 '동화'는 어떤 의미에서는 겉보기에는 그런대로 무난한 환경이지만 환영받지 못하는 잉여의 아이로 성장하는 모든 아이들의 이야기이다. 이런 상황에서도 어떻게 포기하지 않고 사랑을 갈망하고 행복을 꿈꿀 수 있는지, 그 비밀을 이 그림 동화에서 만날 수 있다.

'재투성이(Aschenputtel)'라는 말의 뜻은 모두 알고 있으리라. 그리고 어른이 된 여성(그리고 남성)을 포함해서 숱한 사람들이 살아가면서 스스로를 '재투성이' 같다고 느끼기도 할 것이다. 그렇지만 대체 '재투성이'는 무엇일까? 이상하게도 여기 대답하는 일이 여의치 않다.

그 이름에 따르자면, '재투성이'는 "재를 뒤적이고 재 속에서 뒹구는 부엌데기, 천하고 더러운 소녀"다. 그 안에는 "애써 찾는다"는 의미와 "더러운 곳에서 썩는다"라는 의미를 지닌 '푸셀른(pusseln)' 또는 '푀젤른(pöseln)'이라는 독일어 동사가 들어 있다.[1] 그 이름이 그리스어에서 왔다고 추정할 수도 있다. 재를 뜻하는 아킬리아(achylia)와 여성의 수치나 치부를 뜻하는 푸토스(puttos)에서 왔다면, 이 이름은 "수치스럽게 재 속에" 앉아 있는 소녀를 뜻하겠다.[2] 어찌 됐건 이 이름은 대단히 부정확한데, 겉으로 보이는 모습만 묘사하기 때문이다. 재투성이의 본질에서는 내면이 훨씬 중요하다. 이런 사람의 본질을 이해하려면 보이지 않는 내면을 반드시 보아야 한다. 그런 사람의 비밀과 기적은 불우한 처지에 있으면서도 결코 품위를 잃지 않으며, 바깥세상의 억누르는 힘에 맞서 자신이 근원적으로 왕과 같은 운명을 지녔다는 꿈을 잃지 않는 데 있다.

외부에서 강요하는 굴욕과 자기 운명에 대한 내적 신뢰 사이의 대조, 출발 지점의 조건과 목표 사이의 대조, 숙명적 불행과 마음속 깊은 곳의 동경 사이의 대조가 재투성이라는 인물의 씨알이다. 사실 이 동화는 주제가 지닌 긴장을 제대로 표현하려면 〈재투성이〉가 아니라 〈재의 왕비〉라고 불러야 했으리라.

따라서 재투성이 이야기를 해석하려면, 외적인 형편에서는 하층으로 밀려나서 실낱같은 희망조차 품지 못하는 사람들의 내면으로 들어가 생각해야 한다. 부모는 그저 형편이 조금 어려운 정도가 아니라 빈털터리여서 사회적 신분 상승은 불가능에 가깝다. 우리 시대로 견줘 본다면, 아마 고등 교육을 받지 못했고 대학 졸업장도 없으리라. 적어도 그들 자신의 눈으로 본다면, 특별히 매력적이지도 않다. 강렬한 인상을 주지 못하고 아무것도 가진 것이 없어서 그저 조용히 입을 다물고 언제나 '겸손'을 연습해야 하는 잿빛 쥐에 가깝다.

사실 그렇게 행동한다. 겉으로는! 남들이 보기에는! 그러나 재 아래, 겉보기에는 모조리 타버린 삶의 검댕 아래, 이와는 전혀 다른 삶, 참된 삶을 향한 내밀한 갈망이 꺼지지 않은 불씨처럼 이글거리고 있다. 지금 이 순간에는 그러한 삶으로 들어갈 입구가 닫혀 있으나, 살아 숨 쉬고 있기만 하다면, 언젠가 그런 삶이 틀림없이 오고야 말리라.

'재투성이'는 어떠한 환멸이라도 참고 견디는 오랜 기다림이고, 어떠한 굴욕도 견디어내는 불굴의 자존심이며, 외부적 결핍에도 불구하고 포기하지 않는 끈질기고 참을성 있는 희망이다. 재투성이는 오랫동안 말을 들어주는 이 없는 고독한 삶이며, 겉으로는 고분고분하고 잘 따르며 때로는 짐짓 즐거운 척하는 탈을 쓰고 있으나 아무도 눈치 채지 못하게 흐느껴 우는 울음이다. 겉으로는 침묵하거나 수다스럽지만, 실은 소리 없는 한탄이다. 이것은 만성적인 부정의에 대한 표현할 수 없으나 불타오르는 감수성이다. 지금은 부정의를 견뎌내야 하지만, 여전히 남아 있는 가치에 대한 감수성 때문에 부정의에 동의하기를 단호히 거부한다. 〈재투성이〉는 인간의 신비에 관한 동화다. 다른 이들이 한없이 모멸하면서 심술궂은 폭력을 가해 '주제넘은 자부심'을 몰아내고자 하더라도 자신의 위대함을 끝내 믿는 인간의 신비에 관한 동화다. 〈재투성이〉, 이는 보이지 않는 곳에 묻혀 있는 아직 발견되지 않은 인간의 위엄을 표현하는 동화 언어이고, 자신의 유래를 알지 못하면서도 절실하게 미래를 갈망하는 은밀한 귀족의 굴복하지 않음을 표현하는 암호다. 〈재투성이〉는 무슨 일이 있더라도 자기 본질에 주어진 사명을 굳게 신뢰하는 일을 그치지 않는 한, 언제 어디에서나 일어나는 일이다.

그렇기 때문에 〈재투성이〉 동화를 해석하는 것은 가장 대담한 기대를 버리지 않고 삶의 가치와 유일무이성을 굽히지 않고 주장할 수 있는 용기를 주는 일이다. 우리 존재가 지닌 참으로 '동화 같은' 가능성을 통해 '현실'을 반전시킬 수 있다고 철석같이 믿는 일이다. 한 인간의 투명인간 같은 겉모습을 끊임없이 옆으로 치우고, 울음 한가운데에서 이제 시작하는 행복을, 부서지는 희망 한가운데에서 더욱 커다란 인격의 성숙을, 낙담 속에서 이제 가까스로 감지되는 진실의 첫 윤곽을 인식하는 일이다. 〈재투성이〉는 아름다움이 수치를 이기는, 참된 삶이 거짓 삶을 이기는, 내적 본질이 왜곡된 겉모습을 이기는 일에 관해 말하는 으뜸가는 동화다. 〈재투성이〉는 모든 사람 안에 들어 있는 숨겨진 왕국에 대한 결코 끝나지 않을 꿈이다.

그렇다면 재투성이 모티프가 최고의 인기를 누렸을 뿐 아니라 최소한 유럽에서는 가장 광범위하게 분포되어 있었다는 사실이 놀랄 일이겠는가?[3] 대체 어떤 사람의 삶이 '온당'하겠는가? 어떤 식으로든 모두가 이렇게 느끼는 듯하다. 풍부한 재능과 소질을 타고났는데도 자기 삶의 주어진 환경에서 손해를 보고 있다는 느낌, '본래' 유년기의 가정 형편과 이런 답답한 환경에서 할 수 있는 것과는 완전히 다른 것을 하도록 되어 있다는 느낌. 그렇지만 대안이 과연 무엇이겠는가?

'아메리칸 드림'은 널리 알려져 있다. 그대는 원하는 그 무엇이라도 될 수 있다고 '아메리칸 드림'은 말한다. 다만 소망하고 자신을 믿기만 한다면. 그대는 석유 왕 록펠러(John D. Rockfeller)처럼 구두닦이에서 백만장자로 신분 상승할 수 있고, 레온 스핑크스(Leon Spinks)처럼 슬럼가의 매 맞는 소년에서 유명한 권투선수가 될 수 있다. 뉴욕 거리의 무명인이 미국 대통령도 될 수 있다. 다만 소망하고 흔들림 없이 혼자 힘으로 출세를 이루어내야 한다. 그러한 외적 성취에 대한 실용적인 꿈과 비교한다면, 〈재투성이〉 동화는 모든 이본들을 포함하여 특징적 차이가 있다. 동화는 목표 지향적 행위와 계산적인 처신으로 명성, 재물, 권력을 향해 상승하는 것을 말하지 않는다. 오히려 아름다움과 위대함을 간직한 참된 자아가 다른 사람 눈에 띄어 확인되고 새로운 돌파구를 찾는 이야기다. 여기에서는 그 자신의 무적의 힘이나 불가항력의 매력에 대한 나르시시즘적 꿈을 이야기하지 않는다. 이 동화는 자기 인격의 가치를 참으로 분별할 능력이 있는 타인의 통찰력 있는 사랑과 애정에 대한 희망, 망설이고 기다리면서도 용기를 잃지 않는 희망을 이야기한다. 〈재투성이〉의 주제는 스스로를 관철하는 것이 아니라 **선택**이다. 거기에 스스로 '만들' 것은 없다. 그래도 자기 본질의 참된 모습이 피어날 것이다. 거기에 정복할 것은 하나도 없다. 아마도 모든 것은 선물로 주어질 것이다. 그러나 선물은 사실 이전부터 늘 존재했던 것이고, 다만 '재' 속에 묻혀 있던 것이 드러나는 것이며, 그래서 기적 같은 변신인 것이다.

앞으로 살펴보겠지만, 이는 거의 종교적 영역에 가깝게 다가가는 경험이다.

재투성이 모티프가 문자로 정착된 가장 오래된 판본은 성경에서도 발견된다.[4] 〈사무엘 상〉 16장 4~13절에는 예언자 사무엘이 베들레헴에서 희생의식을 거행하는 장면이 나온다. 사무엘은 이 의식에 이새와 그 아들들을 초대했다. 야훼 하느님의 명에 따라 이새의 아들 가운데 하나를 왕으로서 기름 붓기 위한 것이었다. 제일 먼저 나타난 큰아들 엘리압은 용모가 출중하고 거구여서 사무엘조차 야훼가 내린 왕이고 구세주라고 여겼을 정도다. 그러나 야훼는 예언자 사무엘에게 겉모습만 보아서는 안 된다고 충고한다. 다른 아들인 아비나답과 삼마 역시 엘리압과 다르지 않았다. 결국 이새의 일곱 아들 모두 마찬가지였다. "사무엘은 '이 아들 가운데는 야훼께서 뽑으신 아들이 없소.' 하고 이새에게 그 밖에 아들은 또 없느냐고 물었다. 이새가 '막내가 또 있긴 하지만 지금 양을 치고 있습니다.' 하고 대답하자, 사무엘이 이새에게 '사람을 보내 데려오시오. 그가 올 때까지 우리는 식탁에 앉을 수가 없소.' 하고 일렀다. 이새가 사람을 보내어 데려온 그는 볼이 붉고 눈이 반짝이는 잘생긴 아이였다. 야훼께서 말씀을 내리셨다. '바로 이 아이다. 어서 이 아이에게 기름을 부어라.'"[5]

이 이야기에서 이미 내면과 외모의 대립이 분명히 나타나고, 이 대립은 종교적으로 이해된다. "하느님은 사람들처럼 보지 않는다. 사람들은 겉모양을 보지만 나 야훼는 속마음을 들여다본다."(〈사무엘 상〉 16장 7절) 여기에서 사람의 '마음'을 들여다보는 능력은 '하느님'이 보시는 방법이라고 찬양받고 있다. 그리고 인간 역사에서 정의를 행하려는 자라면 이 방법을 익혀야 한다. 사무엘이 베들레헴 초원에서 양을 치던, 이가 들끓고 조롱받던 아이(다윗)가 바로 이스라엘의 다음 왕이라는 사실을 꿰뚫어보지 못했다면 선지자로 불릴 수 없었으리라. 물론 다윗도 아름다웠음에는 의심의 여지가 없다. 재투성이의 외모는 언제나 특출한 우아함과 최고의 매력이 넘친다. 그러나 외적 관찰 방식을 배제해야 이 아름다움이 눈에 띈다. 재투성이는 처음에는 경멸과 무시를 당할 뿐이다. 재투성이는 형제 사이에서부터 다른 형제의 그늘에 가린다.[6] 다른 형제들이 본래 선택받은 사람들이고, 나이나 능력에서 더 출중해 보인다. 그러나 하느님의 선택이라는 축복과 행복은 바로 그에게, 그 미미한 자에게 주어지는 것이다.

물론 구약성서에서 다윗이라는 인물 안에는 이스라엘의 운명 자체가 이념형으로 반영되어 있다. 이스라엘은 가축을 치며 떠돌아다니던 멸시받던 유목민이었으나 하느님의 선택을 받아 존경받는 민족으로 떠오른 것이다. 신약성서에서 마리아는 〈성모 마리아 송가〉*에서 '시온의 딸'을 대표한다. 천사의 말에 따르면 종말이 오면 마리아는 메시아를 출산하게 된다. 하느님이 "여종의 비천한 신세를 돌보셨"기 때

....
성모 마리아 송가 〈누가복음〉 1장 46~55절에 나오는 '마리아의 노래'를 가리킨다.

문이다.(〈누가복음〉 1장 48절) 비천한 자가 집단이든 개인이든 "약한 자를 티끌에서 끌어 올리시고 가난한 자를 거름더미에서 끌어내시는" 주(〈시편〉 113장 6~7절), 이것이 바로 재투성이 모티프의 **종교적** 측면이다.[7]

물론 동화는 종교 문학이 아니다. 특정 신학이 역사적 사건을 해석하는 데 동화의 원형적 도식을 암시적으로 이용하고자 하더라도, 동화의 원형적 도식은 이보다 더 오래된 것이다. 그러나 바로 이 때문에 〈재투성이〉 이야기 같은 동화는 종교의 특정 전설과 설화의 의미를 이해하는 데 큰 힘이 된다.[8] 우리 시대에는 "하느님이 그대를 선택하셨다."는 말을 이해하는 것은 얼마 안 되는 신앙인들뿐이다. 이들은 정말로 인생에서 특별한 '섭리'와 '소명'이라는 경험이 지니는 자유와 대담함을 이해하고 있는 것일까? 동화는 철두철미 세속적인 이야기이므로, 우리가 유서 깊은 종교적 물음을 다시 한 번 편견과 부담 없이 제기해보도록 도울 수 있다.

오늘날 대다수 사람들에게 "하느님을 어떻게 만나는가?"라는 물음에 대한 대답은 하나뿐이다. "오직 다른 사람의 사랑을 통해서만 하느님을 알 수 있다." 그렇다. 20세기 초 프로이트(Sigmund Freud)가 신에 대한 담론은 인간 사이의 사랑을 통해 반증되거나 입증된다고 한 발견은 타당하다. 신은 투사*와 환상으로 밝혀질 수도 있고, 참된 사랑의 근거와 조건일 수도 있다.[9] 하느님의 눈으로 다른 사람을 보기

투사(projection) 정신분석에서 받아들일 수 없는 충동이나 생각을 외부 세계로 옮겨놓는 정신 과정을 뜻한다. 다른 사람에게 죄의식, 열등감, 공격성 같은 감정을 돌림으로써 부정할 수 있게 해주는 방어 기제의 하나.

위해 동화가 열어놓는 경험은 **사랑**이다. 그리고 동화는 사랑이 정말로 그럴 수 있음을 소망하고 믿는다. 비천한 시골 처녀가 왕비임을 알아보는 일, 누더기를 걸친 소녀가 빛나는 아름다움을 지녔음을 알아내는 일, 재투성이가 이 세상에서 가장 놀랍고 매력적인 여성임을 깨닫는 일. 그렇기 때문에 동화의 물음 전체는 오로지 다음과 같다. 사람은 (일반적 상황이 아니라) 특정한 유년기 상황에서 어떻게 스스로를 재투성이로 느끼게 되는가? 그리고 오랜 상처를 치유하는 사랑 안에서 진정한 자신을 찾고 성숙하려면 어떻게 해야 하는가? 종교적이고 인간적인 모든 일이 이 물음에 달려 있다.

그러므로 마르틴 루터(Martin Luther)가 1521년 〈성모 마리아 송가〉의 주석10)에서 세 처녀에 대한 전설을 이야기한 것은 온당하다. "아기 예수는 그들을 각각 다르게 대우했다. 그러나 세 번째 처녀, 오지 궁핍과 역경 외에는 아무것도 지니지 못했던 가련한 재투성이 처녀(Aschenproedlin)가 바로 진짜 신부였다."11) 이와 마찬가지로 스트라스부르의 설교자 요한 가일러 폰 카이저스베르크(Johann Geiler von Kaisersberg)도 설교에서 여러 차례 "재투성이 부엌데기 에셴그뤼델(Eschengruedel)"을 순종과 인내의 귀감으로 들었다.12) 그는 재투성이 동화의 본질적 요소를 다루는 5세기 전설도 알고 있었다. "어느 광야의 수도원에서 에셴그뤼델이 부엌에서 충직하게 일했다. 그러나 수녀들은 아이를 함부로 학대했다. 아이에게 물을 끼얹고 때리고 코에 겨자를 문질렀다. 어느 날 천사가 완전성의 귀감을 보여주려고 성인 같은 노인을 수도원으로 이끌었을 때, 이런 일이 드러났다. 그는 처녀들을 모두 불러 모았다. 그러나 꿈에서 보았던 그 소녀는 볼 수 없었다. 그들은 이렇게 말했다. '모두 여기 와 있습니다. 부엌에 있는 얼간이만 빼고요.' 이제 에센그뤼델이 불려왔다. 머리를 가린 채 나타났다. 아리따운 머리채를 보이지 않으려고."[13]

이러한 예에서 재투성이 모티프의 연대도 알 수 있다. 그뿐 아니라 수치의 한가운데에서 인정을 갈망하고, 적대적 세계 한가운데에서 승인을 갈망하며, 한없이 겪어야 하는 부정의에 대한 보상을 갈망하는 일이 **종교적** 차원을 지님을 재차 알게 된다. 그러한 갈망은 동화와 전설이 공유하는 것이다. 그러나 그들 간의 차이가 결정적이다. **전설**은 희망의 핵심을 형이상학적으로 다른 세계, 즉 피안에 둔다. 그러나 **동화**는 현실의 '다른' 차원이라는 계시를 오히려 심리학적으로 지상의 사랑이라는 경험의 장으로 다시 가져온다. 세속적 태도를 지닌 **동화**는 어떤 의미에서는 하느님이 이 지상의 삶 속에서 스스로를 드러내 보일 때만 믿을 수 있고, 지상의 삶에 대한 완전한 체념을 의미하는 그러한 희망에는 동의하지 않는다. 달리 말하자면 재투성이 '동화'가 현실적인 상황에서 거부될 때에만 재투성이 '전설'이 정당성을 얻는다. 그러나 그때까지는 동화는 너무 빨리 겁먹지 말고 사랑을 믿으라고 가르친다. 말 그대로 "하늘에서나 땅에서나."

여기에 전제가 되는 것은 재투성이 이야기를 그 자체로 독자적인 동화로 보아야 한다는 사실이다. 그러나 이는 그리 확실치 않다. 많은 사람들이 재투성이 이야기는 〈외눈박이, 두눈박이, 세눈박이〉[14] 결말부의 이본이라고 말한다.[15] 단지 신발 모티프만을 덧붙인 것처럼 여긴다. 이러한 주제는 이미 고대 그리스의 지리학자이자 역사가였던 스트라보(Stravo, BC 64?~AD 23?)[16]가 전하는 것이다. "독수리 한 마리가

로도페라는 아름다운 헤테레(고대 그리스의 창부)에게서 신발을 낚아채 마침 재판정에 앉아 있던 왕에게 가져갔다. 왕은 신발을 보고 신발 주인을 그려내고 그 모습에 반했다. 그래서 전국 방방곡곡에 사람을 보내 그 여자를 찾아내도록 했고 마침내 나우크라티스(나일강 삼각주 서부에 있던 고대 그리스의 식민지)에서 로도페를 발견했다. 왕은 로도페를 왕비로 맞이했다. 이 이야기를 죽은 친어머니에게서 신비스러운 도움을 받는 구박받는 의붓딸 동화와 결합하고자 했던 이야기꾼은 왕을 주인공의 자리에서 빼고 동화 속 궁핍한 인물에게 귀중한 옷과 황금 구두를 선사했다. 어머니 무덤의 나무가 그런 보화를 주었다."[17]

이에 따르면 더없이 값진, 혹은 유일무이하게 '들어맞는' 신발이 사람을 찾는 징표가 된다는 모티프가 재투성이 이야기를 '외눈박이' 이야기(또한 〈암송아지〉 이야기[18])와 구별해준다. 마찬가지로 우리는 아버지라는 인물이 이야기의 전면에서 물러난다는 이례적인 사실을 전승사의 상황을 통해 해명해야 하리라. 또한 〈암송아지〉에서는 어머니가 동물 모습으로 계속 살아가면서 딸인 마르가레트라인(Margaretlein)이 의붓어머니와 의붓자매들의 구박에서 벗어나 안전한 곳으로 피하도록 돕는데,[19] 왜 이러한 서술이 나무라는 모티프만 남기고 삭제되었는지도 같은 방식으로 설명할 수 있으리라. 이제부터는 재투성이와 왕자의 만남이 이야기의 중심이 되기 때문이다. 그런데 이런 일의 귀결은 무엇인가?

동화 해석에서 특정 모티프의 기원에 대한 물음과 특정 이야기 구조 안에서 각 모티프의 의미와 쓰임새에 대한 물음이 완연하게 다르다는 사실이 이렇게 분명하게 드러나는 경우도 드물다. 물론 어느 동화의 다양한 이본을 알면 개별 모티프의 범위를 좀 더 아는 데 보탬이 된다. 또한 같은 이야기의 이본을 비교하면 각 이야기의 특수성을 한층 날카롭게 통찰할 수도 있다. 그러나 결정적인 것은 문학사적 분석은 이야기의 유기적 구조와 특수한 갈등과 해결 방식이 지니는 심리적 의미를 그려내지 못한다는 사실이다. 여기서는 **심층심리학적** 해석 방법만이 그 이상의 도움을 줄 수 있다. 문학사적으로 본다면, (이를테면 〈털북숭이 공주〉 같은) 재투성이 동화의 이본들에서 지배적이던 아버지의 형상이 그림 동화의 재투성이 이야기에서는 (그리고 그와 가장 가까운 형태에서는) 거의 완전히 뒷전으로 물러난다는 사실은 이야기의 관심이 신발 검사라는 추가적 모티프로 옮겨간다는 사실과 관련이 있을 것이다. 그러나 심층심리학적으로 본다면, 무력한 아버지 곁에서 심술궂은 계모와 두 의붓자매의 그늘 아래 자라나는 소녀가 어떤 일을 겪게 되는가라는 물음이 나타난다.

무력한 아버지 모티프 역시 전적으로 독립적으로 발견된다. 예를 들어 돌누아(D'Aulnoy) 부인이 쓴 〈파랑새〉[20]에서는 아름다운 공주 플로린(Florine)이 악독한 계모의 공격을 이겨내야 한다. 플로린의 아버지인 왕은 아내와 사별한 후 어떤 여자에게 속아넘어가는데, 그 여자는 남편이 방금 숨을 거두어 상심이 크므로 그의 고통을 나눌 수 있다고 거짓말을 한다. 이 이야기에서는 왕의 기이한 허약함과 의지박약 때문에 가엾은 플로린의 의붓어머니와 의붓자매의 흉계와 계략이 펼쳐지는 조건이 만들어진다. 플로린은 사랑하는 왕자님 리프베르트와 만날 수 없게 탑에 갇혀 누더기를 걸치고 여러 해를 산 뒤에야 막강한 마법사와 선량한 요정의 도움으로 비로소 구원을 받는다.

아버지가 자신을 궁지에 몰아넣었다고 느끼는 소녀의 내면에서는 어떤 일이 일어날까? 어머니가 돌아가시고 계모가 구박하는 통에 이제 집에서는 편안함을 느끼지 못하고 돌아가신 어머니 무덤에 결속을 느끼는 아이는 무엇을 체험하는 것인가? 아이는 악의적이고 천박한 자매 때문에 매일매일 겪는 부당한 일에 어떻게 대응할 것인가? 이러한 것이 재투성이 이야기에서 제기되는 물음이다. 즉 어머니와 계모 사이에서 분열되고, (의붓)자매에게 구박과 고초를 당하고 아버지는 기이할 정도로 낯설게 느껴지는 이러한 삼각 구도 안에서, 우리는 그림 동화 판본의 재투성이라는 인물을 **심리학적으로** 그려내야 한다. 이를 위해 어린이들이 잘 아는 이 이야기를 (다시) 들을 때 "이 동화가 이야기하는 것이 무엇인가?"라는 물음이 아니라 "여기서 이야기되는 것이 등장인물에게 무엇을 의미하는가?"[21] 그 인물들이 바로 이런 투로 말하고 행동하고, 그들이 놓인 상황과 그들이 대하는 사물 속에서 자신을 상징적으로 표현할 때, 그 마음에서는 어떤 일이 일어나고 있는가?"라는 물음을 계속 던져야 한다. 또한 '현실' 세계 안에서 재투성이를 어떻게 (재)발견할 수 있는지,[22] 그러한 운명을 지닌 재투성이 같은 여성과 소녀가 어떻게 동화 해석에 기여할 수 있는지라는 물음을 계속 던져야 한다.

달리 말하면, 동화의 기원을 아는 일과 동화의 흐름에 몸을 맡기는 일은 다른 것이다. 이제 우리는 후자의 일을 하고자 한다.

| 동화 읽기 |

재투성이
(21번 동화)*

부유한 한 남자가 있었습니다. 병에 걸린 아내는 이제 죽음이 가까워졌음을 알고는 외동딸을 병상 곁으로 불러 말했습니다. "사랑하는 딸아, 한결같이 경건하고 착하게 살아야 한다. 그러면 사랑하는 하느님이 언제나 도와주실 거야. 그리고 나는 하늘에서 내려다보면서 보살펴줄 거야." 그러고는 눈을 감고 작별을 고했습니다. 소녀는 매일매일 어머니 무덤에 가서 눈물을 흘렸고, 한결같이 경건하고 착하게 살았습니다. 겨울이 오자 눈이 무덤을 하얀 천처럼 덮었습니다. 봄에 햇살이 그 천을 걷어냈을 때 남자는 다른 부인을 얻었습니다.

그 여자는 두 딸을 데리고 왔습니다. 딸들은 예뻤고 얼굴이 희었습

---

* 이 책에 실린 〈재투성이〉, 〈가시장미 공주〉, 〈라푼첼〉, 〈영리한 엘제〉의 원문 텍스트는 그림 형제의 《어린이와 가정을 위한 이야기》 1857년 제7판을 옮긴 것이다. 본문에서 "〈재투성이〉(21번 동화)" 같은 방식으로 언급되는 작품 번호는 1857년 판본에 수록된 번호를 가리킨다.

니다. 그러나 심보가 고약하고 마음이 시커멨습니다. 가련한 소녀에게 고난의 시절이 시작되었습니다. 그들은 "우리 집의 이 멍청한 거위는 골방에서 살아야 해."라고 말했습니다. "밥을 먹으려면 일을 해야지. 당장 나가서 일하란 말이야, 이 부엌데기야." 그들은 아이의 예쁜 옷을 빼앗고 해진 잿빛 누더기 옷을 입히고 나무 신을 주었습니다. "이 거만한 공주님 좀 봐. 옷을 잔뜩 차려 입었는걸." 이렇게 놀리면서 웃었고 아이를 부엌으로 데려갔습니다. 거기에서 아이는 아침부터 저녁까지 궂은일을 했습니다. 해가 뜨기 전에 일찍감치 일어나서 물을 길어오고 불을 지피고 요리를 하고 빨래를 했습니다. 게다가 의붓자매는 머리에서 짜낼 수 있는 온갖 마음의 고통을 안겨주었고 끊임없이 아이를 모욕했습니다. 재 속에 완두콩을 뿌려놓았기 때문에 아이는 쭈그리고 앉아 한 알 한 알 골라내야 했습니다. 지칠 때까지 일을 하고 나서 저녁이 되면 아이는 침대가 아니라 화덕 옆의 재 속에서 잠을 자야 했습니다. 아이는 언제나 재투성이였고 더러웠습니다. 새어머니와 의붓자매는 아이를 재투성이라고 불렀습니다.

한번은 아버지가 장에 가게 되었습니다. 아버지는 두 의붓딸에게 어떤 선물을 받고 싶은지 물었습니다. 한 딸은 "예쁜 옷이요."라고 말했고 다른 딸은 "진주하고 보석이요."라고 말했습니다. "그럼, 재투성이야, 너는 뭘 가지고 싶니?"라고 아버지가 물어보셨습니다. "집으로 돌아오실 때 모자에 닿은 첫 번째 나뭇가지를 꺾어다 주세요." 아버지는 두 의붓딸을 위해 예쁜 옷과 진주와 보석을 샀습니다. 아버지가 말을 타고 푸른 덤불숲을 거쳐 돌아오는 길에 개암나무 가지가 아버지를 스치면서 모자에 닿았습니다. 그래서 아버지는 그 가지를 꺾어 가지고 왔습니다. 아버지는 집으로 돌아와 의붓딸들이 원했던 것을 주었고 재투성이에게는 개암나무 가지를 주었습니다. 재투성이는 감사하다고 말하고 어머니 무덤으로 가서 가지를 무덤 위에 심었습니다. 재투성이가 무덤가에서 울자 눈물이 가지 위에 떨어졌고 가지는 자라나서 아름다운 나무가 되었습니다. 재투성이는 매일 세 번씩 그 아래에 가서 울고 기도했습니다. 어느 날 하얀 새 한 마리가 날아와 나무에 앉았고, 재투성이가 소원을 말하면 새는 재투성이가 바라는 것을 아래로 던져주었습니다.

어느 날, 왕이 사흘 동안 잔치를 열기로 했습니다. 잔치에는 그 나라의 아름다운 처녀들이 모두 초대되었고 왕자님이 그중에서 신부를 고를 것이라고 했습니다. 두 의붓딸은 잔치에 가게 되자 기분이 좋아서, 재투성이를 불러서 말했습니다. "머리를 빗겨줘. 그리고 구두를 닦고 허리띠도 단단히 매줘. 우리는 결혼식을 하러 궁궐에 가는 거니까." 재투성이는 고분고분 시키는 대로 했습니다. 그러나 재투성이도 무도회에 함께 가고 싶어서 울었습니다. 아이는 새어머니에게 허락해 달라고 청했습니다. 새어머니는 "재투성이야, 너는 먼지하고 흙투성이잖니. 그런데 결혼식에 가겠다고? 그리고 드레스도 없고 신발도 없잖아. 그런데 춤을 추겠다고?"라고 말했습니다. 그래도 재투성이가 계속 애원하자 새어머니는 마침내 이렇게 말했습니다. "콩 한 말을 잿더미에 흩뿌려놓을 테니까, 그 콩들을 두 시간 안에 골라낸다면 같이 가도 좋아." 소녀는 뒷문을 통해 정원으로 가서 말했습니다. "귀여운 비둘기야, 잉꼬비둘기들아, 하늘 아래 사는 새들아, 이리 와서 콩 골라내는 걸 도와주렴.

좋은 것은 단지 안으로, 나쁜 것은 모이주머니 안으로."

그러자 부엌 창문으로 하얀 비둘기 두 마리가 날아 들어왔고 그 다음에는 잉꼬비둘기들이, 마침내 하늘 아래 사는 온갖 새들이 떼를 지어 날아와 재 주위에 둘러앉았습니다. 비둘기들은 머리를 끄덕이면서 찌걱찌걱 콩을 쪼기 시작했고 다른 새들도 모두 찌걱찌걱거리면서 좋은 콩을 골라내 모두 단지 안에 담았습니다. 한 시간도 지나지 않아 새들은 일을 마쳤고 다시 날아가버렸습니다. 소녀는 단지를 새어머니에게 가져갔습니다. 소녀는 이제 결혼식에 같이 갈 수 있을 것이라는 생각에 마음이 들떴습니다. 그러나 새어머니는 말했습니다. "재투성이야, 안 돼. 너는 드레스도 없고 춤출 줄도 모르잖니. 사람들이 널 보면 다 비웃을 거야." 재투성이가 울음을 터뜨리자 새어머니는 말했습니다. "콩 두 말을 한 시간 내로 재에서 골라낸다면 같이 가도 좋아." 그러면서 '더는 절대 안 될걸.'이라고 생각했습니다. 새어머니가 재 속에 콩 두 사발을 쏟아버리자 소녀는 뒷문을 통해 정원으로 나가 외쳤습니다. "귀여운 비둘기야, 잉꼬비둘기들아, 하늘 아래 사는 새들아, 이리 와서 콩 골라내는 걸 도와주렴.

좋은 것은 단지 안으로, 나쁜 것은 모이주머니 안으로."

그러자 부엌 창으로 하얀 비둘기 두 마리가 들어왔고 그 다음에는 잉꼬비둘기들이, 마침내 하늘 아래 사는 온갖 새들이 떼를 지어 날아와 재 주위에 둘러앉았습니다. 비둘기들은 머리를 끄덕이면서 찌걱찌걱 콩을 쪼기 시작했고 다른 새들도 모두 찌걱찌걱거리면서 좋은 콩을 골라내 모두 단지 안에 담았습니다. 반 시간이나 지났을까, 새들은 벌써 일을 마쳤고 다시 날아가버렸습니다. 소녀는 단지를 새어머니에게 가져갔습니다. 소녀는 이제 결혼식에 같이 갈 수 있을 것이라는 생각에 기뻤습니다. 그러나 새어머니는 이렇게 말했습니다. "그래도 안 돼. 너는 함께 갈 수 없어. 너는 드레스도 없고 춤도 못 추잖니. 너 때문에 우리가 창피할 거야." 새어머니는 등을 돌리고는 거만한 두 딸과 함께 부랴부랴 집을 나섰습니다.

이제 집에 아무도 없게 되자 재투성이는 어머니 무덤으로 가서 개암나무 아래에서 소리쳤습니다.

"나무야, 몸을 흔들어서, 금과 은을 내려주렴."

그러자 새가 금실과 은실로 만든 드레스 한 벌과 비단실과 은실로 짠 신발 한 켤레를 내려주었습니다. 소녀는 서둘러 옷을 입고 결혼식장으로 향했습니다. 그러나 언니들과 새어머니는 소녀를 알아보지 못하고 소녀가 낯선 공주일 거라고 여겼습니다. 금빛 드레스를 입은 소녀는 그렇게 예뻤던 것입니다. 그 소녀가 재투성이일 거라고는 꿈에도 생각하지 않았고, 재투성이는 집에서 더러운 곳에 앉아서 재 속에서 콩을 골라내고 있다고 생각했습니다. 왕자가 소녀에게 다가와서 손을 잡고 함께 춤을 추었습니다. 왕자는 다른 사람하고는 춤을 추려고 하지 않았습니다. 왕자는 재투성이의 손을 놓지 않았고, 다른 남자가 와서 소녀에게 춤을 추자고 청하면 "이 사람은 나의 춤 상대입니다."라고 말했습니다.

저녁이 될 때까지 재투성이는 춤을 추었고 이제 집으로 가려 했습니다. 그러나 왕자는 이렇게 말했습니다. "제가 함께 가겠어요. 집까지 바래다드리지요." 왕자는 아름다운 소녀의 집이 어디인지 알고 싶었던 것이지요. 그렇지만 소녀는 왕자에게서 재빠르게 벗어나서 비둘기장으로 뛰어들었습니다. 왕자는 재투성이 아버지가 올 때까지 기다렸다가 낯선 소녀가 비둘기장으로 뛰어들었다고 말했습니다. 아버지는 '아마 재투성이일 거야.'라고 생각했습니다. 사람들이 도끼와 곡괭이를 가져왔습니다. 아버지는 비둘기장을 찍어 두 조각을 냈지만 그 안에는 아무도 없었습니다. 그들이 집으로 돌아왔을 때 재투성이는 더러운 옷을 입고 잿더미 안에 누워 있었습니다. 굴뚝 안에서 흐릿한 기름등잔 불이 빛나고 있었습니다. 재투성이는 재빠르게 뒷문으로 비둘기장을 빠져나와 뛰어내렸고 개암나무로 달려갔던 것입니다. 거기에서 아름다운 옷을 벗어 무덤 위에 놓았고, 새가 그 옷을 치웠습니다. 그리고 소녀는 자기의 잿빛 옷을 입고 부엌으로 돌아와 잿더미에 누웠던 것입니다.

축제가 다시 시작하는 다음날 부모님과 의붓언니들은 다시 그리로 갔습니다. 그래서 재투성이는 개암나무에게 가서 말했습니다.

"나무야, 몸을 흔들어서, 금과 은을 내려주렴."

그러자 새는 전날보다 더 화려한 드레스를 내려주었습니다. 소녀가 이 드레스를 입고 결혼식에 나타나자, 너무 아름다워서 모두 놀라움을 금치 못했습니다. 왕자는 소녀가 올 때까지 기다렸다가 득달같이 손을 잡고 오직 그녀와 춤을 추었습니다. 다른 사람이 다가와서 소녀에게 춤을 청하면 왕자는 말했습니다. "이 사람은 나의 춤 상대입니다." 저녁이 되자 소녀는 떠나려고 했습니다. 왕자는 소녀를 따라와서 어느 집으로 들어가는지 보려고 했습니다. 그렇지만 소녀는 왕자를 떨쳐버리고 집 뒤 정원으로 뛰어 들어갔습니다. 정원에는 커다랗고 아름다운 배나무가 있었는데, 거기에는 아주 탐스러운 배들이 열려 있었습니다. 소녀는 다람쥐처럼 날쌔게 나뭇가지 사이로 기어올랐고, 왕자는 소녀가 어디로 갔는지 찾을 수 없었습니다. 왕자는 재투성이 아버지가 올 때까지 기다렸다가 말했습니다. "그 낯선 소녀가 달아나 버렸습니다. 이 배나무 위로 올라간 것 같습니다." 아버지는 생각했습니다. '아마 재투성이일 거야.' 그러고는 도끼를 가져오게 해서 나무를 베어냈습니다. 그렇지만 그 위에는 아무도 없었습니다. 그리고 그들이 부엌 안으로 들어왔을 때 재투성이는 늘 그랬듯이 잿더미 안에 누워 있었습니다. 소녀는 나무의 다른 편으로 뛰어내려서 개암나무 위의 새에게 아름다운 옷을 돌려주고 자기의 잿빛 옷을 다시 입었던 것입니다.

셋째 날 부모님과 언니들이 떠나자 재투성이는 다시 어머니 무덤으로 가서 나무에게 말했습니다.

"나무야, 몸을 흔들어서, 금과 은을 내려주렴."

그러자 새는 드레스를 한 벌 내려주었는데, 이전에 누구도 입어본 적이 없을 만치 눈부시게 찬란하고 화려했습니다. 신발은 황금 신발이었습니다. 소녀가 드레스를 입고 결혼식장에 갔을 때 사람들은 너무도 놀라서 뭐라고 말을 해야 할지 몰랐습니다. 왕자는 그녀하고만 춤을 추었고 누군가 소녀에게 춤을 청하면 "이 사람은 나의 춤 상대입니다."라고 말했습니다.

저녁이 되어서 재투성이가 떠나려 하자 왕자는 바래다주려고 했습니다. 하지만 소녀가 재빠르게 벗어났기에 왕자는 그녀를 따라갈 수 없었습니다. 그러나 왕자는 꾀를 내어 계단을 온통 역청으로 칠해 두게 했습니다. 소녀가 아래로 뛰어내리자 왼쪽 신발이 거기 붙어서 떨어지지 않았습니다. 왕자는 신발을 집어들었습니다. 작고 우아한 구두는 황금으로 만들어져 있었습니다.

다음날 아침 왕자는 구두를 들고 재투성이 아버지에게 가서 말했습니다. "이 황금 신이 발에 맞는 여자 외에는 그 누구도 아내로 맞이하지 않겠습니다." 그러자 두 언니는 기뻐했습니다. 두 사람은 발이 예뻤기 때문이지요. 큰언니가 신발을 들고 방으로 들어가서 신어보려고 했습니다. 어머니는 그 옆에 서 있었습니다. 그러나 발가락이 커서 구두에 들어가지 않았습니다. 그녀에게 신발이 너무 작았던 것입니다. 그러자 어머니는 칼을 주면서 말했습니다. "발가락을 잘라라. 왕비가 되면 걸어 다닐 필요도 없으니까." 큰언니는 발가락을 잘랐고 신발에 발을 억지로 밀어넣었습니다. 고통에 이를 악물면서 큰언니는 왕자에게 갔습니다. 왕자는 큰언니를 신부로 맞이해 말에 태우고 갔습니다. 그러나 무덤 곁을 지날 때 비둘기 두 마리가 개암나무 위에 앉아 소리쳤습니다.

"저기 봐, 저들이 온다. 신발 안에 피가 넘쳐, 신발이 너무 작아, 진짜 신부는 여태 집에 앉아 있는걸."

왕자는 큰언니의 발을 내려다보았습니다. 피가 새하얀 양말을 완전히 빨갛게 물들이며 넘쳐 흐르는 것을 보았습니다. 그래서 말을 돌려 가자 신부를 다시 집으로 데려갔습니다. 왕자는 이 사람이 진짜 신부가 아니라고 잘라 말하면서 다른 딸이 신발을 신어보아야 한다고 말했습니다. 그러자 작은언니가 방으로 들어가서 신발을 신어보았는데 운 좋게도 신발 안에 발가락까지 다 들어갔습니다. 그러나 발뒤꿈치가 너무 컸습니다. 그러자 어머니는 칼을 주며 말했습니다. "뒤꿈치를 잘라내. 왕비가 되면 걸어 다닐 일이 없을 테니까." 작은언니는 뒤꿈치를 베어냈고 신발에 발을 우격다짐으로 밀어넣었습니다. 작은언니는 너무 아파서 이를 악물고 왕자에게 갔습니다. 왕자는 작은언니를 신부로 맞이해 말에 태우고 떠났습니다. 개암나무 곁을 지나갈 때 비둘기 두 마리가 그 위에 앉아서 지저귀었습니다.

"저기 봐, 저들이 온다. 신발 안에 피가 넘쳐, 신발이 너무 작아, 진짜 신부는 여태 집에 앉아 있는걸."

왕자는 작은언니의 발을 내려다보았습니다. 피가 새하얀 양말을 완전히 빨갛게 물들이며 넘쳐 흐르는 것을 보았습니다. 그래서 말을 돌려 가짜 신부를 다시 집으로 데려갔습니다. 왕자는 "이 사람도 진짜 신부가 아닙니다. 다른 딸은 없습니까?"라고 물었습니다. 아버지는 "없습니다. 단지 죽은 전처가 낳은 쓸모없는 조그만 재투성이가 있기는 합니다. 하지만 그 아이가 신부일 리는 없어요."라고 말했습니다. 왕자는 재투성이를 데려오라고 말했습니다. 그러나 어머니가 대답했습니다. "안 됩니다. 그 아이는 너무 더러워서 눈에 띄면 안 돼요." 그렇지만 왕자는 꼭 재투성이를 보고자 했기에 소녀를 부르라고 했습니다다. 재투성이는 손과 얼굴을 말끔히 씻고 왕자에게로 가서 고개를 숙여 인사를 했습니다. 왕자는 소녀에게 황금 신발을 넘겨주었습니다. 재투성이는 의자 위에 앉아서 무거운 나무 신을 벗고 황금 신을 신었습니다. 신은 꼭 맞았습니다. 소녀가 자리에서 일어나자 왕자는 그 얼굴을 보았습니다. 그리고 자기와 춤을 추었던 아름다운 소녀를 알아보고 소리쳤습니다. "이 사람이 진짜 신부입니다!" 새어머니와 두 자매는 놀라서 기겁을 했고 화가 나서 창백해졌습니다. 그러나 왕자는 재투성이를 말에 태우고 떠났습니다. 개암나무 곁을 지나갈 때 두 마리 비둘기가 지저귀었습니다.

"저기 봐, 저들이 온다. 신발 안에 피가 없어. 신발이 작지 않아. 진짜 신부를 데려가는구나."

새들은 그렇게 소리치면서 나무에서 내려와 재투성이의 어깨 위에 앉았습니다. 한 마리는 오른쪽 어깨에, 다른 한 마리는 왼쪽 어깨에 앉아 날아가지 않았습니다.

왕자와 혼례를 올릴 때 못된 언니들이 와서 아양을 떨면서 재투성이의 행복을 나눠 가지려고 했습니다. 신랑과 신부가 교회로 갈 때 큰언니는 오른편에, 작은언니는 왼편에 서서 함께 갔습니다. 그러자 비둘기들이 그들의 눈을 하나씩 쪼아냈습니다. 교회 밖으로 나오자 큰언니는 왼편에, 작은언니는 오른편에 섰습니다. 그러자 비둘기들이 남은 눈을 쪼아냈습니다. 두 언니는 악독하고 못된 짓을 해서 평생 장님이 되는 벌을 받은 것입니다.

| 심층심리학적 해석 |

불안의 그늘에서 자라는 아이
"병에 걸린 아내는 죽음이 가까워졌음을 알고……"

왜 많은 여성(혹은 남성)이 재투성이 이야기를 들으면 어린 시절 그랬던 것처럼 눈물을 글썽이는가? 몸소 살아보지도 않은 어린 시절에 대한 해묵은 침울한 기억이 깨어난다. 결코 아물지 않는 번민의 그늘 속에서 고향이 없는 채 보내는 어린 시절. 오로지 큰 사랑이 있어야 집으로 돌아갈 용기가 생기는 어린 시절. 동화 해석에서 늘 그렇듯이, 이야기 도입부의 정보는 마치 우리 주변 사람의 생애를 규정하는 조건인 것처럼 읽어야 한다. 그리하여 우리는 그림 동화의 첫 문장에서부터 서서히 시작되는 비극의 힘 안으로 이끌려 들어간다. 물론 뛰어난 연극에서 그러는 것처럼, 여기서 일어나는 일이 무엇인지 물을 뿐만 아니라, '이 일'이 해당 인물의 내면에 어떤 영향을 끼치는지를 물어야 한다. 외적 사실의 차원이 아니라 사건의 내적 측면이 동화를 이해하고 한 **인간**을 이해하는 데 결정적으로 중요하다. 특히 〈재투성이〉 이야기에서는 더욱 절실하다. 이 이야기에서는 내면과 외면의 대조가 전체 줄거리에서 핵심 갈등을 이루기 때문이다.

"부유한 한 남자가 있었습니다. 병에 걸린 아내는……." 수많은 재투성이의 삶에서 이 문장은 "현실의" 유년기 기억이라는 언어로 다음처럼 번역할 수 있다. "그 일이 제 삶에 어떤 영향을 끼쳤는지 상상해보셔야 해요. 부유하지만 어머니의 사랑이 없는 삶이었죠! 겉으로는 어린아이로서 가질 수 있는 것은 모두 가졌어요. 조명이 들어오는 인형 집, 30센티미터 정도의 동물 인형, 작은 거북이들이 있는 어항, 여섯 살 생일 때 받은 체스 게임기. 원하는 것은 다 받았고, 원하기도 전에 받았습니다. 그렇지만 이 모든 것은 진짜 원하는 것으로부터 제 주의를 돌리기 위한 것이었죠. 제게는 진짜 어머니가 있어야 했으니까요!"

그림 동화에서와 같은 재투성이의 감정이 생겨나는 데에는 물질적 부와 영혼의 빈곤이라는 대립이 필수 전제조건이다. 그러므로 이 이야기의 기본 모티프를 이해하려면 여러 가지 현실적 정황을 면밀하게 상상해보면 좋으리라. 어떤 남자가 성공적으로 사업을 하고 있다고 가정해보자. 열심히 일하고 애면글면 노력하여 자신과 가족을 위해 어느 정도 부를 축적하는 데 성공했다. 그리고 부인도 가령 상점 판매대에서 할 수 있는 데까지 열심히 일을 거든다. 여가 시간에 두 사람은 다섯 살이나 여덟 살쯤 된 딸과 시간을 보낸다. 딸은 젊은 남자들을 의식하기에는 아직 어리지만, 그래도 주변에서 일어나는 일을 어렴풋하게나마 납득할 만한 나이다. 특히 아버지의 '부'라는 '강력하고' '우월한' 세계와 어머니의 사랑이라는 쇠약한 세계의 대립을 잘 깨닫고 있다고 가정해보자.

그렇게 자라난 소녀는 어른이 되면 어린 시절을 이렇게 전하리라. "제 어린 시절에 아버지는 겉으로 보기에는 모든 걸 해주셨지요. 그렇지만 정말 저를 위해 있지는 않았어요. 어머니는 이렇게 얘기하셨죠. '네가 이해해야 한다. 아버지는 하실 일이 많잖아. 아버지는 우리를 위해 일하시는 거야.' 물론 그건 저도 알 수 있었죠. 그렇지만 어머니의 외로움도 알 수 있었어요. 기본적으로 **저는** 아버지가 없었어요. 그리고 **어머니는** 남편이 없었죠. 그랬답니다. 우리에게 가정의 '부양자'는 있었죠. 아버지는 이 역할을 잘해내고자 하셨지만, 개인으로서, 인간으로서는 어디에도 없었어요. 아버지는 의무를 다해야 하고 이제 더 어려운 시절이 오고 있으며 우리가 행복하기만을 바란다는 핑계 뒤로 숨어버렸어요. 어차피 우리는 하루 열네 시간 일하는 남자에게 우리들의 문제까지 안겨줄 수 없다는 걸 너무 잘 알고 있었어요. 그럴수록 저는 어머니에게 의지했죠. 어린 시절 어머니는 제게 선한 천사 같은 존재였어요. 제 전부였죠." 하인리히 뵐(Heinrich Böll)은 1952년에 발표한 장편소설에서 전쟁 후 수백만 명의 독일인이 직면했던 이런 상황을 '보호자 없는 집'이라고 불렀다.[23] 우리는 재투성이 유형 인물의 가족사를 이렇게 그려보아야 한다. 그래야만 그림 동화의 재투성이라는 인물의 결정적 특징을 만든 **세 가지 계기**를 이해할 수 있다.

첫 번째 계기는 극히 중립적이고 신중해서 없는 것이나 마찬가지인 아버지다. 앞에서 문학사의 한 계기로 서술한 것, 이 동화의 허다한 전승 이본들에 나타나는 아버지의 **무력함**이라는 모티프는 심층심리학적으로 고찰할 때 내적 의미와 위치를 지니게 된다. 딸과 아버지의 관계 단절이 이후 어떻게 작용할지는 아직 분명하지 않지만, 그러한 관계 단절 자체가 재투성이의 삶에서 근본적인 사실 중 하나임은 분명하다.

두 번째 계기는 이후 '재투성이'가 되는, 자라나는 소녀가 아버지와 소원해지는 만큼 어머니에게는 더욱 끈끈하게 고착된다는 것이다. 이를테면 대여섯 살 여자아이에게 이 고착은 보통의 경우 정상적이라고 할 수 있다. 그림 동화의 서술을 믿어도 좋다면, 재투성이의 삶에서는 어머니와 결속이 약해지고 아버지(혹은 그 대체 인물)와 관계에서 스스로를 본질적으로 재규정하는 발달 단계[24]는 나타나지 않는다. 재투성이 소녀는 성장하면서 한 번도 어머니와의 긴밀한 결속에서 진정으로 벗어나지 않는데, 그 이유는 납득할 수 있다. 어머니와 딸이라는 지속적 이중 단일체*를 해소할 아버지가 존재하지 않기 때문이다. 그렇다. 아버지와 관계에서 느끼는 소원함과 가 닿을 수 없음 때문에 어머니와 딸의 관계는 더욱 긴밀해진다.

이를 감안하면서 **세 번째 계기**로서, 재투성이로 성장해 가는 소녀의 삶에서 **어머니의 죽음**이 어떠한 충격을 주었는지 가늠해볼 수 있다. 이는 재투성이의 인생을 이해하는 일이 본격적으로 시작되는 지점이고, 또한 재투성이 동화의 해석을 시작해야 하는 지점이다. 여기서는 미리 다음과 같은 사실 정도는 말할 수 있으리라. (그저 가능한 일로 끝났거나 아니면 정말로 일어났던) 어머니가 죽는 것은 재투성이 인격

이중 단일체(dualunion) 어머니와 공생 관계에 있는 신생아가 자신과 어머니를 한 몸으로 오인하는 것을 뜻하는 개념.

에 가장 지속적으로 영향을 끼치는 사건이다.

미리 밝히자면, **네 번째 계기**도 있지만, 이는 나중에야 의미를 띤다. 그것은 '외동딸' 모티프다. 지금 시작 단계에서는 어머니와 딸의 관계를 (아직) 다른 자매들 때문에 방해받거나 왜곡되지 않은 유일무이한 관계로 고찰해도 충분하다. 그러면 자세히 살펴보자.

동화 도입부에 따르면 핵심적 물음은 (여기 제시된 조건 속에서) 아이가 어머니를 여의고 나면 어떤 일이 일어나는가라는 것이다.

이 동화가 독특하다고 할 만큼 면밀하다고 할 수 있는 점은 어머니의 죽음을 느닷없는 변고, 미리 내다볼 수 없었던 불상사가 아니라 기본적으로 준비된 이별로 그리고 있다는 점이다. 동화, 혹은 동화에 견줄 만한 이야기를 해석하는 데는 언제나 '시간의 확장'[25]이라는 규칙이 성립한다. 이러한 유형의 이야기에서 순간 촬영처럼 그려지는 것을 제대로 이해하려면, 현실적 삶에서 여러 해에 걸쳐 일어나는 과정으로 받아들여야 한다. 달리 말하면, 재투성이의 어머니는 어느 날 느닷없이 아프기 시작하고 그 후 곧 세상을 떠난 것이 아니다. 오히려 여러 해에 걸쳐 어머니의 병과 죽음의 위협이 재투성이의 유년기 근본 감정을 규정했고 그로부터 비롯된 여러 엇갈리는 감정이 재투성이 안에 혼재했으리라고 봐야 한다. 비가 오나 눈이 오나 자신이 전적으로 기대고 있는 어머니의 삶이 얼마나 '미덥지' 않은지, 얼마나 위험에 처해 있는지를 날마다 겪어야 한다면, 죽음의 불안에 맞서는 데는 기본적으로 두 가지 방법밖에 없다. 어머니를 차차 스러져 가는 생으로 다시 끌고 오려는 시도를 능동적으로, 어느 정도 폭력적으로, 다시 말해 '공격적으로' 할 수 있다. 혹은 어쩌면 어머니의 원기를 회복하게 할지 모른다는 희망으로 자신을 최대한 '가볍게' 만들고 까다롭지 않은 아이가 되려고 꾀할 수 있다. 이 두 가지 행동 방식은 논리적으로 양립 불가능한 것 같지만 심리적으로는 혼재되어 있고 종종 서로를 규정한다.

첫 번째 방식은 우리 심리에 아주 깊이 닻을 내리고 있는 것인데, 고등동물들을 **행동심리학**[26]적으로 관찰할 때에도 찾아볼 수 있다. 얼마 전 독일의 텔레비전에서는 어느 동물의 비극을 방영한 바 있다. 침팬지 어미가 어느 정도 나이가 들어 새끼를 낳았다. 어미는 기운이 매우 쇠한 상태여서 새끼를 키우기 어려웠다. 새끼가 한 살 반쯤 되었을 때 어미는 심각한 병에 걸렸고 눈에 띄게 쇠약해졌다. 어린 새끼는 그 위험을 본능적으로 감지하고 불안에 떨면서 그렇지 않아도 힘이 부치는 어미에게 더욱 격렬하게 들러붙을 따름이었다. 간헐적으로 꼼짝도 않고 누워 있는 어미에게서 가끔씩이라도 살아 있다는 신호를 받고자 새끼는 어미를 그야말로 두들겨 패거나 물어뜯거나 이리저리 잡아끌었다. 새끼는 오래 전 이미 제 힘으로 살아갈 수 있게 자랐다. 그러나 역설적이게도 어미 때문에 두려운 나머지 새끼는 독립을 계속 지연했다. 새끼는 여전히 젖먹이마냥 어미가 안고 다니기를 원했고, 사실 오래 전에 벗어나야 했을 요구들을 고집스럽게 내세웠다. 새끼는 아픈 어미를 수발하는 것이 아니라, 절망에 빠져서 결코 누그러들지 않는 젖먹이의 공포를 드러냈다. 급격히 악화되는 현실 탓에 공포는 누그러지는 것이 아니라 갈수록 커지기만 했기에, 새끼는 결코 거기에서 벗어나지 못했다. 마침내 어미 침팬지가 눈을 감았고, 시청자는 새끼가 어미 곁에 쭈그리고 앉아 있는 모습을 보게 되었다. 새끼는 한 걸음도 옮길 힘이 없었다. 그러나 재투성이는 이 새끼 침팬지와 정확히 반대로 행동할 것이다.

이야기는 재투성이가 이미 독립성과 어머니에 대한 책임을 배운 나이에서부터 시작하는 듯하다. 만일 새끼 침팬지가 이후 발달 국면에서, 그러니까 어느 정도 독립적이 된 다음에 어미의 죽음에 대한 공포와 맞닥뜨렸다면, 어미의 쇠약함과 병을 겪으면서 전진적 방향으로, 즉 더 독립적이 되는 방향으로 나아가는 강한 추진력을 얻었을지도 모른다. 그러나 어미의 죽음이라는 공포가 너무 이르게 찾아온 탓에 새끼 침팬지는 심리적으로 퇴행하고 말았다. 즉 어미의 품속에 다시 주저앉은 것이다. 호기심 어린 탐색과 자라나는 정복욕이라는 '정상적인' 태도가 무력한 매달림과 잡아끌기로 변질되었다. 그러므로 충격적 공포가 상당히 늦은 발달 단계에, 즉 어머니의 요구에 자신을 맞추는 것을 이미 배운 다음에 나타나는 경우에만, 아이가 '재투성이' 방향으로 나아간다고 볼 수도 있다. 물론 그럴 수도 있다. 그러나 보통 재투성이 이야기는 아주 일찌감치, 생의 첫날부터, 아니 출생 이전부터 시작한다. 이를 이해하려면 재투성이 생애의 각 계기를 서술했던 것을 전체 맥락에서 보아야 한다. **예를 들어, 아버지의 '부'**가 적어도 아이가 보기에는 어머니의 '병'과 곧바로 관련이 있다는 식이다.

어머니의 고난이 기본적으로 아버지의 태도로부터 생겨난 것임을 꽤 이른 시기에 깨달은 소녀가 있다고 가정해보자. 아버지가 멀찌감치 '물러나지' 않았다면 어머니는 외롭지 않았을 것이고, **아버지**가 어머니 곁에 머물렀다면 **어머니**는 기진맥진하고 무력하지 않았을 것이며 자신을 혹사하고 기력을 잃고 선의와 활력을 소진하고 야위어 가지는 않았으리라. 그런 일을 겪으며 자라는 아이는 참으로 모순되는 감정을 느낄 수밖에 없다. 아버지가 어머니를 궁지에 몰아넣었다. 여기에는 의심의 여지가 없다. 그러나 언제나 어머니는 그런 것이 아니라고 말한다. 적어도 어머니 말을 들으면, 오히려 아버지는 어머니를 극진하게 보살펴주었고 선의를 보여주었으며 선량했다. 그렇다. 아버지가 한 일에 감사해야 한다. 물론 아버지는 겉으로 보기에는 집에 있을 때가 거의 없었다. 그러나 다시 어머니는 기이하게도 바로 그것이 아버지가 지극한 헌신과 책임을 수행했음을 보여주는 것이라고 설명한다. 그야 어떻든 간에, 그러한 가정에서 자라는 소녀는 바로 아버지가 어머니 옆에 **없기 때문에** 아버지가 어머니의 삶에서 얼마나 커다란 역할을 하는지를 이내 느끼게 된다. 이러한 상황에서 재투성이는 아버지의 무력함을 경험하면서 아버지의 실제적 **전능함**에 완벽하게 내맡겨져 있다고 느낄 수밖에 없다. 존재만으로도 어머니의 실존적 불안을 진정시킬 수 있을 그 남자는 아이 눈에는 틀림없이 초인적이고 마술적인 권능을 지닌 사람이다. 이는 아버지를 잘 알지 못한다는 객관적 상태 때문에 딸이 기대와 불안을 마음껏 투사할 여지가 크기에 더욱 그렇다. 재투성이는 아버지가 원하고 또 그럴 기회만 있다면, 아주 손쉽게 어머니를 위로하고 어머니 짐을 덜어주고 치유하고, 심지어 죽음에서 구할 수 있다고 생각한다. 그러나 아버지가 그렇게 **할 수 있으면서도** 하지 않는다고 암암리에 아버지를 책망하면서도 입을 굳게 다물어야 한다. 어머니는 아버지가 가족을 위해 너무도 열심히 일하느라 선의가 있어도 아픈 아내를 도울 수 없으며, 이는 소홀함이 아니라 **책임**을 뜻한다고 확언하기 때문이다.

그러한 상황에서 소녀는 세 가지를 한꺼번에 배운다.

첫 번째, 아이는 자신의 감정이나 어머니의 감정이 아버지의 감정에 비해 유별나게 중요하다고 여길 권리가 없다. 실제적 여건, 현실적 난관, 아버지 세계의 상황은 어차피 지금보다 나아질 수 없다. 그렇기 때문에 어리든 나이가 들었든 여성의 개인적 욕구 따위에 신경쓸 **처지가 못 된다.** 이러한 상황에서는 아버지의 (물질적) '부' 때문에 어머니의 (감정적) 빈곤과 가련함이 나타남을 쉽게 이해할 수 있다. 한 사람이 '헌신'하는 만큼 다른 사람이 희생하게 되는데, 그러면서 서로의 감정이 황폐해지는 상황에 대해선 진정으로 항의조차 할 수 없다. 상황이 지닌 힘 때문에 그런 일은 허용되지 않는다. 이처럼 분명한 상황에는 결코 맞설 수 없는 것이다.

찬찬히 뜯어본다면, 이러한 상황만으로도 성장하는 소녀의 체험 속에서 아버지를 향한 감정은 특이하게 굴절된다. 특히 중요한 것은 아버지 형상이 이중화되는 것이다. 아버지 형상은 안정과 보호를 갈망하는 어머니와 소녀 자신의 욕구를 충족시켜줄 **구세주**와 현실적으로 희망과 기쁨이 아니라 엄격한 굴종과 복종의 태도만을 취해야 하는 **완전히 다른 인물**로 분열된다. 나중에 우리는 아버지 상의 근원적 분열이 재투성이가 이후 사랑하는 사람에게 보이는 특이한 태도의 원인임을 살펴볼 것이다. 재투성이는 '왕'인 그 사람을 갈망하면서도 배필인 그로부터 도망치며, 그의 곁으로 가기를 원하면서도 피하려고 한다. 재투성이는 극도의 기대와 극도의 불안으로 사랑하는 사람을 덧칠한다.

이 지점에서 우리에게 더 중요한 것은 재투성이가 아버지에게 **공격**

적 감정을 쏟아내지 못하고 억압해야 한다는 사실이다. '현실적' 상황에 비추어볼 때 자기 삶의 요구를 주장하는 일은 무의미하다. '부유'하지만 늘 부재하는 아버지에 대한 커다란 환멸에서 나오는 공격성을 억눌러야 한다. 아버지에 대해 당연한 불만과 분통을 터뜨리면서 아내와 딸을 돌보지 않는 사람을 다른 사람들은 존경하고 높이 평가하니 잘못이라고 공공연하게 말할 경우에, '못되고' '배은망덕하고' 바로 '패덕한' 아이가 될 것이다. 아이가 그렇게 생각한다면, 남편을 정말로 사랑하는(혹은 사랑하는 척하는), 그리고 남편은 위협받는 자기 삶의 구원자라고 말하는 어머니의 반대에 부딪힐 것이다. 만일 모두 위에 그림자를 드리우는 (부재하는!) 아버지의 권위에 공공연하게 대든다면 딸과 어머니의 결속조차 머지않아 위험에 빠질 것이다.

왜냐하면 **두 번째로**, 재투성이가 목숨이 경각에 이른 병약한 어머니와 맺는 긴밀한 관계가 중요하기 때문이다! 이 관계도 양가적인데, 아버지와의 관계보다 더 양가적이다. 그런 환경에서 자라나는 소녀의 삶에서 내면의 중심은 아버지가 아니라 어머니이기 때문이다. 자식을 돌볼 힘이 없는 어머니에게 의존함은 동시에 두 가지를 뜻한다. 하나는 불안에 떨면서 어머니에게 **매달리고 싶음**을 뜻하고, 동시에 그럴 수 없고 그래서도 안 됨을 **느끼고 알고 있음**을 뜻한다. 새끼 침팬지와는 완전히 다르게, 재투성이는 그렇지 않아도 스스로를 감당하기도 힘든 어머니가 더 '무겁도록', 그야말로 견디지 못하도록 만들어서는 안 됨을 본능적으로 감지한다. 그리하여 오히려 재투성이는 어머니를 보호하기 위해 자신을 있는 힘껏 가볍게 만들어야 한다. 어머니가 자기 감정을 입 밖으로 꺼내기 전에 알아맞히는 법을 익혀야 한다. 최대한 조용해야 하고, 어머니를 보살피면서도 눈에 띄지 않고 성가시지 않게 행동해야 한다. 그러니까 이를테면 여덟 살짜리 소녀가 어머니에게 의존하지 않고 오히려 어머니의 버팀목이 되려고 혼신의 힘을 다해야 하는 것이다. **왜냐하면** 무슨 일이 있어도 어머니가 돌아가시는 일만은 막아야 하기 때문이다! 죽어 가는 어머니라는 지속적 위협의 그늘 아래에서 유년기와 청소년기에 체험하는 드라마를 떠올릴 때, 아이에게 얼마나 묵직한 공포가 가득하고 아이가 얼마나 분열되었는지 상상하기 어려울 정도다. 어머니의 죽음이라는 엄청난 일은 언제라도 일어날 수 있고, 그러면 모든 것이 끝이다! 마지막 남아 있는 유일한 기둥이 무너져버린다! 그리고 자기에게도 책임이 있을지 모른다! 너무 주제넘게 굴었는지도 모른다. 원하는 것을 너무 염치없이 표현했는지도 모른다. 어쩌면 감히 어머니를 책망하기도 하고 어머니의 끊임없는 슬픔을 귀찮아하거나 때로는 참을 수 없다고 타박했는지도 모른다. 언제라도 일어날 수 있었지만 너무 빨리 닥친 어머니의 죽음에 이런 일들이 직간접적으로 이바지했을 수도 있다. 사소한 반항과 불만을 표현한 것만으로도 어머니를 돌아가시게 하고 그래서 딸이 살인자가 될 수도 있다.

　달리 표현하면, 자기 삶이 의존하고 있는 어머니가 살아 계시도록 하기 위해 자기 삶을 자기 눈에 비치는 어머니의 삶과 마찬가지로 지속적인 죽음으로 변형해야 한다. 아버지는 가족을 위해, 어머니는 아버지를 위해, 딸은 어머니를 위해 희생하며, 그러한 상호 희생의 종속 관계에 묶인 채 그 누구도 자기 삶을 살아갈 수 없다.[27] 특히 재투성이 같은 소녀는 욕구와 기호를 마음껏 표현하는 것이 아니라 포기,

희생, 자기 억제를 통해서만 인정받을 수 있음을 단박에 배우게 된다. 이러한 방식으로 딸에게 영향을 끼치는 어머니 상은 아주 모순적이다.

한편에는 어머니가 있다. 어머니는 딸에게 선의만을 품고 있고 자기 요구를 내세우지 않고 오직 돌보고 돕고자 하며, 그것만으로도 사랑과 존경을 받을 만하다. 그렇지만 뚜렷한 고통과 병에 시달리는 어머니를 보며 딸은 측은함과 애착을 느낀다. 그 곁에 머물면서 이러한 어머니를 가슴으로부터 사랑하지 않을 수는 없으리라. 그렇지만 다른 한편으로 어머니의 죽음이라는 지속적 위협 때문에, 어머니를 벗어버리고 싶은 끝없는 짐처럼 느끼는 것도 피할 수 없는 일이다. 이것은 더없이 자연스러운 욕구다! 대체 어떤 아이가 내심 켕기지 않고 밖에서 뛰어놀기를 원치 않겠는가? 그렇지만 참담한 처지에 있는 어머니를 집에 두고 어떻게 밖에서 뛰놀 수 있겠는가? 그런 상황이라면 어머니 일손을 거드는 게 훨씬 좋은 일이다. 그렇게 자기 삶을 훼방 놓는 어머니를 사랑하기만 할 수는 없다. 따라서 선량하고 사랑하는 어머니지만 때때로 거부감이 일고 무관심해지며, 심하면 은밀하게 죽음을 비는 일까지 일어난다. 죽음의 지속적 위협에 빠져 있는 어머니에게서 한 번이라도 벗어났으면! 그러나 그저 암시일 뿐인 어머니의 죽음에 대한 환상을 품는 순간, 이러한 '바람'은 벗어날 수 없는 죄책감의 원천이 된다. 어머니가 죽기를 바라는 것은 살인자나 할 수 있는 짓이다! 끔찍한 죄책감에서 벗어나려고 더욱 적극적으로 도움과 책임과 자기 희생의 방향으로 도망치게 되고, 마침내 재투성이 딸은 완벽한 딜레마에 빠진다.

선의와 분별과 겸손과 배려를 두루 겸비한 태도는 참되고 미더운 것이지만, 재투성이 내면의 죄책감을 진정시키거나 가라앉힐 수 없다. 아이가 늘 버겁게 감당하는 책임감에 대해 사람들은 칭송하고 인정하지만, 아이는 수수께끼처럼 대개 자신이 주변 사람들을 감쪽같이 속이는 죄를 지은 못된 아이라고 느낀다. 아이 자신도 왜 그런지는 까마득하게 모르면서도, 자신이 결코 '착하지' 않고 잘 적응하지도 못함을 정확히 알고 있는 것이다. 그래서 아이는 자신의 바람을 긍정해서는 안 되고 어머니 때문에 느끼는 부담을 거부해서도 안 된다. 그 결과 어떤 것을 향해 다가가는 일이 어려워지고, 어떤 것에서 거리를 두는 일은 더욱 어려워진다. 달리 말해, 아이는 자기 삶을 꾸려나갈 수 없게 된다. 늘 생명이 위태로운 어머니의 희생 위에서 자기 삶을 살 수 없고 살아서도 안 되는 것이다. 어머니가 살 수도 죽을 수도 없었던 것과 마찬가지로, 그렇게 자라는 아이도 살 수도 죽을 수도 없다. 결국 선의가 넘치면서도 늘 자기 비판을 멈출 수 없는 삶이 된다. 그 삶은 겉보기에는 흠잡을 데 없고 다정다감한 듯하지만, 속으로는 자기 거부와 죄책감으로 가득 차 있다. 바깥에서 보는 관찰자 시선에는 발 벗고 나서서 돕기를 좋아하고 착하게 보이겠지만, 그 자신은 언제나 '성가신 존재'로 거부당한다는 느낌을 떨칠 수 없다.

냉정하게 살펴본다면, 이는 어머니를 돌보면서도 한없이 **성가시다고** 느꼈던 본래의 감정이 딸 자신의 감정 안에서 자기 자신을 향하고 내면화된 것이 분명하다. 별 도움을 주지 않는 부재하는 아버지에 대한 비난은 언젠가는 죽어 가는 어머니에 대한 비난으로 변하고, 이 비난이 모두 '부당'하기 때문에 마침내 자신을 비난한다.

재투성이의 삶이 탄생하는 이런 상황에서 심각한 점은 무엇보다도 **솔직하게 속내를 털어놓는 능력이 없다**는 데 있다. 재투성이는 죽어 가는 어머니의 그림자 아래에서는 자신의 참된 감정에 대해, 자신의 불안, 갈망, 환멸, 공격성, 죄책감, 회복의 희망에 대해 어머니에게 차마 말할 수 없음을 분명히 깨닫는다. 그렇지 않아도 지나친 짐을 지고 있는 어머니를 자기의 바람이나 비난이나 책망으로 더 힘들게 해서는 안 된다. 심리적 사태의 '억압'이 '언어 표상의 박탈'에 있다는 프로이트의 정의가 타당하다면,[28] 재투성이 이야기에서 갈등을 포함하면서도 친밀한 감정이 깃든 **대화**를 전혀 하지 않는 것이, 어머니에 대한 (그리고 아버지에 대한) 배려라는 도덕적 의무로 어려서부터 확고하게 굳어짐을 알 수 있다. 재투성이 소녀들은 나중에 여성으로서나, 결혼 생활과 가정 생활에서도 "그저 갈등은 없도록 하자.", "또 이런 말썽은 없도록 하자.", "이런 비참한 기분만은 느끼지 않도록 하자. 이런 감정은 질색이다." 같은 모토 아래 삶을 꾸려 간다. 겉으로는 유쾌한 생일 파티 중에 한참 웃다가 다짜고짜 울음을 터뜨린 어떤 여성은 "저 자신을 이해할 수 없어요. 대체 이게 어디에서 오는 것일까요?"라고 하소연했다. 어린 시절부터 사무친 외로움에 대한 사소한 기억 하나만 떠올리더라도, 손님들의 짓궂은 유쾌함을 더는 견딜 수 없게 된다. 나중에 그 일을 설명하면서 그 여성은 말했다. "저에게 중요한 일을 아무도 듣고 싶어 하지 않았어요." 실제로 그 여성의 삶은 40년 넘게 그래왔던 것이다.

그러므로 재투성이가 상황을 바꾸기 위해 맨 먼저 할 일은 이러한 갈등을 자기와 다른 사람들에게 인정하는 일이다. 그렇지만 바로 이것은 재투성이의 삶에서 유년기부터 불가능했던 일이다. 우리가 이제 이해하게 된 것처럼, 그 이유는 그저 일반적인 '갈등의 두려움' 때문이 아니다. 온갖 부담을 당연하다는 듯이 받아들이는 것은 재투성이라는 존재의 특성에 속한다. 실제 있는 어려움과 압력을 허심탄회하게 털어놓을 수 없게 만드는 진정한 장애물은 치명적인 망설임인데, 이는 다른 사람에게 (특히 어머니에게) 자기의 문제까지 안길 경우 그 사람을 지나치게 힘겹게 할까 걱정하는 데서 온다. 어머니와 딸은 절대 깨지지 않는 매우 강한 공생 관계인데도 이러한 상황에서는 두 사람 모두 뼈저린 쓸쓸함과 고독을 느낀다. 그렇지만 두 사람은 이를 결코 인정하지 않을 것이다.

어머니에게 딸은 겉으로는 명랑하고 수다스럽고 아무 근심도 없고 구김살 없이 적응 잘하고 돌보기 쉬운 아이인 반면에, 내면은 자신에 대해 근원적으로 절망을 느끼고 모든 면에서 스스로를 걸어 잠그고 지극히 답답해하고 지나치게 혹사하고 무력하고 곤경에 처해 있고 수심에 휩싸인 소녀다. 이런 상태는 오래될수록 더욱 심각해지고, 그야말로 '형언할 수 없게' 된다. 독립적이고 행복한 겉모습 탓에 도움이 필요한 심각한 상태를 아무도 눈치채지 못하기 때문에 더욱 그렇다. 자신에 대해 솔직하게 터놓고 이야기하려면, "나는 괜찮아.", "이렇게 좋은 상황에 감사해.", "아니야, 필요한 거 없어." 같은 차단벽을 깨야 한다. 달리 말해, 주변 사람들이 쓰디쓴 **환멸**을 겪어야 하고, 특히 재투성이가 느끼는 쓰디쓴 환멸이 해당 인물에게 정확히 전달되어야 하는 것이다. 그러나 어린 시절부터 재투성이 소녀의 영혼에 단단하게 자리 잡은 죄책감 탓에 이런 일은 정말 쉽지 않다.

착한 아이 콤플렉스의 기원
"사랑하는 딸아, 경건하고 착하게 살아야 한다."

아직도 우리는 동화를 해석하는 출발선에 서 있다. 그러나 재투성이의 본질이 지니는 근본적 **피폐함**은 상당 부분 이해하게 되었다. 그것은 겉으로 명랑해 보여야 하는 딱하고 애처로운 아이라는 사실, 인정을 받기 위해 할 수 있는 모든 일을 다 해야 하면서도 설사 인정받는다고 해도 결코 선뜻 받아들여서는 안 된다는 사실이다. 면밀히 살펴본다면, 내면과 외면의 변증법, '재 속에 있음'과 '왕비가 됨'의 변증법이 이미 나타난다. 그것은 다음 페이지의 도표에서처럼 네 가지 요소의 악순환으로 나타난다.

지금까지는 재투성이의 고유한 점을 다만 '상황'(아버지와 어머니의 관계)에 따라 결정된 현재의 체험이 단순히 침전된 것으로 고찰했다. 그러나 '재'와 '옥좌' 사이에서 살아가는 것, 거부당하는 현실과 그럴수록 더 높이 놓이는 기대 사이에서 살아가는 일의 본질을 진정으로 이해하려면, **세 번째**로 **환영받지 못한다는 느낌**을 함께 고찰해야 한다. 이제까지 가정했던 것처럼 어머니의 고통 앞에서 느끼는 죄책감과 환영받지 못함이라는 체념적 감정은 어떠한 특별한 소망이나 거부 때문에 나타나게 된 것인가? 그렇더라도 소망과 욕구가 전혀 없는 인간을 생각할 수 있겠는가? 재투성이가 일찌감치 느끼는 것처럼, 아이는 어머니에게 특별한 애원이나 한탄을 늘어놓기 때문에 '성가신' 존재가 되는 것이 아니다. 지나치게 무거운 짐을 진 사람에게는 딸이 존재한다는 사실 자체가 견딜 수 없이 무거운 것이다. 솔직하게 말하자

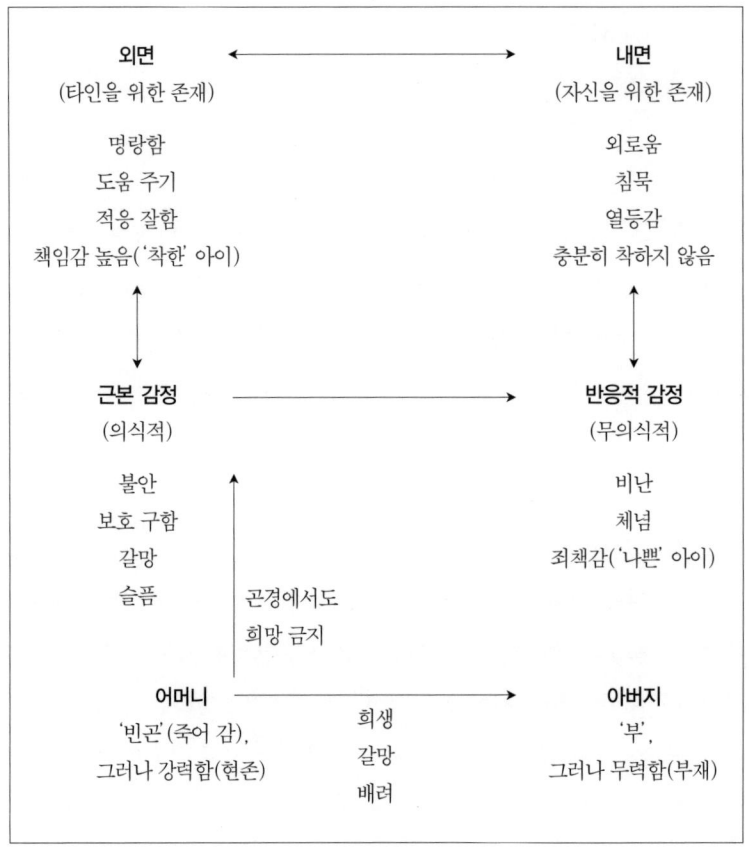

면, 딸은 거기 있다는 사실 자체 때문에 이미 어머니에게 '지나친' 존재다. 그러나 어머니도 딸도 다른 사람에게 이를 기꺼이 인정할 수 없다. 어머니는 이 감정을 인정해서는 안 된다. 책임감 때문이다. 딸도 이런 감정을 인정해서는 안 된다. 노력하면 어머니에게 '짐이 되지 않고' '쓸모 있는' 존재가 될 수 있고 (더불어 근근이 죽어 가는 것이 아니라) 더불어 살아갈 수 있으리라는 희망 때문이다. 아이는 자신이 존재한다는 단순한 사실만으로 어머니에게 환영받지 못하고 시의적절하지 않고 큰 짐이 된다는 것을 진정 철저하게 인식하지는 못한다. 그래서 생존을 위해서라도 이러한 느낌을 슬쩍 넘기도록 노력해야 한다. 그래서 견딜 수 없는 현실로부터 도피하려면 아버지 상의 이중화와 마찬가지로, 어머니 상과 관련해서도 현실적 경험을 승화시켜야 한다. 그리움과 욕구로 이루어진 이상적 상을 고착화함으로써, '부재하는' 아버지를 그에 대립하는 '원래의' '진짜' 아버지라는 상으로 대체하거나 교정하듯이, 지치고 과로하고 무거운 짐을 진 어머니 상과 나란히 이제 선량하고 보살피고 베푸는 인물 상이 나타난다. 아버지와 마찬가지로 어머니도 분열되는데, 그중 긍정적 부분은 이후 보게 될 왕자의 상 안에 녹아든다.

라이너 마리아 릴케(Rainer Maria Rilke)의 《강림절》에는 어머니에게 거부당한다고 느끼는 소녀의 내면을 매우 잘 묘사한 작품이 실려 있다. 릴케는 이렇게 쓰고 있다.

그녀는

환영받지 못하는 아이였다.
어머니의 저녁 기도에서도 쫓겨나고
그리하여 늘 아낌없이 베푸는
위대한 존재로부터 영원히 멀어졌다

그녀는 조금밖에 원하지 않았다. 그리고 이따금 그녀 너머로

울음 같은 것이 왔다
심홍색 천막들 있는 나라로
낯선 가락으로

먼지 없는 순백의 길들로,
그리고 그녀는 머리에 장미를 꽂았지만 영영
사랑을 믿을 수
없었다, 봄의 한가운데에서도.[29]

    욕구와 애착을 품고 사는 일이 **죄**가 되는 세계에 대해 이보다 더 탁월하게 감정 이입을 할 수는 없으리라. 그 세계에서는 뒤로 밀린 채 억눌려 사는 현실이 결코 채워지지 않는 낮의 꿈과 황홀한 밤의 환상 속에서 펼쳐진다. 환멸로 가득 찬 현실 탓에 그러한 환상을 갈망하면서도 두려워한다. 이 세상 깊은 곳에 감춰져 있을 것이라고 소망하던 저 전대미문의 사건이 실현되려 한다고 해도, 곧 그것은 믿을 수 없는 일, 있을 수 없는 일처럼 느껴진다. 그래서 오히려 그로부터 도망치려고 할 것이다. 삶을 유지시키는 그런 꿈들이 비천한 현실 앞에서 거부당하는 것을 확인하기보다는, 차라리 이룰 수 없는 행복을 계속 **꿈꾸는 것**이 더 낫기 때문이다. 궁극적 환멸에 대한 두려움은 결국 지속적 **자기 환멸**이라는 **회피하는 태도**를 낳는데, 이 자기 환멸에서는 꽃 피는 삶의 아름다움과 정열과 첫 출발도 오로지 이르게 늙고 시들어버릴 수밖에 없다. 희망을 완전히 억누르고 사랑의 환상에 굶주리고 이를 과도하게 갈망하면서도 그에 다가서기를 두려워하고 도망치는 일. 아직 우리는 재투성이 생애의 발걸음을 하나하나 유심히 살피는 일은 시작도 하지 않았다. 그러나 옥좌와 부엌의 잿더미 사이에서 겪는 체험이 지닌 특성과 감정 상태와 내적 모순은 이미 충격적으로 분명해졌다. 릴케는 그러한 삶은 아무것도 '베풀지' 않는다고 말한다. 거기에는 관대함과 자유가 없으며, 모든 일이 수행되고 정당화되어야 하고, 모든 것이 '쓸모 있고' '필요한' 것으로 입증되어야 한다. **그것도** 아버지 세계가 상징하는 '부유함'에도 불구하고! 닿을 수 없는 행복이란 진열장 안의 휘황찬란한 상품들 앞에 늘 서 있기만 하는 삶이다. 불안에 가로막힌 세계의 한가운데에 서 있는 존재다.

다만 릴케의 시에서 한 가지 중요한 세부 사항을 수정해야 하리라. 그저 이 지상에서 '환영받지 못하는' 아이일 뿐이라면, 아마도 재투성이가 아니라 헨젤이나 그레텔로 커 나갈 것이다.[30)] 재투성이에게는 이러한 거부가 여김없이 **부인**된다. 재투성이 어머니는 '저녁 기도'에서 결코 딸을 빼놓지 않는다. 오히려 그 반대다! 어머니는 사그라드는 모자란 모성의 힘을 탄원의 기도로 보충하려고 몸부림칠 것이다. 하늘에 계신 아버지에게 이 지상에서 턱없이 모자란 것을 채워 달라는 기도를 하면서, 재투성이 어머니는 임종을 눈앞에 둔 병상에서까지 하느님 마음에 드는 삶을 살라고 딸에게 권한다. 이는 그림 형제의 《어린이와 가정을 위한 이야기》가 지니는 경건함과 상냥함 때문만은 아니다. 이제까지 이야기한 것만 보아도, 재투성이의 태도는 지상의 굴욕을 종교적으로 승화시킬 준비가 잘 되어 있다. 환상 속에서 현실을 경험하는 이러한 '리비도 반대집중'[*]에 형이상학적 무게만 실어주면 되는 것이다.

어느 여성은 내게 이렇게 말했다. "네 살 때 어머니는 저를 성모 마리아에게 바쳤습니다. 어머니는 너무 실의에 빠져 다른 길을 찾지 못했던 거죠. 실종된 아버지가 언제 전쟁에서 돌아올지 알 수도 없는 상황이었어요. 어머니는 기다리고 또 기다렸어요. 어머니는 우리 행복이 아버지의 귀향에 달려 있다고 생각했어요. 아버지가 돌아가신다면 어머니에게는 모든 것이 끝나는 것이었죠. 그러니까 저는 불안과 기대가 뒤섞이고 희망과 절망이 뒤섞인 가운데 어린 시절을 보냈습니다. 그리고 매일 저녁 어머니와 함께 장미 화환 앞에서 아버지가 돌아올 수 있기를 기도했죠. 저는 하느님이 기도를 들어주시도록 바쳐진 거예요. 그래야 우리 삶을 다시 시작할 수 있었거든요. 또한 어머니가 생존을 위해 호된 굴욕을 겪고 갖가지 잡일을 하는 것을 보았어요. 종종 그런 상황에 내심 반발했습니다. 그렇게 낙담하여 아버지의 귀환만 기다리는 것을 그만두라고 말하고 싶었지요. 이제는 자신을 위해 무언가 해야 한다고요. 그렇지만 어머니 앞에서 감히 그런 말을 진솔하게 털어놓지는 못했어요. 게다가 제가 신앙심이 깊을 때 어머니가 저를 제일 좋아한다는 걸 느꼈죠. 그래서 여러 시간 동안 교회에서 무릎을 꿇고 있었고, 마을 사람들은 모두 저의 신앙심을 칭찬했어요. 수녀가 되었더라도 아마 아무도 놀라지 않았을 거예요."

이 여성은 소녀 시절에 이미 어머니의 불안을 보며 천상의 온정과

리비도 반대집중 정신분석에서 자아의 방어 기제 중 하나. 무의식으로 잠겨버린 금지된 소망과 생각이 의식으로 밀고 나올 때 필요한 심리적 에너지와 동일한 양의 심리적 에너지를 투여하여 이 소망과 생각을 무의식적 상태로 유지하는 것을 말한다.

위로와 도움을 받아야만 지상의 끔찍함을 이겨낼 수 있음을 배웠다. '진짜' 아버지라는 이상적 인물은 하늘에 계신 아버지라는 표상과 하나로 녹아들었다. 두 아버지는 긴밀히 결합되었고, 지치고 분노한 어머니의 상 위에는 엄포와 처벌의 아우라를 지닌 신의 표상이 그림자를 드리웠다. 그렇지 않아도 어머니의 신은 전혀 친절하거나 관대하지 않았다. 하느님에게 작은 축복이라도 받으려면 빌고 애원해야 했고, 축복을 받더라도 하느님의 유보 조건과 변덕 탓에 완전히 안심할 수 없었다. 재투성이는 지상의 모순들을 하늘나라로 승화시켜야 한다. 가슴 아프게도 인간이라는 유한한 존재에게서는 찾을 수 없는 의지처를 신이라는 절대적 존재에게서 찾기 위해서.

동화 해석에서는 어쩔 수 없이 심층심리학이 종교심리학이 되는 순간이 있게 마련이다. 오늘날에도 수많은 사람들은 앞서 언급한 〈성모 마리아 송가〉를 기독교의 기도에서 가장 소중한 보화로 여기는데, 그것은 바로 이러한 대조 때문이다. 여기에서는 사람들 사이에서 굴욕당하는 자가 하느님에게서 드높임을 받는다고 약속한다. 더욱 힘차고 강하게 살아가는 데 보탬이 되는 종교적 위안은 환영받는다. 그렇지만 인간의 희망을 무한성 안에 고착시키는 종교 언어는 바로 그 점 때문에 삶을 촉진하기보다 저해하기도 한다. "하느님은 낮은 자를 높이 들어올린다." 이 말은 하느님이 오직 '굴욕당한 자'와 '모욕당한 자'만 사랑한다는 믿음을 사람들에게 **심어줄 수 있다.** 아니, 기독교 문명에서는 정말로 **그렇게 해 왔다.** 이런 신앙은 종교가 사람들을 구원해야 할 바로 그 상태를 은밀하게 하느님 '은혜'의 전제조건으로 만들어버린다. 고통은 미덕으로 미화되고, 비인간적인 일은 '그리스도 신앙'

안에서 거룩하게 살아가는 칭송받는 인생이 추구할 목표가 되어버린다. 그리고 소녀에게 지극히 정상적인 행복 추구는 여기에서 '지고한 성모에 대한 사모'[31]라는 피학적 신비주의로 왜곡된다. 그림 동화 가운데 〈마리아의 아이〉(3번 동화)는 신의 어머니라는 이상을 교회가 그런 식으로 악용한 최고 혹은 최악의 사례다.[32]

다행스럽게도 재투성이는 그나마 그러한 쪽으로도 전개될 수 없었다. 이는 믿음을 포함해 모든 것이 짐으로 부과되기 때문이리라. 이러한 믿음은 마음속에서 그 자신의 욕구로 조용히 자라나기보다 무거운 짐으로 부과되는 것이다. 더구나 재투성이 동화에서는 하느님의 섭리를 청하는 기도에서 기본적으로는 늘 세속적 목표가 기도의 대상이었음을 분명하게 알 수 있다. 재투성이의 신앙심은 신앙심의 세속적 '사용 가치'에 무지할 만큼 숭고해 보이지는 않는다. 앞서 내게 자신의 이야기를 들려준 여성이 어린 시절에 올린 기도 내용은 "아버지가 돌아오도록 해주세요."였다. 늘 무시당하지만 실은 매혹적으로 아름다운 자신을 언젠가 더러움과 오욕에서 건져 올려줄 누군가를 만나는 일, 자신을 끌어올려줄 왕 같은 누군가를 만나는 일, 그것이 재투성이 소녀가 바라는 세속적이고 소녀다운 꿈과 희망의 내용이다.

어느 여성은 이렇게 말했다. "열네 살 때부터 줄기차게 로맨스 소설들을 읽었던 것을 지금까지 기억합니다. 용돈을 몇 푼 받으면 가판대에서 그런 소설을 샀죠. 그러고는 모든 고통이 끝나고 사랑하는 사람들이 서로 만나게 되는 세계로 빠져들었어요. 거기에는 언제나 부유한 귀족이 가난한 농부의 딸을 데려가거나, 고명한 의사가 남의 눈에 잘 안 띄는 간호사와 부부의 연을 맺는 그런 이야기들이 있었어요. 아무리 읽어도 물리지 않았죠. 그 당시 그런 이야기들이 상상을 가득 채웠어요. 그런 것들이 제 자신과 무슨 상관이 있는지는 몰랐죠. 그저 집에서 떠나기만을 갈망했어요."

성장하는 소녀가 품은 소망의 세계는 신앙심과 동경으로 펼쳐지며, 이 둘은 어머니와 아버지의 상을 천상의 편과 지상의 편으로 분열시킨다. 또한 이렇게 분열된 두 진영이 지니는 구원과 구출이라는 특징은 색이 바래지 않는다. 그러나 분열된 둘 사이의 빈틈으로는 불안이 밀려든다. 그 불안은 이후 재투성이의 삶에 충격을 안겨줄 것이다. 재투성이의 소망은 신앙에 반영되면서도 그 안에 완벽하게 녹아들지 않는다. 그래서 지상적인 것과의 조화 가능성에 대한 물음, 혹은 자신과 타인들에 대한 기대의 실현 가능성에 대한 물음이 극적으로 고조된다.

그림 형제가 동화를 서술하는 독특한 주도면밀함은 이미 도입부의 재투성이 묘사에서 결정적 단어가 두 번이나 등장하는 데서도 볼 수 있다. 어머니는 "죽음이 가까워졌음을 알고는" 딸에게 **"한결같이** 경건하고 착하게 살아야 한다."라고 말한다. 그리고 정말로 여자아이는 **"한결같이** 경건하고 착하게 살았다."는 것이다. 재투성이의 태도가 어머니의 죽음으로 변한 것이 아니라 오히려 더 강하고 확고해졌다는 사실을 분명하게 이야기하고 있다. 이야기에 따르면 소녀는 어머니가 세상을 떠난 뒤에도 그 이전에 그랬던 대로 **한결같았다.** 이런 말은 중요하다. 달리 말하면, 그림 형제가 묘사하는 바에 따르면, 재투성이의 '선함'과 '경건함'은 어머니의 죽음과 따로 떼어놓고 이해할 수 없기 때문이다. 여기에서 그리는 대로, 재투성이의 본질에는 병들고 선량한 사랑하는 어머니의 그림자가 속하는 것이다. 어머니는 아이로 하여금 기쁜 삶이 어떤 것인지 충분히 예감하도록 하지만, 자신의 (삶의 처지에서 오는) 허약함 때문에 이내 이러한 희망에 대한 약속을 철회한다. 그리고 결코 위안받을 수 없는 불안과 채워지지 않는 그리움 속에서, 딸을 자신에게 굳건히 결속시키고 이러한 풀기 어려운 결속 속에 딸을 홀로 남겨 두는 것이다.

'살아 있음'의 죄의식

"매일 어머니 무덤에 가서 눈물을 흘렸습니다."

어머니의 '죽음이 가까워졌음을 알고' 있는 상황은 재투성이 유형에 속하는 숱한 여성의 삶에서 오랫동안, 때로는 평생 지속될 수 있다. 그에 비해 그림 동화는 일찌감치 어머니가 돌아가신 아이에 대해 이야기한다. 그때까지 불안감 속에서 미리 짐작했던 일이 실제로 닥친 것이다. 어머니가 세상을 떠났다.

아이의 체험에서 어머니의 죽음이 무엇을 의미하는지를 어렴풋하게라도 떠올려보는 데 노르웨이 화가 에드바르 뭉크(Edward Munch, 1863~1944)의 〈죽은 어머니〉[33]만큼 웅변적이면서 충격적인 묘사는 없을 것이다. 뭉크는 늘 그랬듯이 이 모티프를 여러 번 표현했다. (다음 작품과 비교할 것. 〈죽은 어머니와 아이〉, 1894, OKK 420; 1901 아연판에 드라이포인트, OKK 54-1 Sch. 140)[34] 〈죽은 어머니〉는 어머니 라우라 뭉크가 1868년 서른 살의 나이로 결핵으로 유명을 달리 한 순간을 담고 있다. 뭉크의 어머니는 스물한 살이나 더 많은 군의관 페테르 크

에드바르 뭉크, 〈죽은 어머니〉(1899년경)

리스티안 뭉크(1817~1889)와 8년의 결혼 생활 끝에 다섯 아이를 남겼다. 일곱 살인 소피에(1862~1877), 여섯 살인 에드바르, 세 살인 안드레아스(1866~1895), 두 살인 라우라(1867~1926), 그리고 이제 막 11개월 된 잉거(1868~1952).[35] 그림의 **배경**에는 죽은 여자가 누워 있다. 갸름하고 창백한 얼굴에 눈구멍은 크고 코는 날카롭다. 작은 입은 잘 보이지 않고, 검은 머리칼은 툭 튀어나온 채 드러난 이마 뒤로 넓게 펼쳐져 있다. 얼굴은 살아 있을 때에도 틀림없이 죽은 사람처럼 보였으리라. 베개가 그 얼굴을 감싸고 있고, 그나마 팔은 보이지만 나머지 몸은 거의 윤곽 없이 넘어가고 있다. 아니 **사라져 가고** 있다. 그러나 이 그림 **이전**에 이와 동일한 모티프의 원본이 존재한다. 뭉크는 막스 클링거(Max Klinger)의 1889년 그림에서 모티프를 얻었다. 그러나 그 차이란![36] 클링거의 그림은 어떤 핵심적 관념을 상징적 묘사를 통해 분명히 드러낸다. "개개인은 죽지만 혈통은 살아남는다." "(거기 어떤) 젊은 여성이 수직으로 세워진 머리에 몸통은 없이, 열려진 관에 누워 있다. 발가벗은 아이가 가슴 위에 쭈그리고 앉아 있다." 옆으로 고개를 돌려 질문하듯이 그림을 응시하는 사람을 바라보면서. 부드럽고 길게 늘어진 머리채에 화환을 쓴 "젊은 어머니는 개인의 죽음을 상징하는 반면, 아이는 지속적인 삶을 표현한다." "이 구성을 기둥이 이중인 바로크식 아치형 건축물이 둘러싸고 있는데", 기둥들 사이로 가지가 부드러운 작은 나무와 나뭇잎이 무성한 울퉁불퉁한 늙은 나무를 볼 수 있다. 어린 생명의 상징인 작은 나무는 아이 옆에서 자라난다. 이 그림의 전체 구성은 관념적 구상을 따르며, 그 구상을 암호화한 것이다.[37]

막스 클링거, 〈죽은 어머니〉(1889년)

뭉크의 작품은 이와는 전혀 다른 방식으로 묘사하고 있다. 뭉크는 어머니의 죽음을 지켜보는 순간의 심리적 체험을 표현주의적으로 재현하는 데 주력한다. 다시 말해 뭉크는 돌아가신 어머니의 병상 앞에 있는, 그때 겨우 두 살이었던 어린 누이동생 라우라를 그린 것이다. 이 상황을 이해할 수 없는 아이는 다만 무력하게 무언가를 묻는 듯이 물기에 젖은 푸른 눈으로 허공을 응시한다. 아이가 건너다보는 그림의 감상자도 이 소녀를 들여다보면서 틀림없이 다부지게 앙다문 아이의 작은 입처럼 마비되어 있을 것이다. 라우라는 까만 부츠와 양말을 신고 서 있다. 희고 파란 색조의 앞치마와 흰 스웨터를 입고, 팔을 반쯤 드러내고, 두 손은 귀 위로 올려 금발의 곱슬머리 안에 넣고 있다. 마치 조그만 머리를 꿰뚫는 고통스러운 신음 소리, 앞으로 다시는 벗어날 수 없을 그 신음 소리를 듣지 않으려는 듯이. 우리는 뭉크의 누이가 끝내 정신병원에 들어갔음을 알고 있다.[38] 우리는 이 그림에서 라우라의 영혼에 장애를 일으킨 원천, 어떠한 이해도 불가능한 그 고통을 읽을 수 있다. 여기에서는 단지 어머니가 돌아가신 것이 아니라, 어머니와 함께 아이에게서 유년기 전체가, 아니 온 세상이, 더 나아가 아이의 자아가 죽어버렸다. 아이의 눈을 들여다보는 사람은 다시 구제할 수 없는 저 깊은 상실을 내려다보게 된다. 거기에서 벗어나는 일은 이제 있을 수 없으리라. 이 아이에게는 결코 어머니가 죽어서는 안 되는 것이었다. 그러나 우리는 누워 있는 시신에서 어머니의 기력이 완전히 다한 것을 뚜렷하게 볼 수 있다. 아니, 마치 잘 먹은 아이의 통통한 몸이 헬쑥한 어머니와 대비되면서, 아이가 불행에 직접 책임이 있는 것처럼 보일 지경이다. 클링거의 그림에 등장하는 아이는 돌아가신 어머니의 가슴 위에서 꼭 옥좌에 오른 요정처럼 보인다. 아이의 모습은 앞으로 아이가 별 탈 없이 살아갈 것임을 보여준다. 그에 반해 라우라의 미래는 다시 꽃피울 삶을 향한 재생의 의지가 아니라, 다시는 어떤 앞날도 믿을 수 없는 완벽한 절망이다. 이 작은 생명은 시작하기를 기다렸다는 듯이 끝이 났다. 어머니가 숨을 거둔 바로 그 순간 아이도 죽어버린 것이다.

딸과 이름이 같은 뭉크의 어머니는 죽음을 예감했다. 그래서 자식들이 임박한 불행에 대비할 수 있도록 온갖 노력을 다했다. 막내 잉거를 낳으면서 어머니는 자식들에게 "이별의 편지를 썼다." 그것은 〈재투성이〉에서 죽어 가는 어머니의 말씀과 비슷하다. "사랑하는 내 아이들아! 예수 그리스도께서 여기에서, 그리고 저기 하늘나라에서 너희에게 행복을 주실 거야. 그분을 끝없이 사랑해야 해. 그분에게 등을 돌려서 슬프게 하지 마라. …… 사랑하는 내 아이들아, 귀여운 아이들아, 이제 안녕이라고 말해야겠구나. 아버지가 하늘나라로 가는 길을 잘 가르쳐주실 거야. 나는 거기에서 너희를 기다리고 있을 거야. …… 하느님이 너희와 함께하시기를, 그리고 하느님이 언제나 영원히 너희를 지켜주시기를. 소피에, 작고 창백한 에드바르, 안드레아스, 라우라, 그리고 사랑하는, 잊을 수 없는, 늘 희생하는 남편에게. 라우라 뭉크."[39]

"희생하는 남편" 옆에서 자신도 짧은 생을 아이들에게 희생했던 어머니는 이렇게 썼다. 종교와 의무("한결같이 경건하고 착하게 살아라.")는 삶에서 가장 중요한 버팀목이었고, 이제 죽어 가는 순간에도 유일한 위안을 주고 있다. 하늘에서 아이들을 기다릴 것이다. 아이들이 하늘나라로 가는 올바른 길을 따르기만 한다면, 얼마 지나지 않아 거기에서 아이들을 다시 만나게 될 것이다. 이 무력하면서도 경건한 말 속에서, 어머니의 사랑은 하늘이 보호할 것이라는 언약으로 압축된다. 이 약속은 위로할 수 없는 불행을 그나마 위로하는 것이다.

에드바르 뭉크는 일기에서 누나 소피에와 자신이 어머니와 작별하던 순간을 묘사한 적이 있다. "커다란 더블베드의 아래쪽 발치에 놓인 작은 어린이 의자 두 개에 우리는(두 아이는) 꼭 붙어 앉아 있었다. 키가 큰 여자(어머니)가 그 곁에 창문 쪽을 향해 크고도 어둡게 서 있었다. 그 여자는 아이들을 떠나게 될 것이라고, 떠나야 한다고 말했다. 그리고 자기가 떠나면 슬플 것 같냐고 아이들에게 물었다. 아이들은 예수님에게 의지하겠노라고 다짐해야 했다. 그러면 아이들은 하늘나라에서 어머니와 재회하리라. 아이들은 다 알아들을 수는 없었지만, 무서울 만큼 슬프다고 느꼈고 눈물을 줄줄 흘리며 울었다."

그리고 어머니와 보낸 마지막 크리스마스, 그 불안하고도 구슬픈 성탄절이 있었다. 그 다음 1868년 12월 29일 "우리는 한 명 한 명 침대로 다가가야 했고, 어머니는 이상한 표정으로 쳐다보고 우리에게 키스했다. 밖으로 나온 우리를 하녀가 낯선 사람들에게로 데려갔다. …… 한밤중에 사람들이 우리를 깨웠다. 우리는 당장 깨달았다."[40] 당시 에드바르 뭉크는 여섯 살이었다. 어머니의 죽음은 평생동안 남은 커다란 트라우마였고, 그의 본질을 규정했으며 그 후 결코 사라지지 않은 사건이었다.

그러한 순간에 제일 심각한 사실은 아무리 사랑스러운 작별의 말조차 이별의 상심을 진정시키기보다 오히려 더할 뿐이라는 것이다. 죽어 가는 어머니가 아이들에게 사랑을 깊이 확인해줄수록 아이들은 사랑하는 어머니를 잃는 아픔을 더욱 사무치게 느끼게 된다. 특히 그 전부터 어머니가 머지않아 돌아가실 것이라는 끊임없는 불안 속에서 지내야 했다면 더욱 그렇다. 앞서 언급한 새끼 침팬지처럼 어린아이도 자신의 지지대가 약하다고 느낄수록 거기에 더 연연하게 된다. **쉴새 없이** 어머니의 안녕을 걱정하면서 살아야 하는 아이는 지속적으로 '뛰쳐나갈 준비'를 하는 동시에 해소되지 않는 불안 속에서 집착에 빠져든다. 이것이 바로 노르웨이 화가 뭉크와 그림 동화의 재투성이의 유년기 상황이었다. 그러나 이후 아이의 성장에서 중요한 질문은 최후에 결정적 영향을 주는 것이 도주 경향인지, 집착인지라는 문제다. 노르웨이 화가의 삶에서는, 어머니로 인한 유년기 불안이 어머니와 같은 여성에 대한 만성적 불안을 가져왔다. 그러면서도 뭉크는 그러한 여성을 줄곧 추구하면서 나중에 삶과 죽음의 원천으로서 계속 새로운 형태로 그림에서 묘사했다. 이와 달리 그림 동화에서는 어머니에 대한 집착과 그리움이 지배적이다. 이는 여기에서도 나타나는 도주 경향을 결국 극복하게 만든다. 물론 처음에는 이와 다른 상태가 나타나는데, 이는 뭉크의 또 다른 그림이 여실히 보여주고 있다. 그 그림은 1896년에 그린 〈교회 뜰의 성모〉다.[41]

어머니의 죽음 이후 재투성이 영혼의 상태는 바로 그렇게 그려진다. 이제 재투성이의 진정한 거처는 묘지이다. 재투성이의 삶은 어머니 무덤에 묶여 있다. 그리고 늘 죽음과 이별에 위협받는 삶에 대한 불안은 죽은 사람과의 영원한 합일에 대한 그리움과 욕구로 바뀐다. 어머니의 죽음으로 지상에서 영원히 거부당한 그 소망은 한시 바삐

에드바르 뭉크, 〈교회 뜰의 성모〉(1896년)

죽고 싶다는 희망으로 옮아 간다. 죽음이 구원인 것이다! 죽음은 더 나아가 스스로 자초한 징벌처럼 나타난다. 자기가 아예 세상의 빛을 보지 않았더라면, 어머니도 여태 살아 있을 가능성이 크지 않은가? 어머니도 이 모든 일이 너무 힘겹다고 늘 말하곤 하지 않았던가? 어머니가 다시 한 번 아이를 낳으면 영영 일어나지 못할 것이라는 말을 들어온 아이는 어떤 느낌이 들겠는가? 자신이 태어나지 않았으면 모두에게 더 나았을 것이라고 생각하지 않겠는가? 그 편이 어머니 관에 못을 박은 아이가 되는 것보다는 나았으리라고 생각하지 않겠는가? 가장 사랑하는 사람에게 자신의 존재가 치명상을 입히는 것을 또렷하게 느끼는 것은 가장 깊은 죄책감을 부른다. 그렇다면 사랑하는 사람이 죽으면 어떤 의미에서는 함께 죽는 것이 도리가 아니겠는가? 도대체 계속 살아남을 권리가 있겠는가? 도대체 앞으로 살아가면서 어떤 요구를 정당하게 할 수 있겠는가?

 마치 천천히 죽어 가듯이 자기 삶을 소모하면서, 돌아가신 어머니가 아이들을 위해 그랬듯이 돌아가신 어머니를 위해 희생하는 것, 이러한 '착함'과 '경건함'이라는 뚜렷한 신조는 이제 재투성이의 삶에서 살아 있다는 **원죄**, 어머니가 죽었는데도 계속 살아 있다는 **원죄**를 씻을 수 있는 유일한 길이 된다.[42)] 이것이 바로 뭉크가 〈교회 뜰의 성모〉에서 탁월하게 표현한 정서다.

 그림에서는 성숙한 여성이 묘지에 있다. 커다란 눈 주위는 어둡다. 여인은 마치 길을 잃은 듯 멍하니 앞을 건너다보고 있다. 얼굴은 조화롭게 아름답고 표정이 풍부하지만 뺨이 쑥 들어갔고 파리하다. 그 얼굴을 검은 곱슬머리가 감싸고 있다. 입은 채울 수 없는 허기에 짓눌린 듯하다. 여인의 상체를 감싼 검은 스웨터는 음울한 비통함을 강조하며, 땅바닥까지 내려온 흰 치마에도 시든 잎 무늬가 그려져 있다. 여인을 향해 힘없는 팔처럼 뻗친 마른 나뭇가지에서 방금 그녀 위로 떨어진 가을날의 잎들처럼. 두 손은 몸에 찰싹 붙어 있다. 혼자서는 아무것도 할 힘이 없는 것처럼. 삶의 희생과 헌신이라는 기독교적 이상을 배경 삼아 애도와 그리움, 행복의 완전한 포기가 '**성녀**'인 여인의 모습 전체를 특징짓고 있으며 그녀에게 '**성모**'의 모습을 부여한다. 여인의 머리칼을 흡사 후광처럼 둘러싼 둥근 모자가 이러한 인상을 더욱 강조한다. 여인의 왼편과 오른편에는 묘석들이 울러대듯이 검게 솟아 있다. 묘석 하나는 십자가로 무장하고, 다른 하나는 어두운 명예의 화환으로 장식된 흰 집 모양이다. '성모' 곁에 보이는 두 그루 생명의 나무의 윤곽조차 이 인물의 죽음이 임박했음을 더욱 강조한다. 뭉크가 여인의 발 아래 태아의 해골을 썩어 문드러지는 노란색으로 묘사한 것은 이 여인의 본질에 관한 상징적 주석 같다. 웅크린 해골도 일종의 후광을 쓰고 있다. 에드바르 뭉크는 태어나자마자 죽어 간 아이를 통해 묘지의 '성모'의 내적 진실을 꿰뚫어볼 수 있다고 말하는 듯하다. 아니면 이런 여인이 세상에 데려온 아이는 처음부터 삶을 허락받지 못한 채 사산된 존재라고 말하는 듯하다. 그것은 산 자들보다 죽은 자들 사이에서 편안함을 느끼는 묘지의 존재다.

재투성이의 경우에는 슬픔과 고독이 단지 어머니의 죽음 앞에서 느끼는 고통과 죄책감을 표현하는 것이 아님을 덧붙여야 한다. 어떤 의미에서는 이런 감정에 대한 도덕적 보상 같은 것이 존재한다. 동화에서처럼 재투성이가 '매일매일 어머니 무덤에' 가서 울었다면 분명

'경건하고 착한' 것이고 스스로도 그렇게 느꼈으리라. 그 아픔과 눈물은 재투성이가 어머니를 얼마나 사랑하는지를 증명한다. 아이가 언제나처럼 '사랑스러운 아이'이기 때문에 어머니의 축복과 행복의 언약이 계속 남아 있는 것이다. 딸이 어머니와 결속하고 있다면 '사랑하는 하느님'은 딸 곁에 있을 것이고 어머니는 하늘나라에서 자애롭게 아이를 내려다볼 것이다. 동화는 재투성이의 삶에서 하느님 표상이 죽어 가는 어머니 표상과 얼마나 긴밀하게 융합되는지 넌지시 비출 뿐이고 속속들이 설명하지는 않는다. 또한 정신분석적으로 보면 헤어진 어머니를 애도함으로써 어머니 상을 (초자아 안에) 내면화하고 초월적이고 신성한 힘으로까지 승화시킨다고 말할 수 있다. 다른 말로 한다면, 죽음은 어머니를 신격화 혹은 (심리적) 승천으로 이끈다. 내면화된 어머니 표상은 종교적으로 **하느님 표상**으로 확장되고 고착된다. '사랑스러운 하느님'의 조력과 하늘나라에서 어머니의 '내려다봄'은 하나의 동일한 체험으로 융합된다. 장래에도 어머니가 원하는 대로 행동한다면 '사랑스러운 하느님'은 아이를 사랑할 것이고, '사랑하는 하느님'에게 충실하다면 어머니는 아이를 사랑할 것이다. 어머니는 신의 형상으로 계속 살아 있고, 하느님은 어머니 형상을 통해 아이에게 이야기한다.

이때 돌아가신 어머니를 하늘나라로 전이하는 데는 물론 다른 목적도 있다. 여기에 대해서는 적지 않은 문화인류학자와 종교심리학자도 올바르게 지적한다. 그 목적은 죄책감을 달래는 것이며, 거기에는 죽음의 소망이 깔려 있다.[43] 우리는 이미 보았다. 스스로 과도한 부담을 지고 있었던 어머니는 딸에게 견딜 수 없는 부담을 주었고 그럴수록 딸에게는 그로부터 해방되고자 하는 소망이 이따금 고개를 들었다. 그것은 임종을 앞둔 어머니와의 사이에 진정으로 어떤 끝을 보고자 하는 소망이다. 그리하여 어머니를 파멸시켰다는 자책은 이제 설득력 있는 자기 고발로 압축된다. 자신이 정말로 어머니의 죽음에 죄가 있다는 것이다. 아울러 어머니가 죽음으로써 딸을 곤경에 몰아넣었다는 정반대 비난도 더해진다. 딸의 노력을 어머니는 그렇게 쓰라리게 실망시켰다! 그러한 감정 상태에서 어머니가 살아 있을 때보다 죽어서 더 행복할 것이라고 믿는 것은 커다란 안도감을 준다. 그리고 죽은 사람이 행복하게 보일수록, 자신이 어머니를 사랑하면서도 그 죽음을 바랐다는 죄책감에서 벗어나는 것이 더욱 가깝게 느껴진다. 죽음이 어머니를 고통에서 해방시켰다면, 딸을 죄에서 해방시킬 수도 있으리라. 딸의 애통함에도 불구하고, 그 후의 어머니와 딸의 운명에 대해 천상과 지상 사이의 어떤 합의와 이해에 이르는 것이다.[44]

그렇다고 해도 재투성이 소녀의 삶은 변함없이 생의 본래 장소인 어머니 무덤에 고착되어 있다. 릴케는 시집 《가신(家神)에게 바치는 제물》에 실은 시 〈불쌍한 아이〉에서 뭉크의 〈교회 뜰의 성모〉를 방불케 하는 모습을 그렸다.

> 한 소녀를 알고 있어, 뺨이 움푹 들어간
> 소녀. 어머니는 가벼운 천이었고
> 소녀의 옹알이 속으로
> 아버지의 저주가 덮쳐 왔네.

여러 해 동안 가난은 떠날 줄 몰랐고,
배고픔이 선물이었지,
그래서 그녀는 어두웠고 머리칼에 스미는
황금빛 젊음도 소용없었네.

산울타리 활짝 핀 꽃들 보며 소녀는 생각하네,
만령절에도
꽃이 피고 빛이 비추는구나.[45]

이 시는 어머니의 죽음 후 재투성이의 정서를 정확하게 그려 보인다. 단지 '아버지의 저주'라는 말은 더 면밀히 검토해야겠다. (이 이야기의 다른 판본들과는 다르게)[46] 그림 동화는 이 모티프에 대해 한마디도 하지 않지만, 행간에는 **아버지와 딸의 관계**에서 저주라는 감정이 꽤 분명하게 나타나기 때문이다.

다음 사실은 이미 분명하다. 아무런 보호도 받지 못하고 어머니로부터 과도한 부담을 받는 아이는 마음속에서 아버지에 대해 어머니에게 힘이 되어주지 않는다는 가장 무거운 비난을 할 것이다. 어머니는 이런 갈등을 보통 부정하거나 다른 식으로 해석하려 하겠지만, 이 갈등만 해도 아버지와 딸의 관계를 극도로 긴장시킨다. 그러나 그 배경에 보통의 경우 해묵은 감정의 전위*가 있다고 추정할 수 있다. 애초

....
전위(displacement, 치환) 정신분석에서 자아의 방어 기제 중 하나. 환상과 충동을 원래 그 대상이던 사람으로부터 다른 사람(그 감정을 표현해도 덜 위험한 사람)에게로 돌려서, 원래 대상이던 사람은 보호하거나 원래 존재하던 그와의 관계를 무시하는 것을 말한다.

부터 어머니로부터 보호와 지지를 거의 받지 못한 소녀는 때때로 이러한 욕구를 아버지에게로 돌릴 것이다. 그러나 재투성이의 아버지는 아내의 소망도 이미 늘 거부해 왔고, 딸의 소망도 채워줄 힘이 없다. 동화의 어느 곳에서도 아버지가 곤경에 빠진 재투성이를 자진하여 돌보는 모습은 찾을 수 없다. 이를 악의나 냉정함 때문이 아니라 단지 무능함 때문이라고 보아도 좋으리라. 그러나 어머니에게 실망하고 아버지를 향했지만 아버지에게도 거부당한 소녀에게는 가능한 해결 방법이 두 가지 있을 뿐이다. 두 가능성은 서로 모순되지만 어떤 경우에는 서로 결합할 수도 있다. **첫 번째 가능성**은 어머니에게 강하게 고착하고 어머니와 함께 아버지에 맞서는 일종의 위안과 애도의 공동체를 만드는 것이다. 그러나 우리가 보다시피, 소녀는 어머니가 여전히 (최소한 어머니 자신의 말에 따르면) 아버지에게 커다란 기대를 품고 있음을 곧 알게 된다. 그렇다면 언젠가 소녀는 자기만의 판타지 속에서 실제 아버지와 전혀 다른 아버지를 그리게 된다. 그리고 순전히 환상 속에서 창조된 아버지는 아이의 체험에서 금세 현실적인 아버지 상보다 더욱 현실적이 되고 영향력이 커지게 된다. 그러므로 어머니의 모범을 따라서 재투성이 소녀는 실망할 수밖에 없을 때에도 아버지를 비난하지 않으려고 애쓴다. 그리고 '원래' 좋은 아버지라는 환상과 모순되는 '냉담한' 아버지라는 현실을 부정하려고 노력한다.

재투성이의 삶에서 **두 번째 가능성**은 훨씬 드물게 나타난다. 어머니를 분열적으로 경험하는 만큼, 아이는 오로지 어머니가 불투명한 태도로 아버지의 본질을 부정적으로 왜곡한다고 생각할 수도 있다. 아버지가 딸을 밀어낼 때마다 그러한 냉정함은 바로 어머니의 간계 때문이라고 설명한다. 좋은 아버지라는 허구적 인상을 고수하려면, 이런 식으로 어머니에 대한 양가감정을 사후적으로 강화해야 한다. 그러지 않는다면 반대로 어머니와 결속을 고수하기 위해 아버지에 대한 잠재적 비난을 강화해야 한다.

 이런 상황에서는 아버지와 맺은 결속, 혹은 어머니와 맺은 결속이 그때그때 반대쪽에 대한 강한 불안과 공격성을 동반한다는 사실이 중요하다. 아버지가 재투성이의 현실적 경험에서 본디부터 멀리 있다고 하더라도, 재투성이에게는 선하고 자상한 아버지라는 긍정적인 상상 속 형상이 자리 잡고 있다. 그렇지만 현실에서 '아무 행동도 하지 않는' 아버지에 대한 **마음속 비난**도 똑같이 강해질 것이다. 그렇게 이해한다면, 릴케의 시에서 '아버지의 저주'는 재투성이가 본래 아버지에게 품고 있으나 차마 내비칠 수 없는 실망의 응축물이다. 그러나 아무리 늦어도 지금 어머니의 죽음에 이르러서는 아버지에 대한 책망과 비난이 다시 강해진다. 그런 식으로 행동한 아버지가 사실 어머니를 죽게 만든 것이 아닌가? 어린 소녀가 자신의 존재만으로 가족의 비극에 죄가 있다고 생각한다면, 실로 **아버지**야말로 이런 일이 일어나게 했고 거기에 책임이 있다는 의심을 받아야 하지 않겠는가? 아버지가 **어머니 옆에** 있었다면! 그가 달랐다면! 아버지가 아내에게 그런 삶을 강요하지 않았다면! 뭉크의 아버지를 예로 들어보자. 편협한 맹신과 의사이자 남편으로서 의무에 대한 태도가 아내가 요절하도록 만든 게 아니던가?[47] 그렇지만 아이가 그러한 책망을 감히 발설하기는커녕 그런 생각을 떠올리기라도 하겠는가? 오히려 그런 일이 있을 수 있다는 생각만으로도 틀림없이 다시 죄의식을 느낄 것이다! 한편 이제 다시 한 번 재투성이 동화에서 딸과 아버지 간의 그 기묘한 **낯섦**이 설명된다. 도덕 때문에(!) 가장 무거운 느낌과 감정에 관해 대화하지 못한다면, 대체 무엇을 이야기할 수 있겠는가? 재투성이에게는 너무 일찍 세상을 떠난 어머니의 무덤가에서 눈처럼 차갑고 처량한 고독을 맛보는 일만 남아 있다. 그리고 재투성이가 아무리 착하고 경건하다고 한들, 묘지에서는 평정을 유지할 수 없다. 그 다음 전개 과정을 납득하려면 이 상황을 잠시 남자인 **아버지의 관점**에서 살펴보아야 한다.

  아버지에게도 아내의 죽음은 어떤 의미에서 비극이다. 아버지 역시 '풍요로운' 삶을 위해 노력했으나 실패했다고 보아야 한다. 특히 재투성이의 존재가 어머니에게 객관적으로 추가 부담이었음을 고려한다면, 아버지 역시 딸의 존재를 환영하기보다 유감으로 여겼다고 전제할 수 있다. 그 이전에도 어머니 대신에 자기에게서 보호와 따뜻함을 구하려는 딸의 절망적 시도에 어떻게 화답해야 할지 아버지는 갈피를 잡지 못했다. 이제 아내를 잃고 딸을 홀로 돌보아야 하는 아버지에게 딸은 이전보다 더욱 짐스럽게 느껴질 것이다. 재투성이를 돌보려면 자기 대신 누군가 다른 사람이 있어야 하리라. 여기까지는 분명하다. 재투성이를 '돌보기 위해', 그러므로 순전히 아이를 위한 책임감 때문에 아버지는 **이른** 재혼을 생각하게 된다. 동화에 따르면 결국 해가 지나자마자, 즉 '겨울'을 나기 무섭게, 두 아이의 어머니를 새 부인으로 얻는다. 그러니까 이 재혼은 부성애의 징표로 받아들일 수 있다. 그렇지만 이는 합리적 논리에 따르면 곤경에서 벗어날 수 있는 그럴듯한 탈출구로 보이지만, 재투성이의 내면에서는 이미 존재하는 갈등을 극단적으로 고조시킨다.

우리가 알다시피, 이제 재투성이는 한 번도 참된 집이 아니었던 자기 집보다 어머니 무덤을 **더욱** 집처럼 느끼게 된다. 사랑하는 어머니 무덤 위에 내리는 눈은 아이의 영혼에도 내리고, 아이의 어둡고 비통한 근본 정서 위에 '겨울'의 냉기를 덮는다. 아버지의 체험과 달리 소녀의 체험에서 '겨울'은 단지 계절이 아니라, 오히려 슬픔과 고독 속에서 영원히 얼어붙은 지속적 정서를 상징한다.

물론 바로 이런 정서를 발판으로 삼아 재투성이가 도덕적 보상을 받는다는 것도 잊어서는 안 될 것이다. 아이는 이런 정서를 지닌다면 여전히 어머니의 착하고 경건한 아이다. 아버지가 어머니를 (적어도 겉보기에는) 얼마나 쉽게 잊는지 목격할 때, 소녀의 가슴속에서 어떤 일이 일어날지 상상할 수 있다.

아버지에게는 새로운 사랑과 쾌락을 약속하는 새 봄이 손짓하고 있지만, 재투성이는 눈처럼 차가운 슬픔에 덮여 영원한 얼음 속에 머문다. 이제 슬픔은 계속해서 아이에게 부담이자 욕망이 될 것이다. 그렇다. 우리가 아이의 상황에 공감할 수 있다면, 이 재혼 때문에 재투성이가 반쯤은 무의식적으로라도 아버지를 얼마나 격하게 비난하게 될지 알게 되리라. 재투성이는 슬픔 속에서 어머니 옆에 충실하게 머물러 있는데 아버지는 득달같이 새 여자를 집으로 들이다니, 너무 빨리 세상을 떠난 어머니에 대한 무지막지한 배신으로 여겨지지 않겠는가? 그리고 성급하고 참회가 느껴지지 않는 아버지의 행보는 재투성이와 어머니의 관계에 사후적으로 어떠한 영향을 줄 것인가? 의심의 여지 없이 아버지의 행보를 통해 자신과 선량한 어머니 모두 궁지에 몰렸던 것이라고 느낄 것이다. 아울러 소녀는 아버지가 딸을 돌보기를 줄곧 거부할 것임을 똑똑히 느낄 것이다. 아니, 아버지의 재혼이 나름대로 딸을 '돌보는' 방식이라고 해도, 그럴수록 딸은 자신이 아버지가 떨쳐내려는 달갑지 않은 짐일 뿐이라는 이전 인상을 재확인할 뿐이다.

다르게 말해보자. 아버지 눈에는 책임감 있는 의무 수행으로 보이는 일이 딸의 눈에는 그 전부터 늘 품고 있던 의심을 최종적으로 확인해주는 일이다. 소녀가 단지 존재한다는 사실만으로 아버지에게 밀쳐지고 버려지고 있다는 의심이다. 그래서 "아빠는 나를 사랑하지 않아, 아빠는 내가 없어지길 원해."라는 해묵은 비난이 어머니의 죽음과 아버지의 재혼으로 더 힘을 얻는다.

이와 반대로 이러한 비난이 향하는 남자는 자기 나름대로 딸을 만족시키려고 최선을 다했다고 **생각한다.** 딸이 여전히 운명에 순응하지 못한다면, 아버지가 보기에 그런 아이는 도저히 만족시킬 수 없다. 이렇게 볼 때에야 아버지가 그 후 새 아내가 소녀를 학대하는 데 해명을 요구하거나 말리지 않는 것을 납득할 수 있다. 아버지는 생각한다. "아이가 계속 이런 식으로 이상야릇하게 고통받기만 원하고 어떤 기쁨에도 문을 걸어 잠근다면, 원하는 대로 해줄 수밖에 없지 않은가. 어쨌든 새어머니가 알아서 할 일이다."

우리는 인간이 서로에게 정말 잔인할 때 그러한 행동의 배후에 성격상의 근본적 잔혹함과 악의가 있다고 가정하곤 한다. 그러나 보통은 무능과 몰이해 때문에 서로 상처 입히고 아픔을 주는 경우가 훨씬 더 큰 의미를 띤다. 선의를 품고 있더라도 서로를 이해하지 못하고, 흉금을 터놓고 대화할 언어가 없는 것이다. 서로의 마음에 **무의식적**

으로 일으킨 사건의 희생양이 되고, 때로는 심지어 고상한 책임감과 선의에서 한 일들이 묵은 상처를 낫게 하기보다 오히려 **헤집어놓는** 경우도 많다. 어쨌든 재투성이 아버지는 자신이 정말 법정에 선다 해도 유죄 판결을 받을 것이라고 터럭만큼도 두려워하지 않으리라. 할 수 있는 일은 다했다. 아무도 그에게 그 이상을 요구할 수 없다. 그 이상의 일은 이제 새 아내가 모두 처리할 것이다. 그리고 새어머니는 정말 그렇게 한다!

고통 속에서 얻는 자긍심

"아이는 화덕 옆 재 속에서 잠을 잤습니다."

'**악독한 계모**' 형상은 동화에서 그야말로 관용구처럼 뿌리내리고 있지만, 각각의 경우에는 지독하게 부당할 수 있다. 삶의 비극을 도덕적 판단으로 재단하려는 사람은 늘 그저 불행하고 무력할 뿐인 사람들에게 부당한 유죄 판결을 내릴 것이다. 다시 말해, 계모의 운명을 지닌 이 세상 그 어느 어머니도 계모가 되고 싶어 하지는 않는다! 재투성이의 경우에, '진짜' 어머니의 죽음을 평생 애도하기로 작정한 소녀와 어떤 어머니가 원만하게 지낼 수 있을까? '진짜' 어머니를 외경하고 사모하고 결코 넘어설 수 없는 이상형으로 받아들이고 도덕적 사표로서 성화(聖畵)처럼 간직하는 소녀, 그래서 고결한 애도의 태도를 취하며 아버지의 재혼을 거부하고 게다가 솔직한 항의로 제 감정을 표현하기보다 차라리 고독한 침묵 속에 웅크리고 있는 소녀와 어떤 어머니가 원만하게 지낼 수 있겠는가. 재투성이의 새어머니 입장에서 볼 때 결혼 동기에 실속을 챙기려는 의도도 있었다고 가정해보자. 새로운 가정으로 데리고 오는 두 딸에게 (새로운!) 아버지를 선사할 수 있다. 또한 너무 일찍 과부가 되어버린 형편을 어떻게든 극복해야 했다. 그리고 결혼을 통해 '호강'할 수 있다는 전망이 손짓했을 수도 있다. 그렇듯 재혼하는 데 사랑과 애착보다 상호 이익을 바라는 마음이 더 크게 작용했을 수도 있지만, 그렇다고 (새어머니가 훨씬 이익이 크다고 하더라도) 새어머니와, 함께 새 집에 들어오는 두 딸을 처음부터 백안시할 이유는 없다. 어쩌면 사정은 이랬을 수도 있다. 재투성이 영혼에 깊이 새겨진 친어머니의 이상적 상에 새어머니는 처음부터 **맞설 수 없었고 전혀 맞설 필요도 없었을** 것이다!

그런 조건에서 어차피 재투성이는 새어머니와 전혀 가까워질 수 없을 것이기 때문이다. 새어머니와 잘 지낸다면, 아이의 고통스러운 '경건함'과 '착함'과 '충실함'이라는 **전체** 구조가, 그때까지 추구했던 모든 것이 뿌리째 흔들렸을 것이다. 그렇다. 이런 상황에서는 새어머니가 선의를 품고 있었으리라고 마땅히 가정할 수 있지만, 그렇다고 해도 재투성이에게 새어머니는 틀림없이 배신으로 보이고 어떤 의미에서는 자기 부정의 유혹으로 보일 것이다. 새어머니와 가까워지는 만큼 친어머니와 자기 자신으로부터 멀어질 것이다. 재투성이가 오래 고수해 온 정체성을 잃지 않기 위해 새어머니를 단호하게 **거부해야 한다**는 사실을 이해해야만, 이제부터 자기를 고수하기 위한 처절한 투쟁이 외부의 억압을 받는 재투성이 역할을 함께 규정하게 된다는 사실도 분명히 깨달을 수 있다.

물론 재투성이가 새어머니 앞에서 보이는 잠재적 거부는 어디에서

나 감지된다. 새어머니는 어떻게 대응해야 하는가? 유일하게 의미 있는 방법은 돌아가신 어머니의 삶을 두고 끈기 있게 오래 대화를 나누는 일일 것이다. 그러나 재투성이는 자기의 비밀을 다른 사람에게 털어놓기를 완강히 거부할 것이고, 특히 자기에게 유일무이한 사람의 자리를 선의로 대신하려는 대담한 사람에게는 더욱더 그럴 것이다! 더욱이 재투성이의 애도 안에서 작용하는 비밀스러운 자긍심과 용기를 과소평가하는 사람은 단호한 저항을 불러올 것이다. 그것은 틀림없이 지독하게 굴욕을 당하는 사람을 내적으로도 모욕하는 도전처럼 작용할 것이다. 그런 사람은 돌아가신 어머니의 모습을 고통스러운 몸짓 안에서도 계속 간직하려는 억눌린 반항을 감지할 것이다. 그러면 얼마 지나지 않아 같은 방식으로 앙갚음하는 쪽으로 기울게 된다. 다시 말해, 재투성이가 고집스러운 고통의 몸짓을 통해 다른 사람들보다 우월하다는 망상 안에서 행복을 차버린다면, 마음껏 불행의 잿더미를 뒤적일 수밖에 없다. 삶을 거부한 대가로 끝없이 죽음의 유산인 타버린 재를 얼굴에 칠하고 다닐 수밖에 없다.

또한 어머니에 대한 재투성이의 결속감 속에서 계모를 향한 은밀한 **비판적 태도**와 공격적 반항이 드러난다. 그러므로 소녀가 언젠가 권력 투쟁으로 빠져드는 일은 자연스럽다. 그리고 최소한 처음에는 그 싸움에서 패배할 것이다.

물론 재투성이는 스카트의 눌우베르*와 비슷한 전도된 논리에 따

눌우베르 스카트(skat)는 3명이 32장의 카드를 가지고 진행하는 독일의 대중적인 카드놀이다. 눌우베르는 스카트 중에서 일반적 규칙과는 반대로 낮은 점수를 얻는 것을 목표로 하는 특수한 규칙을 말한다.

라 인생을 건 패배자 게임을 하고 있다. 즉, 자기 패의 확률을 면밀하게 계산하여 슈티히*를 하지 않도록 일관성 있게 추구하는 사람이 최종 승리자가 된다! 도덕적 우위를 차지하기 위해 마조히즘처럼 일상적 행복 추구를 거부하는 사람의 모토는 이렇다. '지는 것이 이기는 것이다.' 성서의 〈마태복음〉에 나오는 말로 표현할 수도 있다. "누구든지 자기를 높이는 사람은 낮아지고 누구든지 자기를 낮추는 자는 높아진다."(〈마태복음〉 23장 12절) 〈성모 마리아 송가〉의 태도에서는 하늘에서 내린 순수한 은총의 선물이었던 것이 이제 적절한 태도를 통해 '획득할 수 있는 것'이 된다. 물론 혹독하게 자신을 낮추는 일 안에 들어 있는 너무도 분명한 **요구**는 재투성이 자신을 제외한 모든 사람이 눈치챌 것이다. 그리고 재투성이 자신에게는 겸허, 순종, 타인의 부당한 대우에 대한 인내로 보이는 것이 다른 사람에게는 오히려 자부심과 오만과 위선이라는 인상을 줄 것이다.

그러므로 다른 사람들은 **자기 식대로** 재투성이에게 '버릇'을 가르치는 일이 정당하다고 느낄 것이다. 동화에서 서술하는 식으로 재투성이 같은 소녀를 집요하게 괴롭히는 일에는 이를 정당화하기 위한 나름의 도덕적 원칙 같은 것이 있어야 한다. 그러니까 재투성이를 시도 때도 없이 괴롭히는 새어머니는 전적으로 '교육적' 태도를 취한다. 그러나 새삼스레 어머니 구실을 하려는 이 여자가 도덕적으로 열등하다고 판단(혹은 재단)하는 재투성이는 새어머니의 의도적 심술 앞에서

슈티히 스카트에서 승리하기 위한 일반적 방식으로 으뜸패를 내서 상대 패를 먹는 일을 말한다.

자기 판단이 역시 옳았다고 느낄 것이다. 부모와 딸 관계의 비극은 새로운 국면으로 접어든다.

여러 해 동안 의붓딸을 교육하고자 했으나 실패했던 어떤 여성은 "언제나 딸의 '옹고집'을 몰아내고 싶었습니다."라고 회상한다. "한마디로 딸과 관계를 맺지 못했습니다. 딸은 자신에게 해를 끼치는 터무니없는 일들을 저지르곤 했지요. 아이가 입에 달고 사는 '싫어요.'라는 말을 힘으로라도 무너뜨리고자 하면, 나중에 아이는 더욱 의기양양한 것처럼 보였습니다. 아이는 모든 일에서 저를 도발했지요. 걸어가는 방식이나 말하는 투나 야릇하게 바라보는 방식 모두 그랬어요. 마치 저주에 걸린 것 같았죠. 그 아이가 내 머리 꼭대기 위에 앉아 있는 것 같아서 아이를 탐탁지 않게 여겼고, 그 사실을 아이는 뼈저리게 느꼈어요. 때로는 증오를 감추기 힘들었기 때문에 아이의 위치는 더 유리해졌어요. 아이는 '당신은 나를 이기지 못해.'라고 생각하는 것 같았습니다. 아시겠어요? 때로는 아이가 태어날 때 친어머니가 죽었기 때문에 아이가 스스로를 비난하고 있다는 생각이 들었어요. 제가 그 집에 들어갔을 때 아이는 고작 네 살이었죠. 그렇지만 남편도 전 부인의 죽음을 두고 틀림없이 아이를 은밀하게 비난했어요. 아이는 줄곧 자신의 책임이 아닌 일로 처벌받고자 **원하는** 것 같았어요. 그렇지만 아이는 줄곧 제 화를 돋우었습니다. 우리가 다스릴 수 없는 아이들이 있지요. 오로지 그 이유만으로 자신이 무엇이라도 되는 양 으스대는 아이들은 마음에 들지 않아요."

이처럼 새어머니의 관점에서 재투성이와의 관계를 떠올려야 할 것이다. '모든 일을 제대로 하려는 소망'과 '아무 일도 제대로 할 수 없는 무능력' 사이의 긴장된 관계에서는 아무리 정성을 기울여도 절망만 느낄 뿐이다. 역설적이게도, 재투성이의 새어머니가 그저 소홀하거나 간교하고 가학적이었다면 성장하는 소녀는 오히려 고통이 적었을 것이다. 다시 말해 그런 갈등이 인간의 성격 구조 전체를 각인하고 삶의 운명 전체를 '전형적인 재투성이' 운명으로 미리 결정짓지 못했을 것이다. 그러나 이 지점에서 중요한 것은 소녀 자신이 서술하고 암시하는 식으로 그렇게 극단적으로 '재투성이 본질'이 어떤 인간 유형을 규정한다고 생각해서는 안 된다는 점이다. 소녀는 주관적으로 재투성이 관점을 취하지만 이 관점의 무의식적 전제는 보지 못한다는 점이다. 물론 그림 동화에서 재투성이는 자기 책임이 없는 시련과 고난을 당하는 가여운 **희생자**다. 그리고 이 이야기를 들을 때 아이들 마음에 맨 처음 떠오르는 것 또한 딱한 소녀에 대한 동정이고 계모의 몹쓸 음모에 대한 분노와 항의다. 그러나 한 인간이 정말로 본질 전체가 재투성이가 **되려면** 바깥으로부터 재투성이 역할로 억지로 밀려 들어가는 것으로는 미흡하다. 오히려 주어진 역할을 자진하여 받아들이고, 자신에 대한 태도에서도 이 역할을 내면화해야 한다. 그러지 않는다면 재투성이는 다만 사회적 역할에 불과할 테고, 어떤 성격 유형에 대한 심리학적 서술은 될 수 없을 것이다. 무엇보다도 심리 치료의 관점에서는 재투성이의 세계상을 주관적 참여라는 측면에서 해석하고, 재투성이 세계의 형성에서 자신의 참여라는 요소를 최대한 분석해야 한다. 재투성이를 (그 자신이 생각하는 것처럼) 단순히 환경의 산물이자 고분고분한 희생자로만 보지 않을 때 비로소 재투성이를 **치료**할 수 있기 때문이다. 따라서 재투성이가 이 세계를 잔인한 곳으로 받아들이는 자신의 느낌과 반응 방식을 올바르게 바라볼 수 있도록 눈을 뜨게 하는 일이 중요하다. 재투성이는 유년기 감정이 내부에 깊이 뿌리내렸으며 자신이 이를 갈고 닦음으로써 과거 경험을 줄곧 재확인하고 있음을 분명히 깨달아야 한다. 그래야 자신과 자신의 과거와 거리를 둘 수 있고 새롭게 현재를 형성하는 방법을 찾을 수 있다. 우리가 새어머니의 학대를 재투성이가 (어머니 죽음에 대한) 근원적 죄책감이라는 트라우마를 무의식적으로 연출하는 것으로 해석하는 것은 재투성이에게 또 한 번 몹쓸 짓을 하는 것이 아니다. 오히려 처음으로 제 힘으로 설 수 있도록 돕고 돌아가신 어머니의 무거운 짐에서 벗어나도록 하는 것이다.

'악한 계모'는 누구인가?

"당장 나가서 일하란 말이야, 이 부엌데기야."

동화에서는 두 '**의붓자매**'와 갈등이 생겨나면서 재투성이 삶에 새로운 어떤 것이 생겨났다고 이야기한다. 그렇다면 의붓자매들은 새어머니보다 훨씬 더 심각하게 재투성이 삶을 지옥으로 몰아가는 것이다. 그렇다. 발단 부분에서 의붓자매들은 어머니와 별도로 재투성이를 마음껏 해코지하고 쥐고 흔드는 듯하다. 우리는 상당히 뒤에 가서야 새어머니가 딸들이 재투성이에게 안기는 굴욕의 배경이 되고 새어머니의 심술이 딸들의 행동을 **세부적인 부분에서** 흉내 낸다는 사실을, 아니 조직적 야비함에서 딸들의 행동을 몇 곱절 넘어선다는 사실을 깨닫게 된다. 재투성이 상황을 이해하는 한 가지 단서가 여기 있다. 그것은 대단히 극적이고 오랜 **자매 경쟁**이라는 토양 위에서 새어머니와 갈등이 생긴다는 사실이다.[48]

어떻게 그럴 수 있는가? 그림 동화는 세 가지 암시를 준다. **첫째**, 동화가 시작되자마자 재투성이는 죽어 가는 어머니의 '외동딸'로 소개된다. 그래서 두 (의붓)자매와의 갈등은 '어머니를 잃은' 외동 자식의 시각으로 이해해야 한다. **둘째**, 새로 집에 들어온 두 자매는 행동을 볼 때 재투성이보다 훨씬 나이가 많다고 볼 수 있다.[49] **셋째**, '아름다움'을 자매 갈등의 주요 테마로 고찰해야 한다. 비단 재투성이뿐 아니라 '심보 고약한' (의붓)자매들 역시 "예쁘고 얼굴이 희다"고 말하기 때문이다. 그들 중 누가 왕자의 사랑을 차지할지는 언제나 재투성이의 운명적 물음이며, 삶 전체가 걸린 테마다. 사랑받지 못하는 아이는 돌아가신 어머니가 아이를 사랑한, 아니 사랑해야 했을 방식으로 자신을 사랑할 누군가를 찾아야만 살아낼 수 있다. 자매간 경쟁 구도에서 '아름다움'을 둘러싼 투쟁은 "어떻게 사랑스러워질 수 있는가."라는 물음에 다름 아니다.

이제까지 우리는 그림 동화를 해석하는 데 어머니의 '죽음'과 '매장'이라는 정보를 액면 그대로 받아들였다. 그러나 재투성이 심리에서 어머니가 반드시 생물학적으로 '죽을' 필요는 없다. 재투성이 감정이 태동하는 데는, 두 언니의 등장으로 어느 시점부터 '외동' 자식의 마음에서 '좋은' 어머니가 '죽고' 새어머니로 부활하는 것으로 족하다. 물론 동화가 서술하는 방식대로 재투성이 성장기에 좋은 어머니가 **현실적으로도** 죽을 수도 있다. 그러나 어머니가 재투성이 **내면에서** 죽는다는 사건이야말로 재투성이라는 인물이 형성되는 데 필수적으로 **일어나야 하는** 일이다. 이처럼 현실적 사건으로 묘사된 것의 심리적 의미를 서술하는 것이 재투성이 동화의 심층심리학적 해석의 과제다.

재투성이의 **두** (의붓)자매에 대한 서술에서도, 동화의 상징적 언어의 특징인 내부와 외부 간의 모호한 경계를 주의해야 한다. 자매의 수는 분명 동화 자체의 내적 논리보다 전형적 상징 도식을 따르고 있다. 이 도식에 따르면, 같은 집안의 **세** 형제자매가 이를 보충하는 **네 번째** 형제자매를 찾고자 한다.[50] 앞으로 어떤 전제들을 다루고 나면 '**주관주의적**' 해석 틀에 따라 그악스러운 두 (의붓)자매를 재투성이 자신의 영혼의 한 부분으로 이해할 수 있을 것이다. 그러나 여기에서는 '**객관주의적**' 해석 차원[51]을 너무 성급히 버리지 말고, 우선 현실적 관계의 그물에 관심을 두는 편이 좋을 것이다. 그러한 관계 그물은 가족 안에서 재투성이가 형성되는 과정을 동반하면서 영향을 끼치기 때문이다.

그러나 우리는 여기에서 이내 어려움에 부딪힌다. **두 의붓자매**의 존재를 외적 현실로 전제한다면, 분명 의붓자매 하나는 불필요한 잉여라는 것이다. 아무리 좋게 보더라도 아름다운 자매 **두 명**이 함께 왕자의 사랑을 얻고자 발버둥치는 상황에서는 재투성이만이 길을 가로막는 경쟁자가 아니다. 신부 한 사람만 왕자의 간택을 받을 수 있다면, 동화는 두 (의붓)자매가 왕자의 간택을 받고자 서로 경쟁하는 것을 넌지시라도 암시했어야 한다. 그러나 동화가 끝날 때까지 두 자매는 한마음 한뜻으로 일반적인 삼각 구도를 충족시킬 뿐이다. 그렇다면 **외적 현실에서는** 재투성이 성장기의 진정한 경쟁자인 (손위!)

(의붓)자매는 단 한 명 있다고 생각해도 좋고, 나아가 그렇게 생각해야 한다.

계모의 그늘 아래 자매 관계에서 재투성이 역할이 '객관주의적으로' 어떻게 보일지는 이제까지 이야기한 것만으로도 충분히 이해할 수 있다. 어떤 여성은 특별히 재투성이 동화를 떠올리지 않으면서 유년기 상황을 설명했다. "언니는 늘 저보다 조건이 좋았어요. 언니는 어머니가 그래도 건강이 좋을 때 태어났습니다. 몇 년 터울이 한 사람의 삶에서는 천양지차일 수도 있습니다! 언니는 태어나서 처음 다섯 해 동안 비교적 보호를 잘 받으면서 클 수 있었죠. 하지만 저는 어머니가 천식을 앓을 때 태어났습니다. 그래도 나중에 언니는 종종 저를 책망했지요. 제가 응석받이 막내였고 어머니가 항상 저를 편애했다고요. 아마도 언니는 그저 질투를 한 것인지도 모릅니다. 다섯 해 뒤에 태어난 제가 언니 자리를 차지했다고요."

틀림없이 두 아이 사이에는 실제로 아주 일찍부터 아픈 어머니의 점점 줄어드는 사랑을 둘러싼 처절한 '분배 투쟁'이 일어났을 것이다.[52] 이런 투쟁은 방금 우리가 **아버지와의** 관계에서 재투성이에게 전형적이라고 서술했던 바로 그 갈등을 반영한다. 즉 재투성이의 출생은 어떤 상황에서는 사랑스러운 어머니에게도(아니, 공교롭게 바로 그녀에게!) 지나친 부담을 안겨준 것일 수 있다. 어머니는 갓난아기에게 **온전히 모든 것을** 헌신하고자 할 것이다. 마치 그 아이가 유일한 피붙이인 것처럼, '외동 자식'인 것처럼. 그러나 언니는 이 사실 자체부터 굉장히 불공평하다고 받아들일 것이다. 이미 여러 해 동안 자신은 위태로운 어머니의 삶의 무게를 덜고자 온갖 공을 들이지 않았는가? 그런데 이제 동생이 태어나서 어머니가 무너질 위험에 처한 것을, 최소한 언니에게 지금처럼 관심을 계속 보일 힘이 없게 된 것을 지켜보아야 한다!

언니가 놓인 상황에 감정 이입을 해본다면, 언니는 앞으로도 어머니의 관심을 확보하는 데는 **단 한 가지** 수단밖에 없음을 느낀다. 할 수만 있다면, 어머니가 이제 할 수 없는 노동은 자진해서 짊어져야 한다. 달리 말하자면, 어머니가 아기를 돌보는 바람에 할 수 없게 된 **주부** 역할을 대신 맡아야 한다. 그러면서 언니는 동생이 태어났다는 부당한 일에 대한 울분도 깊이 억눌러야 한다. 동생을 드러내놓고 거부하지 않고 어머니를 거들어 '꼬마'의 육아 책임을 꽤 많이 넘겨받기까지 한다. 그리하여 '의붓자매' 같은 갈등이 생겨날 것을 쉽게 점칠 수 있다.

예를 들어 언니는 예전처럼 놀러 나가려면 이제는 동생을 다리에 매달린 통나무처럼 질질 끌고 다녀야 한다. 언니는 자신도 아이면서도 아직 무력한 아기인 동생이 다치지 않게 잘 돌**봐야** 한다. 언니는 마음대로 나다니지 못하고, 항상 귀찮고 버릇없는 아기 옆에 있어야 한다. 게다가 친구들도 악을 쓰며 울어대는 갓난아기를 귀찮아한다.

언니는 이러한 새로운 과제를 어떻게 수행하는가? "때때로 동생 유모차 안에 압정을 뿌려넣었어요. 그러면 악을 쓸 테고 어머니가 그 애를 데려갈 테니까요. 수단과 방법을 가리지 않고 그 애한테서 벗어나려 했지요." 그런 말을 하는 여성은 어린 시절 그나마 이런 탈출이라도 감행할 수 있었고, 아기를 데려갈 어머니가 있었다. 재투성이의 (손위 의붓)자매는 이런 일도 할 수 없다. **그녀의** 어머니는 **지나치게** 도움을 필요로 하기에 그런 책임을 섣불리 어머니에게 넘길 수 없기 때문이다. "하기 싫지만 해야 한다"는 진퇴양난의 상황에서, 동생을 돌보는 달갑지 않은 의무에서 비롯된 울분을 동생을 **어느 정도 괴롭힘**으로써 푸는 것은 자연스럽다. 어차피 문제가 생기면 책임은 동생에게 있다고 여겨지기 마련이다. 아기는 천방지축이고 돌보기 어렵고 한마디로 사고만 치는 문제아다. 어머니 편에서 보면, 언니가 까다로운 동생을 속 깊게 도와주는 것이 고마울 것이다. 그러므로 어머니는 많은 도움을 주고 쓸모 있는 아이를 나무라거나 벌을 주기는 어려울 것이다. 그래서 그림 동화에서 서술하는 것처럼, 어머니와 언니 사이에는 어떤 동맹이 성립한다. 이 동맹은 본래는 어린 동생을 위해 맺은 것이지만 재투성이 눈에는 부당한 대우를 만성적으로 묵인하는 협정처럼 보일 것이다. 언젠가 재투성이가 어지간히 자라서 차츰 어머니가 다시 가사 일을 할 수 있게 되면, 재투성이는 착한 어머니 곁의 '외동딸' 자리를 잃을 것이다. 이제부터 어머니 곁을 언니와 나누어야 하고, 나아가 언니는 재투성이에 대해서도 차츰 가정주부가 아니라 어머니 역할을 대신하기 시작할 것이다.

    이러한 변화만으로도 (재투성이 시각에서는) 착한 어머니가 '죽고' 어머니가 계모로 탈바꿈하고 언니가 '의붓자매' 성격을 띠게 된다. 이런 방식으로 우리의 해석을 정리한다면, 그림 동화의 갖가지 디테일을 진정으로 이해할 수 있다. 그렇다. 동화의 묘사가 지닌 정확성을 비로소 진정으로 칭찬할 수 있다. 우리가 보는 것처럼, 아버지의 새로운 '결혼' 후에 처음에는 **악독한 '의붓자매들'**이 매우 상세한 묘사로 무대에 등장하고, 그 다음에야 비로소 계모도 자기 '친딸들'의 짓거리에 완전하게 동조한다. 이것은 그림 형제의 서술이 서툴러서가 아니다.[53] 재투성이가 '친어머니'의 죽음 이후 오랫동안 '의붓자매(들)'의 횡포를 겪는 것은 재투성이의 현실적 경험을 다룬 최상의 표현이다. 재투성이는 어머니와 본래의 합일 상태에서 벗어나자마자 좋든 싫든 자신이 존재한다는 사실만으로 어머니와 언니들에게 짐이 된다는 사실을 깨닫는다. 심리학적으로 본다면, 이들은 계모와 '의붓자매' 역할을 수행한다. 그러나 계모는 딸로부터 너무 멀어지고 모성이 사라진 진공 상태에 '의붓자매(들)'의 강제와 감독이 들어선다. 이러한 강제와 감독은 원치 않은 동생에 대한 질투와 울분이라는 감정으로 잔뜩 채워져 있으면서도, 어머니의 삶을 편안하게 해주고 어머니를 위해 할 수 있는 일을 다하려는 올바른 희망과도 결부되어 있다.

재투성이는 자신의 존재에 대한 이러한 적대 속에서 무엇을 할 수 있을까? 재투성이는 그림 동화가 모진 의붓자매들의 전횡에 의한 태도라고 외부적 관점에서 묘사하는 그런 태도를 자진해서 취할 것이고, 이는 어느 정도 타당하다. 재투성이 관점에서는 언니(들)가 정말 자신을 좌지우지할 권리를 쥐고 있는 것처럼 여겨진다. '의붓자매'가 숨기기 어려운 질투로 흘겨보고 어느 정도는 드러내놓고 공격하는 이 아이는 계모가 흔쾌히 넘겨주고 인정한 권리와 자유를 지닌 **언니**를 질투할 수밖에 없다. 언니는 자신이 원하는 대로 어떤 일을 하거나 하지 않을 수 있고 동생에게 비열하고 악의적이며 무뚝뚝하게 대할 수도 있다. 재투성이는 그때마다 (의붓)어머니가 결국 (의붓)언니 편을 드는 것을 경험한다. "다른 사람이 나를 대하는 방식은 언제나 정당하고 나 자신은 어떠한 상황에서도 부당하다." 재투성이가 자기 삶의 진실에 관해 처음으로 깨닫는 것은 바로 이것이다. 달리 말한다면, 재투성이는 자기 집에서 집을 잃고 자기 가족에게서 아무런 권리도 없음을 자각한다. 아이의 삶은 시작하기 무섭게 사형선고를 받았다. 그래서 결국 **어머니** 곁에서 **죽는 것**이 (의붓)언니와 (의붓)어머니의 채찍 아래에서 사는 것보다 낫다고 여긴다. 그러나 완전히 권리를 잃은 상태에서도 살아내야 한다면, 다음과 같은 처절한 원칙적 지시를 따라야 한다. 네가 존재한다는 돌이킬 수 없는 죄를 갚기 위해 네 삶을 사용하라. 무엇보다도 너 자신의 권리가 아니라 다른 사람의 권리에 부합하는 일을 하라.

"어머니는 제가 어떤 일에 대해 불평을 하더라도 '참아라.'라고 말씀하시곤 했습니다." 재투성이로서 지낸 어린 시절을 돌아보며 한 여성은 이렇게 말한다. "'우리가 도대체 무슨 일을 할 수 있겠니?'라는 말씀이었지요." 이 짤막한 문장은 이 지점에서 아주 중요한 또 다른 통찰로 이어진다. 이 문장에서 우리는 어떻게 아주 **선한** 어머니가 계모가 될 수 있는지를 납득하게 된다. 어머니의 '선함'의 토대가 외부에 대해 '경계 긋기'를 할 수 없었고 그래서도 안 되었다는 사실에 있다면, 이는 재투성이 유년기의 배경에 있는 어머니의 피로와 구속의 상태를 낳은 것임을 쉽게 이해할 수 있다. 어머니의 도덕 관념의 표현인 "참아라."라는 말은 자기 주장의 의욕이 부족한 재투성이의 본성에 대한 본보기이자 이상으로 작용한다. 더 나아가 이 말은 어떤 의미에서는 마음속에서 어머니의 정신적 '죽음'과 어머니가 계모로 대체되는 이유를 보여준다. 어떻게 '선한' 어머니가 '악한' 어머니가 될 수 있는지를 설명해주는 것이다. '좋은' 어머니는 "아니."라는 말을 감히 입 밖에 낼 수 없었다. 이것은 재투성이 소녀를 더 큰 긍정으로 이끄는 것이 아니라, 끝없는 부담 탓에라도 지속적인 죄책감 속에서 오히려 완전한 부정으로 이끈다. **(진정 명심해야 하지만)** 대개의 경우 아이에게 유익한 존재는 자신을 희생하고 고통받으며 '죽고' 어쩔 수 없이 계모로 부활하는 어머니가 아니다. 아이의 행복에 유익한 존재는 스스로 살아갈 줄 아는 어머니다. 스스로 어느 정도 행복하기 위해 필요한 '경계'를 그을 줄 아는 어머니다. 물론 그런 일이 가능했다면 재투성이의 유년기는 완전히 다르게 진행되었을 테지만.

그러니까 이제 재투성이의 이해관계와 감정은 기묘하게 뒤집힌다. 앞서 보았듯이, 아이는 한때 자신을 사랑했던 어머니에게 버림받고 어머니를 대신하여 자신을 돌보는 언니에게 내맡겨진다. 삶의 권리를 미덥게 보장해줄 법정을 찾을 수도 없으며, 주변 사람들에게 귀찮고 불필요한 존재이기에 푸대접받는다는 죄책감에 시달린다. 이런 아이가 주변으로부터 받는 근원적 거부를, 완전히 없애지는 못해도 조금이라도 줄일 수 있는 길은 단 한 가지밖에 남아 있지 않다. 다른 사람으로부터 부정당하지 않으려고 **스스로를 부정**한다. 다른 사람이 자신을 거부하는 일을 다시 겪지 않으려고 스스로를 거부하는 것이다. 자신에게 아무 권리가 없음을 철저히 받아들인다면 그나마 삶에 대한 어떤 '권리'를 얻을 수 있으리라고 소망한다.

재투성이에게 "밥을 먹으려면 일을 해야지."라고 말하는 의붓언니들은 성경에 매우 충실한 것이다. 〈데살로니가 후서〉 3장 10절에는 "일하기 싫어하는 사람들은 먹지도 마라."라고 나온다. 그 어떤 말보다도 분명하게 사회 윤리의 잔혹한 규칙을 담고 있는 말이다. 기본적으로 이 말이 환영받지 못하는 아이의 삶의 감정을 심리적으로 철두철미 규정하게 된다. 너는 살 가치가 없다. 그러니 네 힘으로 살 가치를 얻어내야 한다. 거기에서는 '부엌데기' 감정만이 나타난다. 가장 낮은 자리에 만족하고 타인이 원하는 대로 행하며 굴욕을 당연하다는 듯이 받아들여야 한다. 결코 진정으로 '거기 속하지' 않음을 확고하게 알면서도 거기 속하기 위해 **어떤 일이라도** 감내해야 한다. 물론 아무리 그래도 **부엌데기**라는 사실, 자진해서 쓸모 있고자 하지만 결국 언제나 빗자루에 쓸리듯 '나가서 일하도록' 내몰리는 굴욕을 당하리라는 사실을 명심해야 한다. 이제 이런 감정을 품고 재투성이는 삶 속으로 들어오는 것이다.

그렇지만 아이는 수수께끼 같은 자부심을 내면에 간직하고 있다. 결코 그 자긍심을 잃지 않을 것이고 굴욕을 겪으며 위축되기보다 오히려 성장할 것이다. 의붓언니들은 아이를 도발할수록 그만큼 스스로 부당함을 확연히 드러내는 것이다. 그들의 행위는 **그 자체로 정당하지 않다.** 그것은 분명하다. 의붓언니들은 재투성이에게서 '예쁜 옷'을 빼앗을 때 실은 보이지 않는 명예로운 옷을 입혀주고 있음을 미처 예감할 수 없다. '긍지를 지닌 공주'를 '부엌데기'로 만드는 일이 바로 그 긍지를 더욱 확고부동하게 만든다는 사실을 예감할 수 없다. 재투성이의 내면의 삶이 지닌 규칙은 "그들은 내게 굴욕과 모멸을 줄 수 있다. 하지만 내가 '선하고 경건하다면', 그리고 지탄받을 짓을 하지 않으면, 그런 일은 아무래도 좋다."인 듯하다. 물론 이때 소녀는 자신이 돌아가신 '선한' 어머니의 삶의 모토와 얼마나 닮아 있는지 알지 못한다. 도스토예프스키(Fyodor Dostoevskii)의 소설 《상처받은 사람들》에서 어린 넬리의 어머니는 "가난한 것은 죄가 아니지만, 부자이면서 가난한 사람을 깔보는 것은 죄다."라고 말한다.[54] 굴욕을 주는 사람의 저열함이 그 자신의 굴욕보다 더 비천하다는 사실은 가난한 사람들의 긍지인 것이다.

그러니까 재투성이의 체험 안에는 돌아가신 어머니에 대한 애도에 이제 가족 안에서 자신의 비천한 위치에 대한 비탄이 더해진다. 우리는 이미 고대 그리스와 성경에서 **'재 안에 앉음'**이 치욕과 수치의 표현이었음을 알고 있다.[55] 다만 '먼지'에 불과함, 의지가지없으며 비루하고 아무것도 아님, 이 '더러움'으로부터 빠져나올 수 있는 길을 알지 못함. 이는 끝나지 않는 한탄에 대한 은유다. 언제라도 다른 사람이 경청하거나 이해할 희망조차 없는 한탄이다.

그렇기는 해도 처음부터 끝까지 음울한 색조를 띤 재투성이 세계 한가운데에서 경이로운 내적 발전이 펼쳐지는데, 우리는 이를 정신적 분별력의 성장으로 볼 수 있다. 날마다 새롭게 생존의 권리를 얻기 위해 '일해야 하는' 끊임없는 압박 속에서 아이는 정신적으로 질풍처럼 발전할 것이다. 이는 시간이 지나면 이윽고 노예가 주인보다 우월해진다는 헤겔 변증법의 유서 깊은 법칙이다.[56] 매일 거듭되는 노동을 통해 노예는 사물에 대한 지식을 획득하는데, 한낱 지시와 명령만 늘어놓는 '주인'은 이를 결코 배울 수 없다. 그림 동화는 변증법에 대한 주옥 같은 비유를 암시적으로 보여준다. 가련한 소녀에게 변덕을 부리고 소녀를 괴롭히려고 의붓언니들은 **완두콩**을 재 안에 쏟아붓고 재투성이에게 골라내라고 명령한다. 분명 의붓언니들은 재투성이가 매일 먹는 양식을 더러운 재 속에 넣고 마치 새처럼 골라내라고 강요하면서 쾌감을 느꼈을 것이다. 그러나 바로 이런 식으로 아이는 정말

'더러운 것'과 먹을 수 있는 것, 즉 무가치한 것과 가치 있는 것, 바싹 말라 죽은 것과 싹을 틔우고 자라는 것을 차츰 정확히 **분별**할 수 있는 귀한 능력을 얻게 된다. 아직 '비둘기'가 재투성이 일을 거들지는 않지만, 아이는 불의와 고통의 학교에서 콩을 한 알 한 알 골라내면서 '깨끗하게 골라내는' 비둘기의 능력을 배우고 차츰 무언가를 탐색하는 사려 깊고 정신적으로 특출한 아이가 되어 갈 것이다.

구체적으로 말하면, 우리는 '재'에서 '완두콩'을 '골라내는 일'에서 한 아이의 역설적 노력을 떠올릴 수 있다. 그것은 자신의 삶을 최대한 불편하게 만들려고 안간힘을 쓰는 바로 그 주변 사람들의 삶을 최대한 편안하게 만들려는 노력이다. 재투성이는 자기 존재가 어머니에게 끼치는 부담을 자발적 보답을 통해 최대한 줄이려고 노력했던 것과 마찬가지로 이제 (재투성이가 생각하기에) (의붓)언니들이 진정 원하는 것을 최대한 만족시키기 위해 정성을 다해야 한다. 어떻게든 쓸모 있음을 보여준다면 어쩌면 그들에게 받아들여질 수 있지 않을까?

"어릴 때 몇 시간이고 창가에 쭈그리고 앉아 창밖을 내다보며 바깥에서 지나가는 사람들에게는 부족한 것이 있을까 생각하곤 했습니다." 이런 이야기를 한 여성은 지금까지도 그림 동화의 재투성이 이야기를 자기 이야기로 느낀다. "다른 사람의 마음을 읽고 원하는 것을 충족시키는 놀이를 곧잘 했어요. 그 사람이 자신에게 필요한 것이 무언지 말하기 전에요." 나는 "그런 일에 성공했나요?"라고 물었다. "꼭 그렇지는 않아요. 오히려 반대였죠. 어느 날 아침 언니가 다니던 학교에 갔어요. 언니가 산수 공책을 잊고 갔거든요. 어쩌면 일부러 두고 간 것일 수도 있지만요. 어쨌든 저는 공책을 발견했고 언니에게 필요할 거라고 생각했지요. 그래서 입가에는 뭐가 묻어 있고 구멍이 숭숭 난 양말을 신고 머리카락은 산발인 지저분한 상태로, 그냥 언니 반으로 찾아갔어요. 그때 기껏해야 네 살쯤 되었으니까요. 그런데 언니 반 아이들이 단박에 저를 둘러쌌어요. 선생님이 물어보셨지요. '대체 뭐 하러 온 거니?' 아무 말도 못하고 공책을 건네줬어요. 모두 너나없이 웃기 시작했어요. 언니만 무안해서 몸 둘 바를 몰랐어요. 아마도 언니는 공책이 없어도 괜찮았을 거예요. 어쨌든 저는 거기에서 그렇게 혼자였죠. 그리고 집에 와서 언니는 욕을 무진장 퍼부었어요. 어머니도 저 때문에 집안에 망신살이 뻗쳤다고 했어요. 저는 이해할 수 없었어요. 며칠 후에야 이 모든 일을 이해할 수 있게 되었어요."

바로 이것이 수모를 당하는 '공주'로서 매일 아침 깨어나서 '재'에서 '완두콩'을 골라내는 일이 뜻하는 것이다. 그것은 살아남기 위해 먹어야 하는 양식을 다른 사람들이 마음 내키는 대로 오물과 수치 속에 던져넣고, 자신은 그에 대해 골똘히 생각해서 어떤 것을 찾아내야 함을 뜻한다. 과도한 짐을 진 (의붓)어머니와 (의붓)언니의 그늘 아래서 근원적으로 불필요한 잉여이고 거부당하는 소녀, 늘 과도한 짐을 지고 사는 소녀가 자란다. 아이는 자기 삶의 의미를 다른 사람의 일을 발 벗고 나서 돕는 데 두게 된다. 이것이 재투성이의 한 가지 면이다. 물론 여기에 또 다른 면도 있다. 쓸모 있는 존재일 때에만 살아가도 좋다는 허락을 받는 아이는 언젠가 삶에서 어떤 식으로든지 이런 일이 본질적으로 중요하다고 생각하게 된다.

재투성이의 감정을 납득하려면 모든 특별한 일은 특별한 성격을 만들며 그 성격은 고통 속에서도 특별하다는 사실을 이해해야 한다. 결국 재투성이는 어린 시절 사람들에게 받은 모든 고통으로부터 위대함과 아름다움을 얻게 되리라. 그리고 사람들은 아이의 번민과 비통과 눈물에도 불구하고, 아니 바로 그 때문에 아이를 차츰차츰 좋아하게 될 것이다. 그러나 아직은 이 감정을 살펴볼 때가 아니다.

아버지는 왜 딸을 도와주지 않을까?
"아버지는 말을 타고 장에 갔습니다."

우리는 이런 일이 일어나는 동안 대체 아버지는 무엇을 하고 있는지 물을 수밖에 없다. 우리는 이 아버지가 원래 자녀 교육에 각별한 열성을 보이지 않음을 알고 있다. 그렇지만 이제 아버지가 "여행을 떠난다."는 사실은 재투성이에게 새로운 상황이다.

물론 **심리학적 관점에서 본다면** 여기서 딸과 아버지 사이에 공간적 거리가 아니라 심리적 '거리'가 생겨난다고 보아야 한다. 언제나 그렇듯이 여기에서도 동화에서 외적이고 우발적인 것으로 서술하는 사건들을 이야기 속 주인공의 심경 변화로 해석해야 한다.[57] 아버지가 '여행'을 떠나는 것이 아니고, 재투성이가 이제까지 아버지와 맺었던 결속 방식에서 떠나게 되었음이 이 모티프의 주제다. 여기에서 재투성이 동화의 전체 특징인 **수동성**이 눈에 띈다. 동화에서는 일반적으로 주인공이 길을 떠나 다사다난한 모험을 겪고 마지막에는 공주(혹은 왕자)를 마법에서 풀어주고 집으로 돌아와 행복한 결혼식을 올린다. 이 과정은 주인공 인생에서 주요 성숙 단계들을 상징한다.[58] 그러나 재투성이 이야기는 중요한 지점에서 한층 미온적이다. 동화는 재투성이가 행동하는 것이 아니라 어떤 사건이 일어나는 것으로 그린다.

지금까지 이야기한 상황에서 분명히 전제되어 있는 것은 재투성이에게는 자기 삶을 제 힘으로 열어 나갈 힘이 조금도 없다는 사실이다. 아이 스스로 아버지로부터 멀어지는 것이 아니고, "장에 간다."는 아버지 결정을 그저 받아들여야 하는 것이다. 언제나 그래왔듯이 이 부분에서도 아버지가 딸의 행복보다는 돈을 버는 일을 훨씬 중요하게 여기는 전형적인 장사꾼임을 알 수 있다. 그런데 여기에서 눈여겨볼 것은 아버지가 딸들에게 원하는 것을 사다주겠다고 약속하는 것이다. 그러니까 아버지가 집을 떠나는 것은 '딸들'이 가장 원하는 것이 무엇인지 에둘러 드러내고 그것을 충족시키기 위해서이기도 하다. 그리고 딸들이 원하는 것은 그들의 운명을 결정할 것이다. 그 아이들은 무엇이든지 원하는 것을 받을 수 있다. 그러나 그들이 원하는 것은 그들이 누구인지를 보여주는 표현이자 규정이며, 나아가 그들이 독자적으로 사고해서 본질적인 것과 비본질적인 것 사이에서 선택할 수 있는가에 대한 서술이기도 하다.

발달심리학적으로 풀이한다면 아버지가 떠나고 돌아올 때 재투성이는 아직 꽤 어리다고 볼 수 있다. 그러니까 얼추 다섯 살이나 여섯 살쯤 된 '오이디푸스 단계'인 것이다.[59] 이때는 여자아이가 아버지와의 결속을 포기하고 아버지라는 사람의 '부유함'을 스스로 '새롭게' 얻어내는 최초의 시기이다. 아버지는 '돌아오면서' 이전에 아버지 자신과 결부되어 있던 내용들을 **내적으로** 다시 가져올 것이다. 그래서 심리학적으로 본다면 한 인격체로서 아버지가 딸들에게 지니는 **의미**가 딸들에게 '인생의 선물'이 되려면 아버지는 일단 반드시 딸들을 떠나야 한다. 그러나 딸들 각자에게 아버지의 **의미**는 전적으로 이제까지 딸들이 아버지를 경험해 온 방식에 달려 있는데, 그 방식은 (의붓)자매들 사이에서 서로 매우 다르게 나타난다. 한 언니는 '**예쁜 옷**'을 원한다. 다른 언니는 '**진주와 보석**'을 원한다. 독자는 재투성이의 겸손함과 대조하여 두 언니가 지나치게 **외적인 것**에 얽매여 있다고 생각하리라. 물론 전래 동화에서 '**진주**'는 그 자체로 '둥근' 삶의 방식이 지닌 귀중함의 상징, 혹은 '자아' 통합의 상징으로서 선호된다.[60] 심지어 신약성서의 우화에서조차 '귀중한 진주'는 하느님 앞에서 정의로운 삶이 지니는 비할 데 없이 우월한 가치를 상징한다(《마태복음》 7장 6절, 13장 45~46절).[61] 그렇지만 재투성이 동화에서 '예쁜 옷'과 '진주와 보석'은 '정신적인 것'을 의미하는 것이 아니라 그저 그것 자체를 뜻할 뿐이다. 그런데 여기에서 아마도 종교적으로만 풀 수 있는 문제가 홀연히 나타난다. 인간은 '**행복**'을 얻기 위해, 혹은 행복하기 위해 어떤 방식으로 노력하는가.

   삶을 '**외적으로**' 받아들이는 것, 그것은 바로 산상수훈에서 금지했던 물음에 사로잡히는 것을 뜻한다. 산상수훈에서는 "그러므로 나는 분명히 말한다. 너희는 무엇을 먹고 마시며 살아갈까, 또 몸에는 무엇을 걸칠까 하고 걱정하지 마라. 목숨이 음식보다 소중하지 않느냐? 또 몸이 옷보다 소중하지 않느냐?"(《마태복음》 6장 25절)라고 말한다.[62] 재투성이의 (의붓)언니들에게는 이와 반대로 어떻게 겉보기에 아름다워 보일 수 있는지, 그리고 어떻게 최대한 예뻐 보이도록 옷을 입을지라는 물음이 최고의 관심사다. 그들은 눈에 띄는 예쁜 외모로 다른 사람의 호의를 얻고자 한다. 장신구와 패물이 있으면 멋지고 세련되게 보일 수 있다고 여긴다. 하지만 우리는 처음부터 알고 있다. 이런 식으로는 **매력적**으로 보일 수는 있지만 결단코 **사랑스러울** 수는 없다. 기본적으로 외모 문제에 얽매인 사람은 제정신을 가지고 살아갈 진정한 기회를 얻을 수 없다. 오히려 불가피하게 점점 외부의 평가, 외적 변화, 주변의 호의에 종속되고 다른 사람들이 자신을 어떻게 여기는가라는 물음이 자신이 어떤 사람인지보다 훨씬 중요하게 된다.

덴마크의 종교철학자 키르케고르(Sören Kierkegaard)는 이러한 관점을 존재의 '미학화'*라고 적절하게 표현했다.[63] '미'의 관점에서 삶은 기본적으로 우연을 통해서, 그리고 외적인 것을 통해서 규정된다. 우리는 **우연히** 아름답고 **우연히** 행운을 얻는다. 오늘은 이렇고 내일은 저렇다. 그런 사람은 자신의 삶에 결코 자기 실현과 자기 책임이라는 내적 원칙을 통합시키지 못한다. '예쁜 옷'과 '진주와 보석'은 이런 의미에서 삶에 대한 **치명적 오해**의 표현이다. 이러한 오해는 외면적 방식으로 행복해질 수 있다고 믿는 것이고, 내면성을 배제함으로써 언제나 '불행'하도록, 즉 인간적 가치가 없기에 **사랑받지 못하도록** 스스로 처벌을 내리는 것이다.[64]

재투성이는 아주 딴판이다. 아버지가 원하는 선물을 묻자 아이는 퍽 특이한 희망을 이야기한다. 그 희망은 '의붓'언니들의 소망과 대조되어 겸손함의 표본처럼 보인다. 그러나 여기에서 진짜 대립되는 점은 각자 바라는 것의 크기나 그 범위에 있는 것이 아니라 **본질**에 있

미학화 겉으로 드러나는 감성적 아름다움을 추구하는 삶의 방식에 대해 키르케고르가 비판적으로 명명한 개념.

다. (의붓)언니들과 재투성이의 본질적 차이는 외면성과 내면성, 미와 윤리, '쾌락'과 '책임', 환경에 얽매임과 환경에 대한 책무의 대립이다. 재투성이가 인생 학교에서 무엇을 배웠는지 벌써부터 드러난다. 자신의 신산한 과거로부터 행복한 미래를 빚어내려면 여전히 여러 해가 지나야 하리라. 그렇지만 행복한 미래로 가는 첫걸음이 이제 아버지와 작별하면서 아이가 말하는 특이한 소망에 놓여 있다. "집으로 돌아오실 때 모자에 닿은 첫 번째 나뭇가지."

의붓언니들에게 너무 편파적인 선입견에 사로잡히지 않으려면, 언니들의 소망과 재투성이의 소망의 차이는 대부분 **나이 때문**이라고 해석할 수도 있다. 의붓언니들은 어느새 **'꽃피는 시절'**(사춘기*라는 표현은 여자라면 누구라도 역겨운 의학 용어로 여겨 마땅히 거부할 것이다)에 이르렀다고 생각할 테고, 그렇다면 장신구와 예쁜 옷에 대한 (새로 깨어난) 관심과 자신의 소녀다운 아름다움과 이제 막 시작되는 여성성을 발견하고 표현하고자 하는 바람을 자연스럽다고 여길 수도 있다. 여기에서는 아주 '겸손한' 재투성이의 관점에서 볼 때만, 과대평가와 과도함과 교만이 나타나고 그에 맞는 응분의 처벌이 기다리게 된다. 그와 달리, 재투성이 앞에는, **아이**가 아버지에게서 벗어나는 결정적 국면이 놓여 있다고 말할 수 있다. 정신분석 언어로 말하면, 분명 아이는 이제야 **'잠복기'*** 의 시작 단계에 있다. 즉 독립적 인격을 향한 최초의 거대

사춘기(Pubertät) 라틴어에서 유래한 이 표현은 원래 '생식 가능한'이라는 의미다.
잠복기 프로이트의 발달 이론에서 대략 5, 6세부터 사춘기가 시작되기까지 성욕 발달이 중지되는 시기를 말한다. 이 시기에는 초자아가 더욱 발달해 오이디푸스적 욕망을 제지한다. 도덕적·지적 열망과 수치심, 혐오감이 나타나고, 이성에 대한 관심보다 동성 간의 놀이에 관심을 보인다.

한 돌파가 시작되고 있다.[65] 그 이유는 다섯 살에서 여섯 살 사이의 이 체험이 심리의 새로운 조직화 단계에 이르러 이제까지의 아동 발달을 요약할 뿐 아니라, 이 시기에 특히 모든 신념과 윤리적 이상이 형성되기 때문이다. 그 신념과 윤리적 이상은 새로운 결정적 체험으로 또다시 변하지 않는 한, 이후 삶 전체를 규정하고 형성한다. 그렇다면 재투성이가 아버지에게 바라는 것은 대체 무엇인가?

한 가지는 처음부터 분명하다. 심상치 않은 상황을 전제로 하는 유별난 소망의 내용은 그 자체로 복합적인 상징적 응축을 보여준다. 이러한 복합적으로 응축된 전체 상징 중에서 (시범적으로) 우선 개별 요소들을 조사해볼 수 있고 마땅히 그래야 한다. 그런 작업은 (그 자체로는 불충분하지만) 그 의미의 근사치나마 이해하는 데 꽤 유용할 것이며, 그런 작업을 통해 드러난 의미의 근사치는 꽤 놀라울 것이다.

첫 번째로 인상적인 것은 **말 타고 가는 아버지**라는 형상이다. 말 위에 높이 앉은 아버지라는 표상은 딸의 관점에서 볼 때는 이 남자가 분명 여전히 힘 있는 인물임을 알려준다. 그 인물에게는 이드와 초자아, 욕동의 힘과 이성의 지도가 통일되어 있다. 그러나 이 표상은 또한 일련의 성적 동기를 암시하는데, 이 동기는 놀라운 연관으로 이어진다.

프로이트는 《꿈의 해석》에서 비스마르크의 꿈에 대한 기억을 분석했다. 비스마르크는 "오른편은 낭떠러지고 왼편은 암벽인 알프스의 좁다란 길을 말을 타고 가면서", "나갈 길을 열기 위해 매끄러운 암벽을 왼손에 든 채찍으로" 내려쳤다. "채찍은 한없이 길어지고 암벽은 마치 무대의 막처럼 무너지면서 넓은 길이 열렸다."[66] 말을 탄 남자가 손에 든 한없이 긴 채찍은 프로이트가 보기에는 영락없이 남근의 상징이며, 아동의 자위 환상의 의미로 풀이된다. 재투성이의 바람에서 나뭇가지도 전적으로 그렇게 풀이할 수 있으며 아버지의 (한가운데 우뚝 솟아오른 부분과 주변부가 있는) '**모자**'도 남성 성기를 나타낸다.[67] 심지어 독일어에서 '혼인시키다'라는 의미로 쓰이는 "여자를 모자 아래 데려온다(eine Frau unter die Haube bringen)."는 표현은 이런 의미를 관용적으로 표현하는 것이다. 이에 따르면 '가지'와 '모자', **말 타는** 아버지 형상은 모두 소녀의 깨어나는 성이 지니는 (오이디푸스적) 소망으로 이해할 수 있다. 이에 따르면 재투성이가 아버지에게 바라는 선물은 아버지로부터 사랑받고자 하는 욕망에서 나오는 것이다. 매우 은밀하게 상징적으로 암시되기만 하는 욕망, 비유를 통해서만 드러나는 욕망은 이제까지 현실에서는 줄곧 거부되어 왔다.

   텍스트를 이렇게 풀이하는 것은 재투성이가 아버지의 선물을 조심스레 받아서 **어머니 무덤**에 심는 것을 볼 때 더 확실해진다. 여기에서 아버지와의 관계는 지상에서는 이미 죽었으나 하늘에 살아 있는 어머니에게 다시 연결되면서 분명하게 **극복된다**. 원래 아버지에게 품은 모든 감정은 무덤의 어머니에게 다시 전이된다. 재투성이가 삶에서 애초부터 아버지와 진정으로 확고하게 결속한 적이 없었음을 돌이켜 본다면, 재투성이가 강한 **퇴행적** 태도를 보이는 것은 조금도 놀랍지 않다. 그러나 여기에서는 개암나무 가지라는 '남근' 상징에서 감지되는 또 다른 원인이 어떤 역할을 했을 수도 있다.

   우리는 이제까지 그림 동화에 근거해서 재투성이 정서를 '죽어 가는' 어머니에 대한 아이의 불안과 죄책감으로부터 이끌어냈고, 이때 그러한 근본 감정이 아버지 형상의 양가성과 형제간 경쟁에서 생겨나는 갈등 안에서 유지됨을 보여주었다. 그렇게 전개된 도식만으로도 재투성이가 아버지를 못내 그리워하면서도 왜 진짜 아버지에 대해서는 불안해하고 꺼림칙하게 느끼는지를 설명할 수 있다. 그러나 이 감정은 늦어도 다섯 살 무렵이 되면 **성욕** 체험이라는 추가적 긴장을 겪게 된다. 아버지는 딸을 사랑**해야 한다.** 이것은 재투성이가 내내 품고 있는 가장 깊은 욕망이다. 이제까지는 아버지가 그러지 **않는 것**에 대해 그렇지 않아도 큰 부담을 느끼는 남자를 '단순히' 거부하는 것으로 설명했다. 그러나 이제 오이디푸스 단계가 시작되면서 이러한 갈망과 거부의 관계 전체는 성적인 것이 되고 이를 통해 새로운 해석을 얻게 된다.

"아버지는 나를 사랑해야 해." 이제 이 바람은 아버지가 딸을 **원래** 사랑하지만 '단지' 딸을 성적으로 욕망하지 않으려고 딸을 밀어내고 있다는 확신을 낳는다. 특히 아버지가 딸을 **때리는** 것은 그 소녀의 체험에서는, 딸을 애무하고 싶은 성적 욕망에 맞서려는 행동이다.[68] 아버지는 딸을 사랑하지 않기 위해서 때린다. 이는 아버지가 원래 딸을 사랑하기 **때문에** 때린다는 의미다. 그리고 소녀가 견뎌야 하는 **'처벌'**은 근본적으로는 자신의 유혹적 아름다움에서 비롯된 것이다. 이제까지 재투성이가 단순히 자신의 존재 그 자체 때문에 이미 죄를 짓고 있었다면, 이제 성기적 성욕을 처음 체험하면서 자신이 아름다운 소녀라는 사실 탓에 죄를 짓고 있다는 사실이 더해진다. 사랑의 상징으로서 소녀가 갈망하는 아버지의 바로 그 기관(Organ)은 이로써 처벌 수단(Organ)이라는 성질을 띠게 된다.[69] '작대기' 혹은 '채찍'으로서 '개암나무 가지'라는 상징이 이 둘을 포괄한다. 원래 사랑의 측면에서 바라던 것이 이제 훈육과 처벌의 측면을 얻는 것이다. 아버지의 (혹은 어떤 남자의) 사랑을 더욱 고대하는 것이 아니라, 이제부터 불안 속에서 그 사랑을 피하고 어머니와의 성적으로 깨끗한 관계로 돌아가야 한다. 재투성이 유형의 여자들이 하는 말을 경청해보면 종종 그들 삶에서 이런 종류의 환상과 기억이 폭넓게 형성되어 있음을 알고 놀라게 된다. 많은 여자들이 남녀의 성적 관계를 가학적 매질 환상의 방식으로 연상하는 경향이 있다. 또한 어떤 여자는 남자의 성을 등골이 오싹한 괴물 같은 것으로 느끼게 만든 실제 체험을 떠올리곤 한다.

'과도한 부담을 지닌' '죽어 가는' 어머니는 드물지 않게, 여성으로서 더는 남편과 혼인 관계를 유지할 기력이 없음을, 그리하여 자신의 사랑의 빈 자리에 '어떤 식으로든' 딸이 비집고 들어오는 것을 그렇게까지 심각한 재앙으로 여기지 않음을 뜻할 수도 있다.[70] 그러나 우리가 상상할 수 있듯이, 재투성이는 이런 상황에서 세 겹으로 중첩된 무력감을 느낄 것이다. **첫째**, 아이는 타인의 욕망에 맞서 스스로를 걸어 잠그고 그 욕망을 명확하게 거부해도 좋다는 허락을 받은 적이 결코 없다. 그러니 이제 어떻게 갑자기 그럴 수 있겠는가? **둘째**, 아이는 진실로 아버지의 사랑을 갈망한다. 아이는 **자신의 아름다움 때문에** 아버지가 자기를 사랑할 수도 있으리라고 너무도 분명하게 느끼는데, 거기에는 이런 식으로 어쩌면 아버지의 사랑을 얻을 수도 있으리라는 강한 유혹이 들어 있다. **셋째**, '선한' 어머니의 경건한 정숙함과 '부유한' 아버지의 정상적 생명력의 대조는 그 자체로 벌써 온갖 혼란을 일으킬 수 있다. 아버지에게는 부드럽게 찰싹 때리는 행동 혹은 심술궂은 장난 정도인 것이 엄격한 교육을 받은 소녀의 눈에는 타락의 구렁텅이로 보일 수도 있다.

이러한 궁지에 몰린 소녀가 출구를 찾고자 할 때, 그 출구는 대개의 경우 자기 욕망에 맞서 자신의 아름다움을 부정하여 위험을 제거하는 것이다. **자신의 아름다움을 부정**한다는 이러한 계기는 재투성이의 심리에 어김없이 속하는 것으로 보인다. 눈부시게 아름다운 여성들이 거울을 똑바로 바라보는 것을 여러 해 동안 회피하거나, 자기를 너무 여성적으로 보이게 할 것들을 억누르느라 시간을 보낼 수도 있다. 그들은 전체적으로 그림 동화의 재투성이처럼 행동한다. 즉 (아버지나 그 대체 인물을 포함해) 그 누구도 아름답게 피어나는 자신의 여성성 탓에 '유혹'에 빠지지 않게 하려고 재와 그을음으로 얼굴을 감추는 것이다. 예를 들어, 1944~1945년 동프로이센과 슐레지엔 지방에 소련군이 진주했을 때 강간의 불안에 휩싸인 많은 여자들이 얼굴에 재를 칠하고 보기 흉한 옷을 입었다. 남자의 성에 대한 이러한 불안은 재투성이에게는 분명 유년기의 유산이다. 아이는 삶을 두려워하고 사랑을 두려워하며, **자신을 염려하는** 두려움과 **자신에 대한** 두려움, 그리고 어머니를 염려하는 불안과 아버지에 대한 불안을 품고 있다. 그러니 아이는 유년기 삶의 공간인 **무덤**으로 되풀이해서 도망칠 수밖에 없다.

그렇지만 아버지의 개암나무 가지를 어머니 무덤에 심는 것으로 재투성이는 다시 한 번 원래의 가족 상황을 조명하는 장면을 객관적으로 만들어낸다. 재투성이의 소망은 단순히 아버지에 대한 것이 아니라, 궁극적으로는 아버지와 (선량한) 어머니가 (다시) 합쳐지도록 하려는 노력이다! 물론 이제 이 소망은 아버지로부터 벗어나려는 것으로도 나타나고, 성장하는 아이가 자신의 근본적 충동을 **포기**함을 표현하며, 아울러 어머니의 **죽음**이라는 사실과 관련된다. 그렇더라도 우리는 거기에서 아이가 처음부터 기울여 온 노력이 어느 정도 반영되어 있다고 볼 수 있다. 그것은 아버지와 어머니가 서로 사이가 좋아지게 하고, 특히 어머니의 죽음을 **저지**할 수 있다면, 자신의 욕망을 억누르고 뒤로 물러서려는 노력이다. 이런 상황에서 재투성이의 '겸손함'은 불안과 죄책감과 온갖 모순의 층으로 이루어진 혼합물이 되는데, 이들의 **근거**는 모두 '부유한' 아버지와 '죽어 가는' 어머니라는 대립에 놓여 있고 여기에서 출구는 극단적인 자기 방기와 자기 억제에 있다.

이제 우리는 이런 모든 사태에서 고유한 요구를 지닌 재투성이 자신은 대체 어디에 남아 있는가라고 물을 수 있다. 이제까지 이야기한 것들에 따르면, '재투성이'의 본질은 자신의 자아를 희생함으로써 부모의 갈등이 (최소한 아이의 표상 안에서) 어느 정도 극복될 수 있을 때에야 비로소 살아도 좋음을 뜻한다. 그러나 그렇게 살아야 하는 아이에게는 아무리 굴종하더라도 분명히 드러나는 '재 속 존재'로서의 태도 때문에 어떤 **항의** 같은 것을 감지할 수 있다.

이제까지 우리는 재투성이가 아버지에게 품는 소망을 분석하는 데 주로 개별적 상징들에 대한 객관주의적 해석에 머물렀다. 이제 재투성이의 소망이 보여주는 전체 모습을 좀 더 상세히 들여다본다면, 아이의 말 속에 얼마나 강하고 절망적인 비난이 담겨 있는지를 곧 알아차리게 된다.

재투성이의 소망에서 가장 눈에 띄는 것은 두말할 나위 없이 재투성이가 아버지가 여행에서 돌아오면서 가져올 '올바른' 나뭇가지에 **내건 세 가지 조건**이다. 그것은 아버지의 **귀향길에 모자에 닿은 첫 번째** 가지여야 한다. 아버지는 딸을 위해 이 가지를 꺾어야 한다. 그리고 말을 타고 '푸른 덤불숲을 거쳐' 돌아오는 길에 정말로 개암나무 가지가 모자에 닿았고 아버지는 그 가지를 꺾어 집으로 돌아온다. 얼마나 기이한 소망인가! 재투성이에게 외적 의미에서 개암나무 가지가 필요했다면, 직접 가까운 숲으로 가서 가져올 수 있지 않았겠는가? 왜 아버지에게 이런 소망을 바라는가? 더 나아가 아이가 개암나무 가지가 아버지에게 닿는 여행의 소소한 일들을 예견할 수 있었다(고 생각했다)는 사실 역시 기이하다. 그러나 아버지에 대한 '소망'에서 재투성이가 실은 새로운 어떤 것을 **받고자** 한 것이 아니라 **상당히 오래된 어떤 것을 표현**하고자 했다고 가정하면, 모든 상황이 딱 들어맞는다. 그러니까 여기 소개된 장면을 납득하려면, 아버지 모자에 닿은 개암나무 가지를 재투성이 상황에 대한 은유라고 주관주의적으로 이해해야 한다.

그 경우 재투성이의 '소망'은 이렇게 말하는 것 같다. "집으로 돌아오실 때 머리에 쓴 모자에 닿는 가지만 꺾어야 해요! 그동안 내내 아버지는 제게 바로 그런 일을 했으니까요. 저는 아버지가 집으로 돌아올 때 걸리적거리는 '불쾌한 것', 말 그대로 '모자 끈을 넘어간'* 존

....
* 'über die Hutschnur' 도가 지나치다는 의미의 관용 어구.

재, 그래서 꺾어버리는 가지처럼 그렇게 자랐어요. 아버지에게 바라는 것은 아버지가 저를 위해 어떤 일을 하는 것이 아니라, 실은 오래 전부터 제게 어떤 행동을 해 왔는지를 아버지 자신이 깨닫는 것이었어요. 아버지에게 그 이상은 바라지도 않아요. 도대체 한 번이라도 제 아버지인 적이 있었나요? 저의 존재, 저의 모든 것은 오래 전부터 아버지에게 꺾여 손에 들린 개암나무 가지에 불과했지요. 그렇지만 더는 결코 도달할 수 없는 아버지의 사랑을 희망하거나 기다리지 않을 거예요. 그 대신 저 자신을, 저의 꺾인 삶을 이제 아버지 손에서 풀려나게 하고 제 생애 내내 아버지에게서보다 더욱 제 집처럼 느꼈던 곳에 심을 거예요. 바로 어머니 무덤이죠. 제 삶이 앞날을 위한 기회를 한 번이라도 얻는다면 그것은 오직 어머니가 준 사랑의 기억 속에 있겠죠."

이 장면에 대한 이런 '주관주의적' 해석은 조금 전 서술한 '객관주의적' 해석과 모순되지 않는다. 이 해석은 다만 재투성이에게 아버지에게서 풀려남과 결부된 **의미**만을 보여줄 뿐이다. 이런 식으로 우리는 재투성이의 '겸손함' 뒤에 숨어 있는 억눌린 **항의**를 보게 된다. 아주 겸손하게 들리는 이 소망은 "어차피 당신이 아버지로서 사랑을 줄 수 없다면, 우리의 관계없음이라는 현실에 대한 상징 외에 다른 것은 아무것도 주지 않아도 좋습니다."라는 의미다. "당신은 이미 오래 전부터 제 아버지가 아니고, 저는 오래 전부터 당신 딸이 아닙니다. 과거와 미래에 당신이 저에게 부여했던 모든 의미를 어머니를 추모하는 장소로 가져갑니다. 저는 거기에서 살 것입니다. 거기에서 꽃필 것입니다. 거기에서 저에게서 어떤 커다란 것이 자라날 것입니다." 여기에서 겸손함은 긍지와 뒤섞인다. 그 긍지는 삶에 대한 자신의 요구를 처음으로 예감하는 것이다. 그리고 재투성이 안에 바로 자신이 짊어진 과도한 책임으로부터, 아버지의 사랑을 갈망한 데 대한 반동으로부터 생겨난 커다란 기대가 잠자고 있음을 증언한다. 숨겨진 '왕국'이 여기에서 준비된다. 주변의 그 누구도 가망이 있다고 여기지 않았던 그 '왕국'은 바로 여기에서 '뿌리'를 내린다.

재투성이가 앞으로 어린 시절을 어떻게 보내는지를 본다면, 유년기는 예나 지금이나 여전히 고독과 슬픔에 찌들어 있다. 어머니 무덤의 '개암나무 가지'는 아이의 눈물 없이는 결코 싹트지 않는다. 우울과 고뇌, 외적 체념과 내적 고립이 그 부러진 가지가 재투성이의 '소망의 나무'로 자랄 수 있는 조건을 이룬다. 완벽한 결핍의 세계 한가운데에서 재투성이는 매일 세 번씩 어머니 무덤으로 가서 자신의 삶 안에서 비탄과 경건, 울음과 기도가 같은 것임을 배운다. 아이는 외적으로 소유하려는 소망을 단념한다. 그렇지만 그 희생은 **하얀 새**에게 '보상' 받는다. 개암나무에 내려앉는 하얀 새는 아이가 원하는 것이라면 무엇이든 하늘에서 가져와 떨어뜨려주는 것이다. '**새**'는 태초부터 인간 영혼의 상징이다.[71] 그리고 '**하얀**' 새는 순결한 영혼과 맑고 깨끗한 양심을 상징한다. 그 새는 어머니가 소녀에게 내려 보내는 하늘의 전령 같은 것이다. 그리하여 어떠한 슬픔 속에서도 누구에게도 악행을 저지르지 않는 **착한** 아이, **그것이** 바로 재투성이 존재의 특질이고 어머니의 영향권 안에 있는 그 아이의 모든 소망이다. 그 아이는 다른 것은 (더는) 알지 못한다.

그러한 삶이 구체적으로 어떤 모습인지 떠올려보자면, 동화가 서술하는 대로, 아주 어려서부터 온갖 집안일을 해야 하고 그런 것이 마치 당연한 듯이 아무런 인정도 받지 못하는 아이의 운명을 떠올리면 된다. 소녀는 노력의 대가로 오히려 욕을 먹고, 겉보기에 아무것도 아닌 이유로 거부당하고 거절당하는 지속적인 두려움 속에서 살아간다. 그런 상황에 있는 아이라면 진정한 **죄책감**을 발달시키게 될 것이다. 스스로 죄가 있다고 느껴야 할 일은 전혀 없다. 아이는 다만 이해할 수 없는 타인들의 무지막지함과 무자비함에 대한 쉼 없는 불안 속에서 살아간다. 아이가 어떤 선의를 품더라도 그 불안에서 결코 벗어날 수 없다. 그래서 재투성이는 갈등 상황에서 다른 사람들의 의지에 자신을 맞추려는 경향을 띠게 된다. 그 아이는 타인에게 받는 온갖 학대를 타인의 정당한 권리로 인정하고 이를 납득하려고 노력한다. 그리고 내면으로 깊이 가라앉은 아이는 언젠가, 어디에선가 어머니 무덤의 개암나무에 앉은 하얀 새를 만날 것이다. 새는 아이에게 스스로 자신을 힐난할 일이 아무것도 없음을 말해줄 것이다. 다른 사람들이 아이를 '멍청하고' '더럽고' '볼품없다'고 여기더라도, 그들에게 봉사하고 쓸모 있는 사람이 됨으로써 자신에게 어떤 운명이 박탈되지 않기를 기도할 것이다. 그러나 가장 중요한 것은 이런 것이다. 아이는 이 모든 일에 낙관적이다! 아이를 정말로 알게 되는 사람은 다시는 아이를 내몰 수 없다. 이러한 희망이 마치 보이지 않는 어머니의 보호처럼 아이를 감쌀 것이고 그 삶에 미래를 부여할 것이다.

'먼지 속 왕녀'의 소망
"재투성이는 무도회에 가고 싶어 울었습니다."

여러 해가 지나갔다. 대략 여섯 살의 아이가 사랑에 눈뜨고 결혼을 꿈꾸는 소녀로 피어나기에 충분할 만큼 여러 해가 흘렀다. 동화는 "왕이 사흘 동안 잔치를 열기로 했습니다. 잔치에는 그 나라의 아름다운 처녀들이 모두 초대되었고 왕자님이 그들 중에서 신부를 고를 것이라고 했습니다."라고 말한다. 왕실 결혼 모티프가 등장하는 이 장면의 자연스러움에 문화사학자들은 분명 놀라움을 금치 못하리라. 유럽의 궁정에서 대체 언제 영주가 이런 식으로 결혼했단 말인가? 영주는 기꺼이 '초야권'을 행사했다. 그 숙달된 자들, 지배와 사랑에 능수능란한 자들은 하룻밤 남편 역할을 기꺼이 맡고, 남편은 '아내'와 미처 '혼인'하기도 전에 아내를 다른 남자에게 빼앗기는 것이다. 그렇지만 그게 다였다.72) 신분상 이유에서라도 '시민'과 혼인을 약속할 수는 없었다. 영주는 만백성에게 지배자의 강건한 정력을 보여주기 위해서라도 영지 곳곳에서 아이를 만들어도 좋았다. 그렇지만 혼인은 궁정 외교라는 존엄한 목표를 위해서만 활용해야 하는 신성한 재화였다. 유럽의 군주는 사랑이 아니라 정치적 합리성에 따라 아들의 결혼을 주선했다. 물론 이럴 때에도 원한다면 낭만적 감정을 실컷 누릴 수도 있겠지만, 낭만적 감정은 그 예측 불가능한 자의성 탓에 왕의 권력 확장과 권력 유지를 위한 혼인의 논리와는 무관했다.73) 오늘날에도 영국인들은 1936년 에드워드 8세가 사랑 때문에 11개월 만에 왕좌를 포기하고 미국인 이혼녀 월리스 심프슨 부인과 결혼하여 윈저 공이

된 것을 세기의 사건으로 받아들인다. 민주주의 신조가 보편화되고 아직 남아 있는 유럽의 몇몇 왕실들이 단순한 정치적 장식품으로 평가절하되고 나서야, 유럽의 국왕들도 영지의 '딸들'과 '연애 결혼'할 수 있는 시민적 권리를 획득했다.

〈재투성이〉에 나오는 결혼이 가능했던 정치 문화를 역사에서 찾아본다면, 태고부터 (고대) 중동 지방에서 그러한 문화를 찾아볼 수 있다. 예언자 사무엘도 〈사무엘 상〉 8장 13절에서 이스라엘인들에게 '이방 문화적인' 왕국의 도입을 경고하기 위해 지극히 정당한 공포의 비전을 끌어들인다. 그 비전은 왕위에 오른 미래의 군왕이 백성에게서 딸들을 약탈하여 하렘(harem)으로 끌고 가 비천한 하녀로 만드는 것을 보여준다.[74] 그렇다. 〈시편〉 45장도 왕을 정의로운 전쟁의 영웅으로 칭송하는 익숙한 부분[75] 뒤에, 왕과 혼례를 앞둔 소녀에게 마음의 준비를 시키는 장면을 상세히 노래한다. "내 딸아, 들어라. 잘 보고 귀를 기울여라. 네 겨레와 아비의 집은 잊어버려라. 너의 낭군, 너의 임금이 너의 아름다움을 사랑하리라. 그는 너의 주님이시니 그 앞에 꿇어 절하여라. …… 호화스런 칠보로 단장한 공주여, 화사한 옷 걸쳐 입고 들러리 처녀들 거느리고 왕 앞으로 오너라. …… 자손들 많이 낳아 조상의 뒤를 이으리니, 그들이 온 세상을 다스리게 되리라."(〈시편〉 45장 10~17절)[76]

이러한 유형의 노래들에서처럼 재투성이는 왕의 잔치에서 진정한 사랑을 꿈꾼다. 그러나 동화를 이해하려면 문화사보다는 심리학이 긴요하다. 동화에 등장하는 '왕들'과 그들의 혼인은 왕국이라는 역사적 제도에 대한 역사적 기억이 관련된 것이라기보다는, 동서고금을 막론하고 나타나는 어떤 마음의 갈망을 표현하는 것으로 이해해야 한다.

여기에서 **어떤** 감정이 나타나는지는, 이를테면 오늘날까지도 가톨릭 수녀 서원식이 〈시편〉 45장과 닮아 있음을 고려한다면, 의외로 잘 느낄 수 있다. 천상의 신랑인 그리스도에게 영원한 사랑을 서약하는 그날, 수녀는 고대 중동의 하렘을 배경으로 나온, 앞서 인용한 〈시편〉 구절로 기도해야 한다. 이 텍스트는 **심리학적으로는** '주의 신부'라는 체험 안에 놓여 있는, 사랑에 대한 전무후무한 오이디푸스적 승화의 기록으로 읽어야 한다. 여기에서는 연인을 아버지라는 모범에 따라 권능 있는 군왕으로 꿈꾸는 데 그치지 않는다. 이러한 종류의 환상에는 더 나아가 초월적인 천상의 존재로의 형이상학적 승화가 들어 있다. 여기에서 '사랑하는 아버지' 군왕은 동시에 하느님으로 찬미되고 이를 통해 추상화된다. 이러한 생각을 교회로부터 경건한 정서라고 제시받는 여성이라면, 그 자신이 '그리스도의 신부'가 되어 **성모**의 모범을 따르게 된다. 물론 신학적 관점에서 성모는 아들과 혼인을 하지는 않았지만, '영원한 처녀'로서 '나누어지지 않는 사랑' 속에서 평생 하느님에게, 그리고 그녀 자신의 혹은 하느님의 아들에게 "내맡겨져 있다." 그러므로 수녀는 서원식을 통해 성모의 이름, 즉 '마리아'를 명시적으로 넘겨받는다.[77]

처음에 재투성이의 삶에서 사랑에 대한 '경건하고' '착한' 환상도 이러한 유형의 사상으로부터 조합되었을 것이다. 가령 재투성이라는 상징은 얼마나 많은 수녀들의 유년기와 청소년기에 대한 탁월한 요약이겠는가! 그들에게는 단순하고 '평범한' 행복은 결코 주어지지 않았다. 다만 용인되기 위하여 최선을 다해 남을 돕는 쓸모 있는 사람이 되고자 했던 것이다. '기도하고 일하라.'로 요약되는 베네딕트 교단 수도 생활의 계율은 재투성이와 같이 '경건함'과 '착함'을 통해서만 두드러지는 삶을 탁월하게 표현한다.[78] 그러니까 그들이 사랑의 감정이라는 자극을 받는다고 해도, 이는 우선적으로 하느님에게 속하는 것이다. 그리고 우리가 이미 살펴본 것처럼, 하느님의 형상 안에서는 돌아가신 어머니의 이상적 형상이 그에 대비되는 그리워하고 연모하는 아버지 형상과 뒤섞인다. 그러한 의무, 희생, '헌신'으로 이루어진 삶 안에서는 남녀 간 사랑의 '세속적' 형식은 기껏해야 '왕에게' 정복되거나 혹은 아이를 낳기 위해 순순히 굴복하는 행위로 보일 뿐이다. 그런데 '평범한' 가정주부가 되는 많은 소녀들도 그런 심리적 특징을 보이는 '수녀' 제의를 겪는다. 그들은 결혼 생활을 거의 수도원에서처럼 수행한다. 다만, 지금 우리가 풀어야 하는 물음은 왕의 결혼식이라는 재투성이의 꿈이 어떻게 문자 그대로 하늘에서부터 지상으로 끌어 내려지는가라는 것이다.

우리 시대에 자라나는 재투성이의 삶에서 '지상'이란 예컨대 **학교**일 수 있다. 학교라는 공간은 의무교육 도입보다 훨씬 앞서는 그림 동화의 시대에는 아직 없었지만, 오늘날 재투성이 아이들의 삶에는 더할 나위 없이 중요하다. "저는 다른 아이들 사이에서 언제나 자신을 쓰레기처럼 느꼈어요." 한 여성은 학창 시절의 기억을 이렇게 전한다. "다른 아이들은 저보다 한결 단정하고 똑똑하고 교양 있는 것처럼 보였어요. 어머니는 언제나 제가 단정하게 옷을 입도록 신경을 쓰셨죠.

머리카락을 빈틈없이 단장하고 손도 잘 씻고 구두도 잘 닦았어요. 아무도 제게 언짢은 말을 한 적도 없고요. 다만 제풀에 스스로 '형편없다'고 느꼈을 따름이지요. 감히 입을 벙긋하려고도 안 했고, 선생님께서 뭔가 물어보시면 너무 놀라서 아무 말도 할 수 없거나 아주 천천히 더듬거리며 대답했죠. 그러면 참을성이 없어진 아이들이 비웃었어요. 제가 말하는 것이 똑똑한 말인지 바보 같은 말인지도 몰랐어요. 때때로 그냥 의자에 주저앉아 말없이 기도했죠. 제 이름만 부르지 않게 해 달라고. 그리고 수업 시간이 얼른 지나가게 해 달라고요. 그렇지만 쉬는 시간이라고 해서 나아지는 건 없었죠. 어디에나 함께 노는 패거리가 정해져 있었고 저는 늘 외로웠어요. 다른 아이들이 그저 저를 받아주기만 해도 고마워서 무슨 짓이라도 할 지경이었죠. 술래잡기나 피구를 할 때면 그애들에게 너무 어설프게 보이지 않으려고 좀 과장된 행동도 했고, 그러다가 넘어져서 옷이 찢어지거나 무릎이 까진 채로 집에 돌아오면 어머니가 호되게 꾸중하셨어요. 어쨌든 다른 아이들과 어울릴 수도 없었고 그렇다고 차분하게 혼자 있을 수도 없었죠."

재투성이의 가정 환경을 배경으로 하여 이를 **사회적 행동**으로 확장해서 살펴보면, 얼추 이런 식으로 떠올릴 수 있다. 재투성이는 언제나 자신을 맨 끝줄에 앉은 아이로 느낀다. 그래서 사랑받기 위해, 어떤 행동을 하면 다른 사람들이 좋아할지를 살피느라 늘 눈치를 보며 갖은 애를 쓴다. 그럼에도 불구하고, 아니 **바로 그 때문에**, 유년기에 나타났던 거부당함과 사랑의 갈망 간의 상호작용과 비슷하게, 사춘기에도 거부와 열등감이라는 무겁게 억눌린 정서 속에서 커다란 갈망이 생겨난다. 그것은 자기에게 없는 아버지를 대신할 수 있는 우월하고 현명하고 이해심 많은 남자로부터 깊이 사랑받고 포옹받고 싶다는 갈망이다. 양육에서 각별히 '경건함'이 중시되었던 소녀에게는 이러한 소망의 상대로 우선 예를 들어 성직자나 교사가 물망에 오를 수 있다. 성장하는 소녀의 이상적 표상에 상응해서 나이나 겉모습이 '왕 같은' 풍모를 지닌 남자라면 재투성이의 환상을 차지할 수 있다.

여기에서 그러한 갈망이 겉보기에 비현실적이라거나 보상적 성격을 지닌다는 이유로 '전형적인 십대의 꿈들'을 우스꽝스러운 도취로 깎아내리는 것은 중대한 잘못이다. 오히려 이 꿈은 재투성이가 사랑의 '왕국'으로 들어갈 수 있는 유일하게 남은 입구일 것이다. 재투성이는 그나마 여기에서는 저 높이 어른거리는 그리운 소망을 정당화할 수 있는 주관적으로 설득력 있는 근거를 가지고 있다. 아주 오래 전부터 타인에 대한 무거운 책임을 짊어지는 법을 배우지 않았던가? 그러니까 재투성이는 선한 성품을 지닌 누군가가 자신을 진정으로 인식(그리고 인정)하는 일이 무엇을 뜻하는 것인지 어떤 식으로든 벌써 알고 있다. 하지만 그가 대체 누구일 수 있단 말인가? 자기 또래 소녀와 소년은 당연히 그럴 수 없다. 그렇지만 손위 여성들도 거의 그럴 수 없다. 그러한 기대를 하기에는 계모와 의붓언니에게 당한 일이 큰 걸림돌이 된다. 그래서 이제는 **나이 많은 남자**의 사랑에 대한 희망만이 남는다. 그 은밀한 연인에게 어떻게라도 도움이 될 수 있다면, 심지어 무엇과도 바꿀 수 없는 사람이 될 수 있다면!

소녀 시절 첫사랑의 시기에 적지 않은 '경건하고' '착한' 재투성이들이 기독교 교구의 청소년 목회에서 '중추'가 되는 것은 이해할 만한 일이다. 혹은 그 아이는 열성적 합창단원이거나 동아리 회원일 수도 있다. 또 남의 이목을 끌지 못하는 말수 적은 여학생이 프랑스어나 화학 시간에 담당 교사의 총애를 얻기 위해 갑자기 열심히 공부에 파고들어 모두를 어리둥절하게 만들 수도 있다.

그렇지만 그런 겉모습에 너무 홀려서는 안 될 것이다. 설령 재투성이가 정말로 프랑스어에서 일등을 하더라도, 혹은 만인에게 사랑받는 반장이 되더라도, 멸시와 열등감이라는 해묵은 정서는 계속해서 그 아이의 마음을 갉아먹을 것이다. 무슨 일을 하더라도 자존감을 북돋지 못한다. 그 일은 대가를 기대하는 제물로서 이른바 판결을 내리는 '왕'이라는 법정에 바쳐질 뿐이다. 그리고 앞으로 행복과 구원에 대한 희망, 혹은 불행과 고난에 대한 두려움이 모두 그의 판결에 좌우될 것이다.

이런 상황에서 재투성이는 정말로 '먼지 속 왕녀'다. 이런 소녀의 형상에서 나타나는 〈성모 마리아 송가〉 모티프를 엄밀하게 파악하는 것은 재투성이 체험의 조건을 이해하는 데 중요한 종교심리학적 의미를 지닌다. 타인을 위해 짐과 책임을 짊어지는 것이 어떤 것인지 잘 아는 소녀가 있다. 그렇지만 가정 내에서는 결코 그에 대한 인정을 받지 못한다. 다시 말하면 아이의 가치는 아이만의 **비밀**로 남아 있고 살아가면서 내내 언젠가 한번은 **발견될** 것이라는 말 없는 희망 속에서 유지된다. 그리고 그를 발견해야 할 어떤 사람은 자신이 원하든 원치 않든, 자신의 판단으로 재투성이의 가치 있음과 가치 없음 전체를 판정하게 된다. 이러한 상황에서는 그는 두말할 나위 없이 '왕'이다! 재투성이는 여기에서 어떤 **절대적 선택** 앞에 서 있으나, 아이가 보기에 그 선택은 스스로 할 수 없는 것이다. 아이가 거부당한다면 돌이킬 수 없이 먼지 속으로 침몰할 것이고 상황은 어느 때보다 더 심각해질 것이다. 아이가 그 직전 참된 소명이라는 행복을 어렴풋하게나마 느꼈던 탓이다. 반대로, 수용된다면 아이는 왕비가 될 것이고 진정으로 아름다운 아이의 본질이 모든 사람 앞에 드러날 것이다. **둘 중 하나다.** 재투성이는 그렇게 무조건적이고 절대적으로 느끼고 갈망한다. 예, 혹은 아니오. 제3의 선택은 존재하지 않는다.

이런 결정을 기다리는 방식은 각 개인에게 확실히 아주 다양한 모습으로 나타날 것이다. 그러나 재투성이 소녀들의 체험에는 공통적으로 커다란 꿈과 시라는 요소, 더없이 예민한 감수성이 빠질 수 없다. 이는 타인의 감정에서 지극히 미세한 동요까지 지각하는 능력이고, 아울러 늘 실망의 암시만으로도 훌쩍 도주하려고 잔뜩 벼르고 있는 자세다. 재투성이의 청소년기를 관찰하면 아주 작은 자극만으로도 애정과 사랑에 대한 상상이 얼마나 생생하게 펼쳐지는지 보고 종종 놀라게 된다. 어김없이 해피엔딩으로 끝나는 영화를 상영하는 변두리 극장을 들락거리는 것만으로도 성장하는 아이의 영혼은 선량한 왕자와 무적의 영웅을 거뜬히 꿈꿀 수 있다. 우리가 이미 알고 있듯이, 몇 푼만 주면 살 수 있는 가난한 시골 소녀와 남작의 로맨스를 다룬 애정소설들만 해도 전혀 실현될 수 없는 일까지 매우 현실적인 일처럼 보이게 한다. 이런 소설들은 적어도 잠재적으로 늘 존재하는 어떤 경향에 제동을 걸어준다. 그 경향은 뒷걸음쳐서 도망치려 하고 마지막에는 모든 희망이 거부당하는 커다란 불안 때문에 오로지 죽음만이 가능하다고 여기는 것이다! 재투성이에게는 바로 이것이 가장 위험하다.

재투성이에게 금지된 곳
"사람들이 널 보면 다 비웃을 거야."

그림 동화에서 희망과 불안이라는 길항하는 감정 한가운데 있는 재투성이 체험의 특징은 무엇보다도 계모의 지속적인 참견과 멸시다. 재투성이는 절대로 질투, 분노, 항거, 반항 같은 것을 느끼지 않는다. 그런 것을 느끼기 훨씬 이전에 자신에게 그럴 권리가 없음을 느끼기 때문이다. 갈등 상황에서는 타인 앞에서 행복의 권리를 주장하기보다 진정할 수 없는 깊은 슬픔에 빠진다. 그렇기는 해도 그러한 슬픔은 그 아이가 본래 느끼고 좋아했던 것이 무엇인지 넌지시 암시한다. 그럴수록 아이는 바깥에서는 더욱 쓸모 있고 '착한' 아이가 되고자 할 것이다. 가장 지독한 경쟁자의 '머리를 빗겨주고' '구두를 닦아주며' '허리띠를 매주는' 하녀처럼. 그렇지만 그 뒤에서는 자신에게는 늘 거부되는 것이 다른 사람에게는 주어지는 데 절망할 것이다. 그나마 조금씩 감히 삶 속으로 뛰어들려고 할 때마다, 그림 동화가 탁월할 만큼 적확하게 말하는 것과 비슷한 의미의 말을 듣는다. 그 말은 유년기의 근본적 상황을 기억할 때는 내면의 목소리를 통해, 그리고 계모가 실제로 그렇게 반응할 때는 현실적 목소리로 재투성이에게 들려온다. "재투성이, 너는 먼지하고 흙투성이잖니." "재투성이야, 안 돼. 드레스도 없고 춤출 줄도 모르잖니. 사람들이 널 보면 다 비웃을 거야." "너 때문에 우리가 창피할 거야."

재투성이의 삶에서 어떠한 돌파도 실패하도록 만드는 것은 사회적 가난 혹은 심리적 빈곤에 따른 무거운 짐이다. 그렇게 '교양 없고'

'천한' 소녀가 사랑받기를 희망할 수 있을까? '재'의 '더러움'은 겉으로는 쉬이 씻어낼 수 있으리라. 그렇지만 몸매나 머리칼 색깔이나 사투리가 '더러움'과 '서민' 출신임을 숨길 수 없게 만들면 어떡할 것인가? "너는 먼지하고 흙투성이잖니." 이 말은 '빈민굴 출신'이며 세련되고 교양 있는 사람들 앞에 나타나서는 안 되는 모든 사람에게 해당한다. 버나드 쇼(George Bernard Shaw)의 희곡 〈피그말리온〉[79]에서 **일라이자 둘리틀**(Eliza Doolitle) 같은 꽃 파는 소녀를 '세련된 귀부인'으로 만드는 것은 사회적 '재교육'의 문제일 뿐 아니라, 버나드 쇼의 이 작품에서와는 달리 특히 자라나는 자긍심의 문제이기도 하다. "사람들이 널 보면 다 비웃을 거야." 이것은 재투성이가 어디를 가든지 떨쳐버릴 수 없는 커다란 불안감이다. "춤출 줄도 모르기" 때문이다. '왕의 잔치'에서 진짜 무도회가 열리지 않더라도 '춤'이란 무엇보다도 매혹적이고 우아하게 몸을 움직이고 돌리는 데 있다. 그러나 재투성이 소녀가 대체 어디에서 그런 것을 배웠겠는가? 아이가 무슨 말을 하든 신통치 않을 것이고 교양 없게 들릴 것이며 '재치'도 없을 것이다. 벌써부터 두 여자가 식탁 앞에서 쑥덕거린다. 틀림없이 재투성이가 좀 전에 한 말 때문에 키득거리고 있는 것이다. 아니면 식탁 옆자리에 앉은 남자가 한참 동안 몸을 다른 쪽으로 돌리고 있다. 보나마나 지루해져서 몸을 돌린 것이다. 틀림없이 그 옆에 앉은 여자가 더 재미있는 말을 했기 때문이다. 그러니까 가장 바람직한 것은 차라리 아무 말도 하지 않는 것이다. 그냥 가만히 앉아서 가만히 미소 짓거나 우호적으로 고개를 끄덕이면서 다른 사람들이 하는 말을 듣는 것이다. …… 그렇다면 대체 무엇하러 왕실 '무도회' 같은 사교 모임에 끼어들어야 하는가? 처음부터 지고 들어가는 경쟁은 아이를 체념, 후퇴, 상심으로 거듭 몰아넣는다. 다른 사람들은 다 영리해 보인다. 역사와 예술에도 해박하고 외국어를 두 개씩이나 통달하고 전문 용어를 구사하고 정치와 경제의 모든 일에 막힘 없는 지식을 자랑한다. 그에 비해 재투성이는 '고등 교육'을 받은 적이 없고, 대학에서 공부를 할 기회도 없었다. 언니가 의사가 되는 공부를 하게 하려고 아이는 가정으로 돌아가 가사 일을 배워야 했다. 예나 지금이나 아이는 언니보다 전혀 우둔하지 않지만, 다만 상황이 그만큼 불공평했다.

'예법'과 '품행' 문제도 있다! 사람들이 많은 모임에서 식탁에 어떻게 앉아야 하는가? 다양한 식기를 어떻게 사용하는가? 샴페인은 어느 정도 온도로 식탁에 내놓는가? 모젤 와인과 라인 와인을 어떻게 구분하는가? '지저분한' 재투성이는 이런 세계를 도저히 이해하지 못할 것이고, 사람들은 재투성이가 이러한 세계로 올라오려는 것이 얼마나 우스운 일인지를 가르쳐준다. 그러나 사실 재투성이는 결코 '올라오려' 하지도 않는다. 다만 자신을 정말로 사랑하는 누군가를 찾을 뿐이다. 그러나 그 아이는 자괴감에 빠질 것을 두려워하고, 그렇지 않더라도 자기가 가족의 '수치'가 될 수 있다는 불안감은 변함없이 남아 있다. "사람들이 우리를 두고 무어라고 하겠어?" 딸들이 계모로 여기는 어머니가 가장 많이 하는 질문이 바로 이것이다. 도덕적 의미에서 본래적 '죄의식'이 아니라, 멸시와 처벌에 대한 '사회적 불안'[80]이 재투성이의 행동을 규정한다.

그리고 겉모습, 옷이 문제다! "너는 그렇게 갈 수는 없어!" 이것은 아이가 무엇을 하든 처음부터 확고부동했다. 아이는 '돌아가신 어머니' 뜻에 따라 '눈에 띄지 않고' '경건하게' 옷을 입고자 했을 것이고, 그래서 다른 소녀들과 보조를 맞추기 어려웠으리라. 아이는 그다지 아름답지 못하다는 이유로 부끄러워할 것이다. 그러나 몇몇 친구들처럼 '눈에 띄게' 옷을 입으면 또 다른 방식으로 '더럽게' 보일 것이고 아이는 '**너무** 아름다운 데' 자괴감을 느낄 것이다. 어떤 일을 시작하든 결국 잘못된다.

그러니까 재투성이 삶의 유년기 전체(그리고 성년기의 상당 부분!)를 이후 그림 동화에서 세 차례나 반복되는 어떤 장면에서 볼 수 있다. 재투성이가 왕실 결혼식에 함께 가고 싶다는 희망을 말하기만 하면 계모는 '재' 속에 '완두콩'을 털어 넣고 '의붓딸'에게 골라내게 시킨다. 앞에서 우리는 재투성이의 불안에 싸인 '콩 골라내기'와 '골똘히 궁리하기'를 이 아이의 성격의 근본 특징이라고 말하면서 이 장면을 살펴본 바 있다. 이제 사춘기가 되어 이런 태도는 분명 느슨해진다. 이런 태도는 어떤 의미에서는 특정 사안이 있을 때 거기 집중해서 나타나지만, 그 대신 더 기계적이 되고 무의미해진다. 어린 시절 재투성이는 무엇보다도 왜 자신이 '의붓자매'들에게 늘 잘못을 저지르는지를 골똘히 생각했을 것이다. '못된 짓'을 하지 않아도 어머니나 언니들에게 야단맞는 아이는 자기 '허물'이 어디 있는지를 혼자 찾아내려고 애쓴다. 그러나 이제는 계모의 '조치'가 예전처럼 (실제적이거나 상상 속의) 어떤 과오에 따른 처벌이 아니라, 단지 행복을 바라는 아이의 열망을 방해하려는 조치라는 사실이 분명해진다. "그래도 될까?", "할 수 있을까?", "해야 할까?"에 대해선 답이 주어진다. 그러나 계모의 상습적 거부에서 비롯되는 자기 가치에 대한 지속적 회의, 그리하여 어떠한 자신의 주도적 행위도 '그르치거나' '파묻어버릴' 그러한 회의에 대해서는 아무리 골똘히 생각해도 어차피 답이 주어지지 않는다. 결국 재투성이는 다시 '오물'에 앉아 이전처럼 자신을 '쓰레기'라고 생각한다. 그리고 이전과 마찬가지로 아이는 어머니 무덤가 개암나무의 하얀 새의 전갈인 '마법의 도구'만을 사용한다. 그것은 기본적으로 누구에게도 나쁜 짓을 하지 않고 다른 사람들에게 모든 것을 주는 '착하고 경건한' 아이가 되는 것이다.

'비둘기와 함께 있는 소녀'는 선사 시대부터 나타난다. 여기에서 비둘기의 모습은 아주 다양하다. 언제라도 채워질 수 없는 사랑을 향한 갈망을 지닌 것처럼 보이는 비둘기는 셈족에게는 풍요와 다산의 여신 **아스타르테**의 새로 여겨졌고,[81] 기원전 4세기 이래 그리스인에게는 여신 **아프로디테**의 동물로 여겨졌다.[82] 이에 따라 히치콕의 유명한 영화 〈새〉[83]에서처럼, 재투성이 동화에서도 수많은 새들은 강렬한 성적 욕망을 표현하는 것일 수 있다. 성장하는 소녀의 체험에서 이러한 욕망은 '계모다운' 금지에도 억제될 수 없다. 다른 한편 이미 고대에도 사람들은 비둘기가 지극히 작은 곡물 알갱이들을 모래와 돌조각에서 손쉽고 재빠르게 골라내는 데 경탄했다.[84] 이제 재투성이는 그런 능력의 도움을 받는다. 여기까지 비둘기 모티프는 매우 명백해 보인다. 그렇지만 그림 동화에서처럼 "좋은 것은 단지 안으로, 나쁜 것은 모이주머니 안으로" 골라내는 비둘기를 한 번이라도 본 적이 있는가? 이 기묘한 모습을 설명하려고 동화에서 '도움 주는 동물'이 어디에서나 사랑받던 모티프였음을 들춘다고 해도 그다지 도움이 되지 않는다.[85] 문제는 오히려 **특정** 동물의 상징이 특정한 인간의 삶에서, 혹은 특정한 동화의 구성에서 지니는 의미가 무엇인가 하는 것이다.

재투성이 동화에서 소녀가 도움을 요청하는 행동이 소녀의 기본적 태도를 상징적으로 반영함을 쉽게 알아차릴 수 있다. 이제까지 재투성이의 의무는 바로 '나쁜 것'을 문자 그대로 '집어삼켜서' '모이주머니 안으로' 집어넣고 '좋은 것'은 다른 사람을 위해 '단지 안으로' 모으는 것이 아니었던가? 그래서 '귀여운 비둘기', '잉꼬비둘기'는 분명 남성의 사랑에 대한 재투성이의 갈망을 상징할 뿐 아니라, 그림 동화의 서술을 충실하게 따른다면, 일종의 뒤집힌 삶을 통해 역설적으로 사랑을 얻는 결정적 방식인 것이다. 이러한 비유에는 **민속학**에서 일반적으로 비둘기와 결부시키는 여러 가지 연상이 끼어든다. 독수리와 달리 **비둘기**는 온유하고 선한 동물로 받아들여지며 새들 중에서 이른바 두 발 달린 '양'으로 여겨진다.[86] 신약성서에서도 예수는 뱀의 음흉함과 대조하여 비둘기의 '순결함'을 말한다.(《마태복음》 10장 16절)[87] 그리고 기이하게도 비둘기에는 어떤 **불안감**도 따라 붙는다. 이 모든 것은 이제까지 우리가 재투성이의 본질에 대해 얻은 형상에 잘 '들어맞는다.'

물론 비둘기 상징의 범위 안에는 이 모든 것에 정반대로 모순되는 계기도 **하나** 존재한다. 이것은 심리학적으로 볼 때, 앞에서 이야기한 것으로부터 역설적인 방식으로 저절로 드러난다. 아스타르테의 동물로서 '비둘기'는 민중 언어에서는 **매춘부**의 사랑과 동의어가 되었다. 이런 표상의 영역에서 사람들은 비둘기가 너무 수다스럽다고 말한다. 비둘기는 부리로도 이야기하고 엉덩이로도 이야기하기 때문이다.[88]

이 둘은 '경건하고' '착한' 소녀의 행실에는 전혀 들어맞지 않는 듯하다. 그러나 우리가 '매춘부' 형상을 사회적 상투어로 이해하지 않고, 작은 사랑이라도 얻으려는 희망에서 다른 사람을 위해 모든 일을, 문자 그대로 모든 일을 하겠다는 마음가짐의 표현으로 본다면 의미가 분명해진다.

실제로 이런 방향에서 적지 않은 위험이 재투성이의 본질 자체에 놓여 있다. 사람들은 대개의 경우 (매우 부당하게도) '매춘부'를 '값싼 존재', '열등한 존재'로 여기곤 한다. 그것도 단지 매춘부의 행동을 보고 그렇게 여긴다. 그러나 심리학적으로는 반대 결론도 정당성을 지닌다. 근본에서부터 '불결하고' '더럽다고' 스스로 느끼는 소녀는, 다른 방식으로 타인의 사랑을 '살 수' 없다면 불결하고 더러운 일도 불사할 것이다. 사랑에 대해 재투성이가 지닌, '왕이라는 환상'의 대척점에 끊임없는 희생의 태도가 있다. 이러한 태도 탓에 잠재적인 사랑에 대한 '계약금' 조로 어떠한 자기 비하라도 늘 수용하려고 한다.[89] 우리는 이런 사실로부터 비로소 많은 여성이 재투성이 식의 결혼에서 정말로 매춘부를 방불케 하는 심각한 굴종을 어떤 거부와 저항도 없이 감내하는 이유를 이해하게 된다. 이때 대개는 심지어 이런 굴종으로 남편이라는 '왕'을 심리적으로(혹은 경제적으로) 도울 수 있다고 생각한다. 한편 다른 사람에게 '쓸모 있고자' 하는 동기는 자신에게 남은 특이한 형태의 자존감을 보존하기도 한다. 왜냐하면 도덕적으로 본다면 타인에게 절실한 것을 몽땅 주려는 사람은 자기를 방기하는 것이 아니라, 자신의 존재와 능력을 다해 '단지' **헌신**하는 것이기 때문이다. 자신을 낮추는 것과 높이는 것, 드러난 굴욕과 숨겨진 긍지

간의 기묘한 이중적 게임이 여기에서 새로운 국면을 맞이한다.

비둘기의 수다스러움이라는 기묘한 모티프도 마찬가지다. 재투성이는 살아오면서 자기 내면에서 일어나는 일을 말할 수 없었을뿐더러 결코 허락받지도 못했다. 이제까지 이러한 무능력은 부끄러움, 근심, 체념의 결과였다. 그러나 이제 옆에서 떠들어대는 많은 사람들보다 실은 할 말이 더 많다고 느끼게 된다. 재투성이가 지닌 이해하려는 마음가짐과 이해하는 능력은 대개의 경우 예외적으로 탁월하므로, 이러한 느낌은 객관적으로도 올바른 것이다. 그러나 여기에서 물음은 오로지 누가 재투성이에게 귀를 기울일 것인가이다. 바로 (자신이 꿈꾸는, 혹은 실제) 연인이 자기에 대해 너무 '수다스럽다'고 느낄지도 모른다는 불안 때문에, 그의 애정이 모든 것을 좌우하는 한 사람에게 자기가 정말로 생각하고 느끼는 모든 근심과 곤궁, 열패감과 회의, 의심과 절망을 토로하기는 아주 어렵다. 게다가 남에게 귀찮은 존재가 되어서는 안 된다는 강박 때문에, 이야기하고자 하는 거대한 욕망은 더욱 이루기 어려워진다. 이런 상황에서는 실제로 진솔한 대화는 기본적으로 미완성의 기획으로 머물게 된다.

그림 동화의 재투성이가 이 지점에서 고통스럽게 배우는 것은 무엇보다도 언젠가 계모와 화해할 전망이 전혀 없다는 것이다. 우리는 그림 동화에서 계모가 어떻게 가련한 소녀를 달래는지 듣는다. 재투성이가 다음 과제만 완벽하게 해치운다면 그 다음에는 왕자의 신붓감으로 지망해도 좋다는 것이다. 그러나 사실 재투성이는 계모의 괴롭힘에 맞서 너무도 자주, 꼼꼼하게 일을 마무리 짓기 때문에, 그럴수록 마지막에는 자신이 농락당했음을 더 뼈저리게 느낀다. 재투성이는 성공한 대가로 처벌을 받고 주어진 요구를 충족한 대가로 거부당하는 것이다.[90] 또한 언젠가 계모의 기대와 요구와 타협할 길도 없다. 계모는 딸의 행복을 전혀 **원하지** 않는다. 계모가 원하는 것은 재투성이의 끝없는 굴종과 굴복뿐이다.

그림 동화에서 계모는 전체적으로 보아 온갖 불안, 죄책감, 갑갑한 (자기) 처벌이 발원하는 끝없는 원천을 상징한다는 것이 분명하게 드러난다. 재투성이가 언젠가 꿈꾸는 남자를 만날 기회를 얻는다면 계모와 어떤 식으로든 끝장을 보게 될 것이다. 문제는 재투성이에게 어떤 사람과 공공연하게 끝장을 볼 수 있는, 나아가 계모와 끝장을 볼 수 있는 힘이 없다는 점이다. 무방비 상태 때문에라도 재투성이는 계모를 말 그대로 **속이는(뒤로 가는)** 수밖에 없다. 재투성이는 (물론 일을 다 해놓고) 편애받는 의붓언니들을 따라잡고, 심지어 언니들을 앞서는 데 필요한 옷과 신발을 어머니 무덤에 있는 개암나무에게 받으려고, 도둑과 같이 '뒷문을 통해서 정원으로' 간다. 거기서 일어나는 일은 모두 철저하게 불법이고 금지된 것이다. 재투성이는 자신의 삶에 가장 중요한 것을 떳떳하게 얻기보다는 우회로와 뒷길을 통해 남몰래 슬쩍 얻어낸다. 오랫동안 갈망했고 앞서 해놓은 일들 덕분에 기본적으로 이미 자격을 갖춘 바로 그 일을 마침내 감행하려 할 때, 늘 도둑질을 하고 있다고 느낀다. 그러나 재투성이는 계모의 부당함 때문에 자신의 '절도'가 더 높은 의미에서는 올바르다는 정당한 느낌을 가진다. 그래서 아주 늦지 않기 위해 때를 놓치지 않고, 어머니 무덤이 자신의 삶에서 뜻하는 그 '정원'으로 가는 '뒷문'을 이용할 때, 사실 아무 거리낌 없이 정당방위로 행동하는 것이다.

슬픔을 지우는 해방의 춤
"저녁이 될 때까지 재투성이는 춤을 추었습니다."

우리는 개암나무가 있는 '정원'이 이제 애도와 눈물의 '장소'가 아니라 소망을 채워주고 그리움을 달래주는 '대리 낙원'으로 변했음을 본다. 그곳에서 '새들'이 아이가 가치 있는 것과 가치 없는 것을 선별하는 것을 돕기 위해 날아온다. 아울러 그곳에서 가련한 소녀에게 **금실과 은실로 만든 드레스**와 비단실과 은실로 짠 **신발**을 선사한다.

'나무' 위에서 '새'가, 누군가에게 삶 또는 죽음을 의미하고 그래서 그를 기쁨이나 슬픔에 빠뜨리는 물건을 던져주는 것은 동화에서 드문 모티프가 아니다. 그림 동화 〈노간주나무〉(47번 동화)[91]에서는 자기를 낳다가 어머니가 돌아가신 한 **소년**이 못된 계모에게 맞아 죽는다. 아이의 살은 맛있는 요리가 되어 아무것도 모르는 아버지 앞에 놓인다. 그렇지만 충직한 누이가 살해당한 남동생 뼈를 나무 아래 묻는다. 죽은 아이는 아름답게 노래하는 새로 변신해 나무에서 아버지와 누이에게 황금 목걸이와 빨간 구두를 내려주고 독살스러운 의붓어머니를 맷돌로 때려죽인다. 이 동화에서 '새'는 (살해된) 동생의 '혼령'으로 풀이할 수 있다. 이와 마찬가지로 재투성이 동화에서 개암나무의 (하얀) 새도 (계모에게 거의 살해당한) 재투성이의 '혼령'을 상징한다. 두 동화에서 이런 일은 **정의**를 뜻하고, 정의의 **판결**은 **내면**의 정신적 사건으로서 수행된다. 그러니까 '금실과 은실로 만든 드레스'를 받는다고 말하기보다, 굴종과 수치 속에서도 재투성이의 삶에 신뢰와 희망이 마르지 않는 놀라운 샘이 존재한다고 말해야 한다. 샘은 '돌아가신' '선량한' 어머니에 대한 경험으로부터 솟아나는 것이다. 재투성이는 샘에서 계모가 언제나 박탈했던 아름다움과 순결, 우아함과 품위를 돌려받는다는 보증을 얻는다. 이제까지도 재투성이에게는 **외적** 장신구가 중요하지 않았다. 의붓언니들과는 달리 아이가 요구했던 것은 자신을 긍정해주는 '진짜' 어머니 곁에 자기 존재를 뿌리내리는 것이었다. 이후 자신의 '아름다움'의 참된 토대는 자기 본질에 대한 이러한 긍정에 놓여 있다.

한 여성을 아름답게 만드는 것이 **드레스**라고 누가 말하는가? 최소한 사랑의 왕국에서는 오히려 여성의 아름다움이 옷을 아름답게 만든다는 것이 진실이다. 어머니 무덤의 '나무'로부터 '하얀 새'가 재투성이에게 던져주는 것은, 심리학적으로 고찰해보면 어떤 일에도 굴하지 않고 감행할 수 있는 용기라는 옷이다. 그 본질에 있어서는 여전히 선량하고 사랑스러운 여인으로서! 여기에서 일어나는 일은 전무후무한 첫걸음이고, 그 걸음을 통해 재투성이는 사랑을 향한 갈망을 단지 꿈꾸는 것이 아니라 정말로 현실적으로도 추구하는 법을 배우게 된다.

미국 극작가 테네시 윌리엄스(Tennessee Williams)는 희곡 〈유리 동물원〉에서 남편이 세상을 떠난 후 자식들이 좋은 가정 생활을 누리도록 온 힘을 다해 극진한 정성을 기울이는 어머니 어맨더 윙필드의 그늘 아래에서 동생 톰과 함께 자라는 한 소녀가 겪는 일을 보여준다.[92] 그러나 요통으로 다리를 조금 절고 그것 때문에 벌써 차별받는다고 느끼는 딸 로라에게 어머니는 삶에 대한 지나친 불안을 가득 불어넣고 바깥 현실 세계와 접촉을 철저히 차단한다. 우물쭈물하고 우유부단한 딸을 위해 어머니가 마침내 신랑감을 구하기로 하자, 로라는 유리로 만든 동물 인형들을 가지고 퇴행적 놀이로 도피한다. 이 가녀린 존재는 처마 박공에 늘어놓은 동물 인형들을 치우는 일조차 절대 받아들일 수 없다. 이 작품을 1950년에 영화화한 어빙 래퍼(Irving Rapper) 감독은 원작의 비극적 결말을 철저한 해피엔딩으로 바꾸었다.[93] 톰이 초대한 친구가 불안에 휩싸인 소녀에게 더는 불안과 고독과 우울 속에 쭈그리고 앉아 삶을 허송해서는 안 된다고 설득하는 데 마침내 성공한 것이다. 로라는 동물 인형들을 깨버리고 바깥으로 나가기로 한다. 재투성이는 기본적으로 바로 이런 갈등에 처해 있으나, 다른 식으로 갈등을 겪는다. 재투성이에게는 과잉보호로 숨 막히게 하는 어머니가 없는 대신 금지로 **짓누르는** 계모가 있다. 그러나 응석받이로 키우는 것이나 학대하는 것이나 모두 심리적으로 같은 결과를 가져온다.[94] 그 결과란 바로 가장 원하는 것으로부터 달아나게 하고, 자신이 가장 인정을 못 받는 곳으로 향하도록 강요하는 불안이다.

"나 자신을 인정하는 법을 꼭 배워야 해." "이래서는 보탬이 안 돼. 이제 내 힘으로 서야 해." "지금 자신의 감정과 생각을 믿는 일을 시도하지 않으면 결코 독립할 수 없어." 어린이의 종속에서 어른의 자립성으로 전환할 때 나타나는 이런 표현들을 어머니의 개암나무 아래 재투성이에게 선물로 주어진 **은실로 짠 신발**이라는 비유만큼 잘 보여주는 것은 없으리라. 일단, 재투성이가 받은 옷가지들의 **금실과 은실**[95]은 해와 달, 낮과 밤, 의식과 무의식의 영역 전체를 포괄한다. 옷 색깔의 상징은 앞으로는 주체적 결정과 내적 확신으로 자기 것을 정말로 자기 것으로 만들고 의식적으로 긍정해야 한다고 말한다. 아울러 **비단**이라는 신발 재질은 자신을 새롭게 다루는 일이 앞으로 얼마나 가볍고 부드러울지 보여주는 듯하다. 우리는 처음 받은 **신발**이 **은실로 짜여졌다**고 듣는다. '신발' 상징은 독립성과 긴밀히 결부되기도 하지만, 동화의 상징 언어에 따르자면, 재투성이 삶에서 자의식은 (적어도 처음에는) 다만 '은실로 짠', 다만 '달 같은', 즉 여전히 스스로 의식되지 않고 그래서 확고하지 않은 형태로 남아 있다. 그러한 자의식 형태는 생각하기보다는 꿈꾸는 것이고, 스스로 '등장'을 감행하기보다 춤추며 저 멀리 미끄러져 가는 것이다.

 공정하게 살펴본다면, 이 지점에서는 재투성이의 심리적 발달에서 그 이상을 기대하기 어렵다. 고독한 소녀가 타인에게 가는 입구를 찾을 때, 처음에는 자기 일들, 그러니까 자기 집에서 생긴 문제들은 그저 **얼버무릴** 수밖에 없지 않겠는가? 예를 들어, '좋은' 어머니가 세상을 떠나면서 자신의 유년기 역시 너무 일찍 죽어버렸고 그 유년기가 슬픔과 고독으로 가득했음을 주변의 누구에게 이야기할 수 있겠는가? 그 후로 매일매일 견뎌야 했던 계모와 의붓언니들의 괴롭힘을 그 누구에게 털어놓을 수 있을까? 도대체 누가 이러한 사연을 들으려 한다고 믿을 수 있겠는가? '귀찮게' 느껴지지 않기 위해서라도 입을 다물어야 한다. 더 정확히 표현하자면, 사람들이 자기에게 했던 모든 일을 **잊고자** 애써야 한다. 자신이 받은 내적, 외적 억압은 입도 뻥긋 하지 않는 편이 나을뿐더러, 아예 생각하지 않는 편이 제일 낫다. 슬픔이라는 짐으로 타인을 무겁게 하지 않으려고, 명랑하고 쾌활하며 유쾌하게 보이기 위해 각별히 노력을 기울인다. 그리고 어제의 짐으로 다른 사람들에게 부담을 주지 않기 위해 가능한 한 **현재에** 머물고자 애쓴다. 재투성이는 또 한 번의 거부를 너무 두려워하기에, 자신의 존재가 지닌 무게를 감추고, 나긋나긋한 비단처럼 가볍게 **떠다니기를** 시도한다. 그리고 재투성이 동화에서 이러한 태도를 표현하는 것은 춤이다.

물론 춤에서 밝고 경쾌한 측면을 이야기하는 것은 쉬운 일이지만, 그래도 춤은 진화 과정이 인간에게 부여한 가장 유서 깊은 표현 의례다.[96]

동물조차 기쁨에 겨워 춤을 출 수 있다. 예를 들어 아프리카 나미브 사막에서 여러 달 이어진 건기가 끝나고 말라붙은 땅 위로 마침내 비가 내릴 때 그렇다. 동물들은 춤을 방불케 하는 움직임으로 흥분과 공격성을 드러낸다. 무엇보다도 짝짓기 시기에 상대를 유혹할 때 풍부한 춤의 레퍼토리를 펼쳐 나간다.[97] 인간도 이와 같은 이유와 동기로 춤을 춘다. 추수의 기쁨으로, 출전(出戰)의 춤에서는 엄포를 놓기 위해, 사교 댄스에서는 구애와 접근을 위해 춤을 춘다.[98] 물론 재투성이의 춤은 유독 후자와 관련이 있다. 그 춤은 왕자에게 간택받으려는 분명한 목표가 있다. 하지만 어떻게? 여기에서는 이것이 문제다.

재투성이가 왕자와 만날 때 춤이 중요한 이유로는 여러 가지가 있는데, 이는 삶의 행복과 기쁨을 표현하는 것이라기보다 오랜 불안의 극복에 기여하는 것이다.

첫째, 재투성이가 어떤 식으로든 다른 남자에게 접근해도 좋다는 '허락'을 결코 받지 못했음을 명심하자. 재투성이는 자신의 정서에 따르면 예나 지금이나 기껏해야 회한과 죄책감을 품고 '재' 안에서 뒹굴며 마구간과 부엌에서 일하는 하녀에 불과하다. 감히 궁정 무도회에 가는 뻔뻔스러운 행동을 하는 것은 검열자인 계모에게는 무지막지한 거역과 오만불손한 월권 행위로 느껴질 것이고, 이런 느낌은 '왕'의 무도회에 간 재투성이에게도 들러붙어 있을 것이다. 아무리 신나게 노래하고 뛰더라도 사실 무엇인가 **훔치고 있다**는 비난의 무게를 온전히 떨칠 수 없다. 이런 조건에서는 바깥으로 보여주는 방식과 마음속으로 느끼는 방식 간의 대립이 처음에는 오히려 심해질 수밖에 없다. 재투성이의 '드레스'로 볼 때 밤의 꿈과 낮의 현실, 달과 해, 소망과 실재가 이미 서로에게 깊이 '작용'하고 있는 것처럼 보일 수도 있지만, '신발', 즉 '입지'는 '달 같은 것'과 무의식에 더욱 깊이 사로잡힌다. 그림 동화에서 궁정 무도회에 가는 재투성이는 마침내 원하는 일을 하게 된 것이지만, 이곳에서 완전히 **익명으로** 행동한다. 즉 자기가 행하는 것을 다른 사람 앞에 솔직하게 '내세울' 능력이 없는 것이다. 여기에서는 다른 사람 눈에 띄지 않는 것 자체가 거의 해방과 같다.

둘째, 그 자체로는 이미 성숙한 이 행동에서 이러한 반쪽짜리 결단은 성적 체험에 따른 죄책감과 뒤섞인다. 춤이 지니는 색다른 매력이 바로 거기 있다. 춤추는 것은 서로에게 다가가도 좋다는 사회적 허가를 의미하는데, 이는 여느 때 거리나 카페에서는 결코 해서는 안 되는 행위다. 대부분 재투성이들의 영혼은 성적 모험을 그리 욕망하지 않는다. 재투성이가 전에 아버지라는 모델을 통해 남자의 세계를 체험했다는 배경을 떠올려본다면, 대개 불안과 거부감을 품고 소년들과 접촉을 피했음을 납득할 수 있다. 그러나 춤에 있어서는 그 자체로 금지된 위험한 일이 허용된 무해한 일이라는 허울 아래 감추어진다. 그렇다. 최소한 춤을 추는 동안에는 오래 갈구해 온 온화함과 다정함을 체험할 수 있다. 춤을 추면 특히 **모호한 보호막**을 잘 유지할 수 있다.

그러니까 남자의 팔 안에 기대 그 숨결을 느끼고 자신의 어깨에서 그의 손을 느낀다. 그에게 살짝 가슴을 기대고 나지막한 속삭임을 들으며 웃는 눈을 아주 가까이서 들여다본다. 게다가 이런 일에서는 의무가 생겨나지 않는다. 그렇게 본다면, 춤은 뉘우칠 필요 없는 오롯한 향락을 보장한다. 그 소년이 나중에 관심을 보이더라도 전부 오해일 뿐이라고 손쉽게 발뺌할 수 있다. 골백번 춤을 춘다고 해도 여전히 키스 한 번 한 것 아니고 포옹 한 번 한 것도 아니다. 그저 이 남자의 상상일 뿐이다! 여전히 그녀는 자유롭다.

셋째, 춤출 때는 확고하게 정해진 예법 때문에 불안이 줄어든다. 그저 서로 마주보고 식탁 앞에 앉아 있다면 무슨 말을 해야 할지 안절부절 못할 것이다. 특히 재투성이는 기질상 개인적인 이야기를 하는 것이 쉽지 않다. 자기 내면을 드러내는 데 심한 어려움을 겪는데, 이는 타인이 자신의 근본 정서인 슬픔을 눈치챌 수 있고 거부할 수 있다는(!) 두려움 탓이다. 그에 비해 춤은 말 없는 접촉 방식이다! 한마디도 하지 않아도 좋다! 정말 단 한마디도! 그저 거기 있으면서 상대의 팔 안에서 스스로를 느끼는 것으로 족하다. 계속 말하는 대신에 음악의 리듬에 귀를 기울이고 파트너의 움직임을 느껴야 한다. 참된 의미에서 '성적(性的)'이라 말할 수 없는 이러한 완벽한 융합은 재투성이의 체험에서는 대개의 경우 순수한 행복이다. 계모 집에서는 고되게 일을 해도 이유도 모르면서 호된 꾸지람을 감수해야 했다면, 이제 춤추는 재투성이에게는 확실한 규칙이 주어지고 이 규칙은 불호령이 떨어지리라는 의심을 달래준다. 그저 정해진 춤 동작대로 저렇게 돌고 이렇게 움직이면 된다. 그러면 일을 그르칠 리 없다. 나는 받아들여질 것인가 내쳐질 것인가라는 끝없이 고문하는 물음은 이 순간에는 자연스럽게 대답을 얻는다. 정해진 규칙만 지킨다면 실수는 하지 않을 것이다.

그 덕분에 춤은 모호함 속에서 재투성이의 불안과 갈망 사이에 이상적 **타협**을 이루어낸다. 이는 춤이 도주와 접근이라는 엇갈리는 경향을 **정해진 한계 내의 접촉**으로 아우르기 때문이다. 춤은 개인적 애정을 표현하면서도 순수하게 의례적이고 비개인적으로 머물 수 있다. 강렬한 감정을 드러내면서도 바로 감정의 억제 안에 존재한다. (사교댄스로서) 춤은 성적 구애의 몸짓이지만, 전희이자 가벼운 희롱에 불과하다. 달리 말하면 춤은 인간 관계와 체험 능력에서 완벽한 역할을 수행하도록 하면서도, 그 그늘 아래에서는 줄곧 예전의 고립 상태와 체험 거부가 불안한 놀이를 계속 이어나갈 수 있다.

물론 그럴수록 재투성이는 더욱 춤에 매료된다. 마침내 **문제를 일으키지 않고** 비단구두를 신고 가볍고 경쾌하게 나설 수 있는 타인과의 접촉 방법을 발견한다. 삶을 황폐화시켰던 갈등을 마침내 한 사람과 가까운 거리에서 잊을 수 있다. 마침내 슬픔과 고독을 넘어 미끄러져 가기를 기대한다. 또는 무도회장에서 유쾌한 도약을 통해 그런 감정들을 내려놓기를 기대한다. 현기증이 일어나고 의식을 잃을 때까지 거듭 돌고 도는 것, 그것은 고통스러운 계모의 세계로부터의 해방 같은 것이다.

재투성이는 정말로 자신의 본질이 지닌 유쾌함과 사교성을 주변 사람들에게 확신시킬 수 있을지도 모른다. 그러나 춤과 슬픔의 대조에 바친 릴케의 초기 시 한 편이 이런 상황의 진실을 잘 보여준다.

그대 눈을 가만히 들여다볼 때 자꾸 그대의 말은
가슴 아프게 울립니다
나지막한 사랑의 칠현금처럼 저 옛날
그리움을 노래하던 어느 장인의 혼이 고독하게 만든
칠현금처럼

그때부터 칠현금은 가벼운 노래를 배워 낮과 춤을 향해
기꺼이 울렸습니다
그때 꿈꾸는 자, 그 몸을
붙들었습니다. 문득 깨어난 듯 칠현금은 고향을 그리며
다시 울었습니다 [99]

주변 사람들은 재투성이가 바깥으로 보여주는 것과 재투성이의 내면을 완전하게 동일시할 수도 있다. 단지 재투성이 자신만은 이를 믿을 수 없다. 다른 사람은 재투성이를 미인으로 생각할 수도 있다. 그렇지만 그 자신은 날씬하지 않거나 볼품없거나 머리 색깔이 예쁘지 않음을 **알고 있다**. 재투성이가 얼마나 지치고 슬프고 좌절하는지 눈에서 읽을 수 있다. 다른 사람은 재투성이를 영리하고 예민한 사람으로 여길 수도 있다. 그러나 자신은 **안다**. 교양 없고 몽매하고 소심하다는 것을. 이제까지 스스로에게 쏟아붓던 편견들은 여전히 남아 있다. 결코 이를 극복하지 못했고 다만 그렇지 않은 척 시치미 뗄 뿐이고 그렇지 않은 척 춤출 뿐이다. 그래서 재투성이는 정말로 자기의 '성공'을 믿을 수 없고 더구나 즐길 수도 없다. 오히려 바깥으로 내보이는 그 모습이 자신만 아는 자기 모습과 얼마나 다른지 너무 잘 안다. 그래서 재투성이는 '발견'되고 '인지'된다는 위험으로부터 계속 도망쳐야 하리라. 달리 말하면, 감히 자신의 삶을 제 힘으로 꾸려나가는 데 따르는 죄책감을 지니고 있기에, 소망하는 목표에 이르는 것을 계모를 경계하는 것보다도 더 경계해야 한다! 손으로 붙들 수 있을 만큼 행복이 가까이 다가오는 바로 그 순간 피해야 하고, '부엌'과 '재', 굴종과 슬픔이라는 예전의 본분으로 다시 도망쳐야 한다. 재투성이는 춤을 추면서 행복한 사랑이라는 **역할**을 막 배우기 시작한다. 그러나 행복한 사랑을 **수용**하기에는 그에 대한 불안이 너무 크다. 그것은 은행 강도가 약탈한 지폐를 합법적으로 취득한 돈인 양 버젓이 시장에서 사용하는 것만큼이나 위험하다. 언제나처럼 재투성이는 결정적인 한 걸음 앞에서 몸을 떨면서 물러난다. 그 한 걸음은 사랑과 행복을 향한 갈망을 고백하고, 정신과 신체의 정상적인 성숙을 '도둑질'이라고 말하면 안 된다고 계모에게 선언하는 일이다. 그러나 동화가 끝날 때까지도 거기 이르지 못한다. 오히려 우리는 재투성이가 행복의 가능성 앞에서 도망치고 또 도망치는 것을 본다. 마치 생생한 죽음의 위험에 맞닥뜨리기라도 한 것처럼. 그렇지만 그 불안 속에서도 재 속에 누운 채로 곧바로 다음번을 다시 꿈꾸기 시작할 것이다. 그리고 재투성이의 가장 위대한 '행위', 삶의 가장 위대한 기적은 깊은 불안에도 불구하고 채워지지 않는 갈망과 꿈을 결코 완전히 잃지 않는 데 있다.

오귀스트 르누아르(Auguste Renoir)는 1883년 〈도시의 무도회〉를 그렸다. 지금은 파리 오르세 미술관에 있는 이 그림은 어느 완벽한, 춤추는 여인의 소망을 그린 것처럼 보인다.[100] (열일곱 살의 재봉사 마

오귀스트 르누아르, 〈도시의 무도회〉(1883년)

리-클레망틴이 모델인) 한 소녀가 고상한 살롱의 대리석 벽 근처에서 키가 큰 이국적인 장식용 식물의 가지 아래에서 등을 보인 채 춤을 추고 있다. 묵직한 순백의 비단 드레스를 입었는데, 팔과 등이 드러나 있다. 드레스는 허리부터 아래로 주름진 채 물결을 이루며 흐르듯 바닥까지 치렁치렁 늘어지고, 그림 테두리를 넘어서까지 끌리듯 펼쳐져 있다. 왼쪽 팔을 덮으며 팔꿈치까지 이르는 꽉 끼는 순백의 공단 장갑은 부드러운 팔을 느끼게 한다. 약간 구부린 왼팔은 젊은 남자의 어깨 위에 얹혀 있다. 검은 프록코트를 입은 남자는 오른손으로 파트너의 허리를 안 듯이 붙들고 왼손으로는 소녀의 오른손을 부드럽게 들어 올린다. 핑크빛 카네이션을 꽂은 살짝 곱슬머리인 마리-클레망틴의 적갈색 머리칼은 남자의 머리를 거의 다 가리고 있다. 다만 이마 위까만 머리칼과 짙은 왼쪽 눈썹만이 아름답고 고상한 젊은이의 모습을 드러낼 뿐이다. 눈을 감고 아주 작은 입을 살짝 벌린 채 웃고 있는 마리-클레망틴의 얼굴은 파트너로부터 옆쪽으로 돌려져 있다. 마치 내면에 잠겨 꿈을 꾸다가 천천히 깨어나는 것처럼. 덧붙이자면 르누아르의 모델인 소녀도 재투성이의 길을 걸었다. 소녀는 그림에 관심이 많았고, 르누아르의 영향을 받아 나중에 수잔 발라동(Suzanne Valadon)이라는 이름으로 화가로서 명성을 떨친다.[101] 그러니까 어쩌면 왕자를 차지할 수도 있는 것인가? 재투성이는 춤을 추고 또 출 것이다. 그러면 이는 이제 모호함이나 도주가 아니라, **음악 속에서** 관능의 도취, 변용의 도취, 모든 것을 사로잡고 모든 것을 가로질러 넘치고 모든 것을 뒤흔드는 내밀한 **사랑**일 것이다. 다만, 거기 다시 불안이 없다면!

재투성이는 왜 세 번 도망칠까?
"소녀는 재빠르게 왕자에게서 벗어났습니다."

(그림) 동화의 심층심리학적 해석에 몰두하는 사람을 놀라게 하는 것은, 상징들이 마치 몽유병 환자가 걷는 듯한 확고함과 정확성을 보이며 선택되고 배치되어 있다는 점이다. "동화 해석에서 거론하는 수많은 이야기들을 그림 형제는 정말 의식하고 있었을까?" 그 대답은 긍정과 부정을 오간다. 그림 형제는 많은 것을 예감했지만, 제대로 아는 것은 다만 몇 가지에 불과했다. 그러나 위대한 예술은 무의식의 예감을 경청하고 그 형상이 지닌 창조적 힘에 표현을 부여하는 것이다.[102] 적어도 재투성이의 세 차례 도망은 사랑하는 능력이 정신적, 신체적으로 성숙하고 발전하는 여러 단계를 밝히는 데 가장 적절한 장면들의 몽타주다.

이 일들은 재투성이가 '궁정 무도회'에서 모두에게 남긴 깊은 인상으로부터 시작한다. 그 누구도 재투성이를 문자 그대로 알아볼 수 없었다. 증오에 차 있는 의붓언니들조차 여기서 사랑 안에서의 변신이라는 기적이 일어났다는 데 생각이 미치지 못했다. 이 순간에는 그 누구도, 왕자는 말할 것도 없고 재투성이 자신도, 앞으로 소녀가 두 차원 사이에서 커다란 시련으로 휩쓸려 들어갈 것을 깨닫지 못한다. 우리는 이제부터 시작되는 갈등의 두 차원을 **흔히 그렇게 하듯이 과거와 현재**(아니면 현재 안에서 준비되는 미래)의 투쟁이라고 부를 수 있다. 우리는 재투성이가 불안에 쫓겨 자기 존재의 두 방향인 앞으로 뒤로 이리저리 밀려다니는 것을 되풀이해서 보게 된다. 그러나 그 내용을 살펴보면 이것은 단계적 결단이다. 도덕에 의해 불행으로 끌려가는 데 맞서 용기 있게 사랑을 통해 행복해지는 길로 **향하**는 결단이고, 익숙하게 불안 속에서 자기를 비하하고 체념 속에서 슬픔에 잠기는 데 **맞서** 그만큼이나 익숙하게 갈망해 오던 애정과 사랑을 **향하**는 결단이며, 사람들과 접촉을 끊은 채 순결한 자신을 보존한다는 원칙에 맞서 진정한 자기 실현을 이룰 것이라는 전망으로 **향하**는 결단이다.

왕자의 시각에서 첫 장면이 얼마나 모호한지는, 재투성이를 '나의 춤 상대'로만 여기는 왕자의 말로 알 수 있다. 물론 우리는 왕자의 '선택'이 무엇을 뜻하는지 알고 있다. 기본적으로 그 선택은 남은 삶 전체에서 왕자 자신의 사랑을 준비하는 결정이다. 그렇지만 그 결정은 처음에는 오로지 그 순간에만 관계하는 것처럼 보인다. 비록 왕자는 의붓언니들과 계모에게조차 '낯선 공주'처럼 보였던 여자와 온종일 춤을 추지만, 앞서 언급한 춤의 모호함에 비추어볼 때 이 사실에는 해석하기에 따라 모든 것이 들어 있을 수도 있고 아무것도 들어 있지 않을 수도 있다. 그날이 끝나 갈 때에도 왕자는 재투성이에게 거리낌 없이 말할 수 있다. "그대를 알게 되고 그대와 춤을 춘 것은 정말 즐거운 일이었습니다. 정말 춤을 잘 추시는군요. 그대 덕분에 보낼 수 있었던 즐거웠던 시간에 대해 감사드립니다." 그렇게 점잖게 말하고 **가버릴 수 있다.** 아니면, 이런 일도 있을 수 있다. 재투성이에게 왕자의 '춤 상대'로서의 성공이 지나치다면, 춤을 잘 추는 사교계 귀부인 이상의 존재가 될 동기를 잃어버릴 수 있고, 아울러 오랜 불안 때문에 또다시 진정한 감정을 회피하여 진정한 만남을 영원히 가질 수 없게 될 수도 있는 것이다. 때로는 춤 실력이 완벽한 기교에 이를 수도 있지만, 이는 춤이 지닌 본연의 표현적 기능과는 무관하다. 마치 진열장 마네킹의 웃음이 기쁨과는 무관한 것처럼.

반면 재투성이는 춤이라는 경험을 너무 행복하고 진지하게 받아들이기에 '저녁이 되자' 왕자와의 관계가 **불안**을 불러일으키기 시작한다. 재투성이 감정에서는 늘 방금 경험한 일의 **의미가 급격하게 변화**하곤 한다. 방금 전에는 구름 위에 떠 있는 듯했지만 불시에 심연으로 떨어질 수 있다. 몇 분 전에는 아직 빛나고 행복했지만 일순간에 눈물의 바다로 가라앉을 수 있다. 그 전에는 여전히 겉보기에 자신감 있고 확고했지만, 이제 공황 상태 같은 불안에 휩싸일 수 있다. 대체 어떤 일이 일어나는 것인가?

늦어도 이 지점에 이르러서는 그림 동화의 서술이 더는 '궁정 결혼식' 이야기가 아니라 어느 소녀가 맞는 첫 데이트의 비운의 결말인 것 같다. 그리고 왕자의 무도회를 간단하게 '상투적' 연애담으로 풀이해도 좋은지 의심을 품은 사람이더라도 이제는 마지막 의심을 거둘 것이다. 우리는 재투성이가 춤을 추면서 모든 사람에게 '낯선 공주'라는 인상을 남겼음을 이미 보았다. 이것이 맞다면 왕자가 "이 아름다운 소녀의 집이 어디인지" 알고 싶어 한다는 서술은 이치에 맞지 않는다. '왕가' 사이에서 서로를 소개할 때는 출신과 이름을 분명하게 밝혀 달라고 요구할 권리가 있다. 재투성이를 집까지 바래다주겠다는 왕자의 제안은 더 이상하게 들린다. '왕국'은 보통 바로 문 앞에서 끝나는 것이 아니다. 마지막으로 이 세상 어디에서 '군왕들'이 밤을 낮으로 삼아 축제를 계속하는 것이 아니라 땅거미가 진다고 흥겨운 춤판을 **끝낸단** 말인가!

우리가 이 장면 전체를 자연스러운 상황으로 이해하려면, 참된 의미에 따라 받아들여야 한다. 재투성이 같은 젊은 여성이 사모하고 숭배하면서 '왕'의 지위로까지 격상시킨 연인과 처음 만나는 장면으로 받아들이는 것이다. 저녁이 되자마자 재투성이는 **원치 않지만** 춤을 끝내고 "집으로 **가야 한다.**" 이 순간부터 재투성이의 본질은 정반대로 탈바꿈한다. 조금 전의 긍지 높던 '공주'가 이제 밤에 젊은 남자와 돌아다녀서는 안 되는 풀 죽은 소녀로 변하는 것이다. 재투성이를 집까지 바래다주겠다는 왕자의 정중한 제안도 이런 상황에서는 소녀의 공포를 가라앉히기보다 오히려 키운다. 자못 놀라운 일이다. 그러나 그 이유는 쉽게 짐작할 수 있다. 그 이유는 최소한 두 가지다.

첫 번째 이유는 우리가 재투성이에 대해 이미 알고 있는 사실로부터 저절로 도출된다. 그것은 재투성이의 지극히 낮은 자존감과 (그에 비해) 사랑의 상대에 대해 높이 올라간 기대의 대조에서 나온다. 연인이 자신을 비참한 현실에서 구해줄 '구세주'처럼, '왕'처럼 보일수록, 자신의 자아는 수치스러울 만치 재투성이 같아 보인다. "그가 그래도 나를 사랑할까?"와 "내가 그럴 만한 가치가 있을까?"라는 끝없는 절망적인 불안감은 대개의 경우 이미 외적 상황에서 시작된다. 왕자가 우리 집을 보면 대체 어떻게 되겠는가? 재투성이의 출신을 알게 된다면, 가난하고 '교양 없는' 재투성이 집을 본다면 죽을 만큼 부끄러울 것이고 분명 사랑을 잃을 것이다. '춤추는 여인', '낯선 공주'의 모습이 굴종과 모멸로 범벅된 어린 시절의 삶에서 벗어나려는 최초의 시도일 뿐이기에, 자신의 모든 것을 결정하게 될 애정을 줄 바로 그 타인이 자신의 모든 것을 '꿰뚫어보고' '인지'하는 일에 대한 불안은 어마어마하다. 춤 상대를 집까지 바래다준다는 기사도 정신은 왕자에게 는 악의 없는 상냥한 제안이지만, 재투성이는 치명적 위협으로 받아 들일 수밖에 없다. 재투성이는 삶 전체를 어린 시절의 꿈, 실존 전체 의 모험에 걸었다. 왕자의 사랑을 얻기 위해 전부를 걸었다. 바로 그 렇기 때문에, 막 얻은 사랑을 왕자가 철회한다면 재투성이는 모든 것 을 잃는 것이다. 왕자가 상상 속 공주가 실은 '쓰레기' 속에서 살고 있 음을 안다면 틀림없이 사랑을 거두어들이지 않겠는가?

재투성이의 사랑이 내포한 비극적 위험은, 타인에게서 **빌려오는 방식**, 타인의 **자비를 구하는 방식**으로 자신의 고유한 존재에 가치와 존엄을 부여한다는 사실에 놓여 있다. 재투성이는 자기 안에서는 존엄이 완전히 사라졌다고 생각한다. 그런 상황에서는 모든 일이 극단적으로 팽팽하게 긴장된 채로, 극단적 부담 아래에서, 전부 아니면 전무 사이에서, 천당과 지옥 사이에서, 삶과 죽음 사이에 매달려 추처럼 오간다. 그러나 아마도 가장 심각한 일은 대개 사랑의 상대의 그런 부드러운 접근이 재투성이에게 불안을 불러일으킨다는 사실을 그 사랑의 상대는 알아차릴 기회조차 없다는 점이다. "그 사람이 가까이 올수록, 저를 좀 더 알게 될수록, 저는 그 앞에서 발가벗은 채 처연하게 서 있게 될 테고, 그러면 모든 게 끝나겠지요." **바로 이것**이 재투성이가 자신에게 다가와 자신을 구해줄 왕자에게 거는 염원을 실제로 체험하기 무섭게 일어나는 불안이다. 이런 상황에서는 그토록 원하던 사랑이 다가오는 일을 생명의 위협처럼 피해야 한다. 모든 희망을 걸고 있는 환상, 즉 자신이 사랑받을 수 있다는 환상을 파괴하지 않으려면. 이는 논리적으로 거의 해소할 수 없는 모순이다.

두 번째로 동화에서는 단 하루 저녁의 사건으로 묘사한 일이 일상적 현실에서는 **지속적 문제**로 나타난다는 점을 생각해야 한다. 사랑을 향한 동경과 무거운 열등감으로 인한 불안 사이에서 오락가락하는 일이 오래 지속된다면, 재투성이와 연인의 삶은 황폐해질 수 있다. 예를 들어 재투성이가 **의붓언니들**에게 느끼는 **불안**은 전혀 이야기되지 않았다. 이제까지 동화는 언니들이 춤추는 '공주'가 재투성이임을 전혀 눈치채지 못한다고만 말했다. 그러나 재투성이는 '궁정'에 나타난 것이 '월권'임을 잘 알고 있기에, 춤을 추면서도 내내 의붓언니들을 두려워할 수밖에 없다. 언니들은 자신보다 '먼저 왔고(선수를 쳤고)' 자신의 스펙터클한 '늦장 데뷔'보다 '이전에' 왔다. 사랑을 신뢰하고 애정을 주려고 시도할 때마다, **어떤** 여자라도 다른 여자가 끼어들면 자기는 연인 곁에서 쫓겨나리라는 불안에 빠지지 않는다면 재투성이가 아닐 것이다. 그 다른 여자는 자기보다 더 아름답거나 영리하거나 쾌활하거나 교양 있거나 또는 단순히 더 몰염치하거나 약삭빠르기 때문이다. 그 여자는 재투성이가 보기에 사랑받는 데 필요한 모습을 갖추었다. 재투성이는 아무리 노력을 기울여도, 겉으로는 이미 그렇게 보이더라도, 사실 사랑을 받을 수 있다고 믿지 않는다. 그러한 불안이 오로지 연인에 대한 지나친 불신이나 통제 욕구나 질투나 지배욕 같은 만성적 태도라고 생각하는 것은 근본적 오해다. 오히려 대개의 경우 재투성이는 늘 단 하나의 근원에서 나오는 감정 때문에 괴로워한다. 그것은 언제나 동경해 왔던 '왕' 같은 연인을 얻을 만한 가치가 자기에게는 없다는, 심연처럼 깊은 느낌이다.

이러한 느낌만으로도 재투성이가 왜 자기에게 다가오는 '연인 왕자'로부터 황급히 도망쳐 집으로 돌아오는지 알 만하다. 그렇지만 더 기묘한 일이 있다. 왕자의 시선에서 도피하기 위해 재투성이는 하필 **'비둘기장'**으로 들어간다. 그것을 '현실적인 것'으로 떠올려본다면, 그림 동화의 많은 장면이 그런 것처럼 이 장면도 미덥지 못하다. 왕자가 재투성이를 비둘기장까지 따라왔다면 도망치는 소녀가 '빠져나오는 것'을 왜 막지 못했는가? 어째서 왕자는 재투성이 아버지가 올 때까지 무력하게 비둘기장 앞에서 기다리는가? 아버지가 비둘기장 안을 살펴볼 생각도 하지 않고 도끼와 곡괭이로 비둘기장을 두 조각 냈다니, 하찮은 일에 왜 이토록 야단법석을 떤단 말인가? 아울러 아버지가 무도회의 아름다운 소녀가 자기 딸이라고 추측한다면, 어찌하여 비둘기장 문이 두 개라는, 재투성이도 아는 사실을 떠올리지 못하는가? 이런 서술은 모두 뒤죽박죽이고 아귀가 맞지 않는 것 같다. 아버지와 왕자가 흐릿한 기름등잔 불빛 아래 "더러운 옷을 입고 잿더미 **안에**" 있는 재투성이를 발견했다고 말하면서, 재투성이가 도망쳐서 부엌에 들어가 '재 옆에' 누웠다고 세부적으로 묘사하는 것 역시 앞뒤가 맞지 않는 것 같다. 그렇지만 이를 **내적이고** 심리적인 사건으로 풀이한다면 모든 서술이 잘 맞아떨어진다. 우리는 이제까지 '하얀 새'와 도움을 주는 비둘기들이 재투성이의 삶에서 어떤 역할을 했는지를 떠올리면 된다.

이제까지 본 바에 따르면, **'비둘기들'**은 소녀의 '순결'하고 '순수'한 정신 세계를 상징한다. 이제 재투성이는 왕자의 '추근거림'을 피해 **양심에 거리낌 없는** 느낌의 영역인 '비둘기장'으로 도망친다. '순결하게' 남는 것은 재투성이가 성공적으로 도망치는 목표일 뿐 아니라 이유이기도 하다. 물론 이는 지극히 **비극적**이다. 자신의 소망에 가까이 다가가기 무섭게 도덕적 의심이 더 가까이 가는 것을 가로막는 것이다. 재투성이는 사랑을 향한 동경을 **의식적**이고 결연하게 추구하지 못하며, 의식의 '황금'을 가지고 '은으로 된 신발'이라는 '달의 입지'를 보완할 수 없고, 불안을 억누르며 '달의 입지'를 굳게 지지할 수도 없다. 계모에 맞서 자신의 '순결'을 신뢰하는 것이 재투성이를 '아름답게' 만들고 '공주'처럼 보이게 한다. 그러나 한 남자를 겪으면서 '순결'을 **잃는다**는 데 대한 두려움은 이제 '금실'과 '은실'로 짠 드레스를 어머니 무덤 위에 놓고 '하얀 비둘기'에게 돌려주도록 강요한다. 어머니의 모범을 따르며 살아오는 내내 오로지 '착하고 경건해야' 했던 소녀가 한 번이라도 사랑할 능력을 갖출 수 있었을까? 이 대답을 찾지 못한다면 재투성이 동화를 결코 이해할 수 없을 것이다.

 대답의 열쇠를 제공하는 것은 기이하게도 아버지의 수수께끼 같은 행동거지다. 아버지가 돕지 않는다면 틀림없이 왕자 혼자서는 재투성이에게 다가갈 수 없다. 소녀가 '순결한' 환상의 세계에서 도피하는 성과 같은 비둘기장을 완력으로 파괴하는 사람은 아버지다. 이는 어떤 의미로는 테네시 윌리엄스의 〈유리 동물원〉에서 유리 동물 인형들이 깨지는 것과 같다. 여기에서 청소년기가 최종적으로, 일종의 폭력으로 끝난다. 이제 재투성이에게는 새로운 모순의 국면이 시작된다.

 재투성이는 사랑하는 왕자와 관계를 맺고 싶지만 그녀의 감정은 아버지에 대한 기억으로 뒤덮인다. 달리 말해, 재투성이는 아버지가 왕자 뒤를 '따라오기'를 기다릴 뿐이다. 그러나 여기에서 아버지 형상은 재투성이의 연인에 대한 표상에서 형성된 빛나는 '왕자 형상'이 드리운 어두운 그림자 같다. 그러니까 왕자와 아버지는 동화의 이 지점에서 '행동의 통일성'을 이룰 뿐 아니라, 내적으로도 서로를 규정하는 두 형상으로서 상호 관련을 맺는다.

이제까지 재투성이가 사랑에서 소망하고 꿈꾸던 것이 온통 자기 곁에 **없는** 아버지에 대한 감정, (개암나무 비유를 떠올린다면) **폭력적**인 아버지에 대한 감정으로부터 생겨났음을 생각한다면, 사건이 이와 다른 식으로 진행될 수도 없었을 것이다. 어쨌거나 재투성이는 열등감, 불안감, 무력감이라는 감정 탓에라도 집에서는 기껏해야 하녀로서 용인되는 것을 감내해야 했다. 그리고 자기 존재의 완전한 권리 없음과 홀대라는 근본 '인식'만으로도 아버지 체험의 어마어마한 폭력성이 드러난다. 그러나 거기에 특히 아버지에 대한 (혹은 그에 상응하는 아버지 대리인에 대한) 성적 불안이 더해진다. 이러한 불안은 (그림 동화 65번 〈털북숭이 공주〉의 모티프[103])와 상응하여) 아버지가 가져온 '작대기' 비유에서 확인할 수 있었다. 이곳에 없는 아버지에 대한 그리움과 현실적 아버지에 대한 두려움은 이제 모두 연인에게 투사된다. 아버지에 대한 재투성이의 채워지지 않는 소망을 왕자가 자기에게 끌어올 때, 불가피하게 '진짜' 아버지에 대한 기억도 따라오고, **그 기억은** (재투성이인 것이 발각될 것이라는 불안과 더불어) 세 차례에 걸친 황급한 도주의 주된 이유가 된다. 현실에서든 환상 속에서든 아버지와 자신 사이에 일어났던 일은 결코 반복되어서는 안 된다. **개암나무 가지** 모티프에서는 아직 아버지의 성적 위협에 대한 두려움이 가볍게 울리고 있었을 뿐이다. 아버지가 '도끼와 곡괭이'를 들고 재투성이의 '비둘기장'을 박살내고 소녀의 순결한 마지막 은신처를 파괴함으로써 이제까지 어림짐작에만 그쳤던 아버지의 공격적 본질이 백일하에 드러난다. 그렇게 본다면, 재투성이가 아버지의 공격성을 피해 순결을 보장하는 '비둘기장'으로 도망친 것과, 그 공격성 때문에 '비둘기장'에서 쫓겨난 것은 '오로지' 아버지 상의 다른 측면, '오로지' 아버지 동경의 뒷면 같은 것이다.

    우리는 재투성이의 본질 전체가 또한 각별히 아름다운 여성이 치근덕대는 사내들로부터 자신을 방어하는 것임을 보았다. 불안에 떠는 그런 부끄러움은 "무지막지한 남성의 폭력성에 더럽혀지느니 차라리 외적으로 수치스럽게 살더라도 '착하고 경건하게' 남을 것"이라는 원칙을 내세운다. 우리는 이러한 신조만 보아도 재투성이가 어둑어둑한 '재 속 잠자리'로 돌아가는 것을 납득할 수 있다. 그림 동화는 아주 자세하게 이야기한다. 그에 따르면 아버지는 왕자가 '춤 상대'를 찾는 데 보탬이 되고자 딸의 은신처를 파괴했고, **그 다음에야 비로소** 두 사람은 재 안에 누워 있는 재투성이를 함께 찾는다. 이에 따르면 남자의 공격을 통한 '비둘기 존재'의 파괴, 소녀의 '순결'의 파괴는 재투성이가 불안에 떨며 부엌데기 역할로 되돌아가는 일과 동시에 일어난다. 이를 통해 재투성이가 사람들을 처음 만날 때나 나아가 결혼을 할 때 나타나는 방식을 설명하는 데 일조할 한 가지 모습이 분명하게 나타난다. 여기에서 이야기한 바에 따르면, 재투성이가 사랑을 찾는 데서 주된 문제는 열등감과 희망, 불안과 동경, 부정적 자아상과 긍정적 자아상, 부정적 아버지 상과 긍정적 아버지 상의 길항을 견딜 만하게 화해시키는 데 만성적으로 어려움을 겪는다는 점이다. 논리적으로 해소될 수 없는 이런 갈등을 해결할 비상구가 **하나** 있다. 그러나 이는 너무 모험적이고 모순적으로 보여서, 실제 체험에서 당사자들은 이런 비상구가 나타나는 것을 알아차리는 것조차 어렵다. **만일** 다른 사람에게 **도움이 되기만 한다면**, 자신의 순결이나 양심을, 그리고 신앙과 선함이 주는 상대적 만족을 **파괴**할 수도 있고 나아가 남성의 공격성에 자신을 **희생**할 수도 있다. 첫눈에는 어설픈 듯 보이던 그림 동화의 서술이 심리학적으로는 천재적임이 드러난다. 아버지가 비둘기장을 부수는 것과 재투성이가 재 옆에 앉아 다시 부엌데기 모습으로 후퇴하는 것은 분리된 사건이 아니라 오히려 하나의 과정, 즉 **동시에** 일어나는 동일한 사태인 것이다.

여기 한 여성이 첫사랑을 술회하는 것을 들어보자. "남편을 처음 알게 되었을 때 우수에 젖은 눈을 보지 않았다면 그 사람에게 저를 바치지 않았을 거예요. 그 사람에게는 제가 있어야 한다고 생각했고 돕고 싶었어요. 그렇지만 그 다음에 몸서리쳐지는 죄책감을 느꼈죠. 능욕당했다고 느꼈고 이 일이 일어나지 않았기를 원했어요. 남편이 원하는 것을 모두 한다면 저를 사랑할 것이라고 언제나 믿어 왔죠. 그저 제가 원한다고 해서 남편이 원하지 않거나 시키지 않은 일을 감히 해본 적이 없어요. 제게 상처를 주거나 얕잡아보더라도 결코 저항하지 않았어요. 아니, 그가 제게 얼마나 아픔을 주었는지 거의 감지하지도 못했죠. 기껏해야 왜 갑자기 그렇게 쌀쌀맞게 말하느냐고 물었죠. 그렇지만 제가 무엇을 할 수 있었을까요? 고작해야 그를 떠날 수 있었을 테지요. 하지만 그것도 원하지 않았어요. 그 사람 마음에 들게 처신하는 법을 배우기만 하면, 언젠가 저를 사랑하게 될 거라고 기대했죠."

이 여성은 (사실 자신에게 주어야 했을) 깊은 연민의 감정과 재투성이 같은 무조건적 복종 없이는 한 남자를 만나도 좋다고 결코 느끼지 못했으리라. 남편에게 도움이 필요하다는 생각은 '비둘기장'을 파괴하는 '구실'이 되었다. 그 이후 새로 등장한 재투성이 존재는 또한 이렇게 자행된 '방종'에 대한 처벌이자 보상이기도 했다. 이야기를 나누면서 조금씩 드러났지만, 그 여성은 기본적으로 그 이전에 **아버지**를 사랑하던 것과 똑같은 방식으로 남편을 사랑했다. 남편 곁에 머물기 위해 **희생**했지만, 이와 더불어 남편에게 내맡겨진 채 거의 가학적 폭력에 시달렸다. 그러나 폭력에 항거한 것이 아니라 오히려 복종의 노력을 더욱 **강화**했다. 마침내 남편에게 자신을 온전히 바치지만, 나아가 그녀 자신이 남편의 폭행을 유도했다는 비난까지 받게 된다. 그러면 그 여성은 더욱 헌신하고 희생하면서 그러한 죄를 용서받고자 한다. 끝없는 나선형의 운동인 것이다.

그렇다고 하더라도 '비둘기장' 파괴와 '재'로 귀환하는 동화 속 사건을 오로지 재투성이 유년기에 있었던 불행한 아버지 관계가 비극적으로 반복되는 것으로만 여기는 것은 옳지 않다. 모순, 불안, 수치에도 불구하고 재투성이는 자신에게 남아 있는 유일한 길을 따라 삶의 최대 목표인 사랑을 향해 결정적 첫걸음을 내딛고 있는 것이다. 그래도 재투성이는 '부엌데기'와 '춤 상대'가 공존할 수 있는 방식을 발견한 것이다. 물론 이를 위한 '희생'은 너무도 크다. 그것은 순결의 파괴다. 물론 아직 재투성이 역할과 공주 역할의 진정한 종합이 발견된 것은 아니다. 재투성이가 헌신을 향한 과도한 열정과 책임감의 대가로 얻은 것은 전과 다름없이 너무도 보잘것없는 사랑과 따뜻함이다. 그렇기는 해도 이제 모든 것을 변화시킬 수 있는 전기를 마련했다. 앞으로는 그저 재투성이가 아니라 '춤 상대'이기도 하다. 우리는 재투성이가 자신에 대한 양가감정 속에서 어떻게 전진하는지 긴장감 있게 지켜보게 된다.

특이한 것은, 삶은 가장 중차대한 사안들에 대해 끝없는 **반복**을 통해 대답한다는 점이다. 그러나 그것은 한낱 '반복'이 아니라, 똑같은 것들 가운데 특징적 변화를 보여준다.[104] 재투성이는 여전히 '잿빛 누더기옷'을 입고 '부엌'에 앉아 있지만, 그래도 이내 다시 모험에 나설 궁리를 하고 있다. 지금까지 삶에서 해소된 것은 아무것도 없다. 재투성이가 하는 행동은 모두 더할 나위 없는 **모순**에 빠진다. 자신에 대한 모순이고 주변에 대한 모순이며 사람들이 그녀에게 가르쳤던 것들에 대한 모순이다. 그렇지만 돌아가신 어머니의 개암나무 위의 '비둘기'가 있다. 그 새는 재투성이가 막 시작한 것을 **계속**할 수 있도록 힘을 준다. **비둘기**는 **성경**에서는 평화와 화해의 상징으로 (또는 신의 목소리나 '성령'의 상징으로) 종교적으로 활용된다면,[105] **심리학적으로도** (이제까지 말한 것과 다른 의미에서) '선한' 어머니 곁에서 벗어나 자신의 삶을 살아갈 수 있도록 해주는 존재를 상징한다. '천상적이고 놀랍고 미더운 도움을 주는 **비둘기**는 종교 언어에서 '선한 수호천사'의 세속적 형태이다.[106] 물론 재투성이는 '비둘기장'이 파괴된 뒤로는 더는 온전히 '순결'하지 않다. 그렇지만 재투성이가 여전히 '하얀 새'의 도움을 받을 가치가 있게 하는 새로운 관념이 나타나는데, 바로 **배나무 모티프**다.

동화는 궁전 무도회의 둘째 날에 새가 개암나무로부터 "전날보다 더 화려한 드레스"를 내려주었다고 말함으로써, 그동안 재투성이가 '도주'했지만 많은 것을 배웠음을 보여준다. 이제 왕자가 '기다리고' 있기에 재투성이는 더 용기 있게 등장할 수 있다. 이제는 왕자의 호의에 의지해 자기 자리를 차지하려고 노력하지 않아도 된다. '춤 상대' 역할을 맡은 재투성이에게 이 자리는 처음부터 자기 것이다. 다른 여자들과 경쟁하고 있을지 모른다는 만성적 불안조차 사실 불필요하다. 재투성이에게 '춤'을 청하는 다른 남자들이 나타날 때마다 왕자는 너무나 아름다운 이 여성 외에 춤 상대가 없음을 강력히 내세우기 때문이다. 물론 정말 사랑받지는 못할 것이라는 불안이 누그러지는 것은 순전히 왕자 덕분이다. 불안이 누그러지는 것도 오로지 '왕가 출신'의 '춤 상대' 역할에만 해당되는 것이고, 아직 확고한 본질 속에서 일어나는 일은 아니다. 이날 화려한 축제의 저녁에도 **자신의 비천함**이 드러나지 않도록 다시 한 번 도주하는 까닭이 여기에 있다. 재투성이의 행복과 불행은 변함없이 왕자의 긍정과 부정에 달려 있다. '경건'하고 '착한' 소녀가 어떻게 매력 넘치는 여성이 되어 한 남자에게 사랑받을 수 있는가라는 물음은 아직도 답을 얻지 못했다. 무엇보다도 자신이 "충분히 좋지 않다"는 불안은 계속 부끄러워하며 물러나도록 강요한다. 이는 본질적으로 분명 '첫 번째'와 많이 다르지 않다. 그렇지만 '비둘기장'이 쪼개진 지금, 획기적인 변화가 일어났다. 그것은 재투성이가 정원의 **배나무** 위로 다람쥐처럼 기어오르는 것으로 표현된다.

이 장면도 당연히 전혀 '현실적'이지 않다. 왕자가 재투성이가 "아주 탐스러운 배들이 열려 있는" 정원의 "커다랗고 아름다운 나무"를 날쌔게 기어오르는 것을 이내 알아차렸으면서 소녀가 다시 나무에서 기어 내려오는 것은 전혀 알아차릴 수 없었다는 것이 가당키나 한 일인가? 그리고 어쩔 줄 몰라 하는 왕자를 돕기 위해 **아버지**가 고작 재투성이가 그 위에 있는지 알아보려고 아름다운 배나무를 통째로 베어 버린다는 발상을 어떻게 할 수 있단 말인가? 그러므로 이 에피소드 역시 불안이 가득한 한밤중 꿈속의 이미지처럼 해석해야 한다는 데 의심의 여지가 없다.

꿈과 신화와 동화에서 **나무**는 주로 **여성성과 모성의 비유**로 활용된다.[107] 계통진화사적으로 이러한 상징적 의미의 근거는 나무 위에 살던 우리의 유인원 선조들이 마치 신생아가 어머니 몸을 느끼듯이, '나무'를 보호와 영양 섭취와 아늑함의 장소로 느꼈던 저 아득한 시절로 거슬러 올라간다.[108] 바움 테스트*에서 어떤 사람이 제법 크고 **열매가 많이 달린** '배나무'를 그린다면, 이는 특히 '구강적' 색조를 띤 소망과 환상의 세계를 암시한다고 볼 수 있다.[109] 여기에서 '구강적'이라는 개념은 수용, 집착, 의지처 탐색, 수동적 소망 충족 등의 영역을 포괄한다.[110] 이러한 의미에서 배나무는 전체적으로 재투성이의 **우울증적 색조를 띠는 이상적 동경의 형상**으로 풀이할 수 있다.[111] 이러한 전제에서 본다면, 정원의 '배나무'는 어머니 무덤의 '개암나무'의 적극적 대립물이다. 이것은 돌아가신 어머니를 애도하는 데서 스스로 어머니가 되려는 소망으로의 이행을 보여준다.[112]

바움(baum) 테스트 나무 그림을 그리게 하는 일종의 심리 진단법.

이 지점에서 중요한 것은 '배나무'가 지닌 '주관주의적' 측면인데, 소녀가 이제 자신을 '성숙하고' 다 자란 여성으로 보기 시작한다는 뜻이다. 그러한 '나무 환상'은 사춘기에 나타나는 **몸의 형태 변화의 체험**과 별 어려움 없이 연결된다.[113] 재투성이에게는 대개의 경우 매우 극적이고 더없이 불안한 이 시기에는 사랑을 동경하는 것과 사랑에 대한 도덕적 금지라는 해묵은 양가성이 새롭게 나타난다. 재투성이 같은 삶의 조건이라면, 소녀가 여성으로 성숙해 가는 모습이 아름다울수록 소녀는 '유혹적'이 되고 (의붓)어머니로부터 '창녀'나 '마녀'라는 욕을 먹을 걱정을 해야 하기 때문이다. 그러니까 재투성이는 본디 다른 사람들에게 보여주고 싶어 하는 바로 그 특징을 그들 앞에서 **감추려고** 다시 시도해야 한다.

그림 동화가 바로 이 지점에서 '배나무'를 전하는 까닭을 이런 맥락에서 수긍할 수 있다. 그렇지만 여전히 우리가 수긍할 수 없는 부분은, 상징 해석에 따르면 재투성이가 자신의 동행이 되어주겠다는 왕자로부터 숨을 **피난처**를 하필 성숙한 여성성이라는 상징 안에서 구한다는 정황이다.

그렇지만 재투성이가 '다람쥐같이' '배나무'를 기어오르는 것을 성숙해 가는 소녀의 체험 방식에 대한 또 다른 상징적 암시로 풀이한다면, 이러한 수수께끼도 어느 정도 풀린다. 이 비유에 따르면, 이제 재투성이는 분명 다른 사람의 눈에 성숙한 여성으로 보이는 방식으로 살고 있다. 그러나 다른 한편 재투성이는 흡사 휙 지나가듯, 문자 그대로 **'달아나듯'**, 스스로를 거의 눈에 띄지 않게 하는 '스쳐 가는' 움직임으로 자기의 여성성에 '거주한다'. 별로 '아름답지' 않을지도 모른다는 끝없는 불안 속에서 정말로 아름다운 자기 모습을 결코 보여서는 안 된다. 그런데도 만에 하나 그러한 아름다움을 보인다면 곧 다시 '배나무'에서 내려와 '부엌'의 '재' 안으로 돌아가야 한다. 그렇게 본다면 재투성이의 경험은 정말로 '**다람쥐**'의 행동과 유사성이 있다. 봄에 발정기가 시작되면, 연적과 혈투에서 승리한 다람쥐 수컷과 암컷은 높은 나뭇가지들을 누비며 멋진 숨바꼭질을 벌인다.[114] 이때 수컷은 위압적인 달리기와 거짓 공격으로 거듭 암컷을 위축시키려 시도하고, 암컷은 반은 겁을 집어먹고 반은 그 놀이에 열중하여 도주한다. 암컷의 접촉 불안을 가라앉히려고 수컷은 마침내 어린 짐승의 울음과 닮은 소리를 낸다. 물론 교미하려면 암컷이 분명한 수락 의사를 보여야 한다. 암컷은 북슬북슬한 꼬리로 언제라도 거부할 수 있기 때문이다. 그리고 나면 다람쥐는 포유류에서는 유일하게 약 14일 동안 사랑의 잠자리를 함께하고, 그 다음에 암컷은 앞으로 태어날 새끼들의 아비를 둥지에서 몰아낸다. 이제 수컷은 해야 할 일을 다했고 더는 쓸모가 없어진 것이다.

'배나무'에서 '다람쥐처럼' 이리저리 휙휙 스쳐 지나가는 재투성이의 행동을 관찰해보면, 동화의 상징 언어는 재투성이가 자신의 발달 단계에서 왕자에게 취하는 태도를 또렷하게 보여준다. 이제 재투성이가 왕자의 구애, 말 그대로 '치근덕거림'에 응할 수 있게 된 데에는 **한 가지 조건**이 있다. 재투성이는 자신을 한 그루 '배나무'로, 많은 '과실', 즉 **아이를 낳는** 데 자신의 여성성을 모두 바치는 한 여성으로 이해하는 법을 배워야 한다.[115]

서둘러 **어머니**가 되고 많은 아이를 얻고자 하는 소망을 재투성이 여성들의 몽상 안에서 폭넓게 만나게 된다. 그 이유를 이해하기는 별로 어렵지 않다. 재투성이는 한편으로는 **자신의 잃어버린 유년기** 때문에, 이 세상에 태어날 아이들에게 그보다 나은 삶을 선사하려는 소망을 품는다. 이를 통해 자신의 이른바 엎질러진 유년기를 대리적으로 다시 한 번 겪으면서 견뎌내게 되는 것이다. 다른 한편 모성은 어떤 의미로는 여성성을 **정당화하는 토대**가 되기도 한다. 예를 들어 가톨릭 교회는 (생물학과 심리학 지식을 그로테스크할 만큼 경시하면서) 오늘날까지 이렇게 가르친다. 성적 경험 자체는 **혼인 안에서만** 허용되고, 혼인 안에서도 오로지 자손 번식에만 허용된다는 것이다.[116] (그렇기 때문에 예나 지금이나 인위적인 피임은 '객관적으로' 무거운 죄로 간주된다.)[117] 그러한 이상에 따라서, 그러한 발상의 그늘 아래서 자라난 소녀에게 또한 여성이 아니어도 어머니가 되는 것을 허락받은 '처녀' 마리아의 실례를 들이댄다. 거기서 나오는 역추론은 불 보듯 뻔하다. 여성이어야 함이 그다지 좋은 일은 아니지만 어쩔 도리가 없다면, 그 자체로는 금지된 그 일을 정당화할 수 있는 **한 가지** 길이 있다. 그러니까 어머니가 될 수 있으면 되는 것이다! 물론 사정이 이렇다면, 이런 도덕적 태도에서 여성은 사실상 다람쥐와 마찬가지로 오로지 생식을 목적으로 남자를 필요로 한다. **그 다음에는** 남자에게 꺼지라고 하거나 남자를 떠나는데, 어느 쪽이든 중요한 것은 그를 '버리는' 일이다. 달리 말하면 재투성이는 앞으로 다시는 여자로서 왕자 눈에 띄지 않을 것이고, (다시) **재 안의 부엌데기로**, 즉 모든 것에 대해 착한 마음씨를 지니고 착하게 행동하는 쓸모 있는 존재, 하지만 그 대가로 자신의 삶을 살아가지 못하는 존재로 돌아간다.

물론 대다수 무의식적 꿈의 상징이 지닌 '양성성'[118]을 감안한다면, '배나무'라는 이미지 안에서 또 다른 계기와 만나게 된다. 탐스러운 과일이 달려 있는 나무는 마땅히 남성의 상징일 수 있고, 그렇다면 '나무'를 기어오르는 것은 재투성이가 소녀로서 (혹은 여성성이 무르익은 여자로서) 의식에서는 가장 두려워하는 바로 그 소망을 무의식적으로 표현하는 것으로 읽힌다. 즉, 재투성이가 배나무에 기어오르는 것은 바로 가장 피하고자 하면서도 가장 갈망하던 남성의 영역으로 들어가는 것이다.

이렇게 보면 우리는 거기 끼어들어 딸의 새로운 피신처를 파괴한 것이 또다시 **아버지**라는 사실을 납득할 수 있다. 이 지점에서 재투성이가 어머니로서 긍정된 여성성이라는 새로 도달한 종합의 높이에 머물 수 없는 것은 바로 **아버지의 폭력에 대한 불안** 때문이다. 아버지의 폭력적 등장 이후 재투성이에게 남은 것은 일단은 죽은 '배나무'와 굴욕을 겪은 부엌데기일 뿐이다.

그러나 기묘하게 들릴지도 모르지만, 바로 (아버지에 대한 강렬한 갈망이라는 배경에서) 아버지에 대한 불안이라는 이 요소를 통해 재투성이는 심리적 발달 과정에서 다시 한 번 **앞으로** 한 걸음 나아가게 되며, 이제 새로운 성숙의 단계가 필수불가결하다. 왜냐하면 아직까지도 궁극적 물음이 해소되지 않았기 때문이다. 왕자는 자신의 '춤 상대'를 순결의 '비둘기장'에서 찾을 수 없었고 순수한 여성성의 '배나무'에서도 찾을 수 없었다. 재투성이는 왕자의 '춤 상대' 역할에서도 빠져나왔고, '부엌데기' 역할 안에 숨은 채 들키지 않아야 한다. 그러나 재투성이가 이제까지 보여준 바로 그 사람이 아니라면, 대체 누가 재투성이겠는가? 순결한 소녀, 행복한 어머니, 매혹적인 무희, 헌신적인 하녀, 이제까지 나타난, 아니 불안 안에서 나타날 수밖에 없었던 이런 모습들을 재투성이가 빠짐없이 여전히 지니고 있다면, 그래서 거꾸로 그 모습 중 어느 하나도 아니라고 한다면, 재투성이 '자신'은 대체 누구이고 누구일 것인가? 이제 **이것이** 물음이고 이 물음은 더는 미룰 수 없다.

　이 지점에서도 특징적인 것은 재투성이가 결코 자신의 '색깔'을 드러내지 않는다는 점이다. 이제까지는 앞으로 나아가는 한 걸음 한 걸음이 오로지 유년기의 금지와 제한에 대한 불안과 슬픔이 지닌 엄청난 추진력을 통해 말 그대로 마지못해 이루어졌다면, 궁정 무도회의 세 번째 날에 일어나는 마지막 결정적인 한 걸음에서도, 능동적 역할은 재투성이가 아니라 왕자에게 맡겨진 듯하다. 그러나 그 다음에는 재투성이가 다른 사람 눈에 이미 오래 전에 비친 자신의 모습을 받아들이는 법을 배우는 것이 중요해진다. 그 모습은 바로 눈부시게 아름답고 너무도 사랑스러운 여자다.

　왕자의 무도회의 '세 번째' 날은 재투성이에게는 어머니 무덤의 개암나무 아래에서 하얀 새가 내려준, "그 이전의 누구도 입어본 적이 없을 만치 엄청나게 찬란하고 화려한" 드레스를 받는 것으로 시작된다. 신발은 이번에는 '황금'으로 되어 있다. 정신분석에 따르면, '신발'은 여성 성기의 상징이다.[119] 그러나 여기에서는 스스로 자신의 여성성에 대해 '의식적으로' '입장'을 취하는 것과 훨씬 크게 관련되어 있다. 이제는 달처럼 어슴푸레하게, 즉 '은'처럼 행동하지 않고, 대낮처럼 밝고 명징한 결단 속에서, 즉 '황금'처럼 행동하는 것이다.[120] 처음에는 모든 일이 앞서와 똑같이 일어난다. 결정적 순간에 이번에도 왕자에게서 도망친다. 다만 이번에는 지금까지보다 더 일찍감치, 즉 자기 집 '정원'이 아니라 궁전 문에서 벌써 왕자에게서 벗어나서 왕자는 "그녀를 따라갈 수 없었다." 그렇지만 왕자도 단단히 준비를 해두었다. "계단을 온통 역청으로 칠해 두게 했고" 그래서 "소녀의 왼쪽 신발이" 거기 붙어서 떨어지지 않았다. 왕자는 "작고 우아하고 황금으로 된" 신발을 발견한다. 그리하여 다음 날 아침 신발을 들고 진짜 신부를 찾아 떠난다. 신발이 '황금으로' 되어 있다고 하지만, 그래도 왼쪽 신발은 무의식 영역을 상징한다. 이러한 기이한 구도는 소녀가 '무의식' 안에서 이미 '서 있는' 그곳을 이제 생각 속에서 긍정하게 되었다는 것, 그러면서도 객관적으로 이미 얻은 그 '입지'를 주관적으로 의식적으로 받아들이는 데 여전히 불안해한다는 것으로 해석해야 할 것이다.[121] 물론 우리는 이러한 갈등을 쉽게 납득할 수 있다. 궁정 무도회에서 보낸 사흘 동안 재투성이 자신도 변모했기 때문이다. 왕자의 호의를 얻기 위한 장난스러운 '춤'은 이미 오래 전에 '구속성'을 갖추게 되었다. 그래서 **행복에 대한 불안**이 거듭 나타나 재투성이가 말 그대로 '뺑소니'치도록 강요하지 않는다면, 재투성이와 왕자는 마치 '역청(과 황)'*처럼 서로 결속하게 되리라. 그러나 지금까지 나타나던 타협은 이제 시도되지 않는다. '순결'하게 '부엌데기로서' 왕자에게 희생하는 것은 재투성이가 일생 동안 소망했던 사랑이 아니다. 보살피고 돌보는 어머니 역할로 슬쩍 들어가는 것도 자신과 왕자의 눈에 재투성

---

* '역청과 황'은 "(바늘과 실처럼) 서로 붙어 다닌다."는 관용어.

이의 본연의 인격이 보이지 않도록 만드는 삶이다. 그렇다면 재투성이는 '원래' 누구인가. '부엌데기'이고 '춤추는 여인'인가? 이러한 물음에 대해 설득력 있는 대답을 찾기 전에는 재투성이와 왕자의 사랑은 불안과 희망의 끊임없는 도박으로 남을 것이다.

아니마와 아니무스의 만남
"이 사람이 진짜 신부입니다."

오늘날 적지 않은 심리치료 관련 책들이 사랑하는 사람들이 사랑 안에서 행복하려면 얼마나 '독립적'이고 '성숙'하고 '분별력 있고' '동반자적'이어야 하는지를 매우 수준 높은 용어들을 동원해 서술하고 있다.[122] 그렇지만 어떻게 우리는 '독립적'이고 '성숙'하고 '분별력 있고' '동반자적'인 사람이 될 수 있는가? 그림 동화는 오로지 타인을 통해, 즉 사랑을 통해서라고 말한다. 타인은 우리의 고유한 본질이 지닌 유서 깊은 진실, 이제까지는 적나라한 불안에 쫓겨 침묵 속에서 은폐했지만 이제 재발견해야 하는 진실을 하나하나 바깥으로 끌어내고 이를 통해 우리 자신으로부터의 끝없는 도주를 마침내 끝낼 수 있는 사람이다. 그림 동화에서 왕자가 '춤추는 여인'을 '쫓아가지' 않았다면, 그녀는 결코 자신으로 돌아오지 못했으리라.

여기에서 결정적인 것은 왕자가 역청에 들러붙은 신발을 수단으로 삼아 **재투성이의 정체를 밝힐 것**을 고집하는 일이다. 자기 신붓감은 "이 황금 신이 맞는 발을 가진" 여자뿐이라고 선언한다. 현실적으로 볼 때 중요한 일은 재투성이가 진정한 자기 모습에 적응하고 자기

'신발'과 자기 여성성을 진심으로 인정하는 일이리라. 그러나 동화의 전개에 따르면, 이 지점에서 중요한 일은 재투성이가 자신의 '원래' 현실 탓에 왕자 눈에 '맞을' 리 없다는 불안 때문에 자꾸 '부엌데기' 역할로 도망치기를 그만두는 일이다.

이제 정말로 다음과 같은 물음이 제기된다. 재투성이가 무도회에 신고 간 그 신발은 누구에게 '맞을' 것인가? 조금 다르게 표현한다면, 어떠한 '등장' 방식이 재투성이에게 '맞을' 것인가? 이제까지는 한낱 재투성이라는 사실을 왕자에게 들킬지도 모른다는 끝없는 두려움 때문에 계속 '부엌데기' 역할로 돌아가도록 강요받았다. 그렇지만 과거의 강압적 방식과 현재 자기 요구 방식 간의 분열이 계속된다면, 왕자에게는 연인을 다시 찾을 기회가 결코 없으리라. 자신의 출신이 '정말' 누구인지를 왕자에게 보여줄 때에만, 아직은 텅 빈 채 남아 있는 자신의 '등장' '방식', 즉 황금 신 형상을 채울 수 있을 것이다. 재투성이 존재가 지니는 문제의 해법 전체가 오로지 이러한 필요성 안에 들어 있다. 달리 말해, 재투성이는 자기 안에서 살고 있는 '부엌데기'를 드러낼 때에만, 빛나는 '춤추는 여인'으로서 자신의 등장을 지켜낼 수 있다. 자신이 바로 그러한 '재투성이 소녀', 여러 해에 걸쳐 자신과 타인들에게 드러내 온 '재투성이 소녀'임을 고백할 때에만 진정한 '왕비'가 될 수 있는 것이다.

그 다음에 나타나는 장면은 재투성이 동화를 듣는 아이들에게 만족과 보상을 준다. 마침내 **못된 의붓언니**들의 사악함이 만천하에 드러나고 그들은 부당한 야심 탓에 뼈아픈 응징을 받는다! 그렇지만 그러한 이해는 이야기의 외피에만 들어맞는 것이다. **이제까지는** (의붓)언니(들)라는 형상을 재투성이의 손위 자매(들)로 '객관주의적으로' 해석하는 것으로 족했다. 혼란스러운 죄책감, 괴롭힘과 해코지, 억눌린 질투와 절망적 굴종이라는 재투성이의 삶의 여러 모습에 대해서는 객관주의적 차원의 해석이 큰 도움을 주기도 한다. 전체적으로 '객관적 층위'의 해석은 유년기의 **이른 체험 안에서** 핵심적 접촉 인물들 간의 상호관계를 정신분석적으로 의식화하는 데 탁월하게 유용하다. 그러나 나이를 먹을수록 예전에는 '객관적'으로 존재했던 사람들이 **주관적으로** 자기 안에 존재하게 된다는 사실이 여실히 나타난다.[123] 세상을 떠난 어머니, '사악한' (새)어머니, 곁에 없거나 두려움을 자아내는 아버지, 심술궂은 (의붓)언니(들)는 모두 자기 영혼에 흔적을 남긴다. 그리고 그 흔적은 그러한 영향 때문에 형성된 태도를 의식화해야 사라진다. 처음에는 매우 의심스럽게 들릴 수도 있지만, **재투성이 자신 안에** 머물고 있는 의붓언니들에게도 주의를 기울여야 비로소 재투성이의 불안과 갈등을 완벽하게 이해할 수 있다.

 정신분석의 관점에서 보면, 바로 마음을 드러내는 방식들이 지니는 **본질적인 변증법적** 관계가 가장 중요한데, 즉 억눌린 충동과 그에 관계된 외적 태도가 서로를 규정하면서 서로 모순을 보이는 것을 뜻한다.[124] 이를테면 타인에 대한 욕심을 없애기 위해 의식적으로 안간힘을 쓰는 사람이 이면에서는 주변에 상당한 기대를 걸고 있을 수 있다. 특히 재투성이는 권리 없음이라는 감정 탓에, 아무리 작은 소망이라도 타인에게 말하기가 매우 어려울 것이다. 하지만 그런 만큼 자신이 필요로 하고 원하는 것을 타인이 저절로 알아차릴 것이라는 암묵적인 희망은 더욱 크다. 재투성이는 결코 타인에게 비난을 퍼부을 만큼

'버르장머리 없고' '파렴치'하지는 않을 것이다. 그러나 재투성이의 발작적 슬픔은 공공연하게 쏟아붓는 불평보다도 더 힐난으로 가득 차고 더 고통스러울 수 있다. 재투성이는 겸허하고 성실하게 다른 사람에게 헌신하지만, 극진한 정성 뒤에는 그런 겸허한 태도 때문에 자신이 타인보다 더 나은 사람이라는 요구가 느껴질 것이다.

 오해를 피하기 위해 덧붙여야 하리라. 그렇지 않아도 심리적으로 '부엌'이나 '지하실'에 있다고 느끼는 사람들이 오만하고 지나치게 까다로우며 우쭐거린다고 (의붓언니들, 혹은 그들 자신이 주관적으로 의붓언니들로 해석하는 사람들이 그러는 것처럼) 헐뜯으려는 것이 아니다. 그들이 살아가면서 그러한 힐난을 한 번이라도 들어보았더라면 아마 전혀 수긍할 수 없고 매우 부당하게 느꼈으리라. 어쨌든 그러한 비난은 그들의 태도를 강화시킬 뿐 변화시키지는 못했을 것이다. 정신분석의 의도에서 중요한 것은 또 다른 비난이 아니라 이미 오래 전에 있어야 했던 **허가**다. 맞는 '신발' 상징에서 말하듯이, 마침내 재투성이는 본래의 품격을 되찾고 온갖 억지 적응과 자해 행위를 포기할 수 있게 되었다. 물론 계모에 대한 두려움과 열등감까지 포함해서 계모가 자신의 삶을 규정하는 한, 재투성이는 오로지 자신을 재단하여 '왕의' 치수가 내거는 기대에 부응하려고 절망적으로 애써야 하는 것이다. 재투성이는 자신의 가장 본원적인 모습 앞에서도 그 본원적인 모습을 인식하지 못할 것이다. 재투성이 존재를 유지하고 실제로 그런 대로의 모습을 보여줄 때에만 '맞을' 수 있음을 알지 못하고, 자신을 맞추어야 한다고 시종일관 믿을 것이다. 왕자와 더불어 '말을 높이 타고' 왕자의 '성'으로 가기 위해, 왕자의 눈에 '맞게' **보이도록** 거듭 시도하리라. 그렇지만 이를 악물고 그러한 **자해 행위**의 괴로움을 참아 겉으로 드러내지 않더라도, 어머니 무덤에 있는 '개암나무'의 '비둘기'는 (자기) 기만을 공공연하게 밝힐 것이다. 자신의 본질의 목소리, 그리고 상처에서 점점 피를 흘리는 위험은 **그런** 식으로 왕자의 '신부'가 되는 것은 '그릇된' 길이라는 것을 충분히 입증한다.

의붓언니 상징에서 '자기 몸을 베어내고' '자해하는' 피비린내 나는 에피소드가 나타나는 이유는 대체 무엇인가?[125] 이 자리에서 왕자가 의도적으로 조장된 극도의 혼란에 빠져 있음을 명확히 알기 위해, 왕자와 재투성이의 관계가 빠져 들어간 상황을 뚜렷하게 보아야 한다. 겁먹은 소녀는 왕실 출신인 춤 상대라는 역할에서 '빠져나오려고' 여러 차례 시도했지만, '세 번째' 날 이후 그녀의 등장에는 무엇인가가 '들러붙었다.' 재투성이는 그 전에는 그런 관계를 항상 가슴속 깊이 소망하고 염원하면서도 불안 탓으로 진정으로 '원'할 수는 없었는데, 이제 그 관계 안으로 **구속성**이 끼어든 것이다. '황금' 신이 자기 것이라고 밝히고 자신이 소망하는 것을 의식적으로 원하는 일이 여전히 가로막힌 것은, 우리가 보았듯이, 재투성이 존재의 이면의 감정을 왕자에게 들키게 될 것이라는 두려움이 가시지 않았기 때문이다. 왕자가 진실을 알게 되면 자신을 매정하게 내칠 것이라는 불안이 아직도 남아 있는 것이다. 그래서 재투성이는 왕자와의 접촉을 어정쩡한 상태로 모호하게 유지하고자 원할 수밖에 없다. 무도회의 춤추는 '공주' 역할을 하는 것은 재투성이도 원하는 바다. 그러나 자신이 탐내는 역할을 진짜 현실에서도 맡는 것은 여전히 있을 수 없는 일처럼 보인다. 진정한 재투성이를 아직 모르는 사람만 자신을 공주라고 믿는다는 것이다. 이러한 변함없는 부정적 확신은 이제까지의 빌려온 삶 혹은 이중적 삶의 결과이고, 이제 이러한 대가를 비싸게 치러야 한다. 왕자는 이제까지 눈으로 본 것을 **믿고 있기** 때문이다.

 왕자는 사랑하게 된 여자에게서 우아함, 아름다움, 세련됨, 애교 등 갈망해 온 모든 것을 보고 있으며, 이 모든 것 안에 그녀의 참된 본질이 있다고 보고 있다. 사랑하는 여인이 자신을 만날 때처럼 유쾌하고 재미있고 생각이 꼬이지 않기를 원한다. 왕자는 다른 여자를 모르며 '순진하기에' 여태껏 한 번도 다른 여자를 상상해보지 않았다. 왕자는 새로운 사랑이 '어떻게든' 자기 눈앞에서 '보이지 않게' 되어 자신이 그녀에게 이를 수 없게 될 때에만 삶과 죽음에 대한 재투성이의 공포를 알게 된다. 그렇지만 이제 왕자의 마음에 재투성이가 크게 자리 잡고 있기에, 그녀가 날마다 춤을 추러 돌아올 것이라고 기대한다. 어떤 일이 있어도 축제의 미녀가 다시 '나타나도록' 이미 굳게 붙잡았고 '끈끈이로 붙였다'고 노골적으로 자부한다. 그러나 재투성이 입장에서 주관적으로 보자면, 바로 이때가 '(의붓)언니(들)'가 등장하는 순간이다. 이제까지 외부에서 가해졌던 굴욕이 이제 왕자가 연출하는 상황에서 내면적으로 자신을 겨냥한다고 느끼게 되기 때문이다. 그로부터 고통스러운 사랑의 희화화와 자기 억제의 새로운 걸작이 탄생한다. 예컨대 왕자를 향하여 이렇게 표현할 수 있다. "자, 제가 당신의 왕비, 자랑스러운 귀부인, 유쾌한 춤 상대가 되기를 바라나요? 그렇다면 당신은 그런 저를 얻을 수 있어요. 비록 당신이 바라는 것이 제게 맞지는 않지만, 저의 '앞모습에도' '뒷모습에도' 전혀 맞지 않지만, 당신이 원한다면, 그래요, 저 여기 당신이 원하는 모습으로 있어요. 당신에게 무조건 맞출 거예요. 당신을 위해 불구가 될 것이고, 당신이 보기에 너무 크다면 어떤 부분이든 다 잘라내겠어요. 당신을 위해, 당신이 원하는 모습 그대로일 수 있어요. 다만 그 대신 단 한 가지를 원해요. 저를 사랑하기를! 그리고 당신의 왕비로 간택하기를."

아무리 재투성이의 태도라고 해도 너무나 극단적이다. 그렇지만 이는 가부장적인 '군주들'의 사회에서 여자들에게 요구되는 행동의 귀감도 어느 정도 표현하고 있다. 프로이트 정신분석학의 틀로 보면 발을 잘라내는 것은 **거세의 상징**으로 읽을 수 있다.[126] 엄지발가락이나 발뒤꿈치를 잘라내는 것은 처녀성 박탈을 비유하거나, 일반적으로 '거세된' 남자로서 여자의 특징을 상징한다.[127] 그러한 해석의 바탕에 놓여 있는 정신분석학의 착상은 의심할 바 없이 가부장적 사회의 관점에서 나온다.[128] 그러나 그럴수록 이는 주어진 처지에서 철두철미하게 무력하고 권리와 가능성이 '잘려 나갔으며' 독립성을 저해당한 존재인 여성의 상황을 이해하기에 적격이다. "나 자신의 존재 덕분이 아니라 스스로 포기하고 내놓는 그것 덕분에 사랑받는다." 그림 동화라는 특수한 문제 영역을 벗어나도 많은 여자들의 삶이 이런 재투성이의 좌우명을 따른다. 그들의 주관적 관점에서는 재투성이 심리가 두드러지지 않더라도, 객관적으로 보면 그들은 사회적 역할에서 이미 진정한 재투성이의 삶을 살아가고 있다. 그들은 사랑받는 것은 고사하고 다만 인정받기 위해서라도, 사전에 엄청난 노력을 기울이고 자기를 억제해야 한다. 인정과 사랑을 얻기 위한 '희생'이 지니는 비극은 그러한 희생이 이루고자 하는 것인 바로 그 인정과 사랑을 방해한다는 사실에 있다. '지배'는 사랑을 결딴낸다. 사람들은 잔인한 신의 숭배라는 게임 규칙에 따라 서로 가까워지는 것이 아니다. 신들은 우리가 제단에 피 묻은 공물을 바치고 가장 좋은 것과 가장 사랑하는 것을 버릴 때 비로소 진노를 누그러뜨리고 '자비'를 베푼다. 그에 비해 사랑은 다른 사람의 인격의 진실을 향하는 것이다. 그렇지 않을 경우에 사랑은 존재하지 않는다.

그러므로 재투성이가 자기 자신을 통해서는 사랑받을 수 없고 '왕비'가 될 수 없으며, 이 장면에서 의붓언니들이 그러듯이 타인의 마음에 들기 위해 자신을 버려야만 한다고 여전히 믿고 있기에, 삶 전체에서 가장 큰 오류로 다시 빠져 들어갈 위험이 도래한다. ('비둘기장'에서의) 복종적이고 순결한 여성이라는 역할도, ('배나무'의) '한갓' 어머니라는 역할에서도, (의붓언니들의 자해라는) 외적 적응이라는 역할에서도 사실 사랑받을 기회를 얻지 못한다. 오로지 자신의 참된 모습을 그대로 보여주기를 시도할 때 자기 안에 잠재된 아름다움과 위대함을 자기 존재에 부여해줄 사람을 찾는다는 일생일대의 소망을 이룰 수 있다. 그렇지만 이런 조건에서 그럴 수 있으려면 무엇이 필요할까?

재투성이는 **결코** 사랑받지 못할 것이라고 평생 배워 왔다. 자신의 존재로는 사랑받지 못할 것이다. 존재 자체가 다른 사람들에게 짐이기 때문이다. 아울러 본질로도 사랑받지 못할 것이다. 본질 자체가 다른 사람을 성가시게 하기 때문이다. 타인이 부과했고 그녀가 짊어져야 하는 굴종을 통해서도 사랑받지 못할 것이다. 굴욕과 수치 때문에 타인은 재투성이를 얕잡아볼 뿐이다. 자신을 둘러싼 이 모든 일을 암시조차 해도 안 된다. 그래야 한다고 배웠다. 불평을 한다고 해도 누가 귀를 기울이겠는가? '선한' **어머니**는 이미 세상을 떠났고, **계모**는 언제나 '정당'하다는 우월감에 싸여 있으며, **아버지**는 어떤 식으로든 늘 부재했고 도달할 수 없는데. 재투성이는 원래 '말을 걸 수' 있어야 할 사람들에게 말을 걸 수 없었다. 그래서 이제 사랑하는 사람에게도 말을 걸 수 없다고 더욱 깊이 느끼게 된다.

굴욕이 가져오는 기이한 결과는 굴욕이 내면에서 정말로 '천하다'는 느낌으로 고착된다는 점이다. 능욕을 통해 치욕이 생기고 벌을 통해 죄가 생겨난다![129] 재투성이는 '콩을 세면서' 도대체 왜 그런 식으로 학대받아야 하는지 얼마나 자주 골똘히 생각했을까? 사실 결코 이해할 수 없는 일을 '이해'해야 하는 것이다! 그리고 자기 앞의 타인을 **용서하는 것**이 타인의 무자비함을 드러내 **탓하는 것**보다 늘 더 중요했다. 재투성이는 그 사람의 애정이 이 세상에서 가장 필요하지만, 그 사람에게 진실을 고백한다는 생각을 단 한 번이라도 할 수 있을까? 재투성이가 (새) 어머니나 아버지와 대화를 시도했다면, 일이 오히려 심각해졌을 것이다. **그것이** 바로 경험이 가르쳐준 교훈이다. 그렇다면 유일한 구원은 언제나 침묵이었다. 재투성이는 **그것을** 배웠다. 고독 속으로 도피하여 자신이 다시 타인들에게 '견딜 만해지고' '무리 없게' 될 때까지 참아내는 일. 재투성이에게 마지막 남은 긍지는 결국 그 안에 있었다. 바로 그 이유에서라도 **이제** 그의 판단이 모든 것을 결정하는 바로 그 사람에게 자신의 무력함을 실토한다는 것은 이루 형언할 수 없는 수치인 것이다.

그렇다면 그림 동화에서 재투성이가 왕자를 향해 첫걸음을 떼고 조건 없이 자신을 여는 데 성공하지 못했다고 전하는 것은 참으로 정곡을 찌르는 서술이다. 그러한 걸음을 가로막는 것은 당연히 다른 사람에게 **부담**이 되지 않을까 하는 지속적 불안이다. 재투성이는 다른 사람에게 '짐'이 되지 않겠다는 일념으로, 침묵하면서 타인을 배려하는 태도를 보이는데 사실 바로 그런 태도가 다른 사람에게 부담이 될 수 있다. 그러나 재투성이는 오랫동안 이런 사실을 조금도 깨닫지 못한다. 이를테면 왕자는 당연히 사랑하는 '춤추는 여인'이 **행복하기**를 원한다. 그렇지만 재투성이가 실은 얼마나 불우한지, 그리고 꿈 같은 쾌활한 공주라는 틀에 자신을 끼워 맞추는 일이 얼마나 고통스러운지를 왕자는 전혀 눈치챌 수 없다. 그렇기 때문에 왕자는 이미 '완성'된 것으로 전제하는 행복을 연인과 계속 나누지만, 그 행복이라는 것은 재투성이에게는 (의붓)언니(들)의 역할 속에서 끝없는 괴로운 자해를 의미할 뿐이다. 다른 사람들에게 보이는 모습은 오로지 아름답고 쾌활하고 즐거움에 차 있고 명랑하고 재미있고 활기 있고 활기를 주는 존재, 다른 사람을 즐겁게 하기를 좋아하는 존재여야 **한다.** 이런 상황에서 왕자는 대체 어떻게 진실을 알아낼 수 있겠는가. '자기의' 춤추는 여인이 사실은 눈물에 젖고 고뇌에 찌들어 얼마나 깊이 슬퍼하고 있는지를. 재투성이는 "그래, 이 사람은 내가 화려한 무도회에 걸맞게 보일 때만 나를 사랑해. 진짜 나를 사랑할 수는 없어. 나를 알지도 못하는걸. 나를 알게 된다면, 전부 끝장나버릴 거야. 이 사람을 사랑하기 때문에라도 나에 대한 진실을 알아내도록 해서는 안 돼."

역설이 나타난다. 불안 때문에 그러한 연출을 강요받는 재투성이는 자신이 왕자를 사랑하는 만큼 왕자가 자신을 사랑할 수 없음을 정확히 알고 있다고 믿는다. 그 누구도 재투성이처럼 '더럽고' '덜떨어진' (짓눌리고 천박하고 미련한)[130] 사람을 좋아할 수는 없다는 것이다. 또한 왕자는 '춤 상대'에게 사랑과 행복감과 신의를 마음껏 다짐할 수 있고 진정을 입증하기 위해 온갖 제스처와 징표를 보여줄 수 있다. 그러나 비를 막기 위해 덮은 유리 위로 시들어버린 꽃에 물을 주려는 사람처럼, 자신이 정말로 사랑하는 여자의 불안, 열등감, 의기소침함, 침울함을 알기는 힘들 것이다. 연인에게 다가가기 위해 노심초사하지만 이런 상황에서는 헛수고에 지나지 않으리라. 재투성이가 무엇보다도 소망하고 동경하던 신의와 친밀함이 자라고 있으나, 그녀가 기본적으로는 오히려 이들을 두려워하고 거부하기 때문이다. 재투성이의 경험으로는 선량한 말들도 '춤추는 여인'이라는 겉모습과 '부엌데기'라는 현실을 가르는 불안이라는 틈을 채울 수 없다. 커다란 '더러움', 즉 슬픔과 고독과 무력함이 알려진다면 곧 '부담으로' 여겨질 것이라는 두려움 때문에 이제 정말로 아주 가벼운 일들조차 왕자에게는 견디기 어려운 짐이 되어버린다. 어떤 사람을 사랑한다는 것을 그 사람에게 '증명'하는 것보다 더 힘든 과제는 없으리라. 더구나 그 자신도 그러한 증명을 할 수 있는지 믿지 못하는 상황에서.

그렇기 때문에 이제 정말로 왕자 자신이 궁전을 떠나 사라져버린 연인을 찾아가는 길밖에 없다. **손에는** 재투성이가 '등장'할 때 신었던 신발, 즉 연인을 알아보기 위한 틀을 들고, **귀로는** 재투성이 아버지의 "아닙니다. 그 아이가 신부일 리는 없어요."라는 말과 어머니의 "안 됩니다. 그 아이는 너무 더러워서."라는 말을 들으면서. **"그렇지만 왕자는 꼭 재투성이를 보고자 했기에"** "아이는 손과 얼굴을 말끔히 씻고 왕자에게로 가서 고개를 숙여 인사했습니다."(늘 그렇듯이, 겉보기에는 단 한순간에 일어나는 것 같지만, 실은 대개의 경우 여러 해에 걸쳐 일어나는[131]) 이 일은 정말로 삶의 감정 전체가 전도되는 것이나 마찬가지다. 이는 기본적으로 재투성이가 연인이 다가올 때 도망가는 것이 아니라 마침내 '몸을 씻고' 왕자 앞에 나타난다는 엄청난 사건이다. 왕자가 자신을 생각하고 원함을 재투성이도 처음으로 믿기 시작하는 것이다. 왕자가 그저 무도회에서 만난 겉보기에 즐겁고 유쾌한 사람을 생각하는 게 아님을, 정말로 연인의 **사람됨** 자체를 원한다는 것을 믿기 시작한다. 자기 멸시라는 의무와 같던 일이 처음으로 동요하기 시작한다. 어쩌면 '얼굴을 씻고' 열등감과 수치라는 분장을 닦아낼 수 있지 않을까? **아름다움**을 드러내는 것이 어쩌면 허락되지 않을까? 이제는 굴종과 순종이라는 늘 똑같은 의례를 통해 타인의 용인을 얻고자 하지 않아도 되는 걸까? "소녀가 자리에서 일어나자 왕자는 그 얼굴을 보았습니다. 그리고 자기와 춤을 추었던 아름다운 소녀를 알아보았습니다." 재투성이는 어떻게 자리에서 일어나는 걸까? 왕자가 말 그대로 '재'에서 나와 다가온 의붓자식이자 부엌데기의 모습에서 문득 자의식이 깨어나게 된 아름다운 '춤추는 여인'을 알아볼 수 있는지에 모든 것이 달려 있다. 그렇지만 재투성이와 '춤추는 여인'이라는 두 모습의 통일성을 재투성이 스스로 인정하고 다른 사람에게 고백하는 일에도 많은 것이 달려 있다.

태고부터 많은 동화는 '그릇된' 신부와 '올바른' 신부라는 모티프를 보여주었다.[132] 이를테면 성경은 야곱이 사랑하는 라헬에게 구혼했지만 장인인 라반이 첫날밤 그를 속이고 라헬 대신 언니 레아를 들여보냈다고 이야기한다.(〈창세기〉 29장 23절)[133] 그러한 이야기를 읽을 때면 묻게 된다. 한 여자, 혹은 한 남자는 자신이 사랑하는 '올바른' 사람이 누구인지를 어떻게 알게 될까? 다른 사람을 위한 삶과 자신을 위한 삶 사이의 부단한 분열을 청산하려면 오로지 한 가지 길만이 있으리라. 그 길은 이제까지 표현할 수 없었던 감정과 인상을 위한 **낱말**을 찾아 이를 통해 그 감정과 인상을 다른 사람에게 차츰차츰 **보여주는** 것이다. 이제 왕자는 고개를 숙이고 재투성이는 몸을 꼿꼿이 펴면서 이런 대화가 오갈 것이다.

"이제 다시 울고 싶지 않아요." "하지만 당신이 슬퍼진다면? 그때 당신을 괴롭혔던 기억이 죄다 사라지게 울어버려요. 내게 이야기해 봐요."

"그렇지만 이제 다 좋아질 거예요. 그런 일은 이제 우리에게 어울리지 않아요. 그러고 싶지 않아요." "하지만 당신에게, 그리고 우리에게 참인 것은 모두 우리에게 어울리는 거예요. 우리는 서로 꾸밀 필요가 없어요. 나를 믿어요. 우리가 서로에게 정말 솔직하다면 내게도 그게 제일 좋은 일이니까요."

"그렇지만 이 모든 일은 언젠가 끝나야 해요. 이 일은 모두 이미 오래 전에 일어난 일이니까요. 언제까지나 과거 속에서만 살아갈 수는 없으니까요." "이제 마침내 감히 과거를 마주할 용기를 낼 때에만 과거의 참된 모습이 움틀 거예요. 당신 눈물은 곧 녹아버릴 눈과 같아요. 그것은 내게 이제 봄이 차츰 찾아올 것이라고 말하지요. 그러니까 당신의 슬픔이 내게 부담을 줄 것을 두려워해서는 안 돼요. 나는 당신이 마침내 울 수 있는 용기를 낸다면 기쁠 거예요. 우리는 매시간, 매일 참을성을 가지고 어제의 슬픔을 이겨내고 사랑해야 해요."

"그래요. 그래도 저는 부끄러워요. 저는 너무 약하고 이런 일은 너무 굴욕적이에요." "아니에요. 그 반대지요. 그대는 그때도 그랬고 지금도 그렇듯이 아주, 아주 용감해요. 당신은 그렇게 많은 일을 겪어 내야 했어요. 어려서부터 무거운 책임을 짊어져야 했지요. 그렇게 부끄러워해야 할 이유가 조금도 없어요. 오히려 반대로 자긍심을 가질 이유가 넘치지요. 적어도 나는 당신처럼 그런 일을 견뎌낸 사람을 알지 못하니까요. 그리고 당신이 어린 시절 겪었던 그 일에도 불구하고, 아니 바로 그 일 때문에라도 당신을 사랑해요. 그 모든 일 덕분에 당신은 지금의 바로 그 사람이 되었고, 나는 바로 그 사람을 누구보다도 사랑하니까요. 이제 당신은 슬픔이 엄습하더라도 더는 고독 속으로 도망치지 않아도 돼요. 당신은 이제는 완전히 혼자이지는 않을 거예요."

이렇게, 혹은 이와 비슷하게 앞으로 수백 번의 밤과 낮 동안 한없이 계속될 대화가 시작된다. 대화 안에서 재투성이의 얼굴은 조금씩 밝아지면서 슬픔의 색조가 사라질 것이다. 그렇다. 재투성이는 정말로 조금씩 '자리에서 일어날' 것이고 삶에서 '똑바른' 자리를 차지하게 될 것이다. 이런 식의 새로운 태도에 대한 고백은 이를테면 "저는 사람들이 말하는 것처럼 그렇게 어리석지는 않아요."라는 것일 수도 있다. "저는 급작스레 너무도 많은 관심이 생겼어요. 이제 끝없이 읽고 물을 수 있을 거예요. 정말로 온갖 것에 호기심이 생겼어요. 이제 다른 사람의 시선 앞에서 숨지 않아요. 예전에는 헐렁한 옷만 입거나, 사람들이 그때그때 기대하는 옷만 입었지요. 도무지 제 취향이라는 것은 없었고, 종종 슬픔에 잠겨 진열장 앞에 서서 생각했지요. 저런 것은 너와는 아무 관계없는 것들이야. 이제는 저 자신을 바라보는 일이 조금은 기쁨을 주기 시작해요."

물론 자신과 화해하는 일이 직선적으로 일어나지는 않는다. 오히려 나선형으로 일어난다. 이른바 '재발'이 되풀이해서 일어날 것인데, 이는 심화, 반복, 새로운 관계 맺음, 변형에 다름 아니다. 그 누구도 다른 사람의 잃어버린 유년기를 돌려줄 수는 없다. 그렇지만 예전에 있었던 일을 새로운 사랑의 시선으로 볼 수는 있다. 다만 과거의 느낌이 다시 돌아오는 일은 불가피하다. 이 느낌은 고통스러울 만큼 자주, 그러나 **처음 진정으로** 말을 건다. 마침내 작별을 고하기 위한 것이다. 그리고 해묵은 불안의 영역마다 새로운 신뢰의 영역이 자라기 시작한다. 이전에 '심각하고' '완전히 불가능'하게 보였던 일은 이제 허용과 승낙의 색채를, 환대와 기다림의 색채를 얻게 된다. 이제 많은 일에서 재투성이는 처음부터 삶을 다시 배우게 된다. 비유적으로 말하면 당분간 실험실의 생쥐처럼 살아가게 될 것이다. 사람들은 암실 공포의 화학적 인자를 발견하기 위해 생쥐에게 전기 충격을 가한다. 생쥐가 본능적으로 보호를 구하던 어두운 구석을 피하여 (생쥐에게는 객관적으로는 위험한) 밝은 구역으로 도망치도록 가르치는 것이다.[134] 다시 '정상적' 생쥐가 되기 위해서는, 그리고 생쥐에게 '이성적으로' '적절한' 방식으로 행동하기 위해서는 생쥐 유년기의 도착적인 공포 프로그램 전체를 뒤집어 많은 압력과 고통을 겪으며 배운 것들을 완전히 다르게 만들어야 한다. 그러나 다시 생각해보자. 이전에 고통을 겪게 했고 영영 금지된 것처럼 보였던 모든 것을 이제 '기쁨에 겨워' 하려면 얼마나 희생이 따를 것인가?

이제 가장 도움이 되는 일은 재투성이에게 '적응'에 대한 **외부**의 기준을 들이대지 않고 자신의 '치수' 이외의 다른 것을 덮어씌우지 않는 것이다. 이제부터 왕자는 오로지 재투성이의 진짜 모습에 만족하고 또 그래야 한다. 더도 덜도 아니다. 그러므로 이제는 다른 사람들이 원하는 대로 맞추기 위해 스스로를 뒤집고 비트는 일은 중요하지 않다. 이제는 내면의 기분을 있는 그대로 표현하고, 심장에서 울리는 음악에 따라 춤을 추어야 한다. 재투성이가 이미 겪은 고난은 지나갔다. 이제 재투성이에게는 자기 억압과 자기 제한이라는 지금까지의 보호 기제에 대해 '의붓언니처럼' '자기 절단'을 하고 이를 통해 어떠한 보호도 없이 다른 사람 앞에 서는 일이 가장 어렵게 보일 것이다. 그렇지만 기본적으로 이제 모든 일은 점점 수월해질 것이다. 지금은 믿음 속의 한 걸음 한 걸음이 어렵게 느껴지더라도 그 걸음들은 그 자체로 두드러지게 보상받게 된다. 여전히 솔직한 말들은 너무 늦게 나오고 너무 나지막하고 너무 조심스럽게 재투성이 입술에서 맴돌 수도 있다. 그런 말들은 아직 내부에서 얻어진 것이라기보다 외부에서 강요한 것일 수도 있다. 하지만 자신의 본질은 갈수록 더 크게 들려온다. 그리고 어떤 일이 있어도 이전과 같은 차가운 고독으로 다시는 물러나서는 안 된다는 사실이 차츰 명확해진다. 이제 재투성이는 내면에서도 점차 결연하게, 자신의 '신발' 치수와 형태를 **인정**하고자 할 것이다. 왕은 재투성이의 '얼굴을 볼 것'이고 어떠한 수치심도 없는 사랑 속에서 '알아볼 것'이다.

　이제 두 사람 사이에 아직 남아 있는 유일한 '장애물'은 재투성이가 (되풀이해) 왕자 앞에 '고개 숙이는 일'이다. 앞으로도 오랫동안 재투성이는 자신과 자신의 진실을 인정한 연인에게 진심으로 깊은 감사를 퍼부을 것이다. 그것이 올바른 일이기 때문이다. 그녀 혼자서는 결코 '먼지'로부터 일어설 일말의 기회도 없었을 것이기 때문이다. 우아한 '춤추는 여인'을 찾아가고 '부엌데기'의 슬픔 속에서 그녀를 다시 알아보려는 왕자의 의지가 없었다면, 재투성이는 그러기를 갈망하면서도 결코 진정한 자기 모습을 찾아내지 못했을 것이다. 그렇지만 지나친 감사는 어떤 의미에서는 장애가 된다. 왕자가 재투성이를 '말 위에 태우고' 가려면 재투성이 자신이 어느 정도 스스로를 '왕비'로 느껴야 한다. 이제 왕자 덕택에 얻은 것을 넘어서 오히려 재투성이 자신이 상징하는 것이 결정적이다. 왕자의 사랑은 재투성이가 얼굴에서 '더러움'을 씻어내도록 도왔지만, 그녀의 아름다운 모습을 창조해낸 것은 아니다. 그에 대해 왕자 자신이 깊이 감사해야 한다. 못내 그리워했던 사람을 마침내 '찾아낸' 행운에 대해서. 참된 사랑이라고 해도 만들어낼 수 있는 것은 없다. 참된 사랑은 이미 존재하는 것을 강하게 함으로써 다만 '효소처럼' 삶을 형성할 뿐이다. 결국 언제나 우리는 자신을 사랑하도록 가르쳐주는 사람을 사랑하게 되고, 스스로를 바로 세울 수 있게 도와주는 사람 앞에 고개 숙이게 된다.

동화의 바로 이 지점에서 조화를 보여주는 경탄할 만한 장면이 나온다. 재투성이가 아름다움과 위엄을 지닌 '왕비다운' 느낌을 지니고 왕자 옆에서 높이 말 위에 앉아 있다.[135] 이러한 조화에 대한 탁월한 상징 안에서 위엄과 우아함, 힘과 아름다움, 진실과 외면, 남성성과 여성성, 충동과 이성, 내부와 외부가 모두 합쳐진다. 이는 신화와 동화에서 즐겨 사용하던 것이다. 많은 소녀들이 어린 시절 스포츠 시설이나 장애물 경마 경기장에서 꿈꿔 왔던 '왕비 같은' '말 타는 여인'

이라는 꿈이 재투성이에게서 오로지 사랑을 통해 현실이 된 것이다. 그렇지만 말을 타고 가는 일은 참으로 험난한 길이다. 깊은 고통에 대한 두려움과 수많은 비참했던 일들 탓에 버림받을 것이라는 염려가 끝까지 가시지 않는다. 무엇보다도 재투성이로 머물러야 한다는 불행의 강박이, 그리고 이 기쁨이 결코 현실이 아니고 기껏해야 '위장'이거나 '선전'에 불과해서 오래잖아 빼앗길 것이라는 강박이 끝내 가시지 않는다. 그러나 이제 마침내 그것마저 지나가고 삶 전체의 참혹함은 사라진다.

유감스럽게도 동화의 서술 기법에 내재한 한계 탓에 늘 단순함을 피할 수 없다. 동화는 구조상 소설처럼 동일 사건을 다양한 인물의 상이한 관점에서 서술할 수 없다.[136] 재투성이 동화에서도, 아니 바로 이 동화에서야말로, 사람들은 그동안 **왕자에게는** 대체 어떤 일이 일어난 것인지를 오래 전부터 자문했을 것이다. 왕자는 아무것도 배우지 못했을까? 많은 '남성 클럽'이 애호하는, 남자는 원래대로 있어도 되고 여자가 '변해야' 한다는 좌우명대로, 발전은 정말 재투성이에게만 일어나는가?

〈재투성이〉라는 동화 제목은 적절하다. 그것은 '왕자와 올바른 신부'에 대한 이야기가 아니라, 오로지 한 소녀의 이야기, 어마어마한 슬픔과 자기 억압과 고독에서 나와 다른 사람의 사랑 안에서 행복과 믿음으로 가는 길을 찾은 소녀의 이야기다. 그래도 그림 동화에서는 최소한 단초에서라도 동일한 이야기를 한번 왕자의 관점에서 고찰하도록 돕는 몇 가지 암시가 있다.

이 동화의 왕자가 현실적 의미에서 왕일 수 없음을 우리는 이미 알고 있다. 그러나 19세기 초에 왕이 아닌 사람을 왕이라고 **말하는 것**이 어떤 의미를 지녔을지 고려해본다면, 이런 사실 안에 이미 정치적 폭발성이 내재해 있음을 알 수 있다.[137] 왕이라는 표현이 한 나라의 왕좌에 오른 사람이 아니라 그의 사랑이 삶 전체를 변화시키는 사람을 의미할 수 있게 되었다면, 그것은 정치적 의미에서 권력의 몰락을 뜻하는 것이다![138] 낭만주의적 정신에 대해 '비정치적'이라는, 아니 '반동적'이라는 평가가 여전히 널리 퍼져 있다. 그러나 실은 동화가 '왕들'을 서술하는 방식 자체가 이미 인류의 동화에 나타나는 동경과 꿈의 세계가 '정치적 원리'로부터 해방[139]을 제공함을 보여주는 작은 사례다. 그렇게 풀이한다면, 왕은 권력을 통해 외적으로 사람을 지배하는 자가 아니라, 그와 가까운 관계 자체가 행복을 의미하는 사람인 것이다. 그는 한 사람이 다른 사람에 대해 지니는 모든 '권력'을 자연스럽게 소유하지만, 자신을 위해 그 권력을 휘두르지 않는다는 바로 그 사실 덕분에 '권력'을 소유하는 것이다. 진정한 왕자라면 그가 원하는 것은 오로지 타인의 삶을 나아지게 하는 데 있다.

하지만 그러한 왕자가 되풀이해서 자신의 재투성이를 찾아가도록 추동하는 것은 무엇인가? 우리는 그가 무의식 안에 스스로 지니고 있는 어떤 것을 다른 사람 안에서 발견할 때 그 사람을 사랑할 수 있다는 규칙을, 어느 정도 개연성을 가지고 세울 수 있다. 사랑에서 중요한 한 가지 모티프는 스스로를 발견하기 위해 다른 사람을 **필요로 한다**는 데 있다.[140] '주관주의적으로' 읽는다면, 두 사람을 서로 결합시키는 사랑은 언제나 자아와 자신의 무의식 간의 융합 같은 것이기도 하다.

재투성이 동화와 관련해서는, 특히 '낮은 신분'처럼 보이는 연인이라는 형상은 남자 속의 **'아니마'** 영역을 체현한다. 융(Carl G. Jung)의 심층심리학에서 창안한 이 인위적 개념은 사회적이고 직업적인 역할에 적응하는 과정에서 쓸모없거나 방해되는 심리적 내용이다.[141] '아니마' 영역은 '개인 무의식', 그 '그늘'의 영역을 훌쩍 넘어선다. 아니마-형상의 역동성은 바로 사회적 역할 규정이라는 집단적이고 초개인적인 요구와 배경에 갇힌 개인적 삶의 영역 간의 차이에서 나온다. 그러므로 민중이 전승하는 이야기들에서 아니마 관계의 연출이 풍부한 긴장 덕분에 매우 높이 평가받고 고래로부터 아주 널리 퍼져 있었음은 의외의 일이 아니다. 우리는 가령 성경에서 예수가 어느 '창녀의 친구'가 되는 것[142]을 보는데, 이를 통해 '성스러움'과 이른바 '타락' 사이에서 전대미문의 긴장과 대조가 나타난다. 현실적인 삶도 이에 못지않다. 이를테면 우리는 묘령의 교구 여직원과 사랑에 빠지는 고위 성직자, 간호사와 사랑에 빠지는 의사, 스무 살 앳된 사무직원과 사랑에 빠지는 연로한 정치인을 본다. 그러한 아니마 사랑의 특징은 언제나 연인들이 사회적으로나 심리적으로 대조된다는 사실이다. 그러나 연인들에게 이러한 대조는 '건전한 상식'이 장려하는 것처럼 경고가 아니라, 오히려 자극이자 초대로 인식된다.

왕자가 하필 재투성이 같은 여자와 사랑에 빠졌다는 말을 들을 때 이는 외부적으로는 왕자의 '하강'으로 들릴 수도 있다. 그러나 그러한 관계는 왕자 편에서는 늘 자기 정신의 미지의 땅으로 떠나는 탐험 같은 것이다. 물론 동화에 따르면 처음에는 아무것도 모른 채 우아한 '춤추는 여인'의 빛나는 아름다움과 사랑에 빠진 것이다. 그렇지만 우리는 바로 연인의 본질에 내재한 무언의 존재, 심연의 존재, 무력한 존재가 발하는 마술적인 매력을 왕자가 처음부터 예감했음을 전제해야 한다. 아마 재투성이의 영혼에 비탄과 불안이 정말로 얼마나 깊이 뿌리내리고 있는지 조금도 측량할 수 없었을 것이다. 그래도 바로 도망치는 연인의 삶에 깃든 숨겨진 내용과 기대라는 '이면' 혹은 '심연'이 관계 전체에 신비로운 모험이라는 추가적 매력을 부여한다. 여기에서 왕자를 기다리는 것은 존재 전체를 내건 모험이다. 그러나 재투성이의 삶 속으로 깊이 끌려들어갈수록 왕자는 연인의 해방과 더불어 기본적으로 자신도 해방된다는 사실을 더욱 확연하게 깨닫게 된다. 여기에서 만나는 것은 낯선 것이 아니라, 단지 공공연하게 감행할 수 없었을 뿐 철저하게 낯익은 것이다.

왕자는 재투성이의 갈등 안으로 들어감으로써 아울러 일종의 대리 인생을 시작한다. 이를 통해 왕자는 자기 자신 안에 '다른 어떤 것'이, 거기 속하지 않는 어떤 낯선 것이 이해되기를 기다리고 있음을, 그 다른 사람의 인생을 통해 대리적으로 체험하고 이해한다. 재투성이를 사랑하면서, 이제까지 결코 고백할 수 없었던 자신의 이러한 모든 측면을 사랑하기를 배운다. 이에 따르면 왕자로 하여금 도주하는 재투성이를 따라가도록 하는 것은 결국 '선의'와 '연민'도 아니고, '왕과 같은 것'과 '위엄에 찬 것'도 아니다. 오히려 그것은 자신의 본질이 지닌 진실을 사랑하는 것이다. 자신의 사적 언어에 대한 모든 금지는 자기 안에도 있지 않은가? 물론 왕자에게는 모든 일이 훨씬 성공적이고 유능하고 어떤 식으로든 '위엄 있게' 일어나는 것처럼 보인다. 그러나 왕자를 조명해본다면 다른 사람에게 사적으로 속마음을 털어놓는 데는 종종 재투성이보다 더 무력하지 않은가? 재투성이에게 자신의 이야기를 해도 좋다고 허락함으로써 에둘러, 대리적으로 자기 내면을 드러내기를 배우는 것이 아닌가? 그리고 재투성이의 슬픔을 이해하게 된다면, 슬픔은 자기 마음속 깊은 곳에도 역시 자리 잡고 있던 것이 아닌가? 그리고 이 감정을 보라! 이제까지 매우 편협하게 이성적 결정과 계획 가능성이라는 직업적 방식에 묶여 있던 한 남자가 무의식적으로는 늘 억압된 감정으로 가득한 영혼을 지니고 있었던 것이다. 재투성이가 그런 것처럼 **여자로서** 자신을 숨기기 위해 불안 속에서 춤을 출 수도 있다. 그러나 이를테면 '사장'과 같은 사람들이 다른 사람들의 머리 위에서 이리저리 춤추는 것도 동일한 효과를 가져온다.

그러나 다음과 같은 일이 결정적이다. 누군가 다른 사람에게 권력을 심각하게 행사하는 것은 언제나 자기 영혼의 다른 부분에 대한 권력 행사이기도 하다. 또한 반대로 재투성이가 자기 '치수'가 지니는 진정한 위대함과 아름다움을 향해 올라가는 길에 동행하는 사람은 아울러 이제까지 발견되지 않은 채 휴경 중이었고 한 번도 진정으로 허용되지 않았던 자기 안의 광대한 땅을 해방하는 것이다. 달리 말하면, 두 사람이 재투성이와 왕자라는 방식으로 서로를 발견한다면, 그들 둘 안에는 다른 사람들이 외적으로 보는 것과 자기 지각에서 드러나는 것 사이의 근원적 대립이 포함되어 있다. 다만 재투성이의 처음 상황이 왕자와 정면으로 ('거울의 대칭상처럼') 반대될 뿐이다. 재투성이는 왕비의 모습을 꿈꾸었지만 스스로를 부엌데기로 알았다. 왕자는 자기 안에 '부엌데기'가 잠들어 있었지만 스스로를 왕자로 알았다. 그러나 두 사람은 통일성 속에서 자신과 하나가 되기 위해 서로를 필요로 한다. 사랑의 노고의 마지막에는 이러한 보상이 손짓한다. 그 두 사람의 인격의 융합은 아울러 자기 영혼과의 통일을 의미한다.

종교사에서나 동화에서 이런 경험에 대한 고전적 상징은 **신성혼**(神聖婚)이다.[143] 그림 동화 자체가 이 지점에서 영혼의 통일을 얼마나 강조하는지는 이와 관련해 맨 처음 나타나는 상징적 장면에서부터 잘 나타난다. 재투성이가 왕자 곁에서 높이 말을 타고 '개암나무'를 지나갈 때, 순결의 상징으로서 '하얀 비둘기'가 이제까지처럼 한 마리가 아니라 두 마리 나타나서 '올바른' 신부의 좌우 어깨에 내려앉는다. 우리가 이미 말했듯이, '개암나무'는 어떤 의미에서는 재투성이 자신을 상징한다. 그러나 마찬가지로 이미 보았듯이, 왼쪽과 오른쪽은 인간 심리의 두 측면, 즉 무의식과 의식을 상징한다.[144] 이 상징은 이 **둘이 하나**라고 말한다. 앞으로는 재투성이도 없고 춤추는 여인도 없다. 지금 있는 것, 앞으로 있을 것은 고혹적인 여성, 사랑스러운 파트너이고, 그녀가 가장 사랑하는 남자에게 어울리는 마음속 '왕비'다.

동화가 끝날 무렵 우리는 재투성이 어깨 위의 **두 비둘기**가, '진짜 신부'의 행복에 끼어들려는 (의붓)언니들의 눈을 파먹어 두 사람이 눈이 멀게 된다고 읽는다. 외적으로 읽는다면, 이 이야기는 특히 어린이 청중의 '정의감'에 다시 한 번 커다란 만족을 준다. 그렇지만 여기에서도 기본적으로 나타나는 것은 영혼의 성숙으로 가는 마지막 한 걸음이다. 순전히 이론적으로는 재투성이 삶에서는 사랑의 행복이 손에 잡힐 만큼 가까이 온 이 순간에도 잘못하면 다시 한 번 모든 것을 놓쳐버릴 위험이 상존한다고 할 수 있다. 의붓언니들의 모델에 따라 지나치게 고지식한 허영의 역할극이 다시 살아난다면 그렇게 되는 것이다.[145] 동화는 이렇게 말하고자 한다. 이제 와서 여전히 외적인 매력과 진열된 명랑함이라는 겉모습으로 사랑의 행복을 촉진할 수 있다고 믿는다면 이는 어떠한 전망도 없는 '맹목적인' 어리석음이다. 물론 이런 오판을 저지르는 경향을 완전히 떨쳐버리지는 못한다. 적지 않은 부부 관계에서 결혼 **이전에는** 내적 성숙을 위해 발전해 온 많은 것들이 결혼식 당일부터 **고착되기** 시작한다. 그들은 그때부터 서로에 대해 확고하다고 믿고 안전하게 **느낀다**. 그리하여 어쩌면 벌써부터 다시 케케묵은 역할 수행 도식이 나타나고 다시 활성화된다. 이런 위험은 이제까지 이룬 것을 온통 파멸시킬 것이므로, 완전히 근절해야 한다. 또다시 사랑 앞에서 자신의 진정한 모습이 아니라 다른 모습으로 보이고자 하는 것은 이제 스스로 처벌받게 될 '눈멂'으로, 아니 진정한 '악의'로 간주되어야 하기 때문이다. 그 까닭은 마침내 그리고 영원히 참되게 존재하고 참되게 살고자 하는 것, 바로 그 안에 사랑이 우리에게 줄 수 있는 모든 행복이 들어 있기 때문이다.

 재투성이 이야기 같은 '여성 동화'의 해석과 관련해서 빈번히 제기되는 물음은 남자에 대해서도 이와 비견할 만한 동화가 존재하는가라는 것이다. 순수하게 문헌학적으로나 문학사적으로 보자면 그러한 동화는 없다. 그러나 심리학적으로 본다면, 있다. '남자' 재투성이를 다루는 동화는, '낡고' '누더기 같은' 옷을 입은 '어리숙한' 한스가 '영리한' 젊은 녀석 두 명에게 머슴이라고 놀림을 당한다는 〈불쌍한 방앗간 젊은이와 고양이〉(106번 동화)[146]이다. 물론 재투성이 동화와는 다르게 이 이야기는 '공주' 자신도 지닌 해방 욕구를 한층 강조하고 있다. 공주는 '방앗간 젊은이' 앞에 일곱 해 동안 마법에 걸린 '고양이'(!)로 나타나고, 방앗간 젊은이는 고양이에게서 '말'을 선물받는다. 그리고 그 자신이 '머슴살이'를 할 때 '작은 집'이라면서 혼자 힘으로 만들었던 '성'으로 그녀와 더불어 들어갈 때까지 고양이를 섬겨야 했다. 그러니까 이 이야기에서 '방앗간 젊은이'는 매우 고귀하게 행동하고 제법 아첨을 잘하는 여성이라는 '고양이'를 '마법'에서 해방시켜줌으로써 왕이 된다. 그러나 해방 행위에서 떼어놓을 수 없는 것은 남성적 자의식과 남성적 활력('말')을 (돌려) 받는 것이다. 달리 말하면, 그가 성 불능의 머슴이기를 그칠 때 비로소 여자는 '고양이'이기를 그친다. 이 이야기에서 남자가 다시 자신감을 찾고 '동물적 본성'이 깨어나게 되면 여자는 '인간적' 본질을 되찾는다. 우리가 알 수 있는 것처럼, 이 동화 구조는 재투성이 이야기와 매우 유사하지만, 좀 더 상세한 테마에서는 특이하게 재투성이 이야기와 다르다. 그러나 바로 거기에, 서로 유사한 상징들 안에서 서로 다른 것을 말하는 것에 **마법 동화**라는 이야기 장르의 매혹적 특성이 있다.

벵골의 시인 타고르(Rabinadranath Tagore)는 시집 《정원사》에서 재투성이 문제에 대해 더없이 정확한 서술을 했다. 동화의 테마 전체와 해결을 요약하는 데 이 시를 인용하는 것으로 충분할 것이다. 타고르는 연시에서 이렇게 썼다.

애가 탑니다, 제가 지닌 저 깊은 말을 당신에게
전하고 싶어.
허나 감히 그러지 못함은 당신이 웃을까

저어하는 탓입니다.
바로 그래서 저는 스스로를 비웃고
제 비밀을 농담처럼 산산조각
부숴버립니다.
제 아픔 따위는 하찮게 여김은 당신도
그렇게 생각할까
저어하기 때문입니다.

애가 탑니다, 제가 지닌 참된 말을 당신에게
전하고 싶어,
허나 감히 그러지 못함은 당신이 믿지 않을까
저어하는 탓입니다.
바로 그래서 저는 거짓으로 그것을 감싸고
생각과 아주 다르게 말합니다.
제 괴로움을 이상하게 보이게 함은 당신도
그렇게 볼까
저어하기 때문입니다.

애가 탑니다, 제가 지닌 가장 보배로운 말을
당신을 위해 쓰고 싶어,
허나 감히 그러지 못함은 당신이 같은 동전으로 갚지 않을까 봐
저어하는 탓입니다.
바로 그래서 저는 불경스러운 말로 당신을 모욕하고

제가 야멸차고 강하다고
자랑합니다.
당신을 아프게 하고자 함은 당신이 아픔이 무언지 영영 모를까
저어하기 때문입니다.

애가 탑니다. 아무 말 없이 당신 곁에 앉아 있고 싶어,
허나 감히 그러지 못함은 가슴이 욕망하는 것이
입술을 넘쳐흐를까
저어하는 탓입니다.
바로 그래서 떠들고
지껄이고 감정을 말 뒤에
숨깁니다.
퉁명스럽게 당신 고통을 다룸은
당신도 똑같이 할까 저어하기 때문입니다.

애가 탑니다. 당신을 떠나고 싶어,
허나 감히 그러지 못함은 당신이
저의 비겁함을 알아차릴까 저어하는 탓입니다.
바로 그래서 저는 고개를 쳐들고 거리낌 없이
당신 곁으로 다가갑니다.
당신 눈길 하나하나가 바늘이 되어
제 상처를 찌르고 상처는 영원히 아물지 않습니다.[147]

그토록 열망했고 한편으로 위협으로 여기던 사랑이 다가오면서 이제 자신이 '발견'되는 것을 불안해하고 두려워하는 재투성이를 이처럼 상세히 서술하기는 어려우리라. 그리고 다행스럽게도 타고르는 같은 곳에서 재투성이가 스스로를 해방시키는 특효약도 서술한다. 그것은 다음과 같은 호소다.

> 당신 가슴의 비밀을, 연인이여,
> 당신만 간직하지 마세요.
> 제게 말씀하세요, 오로지 제게만, 아주 은밀하게.
> 당신이 그렇게 부드럽게 웃으며 나지막이 속삭이면
> 내 귀는 듣지 못해도 내 가슴은
> 듣는답니다.
>
> 밤은 깊고 집 위에는
> 침묵이 놓여 있습니다. 새 둥지는 잠으로
> 싸여 있습니다.
> 머뭇거리는 눈물로 말해주세요,
> 제게, 말 더듬는 웃음으로, 달콤한 부끄러움과 아픔으로,
> 당신 가슴의 비밀을 말해주세요.[148]

연인들이 이렇게 할 수 있기를 바라는 것이 재투성이 동화의 희망적 약속과 기원이다. 칠레의 시인 가브리엘라 미스트랄(Gabriela Mistral)[149]은 (재투성이의) 애통과 수치가 사랑의 눈빛 아래 아름다움

으로 변하는 것을 이렇게 읊는다.

당신이 저를 바라보면, 저는 아름다워요.
이슬 묻은 풀처럼 아름다워요.

제가 강으로 내려가면, 제 행복한 얼굴을 큰 배는
알아보지 못해요.

부끄러워요. 우울한 입이
갈라진 목소리가, 제 까칠한 무릎이.
이제 당신이 급히 다가와 저를 바라보니
저는 가난한 것 같고 벌거벗은 것 같아요.

오는 길에 당신은 그런 돌을 못 보았을 거예요.
아침놀 아래
저보다, 노래에 끌려 당신이 눈길을 던진
이 여자보다 더 벌거벗은 돌을.

저는 침묵하려 해요. 평원을 지나가는 그 누구도
제 행복을 보아서는 안 돼요.
볼품없는 이마에 비치는 빛을 보아서는 안 돼요.
제 손의 떨림을.

밤이 왔어요. 풀 위에
이슬이 떨어지네요.
오랫동안 제 위로 눈길을 던지세요. 부드럽게
당신의 말로 저를 감싸주세요.
당신이 입맞춤한 여자가 강으로 내려가면, 아침부터
아름다움이 빛날 거예요.

가시장미 공주
Dornröschen

〈가시장미 공주〉는 불안과 죄책감으로 가득 찬,
아버지와의 운명적인 결속에서 풀려나지 못하여 올바르게
성장하지 못하는 소녀에 관한 이야기이다. 백 년 동안의 잠은
삶과 사랑에서 스스로를 발전시키지 못하는 가시장미 공주의 무능력을
상징한다. 왕자의 입맞춤이 그 마법에 걸려 있으며 마법을 걸고 있는
연인에게 비로소 자연스러운 순결을 돌려주고
그녀를 사랑으로 깨울 수 있다.

| 들어가는 글 |

불안의 가시덩굴 속
죽음 같은 저주를 깨우는 사랑

동화 〈가시장미 공주〉는 의심의 여지 없이 많은 남자들이 좋아하는 환상이다. 그 누가 〈가시장미 공주〉에 나오는 것 같은 왕자이자 낭군이 되고 싶지 않겠는가? 용맹하게 덤불을 뚫고 들어가 모두가 몽상 속에서 이야기하던 미녀를 만나 절호의 기회를 놓치지 않고 그렇게 호기롭게 행동하다니, 충동적 욕망과 구원의 행위가 그렇게 절묘하게 맞아떨어지다니, 이 모든 일이 얼마나 보기 드문 행운인가! 하지만 그렇게 경솔하게 책을 읽고 그림 형제에게 반하신 고귀한 신사들과 늠름한 기사들이시여, 차분히 마음을 가라앉히시길. 그림 형제가 전하는 이 이야기는 사실 암시와 절제로 가득 찬 걸작이며, 가죽 바지를 걸치고 남성성을 만방에 떨치기 위해 파렴치한 행위나 저지르는 남자에게는 도무지 어울리지 않으니까.

동화도 인생과 마찬가지다. 전체 형태에 본질을 부여하는 주제를 알아차리는 일이 중요한 것이다. 1811년 카셀에서 당시 스물세 살이던 마리 하센플룩(Marie Hassenpflug)에게 〈가시장미 공주〉 이야기를 들은 야코프 그림은 물론 이 동화의 원형이 샤를 페로의 〈잠자는 숲속의 미녀〉(1697)라는 사실과 악한 요정이라는 갈등의 계기는 돌누아 부인의 〈숲속의 암사슴(La biche au bois)〉(1698)에서 나온 것이라는 사실을 알고 있었다. 그러나 형 야코프의 짧은 메모를 바탕으로 삼아 1812년 〈가시장미 공주〉를 발표한 빌헬름 그림은 페로의 이야기에서 왕자가 공주를 구한 뒤, 사람을 잡아먹는 왕자의 어머니가 공주를 추적하는 두 번째 부분을 지워버렸다. 이 부분은 그림 형제의 《어린이와 가정을 위한 이야기》 1812년 판에 〈악독한 시어머니〉라는 제목이 달린 84번 동화로 독자적 이야기로 실렸다. 그리고 돌누아 부인의 이야기에 등장하는, 왕이 연인에게 이르기 위해 쫓아가는 암사슴 모티프는 11번 동화인 〈오누이〉[1]에 수정된 형태로 나타난다.

한마디로 우리는 동화 〈가시장미 공주〉를 운명적 저주의 이야기로 읽어야 한다. 저주는 사랑이 가져다준 최초의 불길한 고뇌에서 고통으로 실현되고 순수한 애정이 담긴 접촉으로 풀린다. 이 동화는 불안의 가시덩굴에 온통 뒤엉켰으나 그럼에도 불구하고 그 불운의 뿌리에서 구원의 길을 보여주는 꿈과 같은 삶이 담긴 이야기다. 어떤 사건이 일어나서 요정이 죄 없는 한 아이의 삶에 활력의 상실이라는 짐을 안겨주고 시간 자체가 요정이 부여한 숙명을 따르게 된다면, 아이의 삶에서 손상을 입는 것, 나아가 불가능해지는 것은 무엇일까? 그리고 그러한 자기 억제의 영역 안에서 어떻게 자유가 싹을 틔우고, 망각과 무의식의 죽음 같은 잠이 백 년 동안 마비된 듯 모든 것을 뒤덮고 있을 때 어떻게 의식이 깨어나게 되는가?

그러한 세계상은 무엇이라도 스스로 만들어내려는 현대인의 미더운 의지보다는 게르만 민족 신화에 더 잘 어울린다고 생각할 수도 있으리라. 신 오딘이 영웅 브룬힐트를 잠의 가시로 최면 상태에 빠져들게 한 다음 타오르는 불꽃 안에 가두었을 때[2] 이는 인간이 신족(神族)인 아제족의 섭리에 굴복함을 보여준다. 그렇지만 스스로를 신으로 여기는 우리에게, 스스로를 자기 운명의 대장장이라고 여기며 실패도 성공도 전부 자기 책임이라고 여기는 우리에게 이런 이야기는 무엇을 보여줄 수 있을까? 우리에게는 운명이 아니라 기껏해야 타고난 재능이 문제다. 열다섯 살 소녀를 찔러 피가 나게 한 뾰족한 물레 이야기를 듣고서 정신분석가들은 곧바로 아름다운 풍경을 먹어치워 민둥산으로 만드는 메뚜기 떼처럼 어린이를 위한 순수한 동화로 게걸스럽게 달려들 것이다. 그렇다고 해도, 신성로마제국 시대의 성적 강박이라는 어두침침한 표상은 이미 극복되었다고 보아도 좋다. 우리는 '성(性)'에 대해 이미 아주 오랫동안 이야기해 왔다. 성은 오래 전부터 날카롭고 호색적인 미국식 에스(s) 발음을 가미하여 '섹스'라고 거두절미하고 실용적으로 불렸다. 그리고 성을 독자적 쾌락의 원천으로 받아들일 만큼 우리는 자유롭고 관대해졌다. 그렇지만 어쩌면 우리는 우리가 생각하는 것 같은 그런 상태가 아닐 수도 있지 않을까? 다름 아닌 동화 〈가시장미 공주〉가 민감한 영혼, 다시 말해 우악스럽고 저돌적인 모든 것에 상처받는 영혼에 대한 우울한 기억을 불러오지는 않을까? 무의식과 억압이라는 해묵은 저주가 여전히 우리를 지배하고 있지는 않을까? 그 저주는 청하지 않고 초대하지 않은 모든 것, 태어나던 날부터 가두어놓았던 모든 것, 편안하게 인정하고 환대하기 위해 '황금 접시'를 대령할 수 없는 모든 것이 언제고 운명적으로 자라나게 만든다. 그렇다면 오래된 동화 한 편이 우리가 살고 있는 이 세상의 미덕과 우월함이라는 편견의 주물을 다시 한 번 녹여 우리에게 긴요한 새로운 것을 가르쳐줄 수도 있을 것이다. 어린아이이면서도 벌써 머리가 하얗게 세어버린 채, 절망적인 자기 보호의 가시울타리 안에서 조금씩 질식해 가지 않기 위해 필요한 것 말이다.

이제 어린 시절부터 알고 있던 동화를 다시 한 번 읽어보자.

| 동화 읽기 |

가시장미 공주
(50번 동화)

옛날 옛적에 왕과 왕비가 살고 있었습니다. 그들은 날마다 한탄했습니다. "아, 우리에게 아이가 있다면 얼마나 좋을까!" 그렇지만 아기는 생기지 않았습니다. 그러던 어느 날 왕비가 목욕을 하는데, 개구리 한 마리가 물에서 땅으로 기어 나와서 이렇게 말하는 것이었습니다. "왕비마마의 소원이 이루어질 거예요. 올해가 지나가기 전에 따님을 얻으실 거예요." 개구리가 한 말은 그대로 이루어져 왕비는 예쁜 딸을 낳았습니다. 아기가 너무 예뻐서 임금님은 기쁨에 겨워 어쩔 줄 몰랐고 성대한 잔치를 열기로 했습니다. 친구와 친지뿐 아니라 지혜로운 여인들도 초대했습니다. 임금님은 지혜로운 여인들이 딸에게 자상하고 호의적일 거라고 기대했습니다. 왕국에는 지혜로운 여인이 열세 명 있었는데, 임금님에게는 요리를 대접할 황금 접시가 열두 개밖에 없었습니다. 그래서 그중 한 명은 부를 수가 없었습니다. 화려한 잔치가 끝날 무렵 지혜로운 여인들은 아이에게 각각 기적의 선물을 주었습니다. 한 여인은 덕을, 또 한 여인은 아름다움을, 또 다른 여인은 부를 선물했습니다. 이렇게 지혜로운 여인들은 세상에서 바랄 수 있는 것을 빠짐없이 선물했습니다. 열한 번째 여인이 막 선물을 했을 때, 불현듯 열세 번째 여인이 들어왔습니다. 열세 번째 여인은 초대받지 못한 앙갚음을 하려 했습니다. 사람들에게 인사도 하지 않고 거들떠보지도 않은 채 열세 번째 여인은 큰 소리로 외쳤습니다. "공주는 열다섯 살이 되는 해 물레 바늘에 찔려 죽을 것이다!" 그러고는 아무 말 없이 휙 돌아서서 홀을 나가버렸습니다. 모두 경악했습니다. 그때 공주에게 줄 선물을 아직 말하지 않은 열두 번째 여인이 나타났습니다. 열두 번째 여인은 저주를 풀 힘이 없었고 다만 약화시킬 힘만 있었기 때문에 이렇게 말했습니다. "공주님은 죽지 않을 것입니다. 대신 백년 동안 깊은 잠에 빠질 것입니다."

사랑하는 딸을 불행에서 지키기 위해 임금님은 나라 안의 물레를 죄다 불태워버리라고 명했습니다. 어쨌든 지혜로운 여인들이 소녀에게 내려준 선물들은 빠짐없이 이루어져, 공주는 어여쁘고 단정하고 친절하고 영리한 소녀로 자랐고 공주를 한번 본 사람은 모두 그녀에게 반했습니다. 그리고 그날 그 일이 일어났습니다. 공주가 열다섯 살이 되던 바로 그날, 왕과 왕비가 궁전을 비워서 공주 홀로 궁전에 남게 되었습니다. 공주는 궁전 이곳저곳을 돌아다니며 마음 내키는 대로 이 방 저 방을 구경하다가, 마침내 오래된 탑까지 가게 되었습니다. 공주는 좁은 나선형 계단을 따라 빙글빙글 올라가 작은 문에 이르렀습니다. 문의 자물쇠에는 녹슨 열쇠가 꽂혀 있었고, 공주가 열쇠를 돌리자 문이 열렸습니다. 작은 방 안에는 노파가 앉아 물레로 부지런히 아마포를 짜고 있었습니다. 공주는 "안녕하세요, 할머니."라고 말했습니다. "거기서 뭐하세요?" 노파는 고개를 끄덕이며 "실을 잣고 있지요."라고 말했습니다. 공주는 "저렇게 재미있게 위아래로 왔다 갔다 하는 게 뭐예요?"라고 물으면서 물레를 잡고 자기도 실을 자으려고 했습니다. 그러나 물레를 만지자마자 마법의 주문이 그대로 이루어져, 공주는 물레 바늘에 손가락을 찔리고 말았습니다.

바늘에 찔리는 것을 느끼는 순간, 공주는 방에 있던 침대 위로 쓰러져 깊은 잠에 빠졌습니다. 잠은 궁전 전체로 퍼졌습니다. 방금 돌아와 홀 안으로 들어온 왕과 왕비도 잠에 빠졌고, 신하들도 모두 잠이 들었습니다. 마구간의 말들도, 마당의 개들도, 지붕 위 비둘기들도, 벽에 붙은 파리들도 모두 잠이 들었고. 심지어 화덕에서 타오르던 불도 그대로 멈추어 잠이 들었습니다. 지글지글 구워지던 고기도 더는 지글거리지 않았고, 실수를 저지른 부엌 조수 소년의 머리털을 잡아당기려던 요리사도 소년을 놓고 잠이 들어버렸습니다. 바람도 잠잠해지고, 성 앞 나무들도 잎을 흔들지 않았습니다.

성 주변에 가시덤불이 울창하게 자라기 시작했습니다. 가시덤불은 해마다 높이 자랐습니다. 마침내 성 전체를 에워싸고 그 위로 자라나서 아무도 성 안을 볼 수 없게 되었고 성 꼭대기의 깃발도 보이지 않게 되었습니다. 그러나 그 나라에서는 '잠자는 아름다운 가시장미 공주'의 전설이 퍼져 나갔습니다. 공주를 모두 그렇게 부르게 되었던 것입니다. 때때로 다른 나라 왕자들이 와서 가시울타리를 뚫고 성 안으로 들어가려 했습니다. 그러나 왕자들은 성 안으로 들어갈 수 없었습니다. 가시덤불이 마치 손이라도 있는 것처럼 왕자들을 꽉 붙잡고 못가게 했기 때문입니다. 젊은이들은 거기 붙들려서 되돌아가지도 못하고 비참하게 죽어 가야 했습니다. 아주 오랜 시간이 흐르고 다시 어느 왕자가 이 나라에 왔다가 한 노인에게 가시울타리 이야기를 들었습니다. 울타리 뒤에는 성이 있고 성 안에는 가시장미 공주라고 불리는 눈부시게 아름다운 공주가 백 년 전부터 잠자고 있으며, 공주와 함께 왕과 왕비, 신하들도 모두 잠자고 있다는 이야기였습니다. 노인도 자기 할아버지한테 얘기를 들었는데, 벌써 많은 왕자들이 가시울타리를 헤치고 들어가려 했지만 끝내 거기 갇혀 비참하게 죽어 갔다는 것이었습니다. 그러자 왕자는 말했습니다. "전 두렵지 않습니다. 그리로 가서 아름다운 가시장미 공주를 보겠습니다." 선량한 노인이 말렸지만, 왕자는 노인의 말을 듣지 않았습니다.

때마침 이제 백 년이 지나갔고 가시장미 공주가 깨어날 날이 다가왔습니다. 왕자가 가시울타리로 다가가자 크고 아름다운 꽃들이 저절로 길을 열어주어 왕자가 다치지 않고 지나가게 해주었고 왕자가 지나가자마자 다시 울타리를 쳤습니다. 왕자는 궁전 뜰에 말들과 얼룩무늬 사냥개들이 누워 있는 것을 보았습니다. 지붕 위에는 비둘기들이 머리를 날개에 처박고 앉아 있었습니다. 왕자가 궁전 안으로 들어가 보니 파리들은 벽에 달라붙어 자고 있었고, 부엌의 요리사는 조수 소년을 움켜잡으려는 듯 손을 뻗고 있었고, 하녀는 깃털을 뽑으려던 시커먼 닭 앞에 앉아 있었습니다. 왕자가 계속 성 안으로 들어가니 홀에 신하들이 모두 드러누워 자고 있었고, 그 위 왕좌에 왕과 왕비도 누워 있었습니다. 왕자는 더 깊이 들어갔습니다. 왕자의 귀에 자기 숨소리까지 들릴 정도로 사방이 고요했습니다. 마침내 왕자는 탑에 이르렀고 가시장미 공주가 잠들어 있는 작은 방의 문을 열었습니다. 누워 있는 공주가 너무 아름다워 왕자는 눈을 뗄 수가 없었습니다. 왕자는 허리를 구부려 공주의 입술에 입맞춤을 했습니다. 왕자의 입술이 닿자 가시장미 공주는 눈을 뜨고 깨어나서 다정한 눈빛으로 왕자를 바라보았습니다. 두 사람은 함께 탑 아래로 내려왔습니다. 왕과 왕비와 신하들이 잠에서 깨어나 눈이 휘둥그레져서 서로 바라보았습니다. 마당의 말들도 일어나 몸을 털었습니다. 사냥개들도 뛰어다니면서 꼬리를 흔들었습니다. 지붕 위의 비둘기들도 날갯죽지에서 머리를 빼고 사방을 둘러보다 들판으로 날아갔습니다. 벽에 붙은 파리들도 다시 기어 다니기 시작했습니다. 부엌의 불도 살아나 타오르면서 음식을 끓였습니다. 구워지던 고기는 다시 지글지글 소리 내기 시작했고, 요리사가 따귀를 때리자 조수 소년은 비명을 질렀고, 하녀는 닭털을 마저 뽑았습니다. 그리하여 왕자와 가시장미 공주는 화려한 결혼식을 치렀고 두 사람은 죽을 때까지 행복하게 살았습니다.

| 심층심리학적 해석 |

'완벽한' 아내의 내밀한 불안
"아, 우리에게 아이가 있다면 얼마나 좋을까!"

아이의 '운명'은 종종 부모의 기구한 삶에서 비롯한다. "나 야훼 너희의 하느님은 질투하는 신이다. 나를 싫어하는 자에게는 아비의 죄를 그 후손 삼대에까지 갚는다."(〈출애굽기〉 20장 5절. 다음도 참조할 것. 〈욥기〉 21장 19절. 이에 반하는 내용은 다음을 참조할 것. 〈예레미야〉 31장 29절과 30절, 〈에스겔〉 18장 1~22절.) 이러한 구절은 진노한 하느님의 말처럼 들리고 또한 언제나 그렇게 이해되어 왔다. 어마어마한 복수욕을 품은 이 말은 죄인들과 기껏해야 생물학적으로만 연결된 사람들에게도 선조가 지은 죄를 징벌하겠다고 엄포를 놓는다. 그러한 공의(公義)의 지배는 공정하지 않다. 그것은 노기에 눈멀어 불공정한 일을 행하는 것이다. 외부로부터 주어지는 '운명'이라는 것은 번번이 이를 받을 만한 사람이 아닌 다른 사람을 내리친다. 그러나 신학적으로 고찰할 때는 변명의 여지 없이 야만적이고, 나아가 괴상하고 그야말로 공분을 일으키는 말이 심리학적 해석에서는 종종 지극히 진실하고 거의 지혜롭게까지 들린다. 물론 심리학적으로 해석할 경우에는 '죄'라기보다는 자기 존재에 대한 용기의 결여라고 해야 할 것이다. 우리는 자기 인격의 억압된 부분 혹은 그저 개인적 행복을 질식시키는 과도한 부담에 대해 이야기해야 하리라. 그렇게 번역해본다면, '하느님의'(혹은 오히려 악마의) '징벌'은 당연한 것이라고 이해가 된다. 부모의 삶에서 채 해소되지 않은 갈등은 아이의 삶에서 아이 존재 자체를 저당 삼는데, 이는 모두 갚아버리기가 거의 불가능하다. 그리고 이처럼 갚지 못한 '빚'의 유효 기간은 여러 세대에 걸칠 만큼 오래 지속될 수도 있다. 이때 도덕적인 또는 종교적인 의미에서 어느 누구에게도 '책임'이나 '죄'가 있는 것은 아니다. 그러나 심리적으로는 부정하기 힘든 '보증 관계', '업(業)'이 존재하고, 이는 고유한 법칙을 지닌다.

심리학 분야의 수많은 주말 모임 참가자들은 어버이와 아이 사이의 운명적 얽힘에 대해 물론 올바르게 직관하고 있다. 그러나 직관을 실천하는 단계에서는 기이할 만큼 자의적인, 이른바 '가족 구성'이라는 방법을 제공한다. 그들은 어떤 설명을 찾기 위해 환자의 '족보'를 방계까지 샅샅이 추적하고, 두 세대나 세 세대 전에 친가 쪽 아주머니에게서, 혹은 외가 쪽 조카의 아들에게서, 혹은 다른 누군가에게서 어떤 일이 일어났는지를 탐구한다. 이 모든 과정을 통해 한 인간이 현재 겪고 있는 문제의 원인과 해결 방안을 깨달을 수 있는 열쇠를 발견하리라 믿는 것이다. 그래서 그들은 종종 '운명의 관계'를 입에 올리고, 심리적 유전에 대해 말한다. 금발 머리나 푸른 눈과 마찬가지로 심리 역시 개인의 힘으로 어찌할 수 없다. 아울러 환자는 혼자서는 아마 결코 이를 수 없었을 듣도 보도 못한 통찰을 전해 듣는다. 결국에는 어떤 미지의, 혹은 아주 유명한 조상들을 '용서'하라는 터무니없고 부당한 요구를 받는 일이 아주 자주 발생한다. 그래야만 조상의 심리적 부담에서 해방될 가망이 있다는 것이다. 이러한 '가족 구성' 방법이 매력적으로 여겨지는 이유는 무엇보다도 자신과 해야 할 싸움을 엉뚱한 사람의 일생을 고민하는 일로 대체해버리기 때문이다. 자기 인식이 들어서야 할 자리에 '체계적으로' 일하는 '심리치료사'의 권위 있는 선언이 들어선다. 그리고 귀신과 조상을 모신 가족 제단 앞에서 벌이는 주술적 제의에 힘입어, 자신이 유년기에 겪었던 특정한 상처를 구체적으로 극복하는 일은 뒷전으로 밀려난다. 그렇지만 이렇게 되면 개인적인 일이 집단적인 일로 바뀌고, 자기 일이 타인의 일로 바뀌며, 인격과 관련된 일이 누미노제*로 바뀌어버린다.

  동화 해석과 마찬가지로 심리 치료에서도 철칙은 환자 심리에 실제로 작용하는 것만 심리적으로 관련이 있다고 보는 것이다. 자신이 기억하는 것들, 타인과의 접촉에서 개인적으로 자신을 형성한 것들, 꿈 작업과 자유연상과 반복되는 상황을 분석했을 때 억압 상태로부터 의식으로 올라올 수 있는 내용들만이 자기 정체성을 찾는 데 도움을 준다. 물론 여기에서는 부모의 심리적 특성, 그들 관계의 발생과 발전, 형제자매 관계에서 환자의 역할 따위, 한마디로 가족사의 자서전적 자료가 결정적 역할을 한다. 한 사람의 정신분석은 언제나 그가 태어난 가족을 사회심리학으로 연구하는 것이기도 하다. 아버지와 어머니에게도 또한 각각 아버지와 어머니가 있다. 그러므로 여러 세대를 거

누미노제(numinose) 표현하기 어려운 경외스러운 존재를 뜻하는 신학 용어.

처 진정한 '증상 전통'*이 운명적 짐처럼 관찰되는 일이 드물지 않다. 그러나 여기에서 중요한 것은 그때그때 당사자들이 맺는 관계의 정신 역동이고, 개인적 경험의 심리적 작업이다. 서로 무관한 사실들을 신비스러운 '원격 작용'의 '체계' 안으로 모아서는 안 된다. 물리학과 마찬가지로 심리학에도 오로지 유한한 작업 속도를 지닌 유한한 작용들로 이루어지는 하나의 '장'만이 존재한다. 그러므로 우리는 자문해야 한다. 가시장미 공주 같은 아이가 자라는 세상은 어떤 세상인가?

수많은 영웅 설화, 신화, 전설과 마찬가지로 그림 동화에서도 모든 일이 어머니의 오랜 불임에서 시작된다. 그녀는 남편과 더불어 너무도 간절하게 아기를 갈망하지만 한 해가 지나고 또 한 해가 지나도 아기는 생기지 않는다.[3] 미학적으로나 문학사적으로는 이러한 모티프를 진부하다고 여기는 것으로 족하다. 그러나 심리학적으로는 그토록 절실히 아기를 원하는 여자가 아기를 얻는 일이 어찌하여 그렇게 어려운지를 물어야 한다. 이러한 소망과 현실의 거리는 어디에서 오는가?

특정 문제가 지닌 상징적 암시를 연구할 때 현실의 삶에서 찾아낸 사례를 활용하여 직관적으로 고찰하는 일은 동화 해석의 모든 지점에서 불가결하지는 않아도 최소한 유용하다. 물론 선택된 사례가 연구를 편협하게 만들 수도 있지만, '올바른' 초점을 찾고 특정 갈등 구조를 보는 시선을 날카롭게 벼리는 데는 보탬이 된다. 어떤 '이질적 사례'의 개별적 특수성은 어떤 분위기를 이해하게 해준다. 물론 이런 분

증상 전통(symptomtradition) 부모와의 무의식적 동일시를 통해 (가령 공격성 같은) 행동방식을 획득하는 일로서 가족의 여러 세대에 걸쳐 발견된다. 이러한 동일시에서는 우울, 습관성 음주 등 특정 증상이 전승되지만, 이는 유전적 요인과는 관계없다.

위기는 곧바로 다른 '사례'로 적용하기에는 지나치게 개별적이다. 그러나 개별적 특수성들은 공통점을 좀 더 면밀히 관찰하고 거기에 좀 더 내밀하게 감정 이입을 하라고 우리를 초대한다. 이를 통해 또한 간접적으로는 서로 닮은 인생의 상황에서 서로 닮은 영혼에 대해 어떤 '수용'의 여지를 만들어낸다. 다시 말해 사람들은 자신과 비슷한 일을 겪는 사람들이 등장하는 이야기(그것이 '단지' 동화일 뿐이더라도)를 만나면 덜 외롭게 느낀다. 그렇구나, 그럴 수 있고 그래도 좋은 것이구나! 그렇다면 이제 부끄러워하지 않아도 좋다! 의식 변화에서 정신분석의 진정한 축복은 '건전한' 상식에 담긴 도덕적 평가와 꼬치꼬치 따지는 위선의 경향을 최소한 완화하고, 현실에 대한 일종의 의학적 시선으로 조금씩 대체한다는 사실에 있다. 이제 더는 어떤 것이 마음에 드는지, 어떤 것이 '올바르게' 혹은 '합리적으로' 보이는지가 문제가 아니다. 문제는 오로지 다음과 같다. 왜 어떤 것은 그런 방식으로 존재하는가? 그것을 다루는 방법에는 어떤 것이 있는가? 우리가 이야기하려는 문제의 경우, 아기를 간절하게 소망하지만 얻지 못하는 여성에게는 어떤 일이 일어나는가?

여성의 직업 활동을 옹호하는 캠페인을 수십 년간 벌인 이후, 이제 정치인들은 미래의 연금보험을 '구출'하기 위해 다시금 다자녀 가정을 자꾸 언급하고 있다. 오늘날 (더 많은) 자녀를 갖고 싶은 소망은 사회 정책상 바람직한 욕구로, 아니 여성의 아주 '정상적인' 욕구로 여겨진다. 그러나 이렇게 판단했을 때 우리는 사람들의 심리에서 중요한 것은 특정 욕구가 주변의 시시각각 변화하는 유행과 얼마나 맞아떨어지느냐 하는 문제가 아니라, 어떤 소망이 왜 형성되고 당사자의 삶에서 어떻게 작용하는가 하는 문제임을 쉽게 간과하곤 한다. 물론 아이를 바라는 소망은 전적으로 '정상적'일 수 있고, 채워지지 않은 소망이 최소한 일정 기간 동안은 갈수록 강해진다는 사실도 매우 정상적이다. 그러나 우리가 동화 〈가시장미 공주〉의 발단부에서 만나는 불행은 다른 유형이다. 그것은 기이하게도 말하는 개구리의 등장으로 해소될 수 있는 불행이다.

이런 이야기를 더욱 선명히 떠올려보기 위해, 아주 일찌감치, 그러니까 열여덟 살에 결혼한 여성의 사연을 들어보자. 그 여성은 눈부시게 아름다웠고 비교적 가난한 환경에서 태어났으며 다섯 살 정도 연상의 남편과 결혼하면서 그지없이 행복했다. 남편은 부유한 사업가의 아들이었고 걱정 없는 미래라는 희망을 충족시켜줄 수 있을 듯했다. 또한 남편은 구혼이 성공한 데 대해 남자로서 우쭐하고 자부심을 느꼈다. 결혼식을 올릴 때 두 사람은 정말로 궁전에 온 것 같았다. 남편은 그녀가 가슴 가장 깊은 곳에 품고 있던 왕자로서, 아내는 그가 평생 동안 소중히 여길 수 있는 공주로서. 모든 것이 최상의 상태에 이른 것 같았다. 그러나 이 부부의 관계에는 급박한 위기의 싹이 이미 들어 있었다. 사실 남편은 아내가 여러 면에서 아직 소녀임을 명심하고 아내를 조금씩 조심스럽게 삶으로 데리고 들어가야 했다. 그러나 남편은 아내보다는 나이가 많았어도 그만큼 신중하기에는 충분히 나이 들지 않았다. 그는 아내를 자신과 동등하게 생각했고, 아내는 남편의 이러한 생각을 증명하려고 최선을 다했다. 절대 약해 보이면 안 된다! 내게 던져진 선물을 받을 자격이 없음을 보여주어서는 안 된다! '까다로운 사람'처럼 보여서는 안 된다! 아내는 마치 적응한 것처럼,

'돌보기 쉬운 사람'처럼, '햇빛처럼 밝게' 보이고자 했다. 그녀 자신이 그렇게 느끼기 때문이 아니라, 단지 남편이 그러기를 바랄 것이라고 믿었기 때문이었다. 아내는 고달픈 일상의 노고를 안전과 삶의 기반을 제공할 사랑을 위해 치러야 하는 계약금 비슷한 것으로 생각했다. 한편 남자는 아내의 공손한 태도를 선뜻 받아들였다. 깊이 생각해보지 않고 자기 권리에 합당하게 주어진 것으로 쉽사리 받아들였다. 상황에 걸맞게 이를 역설적으로 표현해보자. 본래부터 거기 있던 사랑을 얻기 위해 꾸준히 전력투구하면서 차차 이 여성의 가슴에서는 처음의 낭만적 감정이 고갈되어 갔다. 실망을 겪었다기보다는 다만 벅차게 느끼면서 제풀에 지쳐 갔던 것이다. 그렇게 젊은 나이에 이미 '다 이룬 것'이, '왕비'가 된 것이 벅차게 느껴진 것이다.

좀 더 자세하게 살펴보자면, 그녀에게는 어린 시절이 없었다. 어머니는 일찌감치 돌아가셨고, 청소년기는 슬픔과 고독과 책임감 사이에서 금세 가루가 되어버렸다. 이런 상황에서는 남의 이목을 끌 만한 매력을 유지하는 것만이 자신에게 남은 유일한 '자본'인 것 같았다. 그리고 그 '자본'의 투자에 성공하자마자 기다렸다는 듯이 이제 아이를 낳을 것을 요구받게 되었다. 아이라는 존재를 통해 자신을 새로이 세상에 낳는 것이다. 그녀는 어린 시절 누려보지 못한 애정과 보호의 결핍을 아이를 통해 채우게 될 것이다. 한마디로 그녀가 소망하는 아이는 자신이 체험하지 못한 유년기의 순수한 상징이었다. 그래서 자연히 여자아이가 좋았다. 그렇지만 자신뿐 아니라 남편에게도 아이를 선사하고자 했고 선사해야 했다. 아이는 말하자면 그녀를 아내로서 행복하게 해주려는 남편의 헛된 노력에 대한 보답인 셈이었다. 남편이 곁에 있으면 그녀는 행복한 듯 **연기했으나** 실제로는 행복하지 않았다. 마침내 이런 사실을 알아차린 남편은 깊이 상처받고 화를 냈으며 나무라는 태도를 보였다. 그래서 그녀는 모든 '책임'을 짊어졌고, 앞으로는 '더 노력'하겠다고 약속했다. 그러나 그녀는 이제 마음속에 그토록 바라던 행복이 아니라 오로지 원한과 울분이, 심지어 혐오감이 자라고 있음을 깨닫고 경악하지 않을 수 없었다. 자신에 대한 회의가 마음을 갉아먹었다. 나는 '올바른' 아내인가? 다른 사람들의 행복이 자신에게는 고뇌이자 수치였다. 그것은 늘 두려움과 치욕의 괴로운 혼합이었다. 한편 남편은 앞으로 아내를 조용히 혼자 놔두는 것이 최선의 호의를 베푸는 일이라고 생각했다. 아내의 '문제'를 이해할 수 없었기에 남편은 문제가 발생하는 데서 자신이 한 역할을 깨달을 수 없었다. 남편이 '완벽한' 아내를 요구한 탓에 아내가 조금씩 성숙하면서 점진적으로 사랑을 배울 여유가 남지 않았던 것이다. 언제부터인가 남편도 앞으로는 남편과 아내로서 맺는 관계를 피하고 아이에게 모든 정성을 쏟자고 계획하면서 마음이 홀가분해졌다. 함께 살아가면서 생겨나는 장애를 극복하는 길은 이것밖에 없는 듯했다.

바로 이런 상황에서 개구리라는 상징이 '말'하기 시작한다. 고대부터 이집트에서는 '산파 두꺼비'가 존경받았다. 산파 두꺼비는 출산의 고통을 완화해줄 뿐 아니라 장수를 약속하고 나아가 불멸을 선사했다.[4] 개구리가 이런 의미를 지니게 된 것은 해마다 봄이 오면 나일 강 늪지대에서 새로운 생명으로 뛰쳐나오는 기적을 보여주고, 게다가 올챙이에서 성체로 완벽하게 탈바꿈할 수 있기 때문이다. '물고기'인 수생 생물에서 다리가 넷 달린 육상 생물로 이행하는 것은 '양수'에서

'마른 곳'으로 나오는 출생 과정과 같은 것으로 여겨졌다. 그래서 〈가시장미 공주〉에서도 개구리를 보는 것은 출산을 갈망하는 왕비에게 전적으로 길조다. 물론 〈가시장미 공주〉에서 개구리는 그저 행복한 출산을 거드는 데 그치지 않는다. 개구리의 진정한 능력은 왕비가 바라는 대로 아기를 낳을 수 있다고 확고하게 말하는 데서 드러난다. 왕비는 곧 임신을 할 것이고, 해가 지나기 전에 딸을 낳을 것이다. 잉태를 약속하는 힘을 지닌 자는 잉태를 이루는 힘도 가진 게 틀림없고, 이런 의미는 개구리가 상징하는 바와 정확하게 연관되는 것 같다.

만일 어떤 여자가 침대 가까이 개구리가 다가와 아이를 낳을 것이라고 축복하는 꿈을 꾸고 무서워한다면, 깊은 양가성이 그녀가 여성으로서 한 체험에 각인되어 있다고밖에는 생각할 수 없으리라. 그 여자는 한 남자와 결합한 결과를 매우 바라지만, 결합 자체에는 '개구리'와 결부되는 것이 모두 담겨 있다. 개구리는 많은 사람에게 '미끌미끌하고' '역겹고' '차갑고' '불쾌하게' 여겨진다.

프로이트는 초기 정신분석에서 에미 폰 N.(Emmy von N.) 부인이 의사인 자신에게 격렬한 분노를 터뜨리는 것을 발견했다. 의사는 "최면 상태에서 K······r······ö······t······e(두꺼비)라는 철자를 말하도록 강요했다." 프로이트는 부인에게 다시는 이 말을 강요하지 않기로 약속해야 했다.[5] 두꺼비에 대한 거부는 공포증까지 생기게 할 수 있고, 신경증적(히스테리적) 불안의 밑바탕에는 남자의 성에 대한 방어가 놓여 있다고 생각해도 좋을 것이다. 고대에는 성스러웠던 동물이 기독교의 장구한 역사를 거쳐 간악한 괴물이자 악마의 상징이 된 것은 바로 충동 억압 때문이며 도덕에 의해 만들어진 성에 대한 두려움 때문이었다. 그에 상응하여 괴테의 《파우스트》에서 메피스토펠레스는 **쥐와 파리와 개구리와 빈대와 벼룩의 우두머리**를 자처한다(1516~1517절).[6] 중세 민간신앙에서는 특히 개구리 뼈를 사랑의 묘약으로 사용했다.[7] 이 모든 것들이 〈가시장미 공주〉에 나오는 '개구리'와 어떻게 관련되는지는 의심의 여지가 없다. 개구리는 소망과 거부를 동시에 체현하는 성적 상징이다.

그렇지만 꿈의 상징 언어는 더 많은 것을 말해준다. '개구리'가 물에서 땅 위로 기어오르는 것에도 의미가 있다. 그렇게 본다면 개구리는 어떤 의미에서 이미 수태시키는 일을 완수한 것이다. 그러니까 개구리의 대담한 예언도 이상하지 않다. 여기서 결정적인 것은 꿈에 가깝고 상징적으로 은폐된 장면에서조차 실제 교접 과정은 전혀 언급되지 않는다는 점이다. 오로지 '개구리'와 만난 결과만이 중요하다. 그리하여 그런 꿈을 꾸는 여성은 얼마나 강한 성적 두려움을 지니고 있는가 하는 물음이 생겨난다.

앞서 언급한 사례에서 열여덟 살에 결혼한 여성은 그러한 '꿈'에 의지해 자기 삶을 배치했다고도 볼 수 있다. 그녀는 눈을 감고 '그 일'을 받아들였으며, 그 일이 지나간 후에 비로소 깨어났다. 잃어버린 자신의 어린 시절 때문에 아기를 원했다. 자신의 불안, 아니 여성으로서 겪은 실패를 보상받기 위해 어머니가 되기를 원했다. 남편에게 처녀처럼 수줍음을 느꼈지만, 자신에게는 '성모', '근원적 어머니', '오로지 어머니'가 되기를 요구했다.[8] 이는 실제로 아이 속에서 자기 자신일 수 있기 때문이다. 아기는 남편 곁에 선 그녀의 위치를 단단하게 해줄 것이다. 아이는 그녀의 참된 본질을 드러나게 할 것이다. 그리고 어느 날 정말로 여자아이를 낳았을 때 그녀의 행복은 완벽했다. 그녀는 아이에게 사랑과 배려와 애정을 다 바칠 것이다. 아이를 여신처럼 떠받들 것이다. 자신에게 유일하고 전부인 존재로서, 자기 존재의 중심으로서, 의미와 확인과 충족의 정수로서. 그녀는 이제 남편의 애정도 확실하다고 믿었다. 두 사람은 딸 속에서 더불어 살아갈 것이다. '개구리'로서 남편은 유일무이한 보배인 두 사람의 딸을 낳기 위한 수단일 따름이었다. 그리고 이런 속성을 지닌 존재로서 남편은 앞으로는 없어도 그만이리라. 그녀는 아이 속에서 소녀를 벗어나 어머니로 변모했고, 그녀의 '짝'이 계속 '짝짓기'하려는 시도를 중단하기만 하면 여성이라는 존재가 지닌 비밀에서 최종적으로 벗어났다고 할 수 있다. 남편은 아버지로서 새로운 방식으로 남성성을 증명할 수 있을 것이다. 하지만 어떻게?

실패한 남편, 사랑받는 아버지

"딸을 얻은 왕은 기쁨에 겨워 어쩔 줄 몰랐습니다."

아버지가 되는 남자는 무엇을 해야 하는가? 아내의 어머니 역할에 협조하는 일은 '양성평등'에 주파수를 맞춘 우리 사회에서 '시의적절'하게 받아들여진다. 남편은 산부인과에 가는 아내와 동행하고, 출산하는 아내의 손을 잡아주고, 아이를 양육하고 돌보는 데서 중요한 부분을 맡는다. 한마디로 그는 전통적인 여성의 의무를 스스로 맡음으로써, 오늘날 많은 여성이 직업 활동 때문에 하지 못하는 가사 노동을 보완한다. 남편이 할 수 있는 일은 아내도 할 수 있고 아내가 할 수 있는 일은 남편도 할 수 있다. 그렇게 되어야 한다! 그렇지만 이러한 사회적 평등의 외피 아래에서도 오랜 성적 차이들이 존속한다. 여성이 어머니가 되는 길은 확고한 프로그램에 따른 호르몬의 정교한 조정 과정을 통해 미리 그려진다. 그러니까 몸 전체가 한 걸음 한 걸음 분만을 향해 스스로 적응한다. 출산의 고통에 응답하여 몸에서 엔돌핀이 분비된다. 수유를 시작하면서 돌봄과 결속을 원하도록 지시하는 호르몬이 분비된다.[9] 생명 재창출같이 중요한 사건에서 자연은 아무 것도 우연에 맡기지 않는다. 그렇지만 이 모든 일은 여성에게만 해당된다. 이와 비슷한 일이 남자에게는 없다. 남자는 그저 배우자의 삶과 체험의 변화에 어떻게 적응할지 고민해야 할 뿐이다. 아내는 전에는 연인이었으나, 이제 반려자가 된다. 앞으로 오랫동안 아내가 새로 태어난 존재인 아이에게 그 누구보다도, 자기 남편보다도 앞서는 절대적 우선권을 부여할 것임은 단번에 분명해진다. 두 사람 간의 서로 융합된 통일은 이제 어머니와 아이의 통일이 되고, 이 통일은 남편을 그 안으로 들여놓기도 하고 밖으로 내몰기도 한다. 남편은 이 생소한 초유의 사태에 어떻게 적응해야 하는가?

오토 딕스(Otto Dix)는 1927년 〈예술가의 가족〉이라는 그림에서 이런 문제를 특유의 과장되고 직설적 태도로 초상화로 그려냈다.[10] 길게 굽이치는 검은 머리칼의 여자가 빨간 블라우스를 입고 앉아 있다. 무릎에는 하얀 배내옷에 싸인 통통한 아기가 앉아 여자의 오른쪽 가슴에 머리를 기대고 있다. 아기의 고사리 같은 손은 장난치듯 허공을 붙들고 있다. 여자 왼편에는 아버지가 아기 눈높이에서 그림 안으로 밀고 들어온다. 커다란 호두까기같이 생긴 턱 위에 윗니를 드러내고

오토 딕스, 〈예술가의 가족〉(1927년)

아버지는 마지못해 웃는다. 까칠한 머리카락에 덮인 쑥 들어간 이마 아래 가느다란 눈을 아기에게 향하지만, 아기의 시선은 천연덕스럽게 아버지를 지나친다. 그는 아기를 만지고 싶다는 듯 짐승 앞발 같은 왼손을 앞으로 뻗치지만, 그 손은 여자 허벅지에 머물러 있다. 우악스럽고 야성적인 사내지만 아기처럼 여자의 사랑을 받고 싶어 그녀의 두 번째 아기가 되고자 하는 것을 볼 수 있다. 그리고 성모 같은 여자는 평화롭게 웃으면서 자신이 만들어낸 목가적 장면을 내려다본다. 여자 뒤에는 다섯 살쯤 된, 역시 빨간 옷을 입은 금발 소녀가 선 채 칭송의 의미로 빨간 꽃을 오른손으로 헌정한다. 아이는 그림을 보는 사람을 빤히 바라본다. 마치 그 장면에 자기처럼 갈채를 보낼 것을 요구하듯이. 그렇지만 그림을 보는 사람은 어릿광대 같은 남자의 자세를 보면서도 과연 갈채를 보낼 수 있을까?

다행스럽게도 모든 남녀 간 사랑의 유희에는 훗날 돌이켜보면 앞일을 미리 연습한 것처럼 보이는 것이 존재한다. 남자와 여자는 서로를 작은 존재처럼 부르는 사랑의 언어를 즐겨 써서 애정을 표현한다. 듣는 사람이 없을 때면 연인은 서로를 "내 아기", "내 작은 보물", "내 작은 토끼"같이 부른다. 이런 말은 "당신을 위험에서 지켜주고 보호해주고 싶다."는 뜻이고, "당신에게 어떤 일도 일어나지 않도록 영원히 당신 곁에 있고 싶다."는 뜻이다. 당사자들은 모르지만 그러한 성인의 사랑에서는 이미 미래의 아기에게 해당하는 감정과 태도가 서로에게 적용된다.[11] 우리는 마치 가정에 있는 듯 편안하게 느낄 때에만, 그리고 편안하게 느끼는 곳에서만 가정을 꾸릴 수 있다. 그러므로 남자에 대한 여자의 사랑에는 언제나 그가 자상하고 자신을 보호해줄 수 있고 미덥고 '확고한' 성격과 힘을 지닌 사람이라는 것을 확인하려는 기대도 들어 있다. 상황이 순조롭다면, 이제 남자는 그러한 감정의 '길'들을 따라 자신을 아버지로 새로이 규정한다. 기꺼이 여자와 아이에 대한 책임을 지겠다는 감정을 추구한다. 어떤 의미에서는 자신이 필수불가결한 운명 공동체 안에 들어섰음을 만족스럽게 깨닫는다. 아이에게 여자가 있어야 하는 것처럼, 여자와 아이에게는 그가 있어야 한다. 어머니와 아버지에게 이러한 상황은 내면의 변화와 본질의 성숙을 요구한다. 그래야 하는 것이 사물의 질서다. 그렇지만 변화의 요구가 너무 이르게 제기되는 탓에 이런 '변화'가 일어날 수 없다면 어찌할 것인가?

소녀가 한 번도 진정으로 여성이 될 수 없었으면서 어머니가 되어야 하는 일이 얼마나 자주 일어나는가? 소년이 한 번도 진정으로 남성으로 성숙하지 못했으면서 아버지가 되는 일이 얼마나 잦은가? 여기에서 문제가 되는 것은 생물학적 연령이 아니다. 민법은 간단명료하게 18세가 되면 '어른'으로 간주한다고 실용적으로 규정하고 있다! 법률적 의미에서는 '성년'이 되는 것이다. '성년'이 되면 당연히 자동차를 몰 수 있고 투표를 할 수도 있다. 남자라면 병영에서 조국과 민족을 위해 '복무'하며 생판 모르는 사람들을 무더기로 죽이는 법을 배울 '의무'를 진다. 어른에게는 술과 담배와 영화와 기타 오만 가지 삶의 '쾌락'을 자기 책임 아래 원하는 만큼 실컷 추구하거나 멀리하는 것이 허용된다. 그저 18세가 되면 '어른'이 된다. 물론 우리는 그런 규정이 순전히 법률적 허구일 뿐임을 안다. 일을 배우고 생계 유지에 필요한 직장을 찾았을 경우 사회적으로 '성숙'하다고 볼 수도 있다.

그렇지만 '영혼의 성숙'은 어떻게 규정할 수 있을까? 그것은 그리 간단하지 않다. 프로이트는 "사랑을 할 수 있고 일할 수 있다면" 영혼이 성숙했다고 말하리라. 그렇지만 프로이트의 '명료한' 선언도 논란의 여지가 없는 것은 아니다.

동화 〈가시장미 공주〉에서 우리는 '영혼의 성숙'이 진정한 '왕', 즉 삶의 주권자와, '왕비'와 관련이 있음을 볼 것이다. 그렇지만 자기 마음의 동요도 다스리지 못한다면 무엇이 '주권'이라는 말인가? 가시장미 공주의 어머니처럼, 진정으로 용기를 내 소망을 실현하고자 나서지 않고 '개구리' 한 마리에게 소망이 충족되리라는 선언을 듣는다면? '왕' 곁에는 수줍고 주저하고 불안에 떨고 감정이 동요하는 소녀가 아니라 완성된 어머니라는 확고한 존재 방식만이 허용되기에, 아기에게서 유년기를 보상받고자 한다면? 앞에서 든 사례처럼 '왕' 역시 아내의 곤경을 덜어줄 줄 모르고, 기껏해야 자신과 아내 사이에 현존하는 갈등을 피해 가거나 덮어버리는 합의를 할 뿐이다. 그렇다면 자신의 감정을 지닌 그는 어디 있는가?

그는 아내에게 이를 수 없음을 인정해야 하는 듯하다. 더는 남자로서, '진정한' 여자가 소망할 만한 방식으로, 아내를 사랑할 수 없다. 아내를 어머니로서 존중해야 하고, 남편 역할을 단지 아버지라는 존재 방식으로 제한해야 한다. 이제부터는 딸을 극진히 사랑할 때 그 대가로 아내가 애정을 보일 것임을 깨닫는다. 따라서 아내에게 사랑받으려면 새로 태어난 딸을 사랑해야 한다. 이는 부부의 감정이 직통으로 교환되지 않고 아이라는 '산봉우리'를 거쳐 구불구불 에둘러 가는 것과 같다. "우리 남편은 아이를 정말 좋아해요.", "우리 남편은 정말 좋은 아빠예요.", "우리 남편은 딸애에게 너무 잘해줘요." 이런 말은 아내가 남편에게 예전 사랑의 대용물로 주는 최상의 칭찬이다. 이런 상황에서 부부 간의 사랑은 차츰 아이에 대한 공동의 사랑으로 변화한다. 아내는 아이 안에서 남편을 사랑하고, 남편은 아이 마음을 얻는 것으로 아내를 사랑한다. 이런 상황 전개는 어떤 의미에서는 '정상적'이기도 하다. 그러나 자기 자신에 대해서 여전히 불안정한 사람이 바로 아이에 대한 사랑이 이루어질 때만 자기 자신이나 다른 사람의 가치가 인정된다고 생각하는 것이 문제다. 아이에게 호감을 사는 것, 아이가 안녕한 것이 자기 인격의 가치와 의미를 재는 직접적 잣대가 된다. 아이가 두 성인 간의 분위기를 가늠하는 척도가 되는 것은 아무리 그 아이가 '공주'라고 해도 너무 지나치다.

많은 여성이, 그리고 거의 늘 여성들이 개나 고양이를 그러한 사랑의 지표로 활용한다. 조그만 애완동물이 새로운 남자를 보고 불안해하며 '낯을 가리거나' 나아가 공격적인 태도를 보인다면, 그 남자와는 진전이 없을 것이고 앞으로 만나지 않는 게 좋을 것이라는 점이 분명해진다. 반대로 고양이가 낯모르는 사람에게 처음부터 애정을 보이면서 몸을 그 사람 발에 비비거나 강아지가 그 사람 팔을 핥는 것은 그가 미더운 사람임을 보여준다. 이는 '아이 시험'에서도 크게 다르지 않다. 자기 딸이 처음 보는 남자인데도 그에게 스스럼없이 다가가 금세 잘 어울린다면, 그는 좋은 사람이고 사랑할 만한 사람임에 틀림없다. 반대로 아이가 처음부터 그와 사귀는 것을 어려워한다면 그 사람이 어떻게 배우자로 마땅하겠는가? 그러한 '시험'에서 여자는 아이의 감정에, 혹은 다만 순종할 뿐인 애완동물의 감정에 자신이 끼치는 영향은 대개 보지 못한다. 어쨌거나 여자의 남편은 딸에게 사랑받기 위해 자신이 사랑받을 만하다는 것을 보여주어야 한다는 기대와 압력을 강하게 받는다. 그래야 여자도 남편에게 사랑받는다고 느끼고, 감사와 행복으로 보답한다. 그렇지 않은 관계에서는 중대한 갈등이 나타날 위험이 있다.

동화 〈가시장미 공주〉를 이해하려면 그러한 감정 변화라는 의무가 처음에는 눈부시게 충족된다고 전제해야 한다. '왕' 역시, 아니 바로 왕이야말로 딸을 보았을 때 **기쁨에 겨워 어쩔 줄 몰랐다.** 성인으로서 한때 아내에게 향했던 감정이 이제 아기에게 향하고 이를 통해 자신의 유년기로도 향하는 것이다.

돌누아 부인의 〈숲속의 암사슴〉에서는 개구리가 아니라 게가 왕비에게 수태를 약속하지만, 이는 겉보기에만 다른 모티프다. 그림 동화에서 '개구리'는 (남성의) 성을 상징하는 동물 자리를 얻을 만하다. 그러나 (돌누아 부인의) '게'는 뒷걸음질 치면서 앞으로 나아가기에 충동의 모든 방향을 상징한다. 그리고 〈가시장미 공주〉에서도 '왕비'와 왕에게 바로 그런 일이 일어난다. 어머니와 아버지가 되는 것은 의심의 여지 없이 분명 일종의 진보다. 그렇지만 왕비의 경우 겉으로 드러나는 계속적 발전이라는 걸음 뒤에는 기본적으로 자기 과거를 되찾으려는 열망이 숨어 있다. 정신분석 용어로 말하면, 충동 발달의 전진은 가면 쓴 퇴행이다. 왕의 감정 역시 자신이 원하든 원치 않든 퇴행적 방향으로 나아간다. 아이의 사랑을 경유하여 아내의 사랑을 얻는 데 당분간 성공한다고 해도, 왕에게는 갈수록 딸의 애정에 만족하는 일이 쉬워진다. 그렇지 않아도 아이는 그가 한때 아내와의 관계에서 추구했던 것을 대체한다. 달리 말하면, 언제가 되든 왕도 '게걸음'으로 삶을 가로질러 움직일 것이다.

　기본적으로 아이를 거쳐서 규정되는 이 부부의 '삼각관계'가 장기적으로 유지될까 하는 의문은 일단 제쳐 두기로 하자. 우리는 두 사람 사이의 보이지 않는 경계가 언젠가 거의 넘기 어려운 틈으로 벌어지리라고 추측할 수 있다. 그렇지만 동화는 이런 관계의 어려움에 대해서는 다행스럽게도 아무 말도 하지 않는다. 정황을 보면 오히려 왕은 아버지 역할에 아주 만족하는 듯하며 딸의 애정을 얻는 데도 손쉽게 성공한 듯하다. 딸은 '아버지의 아이'가 될 것이 분명하다.

　그러한 발달도 정신분석학에 따르면 '정상적'이다. 프로이트의 '오이디푸스 콤플렉스' 이론을 의심스럽게 여기더라도[12] 소녀가 유년기의 특정 시기에는 아버지를 예찬하는 반면, 소년은 특정 시기에 아버지로부터 거리를 두고 어머니와 맺은 친밀한 관계를 통해 그 거리를 메우려 한다는 사실은 일반적인 상황으로 받아들여지고 있다. 그러나 여전히 자신의 성적 역할에 동요하는 부모의 경우에는 '정상적' 관계가 어떤 모습인가 하는 물음이 다시 한 번 제기된다. 이 경우에는 일반적인 것이 일반적이지 않은 방식으로까지 증폭된다. 여자아이는 아버지를 정말로 왕처럼 숭배할 것이고, 이는 잠재의식 속에서 부모 사이에 예민한 경쟁을 불러일으킬 수 있다. 기본적으로 딸에게 사랑받는 데 자존감을 거는 여자는 사랑하는 딸이 아버지에게 두드러지게 애정을 보인다면 쉽게 상처를 받고 위협감까지 느낄 수 있다. 그런 일이 있을 수 있다는 느낌만으로도 심장을 찌른다. 그녀는 힘닿는 데까지 일을 다했다. 그 대가가 겨우 이것이란 말인가! 그리하여 아내의 소망에 부합하는 일만 매우 성공적으로 해내는 남자가 딸의 사랑을 얻기 위해 공들이기 시작하면서 무의식적으로 아내의 이해관계에 어긋나는 행동을 하기 시작한다는 역설이 쉽게 생겨난다.

늦어도 이 지점에서는 '건전한 상식'이 표방하는 도덕적 판단을 중단해야 한다. 그런 판단이 별 보탬이 되지 않기 때문에라도 이를 중단하는 일은 절실하다. 어머니가 자신의 자존감의 핵심을 딸의 인정에 결부시킬 때, 정신분석에서는 그러한 감정을 '나르시시즘적 대상 점유'[13]라고 부른다. 그리고 정신분석 개념이 순전히 진단을 내리는 데만 쓰인다고 해도, 심리학자나 심리치료사로서도 그런 개념에 들어 있는 책망 어린 울림을 무시하기는 쉽지 않다. 그러나 우리가 보는 것은 실제로는 극단적 이기주의나 병적 자기애가 아니다. 오히려 삶에서 어떤 일을 올바르게 해보겠다는 지극한 정성이다. 그런 어머니는 딸의 행복을 위해 필요하다면 자기 행복까지 희생할 것이고, 바로 그런 희생이 딸의 행복을 심각하게 위협한다는 사실을 거의 수긍할 수 없을 것이다.

아이는 어머니를 행복하게 하기 위해 '행복'할 수는 없다. 오히려 아이는 자신이 어디에 서 있고 자신이 누구인지를 어느 정도 이해하는 어머니를 가질 '권리'가 있다.[14] 그 외의 것은 모두 아이의 짐을 덜어주는 것이 아니라 무겁게 할 뿐이다. 하지만 자기 자신이 되는 일이 거의 불가능했던 여성이 어떻게 자신이 누구인지 배울 수 있다는 말인가? 지침이 되는 확고한 위치가 없는 사람이 어떻게 자기 관점을 찾아낼 수 있는가? 그리고 자기 관점이 없다면 어떻게 자신의 상황을 인식할 수 있는가? 나아가 딸의 애정을 받도록 내정된 아버지의 위치도 그리 간단하지는 않다. 아버지는 어떤 의미에서 일종의 진퇴양난에 처한다. 딸의 애정에 지나치게 강렬하게 화답한다면 아내와 긴장을 불러일으키는 위험을 자초할 것이다. 그러나 그는 딸의 사랑을 포기할 수 없고 그러기를 원하지도 않는다. 아이가 결혼을 유지하는 주요 동인이기 때문이다. 그러나 아버지와 딸이 서로에게 다가갈수록 그만큼 소녀의 체험에서는 가시장미 공주의 이후의 발달 전체에 그림자를 드리울 새로운 갈등이 생겨나기 시작한다. 그것은 지나치게 큰 남자가 접근하는 데 대한 두려움이다. 물론 그러한 위험이 모습을 드러내기까지는 소녀의 유년기는 부러움을 독차지할 만큼 아름다워 보인다. 타고난 '공주'의 삶으로서, 황홀하고 오랜 축제로서.

나르시시즘적 부성애의 비극
"황금 접시가 열두 개밖에 없었습니다."

"우리 딸은 잘되어야 해." 많은 어머니들이 이러한 좌우명에 사로잡혀 특히 아이 생일에 성대한 가족 잔치와 거의 국민 축제 같은 파티를 연다. 어머니의 태양인 아이는 많은 사람이 지켜보는 가운데 눈부시게 빛나야 하고, 적어도 아이 생일에는 마치 행성들이 태양 주위를 춤추며 돌듯 세상이 자기 딸이나 아들을 중심으로 돌아야 한다. 물론 그런 식으로 아이의 사회적 위신을 높이는 데 혈안이 되는 것은 어머니나 아버지의 자기 과시에 기여하기도 한다. 남들이 아이를 부러워하도록 하기 위해 사람들을 초대하는 어머니이자 주부, 혹은 아버지이자 '가장'의 능력을 온 세상이 보아야 한다.

〈가시장미 공주〉의 왕도 아주 비슷한 생각에 따라 행동하는 듯하다. 딸을 위한 잔치를 아내에게 맡기지 않고 손수 주도하는 것만 해도 기이해 보인다. 통치자이자 정치가로서 그렇게 걱정할 일이 없단 말인가? 그렇지만 동화는 역사책이 아니고, 동화 속의 왕은 역사 속의 왕이 아니다. 어쨌든 가시장미 공주의 아버지는 틀림없이 딸의 탄생이 안겨준 기쁨을 통해 처음으로 스스로를 '왕답게' 느꼈다. 그래서 **친지와 친구와 지인들**을 모두 잔치에 초대하는 일이 그의 가장 큰 욕구가 된다. 아버지가 되는 데 '성공'했음을 모두 '함께 기뻐하고' 축하해야 한다. 그는 특히 기본적으로 딸과 맺는 관계를 통해 자신을 규정한다. 〈가시장미 공주〉에서는 바로 이런 상황이 아이의 이후 성장에 어머니의 태도보다 훨씬 결정적 영향을 끼친다.

아버지의 태도도 '나르시시즘'이라고 부를 수 있다. 그러나 이런 '진단'을 하려면 이 남자에 대해 이미 알게 된 것들을 하나도 간과하지 않아야 한다. 그는 남편 인격의 중요한 영역을 거부하는 태도를 보이는 아내 곁에서 오랫동안 살아왔다. 다시 말해 그는 아이를 낳아 키운다는 목표를 추구하는 공동체에 동의하고 상징적으로 '개구리'가 되어야 했다. 아이가 태어나서 그가 느낀 기쁨이 한없이 클 것임은 이해하기 어렵지 않다. 그 환호에는 아버지가 됨으로써 인간적 가치를 얻었다는 의식이 자연스럽게 녹아 있다. 그는 아이가 태어난 후 특별한 인물이 되었다. 이렇게 본다면 아이는 자신의 중요성을 보여주는 살아 있는 전시품이기도 하다. 아이가 존재한다는 사실 자체만으로, 더구나 아이가 두드러지게 아름답다는 사실로 그는 찬란한 빛을 띠게 된다. 그렇지만 바로 이 때문에 아버지와 딸의 관계에 과도함과 과대

평가가 끼어든다. 그리고 아버지의 장식품으로 자라나는 것이 아이에게 어떤 의미인지가 조만간 드러날 것이다.

또 다른 중요한 특징이 덧붙는다. 태어난 아이는 딸이다! 아내(**황금빛 머리칼에다가 너무 아름다워서 이 지상에 견줄 만한 사람이 없는 존재**)가 세상을 떠나고 **세상을 떠난 어머니와 똑같이 아름다운** 딸만 남은 왕에게 어떤 일이 일어날 수 있는지를 진솔하게 이야기하는 그림 동화가 한 편 있다. 〈털북숭이 공주〉에서는 아버지가 법을 어기고 딸을 아내로 맞이하겠다고 결심하는 지경에 이른다. 오로지 딸에게만 연인의 기억이 영원한 현재처럼 계속 살아 있기 때문이다. 〈가시장미 공주〉 이야기를 이해하는 데 구태여 아내를 실제로 잃어버린다고 가정하지 않아도 좋다. 이 동화에서는 배우자에 대한 사랑이 죽어 감을 확인하는 것만으로도 아내에 대한 감정이 딸에게로 넘어가버리는 것을 상상할 수 있다. 아이는 존재만으로도 이미 그에게 최고의 행복과 인정을 안겨주었다. 그렇지만 자라나면서 아이는 그의 사랑을 받는 소녀로서 아버지에 대한 어머니의 부족한 사랑을 채워주고 대체해야 한다. 그리고 여성으로서 아이의 체험을 지극히 양가적으로 형성하는 것이 바로 이 역할이다.

정신분석에서는 통상적으로 성인의 전기적 자료들을 토대로 삼아 초기 유년기를 재구성한다. 유년기를 토대로 하여 다시 현재 갈등의 발생과 특징을 그려내기 위함이다. 논리적으로는 순환논법이지만, 심리적으로는 이 과정에서 환자는 스스로에게 동의하고 성숙한 합의에 이르면서 갈등을 바로잡거나 제거한다.

감정을 두드러지게 억제하는 태도를 지녔다는 점에서 스스로를 가시장미 공주와 비교한 한 여성은 초기 유년기부터 아버지가 '제일 아끼는 여자'가 자기였다는 사실이 자신에게 무엇을 의미했는지를 이야기했다. 그녀는 어린 시절 아버지가 보여준 신체적 애정 표현을 즐겨 회상했다. 아버지는 딸의 검은 고수머리를 쓰다듬거나 단단한 팔로 딸을 힘껏 껴안았다. 아버지는 어머니를 그렇게 대하지는 않았다. 그녀는 어릴 때부터 그렇게 공공연하게 편애받기를 즐겼다. 아버지가 좋아하는 방식대로 옷을 입었다. 아버지가 좋아하는 머리 모양을 했다. 그녀가 겨우 네 살이었을 때 화가였던 아버지는 딸을 그림으로 그리기 위해 화실로 데려갔다. 딸의 손에 인형을 들리고 팔에는 고양이를 올려놓았다. …… 이런 일들은 오랫동안 아주 순조롭게 진행되는 듯 보였지만, 흡사 독 묻은 과일처럼 치명적 향기를 품고 있었다.

이 여성은 처음에는 기묘한 불쾌감, 그 다음에는 격한 두려움에 사로잡혔다. 정확한 시점은 말할 수 없었다. 마치 조금씩 순결을 잃어버리는 것 같다고 느낀 것은 아마도 첫 번째 성체를 받은 아홉 살 무렵이었을 것이다. 표면적 계기는 딸의 나체화를 그리겠다는 아버지의 소망이다. 아버지의 사랑을 잃고 싶지 않았다. 아버지에게 칭찬받으면 자랑스러운 기분이 들었다. 그녀는 아버지의 쏟아지는 상찬 아래 장미처럼 피어났다. 그러나 아울러 의심과 수치심이 고개를 들었다. 대체 누구와 이에 대해 이야기할 수 있단 말인가? 어머니와? 결코 그럴 수 없다! 목사와? 있을 수 없는 일이다! 아버지 자신과? 아버지는 이미 여러 번 유창한 능변으로 딸의 마음에서 의심을 쫓아내곤 했다. 그녀가 계속 그렇게 거리끼는 태도를 보인다면 아버지에게는 고집스럽고 완고한 아이쯤으로 보였을 것이다. 아버지에게 계속 칭찬받고 따뜻한 대접을 받기 위해 그녀는 아버지 앞에 서야 했다. 그의 예술의 대상이자 내밀한 욕망의 대상으로서. 그녀는 웃으면서 쾌활한 듯이 가장했다. 이런 일들이 모두 마치 아무것도 아닌 양 행동했다. 다만 마음속에서 감정을 포기하는 법을 배웠다. 그런 일이 아무것도 의미하지 않도록 해야 했다. 유혹과 부정의 끊임없는 게임. 그리고 소녀 시절의 타협은 시간이 흐르면서 언젠가 자연스럽게 끝나야 했다. 열두 살이 되고 열여섯 살이 되었다. 그녀는 늘 그랬듯이 아버지 취향의 모양과 색깔의 옷을 주로 입었다. 파란색, 때로는 빨간색의 최대한 몸매를 강조하는 옷이었다. 그녀는 당시 상황을 말한다. "어떨 때는 내가 창녀처럼 느껴졌어요." 그렇지만 또한 다음과 같이 솔직하게 털어놓았다. 한번은 길에서 어렴풋이 알던 지인을 만났는데 그는 아버지에게 '부인'이 눈부시게 아름답다는 칭찬을 건넸다. 그녀는 그 칭찬이 자신에게 으뜸가는 승리였다고 말했다. 그 장면은 어린 시절부터 품어 온 내밀한 소망이자 꿈이었다. 그러나 이제는 소녀 시절의 악몽이 되었다.

아버지가 화폭에 그리는 그림들은 점점 생생하고 싱싱해졌지만, 그녀는 이제 자신이 텅 비고 타락한 것처럼 느껴졌다. 실제로 그녀는 모든 것을 포기했다. 아버지로부터 벗어나지 못했고, 그렇다고 해서 아버지에게로 다가갈 수도 없었으며 그래서도 안 되었다. 어린아이라는 밧줄과 성숙한 여자라는 밧줄이 그녀를 팽팽히 묶은 채 앞뒤에서 똑같은 힘으로 잡아당겼다. 견딜 수 없는 긴장 속에서 그녀는 완전한 정지 상태에 놓였다.

그러한 성장 과정은 미리 짐작할 수 있는가? 만일 그렇다면 피할 수도 있는가? 이는 동화 전체에 드리운 운명에 아마 가장 중요한 물음이리라. 그렇지만 그림 동화가 이야기하는 바에 따르면 그 대답은 역설적 방식으로만 나올 수 있다. 우리는 앞날의 어떤 운명을 똑똑히 예견할 수도 있다. 그러나 막을 수는 없다. 왜냐하면 그 '운명'이 무엇이든 모두 우리 자신의 성격에서 시작되고, 운명에 대항하는 투쟁조차 오직 한 인간의 본질적 특성에 상응해서 이루어질 수밖에 없기 때문이다. 이는 마치 두 사람이 줄다리기를 하듯 조급하게 매달려서 줄을 잡아당기면, 줄의 매듭이 더 단단해질 뿐 풀리지 않는 것과 같은 이치다.

'줄을 당기는 자' 중 **한쪽**은 순전한 선의로 거기 얽혀들었다. '왕'이 공주의 생일 잔치에 초대한 열두 '요정들'은 딸을 보호하려는 소망을 형상화한 것이다. 그들은 딸의 삶에 행복을 선사할 것이다! 그림 형제는 '지혜로운 여인들'이 준 '기적의 선물'을 간추려, 가시장미 공주가 덕과 아름다움과 부와 **세상에서 바랄 수 있는 것은 빠짐없이** 갖추게 되었다고 말한다. 샤를 페로는 이보다 좀 더 호기롭다. 그는 왕이 요정을 일곱 명만 초대했다고 말하지만, 그래도 미모, 기품, 영특함이라는 선물에 **우아하게 춤추는 재능, 나이팅게일같이 노래 부르는 능력, 악기를 연주하는 최고의 솜씨**를 덧붙인다. 그러니까 공주의 프랑스판 초상에는 아름다운 외모와 목소리, 외적인 조화와 내적인 조화가 함께 그려지는 것이다. 이에 비해 그림 동화에 등장하는 요정의 선물인 덕과 아름다움과 부는, '미국적'이라고까지 하지는 않더라도 전형적으로 독일적이라고 할 만한 특징적 차이를 보여준다. 돌누아 부인의 동화에서는 그렇게 태어나기를 소망했던 작은 공주에게 **요정**

나라에서 가장 아름답고 화려한 여섯 명의 요정이 보석으로 된 꽃을 하나씩 선물한다. 이 선물 역시 작은 공주가 상징하는 헤아릴 수 없는 소중함을 강조한다.

그렇지만 여기에 **또 다른** '줄을 당기는 자'가 있다. 이 이야기의 모든 판본에서 요정 중 한 명이 소외된다. 돌누아 부인의 이야기에서는 바로 처음에 공주를 탄생시킨 샘의 요정인 게가 그저 '잊힌다.' 샤를 페로의 이야기에서는 **벌써 50여 년 전부터 탑을 떠난 적이 없어서 사람들이 죽거나 마법에 걸린 줄 알았던** 늙은 요정이 초대받지 못한다. 그림 형제 이야기의 경우 열세 번째 요정이 오로지 불청객으로 잔치에 등장한다. 열세 번째 요정이 초대받지 못한 이유에 대한 그림 형제의 설명은 지극히 부조리하게 들리지만, 상징적으로 보면 자못 의미심장하다. **왕에게 황금 접시가 열두 개밖에 없었고**, 그래서 요정 한 명을 초대하지 못했다는 것이다. 이상하고 또 이상하다고 생각할 수밖에 없다. 왕이라면 열세 번째 접시를 신속하게 만들 능력 정도는 있지 않을까? 아니면 더 간단하게 접시를 사든지, 정 필요하다면 빌릴 수도 있지 않을까? 왜 그렇게 하지 않은 것인가? 설마 그렇게 문제를 해결하기에는 왕이 너무 고집스럽고 융통성이 없었단 말인가?[15] 이런 질문을 던짐으로써 우리는 문제에 조금 더 가까이 다가간다. 우리는 왕이 어떻게 잔치 초대를 완전하게 성공할 수 있었을지 여러 방도를 헛되이 찾아보았다. 그러나 왕에게는 있는 그대로의 사태가 있을 뿐이다. "그걸로 만족해야지. 어떻게 해볼 도리가 없어."라고 생각하는 듯하다. 그렇지만 다른 점이 더 중요한 듯하다. 왕은 왜 황금 접시가 있어야만 손님을 초대할 수 있는가? 그런 예법 문제를 한 번쯤 무시하고 까다롭지 않게 열둘이거나 열셋이거나 상관없이 초대할 수는 없는가? 극진한 환대를 받는다면 누가 어떤 접시에 식사를 하느냐 하는 문제 자체는 아무래도 좋은 것이 아닌가?

　가시장미 공주의 아버지가 이런 태도를 취할 수 없었다는 것이 그가 지닌 결정적인 어떤 면을 보여준다. 왕에게는 미적 완성도라는 형식의 문제가 인간적 가치 판단과 자연스러운 예의라는 관심사보다 훨씬 중요하다. 무엇이 중요하고 무엇이 중요하지 않은지를 가르는 잣대가 경직된 탓에 그의 태도도 경직된 것이다. 여기에서 왕의 판단은 분명하다. 다른 사람들에게 자신을 보여줄 때 본질적으로 중요한 것은 장식의 세련됨과 정확함이다. 인간적 기품과 공정함은 그보다 한참 덜 중요하다. 이 남자가 제기하는 물음은 다음과 같은 절실한 물음이다. "존경과 관심을 얻기 위해 무엇을 해야 하는가?" 그때 그가 깨닫지 못하는 것은 자신의 명예욕에 담긴 완벽한 자기 중심적 태도이고 자신의 행동에 나타나는 몰인정한 모습이며 자신의 노력에 나타나는 비극적 전도다. 그토록 자기를 중심에 두고 빙빙 도는 사람은 다른 사람들에게서 사랑을 받지 못한다. 황금 접시를 과시하려고 다른 사람들을 초대하는 사람은 애정을 얻지 못한다. 그저 총애와 시기로 이루어진 체계를 확고히 할 뿐이다. 그렇지만 주의하자. 이런 인상은 모두 외부에서 관찰했을 때에만 그렇게 보인다. 왕이 스스로를 인식할 때는 사랑하는 딸이 화려하게 삶으로 들어서는 일만이 중요하다. 그러나 여기에서 왕이 지닌 이러한 동기가 불행한 방식으로 교차한다.

　본디 사람들은 왕이 궁정 생활을 하기 위해 '황금 접시'를 넉넉하게 가지고 있다고 믿을 것이다. 원래 왕은 그런 식으로 수치스럽게 호화로움을 과시하지 않아도 좋을 만큼 '부유'하다고 느껴야 할 것이다. 그러나 그렇지 못하다. 왕은 딸이 없으면 자신은 아무것도 아니라고 느낀다. 본질적으로 딸을 통해 자존감을 얻는다. 그래서 딸은 아버지에게 진정으로 '황금의 가치'를 지닌다. 공주는 왕이 소유한 전부다. 그는 그 자체로는 아무것도 아니기 때문에, 딸의 품질이 최상임을 표현하는 황금 접시를 전시해야 한다. 물론 주관적으로 아이를 그 무엇보다도 사랑하지만, 객관적으로 볼 때는 남자로서의 열등감을 타인에 대한 소유권 요구로 달리 드러낼 뿐임을 도통 깨닫지 못한다. 이 주제 역시 놀라울 정도로 현대적으로 보인다.

반세기도 더 이전에 이미 에리히 프롬(Erich Fromm)은 인격으로서 인간의 가치를 근본적으로 하락시켜 인간이 차차 소비에 굶주리고 소유에 집착하게 만드는 도착적인 사회·경제 시스템에 관해 글을 썼다. 사람들은 누구나 사랑받기 원하지만, 사랑 없는 세상에서는 끊임없는 경쟁의 압력 아래 중요한 인물이 되는 성과를 이루어내야만 인정받을 수 있다고 느끼곤 한다. 우리는 체력이 좋고 '정력적'이어야 하고 강하고 능력 있어야 하며 성공해야 한다. 두툼한 지갑보다 남자를 '섹시'하게 만드는 것은 없다. 모든 것을 지배하는 "네가 가진 것이 바로 너."라는 공식을 프롬은 철저한 '시체 성애'로 여긴다.[16] 삶의 내적 풍요로움이 결여되어서 생명 없는 물건을 소유하는 데 집착하는 일은 어떻게 일어나는가? 이는 생명 없는 물건을 통해 스스로에게 의미를 부여하고자 하는 것인데, 우리는 사실 그러한 의미에 대한 믿음조차 가지고 있지 못하다. 프롬의 경고는 흘러듣기에는 너무도 명료하고 절박하다. 그렇기 때문에 (미국 지배 하에 있는) 이 세상이 믿을 수 없을 만큼 역동적으로 돈과 상품에 대한 치명적 페티시즘에 탐닉한다는 부인할 수 없는 사실은 더욱 놀라운 일이다. 오늘날 이른바 자기 조절적인 '시장'이라는 이론에 대한 최후의 비판자들조차 대량 실업과 빈곤에 대한 유일한 처방으로 '내수 진작'을 들고 나온다. 우리에게 구매할 돈이 충분히 없기 때문에 경제 성장을 활성화하여 새로운 일자리를 창출하고 이를 통해 빈부 격차를 견딜 만한 수준으로 줄이지 못한다는 것이다. 끊임없는 팽창과 경쟁의 압력을 통해서만 유지될 수 있기에 구조적으로 탐욕이 무한하게 늘어날 수밖에 없는 이런 경제 시스템에서는 신상품을 가지고자 부단히 욕망하는 것이 바로 국민의 의무다. 의류, 전자제품, 휴가 상품, 주거 시설, 온갖 것과 모두를 위한 보험 상품. 인위적으로 일깨운 욕망들을 진정으로 충족하는 일은 있어서도 안 되고, 있을 수도 없다. 여기 동참하는 사람만이 낙오하지 않는다. 소비를 거부한다면 사회적 추방이라는 처벌과 민주주의를 거부하는 현실 도피라는 의혹의 대상이 될 뿐이다. 이런 사회에서는 오로지 자신이 어떤 중요한 인물인 양 굴기 위해서, 오로지 독일 국내 노동력을 확보하기 위해서, 연금 제도를 안정시키기 위해서, 아이들을 생산하고 '소유'할 수 있고 그래야 한다. 시장이 팽창하려면 인구 재생산율이 높아져야 한다. 그러나 우리는 인간을 '소유'할 수 없다. 그들을 진정으로 '사랑'한다면 더더욱 그럴 수 없다.

동화 〈가시장미 공주〉에서 왕의 비극은 자신과 타인을 대하는 기본 태도에 들어 있는 근본적 모순을 스스로 볼 수 없다는 사실에 있다. 그는 자기의 작은 '보물'을 마음껏 도금할 수 있지만, 이를 통해 그 자신은 점점 편협하고 고착되고 상처 입기 쉽고 강압적으로 되어 갈 뿐이다. 그는 기본적으로 결코 충분히 소유할 수 없다. 궁극적으로 우리는 인간을 살 수 없기 때문이다. 돈으로 인간을 매수하고 도구화하고 들볶을 수 있지만 결코 진정한 친구로 만들 수는 없다. 돈으로 산 사랑이란 언제나 결핍된 자존감 때문에 간절히 갈망하는 바로 그 현실을 파괴해버리는 자기 기만일 따름이다. 그렇지만 이제 우리는 어떻게 그러한 '성격'의 빛과 그림자 안에서 '가시장미 공주'라는 이름에 걸맞은 소녀가 자라나는지 떠올려야 하리라.

'왕'의 '나라' 방방곡곡에서 초대된 요정들의 선물은 열두 번이나 아이에게 주어진다. 그러나 요정의 선물은 전체적으로 보아 왕 자신이 딸에게 주고자 하는 '선한 정신'과 '선한 소망'의 상징일 뿐이다. 다른 한편 이렇게 형상화된 가장 고매한 의도조차 왕 자신에게 '속하지' 않는다. 그 의도들은 왕의 권능 아래 있지 않고, 오히려 그의 분열된 영혼의 독자적 부분으로 나타난다. 왕은 '모든 것'이 자기에게 속하기를 원하는 남자지만 정작 자신은 자기에게 속하지 않고 자기를 존중하지 않고 자기 말을 듣지 않는다. 그가 자기 자신과 조화를 이루는 성격을 갖추고자 한다면, 아마도 우선 자신과 만났을 때 완벽성과 업적이라는 기존의 표준을 재고해야 한다. 그렇지만 그런 이야기는 나오지 않는다. 그 대신 왕의 마음에는 불행을 불러오는 '열세 번째' 요정이 살고 있다. 이 요정은 다른 요정들과 마찬가지로 원래는 단지 거기에 속하고자 원했을 뿐이지만, 이제 '잉여'로서, 소외된 자로서 앙심을 품게 된다.

인간 안의 '악'은 대체 어디에서 오는가? 수없이 되풀이해 제기되어 온 이 수수께끼 같은 물음은 열세 번째 요정의 형상에서 놀랍고도 설득력 있는 대답을 얻는다. 심리적으로 파괴적 작용을 하는 것은 모두 근본적인 불공평함이라는 감정, 아무 죄도 없이 근본적으로 거부당했다는 데서 나오는 것이다.[17] '초대받은 자'로서 행복과 축복을 선사할 수 있는 바로 그 인물과 그의 힘이 '불청객'으로서 불운과 저주를 내린다. '악'을 그렇게 이해한다면, 악은 단지 의식의 문 앞에서 들여보내 달라고 간청하는 분열된 선일 뿐이다. 그러나 사실 그 악은 계속 받아들이기 어려운 행동을 하기 때문에 스스로 자신을 배제시키는 것이다. '원치 않는 것'은 '저주받은 것'으로 돌아온다. 그리고 그것이 저주를 내포하기 때문에 우리는 다시 그것을 저주할 수밖에 없다. 이처럼 파괴적인 전체 메커니즘은 합리적 사고를 따르기보다 무의식 깊은 곳에서 일종의 자동화 프로그램에 따라 작동한다. 그것은 단지 '간과되고' '잊혀지고' 오랫동안 '죽은' 것으로 여겨지거나 선언된 영혼의 한 부분이며, 처음부터 '헤아리지' 않았기에 '고려하지' 않았던 힘이다. 이제 그 힘은 삶에서 무서운 권능을 펼쳐 나가게 될 것이다.

그러면 불행을 가져오는 열세 번째 요정은 내용상 무엇을 나타내는가? 이 불운의 요정은 실제로 무엇을 상징하는가? 앞서 이야기한 내용에 따르면 그것은 오직 왕의 영혼이나 공주의 영혼에 존재하는 성적 충동의 힘일 수밖에 없다. 그 힘은 배제되고 허용되지 않으며, 소녀를 저주하는 마녀처럼 '거기 속하지 않는' 것으로 드러난다.

독일 북부 프리슬란트 지방 출신 화가 에밀 놀데(Emil Nolde)는 1933년 가장 우아한 그림 하나를 그렸다. 〈레몬 정원에서〉라는 그림이다.[18] 휘황찬란하게 만발한 장미와 황금빛 레몬 아래에서 차가운

에밀 놀데, 〈레몬 정원에서〉(1933년)

터키옥빛의 여자 얼굴이 유혹적으로 빛난다. 활활 타오르는 계피색이자 오렌지색 머리카락으로 둘러싸인 양쪽 뺨을 연지로 강조하고 입술은 진홍색으로 칠했다. 하얀 옷이 얼굴을 감싸고 있다. 전적으로 사랑에 자신을 바치는 소녀 같은 여자는 나이 든 남자의 짙은 갈색 손 안에 신선한 초록색의 왼손을 놓았고, 남자는 그녀의 얼굴에 부드럽게 자기 얼굴을 대려고 한다. 두 사람은 유쾌한 조화와 찬란한 합일에 잠겨 있다. 하나가 된 듯한 낙원에서 그들만이 들을 수 있는 가락을 엿듣는 듯이. 그렇지만 두 사람의 차이를 간과할 수는 없다. 여자가 꿈에 잠겨 신뢰를 품고 눈꺼풀을 내리감은 반면 남자는 눈을 크게 뜨고 불안에 잠겨 예민하게, 하지만 여자에 대한 갈망을 듬뿍 담아 여자를 응시하고 있다. 남자는 소녀에게 오로지 선하게 대하고 싶지만 정말로 선하게 대할지는 아직 확실치 않다. 열세 번째 요정을 가시장미 공주 아버지의 인격에 존재하는 한 측면, 사랑하면서도 마치 잠에 빠져 옴쭉달싹 못하듯이 아이의 영혼 위에 몸을 눕히고자 하는 측면으로 바라볼 때 비로소 동화 〈가시장미 공주〉를 이해하게 된다.

자라지 않는 아이
"공주는 물레 바늘에 찔려 죽을 것이다."

앞에서 사례로 든 화가의 딸을 떠올려보는 것만으로도, 그런 소녀가 아버지와 감정적으로 결속되어 있고 아버지에게 의무를 느끼면서 여자로서 성숙하기 시작할 때 어떤 일이 일어나는지 이해할 수 있다. 여기에서 중요한 것은 〈가시장미 공주〉 전체를 관통하는 운명적 성격이다. 이 성격은 으스스하고 어둡게 느껴진다. 그러나 정신적 질환을 깊이 생각해본다면 이 운명적 성격이야말로 전적으로 설득력 있고 정확하다.

정신분석에서는 프로이트가 신경증 발생을 설명하는 데 '촉발 상황'이라는 개념을 도입한 바 있다.[19] 프로이트는 정신 질환이 그 질환의 이유로 거의 고려되지 않는 상황 때문에 발생하는 것을 여러 차례 확인했다. 현재의 갈등은 심각한 신경증을 야기하기에는 너무 경미해 보인다. 그러나 오로지 외부에서 상황을 관찰할 때에만 그렇게 보일 뿐이다. 삶에서 발생하는 위기의 의미를 이해하려면 우리는 당사자 자신의 관점에서 이해하려고 노력해야 한다. 대개의 경우 삶의 외적인 상황보다는 환자의 성격 구조가 훨씬 중요하다. 다른 사람들에게는 별 의미 없이 작용할 수도 있는 일이 그의 삶에서는 그야말로 해소될 수 없는 갈등을 불러일으킬 수 있다.

그 병을 앓기 전에 그는 어떤 사람이었던가? '병전(病前) 성격 구조'는 어떠하였는가? 이를 이해한다면 왜 특정 상황이 어떤 정신 질환의 '원인'은 아니더라도 '촉발 요인'이 될 수 있는지 분명해진다. 이때 거의 언제나 특정한 심리적 압박 상태 때문에 유년기부터 생겨나 해소되지 않은 문제들이 나타난다. 물론 종종 한 개인이 살아가면서 가지는 문제들이 보상 조치를 통해 다른 삶의 영역에서 다시 균형을 이루거나 심지어 장점으로 변화할 수도 있다. 그러나 그러한 인위적 조치가 늘 믿을 만한 것은 아니고 더군다나 늘 지속적으로 믿을 만하지는 않다. 보상은 비상구와 같다. 예를 들어 극복할 수 없어 보이는 장애 탓에 마지막 구원의 길마저 갑자기 차단되었을 때 '촉발 상황'이 발생한다. 직업적 실패, 가까운 사람의 상실, 특히 승인과 인정이 중요한 부분에서 느끼는 상심과 같은 체험은 자아 붕괴와 신경증 발병을 가져오는 요인으로 충분하다. 그러나 질환이 일어난 근본 원인은 초기 유년기에서 찾을 수 있다. 그래서 우리는 그때까지 살아온 삶 전체가 실은 바로 이 순간 이루어지려 하는, 아니 이루어져야 하는 저주를 받고 있었던 듯한 느낌을 받는다. 객관적으로는 착각에 불과할 수도 있다. 돌아보면 사실 의도적이지 않았고 어떤 목표가 있었던 것도 아닌 많은 일들이 그렇게 보인다. 이 모든 것 속에서 회피할 수 없는 끔찍한 결과가 나타나는데, 그리하여 우리는 어떻게 늦기 전에 그러한 연관성을 알아차리고 무언가를 해야 했는가라는 물음을 다시 한 번 던지게 된다.

가시장미 공주의 경우에 우리는 첫 번째 단계에 있다. 그렇지만 우리는 열세 번째 요정의 저주를 벌써 상당히 이해하고 있다. 그러한 아이의 삶은 실제로 그야말로 어떤 갱도의 아가리 속으로 들어가고 있는데, 갱도의 상반(上盤)이 언젠가 균열을 일으킬 것이다. 이러한 균열은 '촉발 상황'이 될 것이다. 예언에 따르면 그것은 물레 바늘에 한 번 찔리는 것에 불과하다! 다른 소녀들에게는 그런 사건이 전적으로 무의미하고 대수롭지 않은 일에 불과하다. 그러나 가시장미 공주에게는 재난이며 무슨 일이 있어도 피해야 하는 일이다. 삶이 시작하기 무섭게 끊임없는 불안 속의 회피라는 마법에 걸린다면, 그런 삶이란 대체 어떠한 것인가? 그리고 그러한 불안의 대상은 정확히 무엇인가?

가시장미 공주의 체험에서 운명을 규정하는 것은 아이가 태어난 가족의 특수한 상황이고, 특히 아버지의 위치와 태도다. 한편으로 공주는 부모가 간절하게 원하던 아이였고 다른 한편으로 끊임없이 돌보고 보호해야 할 대상이었다. 이 두 가지 측면에서 버릇없이 키우는 것과 호통 치며 키우는 것, 활달히 자신을 발전시키도록 하는 것과 주눅 들게 하는 것, 용기를 주는 것과 빼앗는 것이 기이한 방식으로 결합되어 있고, 이를 통해 단순하고 티 없는 행복이 가로막힌다. 특히 아버지와 맺은 관계에서 혼란을 겪으면서 소녀이자 여자로 성장하는 데 필요한 자연스러운 자신감이 차단된다. 바로 화가의 딸의 사례는 벌써 성적 추행의 언저리에 다가가 있다. 그렇지만 가시장미 공주의 문제가 일어나기 위해 상황이 항상 그렇게까지 극단적으로 진행되어야 하는 것은 아니다. 그와 비견할 만한 일이 눈에 띄지 않게 일어날 수도 있다. 그리하여 밖에서 보기에는 전부 '정상적'으로 보일 수도 있다. 예를 들어 다음 사례가 그렇다.

열여섯 살 소녀가 거식증이 아닌가 하고 부모와 함께 정신분석 상담을 받으러 왔다. 가족의 주치의는 오래 전부터 아이의 건강 상태를 우려했고 부모의 이성적 질책도 결실을 맺지 못하여 부모는 무력감에 빠졌다. 상담에서도 소녀는 자신이 건강하고 정상적이라는 입장에서 물러서지 않았다. 그녀는 모델이 되고 싶기 때문에 살을 빼고 몸매를 유지해야 한다고 주장했다. "그럼 왜 모델이 되려는 거죠?" "예뻐야 지만 사람들이 좋아하니까요." "누가 좋아해주기를 바라는 거예요?" "모르겠어요. 그냥 그래요."

짤막한 대화에서도 소녀에게 너무 깊이 녹아들어 마치 제2의 천성인 듯 소녀 자신도 거의 알아차리지 못하는 핵심 모순이 똑똑히 드러난다. 아이는 사랑을 갈망하지만, 그 사랑은 결코 구체적 형상으로 드러나서는 안 된다. 아이 자신은 접근을 가로막는 불안을 감지하지 못한다. 남에게 주목받으려는 소망이 심리적으로나 신체적으로 만져지려는, 아니 최소한 닿고 싶다는 소망을 대체하고 있기 때문이다. 다른 사람들의 경탄을 자아내려는 바람을 통해 아이는 실제로 가까운 누군가의 경탄을 받고 느끼기를 회피하는 것이다.

소녀의 가족사를 들여다보면 이러한 양가성의 이유가 쉽게 드러난다. 아버지와 어머니는 여러 해 전부터 결혼 연극을 하고 있었다. 냉랭한 친절과 점잖은 예의범절을 연기하는 데 전념하는 그들은 억지스럽게 예의를 차린 교류를 할 뿐 심리적 결속은 느끼지 못하고 있었다. 아버지는 어느 날 아내가 실은 동성애자이고 아이를 낳은 것은 오로지 그녀 자신이 수치스럽게 느끼는 이 사실을 타인에게 숨기고자 했기 때문이라고 고백했다. 그는 아내가 있을 때 상담에서 이 문제를 거론한다면 아내는 부부 사이의 신뢰를 깨뜨린 치명적 배신이라고 생각할 것이라고 덧붙였다. 그것은 차갑고 고독한 껍데기로 둘러싸인 끔찍한 비밀이다. 아내는 사실 남편을 매우 존경하고 높이 평가한다. 아내는 결혼 연극에 대한 모든 책임이 자기에게 있다고 느낀다. 이제 특히 딸의 병 때문에 무지근한 자기 비난에 빠진다. 더구나 아이는 너무도 예민하고 재능 있고 아름답고 영리하고 귀하다. 어머니에게 딸은 마치 자기 자신을 이상적 모습으로 다시 한 번 낳은 것과 같다. 은폐되고 소심한 삶에서 결핍되었던 모든 것, 그러니까 자기 감정을 자유롭게 흘러가게 하고 흥허물 없는 친밀한 친구들의 응답을 통해 그 감정이 다시 자기에게 흘러들어오게 해도 좋다는 그 허락을 어머니는 딸에게 충심으로 베풀었다. 그렇지만 얼마 지나지 않아 딸의 애정을 둘러싸고 부모 사이에 질투심에 찬 경쟁이 시작되었다. 아버지는 딸이 어머니와 똑같은 비운을 겪는 것을 바라지 않았다. 아버지는 딸이 튼튼하게 자라야 한다고 생각했고, 딸이 아버지에게 보여주는 자발적 애정이 자신이 노력한 성과를 확실하게 입증한다고 해석했다. 그는 교육적으로 올바른 길을 가고 있었다. 한편 어머니는 딸의 애정을 지나칠 만큼 탐했다. 어머니는 아이가 아버지 곁에서, 그리고 아버지의 부추김을 받아 다른 소년들과 거리낌 없는 태도로 우정을 맺고 어울리는 것을 시기하면서 바라보았다. 어머니는 아이가 여자가 되는 것을 원했지만 남자들 뒤를 쫓아다니기를 원하지는 않았다. 또한 아버지는 아이가 여자가 되는 것을 원했지만 자기 아내 같은 여자가 되기를 원하지는 않았다. 이처럼 부모의 태도에서 보이는, 반쯤은 의식적인 두 경향은 소녀의 영혼에 차곡차곡 쌓여 여자가 되어야 하지만 여자이어서는 안 된다는 의무가 되었다. 그것은 역설적이다. 그러니까 부모의 의식적 소망과는 완전히 다르지만, 실은 결코 존재하지 않는 관계를 바깥에 과시하는 부모의 무의식적 태도에 완전히 상응하는 의무다.

그리하여 소녀는 지속적으로 무엇인가 구하려는 태도와 동시에 이미 얻은 것을 즐기는 일을 스스로 금지하려는 태도를 지니고 있었다. 예를 들어 상담을 받으러 차를 타고 가는 중에도 독일어 작문 숙제를 했는데, 어떤 시를 해석하는 숙제였다고 한다. 아이는 교과서에 쓰여 있는 운율과 형식에 관한 내용을 모조리 공부했다. "시를 쓰는 이유가 운율을 충족하거나 문체 규칙을 지키기 위해서라고 생각하니?" 아이는 대답했다. "그럼요. 그렇지 않다면 그냥 산문으로 써도 되잖아요."

그 아이는 나중에 '모델'이 되었을 때 천박하다는 말을 듣지 않으려면 학교 성적도 '최상위권'이어야 하고 예컨대 교과 과정에 '서정시'가 있다면 반드시 알아야 한다고 생각했다. 몸과 마음 양편에서 완벽하고 흠결 없는 모습이 되는 것이 소녀의 야심이었다. 그리고 아이는 그 절망, 자신을 가득 채운 죽음을 향한 깊은 동경을 용감하게 무시했고 절묘하게 합리화했다.

어머니로부터 남자에 대한 전반적 거부와 혐오를 배웠다. 다른 한편 아버지에 대한 어머니의 냉담한 태도로부터 아버지를 보호하고자 하는 이유에서 아버지에게 매달렸다. 또한 아버지가 남자로서 자신에게 남달리 짙은 애정을 보이는 것을 느끼고 있었다. 아버지가 배우자로서 어머니를 잃었을 때 대체자가 되어야 한다는 감정으로 긍지와 불안이 뒤섞여 들어왔다. 아이는 아버지의 이해관계에 더욱 주의를 기울임으로써 자신이 할 수 있는 최선을 다했다. 아버지와 더불어 일요일 오후에 산책을 하고 하느님과 세상에 관한 대화에 오랫동안 열중했다. 아버지에게는 자신의 생각과 사상에 마음을 여는 사람이 한 명이라도 곁에 있음이 두드러지게 긍정적인 작용을 했다. 물론 이러한 흥허물 없는 관계에서도 지나친 친밀함은 엄격하게 피해야 했다. 소녀는 자라면서 아름다워지고 성숙해질수록 아버지에 대한 어떤 감정을 더욱 강하게 억누르고 중화해야 했다. 아이는 어머니처럼 느끼지는 않았지만, 아이가 심리적으로 점점 빠져드는 그런 삼가는 태도는 사실 점점 어머니라는 모범과 같아지는 것이었다. 지성, 정신성, 교양, 학습은 예나 지금이나 아이의 삶에서 '죄 없는' 영역이었다. 아이에게 느낌, 정서, 격정, 욕망은 어둡고 몽매하고 야만적인 것으로 보였다. 아이는 그들을 넘어 지나쳐 갔다. 마치 뜨거운 모래 위를 맨발로 달릴 때 모래 속에 전갈이 숨어 있을까 두려워하며, 언젠가 전갈이 등뒤에서 슬그머니 자신을 찌를 기회를 노리고 있다고 확신하듯이.

소녀의 삶에서 어떤 사건을 통해 '물레에 찔리는 것' 같은 일이 일어났다. 사건이 일어난 지 약 반 년 정도 지나 거식증이 시작될 전조가 드러났다. 어느 여름날 저녁 카페에서 학교 친구인 남자 아이가 아주 여성스럽게 발달하던 소녀의 가슴을 두고 외설스럽게 평을 했다. 소녀에게 자신감이 있었다면 이런 일쯤은 가볍게 지나쳐버렸으리라. 남자 아이를 조롱하거나, 심지어 거친 말 뒤에 숨은 찬사를 끄집어내 들었을지도 모른다. 그러나 소녀는 그때부터 자신에게 끝없이 채찍질을 하기 시작했다. 아이는 다시는 몰지각하고 뻔뻔스러운 시선과 미심쩍은 평을 받지 않기 위해 더욱 '단정하게' 옷을 입도록 노력했다. 그렇지만 그것만으로는 문제가 해결되지 않는다. 어떻게 부끄럽지 않으면서 아름다울 수 있는가? 아버지마저 자기 뒷모습을 흘끔흘끔 곁눈질한다고 믿게 되자 소녀의 결심이 확고해졌다. 살을 빼야 한다는 것이다.

수많은 연구들은 거식증이라는 정신 질환이 패션쇼와 스크린에서 볼 수 있는 절세미인들과 같아져야 한다는 강박관념의 결과라고 보고한다. 사실 우리 사례에서 볼 수 있듯이 때때로 환자 스스로 이런 소망을 표현하기도 한다. 그렇지만 이런 소망은 숨어 있는 것을 드러내기보다는 오히려 은폐한다.[20] 실은 체중 몇 킬로그램을 감량하는 것이 문제가 아니라, 성숙한 여성으로서 (혹은 성숙한 남성으로서) 자신을 근본적으로 거부한다는 것이 문제다. 인간 존재의 자연스러운 상태에 대한 거부가 얼마나 확장되는지는 기본적으로 정신적 힘과 의지적 결단의 문제다. 자신의 여성됨을 부정하려면 몸 전체를 부정해야 한다. 거식증 환자가 추구하는 '아름다움'은 지상의 존재로서 지니는 한계, 즉 노화, 약함, 병듦을 단호하게 거부한다. 그것은 식사, 수면, 옷 입기, 피로, 유한성 같은, 육체를 유지하는 데 따르는 것들을 굴욕적으로 느낀다.

거식증의 핵심은 시간을 붙들어 매려는 것이다. 동화 〈가시장미 공주〉는 바로 이를 서술한다. '궁전'의 모든 것이 움직임을 멈추고 영원한 세계로 잠겨든다. '물레'와의 접촉은 공주에게 이후의 발전을 완전히 차단할 것을 강요한다. 열다섯 살 소녀로서 이미 '완전'해야 한다. 시간을 초월하는 완전한 아름다움, 삶이 제대로 시작하기도 전에 완성에 도달한 여자. 그녀는 한마디로 자연적 성숙과 발달을 거부한다. 이는 마치 현실에 대한 두려움 탓에 영혼이 육신을 떠나 날아올라 플라톤의 이데아 세계에서 부유하는 것과 같다. 모든 것이 숨을 멈추고 움직임을 멈춘다. 모든 것이 썩지 않는 죽음으로 둘러싸이고, 조각이나 진열장 마네킹 같은 정지 상태에서 굳어버린다. 이런 절망스러운 죽음 같은 잠 속에서는 부모도, **동물도**, 심지어 **화덕에서 타오르던 불**도, **나무 위의 바람도** 더는 움직이지 않는다.

오스카어 코코슈카(Oskar Kokoschka)는 1907년 〈잠자는 소년들〉이라는 석판화 연작의 맨 앞에 〈잠자는 여인〉이라는 그림을 두었다.[21] 긴 황금빛 머리칼이 굽이치는 머리를 왼팔로 벤 젊은 여인이 빨간색, 흰색, 노란색 점무늬 옷에 휘감겨 쉬고 있다. 옷은 종 모양으로 여인을 감싼 채 그림을 보는 사람의 눈에 여인이 신은 작은 녹색 신발

오스카어 코코슈카, 〈잠자는 여인〉(1907년)

만을 드러낸다. 마치 아직 흘리지 않은 눈물을 남김없이 받으려는 듯 이 여인은 오른손으로 초록색 천을 베개마냥 얼굴에 대고 있다. 이 창백한 미녀는 조그만 정원 구석에 있는데, 정원에는 파란 꽃이 몇 송이 자라고 주위를 파란 강물이 넓고 둥그렇게 둘러치고 있다. 강물에서는 아가리를 벌려 위험한 이빨을 드러낸 빨간 물고기 두 마리가 소용돌이를 만들며 헤엄친다. 코코슈카는 이 장면을 이렇게 묘사한다. "빨간 작은 물고기/ 빨간 작은 물고기, 세 개의 날을 가진 칼로 너를 찔러 죽인다. 나의 손가락으로 너를 두 조각으로 찢는다./ 더는 말없이 뱅뱅 돌지 못하도록./ 빨간 작은 물고기, 빨간 작은 물고기/ 나의 작은 칼은 빨갛다/ 나의 작은 손가락은 빨갛다/ 사발 안에 작은 물고기가 죽어 잠긴다. 그리고 나는 쓰러져 꿈꾸었다. 운명은 많은 주머니를 가지고 있다."

코코슈카의 묘사에 따르면 이 여성이 애달픈 그리움과 꿈꾸는 고독이라는 깊은 잠 속에 갇힌 것은 빨간 물고기라는 (남근의) 상징에 대한 두려움 때문이다. 그리고 여인의 마음속에 두려움과 혐오라는 감정을 만들어내는 것은 자신의 (거세라는) 퇴행적 절단 환상이다. 이러한 무의식적 감정과 소망의 강물에서 멀리 떨어진 피안에서, 그리고 생각을 차단하는 흰 벽 너머 숲과 도시 사이에서 비로소 수노루와 암노루로 묘사된 우아하고 자유로운 낙원이 펼쳐진다. 이 '잠자는 여인'을 자기 보존을 위한 영원한 꿈에서 깨우고 '노루들'에게 이끌어 갈 길은 있는가? 코코슈카의 석판화 연작인 이 그림이 던지는 물음은 바로 이것이다. 그 물음은 숱한 '운명의 주머니들' 안에서 포로가 된 한 소녀의 성적 불안을 어떻게 극복할 것인가 하는 문제와 똑같다.

거식증에 걸린 소녀의 부모는 동화 〈가시장미 공주〉의 왕과 왕비와 마찬가지로 힘닿는 대로 모든 일을 시도했다. 시시각각 재난이 다가오는 것을 보았고 재난을 모면하려고 전력을 기울였다. 그들이 또 어떤 일을 할 수 있었겠는가? 그들의 귓전에는 여전히 열세 번째 요정의 저주가 울려 퍼지고 있었다. 공주는 **열다섯 살이 되는 해 물레 바늘에 찔려 죽을 것이다. 사랑하는 딸을 불행에서 지키기 위해 왕은 나라 안의 물레를 죄다 불태워버리라고 명했다.** 1987년 독일과 체코에서 공동 제작한 영화에서 아버지가 택한 보호 조치는 바늘, 화살, 장미꽃, 감탕나무 등 아이가 찔릴 수 있는 모든 날카로운 물건은 끝을 무디게 하거나 아예 뽑아버리라고 하는 데까지 나아간다.[22]

가시장미 공주가 자라나는 아버지의 세계 전체가 도처에 도사린 치명적 위험으로부터 아이를 지키고자 애를 쓴다. 여기에서 주목할 점은 특정한 위험을 어떻게 알아차리고 모면할지를 아이에게 가르쳐 스스로 조심하도록 하지 않는다는 사실이다. 아이에게는 주변의 모든 것이 위험하다고, 그래서 순전히 너를 보호해야 하기 때문에 주변 환경과 접촉할 기회를 미리 차단할 수밖에 없다고 말할 뿐이다. 조심스럽게 물레(혹은 온갖 종류의 날카로운 물건)를 만지지 말라고 하거나, 만지더라도 옆에서 만져야 한다고 가르치지 않는다. 아이를 제외한 다른 사람에게는 치명적이지 않은 어떤 도구(혹은 자연 현상)를 아이가 올바르게 다룰 수 있도록 방법을 보여주지는 않는 것이다. 아버지는 예언된 불행에 대한 불안 탓에 단 한 가지 조치에만 매달렸다. 위험의 근원을 죄다 제거하라! 불안이 너무도 크기에 불안의 근원 자체가 아이에게 접근하지 못하도록 완벽하게 제거해야 한다!

정신분석에서 '억압'이라고 표현하는 개념을 이보다 실감나게 묘사할 수는 없으리라.[23] 자아는 이미 인식한 위험을 현실적 방식으로는 전혀 다룰 수 없다고 생각한다. 자아는 불안을 느끼는 대상을 의식에서 몰아내 존재하지 않는 것으로 선언함으로써 불안을 진정시킬 수 있을 뿐이다. "너에게 불안을 자아내는 그것은 이제 존재하지 않는다. 그러므로 불안해할 이유가 없다." 억압에 근거하여 불안 없는 세상을 확언하는 것은 필연적으로 이 세상 전체를 (무의식적) 불안으로 가라앉게 한다. 구체적 대상으로 보고 피할 수 있는 불안이 바야흐로 특정한 대상도 없이 세계의 모든 체험에서 근본 감정이 된다. 덴마크의 종교철학자 키르케고르는 바로 여기에 공포와 불안의 차이가 있다고 본다. **공포**를 느끼는 사람은 자신이 무엇 때문에 공포를 느끼는지 알고 있고 그래서 위험을 피하려고 시도할 수 있다. 불안 속에서는 위협적으로 느껴지는 것이 무엇인지 알지 못한다. 불안은 대상이 없다. 그러니까 그 불안을 알지 못하는 사람에게는 아무것도 아니지만, 불안을 느끼는 사람에게는 그 '없음'이 바로 체험의 내용이다.[24]

불안과 공포 개념을 이렇게 정의한다면, 나라 안의 모든 물레를 불태우라고 명령할 때 왕은 공포를 느끼고 있었고 공주는 불안에 휩싸여 있었다고 할 수 있다. 그렇지만 왕 자신도 이미 끝없는 **불안** 속에서 살고 있지 않았는가? 불청객 요정의 목소리는 바로 자신의 목소리가 아니었는가? 그런 왕이 딸에게는 남자의 성과 접촉하는 것이 너무 위험하다고 여겨 경고나 행동 지침이나 '계몽'도 없이 오로지 딸에게 '그런 것'이 전혀 나타나지 않도록 조치를 취하고자 했다. 이 남자가 자신의 공주를 위해 마련한 세상에는 한마디로 치명적 에너지를 펼칠 어떤 것도 존재해서는 안 된다. 왕은 그러한 예방 조치들이 결국 한 남자이자 한 인격으로서 자기 자신을 금기 아래 두는 것임을 볼 수 없었거나 보고자 하지 않았다. 왕은 요정의 목소리로부터 자신이 지닌 불안의 언어를 들었지만, 자신으로부터 분열된 채 자기 외부로 옮겨진 내부로서, 마치 객관적인 것처럼 들었다. 그리하여 객관적인 것처럼 들은 그것이 두려움의 주체이자 원천인 자신에게 마치 생소한 것인 양 말했던 것이다.[25] 이러한 치환의 '장점'은 명백하다. 딸을 자기 자신으로부터는 보호하지 않아도 되는 것이다. 심리적 위험은 바로 물질적 위험인 이 세상에 있기 때문이다. 그렇지만 치환의 대가도 명백하다. 앞으로는 이러한 투사 때문에 이 세상 전체가 무한한 불안의 장소로 요약되고 이제 거기에서 빠져나갈 길은 없다.

 삶의 지극히 단순한 사건이 성적 불안으로 인해 운명의 복마전이 되는 자기 최면의 과정을 몇 단계로 요약하면 다음과 같다. 한 여자가 남편에게 불안을 느끼고 있다. 그녀는 여성성을 외면하고 어머니 역할로 달아난다. 남자는 자신의 남성성에 불안을 느끼고 있다. 그로 인해 내적으로 분열과 억압이 일어난다. 이제 부모 사이에서 해소되지 않은 갈등이 딸의 존재를 뒤덮고, 인정, 의존, 애정을 원하는 아이의 아주 단순한 욕구가 무시무시한 혼돈을 겪게 만든다. 가장 심각한 것은 부모의 불안이 외부적으로 실체화되고 나아가 딸의 체험 안에서 신체화하는 상황이다. 아직은 단지 성적 불안의 상징적 표현이라고 이야기하고 해명하고 처리할 수 있을 것이 이제는 객관화된 금기 대상으로, 어디에나 퍼져 있는 실재적 위험으로 나타난다. 이제 '남자들'이 아니라 온 세상이 위험하다. 그리고 한없는 불안 속에서 아버지가 잠시도 쉬지 않고 취하는 보호 조치는 바로 세상 전체에 대항하는 것인데, 이 조치는 이제 결코 목적을 달성할 수 없다. 분명히 물레는 태워버릴 수 있다. 그러면 농부는 무엇으로 아마와 양털을 가공할 것인가? 사람들은 손쉽게 새 물레를 만들고 왕의 다음번 단속 때는 잘 감출 수 있을 것이다. 장미 덤불은 없애더라도 어디에서나 지천으로 다시 자랄 것이다. 그렇다. 외부로 전이된 불안의 전쟁은 끝날 리 없고, 그 전쟁에서는 당연히 승리할 수 없다. 최근에 이르러 다시 수많은 신보수주의자들이 선호하는 이념이 될 위험에 처한 '악에 맞선 기념비적인 십자군 전쟁들'[26]에서 그런 것처럼, 오히려 그런 증상을 불러일으킨 원인, 그렇게 철저하고 처절하게 대항해야 한다고 생각하는 원인이 더욱 공고해질 뿐이다. 테러와 그에 대항하는 테러를 통해 불안의 이유와 배경을 근절할 수는 없다. 불안은 오로지 의식화, 동행, 깨어 있는 신뢰를 통해서만 극복할 수 있다.

그렇기 때문에 〈가시장미 공주〉를 읽을 때 가장 충격적인 인상은 다음과 같다. 아버지로서 책임을 의식하는 사람이 운명적 저주가 가져올 불행에 대항하기 위해 애면글면 노력하지만, 결과적으로 자신과 딸이 붙잡혀 있는 그물을 차츰 강하게 잡아당길 뿐이다. 피할 수 없는 불행의 어두컴컴한 위협을 해소하기 위해 왕이 깨달아야 했을 진실은 딸로부터 멀리 떨어뜨려놓고자 했던 운명의 원천이 바로 자신이라는 사실이다. 운명적이고 강박적으로, 목표로 삼았던 것과는 달리 선한 의도를 지워버리는 것은 신성한 힘, 사악한 악마, 혹은 '지혜로운 여인들'의 주문이 아니다. 운명적이고 강박적으로, 목표로 삼았던 것과는 달리 작용하는 것은 우리가 불안 탓에 억압하고 바깥으로 투사하며 그 다음에 '실재적' 뒤엉킴으로 보고 대항하고자 했던 바로 그 자신의 영혼의 힘이다. 우리에게 '운명'을 가져오는 것은 오로지 우리 자신이 지닌 심장의 역동적 힘뿐이며, 불안으로 그 힘이 맹목적 무의식에 귀속될 때 그 운명이 닥쳐온다.

여성성에 대한 깊은 두려움
"모두 깊은 잠에 빠졌습니다."

유년기 이후로 가시장미 공주의 영혼 속에서는 아무도 원치 않았지만 운명적 일관성을 가지고, 이른바 때맞춰, 즉 열다섯 살이 되는 생일에 참극이 일어날 조건이 갖춰졌다. 그러나 그림 형제가 예기치 못한 비극을 서술하는 방식은 가시장미 공주의 경험에서 또 다른 배경적 진실을 드러내는 데 탁월하게 기여한다. 그렇게 보지 않으면 이는 난해하게만 여겨질 것이다.

모든 일은 **공주가 바로 열다섯 살이 되던 날**, 곧 아이가 생일을 맞이하는 날 일어난다. 하지만 그림 형제는 그렇게 표현하지 않는다. 그림 형제는 이 축하해야 할 날이 눈에 띄지 않도록 변형해서 표현한다. 사실 생일에는 잔치를 벌어야 하는 것이 아닌가? 부모에게는 이제 아이가 이 세상에 온 것이 아무래도 좋은 일이 되어버려서 감사하는 마음으로 축하하지 않는단 말인가? 로마 가톨릭 지역에서는 일반적으로 생일보다 수호성인의 날을 더 높게 친다. 새로 태어난 아이는 수호성인인 기독교 성인의 이름을 얻는 세례를 통해, 이탈리아어에서 표현하듯이, 짐승에서 사람이 되기 때문이다. 그러나 '가시장미 공주'는 결코 '기독교' 이름을 얻지 못했다. 사람들은 그 아이를 영원히 그렇게 부를 것이고, 이것은 열다섯 번째 생일 장면에 부합한다.

사악한 요정이 죽음의 위험이 찾아올 날이라고 예언했던 그때가 시작되는 결정적인 날에 **왕과 왕비는 도대체 왜 궁전을 비운 것인가?** 그들은 그날부터, 그리고 향후 열두 달 동안 조심해야 했을 것이다. 그렇지만 그렇게 하지 않았고, 나라 안의 물레를 빠짐없이 불태워버리는 것으로 딸을 보호할 의무를 다했다고 믿은 듯하다. 이와 같은 역설은 샤를 페로가 쓴 이야기에서도 찾아볼 수 있다. 그러나 페로의 서술에서 이런 역설은 위험하지 않은 것으로 해소된다. 페로는 공주가 열다섯 살 혹은 열여섯 살이라고 적는다. 그리고 우리는 아무리 이 세상에서 가장 조심스럽게 아이를 돌보는 부모라 하더라도 여러 해에 걸쳐서 매일 매시간 딸을 돌볼 수는 없다고 생각할 수 있다. 공주는 이제 부모와 떨어져 별장에서 사는, 거의 성인이 된 아이다! 그렇지만 그림 형제는 한층 세밀한 묘사를 통해 틀림없이 다른 말을 하고 있다. 분명한 사실은 독일에서 부모는 아이 생일에 잔치를 열어주어야 하고, 열세 번째 요정이 협박한 상황에서는 더욱 조심하여 아이에게서 눈을 떼서는 안 된다는 것이다. 그러니 왕과 왕비가 완전히 거꾸로 행동하는 것은 무엇을 의미하는가?

또 다른 그림 동화가 결정적인 부분에서 이를 해명할 수 있는 정보를 준다. 〈마리아의 아이〉에는 천국에서 성모 마리아가 가난한 나무꾼들이 데리고 온 아이를 키우는 이야기가 나온다. '마리아의 아이'는 천국의 열두 개 방을 모두 둘러봐도 된다고 허락받지만, 열세 번째 방만은 열어봐서는 안 된다. 그러나 성모 마리아는 잠시 여행을 떠나면서 열네 살 소녀에게 방 열쇠를 건네주고, (당연히!) 아이는 금단의 방을 열어본다. 아이는 그 안에서 **불 속의 삼위일체**를 보고 너무도 매혹되어 빛나는 환영에 손을 댄다. 그리고 그로 인해 아이는 손가락이 금이 되어버렸음을 알고 소스라치게 놀란다.[27]

이 두 이야기에서 소녀는 막 여성으로 깨어나는 나이에 이르렀고, 부모 혹은 성모 마리아는 '재앙'으로부터 가장 주의 깊게 아이를 보호해야 할 시점에 아이 곁에서 사라진다. 여기에 은밀한 의도 혹은 필연성이 작용하고 있다고밖에는 생각할 수 없을 지경이다. 동시에 왜 그런 일이 일어나는지도 쉽게 납득할 수 있다. 부모는 성숙해지는 아이로부터 언젠가는 **물러나야 하는** 것이다. '성모 마리아'라고 하더라도 '자신의' 소녀로부터 멀어지는 것은 피할 수 없다. 그런데 이야기 속에서는 절대 사용해서는 안 되는 '열쇠'를 왜 아이에게 맡긴 것인가? 왜 말로는 금지한 것을 해보라고 은근히 선동하고 유혹하는가? 이런 식으로 제기한 물음 역시 큰 어려움 없이 대답할 수 있다. 성적 불안과 심리적 거부에서는, 부모가 아이에게 그 '으스스한 것', '금지된 것', '죽음의 위협', '죄스러운 것'을 행하도록, 최소한 자백하지 않고 은밀하고 감춰진 방식**으로라도** 행하도록 촉구하는 일을 거의 피할 수 없다. 아이는 여자(혹은 남자)임이 어떤 기분인지 알아야 한다. 이때 아이가 여는 그 '방'은 자기 몸의 '공간'이자 자기 영혼의 '방' 아닌 다른 것일 수 없다. 바로 부모가 집에 없을 때, 가시장미 공주가 홀로 궁전에 남겨질 때, 소녀는 **마음 내키는 대로 이 방 저 방을 구경하기 시작하고 오래된 탑에 이르러 좁은 나선형 계단을 빙글빙글 올라간다.**

동화를 정신분석적으로 해석할 때는 언제나 이런 질문을 던져야 한다. "이런 장면의 꿈을 꾸었다면, 이 장면은 무엇을 의미하겠는가?" '계단 오르기'의 경우 분명 (의식의) 더 높은 위치를 얻는다고, '더 커지고' 더욱 발전하고 '높아진다'는 뜻이라고 생각할 수 있다. 특히 산에 오르는 일은 이러한 상징적 의미로 읽을 수 있다. 그러나 우리의 맥락에서 '계단 오르기'는 프로이트가 성적인 장면에 귀속시킨 바로 다음과 같은 내용을 표현하는 것이리라. 프로이트는 계단을 오를 때 차츰차츰 숨이 차는 경험을 근거로 해서 '계단 오르기'를 성적 쾌락의 '절정'에 가까워짐과 동일시했다.[28] 〈가시장미 공주〉에서도 역시 여러 정황을 종합해 볼 때, 계단을 오르는 순간이 열다섯 살 소녀의 바로 그런 '상승'을 뜻한다고 볼 수 있다.

이는 그림 형제가 아이가 **자물쇠에 녹슨 열쇠가 꽂혀 있는** 작은 문을 발견한다고 이야기하기 때문이다. 문을 열자 방 안에는 운명의 세 여신처럼 실을 잣고 있는 노파가 앉아 있다. 의심의 여지 없이 이 순간에 열세 번째 요정의 저주가 이루어질지 아닐지가 결정된다. 그렇지만 이 장면의 의미를 이해하려면 이 장면이 얼핏 보기에 얼마나 부조리하게 구성되어 있는지를 다시 한 번 생각해보아야 한다. 방 안에 누군가 앉아 있다면, 어떻게 방문이 바깥에서 녹슨 열쇠로 잠겨 있을 수 있는가? 그러므로 그 '누군가'는 '현실의' 인물이 아니고 그 '문'은 '현실의' 문이 아니며 '녹슨 열쇠'는 '현실의' 열쇠가 아니다. 이 장면은 분명 한 번도 '사용된 적'이 없는 자기 몸의 중요한 한 부분으로 가는 입구인 닫힌(혹은 금지된) '문'을 소녀 자신이 '열어젖혔음'을 뜻하는 것이다. 자물쇠와 열쇠도 자연스럽게 '프로이트적으로' 풀이된다. 그렇지만 여기서 더 중요한 것은 노파와의 만남이다. 노파는 돌누아 부인의 이야기에서와는 달리 '게'의 요정은 아니지만, '물레'를 가진 이 여자가 (〈마리아의 아이〉에서 열세 번째 문 뒤에 있던 '삼위일체' 와 대동소이하게) 남성의 성에 대한 경험을 상징한다는 데에는 의심할 바가 없다. 다만 그렇다면 왜 (식인도깨비 오거*나 마법에 걸린 짐승, 혹은 이야기의 맨 처음처럼 개구리 상징을 통해) 사내가 문 뒤에서 기다리고 있지 않은가? 그림 형제의 경우 아이에게 '물레'의 비밀을 누설하는 것은 '사악한' 요정의 화신이 아니라, 기본적으로 선의를 품고 있으며 나이가 아주 많은, 다시 말해 지혜로운 여인인 것이다! 이 지점에서 다양한 의미의 층들이 서로 뒤섞여 있는 듯하다.

한편으로 노파의 형상에는 어떤 식으로든 부모의 선의가 여전히 남아 있다. 부모가 소녀에서 여자가 되어 가는 딸의 성숙 과정 전체를 치명적 불안 때문에 차단하는 일은 결코 의식적으로 일어나지 않는다. 아이에게 '물레'를 설명해주는 노파는 기본적으로 부모의 동맹자다. 노파는 아무리 음습하다고 하더라도 언젠가는 일어나야 하는 어떤 일을 하는 것이다. 더구나 녹슨 열쇠로 잠긴 문 뒤의 노파는 태고부터 여성의 본질 안에 숨어서 오로지 '열리기'만을 기다리는 어떤 것도 상징한다. 그리고 마지막으로 노파의 형상이 현실의 **다른** 측면을 표현한다고 볼 수도 있다. 노화(와 죽음)는 성장하고 번식하는 세계에서만 의미가 있다. 성이 없다면 개별 존재의 도저한 무상함 자체도 존재하지 않을 것이다. 성의 비밀을 들춰내는 사람은 하릴없이 죽음을 만나게 된다. 이러한 모순적 통일성에 대한 인식을 표현하는, 지구상

오거(ogre) 중세 기사 이야기에 자주 등장하며 특히 젊은 여성을 잡아먹는 식인 도깨비.

곳곳의 '원시 부족들'이 치르는 성인식의 희미한 메아리가 숱한 전래동화에서도 들려온다.

어느 아프리카 신화도 이렇게 이야기한다. 소코 신은 세상을 창조할 때 피조물에게 후손이 없는 영생, 후손이 있으나 만나지 못하는 오랜 삶, 자신이 사랑할 수 있는 후손이 있는 짧은 생 중에서 무엇을 원하는지 물었다고 한다. 이때 돌은 영생을 선택했고, 두꺼비는 오랜 삶을, 인간은 사랑과 죽음을 원했다고 한다.[29] 물레에 찔리는 고통까지도 적지 않은 원시 부족이 거행하는 야만적으로 보이는 의식, 즉 할례를 환기시킨다. 할례를 통해 소녀와 소년은 성이 지배하는 이 세상에서 쾌락과 고통이 하나라는 사실을 받아들일 준비를 하게 된다.[30]

그렇지만 가시장미 공주가 노파의 방으로 들어서는 것은 현실에 대한 철학적 이해를 나타낼 뿐 아니라, 아울러 전적으로 관능적인 경험을 암호화하여 묘사하는 것이기도 하다. 다시 한 번 다른 동화와 비교해보면 이해에 보탬이 될 것이다. 그림 형제의 〈백설공주〉에서는 바늘이 왕비의 손가락을 찔러 아이가 태어난다. 바늘에 찔리는 것은 기쁨과 쾌락이 없으며 고통이자 부당한 요구일 뿐인 성적 결합을 상징한다.[31] 〈가시장미 공주〉에서도 마찬가지다. 가시장미 공주는 자신이 여자임을 발견하지만, 행복감과 삶의 확장이 아니라 고통과 아픔을 경험한다. 상당수 기혼 여성에게 왜 남편과 동침하는 것이 귀찮은 의무에 불과한지를 물으면, 그리고 왜 다른 사람들은 행복과 열락에 몸을 떠는 그 시점에 견디기 어려운 고통밖에 느끼지 못하는지를 물으면 그들은 "그냥 너무 아플 뿐이에요."라고 대답한다.

가시장미 공주 같은 여성들에게는 남은 인생 전체에 이런 느낌이 남아 있을 위험이 있으며, 그 사실이 여기에서 결정적으로 중요한 점이다. 이름부터가 그렇다! 문학사적으로 가시장미 공주라는 이름이 어디에서 왔는지를 두고 여러 추측이 있다. 그러나 괴테(Johann Wolfgang von Goethe)의 시 〈들장미〉를 참조하여 설명하는 것이 유일하게 설득력 있어 보인다.32) 젊은 처녀들이 여름의 빛나는 태양 아래 장미처럼 활짝 피어나는 풍경은 생의 더없이 아름다운 모습이다. 그렇지만 그 모습이 아름다울수록 '거친 소년'이 존재의 순결하고 근심 없는 상태를 앗아가고 소년의 욕망이 아름다움을 파괴할 수 있음은 더욱 고통스럽다. 그녀는 바야흐로 '여자'가 될 수 있지만, 그 대가는 무엇인가!

이런 관점에서 '가시장미 공주'의 형상은 그리스 신화에 (그리고 많은 민담) 나오는 '여성 약탈' 모티프에서 나타나는 경험을 상징한다. 가령 그리스 신화는 초원에서 꽃을 꺾던 페르세포네를 명부(冥府)의 신 하데스가 하계로 납치했다고 전한다. 페르세포네의 어머니인 대지의 여신 데메테르의 **한탄**도 한 해 중 3분의 2 동안만 딸이 이승으로 돌아올 수 있도록 했을 뿐이다. 이 기간 동안 들판은 활짝 핀 꽃들로, 밭은 물결치는 곡식으로 가득하게 된다. 그러나 그 다음에 찾아오는 가을과 겨울 동안 페르세포네는 다시 죽음 같은 잠으로 돌아가고 그 동안 땅은 꼼짝 않고 누워 정지한다.33)

물론 동화 〈가시장미 공주〉는 자연의 순환을 다룬 태고의 신화를 환기하지 않는다. 그렇지만 페르세포네의 운명 역시 식물의 생태 변화에 얽힌 진부한 우화를 넘어 훨씬 많은 의미를 담고 있다. 특히 신화학자인 카를 케레니(Karl Kerényi)는 페르세포네의 운명에서 영원히 여성적인 어떤 것이 말하고 있다고 지적한 바 있다. 그것은 다름 아니라 해

맑은 소녀다움을 잃고 전혀 다른 세계로, 즉 근심에 찬 어머니라는 뼈아픈 존재로 삽시간에 떠밀려 들어가는 것을 약탈이자 폭력으로 받아들이게 된다는 인식이다.34) 가시장미 공주가 손가락을 찔리는 것은 기본적으로 죽음의 포옹이고 존재의 어두운 비극에 대한 경악이며 더는 그렇게 하고 싶지 않음이고 그럴 수도 없음에 다름 아니다.

이와는 달리 그림 형제가 〈가시장미 공주〉에 덧붙인 지적은 의미심장하다. 그들은 게르만 신화에서 신 오딘이 발키리*인 브룬힐트를 가시로 찔러 불로 만든 원형의 방벽에 둘러싸인 채 영원한 잠에 빠지게 만들었음을 환기한다.35) 브룬힐트는 사랑 안에서 깊이 상처받았다고 느끼고 남성적 힘으로 상처를 보상받으려는 여성을 상징한다. 브룬힐트를 욕망하는 자는 그녀와 치르는 전투에서 그녀의 저항을 분쇄하여 자신이 힘과 기예에서 더 강함을 증명해야 한다. 브룬힐트의 가장 깊은 상처는 군터 왕 같은 허약한 자에게 기만당했다는 데 있다. 그리하여 자신을 진짜로 제압한 남자이며 행복한 크림힐트의 남편인 지크프리트를 트론예의 하겐을 시켜 음흉하게 살해한다. 〈니벨룽겐의 노래〉에 따르면 사랑에 환멸을 느낀 두 여성의 증오와 복수심 때문에 한 종족 전체가 멸망한다.36) 오딘이 브룬힐트를 잠들게 하려고 가시로 찌른 일은 남자를 살해하는 저주로 확대되어 나갈 것이다. 가시장미 공주도 그렇게 (신에 의해) 가시에 찔린다. 그렇지만 가시장미 공주의 본질은 브룬힐트와 정반대다. 가시장미 공주에게서는 발키리의 잔인한

발키리(Valkyrie) 북유럽 신화에 등장하는 '전투의 처녀들'을 가리키며, 오딘의 딸 혹은 오딘의 시녀 역할을 한다. 인간과 신의 중간 정도 지위에 있는 존재들이다.

위대함을 티끌만큼도 찾아볼 수 없다. 자부심이나 복수하려는 경향을 전혀 볼 수 없다. 매우 조용히, 거의 눈에 띄지 않게, 하데스의 잠에 빠져들 뿐이다.

그리고 공주와 함께 **왕과 왕비도** 잠에 빠져든다. 샤를 페로의 이야기에서는 이와 다른 상황이 펼쳐진다. 거기에서는 부모 자신이 소녀의 목숨을 구한 젊은 요정으로 하여금 궁전 전체에 **백 년 동안의 잠**을 뿌리도록 한다. 소녀가 깨어난 뒤 이 세상에서 순조롭게 살아갈 수 있도록 하기 위해서다. 영리한 타산이다. 그렇지만 가시장미 공주의 부모도 아이에게 내린 저주 속으로 함께 끌려 들어간다는 그림 형제의 서술이 심리학적으로는 더 일관성 있어 보인다. 물론 신경증이라는 대가를 치르기는 하지만, 이런 방식으로 진정한 타협이 나타나기 때문이다. **궁전에서는 마구간의 말들도, 마당의 개들도 …… 심지어 화덕에서 타오르던 불도 그대로 멈추어 잠이 든다.** 활력과 온기를 구현하는 모든 것이 잠든 것이다. 동시에 부모도 휴식을 얻었다. 두 가지는 서로 의존적이다. 최초의 성적 경험이 가져온 경악 탓에 아이의 충동이 '마비'된다면, 부모의 불안과 보호 조치도 휴식을 취할 수 있다.[37] 죽음의 잠에 빠진 듯 이드 안에서 아무런 동요도 일으키지 않는다면, 초자아 역시 안심할 수 있다. 가령 앞서 예로 든 거식증에 걸린 소녀는 자기 안의 충동 에너지가 비쩍 말라 있다면 충동의 발현을 겁내지 않을 수 있다. 질병 안에서 소녀의 자아는 부모의 불안과 화해하고 나아가 깨어나는 성적 욕구를 억누르기로 타협한다. 그리하여 자아 발달은 완전한 휴지 상태에 이른다. 가시장미 공주가 정말로 '죽는 것'을 막은 것은 열두 번째 요정의 예언인데, 이는 부모의 선의가 효과적으로 작용했기 때문이다. 다른 한편 성의 고통, 성의 강요와 처음 접촉함으로써 아이의 삶에서 이후의 성숙 과정이 '무한히' 오랜 시간 동안 지연되도록 만든 것도 부모 자신의 모순이었다.

그런데 이처럼 정신분석에 힘입어 동화 속에서 한 단계씩 드러나는 성적 신경증의 문제는 정말 존재하는 것인가? 바야흐로 무르익은 이 질문을 이제 마땅히 제기해야 한다. 이제 우리는 빅토리아 시대나 곰 팡내 나는 세기말(Fin de siècle)의 빈에 살고 있지 않기 때문이다. 카를 크라우스(Karl Kraus)가 정신분석 자체가 질환이면서 스스로를 질환의 치료라고 여긴다고 말한 것은 전적으로 옳지 않은가? 수영장에서 개구리가 튀어오를 때마다, 아니면 소녀의 손가락을 물레 바늘이 찌를 때마다 성적 장면을 떠올린다면 이 또한 강박이 아니겠는가? 어쨌든 분명한 사실은 (정신분석 덕분에, 혹은 정신분석에도 불구하고) 성직자같이 경직된 시대가 영원히 지나갔다는 것이다. 그런 시대에는 윤리적 검열을 담당하는 가차 없는 감시자에게서 빠져나오기 위해 성적 욕망을 마치 도둑처럼 은밀하게 암호 안에 은폐해야 했다. 지금은 정반대다. 우리의 강박은 이제 충동과 소망의 상징적 변형에 있지 않다. 우리는 금기를 완전히 제거하는 데 사로잡혀 있다. 개인을 보호하는 사적 영역을 요구할 권리는 시대에 뒤떨어진 것처럼 보인다. 자유로운 시장에서 시청률과 구독률을 놓고 경쟁하도록 압박받는 미디어에게는 '유명 인사'의 삶의 치부 같은 시시콜콜한 것을 들여다보는 일이 바로 생존을 위한 의무가 되어버렸기 때문이다. 미디어는 아름다운 것이든 엽기적인 것이든 가리지 않고 보도록 강요한다. 앞에서 본, 소년의 외설스러운 수다 탓에 죽을 만큼 괴로워하고 불안에 휩싸인 또 하나의 '가시장미 공주'의 사례는 사실 이런 상황에 잘 들어맞지 않는다. 청소년들이 등장하는 토크쇼에서는 언제나 "그것을 노골적으로 다룬다." 이때 성과 관련된 신체 부위와 행위를 말하는 이들의 입은 이제 우리에게 일상이 되어버린 미국 영화의 번역투 표현으로 가득 차 있다. 이제는 남자 친구가 아니라 '러버(lover, 연인)'다. 우리 시대의 뉴스피크(Newspeak)*에서는, 소년은 소녀의 매혹적인 아름다움에 사로잡히는 것이 아니라 "……에 뜨거워진다." 이때 "……"에는 어느 정도 저속하게 표현하기만 한다면 그 어떤 신체 부위나 행위도 들어갈 수 있다. 낭만이 사라지고 꿈이 없는 이 시대에 동화는 한마디로 퇴출 대상이 아닌가?

이 질문에 대한 대답은 절대 그렇지 않다는 것이다. 수많은 동화가 막 눈뜨는 성숙한 사랑이 지닌 비밀과 위험을 향한 소년과 소녀의 '입문'과 관계가 있기 때문에, 영원한 언어가 된 동화 속 장면에는 각 성과 의식화의 메시지가 담겨 있다. 바로 이런 이유 때문에라도 동화 텍스트를 해석하는 데 정신분석이라는 방법을 선택할 수 있는 것이다. 그렇게 보았을 때 정신분석적 관점에서 매우 독특한 점을 포착할 수 있다. 예를 들어 거식증 문제는 결코 사라지지 않았다. 식욕 부진과 거식증은 오히려 대중적 질환이 되었다. 왜 그런가? 모든 점을 종합해볼 때, 그리 많은 것이 변하지는 않았다. 절약이 미덕이었던 과거에는 옷이 해지면 사람들은 곧바로 새 옷을 사지 않고 헌 옷을 '뒤집

뉴스피크 조지 오웰이 소설 《1984》에서 만들어 쓴 신조어로서, 기존의 언어를 바꾸어 씀으로써 사람을 기만하는 표현법을 뜻한다.

었다.' 그저 안쪽을 바깥으로 뒤집어 입은 것이다. 뒤집어 입으면 모든 것이 새로워 보이지만 사실 그 옷은 새것이 아니다. 우리 마음의 빠듯한 에너지 경제도 비슷하다. 우리는 거기에서 벗어날 수 없다! 지난 수십 년 동안 우리는 그것을 마치 낡은 옷처럼, 혹은 마치 장갑처럼 뒤집는 데 성공했다. 성은 예전에는 부드럽고 따스한 어떤 것이었지만 이제는 움켜쥐고 꽉 붙들어야 하는 어떤 것이 되었다. 한마디로 우리는 산더미 같은 은밀한 기호와 암시 뒤에 숨을 수도 있지만 마찬가지로 저속한 말투 뒤에 숨을 수도 있다. 그렇다. 내면적이고 사적이고 개인적인 것을 외적이고 공적이고 파격적인 것으로 '뒤집고' 난 다음에 영혼은 오히려 더 상처받기 쉬워졌다.

어떤 충동과 욕망이 특정 문화의 틀에 들어맞지 않는다면 우리는 이를 억압한다. 마찬가지로 어떤 감정이 현재 유행하는 특정 태도의 틀을 기준으로 청소년 언어로 말하자면 "쿨하지 않다"고 받아들여졌을 경우에도 그 감정을 억압한다. 억압된 충동과 감정은 운명의 힘으로 변화한다. 약 40년 전 우리는 자본주의를 이기기 위해 '섹스 전선'에 서서 출사표를 냈다. 그러나 오늘날 성은 자본주의의 주요 산업 분야가 되었고, 많은 사람이 '상이용사'가 되었다. 예전에는 신경증적 꿈을 지닌 청교도적 세계가 있었다. 그러나 우리의 세계처럼 꿈이 없는 세계는 그 자체가 신경증적이다. 그나마 동화는 우리가 꿈의 부재로부터 깨어나 다시 꿈꾸기를 배우도록 도울 수 있다. 동화의 암시적이고 은폐적인 언어가 사랑하는 사람들을 시와 아름다움으로 짠 옷으로 감싸주기 때문이다.

반세기도 더 전에 가시장미 공주의 세계와 우리 시대가 지닌 감정

상태를 예감하고 초현실적인 방식으로 그려낸 화가가 바로 폴 델보 (Paul Delvaux)다. 우리가 이제까지 살펴본 가시장미 공주의 잠을 묘사하기 위해 그는 1944년 〈잠자는 비너스〉(Tate Gallery, T. 134, 캔버스에 유화, 173×199cm)라는 제목의 매우 충격적이고 냉정한 그림을 그렸다.

  금으로 도금하고 포도주 빛깔 비단으로 덮은 침대 위에, 완전한 나신으로 두 팔을 연푸른색 베개를 벤 머리 뒤에서 교차한 사랑의 여신이 마치 영원한 청춘을 누리는 듯 여전히 어린 소녀의 모습으로 누워 있다. 왼쪽 다리는 아래로 늘어져 있고 발은 거의 바닥에 닿으려 하고 있어 꼭 아이가 몽유병 때문에 막 일어나려고 하는 것 같다. 일어난다면 그녀는 죽음을 형상화한 해골을 만날 것이다. 해골은 늘어뜨린 오른손 손바닥을 마치 인사를 하려는 듯이 앞으로 향하면서 잠자는 소녀 쪽으로 천천히 다가가고 있다. 해골 맞은편에서는 매우 우아한 외모의 인형 같은 여인이 다가오고 있다. 큼지막한 덩어리가 여섯 개 달린 진홍색 플러시 모자가 여인의 창백하고 조그마한 얼굴을 둘러싸고 있다. 목까지 올라온 진초록 공단 옷은 몸에 꽉 달라붙고 특히 가냘픈 팔을 강조한다. 주름진 채 바닥까지 늘어진 붉은 치마 때문에 천천히 걸을 수 있을 뿐이다. 지나치게 차려입어 벌거벗은 채 누운 소녀의 대척점을 상징하는 듯한 이 여인은 왼손으로 유감을 표시하는 듯 손짓하면서, 위협적으로 다가오는 죽음을 자신으로부터 잠자는 소녀 쪽으로 유도하는 것 같다. 이 여인으로부터 죽음이 나오고 있음은 분명하다. 해골 건너편에는 벌거벗은 여자가 서 있다. 여자는 거의 피할 수 없는 불행을 막으려는 듯이 간청하며 팔을 위로 치켜들고 있다. 자기

폴 델보, 〈잠자는 비너스〉(1944년)

안의 한 부분은 살고자 하지만 다른 부분은 여성됨을 죽음같이 두려워한다면, 그 소녀는 어떻게 행동하겠는가? 이 장면 전체는 틀림없이 비너스 사원이라는 성소에서 일어나고 있다. 사랑의 여신이 '잠자거나' '죽었다면' 어떻겠는가? 오른쪽 사원 벽에서 튀어나온 두 개의 말 머리가 위협적으로 이들을 내려다보고 있다. 마치 삶과 죽음 사이에서 납빛의 마비 상태를 야기한 충동의 불안과 쾌락을 상징하는 것처럼. 한 여자가 여신 뒤에서 무릎을 꿇고 한탄하며 간구하듯이 손을 하늘로 뻗치고 있다. 그 옆에는 다른 여자가 비통에 잠겨 땅바닥으로 머리를 떨어뜨려서 검은 머리칼이 축 늘어져 있다. 그림을 보는 사람에게서 등을 돌린 세 번째 여자만이 검은 옷을 입고 있다. 어떤 의미에서는 마치 이 장면 전체에 대한 주석처럼, 세 사람은 유혹과 거부와 비탄이라는 여성됨의 주제를 반복해서 보여주고 있다. 기둥들이 줄지어 있는 사원 뒤쪽의 왼쪽 구석에서도 또 다른 나신의 여자가 무릎을 꿇고 마찬가지로 절망적인 기도에 몸을 던지고 있다.

  이 그림에서 생명은 남김없이 사그라진 듯하다. 타일이 깔린 바닥, 돌로 된 벽, 사원 벽 뒤에 솟아오른 헐벗은 암벽, 이 모든 것이 생명을 거부하고 생명에 적대적인 것 같다. 그나마 구름 한 점 없는 밤하늘에서 빛나며 차츰 불어나는 초승달만이 완성을 향해 성숙해 가는 어떤 존재가 있을 수 있음을 유일하게 시사한다. 델보의 이 그림은 그의 다른 그림들 대부분과 마찬가지로, 오로지 여자들만 등장하여 행동하고 포즈를 취하고 있다는 사실이 특징적이다.[38] 〈가시장미 공주〉에서처럼 남성적인 것("물레와 같은 것")은 시선에서(그래서 또한 의식에서) 제거된다. 그것은 오로지 죽음을 가져오는 형상으로만 나타날 뿐이다.

델보의 그림에서 불안의 낌새는 보이지 않는다. 그렇지만 델보의 그림에 등장하는 여자들은 금기 없이 몸을 내맡기지만, 그녀들의 진열장 마네킹 같은 모습은 진정한 감정을 표현하고 진정한 관계를 받아들일 수 없도록 마비된 것 같다. 육신을 내맡김에 따라 그들은 감정의 마비라는 대가를 치렀고, 이는 한편으로 보호막 구실을 한다. 이러한 가시장미 공주의 운명은 과거의 백설공주들이나 성모의 아이들에게뿐 아니라, 방향은 반대지만 우리 현대인에게도 지워진 것처럼 보인다. 수치심의 강요된 부재는 강요된 수치심과 똑같이 영혼에 상처를 입히기 때문이다.

  동화에서 가시장미 공주의 죽음의 잠을 둘러싸고 있는 것은 장미꽃이다. 릴케는 《신(新)시집 별권》에 수록된 시 〈장미의 안〉에서 이렇게 노래했다.

> 어디에 이런 안을 둘러싼 바깥이
> 있는가? 어느 슬픔에
> 이런 아마포를 올려놓는가?
> 이 활짝 핀 장미들의
> 이 근심 없는 장미들의
> 저 안쪽 호수에 그 안에
> 어느 하늘이 비치는가, 보라,
> 이들이 느슨하게 얼마나 느슨하게
> 놓여 있는지, 어느 떨리는 손도 자신들을
> 무너뜨리지 못한다는 듯.

그들은 그치지 못한다.
무수한 장미들이 가득 차고 흘러넘친다.
안의 공간에서
낮들로
점점 가득 차 문이 닫히는 낮들로
여름 한철이 하나의 방이 될 때까지, 꿈속의 방이 될 때까지.[39]

방어와 불안의 가시울타리
"왕자들은 성 안으로 들어갈 수 없었습니다."

그런데 이 혼란스럽고 황홀한 꿈은 언제 끝나는가? 언제 아름다움과 가시로 이루어진 보호벽이 열리는가? 불안으로 굳어버린 여인은 언제 깨어나고, 식어버린 심장은 언제 따뜻해지는가? 그녀의 애처로운 기다림을 표현한 릴케의 시를 들어보자. 이 시는 〈석상의 노래〉라는 특이한 제목이다. 잠자는 아이가 바로 석상인 것이다.

누구일까요, 나를 그렇게 사랑하여
아까운 목숨을 내던질 분은?
누구인가 날 위해 바다에 몸을 던져 죽는다면
나는 삶으로, 돌에서 풀려나
삶으로 돌아오겠지요.

그립니다, 도취한 피를.

돌은 말이 없어요.
꿈꿉니다, 삶을. 삶은 좋은 것이니까요.
나를 깨워줄 용기
있는 분은 없나요?

다시 한 번 나는 살고 내 삶은
내게 황금 같은 걸 다 내주겠지요.
……
하지만 홀로 나는
울겠지요, 사라진 내 돌을 그리며 울겠지요.
내 피가 포도주처럼 익은들 무슨 소용일까요?
날 가장 사랑하는 분을 바다에서 불러내지 못하는
피가.[40]

    이 시는 '돌이 된' 여자를 노래한다. 사랑의 파멸로 인한 슬픔과 원망으로 굳어버린 그리스 신화의 니오베처럼, 그녀는 '석상'으로 굳어버렸다. 그렇지만 가시장미 공주는 가장 사랑하는 사람이 그녀를 위해 (생명의) 바다에 빠져 죽었기 때문에 돌이 된 것은 아니다. 가시장미 공주는 오히려 사랑과 만나기를 원하는 갈망으로 숨이 막혀 자기 존재 전체를 기다림의 상태로 만들어버렸다. 그 상태는 장미꽃과 향기로 유혹하는 동시에 뚫고 들어갈 수 없게 빽빽하게 자라난 수천 개의 가시로 다가오는 자를 가로막는다. 마치 가시장미 공주를 다치게 한 바늘이 그녀의 본질 안에서 바깥을 향하여 방어와 불안으로 이루어진 가시투성이 벽이 되고, 그 뒤에 숨은 아름다움은 단지 그 벽에 투영되어 허깨비처럼 바깥으로 비치는 것 같다. 그렇지만 그녀의 마음은 애틋한 그리움에 떨며 바깥을 향하고, 산 채로 죽음의 저주를 받은 자신을 구원하기 위해 생명의 위험을 무릅써줄, 침묵과 고독의 벽을 뚫기 위해 목숨을 걸어줄 어떤 사람을 부르고 있다. 그러나 그 사람이 설령 성공한다고 하더라도 그는 손댈 수 없는 영역이 남아 있음을 각오해야 한다. 새로운 삶도 그 영역 안에서는 고통 없는 경직된 감정 상태가 다시 돌아오기를 원한다. 경직된 상태에서는 '깨어난' 삶에 존재할 수밖에 없는 덧없음 탓에 환멸을 느끼는 일이 결코 없었던 것이다. 노파를 만난 것만으로도 몹쓸 병에 걸려버린 가시장미 공주가 '도취한 피'조차 익어 가는 과정을 겪음을 알게 된다면 어떤 일이 일어나겠는가? 그 자신의 감미로움 때문에 사그라지는 포도주처럼, 생명 자체가 오로지 발효와 같은 부패를 통해서만 에너지를 얻는다면 어떻게 사랑을 감행할 것인가? 사랑에 목숨을 걸지 않는 한 그러기란 불가능하다. 그러나 과연 누가 그렇게 할 수 있겠는가?

 그림 형제는 그 사람에 대해서는 많은 이야기를 하지 않는다. 그나마 전하는 빈약한 내용조차 상징적일 뿐이다. 잠자는 가시장미 공주는 키프호이저 산에 잠든 바르바로사 대왕*처럼 되었다. 즉 실제 인물인지도 거의 알 수 없지만 언젠가 다시 살아날 것이라는 희망이 어렴풋이 남아 있는 전설 속의 인물이 된 것이다. 다만 이 중세 시대 황제

....
바르바로사 대왕 독일 왕이자 신성로마제국 황제인 프리드리히 1세(1123?~1190)를 말한다.

와는 달리 가시장미 공주가 자기 힘으로 해방되리라는 희망은 도무지 존재하지 않는다. 바르바로사는 잃어버린 천하를 구하기 위해 도래할 것이다. 그러나 가시장미 공주의 경우 잃어버린 공주를 구하기 위해 누군가 와야 하는 것이다.

피에르 오귀스트 르누아르는 〈이렌 캉 단베르 양의 초상〉에서 애틋한 그리움에 가득 차서 어딘가를 물끄러미 바라보는 소녀를 그렸다. 현재는 취리히의 뷔를레 컬렉션 소장품인 이 그림은 나무 잎사귀에 완전히 휩싸인 열여섯 살쯤 된 소녀를 묘사한다. 갈색 고수머리가 어깨와 등을 뒤덮고 있다. 양손은 반쯤 주먹을 쥔 채 무릎 위에 놓여 있다. 기품 있는 옷의 푸른색과 흰색, 머리의 검은색이 우수 어린 창백한 얼굴을 두드러지게 한다. 꿈꾸는 듯 먼 곳을 바라보는 눈은 눈에 보이지 않는 누군가를 기다리는 듯 보인다. 그렇지만 바로 이렇게 자신 안으로 조용히 침잠하면서 동시에 바깥으로 향하는 세련된 자태가 젊은 여인의 모습에, 우리가 분석하고 있는 동화에 따르면 가시장미 공주가 지닌 마법 같은 매혹을 부여한다. 가시장미 공주는 '발견되고' '구혼받아야' 하고 그렇게 되기를 원한다.

그림 동화에서는 가시장미 공주를 구하겠다며 목숨을 거는 사람이 넘친다. 공주가 거역할 수 없을 만큼 아름답다는 풍문이 오랫동안 온 나라에 퍼져 나갔기 때문이다. **가시울타리를 뚫고 성 안으로 들어가려는** 왕자들이 끊임없이 밀려온다. 그러나 예외 없이 가시에 걸려 낭패를 본다. 가시덤불은 마치 손아귀처럼 그들을 붙들고, 가시장미 공주에게 그랬던 것처럼 그들을 둘러싸 가두었다. 불행에 빠진 소녀는 자기에게 다가오는 모든 이를 불행에 빠뜨리는 저주에서 오랫동안 풀

오귀스트 르누아르, 〈이렌 캉 단베르 양의 초상〉(1880년)

려나지 못했다. 아무 행동도 하지 않고 순전히 수동적으로, 다른 사람에게 끼칠 영향을 예감조차 하지 못하면서, 즉 자기의 사랑스러운 매력을 완전히 억압하면서, 가시장미 공주가 된 젊은 여성은 남성들을 끌어당기는 동시에 언제나 거부한다.[41] 이 여성이 겪고 또 주위에 퍼뜨리는 불행은 사랑이 자기 삶의 보증인 동시에 위험이라고 느끼는 불안의 양가성에서 비롯한다. 그녀는 친밀한 애정을 바라는 욕구 때문에 한 남자를 휘감고 에워싸지만, 자신에게 진정 범접하도록 하지는 않는다. 불안에서 나온 유보와 거부와 경직성은 사라지지 않는다. 가시장미 공주를 사랑하려는 남자는 누구나 공주에게 가까이 갈 수 있겠지만 공주에게서 벗어날 수도 없을 것이다. 그는 산송장이나 다름없는 사람을 사랑한 탓에 천천히 질식사하도록 판결받는다.

이제는 진단학적으로 면밀하게 파악하여 이 불행의 유형을 강박신경증적이고 가학증적 요소가 뒤섞인 독특한 **히스테리**라고 명명해야 하겠다. 이런 개념을 사용하면 가시장미 공주가 지닌 '질환'의 원인을 동화 자체보다 좀 더 뚜렷하게 밝힐 수 있다. 그림 형제는 아이의 히스테리적 운명을 매우 뚜렷하게 서술했지만, 질환의 '병인'에 대해서는 (이야기의 전사前史에 관한 약간의 암시를 제외하면) 전적으로 침묵하고 있다. 그렇지만 우리가 〈가시장미 공주〉를 (다시 한 번) 〈백설공주〉와 비교한다면, 이러한 '진단'을 내림에 따라 가시장미 공주가 지닌 딜레마의 심리적 배경이 금방 분명해진다.

〈백설공주〉에서는 (의붓)딸을 추적하고 '간교하게' 여성성으로 유혹하는 것은 (의붓)어머니였다. 그리고 자신의 여성성에 대한 불안 탓에 그 여성성은 필연적으로 변질된다. 백설공주도 오랫동안 죽음의 경직 상태에서 삶을 보내야 했지만, 가시장미 공주와는 달리 모두가 볼 수 있는 유리관 안에 있었다. 이에 비해 가시장미 공주는 불안이라는 가시울타리 뒤에서 그녀를 찾는 사람들의 시선으로부터 완전히 은폐되어 있다. 그러므로 가시장미 공주를 욕망하려면 그녀의 존재를 믿어야 한다. 그리고 백설공주가 **우울증적** 색채를 띤 채 난쟁이들의 유아적 세계로 퇴행하여 (의붓)어머니의 끊임없는 추적에 시달리는 반면, 가시장미 공주는 아버지가 덮어씌운 보호에 짓눌려 여지없이 질식한다. 가시장미 공주가 남자들에게 취하는 태도는 (가시장미 공주의 행동을 '히스테리'로 진단한 데 따라) 이미 아버지가 딸에게 취한 바로 그 이중적 태도라고 볼 수 있고 또 그래야만 한다. 즉, 아버지는 딸을 결국 다름 아닌 아버지 자신인 '위험'으로부터 보호하고자 하지만, 모든 것을 옭아매는 불안 때문에 딸이 풀려나는 것을 방해한다. 딸의 삶을 구하려고 노력하다가 그만 모든 사람이 잠드는 죽음이라는 판결을 딸에게 내린다. 이는 어떤 의미로는 아버지가 갈망하는 오이디푸스적 동침의 대체물이다. 아버지의 딸에 대한 해소되지 않는 (근친상간적) 결속이 두 사람을 서로 묶는 동시에 분리하고, 관계를 맺는 이러한 방식은 그 후 가시장미 공주가 다른 남자와 만나는 데 전이된다. 한마디로 가시장미 공주를 '구원'하고자 하는 자는 아버지의 보호라는 거부의 가시울타리를 뚫고, 사랑하는 여인을 아버지와 얽힌 결속이라는 덩굴로부터 해방시켜야 한다. 그러려면 그 전에 실패했던 사람들과는 달리 어떤 조건을 갖추고 있어야 하는가?

잃어버린 여자를 찾는 왕자의 모험
"그곳으로 가서 아름다운 가시장미 공주를 보겠습니다."

가시장미 공주를 해방시킬 남자는 다음 두 가지 조건이 맞아떨어져야 한다. 첫 번째 조건은 전적으로 사랑을 간청하는 청년 자신에게 달려 있다. 그는 가시장미 공주를 여태껏 한 번도 보지 않았으면서도 사랑에 빠진 사람답게 죽음을 무릅쓰는 대담함으로 그녀를 열망한다. 〈백설공주〉에서 구원자인 왕자(무조이스Johann Karl August Musäus가 쓴 유사한 이야기 〈리칠데〉에서는 왕자의 이름이 고트프리트 폰 아르데네 Gottfried von Ardenne이다)는 죽음 같은 잠에 빠진 백설공주를 본 후에야 비로소 사랑에 불탄다. 그러나 〈가시장미 공주〉에서 왕자는 전설적 미녀를 보지 않고도 무한한 사랑으로 그녀를 갈구하고, 그리하여 어떠한 위험도 뚫고 그녀에게 가까이 가려는 갈망을 느낀다. 가시장미 공주를 구원할 남자는 그녀를 만나려고 출발하기 오래 전부터 그녀의 모습을 영혼에 품고 있었음이 틀림없다. 어떻게 그런 일이 일어날 수 있는지를 그림 형제는 상세히 설명하지 않는다. 그렇지만 샤를 페로의 〈잠자는 숲속의 미녀〉는 바로 이 지점에서 좀 더 많은 이야기를 전한다.

타인을 어떤 식으로든 자신의 일부로 느끼지 않는 한 그 사람을 위해 자신을 **완전히** 위험에 빠뜨리는 사람은 없다. 타인의 어떤 것이 나의 어떤 것을 깊이 움직여야 한다. 그러나 이 '어떤 것'은 자신이 가진 것이 아니라 오히려 자신에게서 가장 결여된 것이다. 그리하여 다시 '완전'해지기 위해 자신에게 결여된 이것을 다른 사람에게서 찾으려

나선다.

성경은 에덴동산 이야기에서 동산에서 죽은 듯 잠든 아담이 갈망과 고독 속에서, 주 여호와께서 데려다준 동물들 중에서 찾을 수 없었던 영혼의 반려자를 꿈꾸었다고 한다. 여호와는 아담의 갈비뼈를 하나 빼내 여자를 만들었다. 깨어나서 여자를 본 아담은 기쁨과 흥분에 차서 외친다. "남자(Isch)에게서 취하였은즉, 여자(Ischah)라 부르리라." (〈창세기〉 2장 21~23절)

이 신화적 상징은 사랑이 잃어버린 통일을 찾아 나서는 데 있다고 말한다. 자기 마음에서 '결핍'된 어떤 것, 혹은 '박탈'된 어떤 것, '갈빗대에서 취한 것', 이제 갈망의 대상인 타인 안에서 보이는 어떤 것을 발견하는 것이다.42) 우리는 완전한 인간이 되는 데 뼈저리게 결핍된 것을 채우기 위해 가장 절실하게 필요한 사람을 가장 깊이 사랑하게 된다. 다른 사람 안에 살아 있으며 마법적 매혹을 발산하는 것은 바로 자신에게 결핍된 이것이다. 융 학파 심리학자들은 남자의 영혼 안에 **아니마** 상이 있다고 설명한다.43) 이는 남자 역할에 대한 사회적 정의에 기초하여 무용하고 해로운 것이라 여겨 배제했던 심리적 내용을 뜻한다. 가령 '영웅', '전사', '구원자'라는 남자의 가부장적 이상은 무의식 안에서 **아니마** 그림을 그릴 것인데, 아니마 안에서는 바로 보호와 평화와 휴식에 대한 소망이 지배적이다. 이런 기대를 지닌 남자는 그러한 소망을 충족해줄 만한 특성을 지닌 여성을 갈망하게 된다.

그런 상황에서는 외부적 관점에서 왕자를 가시장미 공주와는 정반대 성격으로 상상해야 할 것이다. 가시장미 공주가 수동적인 만큼 왕자는 능동적이다. 공주가 불안하고 소심한 만큼 왕자는 담대하다. 공주가 유혹하면서 동시에 거부하는 만큼 왕자는 신중하면서도 저돌적이다. '구원자'는 피구원자가 심리적 거울에 비친 모습이다. 거울에 비친 형상처럼 양자는 서로에게 상응한다. 왕자는 궁전에서 가시장미 공주를 찾으면서 동시에 자신도 평안하게 '잠자기 위해' 누울 수 있고 더는 '영웅'이지 않아도 좋으며 '약함'과 '무력감'을 느껴도 좋고 그치지 않는 책임의 압력을 적어도 잠시나마 나누거나 혹은 완전히 넘겨주어도 좋은, 그러한 방을 자기 영혼 안에서 찾고 있다. 그렇지만 그 방에 도달하기 위해 왕자는 우선 다른 사람들에게 불운을 가져왔던 가시장미 공주의 가시 보호벽을 뚫고 지나가야 한다.

　이 과제가 기본적으로 가시장미 공주 아버지의 '보호'라는 배려를 극복하는 데 있음을 감안한다면, 이 지점에서 동화의 보편적 모티프인 '상으로 주어지는 처녀'를 떠올릴 수 있을 것이다.[44] 그야말로 해결이 불가능해 보이고 죽음을 무릅써야 하는 이러저러한 도전을 통과하는 구혼자만이 아름다운 공주의 사랑을 얻을 수 있다. 이때 신부 아버지가 내놓는 과제는 대부분 의식적으로 미래의 사위에게 헤라클레스 같은 힘과 오이디푸스 같은 지혜가 없다면 실패할 수밖에 없도록 설정된다. 우리의 경우에 왕자는 공주의 아버지와 완전히 정반대로 행동해야 하리라. 아버지가 불안에 싸여 걱정하는 반면, 왕자는 원기 넘치고 담대해야 한다. 아버지가 붙들고 끌어안는 반면, 왕자는 베풀고 관대한 태도를 보여야 한다. 아버지가 경직되어 점잔 빼는 반면, 왕자는 거침없이 충동을 긍정해야 한다. 왜냐하면 왕자가 짊어진 가장 중요한 과제는 가시장미 공주의 영혼에 남은 사랑의 트라우마, 그녀의 살에 박힌 '가시'를 사랑의 꿈으로 변화시키는 것이기 때문이다. 그 사랑의 꿈속에서 합일과 친밀함은 고통이 아니라 쾌락이고, 불행이 아니라 기쁨이며, 죽음이 아니라 삶이어야 한다. 왕자가 가시장미 공주의 내면에 있는 아버지를 극복하기 위해서는 새로운 '영웅적 행위'보다 오히려 새로운 감수성이 필요하다.

융 심리학의 테두리 안에서 할 수 있는 해석은 여기까지다. 그러나 왜 하필 이 젊은이가 자신 안에 그러한 **아니마** 상을 품고 있는가라는 물음은 여전히 남는다. 많은 남자가 **아니마**에 묶여 있다. 하지만 그는 왜, 그리고 어떤 방식으로 아니마에 묶여 있는가?

아니마 상보다 더욱 개별적이고 개인적이며 이해하기 쉬운 것은 **어머니 상**의 내면화, 즉 유년기에 어머니가 아들과 딸에게 각인시킨 영혼의 상의 내면화다.[45] 우리는 그림 형제의 묘사에서 왕자의 어머니 이야기는 한마디도 듣지 못한다. 그렇지만 심리학적으로는 왕자의 어머니가 가시울타리 뒤에 은폐되어 잠든 미인과 정반대일 것이라 추정할 수 있다. 왕자가 가시장미 공주에게 매력을 느끼고 그녀를 구하기 위해 흔쾌히 목숨을 거는 이유는 분명히 가시장미 공주가 놓인 바로 그 상황에서 나온다. 이 소녀는 자못 유혹적 존재이지만 결코 스스로 자신의 소망을 입에 담지 않을 것이다. 억눌림과 불안이 강요한 공주의 수동성은 극단적인 무욕과 겸손함으로 작용할 수 있다. 가시울타리 방벽 뒤에 숨겨진 무방비 상태는 바로 그리로 와서 자신을 구해줄 강력한 보호자를 요청하는 것이다. 그에 반해 그 역할에 걸맞은 '구원자'의 어머니는 공주와 정반대 특성을 보일 것이다. 소망하는 데 소극적이지 않고 공격적으로 요구하고, 배려하기보다 지배를 요구하며,

상처받기 쉬운 성격이 아니라 타인에게 상처를 주는 경향이 뚜렷할 것이다. 우리는 왕자 어머니의 바로 이러한 '몽타주'를 샤를 페로의 이야기에서 만나게 된다!

이 지점에서 다시 한 번 동화 〈가시장미 공주〉와 〈백설공주〉의 차이에 주목할 만하다. 무조이스의 동화 〈리칠데〉에서 백설공주의 구원자인 고트프리트 폰 아르데네는 성녀와 같은 어머니의 요구를 차마 거절할 수 없어 돌아가신 아버지를 구하기 위한 참회의 여행을 떠난다. 그리고 여행 중에 난쟁이들의 유리관 안에 잠든 미녀를 만난다. 따라서 백설공주의 구원자가 지닌 문제는 아버지라는 인물에 놓여 있다. 이와 달리 가시장미 공주의 구원자가 지닌 문제는 어머니 안에 체현되어 있다. 이러한 차이는 백설공주가 시기심에 사로잡힌 (의붓)어머니에게 희생된 데 반해 가시장미 공주는 아버지의 불안에 잠긴 사랑에 희생되었다는 차이와 마찬가지다. 구원하는 자와 구원받는 자는 언제나 거울처럼 동일하다. 이는 마치 심각한 파괴 과정에서 가해자와 피해자가 대개 서로 유사한 것과 마찬가지다. 한 사람은 다른 사람이 보기에 바로 자신이 가장 억압하거나 투쟁하는 바로 그것을 상징하기 때문이다.

이제 이러한 배경을 염두에 두고 샤를 페로의 이야기에 귀 기울여 보자. 그는 **잠자는 숲속의 미녀**의 구원자 이야기를 풍부하게 전한다. 왕자의 어머니는 사람 고기를 먹는 자다! 도전적 공격성과 자기 뜻을 관철하려는 무분별한 의지가 이 여자보다 더 강하기는 실로 어렵다. 이는 우리의 상상을 뛰어넘는다. 그런데 이것은 무슨 뜻인가? 가시장미 공주를 구하는 이가 왜 하필 식인종의 아들이어야 한단 말인가?

그 '영웅'의 숨겨진 진실은 죽은 듯 누워 있는 여자를 구원하는 것이 바로 어머니의 식인 행각으로부터 자신을 구원하는 것이라는 사실인가? 그리고 대체 어떻게 어머니가 '식인종'이 될 수 있단 말인가?

페로는 이 잔인한 여자의 식인 욕망이 아들을 직접 향한 것이 아니라, 아들이 (어머니에게 숨긴 채) 두 해에 걸쳐 숲속의 미녀와 함께 지내며 낳은 두 딸을 향한 것이라고 이야기한다. 두 딸은 '아침놀'과 '한낮의 햇빛'이라고 불린다. 이 이름은 페로의 동화에 태양(과 별) 신화의 매우 유서 깊은 모티프가 잔존해 있음을 보여준다. 해질녘마다 '밤의 여신'은 태양의 소녀 혹은 태양의 자식을 '먹는다.'(매일 아침 태양이 '샛별', 즉 '빛을 가져오는 자'인 루시퍼를 하늘에서 내모는 것과 마찬가지다.[46]) 그리고 밤의 여신의 '아들'은 달이다. 그러나 이는 천체 운행에 대한 태고의 해석이 남은 흔적에 불과하기 때문에, 동화에서 왕자 어머니의 행동을 이해하려면 이러한 해석이 우주론적으로 상징하는 바를 심리학 언어로 번역해야 한다.

페로가 마지막에 이 여자가 아들의 새색시를 노린다고 이야기할 때 모티프가 뚜렷해진다. 어머니는 손녀들과 마찬가지로 아들의 신부도 **양파를 곁들인 식초 소스**와 함께 먹어 치우고자 한다. 페로는 이 지점에서 식인종 어머니의 식욕을 이렇듯 식도락적이고 쾌락적으로 묘사하고 있지만, 심리학적으로 고찰한다면 어머니의 '식인'은 오로지 아들을 대상으로 한 게걸스러운 요구를 상징한다. 페로는 이렇게 전한다. **왕비는 여러 차례 …… 아들에게, 삶에서는 마침내 선택을 해야 한다고 말한다.** 그것이 문제다. 바로 자신과 다른 여자, 즉 어머니와 숲속의 미녀를 놓고 결정을 내려야 하고, 이러한 양자택일은 어머니에게 죽느냐 사느냐의 문제다. 왕자는 어머니 옆에 머물 수도 있다. 그렇다면 이 '밤의 여왕'은 왕자의 삶이·되고 아들은 어머니의 삶이 된다. 아니면 아들은 어머니에게서 벗어나 다른 여자를 사랑할 수도 있다. 그렇다면 어머니는 사람을 잡아먹는 추적자로 변할 것이다.

정신분석의 역사에서, 상당수 우울증 환자의 식인 환상을 이른바 구강기라는 발달의 두 번째 시기 동안의 유아적 감각에 처음으로 결부해서 설명한 사람은 카를 아브라함(Karl Abraham)이었다.[47] 이 시기에 아이는 이가 나기 시작하면서 차츰차츰 이제까지 어머니와 구성한 이중 단일체에서 벗어나 성장한다. 이것은 지극히 자연스러운 과정이지만, 심각한 불안과 죄책감이 따라올 수 있다. 이런 일은 어머니가 자식을 밀어낸다는 인상이나 그와 반대로 자식을 손에서 놓지 못한다는 인상을 불러일으킬 때 일어난다. 두 경우 모두 아이는 분열된 감정을 품고 어머니에게 구속된 채 머무는데, 우리는 가시장미 공주를 구하려고 나서는 왕자에게도 이런 일이 일어난다고 가정해야 한다. 그렇다. 왕자와 어머니의 관계를 가시장미 공주와 아버지의 관계와 비슷하게 이해해야 한다. 가시장미 공주의 아버지가 '그의' 딸을 다른 어떤 것보다도 사랑하듯이, 왕자의 어머니도 분명 '그녀의' 아들을, 우리가 흔히 말하듯이 '먹고 싶을 만큼 기꺼이' 소유하고자 한다. 어머니의 행복은 완전한 합일이라는, 기본적으로 유아적인 형식을 유지하는 데 있고, 자식의 행복도 바로 거기 있어야 한다. 그러나 어머니와 아들의 이중 단일체가 위험에 처한 것 같은 순간 불행이 밀려든다. 그들 사이에 벌어진 간격으로 순수한 무, 아가리를 쩍 벌린 공허, 견딜 수 없는 냉기가 밀려드는 듯하고, 어머니는 자신이 무용하고 불필요한 존재이며 고독하고 늙은 채 버려진 듯한 느낌에 휩싸인다. '식인적'이고 탐욕스러운 사랑에 빠진 어머니는 아들이 자기 체면을 깎았고 자기를 배신하고 굴욕적으로 궁지에 몰아넣었다고 꼭 직접 비난할 필요는 없다. 그저 아들이 자기에게서 벗어나려 할 때 낙담과 슬픔을 표시하여 아들이 스스로 배은망덕하고 이기적이며 잔인한 인간이라고 느끼도록 하는 것으로 족하다. 이런 죄책감 때문에 아들은 원래 품었던 사랑보다 더 긴밀하게 어머니와 결합할 것이다. 앞에서 가시장미 공주 부모의 사랑을 '나르시시즘'이라고 설명한 바 있다. 왕자 어머니의 사랑도 그에 못지않게 '나르시시즘'이다. 어머니는 왕자가 자기 곁에 머물 때는 마치 일용할 양식처럼 아들을 먹어 치울 것이고, 왕자를 자기 곁에, 그리고 자기편에 둘 수 없을 때는 질투와 시기에 빠져 자신을 먹어 치울 것이다.

미국 작가 허먼 멜빌(Herman Melville)은 1852년 소설《피에르: 혹은 그 모호성》에서, 과부 어머니에게 자식이자 동생이고 친구이자 반려자 역할을 하는 젊은 남자를 묘사했다.[48] 소설 속 글렌디닝 부인도 아들을 나르시시즘적으로 사랑한다. 아들이 본디 사랑해야 할 여자, 즉 자신이 아닌 다른 여자인 슬픔에 잠긴 아름다운 이사벨을 사랑함을 알자, 울분과 환멸과 질투에 불타오른다. 아들은 법적으로는 이미 젊은 루시 타탄과 약혼했다. 이사벨이 없었다면 아들은 틀림없이 약혼녀와 행복을 누릴 수 있었으리라. 고독하고 버림받은 이사벨은 피에르의 아버지가 결혼 전 낳은 딸로 밝혀진다. 피에르는 이사벨을 구하기 위해 모든 것을 내던진다. 글렌디닝 부인은 자기 아들을 유혹하는, 보잘것없어 보이고 비열한 자에게 분노하는 만큼 아들을 분명하게 자기로부터 멀리 밀어낸다. 피에르에게는 어둠의 천사처럼 여겨지는 이사벨을 구하는 일이 삶에서 가장 중차대한 사명이다. 이 사명을 이루기 위해 피에르는 어머니에게서 벗어나고, 어머니는 적나라한 울분 때문에 죽어 간다. 그리고 그는 어머니에게서 배운 바와 같이 이사벨과 남매처럼 살아가고자 한다. 그렇지만 바로 거기에 문제가 도사리고 있다. 멜빌은 위대한 사실성과 빼어난 심리학적 직관으로 피에르가 아버지의 결혼 전 사랑에 실망한 탓에 기본적으로 어머니의 이상을 계속 따르지만 운명적으로 실패하는 모습을 그려낸다. 글렌디닝 부인은 죽어 가면서 과장된 이상의 틀 안에서 자신의 연적과 아들의 죄를 비난함으로써 그들을 정말로 '집어삼킨다'. 이러한 비극에 대안이 있느냐는 물음이 절실하다. 겨우 동화 한 편이 위대한 세계 문학을 '반박'할 수 있겠는가?

그럴 수 있다고 단호하게 대답해야 한다!

행복한 결말의 가능성(과 조건)을 결정적으로 암시하는 증거는 가시장미 공주의 구원자와 피에르 글렌디닝 사이에서 발견되는 중대한 차이에 있다.

샤를 페로의 동화에서 왕자는 두 해 동안 거짓말을 하면서 살아간다. 그는 숲속의 미녀를 사랑하여 두 아이가 태어났다는 진실을 어머니에게 숨긴다. 피에르 글렌디닝도 가장 중요한 사실을 어머니에게 밝히지 않는다. 이사벨이 이복 누이라는 사실을 숨기는 것이다. 피에르는 어머니를 파멸시킬지도 모르는 진실을 털어놓지 못하는 무능력 탓에 자신과 다른 사람을 파멸로 몰아넣는다. 이에 반해 페로의 동화에서 젊은 왕자는 어머니에게 모든 것을 밝히는 일을 더는 회피하지 않는다. 그리하여 어머니는 노여움에 치를 떨면서 마지막에는 숲속에서 나온 미녀와 아이들을 요리하려던 커다란 나무통에 머리를 처박고 빠져버린다. 멜빌의 소설에 등장하는 피에르와는 달리 페로의 동화에서는 정말로 결단이 내려진다. 살인자, 모든 것을 닥치는 대로 먹어 치우는 어머니가 스스로를 죽음으로 몰고 가고 스스로를 먹어 치우며, 아들의 심장 안에는 독립과 행복과 사랑을 향한 길이 열린다.

그림 동화에서는 이런 이야기가 한마디도 나오지 않는다. 그러나 소재가 같기 때문에, 가시울타리를 뚫고 가시장미 공주를 구하기 위해 입구를 열어젖히는 왕자가 페로의 동화와 비슷하게 어머니 상을 소녀에게 덮어씌운다고 전제할 수 있다. 그래야만 왕자가 공주를 자기 눈으로 보기 전부터 사랑할 수 있는 것이다. 그러나 이와 동시에 그는 사랑하는 여인을 진정으로 찾기 위해 어머니 상을 극복해야 한다. 아버지에게 구속된 공주를 '깨우기' 위해서는 자신이 어머니의 구속에서 벗어나야 한다. 자신과 가시장미 공주를 **지지하는** 결단, 그리고 그녀가 '죽어야' 다른 사람이 '살 수 있는' 그런 어머니에게 **반대하는** 결단을 내려야 한다. 이것이 가시 뒤에서 잠자는 미녀를 구해내기 위해 왕자가 충족해야 하는 본질적 조건 중 하나다.

딜레마를 해결하기 위해 왕자가 충족해야 하는 **두 번째** 조건이 있다. 바로 시간이라는 요인이다. 그림 형제에 따르면 가시장미 공주에게 내려진 죽음의 선고를 열두 번째 요정은 백 년 동안의 잠으로 바꿀 수 있었다. 백 년이라는 기한이 지나지 않았다면, 왕자는 그에 앞서 애석한 죽음을 맞이한 다른 남자들과 마찬가지로 무시무시한 가시울타리를 뚫고 지나갈 수 없다. 말하자면 이것은 가시장미 공주의 운명에 있는 희망적 측면이다. 저주가 특정 날짜에 시작한다고 확고하게 정해진 것처럼 그 끝도 기한이 분명하다. '불운'의 심리학에서는 불운을 낳은 이유와 동일한 이유 때문에 언젠가는 불운의 해소를 희망할 수 있는 것 같다. 그리고 이루어져야 하는 대로 모든 일이 이루어진다. **백 년이 지나 가시장미 공주가 깨어날 날이 다가왔을 때, 왕자가 장미꽃 가시울타리로 다가가자 크고 아름다운 꽃들이 저절로 길을 열어주어 왕자가 다치지 않고 지나가게 해주었고 왕자가 지나가자마자 다시 울타리를 쳤다.** 이렇게 말해보자. 기본적으로 '시간이 되는 것' 외에는 따로 해야 할 일이 없다. 이 짧은 문장은 아주 중요한 것을 나타낸다. 그리고 그것이 동화 〈가시장미 공주〉에서나 현실적 삶에서나 행복과 불행을 결정한다.

   정신분석적 심리치료에는 환자가 의식하기 시작하는 것 외의 다른 것을 결코 '해석'하거나 '의식화'해서는 안 된다는 규칙이 있다. 빠르게 목표에 도달하기 위해 (그리고 이를 통해 '의료보험 혜택을 더 누리기 위해') 우격다짐으로, 즉 경고나 계몽이나 포괄적 해석으로 이루어낸 결과는 의료 과실로 귀착될 뿐이다. 숙련된 치료자는 모든 일이 익어가는 데 시간이 필요하다는 것을 안다. 그 시간이 '백 년'이라고 해도! 그렇게 소망하고 신뢰할 수 있는 이유는 야누스의 얼굴을 한 운명이 언젠가 다른 얼굴을 보일 것이기 때문이다. 심리적 질환의 원인과 특징을 전체적인 범위에서 이해하기 시작할 때에야 비로소 치료의 희망도 자라날 수 있다. 이러한 이해는 내담자의 자기 인식과 더불어 거기에 발맞추어 일어나야 하는 것이지, 오로지 치료자의 (지배적) 지식을 일방적으로 적용하는 것이 아님도 물론 분명하다. 비유적으로 말하면, 훌륭한 치료는 스키 활강에 비견할 만하다. 이때 눈 덮인 땅의 굴곡을 비롯하여 내리막길 자체가 방향과 속도를 지시한다. 넉가래를 가지고 마음대로 왼쪽 오른쪽으로 길을 여는 것이 아니라, 자신의 움직임을 언덕의 상황에 유연하게 적응시키는 것이 중요하다. 내담자 편에서 정말로 '말할 만큼 무르익은' 것만이 말해질 만한 것이다. 그렇게 되기까지의 과정에는 도가(道家)의 오랜 격언이 딱 들어맞는다. "급하면 돌아가라." 그러니까 실은 발작적 직접성이야말로 가장 시간이 오래 걸리는 것이다.

"백 년이라고!" 하며 한숨을 쉴 수도 있다. 그렇지만 이 시간이 가시울타리 바깥의 관찰자가 보기에만 길다는 사실을 잊어서는 안 된다. 마법에 걸린 궁전 안에서는 그 시간은 짧지도 길지도 않다. 시간은 멈춰 있고 모든 일은 오로지 찰나일 뿐이다. 그 때문에라도 전성기가 지나고 늙어 가고 있으니 서두르라고 가시장미 공주를 몰아붙이는 것은 아무 의미가 없다. 소녀는 얼어붙은 불안 속에서 탑 안의 물레를 돌리는 노파만큼 나이가 들기도 하지만, 열다섯 소녀만큼 여전히 어리기도 하다. 두 상태는 서로 겹쳐 있다. 바로 그 때문에 어느 한 상태에서 다른 상태로 발전하는 일은 일어나지 않는다. 그리고 불안으로 마비된 가시장미 공주의 영혼이 걸린 최면을 푸는 데 성공할 때, 비로소 가시 보호벽을 앞세워 자신의 안전을 지키기 위해 빠져나왔던 시간의 흐름으로 돌아갈 수 있다.

만남과 치유
"왕자의 입술이 닿자 공주는 눈을 떴습니다."

왕자는 자신의 시간 감각과 가시장미 공주의 정지된 시간을 조율하는 것이 어렵다는 사실을 마치 알고 있는 것처럼, 방 안에 들어오기까지 **궁정 전체**를 아주 천천히 지나온다. 잠자는 궁전 안의 모든 것을 말 그대로 '뚫고 지나가고' '바라보고' '확인하고' '인지해야' 한다. 모든 것에 주의를 기울여야 한다. 그에게 무의미할 만큼 너무 크거나 너무 작은 것은 없다. 이때 **말, 얼룩무늬 사냥개, 비둘기, 벽에 붙은 파리**가 모든 활기찬 생명과 정신의 욕망을 상징함은 구태여 장황하게 설명할 필요가 없을 것이다. 성적 불안의 충격이 치명적으로 작용하지 않도록 하기 위해 그 욕망들은 '잠들어야' 했던 것이다. 이러한 상징들은 원기, 힘껏 '깨물기', '구구거림', 그리고 조금 남은 '단것'을 찾음 등을 암시하리라. **잠자는 요리사와 시커먼 닭의 털을 뽑기 직전인 하녀**는 성적 충동과 더불어 공격적 체험 내용을 암시한다. 그러나 이러한 상징과 장면을 알레고리처럼 정확하게 개별 내용에 고정하려 한다면 과잉 해석이라는 위험에 빠져들게 된다.[49)] 상징적인 세부 요소보다 훨씬 중요한 것은 삶의 모든 영역을 장악하는 피로, 무력감, 의식 상실이라는 전체적 인상이다. 이러한 상황에서 왕자는 잠자는 미녀의 존재를 알기 훨씬 이전부터 가슴에 품고 있던 그녀에게 제때에 다가가기 위해 무엇을 할 수 있을까?

공주에게 다가가려면 신하들과 공주의 부모도 지나쳐야 한다. 가시장미 공주를 깨우기 전에 그들을 깨우거나, 하물며 그보다 전에 '동물들'과 '하인들'을 깨우는 것은 과오이며 재앙을 불러일으키리라. 왕자는 소녀의 자아가 동의하고 참여하지 않은 상태에서 소녀의 이드, 즉 '충동의 세계'에 '말을 걸고' '깨울' 수 없고, 그래서도 안 되기 때문이다. 마찬가지로 왕자는 소녀의 자아가 알아차리기 전에 초자아, 즉 부모와 왕의 신하들을 깨울 수 없고 그래서도 안 된다. 왕자의 '행위'는 모두 가시장미 공주를 찾아낸다는 오로지 한 가지 목표, 다시 말해 자아를 깨우고 강화하고 삶 속으로 불러내는 목표만을 추구한다.[50] 자아가 깨어난 다음에야 비로소 이드와 초자아, 즉 충동 소망과 도덕적 검열이라는 차원도 다시 살아나도록 허용된다. 그래야 이들이 자아에 피해를 주면서 서로를 저해하는 일이 없을 것이다. 하지만 이런 일은 어떻게 일어나는가?

동화 〈가시장미 공주〉를 유명하고 사랑받게 만든 것은 왕자가 한 차례의 입맞춤으로 잠자는 미녀를 깨우는 바로 이 장면이다. 르네상스 시대 이후 화가들은 이 모티프만으로도 상상력을 자극받았다. 이 장면이 (남성적) 감상자의 이상적 상황을 그려내기 때문이기도 하다. 그는 보이지 않으면서 볼 수 있다. 의식을 잃고 누워 있는 여성에 대한 권력을 잠재적으로 보유하고 있다. 육체의 옷 안으로 영혼이 완전히 가라앉은 아름다움을 보고 있다. 이러한 순결 앞에서 순수한 호의와 순수한 우아함이 움튼다. 소음과 저돌성은 자연스럽게 금지된다. 그림 형제는 **왕자 귀에 자기 숨소리까지 들릴 정도로 사방이 고요했고, 누워 있는 공주가 너무 아름다워 눈을 뗄 수가 없었다**고 묘사한다.

유럽의 예술가 중 잠자는 미녀 모티프를 베네치아 화가 조르조네(Giorginone)만큼 매력적이고 세심하게 그려낸 사람은 없다. 그는

1510년경 〈잠자는 비너스〉라는 그림을 그렸는데, 이 그림은 지금은 드레스덴 국립미술관에 소장되어 있다.[51] 조르조네 이후 많은 사람들이 사랑의 여신(과 그녀를 상징하는 여인들)이 벌거벗고 안락의자 위에 누워 있거나 목가적 풍경 속에 있는 모습을 그리고자 했고, 그래서 고야(Francisco de Goya)가 1800년 그린 〈옷 벗은 마야〉처럼 스캔들을 일으키곤 했다.[52] 가톨릭 문화권인 에스파냐에서 이 그림이 담긴 엽서는 오늘날까지도 프라도 미술관 기념품 상점의 판매대 아래에서 은밀히 판매된다. 그렇지만 조르조네의 비너스는 놀랍거나 위험한 것을 보여주지 않는다. 이 그림의 대담함은 사랑의 여신이 완전한 순결함 속에서 **잠들어 있다**는 데에서 나온다. 인격화된 아름다움이 백옥 같은 시트와 붉은 쿠션 위에 누운 채 오른팔을 까만 고수머리 뒤로 두르고 왼손으로 치부를 가린 채 쉬고 있다. 봉긋한 가슴과 풍만한 몸이 만드는 물결 속에 잠긴 채 길게 다리를 뻗고 있는데, 한쪽 다리는 오른팔과 비슷하게 다른 쪽 다리 아래로 들어가 있다. 이 비너스의 형상은 시간을 초월하는 여성적 우아함의 형상이다. 그러나 가장 중요한 사실은 여신이 눈을 감은 채로 얼굴을 그림 감상자 쪽으로 향하고 있다는 점이다. 이 형상에 어떤 결과를 염두에 두거나 효율적으로 계산하는 태도, 즉 '사진 모델'에게 합당한 태도는 하나도 없다. 오히려 그 반대다. 조르조네가 본 비너스는 회화로 묘사된 내적 합일이며 그 자체로 완벽하게 자기 안에서 쉬고 있다. 그녀가 보여주는 것은 방해해서는 안 되는 잠의 성스러움이고, 오해해서는 안 되는 낙원과 같은 나신의 순결함이다. 냉담하고 인공적인 세계 안에서 돌이 된 여성을 묘사하는 델보의 그림과는 달리 조르조네의 비너스를 감싸고 있는 것은

조르조네, 〈잠자는 비너스〉(1510년경)

이탈리아의 여름철 해거름의 온기다. 나무 몇 그루와 산, 집과 성이 있는 마을, 지평선 너머에 있을 것으로 짐작되는 바다 등으로 이루어진 어두운 풍경 위로 여름 저녁의 황금빛 석양이 펼쳐진다. 이 그림은 사랑의 여신이 그 자체로 자연의 한 부분이고 자연의 가장 아름다운 현상임을 웅변하고 있다.

이런 잠자는 미녀를 입맞춤으로 깨우는 것은 아름다움, 부드러움, 사랑이 지닌 완전한 순수함과 순결함을 확신할 때에만 가능하다. 깨어난 그녀가 이제는 불안에 떨면서 남자의 접근을 저돌적이고 몰염치하다고 여겨 거부의 가시를 뻗치지 않을 것이며, 다만 행복을 마주하기 위해 감사하는 마음으로 눈을 뜰 것이라고 확신할 때에만 그런 행동을 취할 수 있다. 그렇지만 이제까지 이런 모든 일들을 겪은 뒤에 어디에서 그러한 확신이 올 수 있단 말인가? 어떻게 때가 '무르익었음'을 알 수 있단 말인가? 그러한 방식으로 접근할 수 있으려면 그동안 어떤 일이 일어났어야 하는가? 그림 동화의 절정이자 가시장미 공주의 삶에서 전환점인 왕자의 입맞춤은, 혼란스러운 불안과 죄책감 속에서 마법에 걸려 있고 동시에 마법을 거는 연인에게 조르조네의 〈잠자는 비너스〉에서 시대를 가로질러 타당하게 표현된 자연스러운 순수함을 돌려주는 것이다. 이 입맞춤은 "당신은 더는 수치스러워할 것이 없어요."라고 말한다. 이때 입술의 접촉은 이렇게 말한다. "당신의 모습은 내 눈에는 완전하게 아름답습니다. 당신은 발견되고 깨워져 삶이 되고 사랑이 되고 하나가 되기를 기다리고 있습니다. 아무것도 두려워하지 않아도 됩니다. 사람들이 당신에게 가르쳐주었던, 여성임을 감각하는 불안은 예전에는 당신을 가리는 역할을 했지만 이제 무의미해졌습니다. 아무도 당신을 속이려 하지 않고 이용하려고 하지 않고 아프게 하려고 하지 않습니다. 오로지 당신 자신이 원하는 것만이 중요합니다. 그리고 당신의 소망은 절대적으로 순수합니다."

만일 이 세상이 지롤라모 사보나롤라(Girolamo Savonarola) 같은 남자들의 도덕적 극단주의 때문에 거듭 황폐해지지 않는다면, 이 세상은 조르조네의 그림처럼 다시 깨어난 에덴동산일 수도 있으리라. 사보나롤라는 가톨릭 교회의 가르침을, 물론 교회의 공식적 대표자들과는 달리, 정말로 너무 진지하게 받아들였기에 베네치아 화가의 그림들을 손에 넣는 족족 태워버리도록 지시했다.[53] 동서고금을 막론하고 그처럼 불안과 편협함에 사로잡힌 인간은 존재하기 마련이다. 그렇지만 우리는 더는 심리적으로 그들을 따르지 않아도 된다. 애정과 검열, 배려와 금지, 선의와 자의라는 아버지가 남긴 양가성의 유산을 결단을 통해 떨쳐내고, 분열 속에서 구속되었던 에너지를 마침내 인간적으로 중요한 목표를 위해 투입할 수 있다. 그러나 그러한 성숙을 향한 걸음을 걸으려면 전제 조건이 있다. 그것은 (영혼의) 마법에 걸린 궁전 안에서 오랜 불안의 지대를 단계적으로 찾아가면서 열세 번째 요정의 저주로부터 그 지대를 해방시켜줄, 왕자 같은 사람의 사랑을 무조건 믿는 것이다.

모든 능동성이 '구원자' 쪽에만 있다는 인상을 지울 수 없다. 가시울타리를 열어젖히는 것도, 궁전을 가로질러 가는 것도, 마법에 걸린 공주를 죽음과 같은 잠으로부터 깨우는 것도 왕자다. 그림 형제는 그렇게 서술하고 있고, 실제로 스스로를 가시장미 공주로 느끼는 적지 않은 여자들이 그러기를 바란다. 그러나 그럴 수 있을까? 이 동화가 여자들에게 큰 인기를 누리는 이유는 물론 이 장면이 번잡하지 않고 단순명료하다는 데에도 있다. 사람들은 동화가 지나치게 비현실적인 세계의 최면을 건다고 곧잘 혹평하곤 한다. 비현실적 세계에 견주어 보면 현실은 다만 환멸일 수밖에 없으리라. 〈가시장미 공주〉는 소망이 마술적으로 충족된다는 인상을 준다. 어느 여자가 그런 방식으로 깨어나기를 원치 않겠는가? 그저 햇볕 아래 고양이처럼 누워서 아름다움으로 경탄을 받고 남자들이 차례차례 유혹과 거부의 '덤불숲'에 사로잡히더라도 무심하게 상관하지 않은 채, 마침내 제대로 된 구원자가 나타나 입맞춤으로 자신을 깨우기를 꿈꾸며 기다리는 것. 이러한 수동성에 대한 상상 자체가 적지 않은 여자들을 유혹한다. 그러한 상황과 불가피하게 연계되어 있는 그들 자신의 불안과 압박의 비극을 감안하지 않는다면. 이 지점에서는 모든 것이 동화적으로 아름답게 보일지 몰라도, 이런 식의 구원만이 가능한 고통스러운 상태에 이르기를 원하는 사람은 아무도 없을 것이다. 물론 그림 형제는 샤를 페로의 이야기에 나오는 식인종 어머니 같은 잔혹한 결말을 피해 갔기에, 가시장미 공주의 깨어남이 마치 기적처럼 단숨에 일어날 수 있다는 인상을 만들어냈다. 실제로 그러한 생각이 터무니없는 것은 아니다. 어린아이의 삶에 트라우마가 갑자기 생기듯이 (히스테리적 경험이라는 전제에서) 치유도 갑자기 일어날 수 있기 때문이다. 그러나 그런 '자동적 치유' 방식은 예외적일 것이다. 보통의 경우, 심각한 정신적 질환의 '자동적 회복'이라는 '기적'에는 장기간의 집중 대화와 상담이 있어야 한다. 특정 증세의 제거뿐 아니라, 한 인간의 영혼에 존재하는 병인을 극복하는 작업이 중요하기 때문이다. 최소한 이 점만은 확실하다. 가시장미 공주는 공주가 스스로 자신을 의식하고 이해하기를 배운 뒤에야 비로소 '요정'의 '저주'로부터 '해방'되었다고 볼 수 있다. '깨어남'이 곧 자신을 의식하고 이해하는 일이 아니라면, 우리의 공주는 (페로의 동화를 염두에 둘 때) 성숙한 여성으로 가는 길에서 아직 남은 몇몇 암초를 극복해야 할 것이다.

왕자의 입술이 닿자 가시장미 공주는 눈을 뜬다. 이 문장에 따르면 백 년간의 잠이라는 딱딱하게 굳어버린 보호막에서 소녀를 풀려나게 하는 것은 위험하지 않은 부드러운 접촉이다. 이러한 애정의 몸짓에는 단지 '깨움'만이 아니라 약속의 의미도 들어 있다. 그리하여 프리드리히 헤벨(Friedrich Hebbel)은 〈낯을 붉힌 어린 소녀〉라는 시에서 이렇게 쓴다.

> 아마도 이 입맞춤이 나의 행복을 완성하겠지.
> 당신은 입맞춤을 통해 당신을 완전히 의식하게 되겠지.
> 그리고 당신은 내 눈앞에서 소녀가 된 것처럼,
> 내 품에서 여자가 되겠지.[54]

남녀 관계가 **이렇게** 묘사된다면, 꼭 원칙적 거부와 억압이라는 수단으로 내부와 외부에 맞서 **스스로를** 방어할 필요는 없으리라. 그렇지만 샤를 페로가 왕자의 식인종 어머니에 대해 시사하는 바를 그림 동화에도 적용할 수 있고 우리가 가시장미 공주의 병을 심리학적으로 올바르게 이해하고 있다면, 왕자와 공주 모두의 갈망은 완전한 융합을, 그리고 최종적으로 어머니, 그리고 아버지와 형성하는 이중 단일체의 재생을 향한다.

뭉크는 〈키스〉라는 테마를 다채로운 회화 기법과 스케치 기법으로, 그렇지만 언제나 같은 장면을 변주하면서 반복하여 묘사했다. 1895년의 드라이포인트 동판화[55]도 마찬가지다. 마치 무대 휘장처럼 육중한 커튼이 옆으로 걷히고 그 뒤에 건물들을 조망할 수 있는 창문이 있다. 창문 앞에서(그러니까 방의 관찰자 눈앞에서, 그리고 바깥에 있을 수 있는 관찰자의 익명의 시선 앞에서) 한 남자와 여자가 서로 끌어안고 있다. 남자는 지나치게 긴 오른팔로 여자의 등을 잡아 자신에게로 끌어당기고 있고, 여자는 왼손으로 남자의 가슴과 어깨를 쓰다듬고 오른손으로는 그의 목을 끌어당겨 자기를 내려다보게 한다. 키스를 하는 두 사람은 사지를 서로에게 밀어붙이면서 하나의 육신으로 녹아들어 있다. 두 사람은 하나의 갈망만을 품을 따름이고 그 갈망은 이 순간 충족된다. 그렇지만 바로 그 완전한 융합 안에는 더없는 행복뿐 아니라 어떤 위험도 도사리고 있다. 감정의 내밀함 안에서 두 사람의 얼굴은 지워지고 그들의 개별적 인격성은 녹아버렸으며 벗은 몸 간의 경계는 뭉개져 서로를 넘나든다. 이처럼 완전하게 섞여버린 사랑은 마침내 목표에 도달한 어린아이의 꿈과 같다. 〈가시장미 공주〉의 왕자와 공주도 그런 것 같다. 왕자와 공주 모두 부모의 그늘 아래에서, 서로를 만나기 훨씬 이전부터 영혼 안에 서로의 상을 품어 왔다. 그리고 이제 그 상을 서로에게 전이*하여, 그들의 합일 안에서 한 사람은 다

전이(transference) 과거의 감정적 관계를 다른 사람과의 관계에서 되풀이하는 것. 이는 정신분석 치료에서 자주 나타나는데, 흔히 환자는 자신의 질환을 일으킨 갈등을 단지 기억할 뿐 아니라 이를 자신을 치료하는 의사와의 관계에서 되풀이하려고 한다.

에드바르 뭉크, 〈키스〉(1895년)

른 사람에게 문자 그대로 '전부'가 된다. 오빠 혹은 남동생이자 친구이자 남편이자 아버지가 되고, 누이이자 반려이자 아내이자 어머니가 된다. 그렇지만 성인들 사이에서 완전한 합일의 요구가 어떻게 유지될 수 있단 말인가?

그러한 전이의 징표는 그런 감정이 갑작스럽게 실망을 줄 수 있다는 사실, 어머니 혹은 아버지 상이 함축하는 것으로부터 조금이라도 멀어지는 경우 가장 친밀한 행복이 그야말로 절망으로 급변한다는 사실에 있다. 이러한 '실망'이 나타날 때는 상대의 현실을 정확하게 아는 일이 매우 중요하다. 그래서 왕자와 공주에게 상대의 실제 모습 그대로 상대를 사랑하는 데 어느 정도 성공할 수 있을지는 여전히 답이 나오지 않은 물음이다. 반려자의 어린 시절에 형성된 사랑을 향한 갈망의 그림과 똑같을 수 있는 사람은 아무도 없다. 그렇지만 서로의 결속이 강하다면 오래된 기대는 상대를 통해 더욱 성숙하고 큰 사랑이 될 수 있다.

가시장미 공주와 그 구원자에게는 어떤 의미에서는 경악을 불러일으키는 발견이 임박해 있다. 우리가 생각하기에, 왕자가 마법에 걸린 매혹적인 소녀를 사랑하게 된 것은 잠든 소녀가 모든 것을 먹어 치우는 자기 어머니와 완전히 다르게 보였기 때문이다. 그는 어머니 곁에서 사랑을 얻기 위해 지극히 희생적인 태도로 전부를 주는 법을 배웠던 것이다. 그렇지만 깨어난 가시장미 공주 안에서 어머니를 다시 한번 만나는 일에 대처할 준비는 거의 되어 있지 않았다. 그렇지만 바로 그런 일이 일어나고야 말 것이다.

사랑하는 남자를 자신의 구원자로서, 해방자로서 맞이하는 여자는 어떻게 행동할까? 무조건적 감정을 지닌 그녀는 왕자 어머니가 서 있었던 바로 그 자리에 있게 되지 않겠는가? 그런 가시장미 공주라면, 생판 모르는 왕자 어머니와 똑같이 완벽한 헌신과 흠 없는 합일에 대한 욕구를 품게 되지 않겠는가? 누워 있는 공주에게 활기가 없는 것만 보더라도 자신은 아무래도 할 수 없는 일을 타인의 활동으로 이루어내고 보충하기를 소망하고 요구하는 것으로 해석할 수 있다. 머뭇거림은 자신과 타인에 대한 수동적이고도 크나큰 기대와 더불어 일어나는 것이다.[56] 다음과 같은 일은 그저 있을 수 있는 일이 아니라 틀림없이 일어날 일이다. 즉 그렇게 아무 요구가 없는 듯한 가시장미 공주의 배후에는 체험하지 못하고 채워지지 않았던 삶 때문에 어떤 과도함이 숨어 있고, 지지와 보호, 따스함과 부드러움에 대한 '구강적' 추구 때문에 게걸스럽게 '집어삼키고' 결코 배부르다고 느끼지 못하는 성향이 숨어 있는 것이다. 인간을 이해하려고 노력할 때 우리는 이러한 망설임과 붙듦의 심리적 변증법을 계속 만나게 된다. 어머니라는 '식인종'의 형상 안에 무력한 작은 소녀가 숨어 있고, 반대로 무력하게 누워 있는 작은 공주의 형상 안에 무절제한 욕구를 지닌 식인 도깨비 오거가 잠들어 있는 것이다.[57] 이런 일이 불가피하지만 불안에 빠지지 않는 일은 왕자의 몫이다. 그가 사랑하는 가시장미 공주가 어떠하더라도 그녀는 자기 어머니는 아니다. 그리고 자신의 접근하기 어려운 수동성 안에 남자를 죽이는 소유욕이 숨어 있음을 납득하는 일은 가시장미 공주의 몫이다. 그러한 소유욕은 선의를 품은 '구원자'를 언젠가 절망으로 몰아가고야 말리라. 공주가 그 욕구를 정말로 입 밖에 낸다면 그것은 (아마 대개의 경우) 충족될 것이다. 그러나 공주가 그 욕구를 억압한다면 그것은 (거의 언제나) 충족될 수 없는, 최소한 실망을 겪기 쉬운 갈망을 형성할 것이다. 그러므로 공주에게 절실한 것은 삶에 대한 의식적 욕구를 더욱 줄이는 것이 아니다. 욕구를 굳이 발설하지 않더라도 왕자가 자기 눈빛만 보고 읽어내서 충족해줄 것이라는 (무의식적) 태도를 버리고, 나중에 후회하지 않고 현실 안에서 욕구할 만한 것을 능동적으로 바라고, 계획하고, 그에 따라 행동하고 담판 짓는 태도를 취하는 것이다.

슈테판 츠바이크(Stefan Zweig)는 인기 소설 《초조한 마음》*에서 구세주 환상이 스스로 진지하게 책임을 지려는 자세와 일관성 있는 노력으로 귀착되지 않을 때 어떤 위험을 지니는지 묘사했다. 작가는 에디트 폰 케케스팔바라는 장애를 지닌 여자의 감정을 서술한다. 그녀는 부유한 홀아비 상인의 딸이다. 몸이 아픈 자식에 대한 아버지의 연민은 이미 오래 전에 무력감을 넘어 자신을 도와 달라고 요청하고 한탄하는 자기 연민으로 변해 갔다. 소녀에게 계속 치료의 헛된 희망을 불어넣었던 의사 콘도르 박사도 자신이 치료에 실패한 맹인 여자와 결혼한 후 감정이 완전히 소진되었다. 그러므로 소녀의 기대는 젊은 소위 안톤 호프밀러를 향한다. 소위는 소녀가 장애를 지녔다는 사실을 모르고 춤을 추자고 요청해서 소녀에게 수치를 주었다. 그리고 그 일을 미안하게 생각해서 소녀를 가끔 방문한다. 에디트는 꼭 물에 빠진 사람마냥 그에게 매달린다. 마침내 놀란 젊은 남자에게 말 그대로 "빨아들이듯이 탐욕스럽게 …… 이빨과 이빨이 부딪치도록" 첫 키스

---

* 한국어판 제목은 《연민》.

를 강요한다. 소위는 기억을 더듬으며 이렇게 쓴다. "그리고 동시에 그녀는 저돌적으로 가슴을 위쪽으로 들어올려 앞으로 구부러진 내 몸에 접촉하고 내 몸을 느꼈다. 나는 그 후 살아오면서 이 장애 소녀와 한 키스처럼 거칠고 절망적이고 목마른 키스를 다시는 받아보지 못했다." 그는 "운명에 의해 장애가 된 여자, 자기 몸을 끌고 갈 힘도 없는 소녀가 사랑하고 사랑받는 누군가를 꿈꿀 수 있음"을 조금도 예감하지 못했다.[58] 그러나 이제 소위는 "갑자기 낯선 사람이 너 자신을 그의 안에" 품고 있음을 인정해야 했다. "그녀…… 그 여자, 너를 사랑하는 모르는 사람, 그녀가 너를 이미 마음속으로, 핏속으로 빨아들였다. 그녀는 언제나 너를 마음속에 지니고 있고, 네가 어디로 달아나더라도 너를 품고 있다. 언제나 다른 장소에서 다른 사람에게 붙들리고 갇혀 있게 되고, 결코 너 자신이 될 수 없게 되고, 결코 갇히지 않고 자유롭고 아무 죄도 없이 있을 수 없게 되고, 언제나 쫓기고 언제나 의무를 지게 될 것이다. 마치 끝없이 화끈거리는 빨아들임처럼 '너를 생각해.'라는 말을 늘 느낀다. 이것이 자기 의사에 반해 사랑받는 남자의 가장 터무니없고 아무래도 피할 수 없는 곤경, 고통 중의 고통, 그리고 죄 없는 죄다."[59]

그러나 에디트는 소위에게 보낸 무려 열여섯 장에 걸친 편지에서 그의 포옹 속에서 건강을 되찾기를 얼마나 소망했는지 고백한다. 그녀는 이렇게 쓴다. "그토록 오래 그것을 원하고 꿈꾸었고, 이제 당신이 제게 가까워졌습니다. 그때 한순간 제 성치 않은 다리를 잊었고 오로지 당신만 보았습니다. 그리고 제가 당신에게 되고 싶은 그런 여자인 것처럼 느꼈습니다. 해를 거듭하면서 밤낮으로 늘 똑같은 꿈을 꾼다면 대낮에도 한순간 백일몽을 꿀 수 있음을 이해하지 못하시나요?"[60]

슈테판 츠바이크의 소설에 등장하는 소위는 소녀에 대한 죄책감과 연민에 빠져든다. 그렇다. 불구인 그녀와 약혼까지 하면서도 전우들의 조롱을 겁낸다. 그녀가 자기 신부가 아니라고 부인한다. 이 사실을 들은 에디트는 자살을 감행한다. 젊은 호프밀러 소위는 참회하듯이 제1차 세계대전 전선에서 영웅으로서 전사하고자 하지만 그마저 실패한다. 비극적 죄를 짊어지고, 실패를 간직하며, 여론에 대한 지나친 두려움 속에서 공명심과 공허한 허영심에 치명적으로 의존하며, 허약하고 우유부단하게 계속 살아간다.

그림 동화의 왕자와 깨어난 미녀도 이와 비슷하게 관계에서 실패할 수 있다. 그들이 서로의 만남에서 갈망과 꿈이 무의식에 머물러 있는 상태를 극복하지 못한다면 말이다. 그림 동화는 '궁전' 전체가 깨어나는 장면을 잘 묘사하고 있다. "마당의 말들"은 일어나 몸을 털고, "사냥개들"이 뛰어다니며, "지붕 위의 비둘기들도…… 날갯죽지에서 머리를 빼고" "들판으로" 날아가고, "벽에 붙은 파리들도" 다시 기어가고, "부엌의 불"이 다시 타오른다. 가시장미 공주의 "깨어남" 이후 생명의 생기와 온기가 다시 나타나 가시장미 공주에게 속하게 된다. 그러나 제일 먼저 깨어나는 것은 "왕과 왕비와 신하들"이다. 개인적이고 의식적인 태도를 취함으로써 초자아가 풀려난 후에야 비로소 충동이 허용되는 것이라고 이 장면을 풀이할 수 있으리라. 그러한 '깨어남'에 요구되는 극적인 심리적 투쟁을 묘사하기란 지극히 어려운 일이다.

그렇지만 중대한 사실은 이러한 노력이 **양편에서** 이루어져야 한다는 것이다. 어떤 사람이 자신의 본성에 따른 모습을 보인다고 해서 그를 비난해서는 안 된다. 가시장미 공주 이야기를 관통하고 있는 운명을 해소(혹은 실현!)하려면 상대의 모든 것을 거부하지 않을 수 있는 강한 사랑이 필요하다. 그리고 이를 위해서는 나아가 서로가 상대의 심장 안에서 자신의 본질을 마치 거울처럼 인식하는 일이 필요하다. 왕자와 공주는 서로가 서로를 얼마나 필요로 하는지 느껴야 한다. 그것은 상대를 자신과 혼동하는 것이 아니라, 오히려 상대와 자신의 차이 안에서 자기를 더욱 분명히 인식하는 것이다. 왕자는 가시장미 공주에게 말해야 한다.

"저와 다른 당신의 특별함을 통해 저를 저의 짐으로부터 해방해주어서 고맙습니다. 아울러 당신이 지닌 저 자신의 본질과 비슷한 점에 대해서도 감사합니다. 이 두 가지 때문에 당신을 사랑합니다. 그대가 그저 저와 같기만 했다면, 우리 관계는 살아 숨 쉬지 못했을 것입니다. 아니, 그 관계는 우리가 각자 지닌 어려움을 배가하며 더 큰 짐이 되었을 것입니다. 당신이 제 안의 고유한 점을 모두 그대로 깊이 품고 있고 일깨우고 살아나게 하면서도 저와 다르기 때문에, 저는 다름 안의 같음, 낯선 것 안의 나의 것, 미지 안의 친숙함이라는 매혹으로 잠깁니다. 당신은 저의 스승이고 저를 가볍게 하고 보충하는 분입니다. 당신이 은밀한 갈망과 욕구를 드러내도 불안해하지 않을 것입니다. 오히려 그런 당신을 행복하게 하는 것이 저의 가장 깊은 욕구입니다. 당신에게 드리지 못하는 것이 있다면 당신에게 말하겠습니다. 그러니 당신이 지나친 요구를 하는 것이 아닐까 저어하지 않아도 됩니다. 당신이 느끼고 원하고 좋아하는 것을 말해주면 저로서는 한결 편할 것입니다. 그래야 당신의 '가시울타리' 뒤에 무엇이 숨어 있는지 처음부터 거듭해서 생각하지 않아도 되니까요. 서로에게 솔직하도록 노력합시다. 제가 당신을 결코 조롱하거나 다치게 하거나 배신하지 않을 것임을 확신해도 좋습니다. 적어도 고의로 그러지는 않을 것입니다. 그리고 만약 제가 어쩌다 실수로 그런 일을 한다면, 제게 말하고 저를 힐난하고 당신 스스로를 방어하세요. 그래야만 우리는 서로의 마음에 깃든 '식인'의 불안을 극복할 것입니다. 당신은 사랑 때문에 저를 먹어 치우지 않을 것이고, 저는 당신을 향한 갈망과 탐색 때문에 당신을 먹어 치우지 않을 것입니다. 오히려 그 반대입니다. 우리는 제 힘으로 살아내기 위해 서로를 필요로 합니다. 바로 그래서 당신이 있음에 감사드립니다."

1521년 바르트부르크에서, 천사 가브리엘이 나사렛의 젊은 처녀 마리아에게 전하는 말(〈누가복음〉 1장 28절)을 어떻게 독일어로 옮길지 고민하던 마르틴 루터는 라틴어에서 취한 통상적 문구가 옳지 않음을 정확히 알고 있었다. 오늘날에도 경건한 가톨릭 신도는 하루 세 번 삼종(三鐘) 기도를 드릴 때 "평안할지어다. 은혜가 가득한 마리아여. 주께서 너와 함께 하시도다."라는 그 통상적 문구를 사용한다. 루터는 "은혜가 가득한(voll der Gnade)"이라는 표현이 대체 무엇일까 생각했다. 독일인은 그런 말을 할 때 맥주가 가득한 잔이나 떠올릴 것이라는 것이다. 루터는 나중에 〈통역가의 서신〉에서 이렇게 썼다. "여기에서 최고의 독일어를 취한다면" 이렇게 말해야 한다. "평안할지어다. 사랑스러운 마리아여."[61] 신학에 쓰이는 독일어에 천상의 언어인 '은혜'조차 그대로 남겨 두어서는 안 된다는 것이다. 천사가 사람에게 말할 때는 언제나 사랑의 언어로 이야기하기 때문이다. 그리고 거꾸로 아이제나호나 에어푸르트나 막데부르크나 비텐베르크*의 골목에서 사랑에 빠진 젊은 남자가 소녀에게 말할 때, 소녀는 그를 꼭 하느님의 사자처럼 느낄 것이다.

그러므로 왕자가 가시장미 공주에게 행한 구원의 행위를 절대적이고 궁극적이고 거룩한 존재의 등장과 연관시킬 수 있다고 한다면 지나친 주장일까? 마지막으로 라이너 마리아 릴케의 시를 읽어보자. 릴케는 성서의 수태고지 장면을 서로가 서로에게 본질적인 사랑의 관계로 풀이했다. 천상의 '천사'가 '사람' 앞에 나서는 것이 아니다. 두 사람이 서로에게 천상에서 보낸 사자와 같고 서로의 삶의 성패가 거기 달린 중개자와 같은 것이다. 릴케의 시에 나오는 수태고지의 '천사'는 소녀인 성모를 갈망하며 이렇게 말한다.

> 당신이 우리보다 신에 더 가깝지는 않습니다.
> 우리 모두 신에게서 멀리 있으니.
> 그러나 당신의 두 손은
> 놀랍게 축복받았습니다.
> 어느 여인의 손도 당신처럼 소맷자락에서
> 무르익고 빛나지 않습니다.
> 저는 낮이요 이슬이지만,
> 당신은 나무입니다.

----
* 모두 루터가 머문 도시다.

이제 저는 힘이 없습니다. 멀리에서 왔으니,
용서하시길, 저는 잊었습니다.
그분, 태양 같은 황금 장신구에 싸여 위대하게 앉아 계신 그분이 당신에게
전하라고 하신 말씀이 무엇인지, 그대 생각하는 여인,
(저 공간이 저를 흐트러지게 했습니다)
보세요, 저는 시작하는 자이지만 당신은
나무입니다.

저는 날개를 펼치고 기이하리만큼
넓어졌습니다.
이제 제 커다란 옷이 당신의 조그만 집에
넘쳐흐릅니다.
허나 당신은 그 어느 때보다 외로워
저를 쳐다보지도 않습니다.
그래서 저는 숲속 미풍이 되지만 당신은
나무입니다.

천사들은 두려워 모두
흩어집니다.
욕망이 이렇게 흐릿하고도 커다란
적은 없었습니다.
아마도, 어떤 일이 머지않아 일어날 것입니다. 당신이
꿈속에서 깨달은 어떤 일이.

평안할지어다. 저의 영혼이 보니 당신은
준비를 갖추고 익어 가고 있습니다.
당신은 크고 높은 대문, 이내
열릴 것입니다. 그대,
제 노래가 제일 좋아하는
귀여, 이제 저는 느끼니, 제 말은
당신 속에서 길을 잃습니다. 숲속처럼.

이렇게 저는 와서 당신에게 천일야화의 꿈을
마무릅니다.
하느님이 저를 보십니다. 그분은 눈이 부십니다. ……

당신은 그러나 나무입니다.[62]

   이러한 언어는 하늘이 땅을 쓰다듬는 듯하고, 거룩한 존재가 인간적 존재와 혼례를 올리는 듯하다. 사랑에 깨어난 피조물의 가슴 안에서 하느님 자신이 근원적이고 고유한 형상으로 성숙하는 듯하고, '가시덤불'이 풀어져서 과일이 주렁주렁 달린 한 그루 나무로 새로이 자라나는 듯하다. 우리는 사람이 되기 위해서는 사랑을 믿어야 하고, 그것도 어떤 신성한 것이라고 믿어야 한다.
   아마도 이 사랑의 신성에 대해 기독교인들보다 잘 알았던 사람들은 힌두교인들이리라. 고래로부터 그들에게는 크리슈나 신을 사랑하는 양 치는 여인 라다 이야기가 전해져 내려왔다. 그 이야기는 1780년경

인도의 어느 책의 삽화에 묘사되어 있다.[63] 이 그림은 12세기 시인 자야데바(Jayadeva)의 시 〈기타고빈다(Gitagovinda)〉를 소재로 해서 캉그라 화파가 그린 그림이다. 〈기타고빈다〉는 비슈누 신이 크리슈나의 형상으로 현현하는 것을 묘사하고 있다. 그림에서 그가 두른 하얀 표장과 푸르스름한 몸이 이미 천상의 존재임을 암시한다. 크리슈나에 대한 사랑 때문에 남편을 떠난 라다는 연인의 팔 안으로 잠겨들고 그는 미소 지으며 그녀를 끌어당기고 있다. 두 사람이 만나는 정원은 낙원에 대해 성경이 전하는 것처럼, 하느님의 사랑을 상징한다. 그리하여 자연 전체가 두 사람의 마음에 응답하는 듯하다. 그들의 심장처럼, 야무나 강에 떠 있는 연분홍 수련들이 꽃핀다. 하얀 새들은 크리슈나가 사랑하는 양 치는 여인을 붙들기 위해 팔을 뻗는 것처럼 날개를 뻗고 라다와 똑같이 고개를 숙인다. 오른편 나무는 크리슈나의 머리와 동일한 선을 그리며 굽어지고, 왼편의 꽃이 핀 덩굴나무는 사랑에 빠진 사람이 연인을 휘감듯이 나무 한 그루를 끌어안는다. 연인들 위에서 왼편으로부터 오른편으로 뻗은 가지는, 라다의 까만 머리를 쓰다듬는 크리슈나의 가려진 오른팔을 따라간다. 강으로 튀어나온 작은 곶조차 크리슈나의 왼팔과 다리의 윤곽선을 따른다. 마치 우주 전체가 두 사람의 혼례복이 된 것 같다. 그리고 반대로 두 연인은 온누리의 아름다움을 자기 안에 다 모으는 듯하다. 크리슈나의 몸을 덮은 색채는 그저 하늘처럼 단순한 파란색이 아니라, 물과 꽃과 나무의 색조를 안으로 빨아들이고 있다. 크리슈나가 허리에 두른 천 역시 꽃의 색깔, 노란색과 빨간색을 띠고 있다. 라다의 몸은 연인들이 있는 언덕 모서리 흙의 색이다. 라다의 옷도 역시 다채로운 꽃의 색을 띠고 있

크리슈나 신을 사랑하는 양치는 여인 라다(인도의 삽화, 1780년경)

다. 그리고 두 연인은 똑같이 흐르는 율동 안에서 합일해 있는데, 이는 라다의 정강이 곡선을 따라 그리는 크리슈나 바지의 붉은 단에 묘사되어 있다. 그들 옷의 아래 가장자리는 그 앞에서 흘러가는 강과 똑같은 선의 흐름 안에서 서로 녹아들어 있다.

이 세밀화는 사랑이 그 자체로 하나의 힘이며, 그 힘 안에서 신성이 드러남을 말한다. 사랑이 우리 심장의 감정들을 모두 서로 연결하기 때문이다. 그렇다. 사랑은 그 자체로 그 자신과의, 서로 간의, 주위 환경과의 완전한 일체감 안에 존재하는 것이다.

우리는 이를 통해 어떤 의미에서는 종교의 언어를 다시 한 번 배우게 된다. 어린 시절부터 알고 있던 이 작은 동화가 주는 교훈에서 알 수 있듯이, 그 언어는 두 사람 간의 사랑의 체험과 내밀하게 연결되어 있다. 사랑은 다른 사람을 신으로 만드는 것이 아니라, 다른 사람에게 어떤 장소를 열어주는 것이다. 그가 인간으로서 자기 자신으로 존재하여도 좋은 장소를. 그렇지만 이러한 인간성으로 성숙하려면 무한한 믿음이 있어야 한다. 스스로 연인에게 가는 길을 찾기 위해 가시울타리를 헤치고 '궁전'으로 들어가는 연인이 깨어나는 신뢰의 근거 자체는 아니다. 다만 연인은 그러한 신뢰의 매개자이며 '사자'다. 더불어 그 목표에, 저 강 건너 '도시'에 이르기 위해 건너야 하는 다리다. '깨어남'이라는 말은 죽은 듯 잠에 빠진 불안 속의 (죽은) 삶이 자유롭고 의식적이고 믿음 속에 유지되는 존재로 이행함을 아주 잘 묘사하고 있다. 신약성서의 부활 이야기는 사랑에 대한 신뢰를 배움으로써 죽음을 극복하고 삶을 시작하는 이러한 경험을 '무덤'에서 '깨어남', '썩음'으로부터 '부활'하는 것으로 서술한다.[64] 그리고 이는 분명 타당하다. 어린이의 동화에서, 민중의 신화에서, 시인의 서정시와 화가의 작품에서 인간 영혼에 깃든 신의 언어를 경청하는 사람만이 성경의 말에서도 그 언어를 인식할 수 있다.

　가시장미 공주들이 모두 한때 잃어버린 아이였다면, 그런 잃어버린 아이에 대한 짧은 시 한 편이 우리의 해석에서 그림 동화가 이야기하는 것, 그 소망과 지혜를 다시 한 번 말해줄 수 있을 것이다.

가시장미 공주

그렇게 나의 생은 긴 잠이 되었지,
눈송이 떨어지는 꽃처럼.
왜 그들은 나를 그리 벌주었는지,
모두에게서 그리 멀리 떨어져 낯설게 있도록.

아마, 한때 다른 사람처럼 나도 놀이를 좋아했지.
세상은 맑고 아픔이 없어 보였고.
다만 때때로, 어두운 경고가 무거운 돌처럼,
많은 일을 감행하지 말라는 경고가 떨어졌을 뿐.

무엇을 감행하지 말라는 것일까? 나는 듣지 못했지.
나는 아름다웠고 생명 속으로 자라났고
까만 머리칼 속에 장미들이 빛났으며
모든 것을 바치려는 갈망에 차 있었으니까.

나 혼자 있던 어느 날

궁전을 가로질러 갔지, 새로운 많은 일을 찾아내기 위해.

거기에 나를 어지럽게 하는 이 다른 것이 들이닥쳤어.

그리고 그 후 나를 둘러싸고 가시울타리가 자라났지.

죄, 무죄, 삶, 죽음, 꿈들

그리고 완전한 미지에 대한 기다림,

대체 이 인적 끊긴 곳 어디에서

그 불안 속에서 찾을 수 있을까, 내가 바라보는 것을?

오로지 당신의 부드러움만이

당신을 이미 늘 알고 있다는 느낌만이 나를

구할 수 있었네. 당신 가슴에 누울 수 있었고,

그 후로 알았지, 아무것도 우리를 떼어놓을 수 없음을.

오, 당신, 우리를 하나로 만든 사랑의 신,

더는 고독한 날을

주지 마시길. 우리의 고난을 당신이 극복했으니

당신을 위해 이제 준비하고 있으니.

두 사람의 사랑의 '준비'가 어떤 '느낌인지', 그리고 어떤 모습인지에 대해 프리드리히 헤벨은 〈나와 너〉라는 시에서 동화 〈가시장미 공주〉에서 차용한 듯한 비유를 통해 묘사한다.

우리는 서로를 꿈꾸었고
그로부터 깨어났지.
사랑하기 위해 우리는
살고 다시 밤으로 가라앉는다.

그대는 나의 꿈에서 나왔고 나는
그대 꿈에서 나왔지.
한 사람이 다른 사람 안에서 길을 잃을 때 우리는
죽어 가겠지.

백합 위에서 이슬 두 방울 순수하고 둥글게
떨고 있네, 하나가 되어
흘러내리네
꽃받침 바닥으로 굴러 내리네.[65]

라푼첼
Rapunzel

동화는 언제나 어떤 인물이 한 몸으로 어머니이자 마녀,
천사이자 악마, 삶이자 죽음을 상징하고 의미할 수 있다고 전한다.
한 인물이 보살피고 사랑하며 생명을 주는 동시에 위협하고
압박하고 질식시킬 수 있다. 어머니는 라푼첼의 삶이자 죽음이고,
집이자 감옥이고, 낙원이자 무덤이며, 신이자 악마이고, 천상이자 지옥이다.
이보다 더 비극적인 어머니와 딸의 갈등은 찾아보기 힘들다.

| 들어가는 글 |

세상 끝, 마법의 성에서
부르는 그리움의 노래

　동화의 심층심리학적 해석에서는 언제나 방법론에 대한 물음이 제기된다. 심층심리학 학파 가운데 어느 학파를 해석에 끌어들일 것인가? 이러한 물음에는 어떠한 교조적 대답도 있을 수 없으며, 다만 실용적 대답이 있을 뿐이다. 그러니까 그때그때 이야기 흐름에 가장 자연스럽게 연결되는 방법이 '올바른 것'이 된다. 동화는 어떤 관점에서 보면 철갑을 두른 금고 안에 숨겨진 귀한 진주와 같다. 금고를 절단기와 다이너마이트로 부수려고 시도할 수도 있다. 그러나 그런 식으로 접근한다면 금고를 여는 순간 내용물도 망가질 위험이 있다. 그러므로 보안 자물쇠 돌아가는 소리를 조용히 엿들으면서 비밀번호의 올바른 조합을 찾아내 완력을 사용하지 않고 금고를 여는 것이 더 낫다. 이와 흡사하게 동화는 이야기의 암호들을 총체적으로 연결해 우리 앞에 놓인 텍스트에서 아무것도 잘라내거나 파괴하지 않을 때에야 비로소 그 풍부한 의미를 온전히 이해할 수 있다. 동화를 '올바르게' 이해한다는 것은 이야기의 부분적 계기들을 서로 긴밀하게 연관되고 그 자체로 필연적인 것으로 인식하는 것 이상도 이하도 아니다. 꿈, 동화 혹은 신화의 개별적 상징들은 그 자체로도 다의적이고, 해석 방법에 따라 서로 다르게 풀이할 수 있지만, 그래도 이야기는 모두 그만의 유일무이하고 개별적인 형태를 지니고 있고 그 형태 안에서 개별 상징들이 서로를 정의하고 해명한다. 그리하여 우리는 이야기되는 모든 사건들에서 하나의 의미를 취할 수 있다. 그 의미는 오로지 하나의 단일한 조합 안에서만 사건들에 주어지는 것이다. 그러므로 해석은 오직 어느 동화가 어떤 질문에 답하고자 하는지, 어떤 문제를 풀려고 하는지, 원래 어떤 테마를 다루고 있는지를 숙고하는 데 달려 있다.

심리학적으로 고찰해보면, 대부분의 동화는 결핍으로 가득한 탐색의 방랑, 용감한 투쟁과 충돌, 자신과의 합일을 향한 행복한 성숙과 자기 영혼이 기다리는 인물과의 사랑을 향한 행복한 성숙을 통해, 인생의 갈등, 구속, 모순을 해결해 가는 과정을 보여준다. 이때 갈등 상황의 유형에 따라 심층심리학 학파 가운데 어느 한 학파를 빌려 해당 동화를 해명할 수 있다. 주먹구구식 규칙을 말하자면, 인생 전반기의 갈등은 프로이트 정신분석의 객관주의적 고찰을 활용할 때 가장 잘 이해할 수 있는 반면, 인생 후반기의 물음에는 융 학파의 주관주의적 해석이 긴요하다.[1]

이렇게 구별하는 이유는 그리 어렵지 않게 이해할 수 있다. 젊은 시절에는 우선 외적 현실에 적응하고 주변 사람(부모, 형제자매, 상사, 동료, 친구 등)과 관계에서 겪게 되는 갈등을 견디는 일이 중요하다. 이 시기에는 자아를 강화하고 현실적 환경에 맞서 자기를 관철하는 일이 지혜와 인식을 추구하는 것보다 더 중요하다. 따라서 프로이트가 무의식의 상징 형성에서 생길 수 있는 왜곡과 은폐를 분석의 중심으로 끌어들인 것은 정당하다. 이에 반해 인생 후반기에는 융의 상징 이해가 좀 더 정당성을 지닌다. 예를 들어 부모는 이미 오래 전에 세상을 떠났을 수 있지만, 그들이 여전히 아주 생생하게 자신의 심리를 전체적으로 상징하고 지배하고 있음을 오히려 전보다 더 분명하게 알아차릴 수 있다. 현실적인 요구로 여겨 온 일들, 즉 결혼하고 아이를 낳고 집을 소유하고 사회에서 기반을 잡는 일 등이 점점 더 삶의 본래 과제에 대한 상징적인 선취에 불과했던 것으로 드러난다.

동화가 **신성한 결혼**이라는 상징에서 묘사하는 것처럼, 오직 진정한 자신을 발견하여 집으로 데려올 때에야 비로소 '결혼'을 할 수 있다. 또 **신성한 아이**라는 신비로운 이미지가 상징적으로 재연하는 것처럼, '아이'를 낳는 것은 오로지 아이가 더욱 통일적이 되고 내적으로 새로워진 삶의 결실일 때만 가능하다. 그리고 세상의 끝에 있는 **마법의 성**이라는 동화적 모티프가 상당히 자주 보여주듯이, 자기 집을 소유하는 것이 아니라 자기 인생에서 제자리를 찾을 때에야 우리는 '집에 머물 수' 있다. 매사에 그러하다. 인생 전반기에는 영혼의 상징을 외부 현실에 연관시켜야 한다면, 인생 후반기에는 거꾸로 외적 현실 전체를 영혼을 상징하는 것으로 풀어야 한다. 그러므로 이야기가 시작되는 시점에 따라서, 이야기가 다루는 테마에 따라서 동화의 상징 언어를 때로는 객관주의적으로, 때로는 주관주의적으로 읽어야 한다.

〈라푼첼〉은 어린아이로서 마녀에게 어머니를 잃고 감금과 고독, 그리움과 고뇌, 추방과 상실에 빠져 있다가 다시 사랑의 공동체를 되찾고, 기쁨과 행복을 되찾으며, 자기 심장의 순수한 노래를 되찾는 소녀에 관한 길고 힘겨운 이야기다. 사랑으로 가는 길의 장애물을 이해하고 그것을 최대한 제거하는 것이 정신분석의 주요 관심사라면, 이 동화를 제대로 평가하는 데에는 프로이트의 심층심리학이 가장 적절할 것이다. 사랑이 불안보다, 인간성이 상황과 규범의 속박보다 강하다는 것이 언제나 동화에서만 참일까? 한 편의 동화를 이해하려면 삶 자체가 동화적일 수 있음을 최소한 어느 정도는 믿어야 한다. 그 모든 실망과 낙담, 의심에도 불구하고 동화에서 형상화하는 꿈은 뿌리 뽑히지 않는다. 우리가 동화를 주로 아이들에게 읽어주는 것은 이 세상에 나오는 아이는 누구나 행복할 권리가 있기 때문일 것이다. 동화가 꿈같이 행복한 사랑을 꿈꾸는 것과 같이.

| 동화 읽기 |

라푼첼
(12번 동화)

옛날에 한 남자와 한 여자가 살았습니다. 그들은 오래 전부터 아이를 원했지만 생기지 않았습니다. 그러다 마침내 고마우신 하느님이 소망을 이루어주어 아이를 갖게 되었습니다. 그녀의 집 뒤채에 작은 창문이 있었습니다. 그 창문으로 아름다운 꽃과 풀이 있는 화려한 정원을 내다볼 수 있었습니다. 그러나 그 정원은 높은 담에 둘러싸여 있었고 아무도 들어가려고 하지 않았습니다. 정원은 어느 마녀의 것이었는데, 모든 사람이 어마어마한 힘을 가진 그 마녀를 두려워했기 때문입니다.
어느 날 아내가 창문가에 서서 정원을 내려다 보았습니다. 그때 아주 멋진 라푼첼(Rapunzel, 들상추)을 심은 밭을 보았습니다. 어찌나 싱싱하고 푸른지 부인은 군침이 돌면서 라푼첼을 먹고 싶은 강렬한 욕구를 느꼈습니다. 욕구는 매일매일 커졌지만, 라푼첼을 얻을 수 없다는 것을 잘 알았기 때문에 그녀는 쓰러질 정도로 창백하고 비참해 보였습니다. 남편이 놀라서 물었습니다. "필요한 게 뭐요, 사랑하는 여보?" "아" 하고 아내가 대답했습니다. "우리 집 뒤쪽 정원에서 라푼첼을 따서 먹을 수 없다면 죽을 거 같아요." 아내를 사랑하는 남편은 생각했습니다. "아내가 죽기 전에 라푼첼을 가져다주자. 어떤 희생을 치르더라도."

　남편은 어스름하게 땅거미가 내리자 담을 넘어 마녀의 정원으로 내려가 서둘러 라푼첼을 한 줌 따서 아내에게 가져다주었습니다. 아내는 곧 샐러드를 만들어 탐스럽게 먹었습니다. 그러나 라푼첼이 너무 맛있어서 다음날에는 처음보다 세 배나 더 먹고 싶었습니다. 아내가 도저히 참을 수 없다는 것을 안 남편은 다시 한 번 정원으로 내려갔습니다. 그러니까 밤이 이슥해져서 다시 내려간 것입니다. 그러나 담을 타고 내려갔을 때 그는 엄청나게 놀랐습니다. 마녀가 바로 눈앞에 서 있었습니다.

　마녀는 분노의 눈길로 바라보며 "네가 어떻게 감히 내 정원으로 내려와서 도둑처럼 내 라푼첼을 훔쳐 갈 수 있지? 너는 대가를 치를 것이다!"라고 말했습니다. 남편은 대답했습니다. "아, 제발 용서해주세요. 저는 어쩔 수 없이 그렇게 결심했습니다. 아내가 창문에서 당신의 라푼첼을 보고 너무 먹고 싶어져서 그것을 먹을 수 없으면 죽을 지경이 되었습니다." 그러자 마녀는 화를 누그러뜨리면서 말했습니다. "만일 사정이 네가 말한 대로라면, 라푼첼을 원하는 만큼 가져가도록 허락하마. 다만 조건이 하나 있다. 아내가 낳는 아이를 내게 주어야 한다. 그 아이는 잘 지낼 것이고 나는 그 아이를 어머니처럼 돌볼 것이다." 남편은 두려운 나머지 모든 것을 승낙했습니다. 결국 아내가 아이를 낳자 곧바로 마녀가 나타났고, 아이에게 라푼첼이라는 이름을 주고는 데리고 가버렸습니다.

　라푼첼은 태양 아래 가장 아름다운 아이로 자랐습니다. 아이가 열두 살이 되었을 때 마녀는 아이를 탑 안에 가두었습니다. 탑은 숲속에 있었고 계단이나 문도 없었습니다. 단지 아주 높은 곳에 작은 창문만 하나 있었습니다. 마녀는 그리로 들어가고 싶으면 탑 아래쪽에 서서 소리쳤습니다.
　"라푼첼, 라푼첼, 네 머리를 늘어뜨려라."
　라푼첼의 길고 풍성한 머리칼은 마치 황금으로 짠 것 같았습니다. 라푼첼은 마녀의 소리를 들으면 땋은 머리를 풀어 위쪽의 창문 고리에 동여맨 후 머리칼을 스무 엘렌* 아래로 늘어뜨렸고 마녀는 그것을 타고 위로 올라왔습니다.
　몇 년이 지나 왕자가 말을 타고 숲을 가로질러 탑 근처를 지나가게 되었습니다. 그때 너무나 사랑스러운 노랫소리가 들려와 거기 그대로 서서 귀를 기울였습니다. 라푼첼이 고독 속에서 달콤한 목소리를 울려 퍼지게 하면서 시간을 보내던 중이었지요. 왕자는 그녀에게 올라가고 싶어서 탑의 문을 찾았지만 문이 없었습니다. 그는 집으로 돌아갔지만 노래가 마음을 너무도 벅차게 하여 매일 숲으로 나가서 들었습니다. 하루는 왕자가 나무 뒤에 서 있다가 마녀가 와서 위에 대고 소리치는 것을 보았습니다.

엘렌(ellen) 독일에서 쓰던 옛 길이 단위. '엘레(elle)'의 복수형이다. 1엘레는 약 66cm에 해당한다.

라푼첼 321

"라푼첼, 라푼첼, 네 머리를 늘어뜨려라."

그러자 라푼첼이 머리카락을 내려주었고 마녀는 타고 올라갔습니다. "저것이 타고 오르는 사다리라면 나도 한 번 행복을 찾아보리라." 그리고 다음 날 어두워지기 시작하자 탑으로 가서 외쳤습니다.

"라푼첼, 라푼첼, 네 머리를 늘어뜨려라."

곧 머리칼이 내려왔고 왕자는 위로 올라갔습니다.

남자라고는 한 번도 본 적이 없던 라푼첼은 왕자를 보자 처음에는 너무도 놀랐습니다. 왕자는 아주 상냥하게 이야기를 시작했고 그녀의 노래 때문에 가슴이 벅차올라 평정을 찾을 수 없어 그녀를 직접 만나야 했다고 설명했습니다. 그러자 라푼첼은 두려워하지 않게 되었고, 왕자가 자신을 남편으로 맞이하겠느냐고 묻자 젊고 아름다운 모습을 보고 생각했습니다. '이 사람은 저 늙은 고텔 부인*보다는 나를 더 사랑해줄 거야.' 그래서 그러겠노라고 말하고 자기 손을 왕자의 손 안에 두었습니다. 라푼첼은 말했습니다. "기꺼이 당신과 가겠어요. 하지만 어떻게 내려갈 수 있을지 모르겠어요. 당신이 올 때 매일매일 비단 실을 한 타래씩 가져오세요. 그 실로 사다리를 짜겠어요. 그리고 사다리가 다 마련되면 내려가겠어요. 그때 저를 당신 말에 태우고 가세요." 그때까지는 왕자가 매일 저녁 라푼첼에게 오기로 두 사람은 약속했습니다. 낮에는 노파가 오기 때문입니다.

마녀는 라푼첼이 먼저 말할 때까지 아무런 낌새도 채지 못했습니

고텔 부인(Frau Gothels) 독일 방언에서 '대모(代母)'라는 뜻이다. 따라서 우리말로 '고텔 부인'을 '대모님'으로 옮기기도 한다.

다. "제게 말해주세요. 고텔 부인, 당신은 왜 젊은 왕자보다 훨씬 무겁지요? 그 사람은 단번에 올라오거든요." "아, 사악한 아이 같으니라고!" 마녀는 외쳤습니다. "네게 이런 말을 듣다니. 너를 세상으로부터 갈라놓았다고 생각했건만. 네가 나를 속였구나!" 화가 난 마녀는 라푼첼의 아름다운 머리칼을 붙잡아 왼손으로 몇 번 감고는 오른손에 가위를 들고 싹둑싹둑 잘라버렸고, 곱게 땋은 머리칼은 땅에 떨어졌습니다. 무자비한 마녀는 가련한 라푼첼을 황야로 쫓아냈고 거기에서 라푼첼은 깊은 슬픔과 비참함 속에서 살아야 했습니다.

라푼첼이 쫓겨난 바로 그날 저녁 마녀는 잘린 머리칼을 위쪽 창문 고리에 묶었습니다. 그리고 왕자가 와서 "라푼첼, 라푼첼, 네 머리를 늘어뜨려라."라고 소리쳤을 때, 그 머리칼을 늘어뜨렸습니다. 그러나 위로 올라온 왕자는 사랑하는 라푼첼이 아니라 골이 나서 표독스러운 눈길로 쏘아보는 마녀를 발견했습니다. 마녀는 비아냥거리며 소리쳤습니다. "아, 사랑하는 애인을 데려가려고 하느냐. 그러나 아름다운 새는 이제 둥지에 없고 더는 노래하지 않는다. 고양이가 새를 낚아채 갔고 이제 네 눈알도 파낼 것이다. 라푼첼은 네게서 사라졌고 너는 그녀를 다시 보지 못할 것이다."

왕자는 고통에 제정신을 잃고 절망하여 탑에서 뛰어내렸습니다. 용케 목숨은 건졌지만 가시 위로 떨어지는 바람에 가시에 눈을 찔렸습니다. 왕자는 눈이 먼 채 숲속을 헤매면서 오로지 나무 뿌리와 산딸기만 먹었고 오로지 사랑스러운 여인을 잃은 것을 한탄하고 울기만 했습니다. 그리하여 여러 해 동안 비참하게 헤매다 마침내 황야에 이르렀습니다. 거기에는 라푼첼이 쌍둥이를 낳고 사내아이 하나와 여자아이 하나와 함께 딱하게 살고 있었습니다. 어느 날, 황야를 헤매던 왕자는 너무도 익숙한 라푼첼의 목소리를 듣고 그리로 다가갔습니다. 라푼첼은 왕자를 한눈에 알아보고 목을 끌어안고 울었습니다. 그런데 그녀의 눈물 두 방울이 왕자의 두 눈을 적시자 눈이 다시 밝아져 왕자는 예전처럼 볼 수 있게 되었습니다. 왕자는 라푼첼을 자신의 왕국으로 데려갔고 두 사람은 기쁘게 환대를 받았습니다. 그들은 오랫동안 행복하고 즐겁게 살았습니다.

| 심층심리학적 해석 |

사랑의 두 얼굴, 어머니와 마녀
"라푼첼을 먹을 수 없다면 죽을 것 같아요."

한 사람의 인격의 본질과 특성을 공감할 수 있으려면 부모를 비롯하여 유년기의 배경을 알아야 한다. 이 사실을 이해하는 사람은 인간을 더 많이 이해한다. 그러므로 〈라푼첼〉 이야기의 3분의 1 이상이 어떤 의미로는 선사(先史)에 할애된 것은 적절하다고 하겠다. 이 동화는 라푼첼의 **출생 신화**를 상세히 펼쳐 보여준다.

정신분석학적 병력(病歷) 조사에서는 초기 유년기의 기억 탐색이 큰 역할을 한다. 종종 초기 유년기 주변에는 꾸며낸 이야기와 정말 일어났던 사실이 직물처럼 얽혀 휘감겨 있기 때문이다. 역사적 관점에서는 종종 그렇게 얽힌 직물이 자유롭게 만들어낸 것으로 여겨질 수도 있다. 그렇다고 해도 심리학적으로 그런 이야기들은 어린 시절의 여러 해를 상징적으로 응축하여 가장 명료하게 묘사하고 요약해준다. 어린 시절의 '은폐 기억'[2]*보다 멀리까지 이르는 것은 보통 많은 사람들의 '가족 로맨스'[3]*다. 자신이 어떻게 태어나게 되었는지는 모든 사람에게 매력적인 질문이다. 출생 환상의 세부 사항들은 어린 시절에 관한 수많은 유사한 인상들이 저속 촬영된 듯한 형태로 나타나는데, 그 인상들은 여러 해에 걸쳐 그 인물의 성격을 매우 지속적으로 각인한 것이다. 그러나 출생 환상이 진정한 가족 로맨스가 되는 것은, 초기 유년기 갈등을 후에 회고할 때 어떤 상징적 처리가 의식에 강요되면서 내적 현실과 외적 현실 간의 차이, 심리적 진실과 생물학적 진실 간의 차이가 주관적으로 흐릿해지기 시작할 때다.

'가족 로맨스'를 이해하는 데는 언제나 똑같은 물음이 제기된다. 누군가 자신의 출신과 유래를 바로 이런 식으로 묘사할 때, 그는 자신에 대해, 즉 자기의 본질과 과거와 삶의 태도에 대해 무엇을 말하고 있는가? 〈라푼첼〉의 긴 가족 로맨스의 의미를 살펴보자. 누군가 어린 시절을 다음과 같이 서술한다면, 그는 어떤 사람인가? "저는 태어나자마자 어머니에게서 떨어져 마녀 수중에 들어갔습니다. 아버지가 자신의 목숨을 구하려고 저를 마녀에게 맡기기로 약속했거든요. 그것은 임신 중인 어머니가 마녀의 정원에 있는 라푼첼을 보고 채워지지 않는 허기를 느꼈고, 아버지가 라푼첼을 가져오느라 목숨을 걸었기 때문입니다." 첫 번째 질문은 이렇다. 이런 '가족 로맨스'에서 '마녀'는 누구를 상징하는가?

은폐 기억(screen-memory) 어린 시절에 관한 기억 가운데 아주 사소하고 중요하지도 않은 일인데 특별히 선명하게 떠오르는 기억이 있다. 프로이트는 그러한 기억이 억압된 성적인 경험이나 환상을 은폐하고 있는 경우에 '은폐 기억'이라고 불렀다.

가족 로맨스(family romance) 프로이트가 부친 살해에 기원을 둔 그리스 신화와 비극 〈오이디푸스 왕〉에서 착안해 신경증 치료를 위해 만들어낸 정신분석 개념. 부모가 다른 사람이었으면 좋겠다고 생각하는 다양한 공상적 표현을 가리킨다.

라푼첼의 어머니와 마녀를 동일 인물의 두 측면이라고 보는 것은 단순한 가정이지만 심층심리학적으로는 상당히 명백한 가정이다. 동화는 언제나 어떤 인물이 동시에, 한 몸으로 어머니이자 마녀, 천사이자 악마, 삶이자 죽음을 상징하고 의미할 수 있다고 전한다. 한 인물이 보살피고 사랑하며 생명을 주는 **동시에** 위협하고 압박하고 질식시킬 수 있다. 한 사람 안에 사랑과 증오, 선의와 이기주의, 우호와 낯섦이 불가분하게 하나로 모여 있을 수 있다. 우리의 본질과 행동에 있을 수 있는 이중적 본성을 통찰하는 일은 우리가 자기 자신을 경험하는 데 가장 치명적인 인식인 동시에 치유적인 인식이다. 그러므로 우리의 '하부 세계' 혹은 '배후 세계'의 영토를 들여다보는 시선은 가장 회피되고 부정되고 억압되는 인식이기도 하다. 바로 그 이유 때문에라도 어른인 우리에게 동화의 상징이 그토록 절실한 것이다. 상징이야말로 진실을 비추는 왜곡되지 않는 거울을 우리 앞에 세우기 때문이다. 〈라푼첼〉 안에서 이야기하자면, 우리는 모름지기 우리 집 '뒤채'의 '작은 창문'을 통해 '정원'을 내다보아야 한다. 의식된 자아의 뒷면을 지각하고, '아름다운 꽃과 풀로 뒤덮인' '풍성한' 밭이 우리 자신에게 속함을 보려면, 그래야 한다. 그러지 않으면 우리는 자신에게 영원히 낯설 것이고 무의식의 정신역동(psychodynamics)에 영원히 무기력하게 내맡겨질 것이다.

정신분석학적 통찰을 이용하여 불안을 퍼뜨리고 죄책감을 강화하려는 것은 아니다. 마치 외부의 비난과 고발로 자신을 객관화하여 밝혀낼 수 있다는 듯이. 라푼첼 어머니는 처음부터 사특한 마녀, 뒤채에서 보이는 정원의 주인과 동일했다(그리고 동일하다). 정신분석은 오로지 더 큰 신뢰의 태도와 더 아늑한 분위기에서 더 낮은 불안과 억압 속에서 자신을 관찰함으로써 내면에서 자라날 수 있고 자라나야 하는 진실을 각 개인에게 전달하려는 것이다. 정신분석의 유용성은 냉정한 방식으로 주변 사람들이나 자신을 '병력'으로서 부검하고 어떤 유형의 변종이라고 진단 내리는 데 있는 것이 아니다. 정신분석의 목표는 정신과 감정, 주관과 객관, 자아와 세계 간의 분열을 더욱 크게 하려는 것이 아니다. 바로 그 반대다. 정신분석의 목표는 자신의 성장 과정을 통찰함으로써, 수많은 반복적 불안과 전이[4] 문제를 통찰함으로써, 더 깊은 통일을 가능하게 하려는 것이다. 그 결과 〈라푼첼〉 같은 이야기를 해석할 때도 아이의 어머니를 손가락질하며 비난하는 것이 아니라, 수많은 여성(그리고 수많은 남성)이 시달리고 있는 일종의 비극적 변증법을 이해하는 것이 중요하다.

이야기는 라푼첼 부모가 이미 오랫동안 아이를 원해 왔음을 서술하면서 시작한다. 만일 이 이야기에서 그 다음 전개 과정이 라푼첼이 부부의 아이가 아니라 오직 어머니의 아이임을 보여주지 않는다면, 우리는 이런 서술을 '믿을 만한' 것으로 그냥 허투루 지나칠 수 있으리라. 그러나 소녀의 이름(소녀의 본질을 표시)이[5] 아이가 본래 오직 어머니에게 '먹을거리'가 되기 위해 태어났음을 누설한다. 임신 기간에 '라푼첼'을 갈망하는 병적 식욕은 어머니가 '배경 속에서', 즉 '마녀 형상' 안에서 오래 기다리던 아이를, 참되고 풍부한 삶에 대한 참을 수 없는 욕구를 달래기 위해 필요로 하고 이용함을 앞서 보여준다. 그러므로 아이를 원하는 '부모'의 소망의 토대가 되는 것은 본질적으로 **여자의** 욕구일 것이고, 남자의 소임은 최대한 이 소망에 적응하는 데 있을 것이다.

도대체 여자는 왜 아이를 낳는가? 자연스럽게 모성애 때문이라고 생각할 수 있다. 그러나 언제나 그런 것은 결코 아니다. 아이를 낳으려는 동기가 견딜 수 없는 공허, 불안, 고독, 아니 절망적 상실감에서 비롯하는 경우가 얼마나 많은가? 여자는 어찌할 바를 모르는 경우에 언제나 자기 삶에서 해결할 수 없을 듯한 어려움을 **다른 사람**의 삶 속에서 해결하려는 경향으로 넘어갈 수 있다. 다른 사람의 삶이란 죽음일 수도 있고 출생일 수도 있으며 때로는 둘 다일 수도 있다. 스스로 살 수 없는 여자는 경우에 따라서 아이를 소망하는 크나큰 욕구를 느낄 수 있다. 아이 속에서, 그리고 아이를 위해 살기 위해서 여자는 아이를 원한다. 겉보기에 무조건 헌신하는 삶은 오로지 '삶 아닌 삶'을 지속하는 것일 뿐이다. 전적으로 자기 아이를 위해(그리고 아이 속에서) 살고자 하는 어머니는 틀림없이 자신이 원하든 원치 않든 거꾸로 자기 아이가 전적으로 어머니를 위해(그리고 어머니 속에서) 살기를 강요하게 된다. 그러한 여성은 엄청난 노력을 하고 불안과 불면의 밤을 보내며 아이에게 삶을 선사했지만 결국 자신이 오히려 아이의 삶을 가로막고 있음을 경험하게 되는데, 이것은 무의식이 지닌 비합리성이라는 쓰라린 경험 가운데 하나이다. 한 여성이 아이에게 삶을 선사함으로써 자기 삶의 빈틈을 메우고자 시도하는 한, 이런 결과는 피할 수 없을 것이다. 정체성이 결여된 어머니는 아이가 자신의 정체성을 발달시키는 것을 허용하지 않는다. 그러한 상황에서는 아이가 어머니의 그러한 특징에서 벗어나려고 할 때마다 어머니 자신의 본질에 대한 심각한 불안과 의심이 나타나고, 그 결과 어머니는 자신과 아이의 본성을 최대한 광범위하게 동일시하려고 더욱 격렬하게 강요할 것이다. 어머니가 아이에게 느끼는 문자 그대로 병적 식욕과 같은 욕망은 이 여성의 성격에서 배경을 이루는 양가성을 보여주는 최초의 증거인데, 이러한 양가성은 얼마 후 어머니와 마녀의 변증법 안에서 실제로 드러나게 된다.

물론 우리가 라푼첼의 어머니에게 있다고 추정하는 내면의 불안은 우선은 남편을 향한 일련의 기대로 나타났다가, 여기서 심각한 환멸을 맛본 경우에야 비로소 아이의 탄생이 자신을 구원할 것이라는 희망으로 바뀐다고 예상해야 할 것이다. 실제로 소녀의 '가족 로맨스'를 여러 해 동안 소녀의 어린 시절을 각인했던 요소들의 응축으로 본다고 전제하면 라푼첼 부모의 관계가 매우 기이하게 보인다고 말할 수밖에 없다. 그렇다면 라푼첼을 임신했을 때 부모가 보인 태도는 그들이 관계 맺는 방식의 증후로 보아야 한다. 그 결과 어머니의 '허기'에서 드러났던 것과 닮은 변증법을 곧 부모의 결혼 생활에서도 발견할 수 있다.

정말 사랑하는 사람들은 아주 오래 전부터 자기들 두 사람이 서로를 위해 결정되어 있었고 신의 손에 의해 제때 서로에게 이끌렸다는 느낌으로 충만하다. 칼릴 지브란(Khalil Gibran)이 한 다음과 같은 말은 옳다. "사랑이 오랫동안 함께 있음의 결실이고 지속적인 공동 생활에서 나온다고 믿는 사람은 얼마나 어리석은가. 오히려 사랑은 정신적 일치의 산물이다. 이러한 일치는 한순간에 일어나지 않는다면 몇 년을 거쳐도, 아니 몇백 년을 거쳐도 생겨나지 않는다."[6] 라푼첼 부모의 결혼을 자세히 들여다보면, 이 결혼은 묵직한 불안, 서로 간의 노력, 협박 같은 죄책감과 책임감 따위의 혼합물과 같다. 사람들은 얼마나 오래 함께 살아야 의무, 책임, 선의만으로는 사랑이 자라날 수 없음을 납득하게 되는가? 최소한 라푼첼 부모의 공동 생활에서는 남편이 아내의 소망에 맞추어 살려고 매우 충직하게 노력하는데도 사실은 맞출 수 없다는 사실이 아마 가장 무시무시하게 보일 것이다. 남편은 아내에게 완벽하게 봉사하고 극단적인 일마저 애써 해내려 한다. 아니, 아내를 위해 자신이 전혀 원하지 않거나 심지어 도덕적 신념과 충돌하는 일도 적지 않게 하게 된다. 이 모든 일을 내면에서 우러나서 자유롭게 행하는 것이 아니다. 기본적으로 남편에게는 다르게 행동할 기회가 애초에 없다. 그렇게 하지 않으면 위험에 처한 아내의 몰락과 시시각각 다가오는 죽음에 자신도 책임이 있다는 느낌이 그를 곧바로 덮칠 것이기 때문이다. 아내는 '무너지고 있고' 죽음의 위협을 받고 있다. 만일 남편이 불로장생의 영약을 가져오지 않는다면, 더 정확히 말해 스스로 불로장생의 영약으로 변신하지 않는다면, 외견상 돌이킬 수 없는 과정을 거쳐 그는 과실치사로 고발당할 것이다. 달리 말하면 라푼첼 어머니 같은 여성 곁에서 남편에게는 어떤 대목에서라도 "아니."라고 말하거나 경계를 긋거나 불길한 '정원'의 벽 뒤로 물러나는 일이 원칙적으로 허락되지 않는다.

　우리는 애초에 했던 다음과 같은 추측을 확고하게 전제할 때에야 비로소 배경에 있는 모순, 라푼첼 부모의 무시무시한 관계의 완전한 진실을 경험할 수 있다. 바로 한 여자가 아이뿐 아니라 남편에게도 이미 양가적 방식으로 어머니가 되어 가는 여성이자 위협적인 마녀로 나타나고, 그것도 대개 그녀가 '사랑'을 이해하는 방식에서 그렇게 나타난다는 것이다. 아마도 임신한 여자에게 매우 기묘한 것을 먹고 싶은 욕구가 일어나는 경우는 드물지 않을 것이다. 때때로 이런 욕구들은 상징적 성격을 띤다. 그런 욕구들은 위안을 주는 어린 시절의 한 장면을 떠올리게 하는 기억에 토대를 두고 있고, 출산의 위험이 주는 불안에 대한 응답이다. 그리고 이따금 그저 결핍된 영양소를 원하는, 영양생리학적으로 의미 있는(혹은 최소한 주관적으로 의미 있는) 식욕일 수도 있다. 그러나 〈라푼첼〉에서는 어느 정도 정상적인 욕구가 무절제하게 상승하여, 입맛과 시장기의 차원만으로는 전혀 이해할 수 없는 욕구로 바뀐다. 여기에는 의심의 여지가 없다. 이 여자에게 '들상추'는 생사가 걸린 문제다. 우리는 들상추 **'라푼첼들'**을 갈구하는 탐욕스러운 소망이 기본적으로 오직 아이 **'라푼첼'**에 대한 욕망을 응축하여 미리 보여주는 것이라고 가정할 수 있다. 이 여성은 분명 임신을 체험하는 방식 그대로 '자기' 아이의 존재 전체를 체험한다. 즉 그녀는 그 아이를 우리가 흔히 말하는 대로, '먹고 싶을 정도로 기꺼이' 원한다. 그녀는 그 아이로 인해 살아가고 그 아이 없이는 존재할 수 없다. 또한 그 반대도 성립한다. 그녀가 라푼첼을 낳기 위해 기어이 라푼첼들을 먹어야 한다면, 우리는 이 식탐을 수태 환상이 임신 상태에까지 나타난 것으로 풀이할 수밖에 없고, 이를 통해 라푼첼 부모의 관계에서 핵심 문제를 새로이 마주하게 된다.

정신분석은 불안 탓에 억압되고 초기 유년기에 고착된 성욕이 이후 성인의 삶에서도 사라지지 않고 매우 강력한 구강기적 요소들로 나타난다는 것을 알려주었다. 특히 우울증 환자의 분석은 언제나 성적 소망이 구강적 욕구로 전위된 이미지를 제공한다. 이때 다른 무엇보다도 환상 안에서 구강적 성욕이 (과도하게 큰) 역할을 담당한다.[7] 이때 구강성은 (프로이트적 의미에서) '성적' 감각이 나타나는 최초의 형식이다. 성적 장애의 압박으로 유아기의 구강적 체험 형식이 퇴행적으로 다시 살아나면서, 성인의 체험에서도 아주 어린 시절에 생식과 출산에 대해 품었던 환상이 구강적 과정으로 다시 나타나는 것은 뜻밖의 일이 아니다. 이에 상응하여 신화와 동화에는 구강을 통한 수태 모티프가 수시로 등장한다. 여기에서는 처녀가 과일이나 솔방울, 물고기 같은 것을 먹고 남자 없이도 수태한다.[8] 성기를 통한 성생활을 알지 못하는 아이는 어쩔 수 없이 임신한 어머니의 변화를 자기가 음식을 먹을 때 배에서 감지되는 변화처럼 해석하곤 한다. 바로 이 때문에라도 이러한 유형의 환상은 가장 근원적인 성적 표상이라고 할 수 있다. 어머니의 몸이 불어나므로, 유아적 관점에서는 음식을 먹으면 배가 부른 것처럼 아이가 어머니 몸 안으로 들어갔을 것이라고 추측한다. 그리고 '배설강 이론'*에 따르면, 출산 과정을 항문의 배설 과정으로 유추하여 풀이하곤 한다.[9]

무의식에서 생식과 출산에 관한 유아적 환상은 성욕의 현실적 과정이 불안과 죄책감 탓에 의식에서 분열된 채 머물수록 더 쉽게 고착된다. 그리하여 특히 라푼첼 어머니가 들상추(라푼첼)에 과도한 식탐을 보이는 데서 우리는 제일 먼저 이 여성이 유아적이고 구강적인 시나리오에 따라 성(性) 전체를, 특히 수태 과정을 억압한다고 봐야 한다.

배설강 이론(cloaca theory) 아기가 내장 끝에서 대변이 떨어지듯이 태어난다고 생각하는 어린이의 생각에 프로이트가 붙인 명칭.

이때 구강적 체험의 세계를 '성적' 추동만이 아니라, 집착, 의존, 보호를 바라는 욕구로도 이해한다면,[10] 전체적으로 우리는 라푼첼 어머니가 아이를 수태하는 바로 그 순간에 구강적 욕구를 통해 자신이 아이이기를 강력하게 소망한다고 말해야 할 것이다. 어머니가 되는 바로 그 순간 자신의 어머니에 대한 그리움이 눈덩이처럼 커진다. 그녀에게 아이를 낳으려는 소망은 사실 자신의 어린 시절로 회귀하고 싶은 억압된 소망이다. 어린 라푼첼을 둘러싼 비극적 모순의 내적 핵심이 여기에 있다.

　이러한 전제조건을 토대로 삼으면 라푼첼 부모가 임신을 기다리던 **불임**의 오랜 시간도 제대로 이해할 수 있다. 라푼첼 어머니의 심신상관적 장애가 이제까지 임신을 방해했을 가능성이 짙기 때문이다. 어쨌든 우리는 앞에서 추정했던 어머니와 마녀의 동일성을 이 대목에서 정말로 진지하게 받아들이고, 그에 따라 '마녀'의 '정원'과 '라푼첼들'을 라푼첼 어머니의 자기 몸과, 위험하고 숨겨진 체험들에 대한 프로이트적 상징으로 보아야 한다. 그래야 수태와 임신 중에 라푼첼 부모 사이에서 보이는 지극히 긴장되고 생사를 오가며 동요하는 관계를 극적 성격 속에서 진정으로 이해할 수 있다. 라푼첼의 가족 로맨스에서 결정적 장면은 겉보기에는 임신 환상 같지만 실은 생식 환상이나 수태 환상이라고 읽어야, 매우 드라마틱하면서도 아주 분명하고 거의 지당한 의미를 얻게 되며, 그 안에서 라푼첼 부모의 딜레마 전체가 드러난다. 한편으로 남편은 **아내에게** '라푼첼'을 낳기 위해 삶에 필수적인 라푼첼들을 가져오라는 지시를 받는다. 그러나 다른 한편으로 남편은 필수적인 라푼첼들을 정원에서 감히 훔치려 하기 때문에 **마녀에**

게 치명적인 위협을 당한다.

아버지가 사라져야 하는 이유
"네가 어떻게 감히 내 라푼첼을 훔쳐 갈 수 있지?"

이처럼 독특하게 모순적인 두 여성, 즉 어머니와 마녀의 태도를 살필 때, 역설적이게도 우리의 가정에 따라 기본적으로 두 인물이 정말로 동일한 인물이라고 볼 때에만 합리적 의미를 찾을 수 있다. 그래야만 라푼첼 어머니 같은 여자 곁에 있는 남자(라푼첼 아버지)가 결코 빠져나올 수 없는 진퇴양난의 상황에 처해 있음을 이해할 수 있다. 그는 아내의 삶에 대한 책임감 때문이라도 소망에 따라, 명령에 따라, '마녀'의 '정원'으로 침입할 수밖에 없다. 달리 표현하면, 아내가 평생 동안 낯설고 무시무시한 것인 양 분리해놓은 땅으로 들어서야 한다. 그리고 아내가 먹어 치우도록 거기에서 구원과 생명의 약초를 가져와야 한다. 탈상징적으로 말하면, 이와 함께 바로 아내의 억압된 체험 영역으로 더듬더듬 들어가야 하는 것이다. 그리고 바로 그 자리에서 '마녀' 형상을 한 적대적 반응과 부딪힌다. '정원'의 원래 주인인 '마녀'는 신체성, 성, 서로 간의 사랑이라는 비밀스러운 영역으로 들어오는 것을 분노하며 금지한다. 앞서 우리는 아이를 소망하는 라푼첼 어머니를 본질적으로 삶의 내용과 생식력이 결핍된 고통스러운 여자로 표상해야 한다고 말했다. 그렇다면 어머니와 마녀로의 내적 분열, 여성으로서 자기 규정에 대한 완전한 억압이야말로 빠져나올 수 없는 딜레마의 더 깊은 근원을 형성한다고 볼 수 있다. 그녀는 평생 동안 고통받은 그 딜레마를 가지고, 자신이 남편에게 생사를 걸고 간청한 일을 남편이 하고자 하는 바로 그 순간에 남편을 위협하여 불안과 두려움에 떨게 한다.

　이런 갈등을 동화가 여기에서 서술하는 것보다 더 명료하게 표현할 수는 없다. 이제 남편은 아내의 삶에서 여러 해에 걸쳐 거의 생각하거나 말하지 않은 채 뒤에 남겨 두어야 했던 일을 하라는 요구를 받은 것이다. 그동안 내내 느낄 수도, 소망할 수도 없었던 것이 그토록 원했던 아이 덕분에 이제 이루어지려고 한다. 그러나 남편이 아내와 더불어 부모가 됨으로써 아내에게 한 인격으로서 조금이라도 더 가까워질 수 있으리라고 믿는 바로 그 순간, '마녀'가 앞을 가로막고 분노하여 유죄 판결을 내린다. 왜냐하면 이 여자는 아이를 원하지만 사랑을 원하는 것은 아니고, 후손을 원하지만 남자를 원하는 것은 아니며, 어떤 임무를 수행하기를 원하지만 배우자를 원하는 것은 아니기 때문이리라. 그러므로 남편은 아내의 '뒤채'의 '정원'에 들어가서 그녀가 '먹을 수 있도록' '라푼첼들'을 가져와야 하지만, 무슨 일이 있어도 남편으로서 다가가서는 안 된다. 아내의 욕구는 남편이 아니라 오로지 그가 '정원'에서 가져와야 할 것, 문자 그대로 '종자'를 향한 것이다. 그래서 원래 다정다감한 사랑의 행위이자 삶의 기쁨과 전승을 위한 용기의 표현이어야 할 자연스러운 일이 마치 은밀한 장물처럼, 한밤중에 불안에 가득 차 삶을 구하는 조처로서 일어난다. 생식을 위한 음식을 요청하는 바로 그 여자가 소망이 충족되는 바로 그 순간 남편 앞에 치명적 위험으로 나타난다. 그리고 남편이 앞으로도 여자로서 아내를 포기하고, 그의 아이가 아닌 **그녀의 아이**를 출생 때부터 소유할 어머니로 볼 때에만 아내가 계속 존재할 것이라고 암시한다.

이런 상황이라면 라푼첼 부모의 결혼 생활을 동물의 왕국에서 볼 수 있는 수많은 짝짓기 방식과 비교하는 것도 지나친 주장은 아니다. 예를 들어, 사마귀가 교미할 때 수컷이 암컷의 팔에서 빨리 빠져나오지 못한다면 교미 직후 암컷이 수컷을 먹어치울 위험이 있다.[11] 이 동화에서도 아주 비슷하다. 사랑 때문이 아니라 책임 때문에라도 아내를 위해 해야 한다고 생각하는 일은 남편에게 사랑과 유대가 아니라 혐오와 유죄 판결만을 안겨준다. 그렇다. 이 이야기가 적절하게 암시하는 바에 따르면, 라푼첼 부모의 결혼이 유지되는 조건은 겉으로 드러난 사랑의 행위 이후에 앞으로는 오직 '어머니의' '보살핌'만이 지배하리라는 것이다. 좀 더 극적으로 말해보자. 남자가 남편의 의무를 다하는 것처럼 아내도 앞으로 어머니의 의무를 다할 것이다. 그러나 어떠한 것도 의무를 따르는 '행위'의 편협함을 깨부술 수는 없을 것이다. 이 결혼에서 생겨나는 아이조차 결코 부부의 아이가 아니라 언제나 오로지 어머니의 아이일 것이다. 이 여성은 라푼첼을 낳으면서 '자기' 삶을 낳는 것이며, 이제 자기의 본질적 부분인 이 삶 속에서 살아가려고 할 것이다. 남편은 '마녀'의 분노 아래 아내와 아이에게서 영원히 사라져야 한다. 실제로 남편이 정원에서 도둑질하다 고텔 부인에게 들키자 내놓는 '변명' 또한 아내의 생명을 구하고자 라푼첼을 가져다주려 했다는 정당화다. 그러나 남편의 책임감과 걱정은 결코 아내에게 유대감과 서로에게 속한다는 느낌을 일깨울 능력이 없을 것이다. 하물며 두 사람 사이의 따뜻하고 깊은 느낌을 싹부터 잘라버리는 불안으로부터 아내를 해방할 능력은 더군다나 없을 것이다.

이러한 엄연한 사실로부터 올바른 교훈을 이끌어내려면, 사랑은 그저 '착하고' '의무에 충실하게' 행동하는 것만으로는 결코 이루어지지 않는다고 말해야 한다. 충직하고 올곧으며, 책임감 있게 보살펴주는 남성에게는 분명 쓰라린 교훈이리라. 연민을 품고 돌보는 삶에 적응한다고 해서 되는 일도 아니다. 만일 인생의 정상적인 소망을 거꾸로 뒤집어 오로지 의무를 처리하며 살아가게 만드는 배경을 제대로 처리하지 않는다면 말이다. 가슴속 깊은 합일과 영혼의 이해 같은 것이 나타나지 못하도록 방해하는 장애물을 먼저 치우지 않은 채, 그저 눈먼 것처럼 함께 살고자 함은 더 부질없다. 그리하여 라푼첼 아버지는 딸의 출생과 더불어 결국 아내와 자식에게 말 그대로 '잃어버린 자'가 되는 데 동의해야 한다. '잃어버린 자'는 우발적으로 아버지 역할을 할 뿐, 결코 아내에게 인생과 사랑의 반려자로서 선택받을 수는 없다. 그는 라푼첼이 세상에 태어난 그날부터 쓸모없어지고 이른바 아버지 역할도 명백한 오해임이 폭로된다. 이런 상황에서는 새로 태어난 아이의 어린 시절은 오직 어머니와 딸의 관계로 규정될 것이다.

이제 물론 아이의 의식이라는 거울에서 부모의 '공동 생활'의 이러한 이미지가 그려질 것이라는 데 주목해야 한다. 물론 그 이미지는 주관적으로는 분명 심리적이고 전기적으로 절대적 진실이지만, 역사적인 객관성의 의미에서 반드시 '참'이지는 않다. 사람들이 어린 시절을 (또는 현재의 주변 사람을) 묘사하는 것을 들을 때는 언제나 주관적 체험, 그리고 감각과 현실의 차이를 잘 의식해야 한다. 그래도 어떤 사람을 이해하려면, 반드시 그의 관점에서 '가족 로맨스'를 될 수 있는 대로 철저하게 읽어내고, 거기 제시된 이야기가 그 사람에게 의미하는 것과 자신에 대해 이야기하는 것이 무엇인지를 한 걸음씩 캐물어야 한다. 가령 이 이야기가 펼쳐내는 가족 로맨스는 앞서 언급한 여러 요소 외에 무엇보다도 라푼첼 같은 여성이 회고를 통해 자신이 태어난 그날부터 어머니의 **구원자**로서 이 세상에 왔음을 분명히 의식한다는 것을 보여준다.

이러한 정서로부터 특히 민담과 신화 해석에서 중요한 역할을 하는 문제를 이해하게 된다.[12] 어머니의 오랜 기다림과 불임의 시간이 흐른 뒤에야 비로소 영웅이나 구원자가 세상에 도래한다는 것이 **영웅담의 토포스***를 이룬다. 이 모티프는 **자연신화적** 의미에서 대개의 경우 하늘과 땅의 결혼과 관련된다. 즉 메마른 가뭄의 시기에 **어머니 대지**의 기다림 끝에 구름이 하늘을 뒤덮고 땅 위에 수태의 비를 내려 대지의 자궁에서 새로운 생명이 깨어나게 한다.[13] 그에 비해 **심리학적으로는** '영웅' 탄생과 그에 앞선 오랜 기다림이라는 모티프를 글자 그대로 이해해야 한다. 즉 어머니를 황량한 불모의 삶으로부터 해방하고 어떤 의미에서는 어머니 인생에 젊음과 아름다움을 돌려주는 바로 그 아이가 곧 구원의 메시아다. 그러니까 아이 안에는 실로 어머니의 희망이 집중되어 있고 그 아이는 정말로 오로지 어머니의 그리움과 꿈이 지닌 이미지를 성취하고자 세상에 온 것 같다. 오랜 기다림의 시간은 아이를 그야말로 영웅이자 구원의 메시아로 예정하는 것이다. 이에 상응하여 아기 때부터 벌써 어머니의 (혹은 아버지의) 구원자였다

토포스(topos) 문학에서 몇 개의 모티프들이 자주 반복되어 만들어지는 고정형이나 '진부한 문구'를 가리키는 말.

고 느끼는 사람은 어린 시절을 돌아볼 때 생물학적이든 심리학적이든 부모의 오랜 불임이라는 신화소(神話素, mythmes)를 마음에 품고 있을 것이다.

물론 부모가 지극히 원하던 아이라는 것이 장점만은 아니다. 오히려 그러한 느낌은 상당히 이중적으로 작용할 것이다. 한편으로 아이는 정말 기꺼이, 어떤 자부심까지 지닌 채 이러한 역할을 수행할 것이다. 자연스럽게 아이는 아주 어릴 때부터 어머니 눈에 유일한 소유물이자 인생 전체이자 가장 소중한 보물로 여겨진다는 사실에서 만족감을 느낄 것이다. 그러나 다른 한편으로는 그러한 기대를 한 몸에 받으며 아이는 과도한 요구를 받는다고 느낄 것이고 끊임없는 불안과 죄책감에 사로잡힐 것이다. 아이가 철저하게 어머니와 이중 단일체 속에 몰입해 있는 까닭에 어머니 없이는 결코 정체성을 형성하지 못할 것이고, 하물며 어머니에게 맞서는 정체성은 감히 꿈도 꾸지 못할 것이기 때문이다.

이런 아이는 이른 시기부터 아버지가 전에 그랬던 것과 똑같이, 어머니를 위해 생각할 수 있는 모든 일을 해야 하고 전적으로 어머니의 삶 자체가 되어야 하고 어머니의 삶을 상징해야 한다. 그러나 아이는 결코 자기의 존재와 삶을 요구해서는 안 된다. 이러한 역설은 피할 수 없다. 한편으로 아이는 거꾸로 자신에게 유일하면서 전부인 자식을 위해 살려고 주관적으로 극단적인 상태까지 이르는 어머니를 자기 소유물로 여긴다. 하지만 어머니의 주의와 배려의 과잉은 아이가 세상에 태어나자마자 과도한 죄책감을 지니게 하고 온갖 일들에서 어머니의 행복을 위해 자발적으로 스스로를 바치도록 만든다. 이를 통해 라푼첼의 어머니와 라푼첼은 상호 대리 관계 속에서 서로에게 적응하게 된다. 서로 다른 사람의 삶을 사는 것이지 결코 자신의 삶을 살 수는 없게 된다. 이러한 기생적 공생은 평생 동안 지속되려는 경향, 아니 강제를 싹틔운다. 이 관계가 해소될 위험이 나타나자마자, 어머니와 딸의 기이한 분열적 이중 단일체에 결부된 근원적 불안이 이내 다시 터져 나오기 때문이다. 머지않아 어머니의 불안이 아이의 불안이 되고 아이의 불안이 어머니의 '근심'이 되기에 그렇다. 그러한 '라푼첼' 관계 내부에서는 불안을 진실로 제거할 수도 없다. 불안은 전체 분위기를 규정하면서 늘 거기 있다. 그것은 규칙적이어서 의식되지 않는 탁상시계의 째깍거리는 소리처럼 익숙하다.

한 가지 예를 들어보자. 삶이 이제까지 설명한 라푼첼 문제의 정확한 사례 같은, 서른 살쯤 된 한 여성은 이렇게 이야기했다. 그녀는 어린 시절부터 어머니가 죽을지도 모른다는 무시무시한 불안에 사로잡힌 채 살아야 했다. 여기에서 잊지 말아야 할 점은 어머니가 지금까지 살아 있고 수십 년간 심신상관적 심장 질환을 앓고 있지만 비교적 건강을 누리고 있다는 사실이다. 그러나 이 여성은 어릴 때부터 사랑과 희생과 면밀함으로 매일매일 말 그대로 어머니의 목숨을 어떻게 구할 수 있을까라는 문제에 거듭 직면했다. 어린 소녀는 학교에서 집으로 올 때면 언제나 불안에 떨며 어머니가 여전히 살아 계실지 아니면 벌써 돌아가셨을지도 모른다는 생각에 사로잡혔다. 다른 아이들은 밖에서 뛰어놀 때도 어머니 옆에서 집안일을 거들어야 했다. 어머니의 죽음이라는 끊임없는 위협은 어쩔 수 없이, 어머니의 몸과 생명에 도사리고 있는 또 다른 위험의 징표를 지속적으로 찾도록 만들었다. 그러나 무엇보다도 어머니의 불안정함과 신뢰할 수 없음에 대한 피할 수 없는 내적 환멸, 노여움, 반발로 인해 어린 시절에 이미 분노, 증오, 경멸 같은 온갖 감정이 자신에게 향했다.

아주 어려서부터 어머니의 죽음을 두고 느낀 만성적 불안에 대한 응답으로 자신의 죽음에 관한 세밀한 환상이 나타났다. 갈등 상황이 생겨나면, 끝없이 시름시름 앓으면서 연민을 불러일으키는 어머니의 죽음보다는 차라리 자신의 죽음을 소망했다. 얼마 지나지 않아 이제 어머니가 자신을 궁지에 버려 두고 죽어 갈 것이라는 불안 대신, 자신이 죽으면 천상의 하느님 곁에서 오랫동안 소망하던 어린 시절의 낙원을 다시 찾을 것이라는 기대를 품었다. 어머니와 동일한 성격 유형인 그녀에게는 죽음에 대한 소망이 살려는 소망보다 더 중요했기 때문이다. 그녀에게 죽음은 오히려 궁극적이고 환멸 없는 안전함과 아늑함으로 가는 길이었다. 다만 어머니를 위해 살아 남아야 한다는 의무감이 퇴행적 상상을 계속하는 것을 막았을 뿐이다.

사춘기가 오기 훨씬 전부터 이 여성은 완전히 라푼첼 같은 상황에 놓였다. 즉 어머니를 위해 살려고 살아 남아야 했다. 하지만 어머니만을 위해 살아야 했기에 사실 근본적으로 조금도 더 살고 싶지 않았다. 그렇기 때문에 어머니의 죽음이라는 위험을 뒤집은 자기 죽음의 소망이 모든 유형의 정당한 자기 주장과 반드시 필요한 공격성을 대체했다. "하느님이 분명 곧 나를 데려가실 거야." 이러한 생각은 그녀에게는 늘 외부 환경의 압력을 거부하는 유일한 방식이었다. 〈라푼첼〉에서 **하느님**이 그러한 어머니(혹은 그러한 부모)에게 라푼첼을 주었다고 한다면, 하느님이 빠른 시일 내에 라푼첼의 목숨을 다시 거두어가리라는 강렬한 소망도 생겨날 수 있음을 잘 이해할 수 있다.

물론 라푼첼과 어머니의 상호 동일시에 치명적인 **과잉 책임**이라는 감정만 있는 것은 아니다. 거기에는 어머니가 딸의 사랑과 관심을 완벽하게 차지하면서 동시에 **성적인 체험들이 극히 편협해지는 측면도 있기** 때문이다. 소녀이자 여자로서도 라푼첼은 어머니의 모사이자 거울에 비친 상과 다름없다.

프로이트는 소녀의 성적 발전이 특정 시점에서부터 어머니에게 느낀 쓰라린 실망에 의해 규정된다고 말했다. 아이의 사랑은 보통 오이디푸스 시기에 어머니에게서 벗어나 아버지를 향한다.[14] 어머니와 딸 사이에서 아버지를 가운데 두고 흔히 일어나는 경쟁과 경합 관계 때문에, 이 시기에 소녀는 처음으로 여성으로서 정체성을 어머니라는 모범과의 구별과 일치를 통해 정의하고자 한다. 그리고 이른바 잠복기에는 아버지와 맺은 결속에서도 어느 정도 풀려난다. 이에 비해 우리가 살펴본 것처럼 라푼첼 이야기에서는 아버지가 처음부터 다만 생물학적 아버지 역할을 할 뿐이다. 딸의 눈으로 볼 때, 아버지는 결코 다정다감한 애정을 주고받을 상대가 아니었다. 어머니-마녀의 요구로 아버지는 처음부터 없는 사람으로 치부되었다. 그래서 소녀가 어머니에게서 등을 돌리고 아버지를 더 사랑하는 일은 아예 일어날 수 없었다.

물론 라푼첼 유형의 소녀의 생애에서 아버지 결핍은 순수하게 외적 요인 때문에 미리 정해졌을 수도 있다. 이제 마흔을 앞둔 어느 여인의 비극은 수많은 사람이 겪어야 했던 그런 운명의 사례 가운데 **하나**다. 그녀는 제2차 세계대전이 끝날 무렵 태어났다. 아버지는 딸이 태어난

후 몇 주 지나지 않아 공습으로 비극적인 죽음을 맞았다. 아직 젊고 인생 경험이 적어서 남편의 조력과 지원이 절실했던 어머니에게 남편의 갑작스러운 죽음은 운명적 상실이었다. 그리고 평생 이 상실에서 회복될 수 없었다. 동화 속 라푼첼 아버지처럼 친절하고 자상하고 책임감 강한 남편을 아내는 거의 우상처럼 숭배했다. 그리고 남편이 마지막 남긴 말은 영원히 지켜야 할 유언이 되었다. 그것은 딸을 부부의 결혼 생활을 이끌었던 원칙과 가치에 맞는, 착하고 신앙심 깊은 사람으로 키워야 한다는 것이었다. 그러면 어떤 위기와 궁핍에서도 하느님이 딸을 지켜줄 것이다. 고인의 유지를 받드는 것이 아내의 인생을 채우는 내용이 되었다. 딸에게는 일찌감치 어머니에게 남편의 빈자리를 채워주고, 아버지라는 이상적 모범을 따라야 한다는 과제가 주어졌다. 딸은 점차 아버지의 살아 있는 초상으로 자라나면서 삶 자체를 온통 어머니의 공허한 삶을 채우고 슬픔을 위로하는 데 바친다. 어머니는 딸에게 "네 아버지와 똑같구나."라고 칭찬해줄 때 가장 기뻐했다. 그리고 어머니는 "아버지 같으면 그렇게 안 했을 거다."라고 걱정스러운 표정으로 나무라면서 어느 때보다도 쓰라린 아픔을 느꼈다. 마찬가지로, 라푼첼 동화에서 **부재하는** 아버지는 라푼첼에게는 소망이자 이상이자 요구이자 판단 기준으로서 언제나 현존한다. 아버지는 실제로 존재하지 않지만 어머니의 채워지지 않는 꿈과 소망을 통해, 어머니가 실존하는 아버지에게 부여했을 만한 것보다 더 큰 존재감을 얻는다.

이러한 사례를 들자면 끝이 없다. 그렇지만 딸의 생생한 체험 영역으로부터 아버지를 멀어지게 하는 것이 외적이고 물리적인 이유가 아닐 수도 있다. 공간적이고 시간적인 분리보다 더욱 크게 작용하는 것은 사람들을 갈라놓는 마음의 거리다. 우리는 라푼첼의 가족 로맨스를 이해하는 데 언제나 두 가지를 동시에 고려해야 한다. 첫 번째로 아버지와 어머니 사이에 **감지되는** 거리감으로 인해 아버지가 없기 때문에, 아버지의 형상은 딸에게 바로 환상의 차원에서 나타난다. 실제로 라푼첼의 애정을 얻으려면 그 사랑의 상대로 적어도 왕자가 필요하다. 다른 한편 어머니와 딸의 일상은 딸의 자아에 대한 끊임없는 나르시시즘적 과잉 집중일 것이다. 어머니에게 딸은 가장 사랑하는 본질적이고 중요한 존재다. 어머니와 같다는 기대를 충족시키고 이상형인 아버지에 대한 상상대로 자랄 것을 다짐하는 한, 딸은 어머니의 자부심 그 자체다. 라푼첼은 이런 요구를 따르고 나아가 이를 통해 어떤 행복을 찾는 일까지 정말로 성공한다고 볼 수 있다. 그렇지만 강요된 역할 속의 삶이 치러야 할 대가는 크다. 인생에서 가장 중요한 과업인, 자신의 자아를 발달시키는 일은 모순되는 수많은 기대에 짓눌린 아이에게는 당연히 어마어마하게 어렵기 때문이다.

전체적으로 보아 우리는 라푼첼의 어머니라는 인물을 통해 어머니와 마녀의 이중 배역이라는 최초의 가정을 이해할 수 있다. 라푼첼의 본질과 특성을 이해하려면 가족 로맨스에 따라 **아버지 없는** 어린 시절을 가정해야 한다. 어린 시절에 어머니는 불안과 근심을 지닌 채 딸에게 지배적이면서 양가적으로 대한다. 아주 이중적인 방식으로, '**어머니**'로서는 딸이 살기를 기원하지만 동시에 '**마녀**'로서는 딸이 자기 인생을 펼쳐 나가도록 허용하지 않는다. 이러한 독특한 상황에서 이미 이후 인생에서 겪을 모든 갈등의 밑그림이 그려진다. 하지만 긍정적 측면과 부정적 측면 모두에서, 강력한 어머니에 대한 과잉 동일시와 종속에 빠진 실존 방식이 겪는 진정한 위기는 아직 시작되지도 않았다. 위기가 시작되는 것은 라푼첼이 (사춘기가 시작되면서) 사랑을 향해 성장할 때다. 다시 말해 곁에 있으면 가슴이 저 드넓은 지평까지 활짝 열리는 타인과 무조건적인 결속이라는 모험을 택하느냐, 아니면 인생이 시작되자마자 불안과 압박 속에서 숨 막히게 했던 어머니에게 무조건적으로 결속하는 안정을 택하느냐를 처음 선택해야 할 때다(이 모든 일에 대해서는 367쪽 뭉크의 〈어머니와 딸〉을 참조).

라푼첼의 탑, 백설공주의 관
"마녀는 아이를 탑 안에 가두었습니다."

이런 상황에서는 라푼첼의 젊음이 자주 꿈속의 장면처럼 그저 흘러간다. 자신의 삶이 펼쳐지지 않는다면 자신의 기억도 없다. 그래서 라푼첼의 인생에는 과거도 미래도 없고 순간의 저주만 있을 뿐이다. 어린 시절에 제일 좋아하는 동화가 〈라푼첼〉이었을 많은 여자들은 그래서 어린 시절을 회고할 때 '특별한 일'이 전혀 일어나지 않았다고 말한다. 모든 것이 그저 눈에 띄지 않고 '평범'하게 지나갔고, 기억에 각인된 것이 아무것도 없다는 것이다. 그러나 늦어도 사춘기에 들어가면서 어머니의 영향으로 라푼첼 같은 소녀의 삶 둘레에 눈에 보이지 않는 감옥이 세워졌음이 드러난다. 동화에서는 라푼첼이 열두 살이 되기가 무섭게 '마녀'가 아이를 탑에 가두었다고 말한다. 그러나 완전히 새로운 일이 이 시기에 일어난 것은 아니다. 다만 라푼첼의 어린 시절에 관한 가족 로맨스 전체에 걸맞게 여러 해 동안 준비되어 온 일이 이제 처음으로 눈에 띄었을 뿐이다. 그 일은 여성이라는 역할의 신비화다.

〈라푼첼〉은 분명 이 대목에서 **달의 신화**라는 모티프를 끌어들이고 있다. 이것은 사춘기가 시작되면서 라푼첼의 삶의 현실이 특이한 방식으로 낮과 꿈 사이, 앎과 소망 사이, 회고와 그리움 사이에서 분열된다고 말하는 듯하다.[15] 다른 다양한 이야기에서도 이와 비슷한 주제들을 찾아볼 수 있다. 가령 광부의 수호자인 성 바바라 전설[16]에 따르면, 아버지인 니코메디아의 디오스코로스는 딸을 탑에 가두었다. 이교도 재산가였던 아버지는 기독교 세상과 그 메시지로부터 딸을 지키고자 했다. 이 전설에서 아버지의 열성이 했던 것과 똑같은 일을 우리 이야기에서는 어머니의 보호가 한다. 찬란하고 꿈결 같은 아름다움을 지닌 달이 때때로 보는 사람의 시선에서 사라지는 것처럼, 라푼첼도 안전한 보호 감독 아래 (남자들의) 호기심으로부터 숨겨져야 한다.[17] 그렇지만 황금빛의 달빛과 마찬가지로 금발머리는 천상의 사다리처럼 지상에 내려와서 라푼첼에게 오르고자 하는 사람이 올라오도록 허락한다.[18]

달이 질 때 나타나는 빛의 관을 상징하는, 잘린 머리카락이라는 테마는 전적으로 달을 연상시킨다.[19] 예를 들어 성경에서는 태양의 영웅 삼손에게서 이 같은 상징이 나타난다. 그를 배반하는 여자 들릴라는 삼손을 허약하게 만들어 블레셋 사람들의 손아귀에 넘겨주려고 삼손의 머리카락을 자른다(〈사사기〉 16장 16~21절). 〈라푼첼〉 말미에 등장하는, **눈이 먼** 왕자라는 설정 역시, 태고의 신화에 나타나는 해와 달의 불행한 사랑이라는 고전적 상징 언어에서 찾아볼 수 있다.[20] 해와 달은 라푼첼과 왕자처럼 (그믐달의) 어둠 속에서만 서로 다가갈 수 있고 고통스럽게도 (거듭) ('마녀'의) 잔인한 힘에 의해 서로 헤어진다.[21]

이 오랜 신화의 도식은 **심리학적 관점**에서는 예정된 불행으로 가는 운명을 보여주고, 사춘기의 시작과 더불어 라푼첼을 둘러싸 빠져나올 수 없게 만드는 죄책감의 게토를 보여준다. 이는 오직 겉으로 드러난 것으로만 보아도 소녀가 이전의 어머니와 모든 점에서 똑같이 살아야 함을 가리킨다. 어머니는 오직 '작은 창문'으로 '마녀'의 정원을 내다볼 수 있는 집에서 살았다. 이제 라푼첼은 사방이 완전히 막히고 오직 '작은 창문'을 통해 외부와 접촉하고 드나들 수 있는 탑에 갇힌다. 라푼첼의 '탑'이 다름 아닌 어머니의 집을 묘사하고 있음을 이보다 분명히 말할 수는 없으리라. 어머니의 집은 이제 '숲속'에 있으면서, 무의식적 현실에서 시작도 끝도 없는 감옥으로 나타난다.

그렇지만 어머니의 집과 라푼첼이 갇힌 감옥의 '건축 구조'의 유사성을 **한 가지 방향**으로만, 즉 어머니로부터 딸로 나아가는 방향으로만 읽을 수 있는 것은 아니다. 거꾸로 라푼첼의 운명으로부터 어머니의 체험 세계로 나아가는 역추론도 가능하다. 건물이 비슷하다는 점에서 분명 어머니와 딸이 지닌 감정의 유사성을 알 수 있다. 우리는 처음에는 '정원'과 어머니가 '라푼첼들'에 보이는 '탐욕'을 어머니의 뚜렷한 성적 억압을 상징하는 것으로 해석했는데, 이 해석은 어느 정도 가설이었다. 이제 우리는 이 추측이 완전히 입증되었음을 알게 된다. 어머니가 딸이 여자로 깨어나는 데 커다란 불안을 느끼고 금기시하려고 할 뿐 아니라, 더 나아가 자신이 살아온 것과 똑같이 딸에게 반응한다고 봐야 하기 때문이다. 어머니 자신이 창가에서 그리워하며 끝없이 기다려야 했고, 삶에 적대적인 불안과 억압이라는 감옥에 쭈그리고 앉아 있어야 했으며, 죄를 피하기 위해 끝없는 제의를 올리는 굴 안에서 내적으로나 외적으로나 오래 앓아야 했다. 동화의 모든 해석에서 이렇게 서로 보완하고 해설하는 관계는 당연히 동화, 신화, 꿈풀이의 상징적인 개별 해석이 '적절한지' 보여주는 더없이 중요한 증거가 된다.22)

라푼첼이 갇힌 '탑'에 관해 적절하게 생각하려면, '마녀'가 양녀가 독립적인 여성으로 성장하는 일 자체를 거부했다고 단순하게 추정해서는 안 되리라. 라푼첼 어머니의 총체적 성격이 지닌 절망적 양가성에 따라, 이제까지 자세하게 관찰했던 것과 동일한 모순이 영혼의 성숙이라는 문제의 핵심 영역에 있음을 전제해야 할 것이다. 동화는 라푼첼이 우아하고 사랑스럽고 아주 예쁜 아이라고 말한다. 물론 그런 소녀의 어머니는 자신의 태양을 올바르게 키우기 위해 어떤 일이라도 할 것이다. 어머니는 소녀에게 어려서부터 아주 매혹적이고 잘 어울리는 옷을 입힐 것이다. 불안하게 배려하는 어머니는 딸에게 고상하고 우아한 행동거지를 가르칠 것이다. 그리고 특별히 의식하지는 않지만, 딸의 모든 감정과 표현 방식에 희망적이면서 동시에 위협적인 부차적 뉘앙스를 섞어 넣고자 할 것이다. 라푼첼의 삶 전체는 이런 식으로 처음부터 철저히 성적인 것이 되면서도, 실제로 성적 감각이나 체험을 겪어서는 결코 안 된다.23) 그런 일이 일어나면, 어머니가 내린 금지라는 게토의 장벽이 순식간에 라푼첼의 자아를 가두어 버릴 것이다.

이와 관련해서 어떤 여성이 어린 시절을 이렇게 회고했다. "집에서 항상 릴로페* 역할을 해야 했어요. 그렇지만 어느 날 그 눈물의 왕국에서 빠져나와 현실로 들어가고자 과감하게 실행했을 때 며칠 동안이나 외출 금지령을 받았지요." '탑'에 갇힌 라푼첼의 삶을 이와 아주 유사한 것으로 상상해야 하리라. 불안과 희망 사이에서, 조심스러움과 기대 사이에서 분열되고, 풍요로운 환상과 고통스러운 공허 사이에서 분열된 채, 라푼첼의 젊은 시절은 '탑'의 '작은 창가'에서 저물어 간다. 릴케가 《기도시집》에 실린 〈가난과 죽음의 서(書)〉라는 시에서 서술한 것과 똑같다. "거기에서 창문가에서 자라는 아이들은/ 늘 같은 그늘 아래 있다./ 활짝 열리고 행복과 바람이 가득한 어느 날에/ 저 바깥에 꽃들이 부르고 있음을 모른다./ 아이들은 아이고 슬프게도 아이니까."[24] 창가에서 보내는 라푼첼의 젊음을 이보다 더 탁월하게 언어로 표현할 수는 없으리라. 라푼첼 어머니가 들상추를 바라봤던 것처럼, 라푼첼도 숨겨진 사랑의 정원을 열렬하게 바라보리라. 그러나 자신의 그리움을 어머니가 납득하게 할 수단은 없을 것이다.

이 대목에서는 그리움에 젖은 애수와 기다림의 압박이 라푼첼에게 나타나는 특수한 형태를 정밀하게 이해하는 일이 아주 중요하다. 이를 이해하려면 (의붓)어머니와 딸의 관계를 조금 더 면밀하게 서술해야 한다. 이 독특한 관계는 이 이야기와 아주 비슷하지만 전혀 다른 〈백설공주〉와 비교할 때 가장 잘 드러난다.

〈백설공주〉도 마녀와 같은 계모가 온갖 수단을 동원하여, 아름다운

릴로페 독일의 구전가요 주인공으로 물속에 7년간 갇혀 사는 공주.

소녀가 여성으로 성숙하는 것을 가로막는 것을 보여준다.[25] 하지만 〈백설공주〉의 문제는 여성 간의 경쟁이라는 측면에서 발생한다. 의붓어머니는 딸의 아름다움 탓에 몹시 속이 상하고 자신이 밀려난다고 느낀다. 그래서 처음에는 '사냥꾼'을 시켜 딸을 쏘아 죽이게 한다. 즉 딸에게 남자의 공격에 대한 불안을 심어주어, 백설공주가 일곱 난쟁이에게로 달아나도록, 즉 어린 시절로 퇴행하도록 만든다. 그다음에 의붓어머니는 행상으로 변장하여 백설공주를 세 차례 찾아간다. 백설공주에게 여자로서 아름다움을 더욱 효과적으로 보여줄 수 있는 방법을 가르쳐주겠다고 둘러대면서. 의붓어머니는 소녀가 '제대로' 보이도록 코르셋으로 조여준다면서, 백설공주가 거의 질식하도록 허리띠를 꽉 조인다. 소녀는 완전히 의붓어머니의 의지와 모범에 따라서 아름답게 될 수 있고 또 그래야 한다는 유혹적인 제안에 되풀이해서 걸려든다. 백설공주는 어린아이로서 ('난쟁이들의') 초자아의 조언을 무시하고 의붓어머니가 요구하는 겉보기에 자상한 지시들을 따르기가 무섭게, 그녀에 의해(혹은 자신의 죄책감에 의해) 죽음이라는 응징을 받게 된다. 또한 의붓어머니는 백설공주의 검은 머리칼을 '제대로' 빗어주려 하지만, 빗에는 독이 묻어 있다. 그리하여 의붓어머니처럼 여자로서 아름다워지려 하고 또 **아름다워야 한다**는 사실과 이러한 순종적 소망을 성취하기 위해 그 자리에서 죽임을 당한다는 사실은 또다시 백설공주에게는 동시에 일어나는 일이 된다.

　마지막으로 의붓어머니가 백설공주에게 절반은 하얗고 먹을 수 있지만 나머지 절반은 빨갛고 독이 든 사과를 먹으라고 주었을 때, 백설공주는 죽은 것처럼 쓰러져 '오래오래' 유리관 안에 누워 있게 된다.

이에 따르면 원죄에 대한 태고의 상징[26]인 사랑의 사과는 오직 '하얗고' 무성적인 '순결한' 쪽만 먹을 수 있고, 살아 있는 '빨간' 쪽에는 치명적 죄책감이라는 독이 들어 있다. 죄책감은 이후의 성장을 경직된 시신으로서 사로잡아버린다.

상징적으로 보자면, 백설공주의 유리 '관'과 라푼첼의 '탑' 사이에는 분명 아무런 차이가 없다. 두 암호는 삶이 아닌 삶을 상징하고, 고독과 감금 안의 실존을 상징하며, 모든 성장 가능성을 완전히 차단당한 불행한 삶을 상징한다. 그렇지만 영혼을 숨 막히게 만드는 방식과 그 원인은 두 군데에서 특징적으로 서로 다르다. 〈백설공주〉에서는 (의붓)어머니와 딸이 벌이는 경쟁 드라마를 다루며, 성장하는 소녀에게 어느 정도 자립성이 전제되어 있다. 특히 백설공주가 난쟁이들에게로 도주하는 것은 자신의 고립으로 후퇴하고 내적으로 망명하는 방식인데, 여기에는 먼저 상당한 정도로 (의붓)어머니로부터 해방이 필요하다.

이에 반해 〈라푼첼〉은 우울증적 특징이 한층 강하게 섞여 있는데, 이는 (의붓)어머니와 딸의 관계가 이중 단일체 방식에 따라 동일시에 기초하고 있기 때문이다. 이러한 동일시는 경쟁이나 질투 같은 것이 존재할 수 있는 문턱보다 훨씬 더 아래쪽에 있다. 〈백설공주〉의 정서는 어머니와 같아야 한다는 것이지만 동시에 이러한 노력이 주효하자마자 바로 어머니가 적이자 박해자가 된다는 것이다. 이에 비하면 라푼첼도 어머니에게 동화해야 한다는 의무가 있지만, 이것이 성공한다면 그녀는 어머니 곁에서 자신의 실존을 문자 그대로 '지양(止揚)'하게 된다. 어머니의 본질로부터 **벗어나거나**, 자기 감정을 어머니 아닌 다른 사람에게 향할 때에야 비로소 추방이라는 처벌이 그녀를 위협한다. 라푼첼에게 가해지는 영혼의 테러는 아름다워지려는 데 대한 반대가 아니다. 오히려 라푼첼은 아름답기 때문에 어머니의 긍지인 것이다. 그러나 라푼첼이 어머니 아닌 다른 사람을 사랑하기 무섭게 무거운 박해에 관한 불안이 터져 나온다. 어머니는 라푼첼의 삶이자 죽음이고, 집이자 감옥이고, 낙원이자 무덤이며, 신이자 악마이고, 천상이자 지옥이다. 이보다 더 극적이고 비극적인 어머니와 딸의 갈등은 찾아보기 힘들다.

그렇지만 바로 〈라푼첼〉에서 보여지는 바와 같이 어머니와 딸이 이루는 이중 단일체에는 심각한 양가감정이 나타나는데, 이러한 양가감정에는 서로를 승인하고 인정하는 기이한 상호성도 포함된다. 이 상호성은 〈백설공주〉의 경쟁의 갈등과 (그리고 그에 상응하는 어머니의 열등감과) 구별될 뿐 아니라, 라푼첼 유형의 관계가 얼마나 질기고 영구적인지를 이해할 수 있게 한다. 백설공주는 어머니처럼 될 수 있다는 사실 때문에 거의 죽임을 당할 뻔했다. 반면에 라푼첼은 어머니와 같아져야 할 뿐 아니라, 다른 사람들과는 다르게 어머니와 **동일**해지는 데에서, 아니 심지어 차츰 어머니와 역할을 바꾸는 데에서 스스로 긍지를 찾는다. 고텔 부인이 (의붓)딸을 가두는 '탑'의 상징도 이를 통해 이해해야 한다. 라푼첼에게는 접근 불가능성이 강요되고, 그 와중에 모든 사람들 위에 탑처럼 높이 떠 있고 나이가 들수록 심지어 어머니를 훨씬 능가한다. 동화에서 '마녀'가 매일 소녀의 길고 아름다운 황금빛 머리칼이 자신을 '위로 끌어올리게' 한다고 말하는 것은 매우 명확한 상징이다. 이 장면은 라푼첼과 어머니의 기이한 관

에드바르 뭉크, 〈사춘기〉(1895년)

계의 내적 구조를 아마 가장 명확하게 드러내는 것이리라. 우리가 처음에 전제로 삼았던 것이 이제 입증된다. 이 여자는 딸 없이는 살 수 없고 그렇기 때문에 라푼첼의 사랑을 잃어버릴까 봐 몹시 불안을 느낀다. 딸을 세상에서 벗어난 공주처럼 우러러본다. 그리고 정말로 라푼첼의 황금 머리칼을 타고 되풀이하여 딸의 수준으로 상승할 수 있기에 행복하게 찬양한다. 아니, 매일매일 이 여자는 자식에게 머리칼을 가지고 자기에게 '내려오기를', 자기가 만든 보호의 감옥에서 지내는 은혜를 베풀어주기를 간청한다. 이처럼 라푼첼은 늦어도 사춘기가 시작되고 나면 모든 사람의 눈앞에서 어머니의 둘도 없는 진정한 '승화'이고 훈장이다.

고독의 탑에서 부르는 노래

"그때 너무나 사랑스러운 노랫소리가 들려왔습니다."

(의붓)어머니의 긍지와 가치를 체현하는 라푼첼의 역할은 사실 새로운 것이 아니다. 예나 지금이나 그것이 라푼첼의 역할이었고 지금도 그러하다. 하지만 이제 결정적 변화가 일어났고, 그 변화는 황금빛 머리칼에서 표현된다. 라푼첼은 사랑스럽고 결혼할 수 있는 여자가 되었다. 어머니의 감독과 통제에서 벗어날 위험이 생긴 것이다. 가장 심각한 것은 곧 라푼첼이 독립적이 되어 더는 (의붓)어머니의 보살핌에 의존할 필요가 없어지는 일이다. 라푼첼과는 달리 이제 (의붓)어머니는 발 딛고 있는 땅이 점점 사라질 위험에 놓이게 되는데, 오랫동안 딸과의 공존은 바로 그 땅 위에 토대를 두고 있었던 것이

다. 그렇다면 (의붓)어머니는 딸의 의존성을 자신의 의존성으로 대체할 수밖에 없지 않은가? 그래서 (의붓)어머니는 딸이 나이가 들수록 더 많이 딸을 칭찬하고 인정하게 된다. 아니, 딸에게 보내는 갈채 속에서 스스로 굴종하게 되는데, 이것은 그 전에 이미 오랫동안 추측하던 사실을 그녀가 종종 발설하기 때문이다. 그것은 곧 어머니 자신이 딸이 없다면 아무것도 아니고, 하늘이 공허한 어머니의 삶에 딸을 내려준 것을 감사하고 있으며, 딸이 자신의 모든 기쁨이자 행복이고 희망이며 앞으로도 내내 그럴 것이라는 사실이다. 불행하게도 (의붓)어머니의 종속 선언은 라푼첼의 머리칼의 '끌어올림'이라는 상징에서 나타나듯이, 오직 딸을 더욱 자신에게 종속적으로 매어 두기 위한 것이다. 이처럼 책임을 잔뜩 짊어진 소녀가 어떻게 어머니를 거부할 수 있겠는가? 어머니가 불행하다면 소녀 자신의 책임이고 또 그렇게 느껴야 한다. 어떻게 감히 자기 삶의 행복을 위해 어머니의 불행을 초래할 수 있겠는가?

따라서 역설이 되풀이해 나타난다. 그것은 우리가 라푼첼의 어머니를 생각할 때 떠오르는 자상하게 보살피고 선하며 사랑이 가득한 여자가 딸에게 점점 더 경의를 표할수록 딸에게는 무거운 부담과 걸림돌이 된다는 것이다. 물론 우리는 라푼첼의 (의붓)어머니가 자신의 교육적 노력이 이런 결과를 낳는 것을 의식적으로는 원하지도 않고 의도하지도 않음을 인정해야 한다. 그렇지만 주관적으로는 완벽하게 선의를 품고 있는 고텔 부인의 노력에 담긴 비극적인 반(反)목적성의 비밀은 어디에서나 똑같다. 그것은 자기 힘으로 살기를 시도하지 않고 배우지 않는다면, 다른 사람들 역시 정말로 살아가도록 만들 수 없다는 사실이다.

우리는 이를테면 결혼의 심각한 위기 앞에서, 아이 교육의 절망적인 난관 앞에서, 온갖 공동 생활의 아포리아 앞에서 얼마나 자주 이런 한탄을 듣는가. "그래도 우리 의도는 좋았다. 다만 우리는 왜 사사건건 서로 괴롭혀야 하는가? 왜 그저 행복할 수 없는가? 아름다운 집에서 살고 멋진 정원이 있고 낙원에서처럼 살아가고 있다. 그런데 왜 모든 것이 언제나 이렇게 이상하게 진행되는가?" 이런 절망적 물음에 줄 수 있는 대답은 언제나 같다. 그것은 자기 자신에게 쓸모 있는 어떤 일을 시작하지 못하기 때문이다.

가령 어떤 여자가 모든 일에서 다음과 같이 자문해야 한다면 대체 어떻게 행복할 수 있겠는가? 남편이 자신을 어떻게 바라볼지, 곧 어떤 말을 하게 될지, 그가 늦어도 반시간 후에는 "대체 우리는 왜 결혼했지? 이렇게 그저 옆에서 살 뿐인데."라는 물음을 천 번째로 던진다면 어떻게 대답할 수 있을지 같은 물음이다. 또는 어떤 소녀가 영화관에 갈 때마다, 남자친구와 보내는 저녁마다, 둘이서 산책을 할 때마다, 어머니가 또다시 불안해지지는 않을지, 딸 걱정으로 잠을 못 이루는 것은 아닌지, 집으로 돌아올 때 어머니가 또 울거나 욕하면서 창가에 서 있는 것은 아닌지를 물어야 한다면 어떻게 행복해질 수 있겠는가? 우리는 자기 삶을 살 수 있을 때에만 서로를 자신의 삶을 살도록 놓아줄 수 있다. 그러나 라푼첼과 (의붓)어머니의 모든 관계는 **책임의 교환**에 기반을 둔다. 딸은 언제나 어머니 걱정을 하고 (의붓)어머니는 딸을 걱정하는데, 둘 중 누구도 결코 자기 자신의 일을 해나가지는 못한다.

라푼첼은 이렇게 지속적으로 "어머니가 사는 대로 살아야 하지만" 여기에는 한 가지 장점이 있다. 이런 삶을 통해 탁월함, 예외성, 월등한 유일성을 느끼는 것이다.27) 탑에 사는 라푼첼은 비천한 세상 위로 구름까지 높이 솟아 있다. 또한 그리움이 이르는 저 멀리만큼, 보통 사람들이 사는 낮은 땅에서 멀리 떨어져 있다. 가령 어떤 여자가 이후 삶에서도 이러한 인생의 밑그림에 얽매여 있다면, 대개 수도원 분위기의 상아탑에 머물거나 일흔다섯 살이 된 어머니의 생계와 질병을 충직하게 돌보게 된다. 질식된 꿈, 억눌린 눈물, 눈에 띄지 않는 소소한 비극으로 점철된 삶을 꾸려 간다. 엄숙한 계율과 극심한 죄책감이 이런 삶을 동행하고 지원한다. 라푼첼에게는 십계명의 **네 번째** 계명이 무조건 타당하다. "네 (아버지와) 어머니를 공경하라." 나아가 결혼을 신성시하고 '부정함'을 거부하라는 **여섯 번째** 계명도 유효하다. 그 밖에도 억압과 권위적 압제와 끝나지 않을 의존을 죄책감과 양심의 가책을 통해 합법화하고 안정화하려는 허다한 계율이 늘 존재한다. 그래서 오래 전부터 존재하는 어린아이의 불안에 대한 합리화를 꿰뚫어 보는 것은 주관적으로 불가능하다시피 하다.

라푼첼이 '탑'에서 빠져나오려면, 그 가능성은 바깥에서 와야 한다. 이것 역시 라푼첼에게는 전형적이다. 어머니의 구세주 라푼첼은 자신의 구세주를 기다리고, 자신에게 유일하게 어울리는 한 남자, 즉 '숲'을 가로질러 자신의 고독에 이르러 집으로 데려갈 왕자를 소망한다. 그러므로 결정적으로 라푼첼에게는 그러한 왕자를 어떻게 찾을 수 있는가라는 물음이 제기된다. 이는 달리 표현하면, 그러한 왕자가 어떻게 라푼첼에게 관심을 가질 것인가라는 물음이다. 두 사람이 **사**

랑 안에서 가까워지는 과정을 **매혹적인 음악의 영향**으로 서술하는 것은 〈라푼첼〉의 경이로운 모티프다. 한 사람의 영혼이 자신에 대해 노래 부르고, 마침내 그 영혼은 다른 사람의 심장 안에서 공명하며 메아리를 얻는다. 왕자는 아직 라푼첼을 보지 않았으나, 라푼첼이 부르는 그리움의 노래는 귀를 뚫고 지나가면서 마법의 손처럼 그를 매료시킨다. 〈라푼첼〉에 따르면, 오직 사랑의 언어만이 연인의 존재를 송두리째 일치와 조화의 마술적 반향으로 끌어들이는, 심장을 울리는 시가 된다. 그리고 사랑의 행복한 힘만이 영혼의 화음을 불러온다. 고독과 소외의 세상 한가운데에서 오로지 사랑만이 잃어버린 낙원으로 돌아가는 길처럼 보인다. 모든 사물의 근원에 들어 있는 영혼의 조화에 관한 기억을 일깨우고 깨어 있게 하는 것은 분명 음악이다.

　페르시아의 신비주의자 잘랄 아드 딘 아르 루미(Dschelal Ad-Din Ar-Rumi)는 언젠가 이러한 사랑의 시와 모든 종교성의 근원의 관계를 잊히지 않을 언어로 매우 적절하게 표현했다. "우리는 잃어버린 낙원에서 모든 숭고한 가락(〈변하는 세상들의 노래〉)을 들었다. 비록 (우리가 창조되었을 때) 땅과 물이 우리를 억눌렀지만, 우리는 기억 속에 천상의 노래들을 간직하고 있다. 사랑하는 자는 음악에 귀를 기울이면서 사랑을 키운다. 음악은 신과 맺은 최초의 합일의 기쁨을 상기시키기 때문이다. …… 갈대를 잘라 만든 피리 소리를 들으라. 그 소리가 무엇을 이야기하는지, 그 소리가 무엇을 탄식하는지 들으라. 그 소리는 말한다. 사람들이 늪의 갈대밭에서 나를 잘라낸 후 내 음악에서 남자와 여자가 탄식한다. 나의 심장은 황폐하여 찢겼다. 그리움으로 인한 고통을 표현할 수 있도록. 근원에서 멀리 떨어져 사는 사람은 누구나 돌아올 합일의 날을 그리워한다."[28] 어떤 사람의 말이 심장에 깊이 파고들면, 근원적으로 친밀하고 닮은 것을 그 심장에서 불러낸다. 마치 우리의 본질을, 우리의 모든 꿈과 가능성을 전부 현실로 불러내는 것처럼. 그때 사랑의 마법이 인간의 내면을 변화시키기 시작하고 자기 자신과, 사랑하는 연인과 완전히 녹아들기 시작한다. 모든 음악은 그러한 사랑의 마법과 시로부터 나온 것이다. 다른 사람의 심장 안에서 노래로 승화되는 시적인 마법의 말보다 더 사랑스럽고 부드러운 것은 없다.

그러나 라푼첼이 부르는 애수와 향수 어린 노래의 아름다움을 모두 이해하고 받아들이려면 분명 그 이전에 그 자신의 사랑에 대한 향수와 탐색이 필요하다. 모든 장애를 넘어서는 진정으로 위대한 사랑은 결코 선의(善意)와 계획적인 노력의 결과가 아니다. 그러한 애정은 언제나 두 사람의 영혼의 동질성에 기초한다. 마치 악보가 교향악으로 울려퍼지면 심장의 모든 기분과 감동들이 하나의 화음을 이루듯이. 라푼첼을 해방시킬 왕자는 분명 그 자신도 고독, 시의 영감과 매우 친숙한 사람일 것이다. 그저 객관적으로 말한다면, 왕자 신분이라면 탑에 사는 외로운 소녀 주변의 숲속 어디에선가 멈추지 않았을 것이라고 생각할 수도 있다. 그러나 라푼첼에게 어울리는 신랑, 왕자는 시끄러운 삶과 소음으로 가득 찬 무대의 남자일 수 없다. 그는 '숲'을 사랑하는 **사람이어야만 하고**, 그리움과 고독의 노래를 들을 만큼 귀가 밝은 **사람이어야 한다.**

그러한 삶의 감정을 다시 한 번 릴케에게 들어보는 것이 좋을 것 같다. 릴케는 젊은 시절 어느 시에서 이렇게 썼을 때, 어떤 의미에서는 자신을 그대로 드러낸 것이다. "너, 성스러운 나의 고독이여,/ 잠에서 깨어나는 정원처럼 너는/ 그렇게 풍요롭고 순수하고 드넓구나./ 너, 성스러운 나의 고독이여/ 소망들이 그 앞에서 기다리고 있는/ 황금의 문들을 닫아라. // 어찌할 바 모르고 누군가를 기다리는/ 잊힌 들녘의 성모상들을 나는 사랑한다./ 황금빛 머리칼에 꽃을 꽂고/ 한적한 우물 곁으로 꿈꾸러 가는 소녀들을 사랑한다./ 그리고 해를 향해 노래하고/ 별들을 바라보는 놀랄 만큼 키 큰 아이들을,/ 내게 노래들을 가져다주는 날들과/ 꽃들 속에 잠긴 밤들을 사랑한다. // 네가 즐거운 무리 속의 아이라면/ 물론 이해하지 못하겠지./ 내가 어떻게 낮을/ 영영 위험한 적이라고 미워하게 되었는지./ 나는 그렇게 낯설고 버림받은 채/ 오로지 꽃 피고 창백한/ 오월의 밤에만 남몰래 깊이 행복했다. // 낮이면 비겁한 의무라는 꽉 끼는 고리를 경건하게 끼웠으나/ 밤이면 무리에서 몰래 빠져나왔고/ 나의 작은 창은 달칵 소리를 냈다./ 그들은 알지 못했지. 한 마리 나비처럼/ 나의 그리움은 여행을 떠났네,/ 저 멀리 별들에게 조용히/ 고향 가는 길을 물었네."29)

우리는 왕자를 밤과 고독 속의 연인, 꿈꾸는 듯한 애가(哀歌)의 친구, 부드럽고 섬세한 남자로 떠올려야 한다. 그의 영혼은 하프와 같을 것이다. 사랑의 현자들이 탄주하는 하프.

마녀와 왕자, 둘로 나뉜 세계
"머리칼이 내려왔고 왕자는 위로 올라갔습니다."

라푼첼처럼 수줍으면서도 긍지에 찬 소녀에게 다가가려면 분명 지극히 민감하고 부드러워야 하리라. 사실 라푼첼의 삶에서 다른 사람이 다가오게 하는 일은 준비된 것이 아니다. 그녀에게는 오히려 어머니를 위해 타인과 접촉할 수 있는 모든 입구를 걸어 잠그고, 사랑의 비천함 위로 탑처럼 높이 솟아오를 의무가 있다. 그러나 우리는 그녀의 말이 아니라, 침묵 속에 흐르는 그리움의 노래에 귀를 기울여도 좋으리라. 그래야 라푼첼이 나르시시즘적 순결함 속에서도 누군가 자신을 고독의 감옥에서 바깥으로 이끌어주기만을 기다리고 있음을 이해할 수 있다. 그렇지만 라푼첼이 불안하게 도주하여 우월한 겉모습이라는 자세를 다시 취하는 것을 막기 위해, 접촉 불안이라는 벽을 부술 방법은 무엇인가? 여성의 접촉 불안과 장애는 그것이 발생하는 과정을 충실하게 모사할 때에만 극복할 수 있음을 보여준다는 점에서 〈라푼첼〉은 천재적이다.

젊은 왕자는 라푼첼의 (의붓)어머니가 시범을 보이지 않는다면 사랑하는 라푼첼에게 다가갈 기회가 전혀 없다. 왕자는 (의붓)어머니의 말과 목소리의 음색과 접근 방식을 모방해서 라푼첼이 혼동하게 해야만, 라푼첼에게 '올라갈' 수 있다. 라푼첼이 불안을 벗어던지고 접근을 허용하도록 하려면, 왕자도 (의붓)어머니처럼 자신을 낮추고 의존적으로 만들어야 한다. (의붓)어머니처럼 라푼첼에게 자신을(혹은 머리칼을) 탑처럼 높은 '우월함'으로부터 '아래로 내려 달라고' 청해야 한다. 그리고 (의붓)어머니처럼 라푼첼의 방에 들어가는 것이 절대적 특권이라는 기대와 요구를 품은 채 그리로 들어선다. 물론 왕자는 라푼첼이 창문가에서 던지는 그리운 눈길에서 저 멀고 도달할 수 없는 소망처럼 보일 세상 전체를 대표하고 상징한다. 그렇지만 라푼첼과 어머니의 결속인 '탑'으로 들어가는 입구는 왕자가 어머니 대신 나타나고 어머니 역할을 가능한 한 정확히 넘겨받는, 머뭇거리면서도 신중한 시도가 아니고서는 찾을 수 없다. 그러나 (의붓)어머니에게 감정 이입하는 모방이 꼭 필요하고 피할 수 없다고 하더라도, 모방은 그 자체로 이미 위험한 싹을 품고 있다. 그것은 고텔 부인(=대모)의 귀환이다.

라푼첼의 인생에서 결정적인 이 지점의 의미를 다른 동화의 사례를 들어 살펴볼 수 있다. 〈라푼첼〉의 이 대목에 대응하는 매우 표현력이 강하고 시적인 부분을 〈오누이〉에서도 볼 수 있다. 〈오누이〉에서도 마녀 같은 의붓어머니가 딸('누이')과 딸이 사랑하고 그리워하는 사람('오빠')을 고독으로 추방하고 심지어 (인생의) '샘'에 독을 넣는다. 결국 목마름을 참지 못한 '오빠'(**아니무스** 영역)는 (수줍으면서도 모험심 강한) '노루'로 변한다.[30] 어느 날 '왕'이 '사냥'을 갔을 때 그가 이끄는 사냥꾼들은 '노루'가 매일 밤 어디에 숨는지를 알아낸다. 사냥에 나선 지 사흘째 되는 날 노루가 ('사랑의 화살'에) 부상을 당해 '누이'에게로 돌아가려 할 때, 왕이 대신 와서는 '노루'가 하던 대로 "사랑하는 누이야, 나를 들여보내주렴."이라는 말을 하면서 들여보내 달라고 청한다. 분명 영혼의 결속과 애정을 얻는 데 필요한 기술은 연인의 언어를 가능한 한 정확히 배우고 모방하는 데 있다.[31] '어머니', '아버지', '집', '고향', '교회', '언덕', '나무', '별' 같은 단어들은 연인의 입에서 흘러나올 때 인생 경험의 다른 영역에서와는 다른 음색을 얻고 다른 의미를 띤다. 그리고 두 사람이 모든 차이에도 불구하고 '오누이' 같은 가까움과 동질성을 지닌다면, 이를 진실로 이해하고 납득하기 위해서는 먼저 연인의 입에서 나오는 낯설고도 풍요로운 단어들에 점차 익숙해져야 한다. 그렇지만 그러한 감정 이입 능력에도 불구하고 〈오누이〉에서도, 물론 아이가 태어난 다음이기는 하지만, 다시 한 번 의붓어머니가 권력을 지닌 채 등장하여 '친딸'을 내세워 '누이'를 몰아낸다.[32] 오로지 한밤중에야, 즉 꿈의 언어를 통해서야, '누이'는 되풀이해 사랑하는 왕에게 나타난다. 늦은 밤 깨어난 왕이 마침내 마지막 순간 의붓어머니의 '간계'를 알아차리지 못한다면 모든 것은 절망적으로 끝장날 것이다. 이제 왕은 굳은 각오를 하고 '누이'를 그림자 존재로부터 해방시키고 '마녀'를 화형시키며 '노루'에게 사람의 모습을 돌려준다. 그리하여 왕은 사랑하는 '왕비'의 가슴에서 사랑에 대한 죄책감과 불안을 몰아낼 수 있었다. 이것은 '누이' 안에서 짐스러운 어머니 형상을 마침내 '붙들고' 인간성의 권리라는 이름으로 처벌하고 제거함으로써 가능했다.

이런 영웅적 행위에 견줘 본다면, 〈라푼첼〉 이야기는 분명 처음에는 덜 거창해 보인다. 하지만 이 이야기는 인간적으로는 '더 가깝게' 다가온다. 이 이야기는 더 '일상적'이다. 동화는 이를테면 라푼첼이 어머니가 아니라 아름답고 젊은 남자가 들어왔음을 알았을 때의 놀라움을 거의 감동적인 방식으로 묘사한다. 분명 라푼첼은 평생 처음으로 사랑이 깨어나는 행복을 예감하기 시작하고, 어머니에 대한 어린 아이다운 의존성을 조금씩 풀어내기 시작한다. 라푼첼과 왕자가 그들의 사랑이 앞으로 여생을 결정할 것임을 분명하게 느끼고 나아가 서로에게 확고하게 다짐하는 순간이다. 하지만 이러한 믿음의 서약을 두 사람은 당시에는 전혀 지킬 수 없었다. 〈라푼첼〉과 같은 동화는 그러한 사실이 지닌 비극성을 생각하도록 강요한다. 무엇보다도 가톨릭 교회에서는 신랑 신부의 결혼 서약이 영원히 무를 수 없는 효력을 지닌다는 견해를 되풀이해 들을 수 있다. 이때 우리는 사랑과 신의의 서약이 '자유롭고 강요 없이' 이루어진다고 전제한다. 그러기에 자신의 마음 중에는 의식에서 멀리 벗어나 있는 부분도 많음을 완전히 잊고 있는 것 같다.[33] 사랑의 길은 젊은 시절에는 결코 무의식적 전이에서 자유로울 수 없다. 그때그때 상황에 따라서 전이는 두 사람 사이에서 강력한 결속력을 발휘할 수도 있고 파괴력을 발휘할 수도 있다. 성경은 중요한 대목에서 사랑이 **본질적으로** '어버이'를 '떠나' 다른 사람의 인격과 어울려 '한 몸이 되'는 것이라고 말하는데(〈창세기〉 2장 24절),[34] 이는 전적으로 올바르다. 그러니까 스스로 온전히 성숙하려면 의존에서 신뢰로, 구속에서 결속으로, 보호에서 상호 보증으로의 변화가 필요하다. 그처럼 성숙한 결정 능력과 자유를 향해 전체 삶의 태도가 변화하기 전에는, 두 사람이 아무리 사랑을 약속한다고 해도 그 사랑은 일단 시도에 머물 뿐이다. 사랑은 약속이고 희망이지만, 아직 그 자체로 체험할 수 있는 현실은 아닌 것이다.

　동화는 이런 깨달음을 얻는 데 도움을 준다. 동화는 인간의 언어가 미묘하고 다의적일 수 있으며, 심장의 진실에 가까이 가려면 그저 말을 듣는 것만으로는 부족함을 보여준다. 이를테면 라푼첼과 왕자는 사랑과 결속의 서약이 인생 행로의 시작에 불과하다는 사실과 어떤 일이 있어도 라푼첼이 (의붓)어머니의 구속에서 벗어나는 것이 중요하다는 사실을 정확히 알고 있을 것이다. 그렇지만 그들은 최소한 지금은 자신들이 완전히 덫에 걸려 있음을 알지 못한다. 아니, 바로 자신들이 선의로 맺은 사랑의 언약이 곧 이 덫이 세차게 닫히게 만들 치명적 메커니즘을 작동시키고 있음을 모른다.

물론 라푼첼은 어머니를 젊은 왕자로 대체하는 일에 일단 성공한 듯하다. 아니, 나중에 라푼첼이 추방된 후에 고독하게 두 아이를 낳았다는 이야기를 들으면, 우리는 라푼첼이 '탑'에서 벌써 남자의 애정과 접근에 대한 불안을 용감하게 극복했다고 추론할 수 있다. 그렇지만 그녀는 여전히 (의붓)어머니의 그림자 안에서 살아가고 있다. 물론 감히 온갖 제한과 금지를 넘어서 연인이 자신에게 다가오도록 허락한 것은 엄청난 진전이기는 하다. 그렇지만 다른 한편으로 전적으로 '자의 반 타의 반'으로 이루어진 첫걸음은 라푼첼의 마음을 위태롭게 분열시킬 위험이 있다. 실제로 왕자는 그저 '마녀'의 자리를 대신하는 것이 아니라, 사랑의 마법으로 라푼첼의 가슴을 말 그대로 하룻밤 사이에 정복한 것이다. 라푼첼에게는 이제 어떻게 사랑의 현실을 살아내면서 동시에 그것을 (의붓)어머니의 눈앞에서 감출 수 있는가라는 문제가 생겼다. 라푼첼은 왕자를 사랑하는 데서 죄책감을 전혀 느끼지 않는 듯하다. 다만 고텔 부인에게 사랑이 발각될까 두려워할 뿐이다.

이러한 인상은 다른 관점에서 보면 우리가 앞에서 라푼첼과 (의붓)어머니의 관계에 대해 말한 것을 확인해준다. 라푼첼이 본래적 의미

에드바르 뭉크, 〈어머니와 딸〉(1897년)

에서 죄책감을 느끼려면 어머니에게 완전히 종속된 것이 아니라 어느 정도 독립적이어야 할 것이다. 물론 라푼첼은 어느 정도는 상황 때문에 사랑하고 사랑받는 역할로 밀려 들어갔고, 왕자가 만들어놓은 '상황'을 선선히 따르기에 '상황 속에' 머문다. 그렇지만 내적으로는 여전히 전적으로 (의붓)어머니의 탑에 구금되어 살아간다. 라푼첼은 스스로 결정하지 않고 모든 사건이 일어나도록 내버려 둔다. 자신의 의도를 관철하는 것이 아니라 여전히 그저 앉아 있다. 그동안 내내 고텔 부인과의 갈등이 위협적으로 가까이 다가오고 있지만, 사태를 명백히 드러내고 투쟁하기보다는 분열을 통해 갈등을 해결하려 한다. **낮에는** (의붓)어머니가 오고 **밤에는** 왕자가 온다. 의붓어머니가 라푼첼의 삶의 바깥, 즉 계율과 의무의 세계를 지배하는 반면, 왕자는 라푼첼의 소망과 꿈을 지배한다. 그렇지만 가장 심각한 일은 두 세계 사이에 다리가 없다는 점이다! 라푼첼은 고텔 부인에게 자신의 사랑을 이야기하는 것을 상상할 수조차 없다. 고독한 '탑'의 구금은 오로지 (의붓)어머니가 딸이 외부와 접촉하지 못하도록 어떠한 상황에서도 싹부터 모조리 짓누른다는 의미이기 때문이다. 그러니까 고텔 부인이 라푼첼의 사랑에 대해 낌새를 챘다면 어떻게 행동할 것인가! 라푼첼이 왕자를 사랑하기 때문에 (의붓)어머니의 처벌을 받을지도 모른다는 지속적인 불안 속에서 살아가게 된다는 사실을 이해하는 것이 매우 중요하다. 고텔 부인에게 곧이곧대로 이야기할 용기를 낼 수 없는 라푼첼은 피할 수 없는 갈등을 (의붓)어머니에 대한 의무적 종속과 왕자에 대한 사랑의 소망으로 **삶을 분열시켜** 우회하려 한다. 소망과 의무, 이드(Id)와 초자아 사이에서 라푼첼의 성격은 잠정적으로는 어떠한 안도

감을 주는 방식으로 분열된다. 그러나 외부로부터 (이른 시기에) 결정을 강요받는다면 안도감은, 자신의 입장을 관철할 수 없는 무능력 때문에 위험천만해질 수밖에 없다.

그러나 (이를 이해하는 것이 매우 중요한데) 라푼첼이 (의붓)어머니의 감옥에서 도망치고자 한다면 잠재적인 정신분열적 상황은 근본적으로 피할 수 없다. 물론 라푼첼이 사랑하는 왕자의 도움으로 (의붓)어머니와 솔직하게 대화를 나눌 수 있다면 그것이야말로 가장 바람직하고 꼭 필요한 일일 것이다. 그러나 그 길은 화해와 타협이 원칙적으로 불가능한 (의붓)어머니의 경직성에 대한 정당한 불안으로 가로막힌다. 고텔 부인은 결코 딸의 사랑을 놓고 자신의 권리를 나눌 수 없고 더군다나 왕자에게는 넘겨줄 수 없다. 그리고 라푼첼은 자신의 불안과 허약한 자아 탓에 (의붓)어머니에게서 풀려날 수 없다. 그리하여 라푼첼은 어머니와 왕자 사이에서, 과거와 미래 사이에서, 외부의 결정과 자신의 결정 사이에서, 아이로서 어머니와의 합일과 성숙한 여성으로서 자유로운 사랑 사이에서 이리저리 찢긴 채 머문다. 그러나 이러한 상황에서는 왕자 역시 고텔 부인에게 대항할 수 없음을 안다. (의붓)어머니를 공격하는 것은 딸과 (의붓)어머니의 과도한 동일시 때문에 곧 라푼첼 자신에 대한 공격으로 받아들여진다. 둘은 서로 분리될 수 없다. 우리는 동화의 이 대목에 이르러 비로소 도입부의 언급, 즉 고텔 부인이 "어마어마한 힘을 가지고 있었고 모든 사람이 두려워"하는 마녀라는 언급을 확실히 이해할 수 있다.

(의붓)어머니와 딸의 풀리지 않는 이중 단일체의 본성은 그것이 자족적 체계로서 계속 작동하고 외부로부터 오는 장애에 격렬하게 대항

한다는 것이다. 아무리 라푼첼과 왕자가 서로 사랑한다고 해도, 젊은 왕자가 정면으로 공격해 고텔 부인의 영향력을 몰아내고자 하면 (의붓)어머니의 '탑' 안에서 결코 라푼첼의 지지를 기대할 수 없다. 그러므로 왕자는 내다볼 수 없이 장구한 세월 동안 라푼첼에 대한 사랑을 마치 한밤중의 절도처럼, 일종의 가택 침입처럼, 그 자체로 허용되지 않은 일처럼 다룰 의무가 있다. 언제 발각될까 두려워하면서, 언제나 사랑하는 드미비에주*의 오직 '반쪽 애인'으로서 말이다. 무의식적인 불안과 어머니에 대한(혹은 아버지에 대한) 의존성 탓에 강렬한 사랑의 감정을 부당하고 불경한 것으로 마음속에서 금하는 두 사람이 결혼 서약을 맺는 일이 보이지 않는 곳에서든 결혼식장에서든 얼마나 많이 이루어지는가! 이럴 때는 언제나 증상이자 보호막이기도 한 내적 분열 때문에 '라푼첼'은 어머니와의 결속 바깥에서 다른 사람의 사랑을 기대하는 동시에 회피하도록 강요받는다. 이런 어중간한 상태가 얼마나 오래 유지될 수 있으며, 어떻게 해소될 수 있을지는 예측할 수 없다.

물론 라푼첼과 왕자가 어머니의 감옥에서 도망치자고 진지하게 생각하는 것만으로도 상당한 진보다. 왕자는 탑에 갇힌 미녀를 찾아오는 밤마다 (비유적 표현이지만) '실'을 가져온다. 그 실로 자유의 밧줄을 엮을 수 있는 것이다. 상황에 따라서 이러한 행동은 정말로 유일하게 남아 있는 탈출의 길을 약속한다. 물론 왕자는 이미 완성된 사다리나 밧줄을 가져와서 라푼첼을 해방시킬 수도 있을 것이다. 그러

드미비에주(Demivierge) 프레보(Eugene Marcel Prévost)의 소설 제목에서 따온 말로, '반(半)처녀'를 뜻하며, 남자와의 관계에서 성적 경험이 풍부한 여자처럼 행동하지만 여전히 성적 경험이 없는 소녀나 젊은 여성을 뜻한다.

나 라푼첼은 (아직은) 그러한 〈후궁으로부터의 유괴〉[*]를 감당할 수 없다.[35)] 오히려 우선은 사랑의 유대를 더욱 단단하고 내밀하게 엮는 것이 중요할 뿐 아니라, 동시에 어머니에게 묶인 종속의 족쇄를 풀어내는 것이 중요하다. 이처럼 엮고 풀어내는 과정은 힘겹고 오랜 시간이 걸린다.

이론적으로는 다른 가능성도 있으나, 두 연인은 정말로 생각할 수 없는 것이다. 즉 라푼첼이 스무 엘렌 길이의 눈부시게 아름다운 황금빛 머리칼을 손수 잘라내고 마치 밧줄처럼 거기 매달려 내려간다는 가능성이 그것이다. 그 가능성을 생각할 수 없는 이유는 이 시도가 라푼첼이 어머니에게서 해방되려고 자신의 아름다움과 여성성의 가장 귀중한 상징을 희생함을 전제하기 때문이다. 그렇다면 그녀는 왕자를 따라가더라도, 그 상징의 의미를 생각해볼 때, 아마 왕자 곁에서 진정한 여성이 될 수는 없을 것이다. 따라서 이런 방식으로는 외적으로 어머니로부터 해방될 수는 있을지언정, 깊은 정서의 측면에서는 여전히 누구와도 진실한 관계와 결속을 맺지 못하고, 나아가 깊은 감정을 느끼는 것 자체도 불가능하게 될 것이다. 그러므로 라푼첼 같은 소녀에게는 어머니에게 갇힌 상태에서 너무 빨리 벗어나라고 강요하는 것이 가장 큰 불행일 수 있을 것이다. 예를 들어 얼마나 많은 여대생들이 시대에 걸맞게, 당장, 그러니까 대학 입학과 동시에 '자유롭고' '해방되고' '독립적이고' '자립적이고' '성숙하고' '사랑할 수 있고' '계몽

〈후궁으로부터의 유괴〉 모차르트가 1782년에 쓴 징슈필(Singspiel). '징슈필'은 '노래로 하는 연극'이라는 뜻이며 일종의 독일식 오페라라고 할 수 있다. 내용은 투르크의 술탄에게 붙잡혀 후궁에 갇힌 두 여인의 이야기이다.

되고 '개방적이고' '현대적인' 여자가 되어야 하는가! 그러나 불안을 해소하기보다 철저히 억압하는 여자들은 동시에 자연스러운 우아함과 아름다움을 모두 희생하다시피 하는 것이다!

다른 한편 우리는 라푼첼에게 자유로 가는 '올바른' 길이란 기본적으로 없음을 인정해야 한다. 〈라푼첼〉에서 (의붓)어머니로부터 해방이 아무리 신중하고 점진적으로 시도된다고 해도 시작부터 실패할 운명에 처해 있음은 비극적인 일이다. 그 원인은, 여전히 사라지지 않고 왕자에 의해서도 진실로 극복되지 않는 라푼첼 자신의 강요된 분열에 있다. 틀림없이 라푼첼은 젊은 왕자를 매우 사랑하지만, 적어도 고텔 부인보다는 훨씬 더 사랑하지만, 이 사랑을 스스로 외적 현실에서 표현할 가능성이 없다. 따라서 '구금'이 계속되는 한, 모든 행위의 주도권은 왕자에게 맡겨진다. 매일 밤 들여보내 달라고 청하는 것은 왕자이고 라푼첼은 말 그대로 자신으로부터 '나올' 길을 전혀 찾지 못한다. 우리는 이러한 현실에서 두 사람 관계가, 이제까지 살펴본 상징에 따라 말하자면, 왕자가 연인 덕분에 '승화'되고 '고양'됨을 느끼며 자신이 들어오도록 허락해주는 데 고마워하며 그녀의 순수하고 아름다운 '노래'에 매혹되었음을 되풀이해 확언하는 방식으로 이루어진다고 상상할 수 있다. 그러나 거꾸로 라푼첼은 자신의 사랑을 오히려 주저하면서, 어느 정도는 단지 가설적으로만 표현할 것이다. 왜냐하면 여전히 그녀가 말하고 느끼는 모든 것은 매일 밤 탑 안에서 일어나는 일을 고텔 부인이 모르는 시점까지만 유효하기 때문이다. 아마도 라푼첼은 '실'이 늘어날 때마다 조금씩 더 용감해지고 자신감이 생기겠지만, (의붓)어머니와 결정적 투쟁은 여전히 감행하지 못할 것이다.

따라서 곧 함께 도망칠 것이라는 희망조차 미래가 모두 물거품이 될 것이라는 엄청난 불안을 내포하고 있다. 그렇다. 역설적이게도 자신의 태도에서 지독한 두려움을 느끼는 것은 결국 라푼첼 자신이다.

이러한 상황에서 라푼첼과 왕자의 사랑은 사실 비탈길의 눈밭과 같다. 비탈길에 쌓인 눈은 그 아래 땅이 따뜻해지면 차츰 눈사태로 변한다. 밤의 연인이 곁에 있는 데 익숙해질수록 라푼첼은 낮 동안 (의붓)어머니에게 종속되는 것이 점점 더 견딜 수 없게 느껴진다. 이와 함께 결단의 순간이 걷잡을 수 없이 가까워진다. 다른 한편 라푼첼은 그래도 (의붓)어머니를 계획대로 그저 놔두고 떠날 준비가 되어 있지 않다. 라푼첼이 인생의 결정적 순간에 어떤 식으로든 필사적으로 용기를 내어 그동안 늘 인정해 왔던 (의붓)어머니의 통제권에서 벗어날 수 있다면, 사실 이제까지 사는 내내 고텔 부인에게 순종적인 딸의 역할 자체를 할 수 없었으리라. 중요한 비밀을 철두철미 숨길 수 있으려면, 상당한 정도의 내적 주권과 독립성이 있어야 한다. 그렇지만 라푼첼은 예나 지금이나 (의붓)어머니 앞에서 어떤 일을 얼마 동안 감출 수는 있지만 진실로 비밀로 할 수는 없다. 그만큼 고텔 부인에게 내맡겨져 있는 것이다. 매일매일, 좀 더 정확히 말하면, 매일 밤마다 그녀 안에서는 비밀을 누설해야 한다는 강박이 커진다. 가슴에 왕자를 깊이 품을수록 그만큼 더 고텔 부인의 처벌을 자기도 모르는 새에 불러온다.

추방당한 딸
"사악한 아이 같으니라고."

물론 라푼첼의 마음에는 불가능한 일에 대한 희망 같은 것도 살아 있을 것이다. (의붓)어머니가 딸에 대한 (나르시시즘적) 요구를 적어도 어느 정도로 제한하고 라푼첼에게 자기 실현과 자유의 권리, 행복과 사랑을 추구할 권리, 독립성과 성장의 권리를 인정할지도 모른다. 라 푼첼이 정말로 고텔 부인이 그럴 준비가 되어 있다고 인정한다면, 자기 사랑의 애타는 비밀을 솔직하게 털어놓을 수 있을 것이다.[36] 그렇다면 라푼첼에게는 마치 실수로 나오는 것 같은 그러한 마지못한 고백 자체가 불필요하다. 아마도 죄책감에서 비롯된 (오로지 겉보기에만 무의식적인) 비밀의 누설에는 여전히 이해받고 싶다는 강렬한 소망, 심지어 이제까지 금지된 것의 허가, 용인, 보장에 대한 소망이 숨어 있다. 그렇지만 〈라푼첼〉에서 볼 수 있듯이, 솔직함의 결과로 너무도 (그리고 아주 정당하게!) 우려했던 바로 그 일이 벌어지는 경우가 인생에는 자주 있다. 지지가 아니라 처벌이, 이해가 아니라 가혹한 태도가, 도움이 아니라 파괴가 닥친다. 딸의 간접적인 고백을 들은 고텔 부인이 마치 분노의 여신처럼 라푼첼에게 달려든 것은 라푼첼이 (의붓)어머니에게 늘 느꼈던 모든 불안과 두려움을 무시무시하게 확인해 주는 것이다. 고텔 부인은 라푼첼을 '사악한 아이'라고 부른다. 마치 탑의 감옥에서 도주하려는 계획이 지고한 존재의 권위에 맞서는 불경한 일이기라도 한 듯이. 고텔 부인은 라푼첼이 속였다고 비난한다. 마치 고텔 부인 자신이 유포한 불안 때문에 라푼첼이 신뢰를 바탕으로 감정을 전달할 수 없게 되었다는 사실을 모르는 것처럼. 고텔 부인이 격노한 것은 딸을 보살피기 위해 바깥으로부터 차단하고 구금한다는 자기 삶 전체의 기획이 물거품으로 돌아갔음을 깨달았기 때문이다. 그러나 고텔 부인은 내면의 깨달음을 거부하고 말도 안 되는 재판을 연출한다. 소녀는 어떻게 '마녀'에게서 해방될 수 있을까?

그래도 고텔 부인은 이제 감독과 가택 연금으로 딸을 외부 세계와 차단할 수 있는 단계가 최종적으로 지나갔음을 제대로 인식했다. 왕자가 등장한 뒤로 인생 자체가 완전히 변화한 것은 라푼첼뿐만이 아니다. 고텔 부인에게도 인생에서 자신과 딸에게서 이루고자 했던 모든 일이 끝장났음이 분명해졌다. 고텔 부인의 삶의 유일한 내용이자 행복은 딸뿐이었다. 모든 근심과 배려는 오로지 아이를 향했다. 아니, 우리가 보았던 것처럼, 고텔 부인은 끝내 딸 앞에서 스스로 굴종하고 딸에게 의존하는 일까지 기꺼이 했다. 오로지 딸을 계속 의존의 그물에 묶어 두기 위해서. 우리는 이 여자가 자기 관점에서는 간교한 배신을 당했고 속았다고 느끼는 것을 수긍할 수 있다. 처벌이 아무리 지독하고 무분별해 보일지라도, 고텔 부인은 '눈에는 눈, 이에는 이'라는 율법에 따른 것이다. 사실 부인 편에서 볼 때에도 이 결과는 이미 오래 전에 딸을 내적으로 잃어버렸다는 현재 상황을 단순히 확인하는 것일 뿐이다. 이제 자기 손으로 딸을 몰아내야 한다. 더는 라푼첼의 긴 머리칼에 매달리거나 말 그대로 그것을 타고 높이 올라갈 수 없다. 그러므로 스스로 딸의 머리칼을 잘라야 한다. 고텔 부인은 앞으로 라푼첼 없는 삶이 얼마나 공허할지를 쓰라리게 깨닫는다. 이제는 딸을 영원히 황야로 추방해야 한다.

"네가 내게 행한 것처럼 나도 네게 행하리라."라는 말의 원시성은 매우 경악스럽지만, 상호 동일시에 기초한 고텔 부인과 딸의 관계 전체가 원시적 구조였음을 분명히 인식한 사람이라면 이 대목에서 이러한 원시성에 놀라지 않을 것이다. 지금까지 겉보기에 지나치게 자상하고 사랑이 넘치고 기꺼이 희생해 온 여자가 이제 가학적인 노파로 변한다고 해도 놀라지 않을 것이다. 오히려 오랫동안 (의붓)어머니가 딸에게 얼마나 불안을 일으키고 집어삼키는 폭군 같은 인물이었는지가 마침내 외적으로도 분명해질 뿐이다. 라푼첼이 (의붓)어머니라는 인물과, 그 본성으로부터 조금이라도 벗어난다면, 이는 간절히 소망하던 어머니와 아이 관계를 완전히 파괴하는 것으로 느껴지고, 그러므로 자신의 사랑을 완전히 거두어들여서 처벌해야 하는 것이다. "네가 내 아이가 아니고자 한다면, 나도 네 어머니이기를 거부한다." 이러한 무조건적인 양자택일에 따라 결국 고텔 부인은 라푼첼의 '머리칼'(혹은 어머니의 탯줄)을 가위로 자른다.[37]

라푼첼이 어린 시절부터 알고 있던 사실이 이제 백일하에 드러난다. 그것은 (의붓)어머니와는 대화가 불가능하고, 완전한 동일시와 완전한 추방 사이에 타협이 있을 수 없다는 사실이다. 이러한 깨달음에도 불구하고 (혹은 바로 이러한 깨달음 때문에) 라푼첼은 어머니에게서 조금이라도 벗어나는 일을 감행할 수 없었다. 그러므로 결코 스스로 삶을 쌓아 나갈 수 없었다. 어머니의 사랑을 잃는 것은 정말로 모든 것을 사라지게 하는 위협으로 보인다. 그래서 모든 수단을 동원하여, 처음에는 적응하고 그다음에는 속임수를 써서 이를 피해야 한다. 그러나 늘 두려워하고 피하고자 했던 처벌이 실제로 라푼첼의 머리 위에 떨어진 지금, 어떤 일이 일어날 것인가?

　분명 고텔 부인은 여전히 엄청난 힘을 가지고 있다. 그녀는 이제까지 (왕자를 제외하곤) 라푼첼의 인생에 유일한 사람이었다. 따라서 이제 고텔 부인이 라푼첼로부터 멀어지는 것은 딸을 정말로 '황야로', 즉 인간이 없는 땅으로 보내는 것이다.[38)] (의붓)어머니가 없다는 것은 라푼첼에게서 익숙한 보호와 안정만 빼앗는 것이 아니다. 라푼첼은 아직 스스로 인생에 목표를 세우고 내용을 채워 넣는 법을 배우지 못했다. 스스로 다른 사람과 교제하거나 관계를 유지하는 법을 배우지 못했다. 적대적이고 위험해 보이는 주변 환경에 맞서 자신을 관철하고 주장하는 법도 익히지 못했다. (의붓)어머니에게 순종하는 조수로서 제법 유능했던 라푼첼이지만 자신의 관심을 좇아 주도적으로 활동하는 데는 완전한 실패자다. 종종 우리는 많은 여자들(혹은 남자들)이 (어머니의) 지시에 따를 때는 탁월한 창조성과 열성과 능력을 보이지만 스스로 과제를 정하고 결정할 때면 완전히 무능하고 혼란스럽고 불안한 모습을 보이는 기이한 현상을 (이를테면 여비서, 수녀, 여교사, 간호사들에게서) 본다. 라푼첼의 능력은 완벽함과 무능력 사이에서 이처럼 기이하게 동요한다. 이것은 어머니의 행동에 대한 동일시와 분리 사이의 커다란 대립과 정확히 짝을 이룬다. 앞으로 말 그대로 '어머니 영혼 혼자'* 있게 된다면 어떻게 자기 삶을 꾸려 나갈 수 있을지가 라푼첼에게 문제가 될 것이다.

　그러나 라푼첼의 내적인 '황야'의 느낌에는 (의붓)어머니에게 추방

---

* mutterseelenallein, '완전히 혼자'라는 의미.

되었다는 슬픔과 좌절만 있는 것은 아니다. 또한 자기 인생에 펼쳐진 완전히 새로운 상황 앞에 무력하게 홀로 서 있다는 불안만 있는 것도 아니다. 가장 심각한 것은 기본적으로 아주 정당하게 처벌받았다는 느낌이다. 무엇이 정당하고 무엇이 부당한지에 대한 라푼첼의 느낌은 어머니(혹은 아버지)의 보호하거나 공격하는 권력을 체험한 데서 나오는 것이다. 프로이트는 모든 도덕성은 기본적으로 내면화된 공격성에 기초한다고 말했는데, 이 말은 철학적 의미에서는 윤리성의 본질을 제대로 파악하지 못한 것이다. 하지만 프로이트는 수많은 임상 관찰을 통해 라푼첼의 본질, 즉 자신의 모든 확신에 거슬러, 가장 격노하여 크게 소리 지르는 자에게 무조건 복종하려는 절망적 경향, 외부의 모든 공격자에 대한 무기력한 항복을 매우 적절하게 묘사했다.[39)]

라푼첼이 아무런 저항도, 반박도, 거부도 없이 마치 의지도 저항력도 없는 존재처럼 최종적 추방이라는 모진 처벌을 받아들이는 것은 소름끼치는 장면이다. 마치 침묵하면서 거기 이루어진 판결을 승인할 수밖에 없다는 듯이. 두 사람에게 일어난 일을 (의붓)어머니에게 변명하려고 하지 않는다. 동기를 이해시키려고도 하지 않는다. 신중하게, 나아가 공격적으로 어머니의 권한에 의문을 던지는 일은 더더욱 일어나지 않는다. 라푼첼은 삶에서 분명 결정적인 이 순간에 자신이 놓인 상황을 통찰하거나 (의붓)어머니에게 통찰하도록 만들 힘이 없다. 다른 어떤 것보다도 내면화된 처벌 불안, 외부 비난에 대한 체념적인 죄책감이 너무 강하기에 라푼첼은 스스로 비밀을 누설하여 어머니의 판결을 불러와야 했을 뿐 아니라, 이제 어떤 의미로는 그 결과를 내면적으로 승인해야 한다.

많은 소녀들과 성인 여자들이 마치 분노에 차서 스스로를 처벌하는 것처럼 갑자기 머리칼을 눈에 띄게 바투 자른다. 이런 행동은 거의 언제나 사랑에 관련된 불안에서 나오는 일종의 참회 의식이다. 불교 승려들이 불문에 귀의하거나 가톨릭 성직자가 서품을 받을 때[40] 이차 성징 하나를 가시적으로 희생함으로써 인간적인 사랑과 관계에 대한 소망을 포기하겠다고 서약하고 고지하기 위해 머리를 자르듯이, 이 대목에서 머리를 자르는 것도 여성으로서 라푼첼의 외모를 죄스러운 것으로 여겨 깨끗이 지우려는 시도다. 라푼첼 같은 여자의 아름답고 긴 머리카락에서는 독특한 매력이 발산되기에, 윤리와 순결에 대한 (어머니의) 이상이 작용하려면 바로 그러한 매력을 파괴해야 한다.

그러나 여성의 정체성을 부인하도록 강요하는 것만으로도 잔인하고 비인간적이지만, 라푼첼의 경우는 비교할 수 없을 만치 더 슬프고 비극적이다. 보통의 경우보다 더 무의미한 동시에 결정적이기 때문이다. 왜냐하면 대부분의 경우와는 달리 라푼첼은 머리카락을 희생해서도 가혹한 죄책감을 가라앉히고 평정한 양심을 얻을 수 없기 때문이다. 오히려 앞으로 그녀는 깎인 머리칼을 굴욕과 수치의 상징처럼 낯설고 적대적인 세상으로 가지고 가야 한다. 라푼첼은 주관적으로 그 모욕이 바로 자기 책임이라고 생각하는 모욕당한 자이고, 스스로 여성으로서 살아갈 수 없다고 확신하는 여성성을 박탈당한 자다. 그런 고독 속에서조차 일단은 철저히 어머니의 아이로 남을 수밖에 없으며, 어떠한 용서와 화해도 기대할 수 없는, 어머니의 기준에 따라 '정당하게 머리 잘린 자'다. 도덕의 요구를 내세우는 사람들은 이른바 '원시인들'이 섬기는 악령보다 더 흉악하게 행동할 수 있다.

라푼첼 안의 마녀, 초자아의 처벌
"너는 다시는 그녀를 보지 못할 것이다!"

그러나 이 모든 일에서 결정적 계기에는 아직 주목하지 않았다. 이 시간 내내 왕자는 무얼 하고 있는가? 왕자의 출현은 라푼첼과 (의붓)어머니 사이에 극적 소동을 일으켰다. 이제 자연스럽게 그의 사랑은 라푼첼을 구원하는 탈출구로 열려 있어야 할 것이다. 이 이야기가 '정상적인' 논리에 따라 타당하게 진행된다면, 벌써 오래 전에 라푼첼은 자신을 방어하기 위해 고텔 부인에게 자기 연인이 사실 **누구이며**, 어떤 권력을 가지고 있는지를 밝히면서 해명하고 위협했어야 했다. 그는 왕자가 아닌가! 장차 왕국을 다스릴 강력한 지배자가 늙고 심술궂고 무자비한 마녀에게 그런 식으로 기가 꺾일 수 있는가?

라푼첼을 보호하기 위해 (의붓)어머니의 감옥에서 도주를 주도해 온 왕자가 머뭇거리면서 천천히, 겨우 실 한 타래씩 일을 진행시켰다는 사실을 납득하기는 쉽지 않다. 그러나 객관적으로 모든 것을 잃고 난 지금은 이런 의심들이 다 가셔야 할 것이다. 이제 라푼첼은 어떤 식으로든 사랑하는 왕자의 품에 안길 것이고 왕자는 법과 권력을 총동원하여 폭군 같은 노파에게 대적할 것이라고 분명 기대할 수 있기 때문이다. 그렇지만 다른 모든 동화와 마찬가지로 여기에서도 왕이나 왕자를 정치적이거나 사회적인 의미가 아니라 심리적인 의미에서만 이야기한다는 사실이 분명해진다. 지난 수십 년간 수많은 동화 해석들이 이 간단한 사실을 감안했다면 오류를 피할 수 있었으리라. 동화가 왕(귀족)과 병사(기사), 농부(수공업자) 이야기를 할 때는 결코 봉건 사회의 신분을 말하는 것이 아니다. 동화에서 사회적 신분은 다만 영혼의 현실적 상징으로만 작용한다. 그러니까 동화에서 왕자는 우리 마음에 커다란 힘을 발휘하는 어떤 사람을 뜻한다. 그의 왕국은 결코 '이 세상'에 있지 않다. 그의 '궁전'은 공간 속의 장소가 아니라 변화의 장소이자 사랑의 거처인 영혼의 영역이다.

이 의미를 감안할 때 〈라푼첼〉에서 왕자가 어머니의 죄악의 탑 안에서 어린 시절의 불안에 사로잡힌 소녀에게 진실한 애정을 주는 것 외에 다른 힘을 보여주지 않는 것을 충분히 이해할 수 있다. 그러한 사랑의 '힘'은 사실 라푼첼이 어머니와 맺은 결속으로 인한 '종속'에서 스스로를 해방하고 사랑으로 성장해 가도록 한다. 그러나 이제까지 왕자는 라푼첼이 마치 절반으로 분열된 듯 느끼도록 하는 데에만 성공했다. 각각은 낮과 밤처럼, 꿈과 진실처럼, 환상과 현실처럼 구별된다. 그래서 회전무대에서처럼[41] 라푼첼의 (의붓)어머니가 왕자 앞에 나타나 연인의 자리에 서 있는 순간이 곧 다가온다. 왕자에게는 아마 인생에서 가장 무시무시한 순간일 것이다. 라푼첼의 본질 전체가 변화하는 순간, 왕자에게 행복과 자유를 약속하는 듯 보였던 모든 것이 취소되고 무효 선언되는 순간. 그러나 가장 심각한 문제는 왕자가 이제 누구를 또는 무엇을 상대하고 있는지 흐릿해진다는 데 있다.

이 대목에서 고텔 부인의 등장이 사실 (단지) 라푼첼과 (의붓)어머니 **사이에서** 일어나는 변화가 아니라 오히려 라푼첼의 **내면에서** 일어나는 변화라는 점을 납득할 때에야, 〈라푼첼〉이 비극적일 만큼 현실적인 이야기임을 이해할 수 있다. 지금 나와 이야기하고 있는 이 사람은 실은 누구인가? 이러한 심리적 현실을 눈앞에 보이듯이 떠올려보려면, 아서 밀러(Arthur Miller)가 〈어느 세일즈맨의 죽음〉[42]에서 기획한 시나리오를 고안해야 하리라. 그 세계에서는 누군가 상대와 대화를 나누는 듯 보이지만, 그의 말은 실제로는 부모, 이웃, 아이, 한마디로 심리적 체험 내부에서 눈에 보이지 않는 모든 동행자들을 향하고 있다. 〈라푼첼〉은 연인이 (의붓)어머니 뒤에 완전히 가려서 사라진다는 점에서 한 걸음 더 나아간다. "고양이가 낚아채 갔다." 그 아름다운 사랑의 '새'를. 우리는 라푼첼에서 고텔 부인으로의 변화를 순수하게 심리적인 것으로 떠올려보아야 한다. 그렇다면 고텔 부인의 이 심술궂고 사악한 말은 사태를 정확이 보여주고 있다. 왜냐하면 왕자의 사랑을 알아차린 고텔 부인이 분노에 휩싸여 문책과 보복을 요구한다는 사실만 중요한 것이 아니기 때문이다. 만일 그런 것이라면 왕자는 성공적으로 대응할 수 있을 것이다. 그러나 왕자가 본성과 위엄을 드러내지 못하고 자신에게 정중한 존경심을 보이도록 강력히 요구하지 못하는 고텔 부인은 대체 누구인가? 고텔 부인이 단지 외적으로 존재하는 인물이라면 어떻게든 대응할 수 있을 것이다. 그러나 가공할 죄책감에 시달리는 라푼첼이 부드러운 연인에서 고텔 부인으로 변모하여 노여움에 떠는 분노의 여신 역할을 한다고 보면, 절망스러운 일이 아닐 수 없다. 분노의 여신은 사랑을 파괴하고 아름다움을 황폐하게 만들며 문자 그대로 눈을 뽑아버리겠다고 왕자를 위협한다.

왕자는 **라푼첼의 본성** 안에서 일어나는 무시무시한 변화를 꿰뚫어 볼 수 없다. 대체 어떻게 자기를 연인으로서 그리워하는 여인과 고텔 부인으로 '변신'하여 바로 그 사랑 때문에 자기를 마치 유혹하는 난봉꾼이자 소녀를 욕보인 비열한 놈인 양 악쓰고 욕하는 여자가 한 사람임을 이해하겠는가? 자유로워질 시간을 준비해 달라고 자기에게 요청하고는 다음 순간 도덕적 분노와 노여움에 들끓어 자기를 거부하는 것이 한 여자임을 어찌 이해하겠는가? 라푼첼 안에 사랑이라는 감정으로 왕자에게 응답하는 자아만 있는 것이 아니라, 시기심과 복수심, 증오에 잔뜩 사로잡혀 (의붓)어머니에게 향하지 않는 모든 사랑을 추격하고 처벌하는 초자아도 있음을 어떻게 알 수 있겠는가? 고텔 부인이 연인 라푼첼로부터 분리된다면 왕자는 고텔 부인 앞에서 물러나지 않을 수 있으리라. 하지만 고텔 부인이 라푼첼 안에 살고 있고 그 안에서 형성된 것이라면 어찌할 것인가? 갑작스럽고 당혹스럽게, 라푼첼이 자유롭고 독립적인 여성이라는 가면 뒤에서 고텔 부인의 말을 앵무새처럼 따라하기 시작한다면, 스스로 굴종과 억압을 원하며 예속과 소외만을 원한다고 말하기 시작한다면 어찌할 것인가? 그리하여 왕자가 경악을 금치 못하며 무력하게, 고텔 부인이 낯선 사람이 아니라 라푼첼 안에 있는 영혼의 힘임을 인식해야 한다면 어찌해야 하는가?

정신분열증을 서술하는 정신의학 개념은 이러한 인격의 전도가 당사자인 라푼첼과 왕자에게 주는 놀라움과 충격을 전혀 묘사하지 못할 것이다. 자신의 정체성을 잃는다는 느낌보다 더 심각한 불안은 없다. 그러나 라푼첼 같은 여자는 어머니와 동일시해 온 탓에 이제까지 한 번도 정체성을 가져본 적이 없었다. 왕자에 대한 사랑은 처음으로 자아가 발현하도록 도우면서도 그녀의 인격을 뿌리에서부터 분열시킨다. 부정과 배신과 교활함 때문이 아니라 정반대로 사랑을 신뢰하고 인내한 것 때문에 세상에서 가장 소중한 사람을 절체절명의 위기로 이끌었음을 깨닫는다면, 그는 무엇을 할 수 있겠는가? 19세기에 엄청나게 많은 이누이트들이 유럽인 탐험가와 연구자들과 접촉한 탓에 죽어갔다고 한다. 친절한 악수 한 번으로도 영원한 얼음의 거주자들은 여지없이 죽어 갔다. 독감 바이러스에 대한 면역 체계가 없었기 때문이다.[43] 그와 마찬가지로 평생 영혼의 추위 속에서 살았던 사람에게는 아주 평범한 애정과 사랑마저 정신병 같은 것을 일으킬 수 있다는 말인가? 정신분석에서는 전이신경증* 개념을 다음과 같은 의미로 사용한다. 새로운 관계에 들어선 사람이 본디 과거의 특정 인물이나 상황에 해당하는 강한 느낌을 마치 현재 일어나고 있고 현재에 의미 있는 것처럼 강렬하게 느끼며 극심한 고통에 시달리는 것이다. 그렇지만 누군가 유년기 내내 너무 소외된 채 산 탓에 그저 애정과 사랑을 접촉하기만 해도 처음에는 넓은 지평과 자유를 예감하는 것이 아니라 오히려 광기로까지 이르는 분열과 모순만을 느낀다면, 라푼첼의 '사라짐' 같은 경우에는 어떤 일이 일어나는 것인가? 라푼첼은 행복과 사랑과 새로 세워진 인격성 전체를 (의붓)어머니의 내면화된 독재에 희생시켜야만 이 순간 내면의 균형(즉 잘못된 정체성)을 되찾을 수 있을 것 같다. 그러니까 라푼첼은 기본적으로 왕자에게 아무것도 '전이'하지 않는다. 다만 오래 전부터 엄격하게 금지되었던 사랑을 자기 자신의 권한 속에서 허용하는 길을 찾지 못할 뿐이다.

....
전이신경증 정신분석 과정에서 환자가 분석가 앞에서 자신의 아동기 경험을 재생하는 신경증적 행동을 보이는 것을 '전이신경증'이라고 한다. 환자는 분석가에게 어린 시절에 부모와 관계에서 경험했던 느낌, 사고, 행동 유형을 그대로 전이한다. 이 과정은 대체로 무의식적으로 일어나기 때문에, 환자는 전이에서 나타나는 태도인 환상, 사랑, 미움, 분노와 같은 감정의 다양한 원천을 지각하지 못한다.

〈라푼첼〉을 이러한 무시무시한 극단화 속에서 실감할 때에야 왜 라푼첼뿐 아니라 왕자도 고텔 부인의 광기 어린 태도에 전혀 맞설 수 없는지를 납득할 수 있다. 물론 그림 동화에는 이러한 유형의 문제들을 해결하는 유명한 모범이 있다. 〈빨간 모자〉에서도 사랑으로 깨어난 소녀가 어머니(혹은 할머니)에게 '먹힌다'고 말한다.[44] 〈빨간 모자〉에서 소녀로 하여금 길에서 벗어나서 마치 화해를 위한 것처럼 어머니(혹은 할머니)에게 드릴 '꽃'을 한 다발 '꺾도록' 이끄는 것은 '늑대' 형상으로 나타난 충동이다. 그러나 병에 걸려 죽어 가는 어머니(혹은 할머니)를 먹고 어머니(혹은 할머니)의 자리를 차지하는 '늑대'는 살인적인 초자아이기도 하다. 왜냐하면 '늑대'가 어머니(혹은 할머니)의 옷을 입는다는 것은 상징적으로 보자면 어머니(혹은 할머니) 자신이 물어뜯는 괴물로 변신하는 것이기 때문이다. 그 괴물은 '빨간 모자'를 '삼키고' '산 채로 죽은 자처럼' 자기 몸 안에 가둔다.

〈빨간 모자〉의 문제는 '사냥꾼'(다시 말해 아버지 형상)이 잠자는 할머니이자 '늑대'의 배를 갈라 어머니(혹은 할머니)와 빨간 모자를 괴물의 몸에서 끄집어냄으로써 해결된다. 이것은 야수 같은 양심의 '물어뜯음(가책)'이라는 전능한 힘에 맞서 성공적인 정신분석이 행하고 이룰 수 있는 것이 무엇인지 적절하게 보여주는 상징이다. 이와 달리, 〈라푼첼〉에서도 분명 '삼켜짐' 사건을 다루고 있으나, 〈빨간모자〉의 사냥꾼같이 외부에서 중립적으로 필수적인 '분석'을 시도할 사람이 없다. 더구나 빨간 모자는 어떤 의미에서는 '오로지' 자신의 충동 때문에 실패하고 '오로지' 충동 때문에 (할머니-늑대 형상으로 나타난) 죄책감에 '먹히지만', 라푼첼은 평생 동안 (의붓)어머니의 죄수이다. 그러므로 '늑대의 배'라는 이미지야말로 라푼첼의 실존 전체를 보여준다. 그리고 왕자가 도착한 뒤에야 라푼첼의 진실, 즉 종신형의 운명이 환하게 드러난다.

(의붓)어머니의 게토에서 라푼첼을 풀려나게 하는 데에는 이론적으로 한 가지 방법밖에 없으리라. 고텔 부인에 맞서, 어떤 의미에서는 셰익스피어의 〈말괄량이 길들이기〉에서 분노에 사로잡혀 욕을 퍼붓는 카테리나를 끈질기게 '부드러운 고양이'로 보고 그렇게 다루는 페트루키오의 길을 따를 수밖에 없으리라.[45] 고텔 부인(혹은 의붓어머니 역할을 하는 라푼첼)의 격한 분노를 있는 그대로 믿지 않고, 격하게 **과장된** 증오로부터 숨겨진 사랑의 목소리를 끌어내 듣는 일이 꼭 필요하리라. 그 사랑은 다만 죽음의 불안 때문에 더는 스스로 살 용기를 내지 못할 뿐이다. 라푼첼의 (의붓)어머니의 쓰디쓴 상처에서 터져 나오는 단호한 말들을 진짜 감정의 표현으로 이해해서는 안 된다. 오히려 철저히 절망에 빠진 사람이 보내는 극단적인 구조 신호로 받아들여야 한다. 무엇보다도 "…… 고양이가 …… 네 눈알도 파낼 것이다."라는 고텔 부인의 위협적인 외마디는 참담한 곤경에 빠진 그녀가 왕자에게 더 자세히 바라봐주기를 간청하는 것으로 이해해야 한다.

그렇지만 진짜 문제는 그렇게 이해하는 길이 너무도 많은 혼란 때문에 거의 실현할 수 없는 것으로 보인다는 사실에 있다. 그토록 무방비 상태로 신뢰가 무너질 때 현실의 어떤 연인이 셰익스피어의 주인공 정도라야 끌어모을 법한 정신의 강건함을 지닐 수 있을까? 왕자가 라푼첼의 '사라짐'이 정말로 '오로지' (의붓)어머니 형상을 거친 무시무시한 '혼선'이라고 깨닫는다고 해도, 연인을 분명 그녀 자신의 의지에 거슬러 (의붓)어머니에게 결사 항전하도록 몰고 갈 용기와 능력이 있을까? 아니, 왕자에게 그럴 권리가 있을까?

뿐만 아니라 동화에서 고텔 부인이 등장하는 짧은 장면은 현실에서 단지 일회적인 사건일 수 없다. 동화 〈라푼첼〉에서 한순간으로 농축된 이 사건은 현실의 삶에서는 라푼첼과 왕자 사이에서 되풀이해서 불시에 갑작스럽게, 납득할 수 없고 무시무시하게, 장애와 파괴를 불러일으키면서 일어날 것이다.[46] 조금씩 나아가는 불안의 소모전이 마침내 그들 관계에서 자발성과 기쁨을 앗아가려고 위협한다. 마치 사랑의 완전한 행복이 손에 잡힐 듯 가까워지는 바로 그 순간 지속적인 반대 의지가, 결과가 뻔히 눈에 보이는데도 이를 거부하라고 엄격하게 명령하는 것과 같다. 라푼첼에게는 어머니와 맺은 결속의 바깥에는 어떠한 사랑도 있을 수 없다. 만일 그런 것이 있다 해도 최소한 고통스럽고 불행할 것이다.[47] 이때 고텔 부인의 영향력 안에서 불안이 불러일으키는 속임수, 핑계, 위장, 변명은 그야말로 끝이 없다. 물론 거대한 화약고는 (유리한 상황이라면!) 바깥으로부터 더 채워지지는 않을 수도 있지만, 거기 비축된 화약은 여러 해가 지나야 비로소 소진되고 모두 방전될 수 있으리라.

그러한 '가시덤불'에서 누가 **눈멀지** 않을 수 있을까? 불행이 도덕적 의무라고 선언하는 이 쓰라리고 혼란스러운 게임을 '보면서' 어떤 사람의 눈이 밤과 어둠 속으로 잠기지 않을 수 있을까? 라푼첼의 도주 계획이 거의 성공하는 듯한 바로 그 순간, 노력의 목표에 아주 가까이 다가선 그 순간, 왕자는 연인을 더는 찾지 못하게 된다! 이런 일이 모두 일어난 지금, 무엇을 할 수 있을까? 절망에 휩싸인 그는 '투신'으로 도피한다. '투신'은 죽음을 향한 추락처럼, 강요된 불안에 따른 희생처럼, 순종적인 항복의 행위처럼, 잔혹하게 '땅으로 다시 내려옴'처럼 보인다. 우리는 이러한 반응을 잘 이해할 수 있다. 이제 왕자는 대체 어디에 의지하고 무엇을 믿을 수 있을까? 삶에 문자 그대로 제3의 차원을 선사했고 황금빛 머리칼이 지닌 사랑의 매혹으로 그를 하늘 높이까지 고양시킨 것은 라푼첼이었다. 어두운 밤을 기쁨으로 밝히고 낮을 꿈으로 가득 채워준 것도 라푼첼이었다. 라푼첼에 대한 사랑이 그의 눈을 뜨게 했다. 불안이 거듭 사랑보다 강하게 나타나는 것이 진실이라면, 세상은 어쩔 수 없이 무덤처럼 닫히고, 땅은 오로지 검고 무겁고 침묵할 뿐이리라. 왕자가 생에 대해 느끼는 감정은 이 순간 바로 이러한 상태다. 우리는 그가 여러 해 동안 '눈먼' 상태에, 전망 없음과 황폐함에 갇힌다고 듣는다. 이제 가장 중요한 물음은 이렇다. 이 모든 일에도 불구하고 여전히 새로운 미래와 공동의 행복 같은 것이 있을 수 있는가?

사랑을 선택하는 용기

"눈물이 왕자의 두 눈을 적시자 눈이 다시 밝아졌습니다."

〈라푼첼〉이 겉보기에 출구가 없는 참혹함 속에서 그나마 희망의 흔적이라도 보여줄 수 없다면 아마 동화가 아니리라. 다행히도 이 동화가 보여주는 희망의 흔적은 상당히 설득력이 있다. 실제로 절망의 끝에서 고뇌와 고통의 결과로 바로 성장이 시작되고 가속화될 수 있으며, 이 성장은 마침내 삶 전체를 풍요롭게 하고 완성한다. 라푼첼은 그렇게 사라진 것처럼 느껴진다. 하지만 그래도 마침내, 최종적으로 (의붓)어머니에게서 떨어져 나온 것은 성큼 한 걸음을 내디딘 것이다. 아무리 분노와 저주를 퍼부어도 고텔 부인은 이제 라푼첼이 부인 자신과 분명하게 구별되고 분리된 삶을 이끌어 나가는 것을 막을 수 없다. 〈빨간 모자〉의 늑대와는 달리, 고텔 부인은 딸을 '먹을 수' 없었던 것이다. 또한 그녀는 절망적인 공격성 때문에 오히려 라푼첼이 왕자를 사랑하면서 시작된 돌이킬 수 없는 분리 과정을 더욱 분명하게 만들었을 뿐이다.

고텔 부인은 딸이 오래도록 불행하도록 강요할 수 있다. 라푼첼과 왕자가 계획한 도주를 강요된 추방으로 왜곡하고, 둘이 열망하던 공동의 행복 대신 소녀에게 고립된 고독의 불행을 내릴 수 있으니까. 그렇지만 고텔 부인은 어떠한 수단을 쓰더라도 라푼첼의 자유를 되돌릴 수 없다. 다만 분에 떨며 라푼첼에게 내던지듯 준 '독립'을 최대한 슬프게 만들 수 있을 뿐이다. 하지만 이제 라푼첼은 독립적인 여성이다. 또 그녀는 행복해질 수 있는 능력을 손에 넣게 된다. 강요된 불행이라는 의무마저 점차 부술 수 있다면. 라푼첼에게는 모든 위험과 기회가 어중간한 상태에 있다. 고텔 부인의 유산이 딸에게서 무의식적으로 진정한 반복 강박*으로 전개되는 것이 **위험**이고, 라푼첼이 강요된 고독 안에서 누리는 삶이 어머니라는 실례가 보여주는 유형이 될 위험

반복 강박(repetition compulsion) 고통스런 과거의 경험이나 상황을 반복하려는 강박적인 충동. 반복 강박을 지닌 사람은 자신이 고통스런 과거의 사건이나 경험을 유발한다는 사실을 인식하지 못하고, 이런 사건들을 자신의 성격이나 행동이 아니라 불운이나 운명 탓으로 돌리는 경향이 있다.

임을 인식하는 것이 바로 **기회**다.

아마도 고텔 부인은 자신이 어린 시절 겪은 운명을 딸도 똑같이 견뎌야 함을 몰랐을 것이고, 적어도 그것을 의도하지는 않았으리라. 그러나 〈라푼첼〉 같은 동화를 읽는 주의 깊은 독자가 대부분 상징적으로 이야기되는 도입부의 '선사(先史)'를 충분히 분석한다면, 부모의 운명이 아이의 운명 안에서 반복되는 일이 얼마나 잦은지 놓칠 수 없다. 최소한 부모 **한 사람**의 인격은 마치 예감할 수 없는 뜻밖의 불행처럼 점점 그림자를 길게 드리우며 아이의 미래 전체를 왜곡하는 듯하다. 그리고 최선의 의도를 품고 때때로 감동적인 노력을 하는데도 결국 자기 자신의 불행을 가져온 구조들밖에 아이들에게 남겨줄 것이 없음은 섬뜩하다.

라푼첼 어머니를 어린 시절부터 가장 고통스럽게 한 것은 남자의 사랑을 자기 삶의 본질적 부분으로 인정할 수 없는 무능력이었다. 그 대신 고텔 부인 역할을 맡아, 남편에 대한 결핍된 사랑의 대체물로 딸을 우상처럼 사랑해야 했다. 딸에 대한 일방적인 고착은 처음부터, 즉 라푼첼이 태어나자마자 어머니에게 악마적 모습을 부여했고, 이제 쓰라린 논리에 따라 라푼첼에게도 똑같은 비극적 운명을 안겨준다. 고텔 부인의 이 강력한 마법은 분명 멀리에서도 여전히 작용한다. 물론 어머니와 딸의 동일시는 마침내 끝났지만, 운명의 동일성은 결코 끝나지 않은 것이다. 어머니처럼 라푼첼도 사랑하는 남자를 몰아내고 내적이고 외적인 고독 속에서, 사랑 없이는 내용이 없는 공허한 삶 속에서, 쌍둥이 아이들을 돌보고 키우는 데 전념하도록 스스로를 몰아붙인다. 쌍둥이가 흔히 지니는 이중적 본성은 또한 라푼첼 자신의 본질의 이중성을 표현하고 있으리라.⁴⁸⁾ 그러니까 불행에서조차 라푼첼은 (의붓)어머니의 순종적인 아이로 남는다. (의붓)어머니처럼 고립되고 양가적이고 자상한 채로, 배우자와의 관계에서는 무능한 채로. 고텔 부인의 탑은 이제 보이지 않는 벽이 된다. 그렇지만 한 인간의 삶에서 불행의 바닥은 행복으로 가는 전환점이 될 수도 있다.

물론 현실의 삶에서 라푼첼 이야기는 자주 이 지점에서 끝난다. 삶은 깨어진 꿈, 실패한 관계, 상실한 기대와 늘 다시 나타나는 불행으로 가득 차 있다. 그렇지만 이 때문에라도 우리 어른들에게는 반드시 동화가 필요하다. 동화를 통해 어떤 경우에도 절망의 한계를 결코 최종적인 것으로 받아들이지 않고, 반대로 최대한 사랑의 권능이 행복의 힘을 발휘하도록 허용하는 법을 배우는 것이다. 어쩌면 파괴되지 않는 희망을 지니는 동화가 환상에서 벗어나 더는 아무것도 기다리지 않고 어떤 것에도 감히 매달리지 않으려는 냉소적인 현실 감각보다 더 참된 것이다. 모든 사람의 영혼에는 분명 어떠한 장애에도 맞서 단지 깨어나기를 기다리고 있는 감정, 형상, 표상이 숨어 있다.⁴⁹⁾ 자유, 행복, 사랑의 욕구를 지닌 모든 사람의 인생 행로에 반드시 주어지는 것은 아마도 참으로 오랫동안 억압될 수 있겠지만, 결코 완전히 뿌리 뽑히지 않는다. 자유를 갈구하는 욕구를 진부하다고, 행복에 대한 기대를 이기적이라고, 사랑을 향한 그리움을 비도덕이라고 말할 수도 있으리라. 그들을 금지할 수도 있으리라. 그러나 사람은 자유롭게 실현하고 행복하게 꽃피우고 사랑 안에서 성숙해지려고 살아가는 것임을 깨닫는 일을 막을 수는 없다. 사랑이 불안보다 강하고, 자유가 강요보다 힘세며, 행복이 희생보다 인간적임을 믿을 수 없다면, 살아간다는 것에 대체 무슨 의미가 있으랴. 아마도 인간의 가장 큰 비밀은 절망 한가운데에서, 캄캄한 영혼의 어둠 속에서 때로는 눈앞의 자기 손조차 볼 수 없을 때에도, 행복을 주는 사랑의 힘을 분명히 알고 있다는 데, 자신이 행복해지는 길에 대한 상상을 결코 완전히 포기할 수 없다는 데 있을 것이다.

물론 이제 라푼첼의 '구원'은 자신을 통해서, 자신의 힘으로 이루기는 어렵다. 추방된 라푼첼을 '황야'에서 집으로 데려오려면 반드시 왕자가 그녀를 찾아 오래 방랑해야 한다. 그러나 사랑을 통해 하늘에 가까이 가는 법을 배웠으나 잔혹하게 땅으로 내팽개쳐진 남자가 대체 무엇을 찾을 수 있을까? 사람의 얼굴을 바라보더라도 그의 눈은 결코 연인의 모습을 알아볼 수 없을 것이다. 그가 사랑하는 단 한 사람은 그에게는 이를 수 없게 되었고 낯설어졌다. 그리고 그가 이해할 수 없는 어떤 '장소'로, 어떤 삶의 '태도'로 멀어졌다. **이것이** 그가 눈이 '멀었다'는 의미다. 그런 남자가 무엇인가를 찾아 헤맨다면, 그것은 행복한 기억의 사라지지 않는 이미지이다. 그 행복은 과거의 것이 되어 다시 찾을 수 없을 것 같지만, 그래도 그는 끝없이, 흔들림 없이 계속해서 그리로 가까이 가고자 한다.

셰익스피어의 〈리어 왕〉[50]과 대조해볼 때, 〈라푼첼〉의 왕자가 근심과 슬픔에 눈이 멀어, 지금 라푼첼이 누구인지를 찾기보다 그저 그리움에 이끌려 '숲속에서' 이리저리 '헤매는 것'을 보는 것은 충격적이다. 그러나 이것은 진실된 장면이다. 동화는 정처 없으나 목표가 있는 왕자의 방랑이 마치 그에게 시간이 멈춘 듯이 "여러 해 동안" 계속되었다고 말한다. 끝없이 텅 빈 시간이라는 시간 감각을 이해하는 것도 어렵지 않다. 황량한 삶의 모든 순간은 끝없이 연장된다. 아울러 텅 빈 시간의 끝없음은 결국 무(無)가 되어버린다. 아무런 의미도 없고 아무래도 그만이기 때문이다. 사랑 안에서 시간의 추는 도래와 기다림 사이, 충족과 그리움 사이에서 오락가락 흔들리고, 연인이 멀고 가까움에 따라 순간 순간은 서로 다르게 연장되거나 농축된다. 그와 달리 슬픔은 모든 차이를 소멸시키고, 그 안에서 시간은 모래처럼 줄줄 흘러내린다. 그것은 인간이 계획하고 '해결'할 수 있는 것을 넘어선 삶이다. 그렇지만 겉보기에 모든 기대가 환멸로 끝나고 희망이 파괴되는 시간 동안에 결정적인 일이 일어날 수 있다. 그것은 우리가 반복 강박의 저주에 맞서, 기억의 축복 혹은 재인식의 선물이라고 부를 수 있는 것이다.

바로 사랑의 부활이라는 기적이다. 그 안에서 예전의 모든 것이 다시 나타난다. 그것도 새로운 형상 안에서 살아나기 시작한다. 특히 라푼첼의 경우에는 부활 방식을 **자족 상태의 종말**이라고 서술해야 할 것이다. 높은 탑 위에서 세상과 동떨어져 있다는 드높은 긍지는 마침내 녹아 사라져버리고, 앞으로는 다른 사람들처럼 어떻게 보면 '일층에서' 살아가도록 강요받는다. 고텔 부인의 무시무시한 출현에서 뒤늦게나마 의미를 찾는다면, 라푼첼이 고텔 부인과 더불어 있을 때는 피할 수 없었던 태도, 그러나 이제 추방되어 들어간, 군중으로 가득 찬 황야에서는 다만 무의미하게 고통스럽고 고독하게 작용할 뿐인 바로 그 태도를 버리는 법을 배우게 되었다는 데 있다. 〈라푼첼〉에서 세계에 대한 자족적 우월성이라는 태도를 포기하는 데 여러 해가 걸린다고 말하는 것은 분명 옳은 말이다. 지독한 불안과 곤궁에서 살아

남기 위해 배워야만 했던 특징들을 벗어던지는 것은 매우 어렵기 때문이다. 그리고 라푼첼은 고텔 부인 곁에서 외로움을 증오했을 뿐 아니라 역설적으로 분명 사랑하기도 했다. 라푼첼은 고텔 부인 외에는 아무도 필요로 하지 않았을 때 (의붓)어머니에게 사랑스러운 존재였다. '마녀'의 무시무시한 파괴적 행위가 지나고 나서, 라푼첼의 긍지는 더는 아무도 필요로 하지 않는다는 데 있다. 그리고 이제까지 라푼첼의 긍지를 뒷받침한 바로 그 태도 때문에 이제 다시 사랑이 마치 추가적인 '굴욕'인 것처럼 보이게 된다.

한편으로 라푼첼이 낯선 곳에서 삶을 오로지 혼자 힘으로 극복한다는 것은 좋은 징조이고 자못 놀라운 일이다. 딸이 쓰라린 이별 뒤에 곧 다시 체념하고 용기가 꺾여서, 아무런 조건 없이 마지막엔 자신에게 돌아올 것이라는 것이 고텔 부인이 품은 최후의 은밀한 희망이 아니었을까? 라푼첼이 계속 혼자서 황야에서 생존해 간다는 사실, 금세 무너지고 기가 꺾인 채 집으로 다시 들어오지 않는다는 사실은 그 자체로 라푼첼의 커다란 용기와 생의 의지를 명백히 보여준다. 그러나 라푼첼의 이런 능력은 완전히 놀라운 것은 아니다. 라푼첼은 언제나 어머니를 위해 존재해야 했다. 그러므로 과도한 책임만 지닌 채 아무런 욕구도 없고 다른 사람의 도움에도 '의존'하지 않는 것이 어느 정도는 지속적인 의무였던 것이다. 더구나 우리는 라푼첼이 고텔 부인에게 의존하는 것이 본질적으로 잔인한 죄책감과 처벌 불안의 힘 위에 토대를 두고 있음을 간과해서는 안 된다. 객관적으로는 바로 고텔 부인 자신이 딸에게 말 그대로 '의존적'이었다. 이러한 의무와 책임의 끈이 마침내 잘려나가자 라푼첼은 생존을 위해 아무도 필요로 하지 않는다는 그야말로 극단적인 능력을 가지게 된다. 그리하여 과거에는 무거운 불안에 의해 규정되었던 것이 이제 객관적으로 탁월한 역량을 의미할 수 있게 되었다.

다른 한편 바로 여기서부터 모든 것을 결정하는 문제가 나타난다. 라푼첼이 자족에 대한 **강박**을 포기할 수 있는가라는 물음이다. 평생 라푼첼은 다른 사람들이 모두 자기에게 의존적이 되도록 만들면서도 스스로는 결코 의존적이 되지 않는 데 익숙해졌다. 이러한 기술이야 말로 이제까지 (의붓)어머니의 가르침 아래 터득한 유일무이한 접촉 방식이었다. 이러한 라푼첼이 어떻게 자신이 다른 사람을 **필요로** 한 다는 것을 감히 허용할 수 있겠는가? 그리고 사랑 안에는 타인에 대한 의지와 의존에 담긴 '이기주의'가 어김없이 들어 있음을 어떻게 배울 수 있겠는가? 라푼첼 유형의 한 여성이 이런 말을 한 적이 있다. "도와 달라고 해서는 결코 안 되었어요. 제가 그런 짓을 하면 어머니는 무시무시한 모욕을 당한 것 같았어요. 어머니는 늘 '저 사람들은 그저 너를 이용해 먹든지 속이려 할 뿐이야.'라고 말씀하시곤 했죠." 라푼첼이 이런 태도에서 벗어나지 않는다면, 고텔 부인에게서 도망쳐야 했던 것처럼 평생 동안 다른 사람들 앞에서 도망쳐야 한다. 그렇지만 왕자와 나눈 만남이 깊은 것이었다면, 불안과 불신이 매우 파괴적이고 해롭고 불필요하다는 경험을 살면서 최소한 한 번쯤은 했을 것이다. 앞으로 모든 것은 이 한 번의 경험이 얼마나 강하게 영향을 끼치는지에 달려 있다.

우리는 왕자에게서 사랑을 향한 파괴되지 않는 믿음이라는 기적을 보았다. 그밖에도 인간의 가슴에는 그만큼 기적적인 또 다른 힘이 들어 있다. 바로 **기억의 힘**이다. 정신의 왕국에서는 아무것도 잃어버리지 않는다는 사실이 인류사에서 이미 입증되었다면, 이 진리는 개인의 삶에서는 더욱 타당하다. 그 진리는 사랑이 지닌 기억의 힘에서 가장 눈부시게 빛난다. 예전에 사랑했던 사람들이 서로를 보지 못한 채 여러 해가 흐를 수도 있다. 그렇지만 기억의 우물에서 과거의 샘물이 긴 줄에 매달려 끌려 올라오는 데에는 종종 아주 작은 동기만으로도 충분하다. 특히 외부로부터 폭력적으로 파괴된 사랑은 연인들의 가슴 속에서 그대로 서 있는 그림, 고통스럽게 돌이 된 형상을 만들어낸다. 그 형상들은 〈가시장미 공주〉에서처럼 새로운 삶으로 깨어나기만을 기다리고 있다.[51] 저 깊은 곳 어디에선가 기억은 내리 일하고 있다. 의무와 불안, 죄책감, 자족이라는 외적 강박 속에서도 라푼첼은 왕자의 애정이 얼마나 행복하고 온유했으며, 얼마나 강하고 부드러웠는지를 점점 더 느낄 것이다.

　라푼첼은 늘 분열된 본질을 지녀야 하고, 그래서 기본적으로 가장 갈구하는 것을 영원히 거부해야 할까? 라빈드라나드 타고르는 시집 《정원사》에 실린 시에서 연인의 본질에 놓인 유혹과 은폐의 지속적 갈등을 달랠 길 없이 슬픈 언어로 묘사했다. "제가 너무 쉽게 당신을 알지 못하도록 당신은 저를 가지고 놀이를 즐깁니다. 환한 웃음으로 제 눈을 멀게 합니다. 그저 당신 눈물을 숨기기 위해./ 당신 기술을 압니다, 저는 압니다./ 당신은 말하고 싶은 것을 결코 말하지 않습니다. // 제가 당신을 칭찬하지 않도록 수천 가지 방식으로 제게서 도망칩니다./ 제가 당신을 다른 사람과 혼동하지 않도록 옆으로 비껴섭니다. // 당신 기술을 압니다, 저는 압니다./ 당신은 가고 싶은 길을 결코 가지 않습니다. // 당신은 다른 사람보다 더 요구합니다. 그래서 침묵합니다./ 유희처럼 가볍게 제 선물을 피합니다./ 당신 기술을 압니다, 저는 압니다./ 당신은 가지고 싶은 것을 결코 갖지 않습니다."[52] 그러나 이 '결코'는 라푼첼에게 들어맞는가? 최소한 예감으로라도 사랑의 마법을 느꼈던 사람에게 들어맞는 것인가?

사랑을 한번 경험한 후에 그 기억은 내리 작용한다. 기억은 차츰 내적 체험을 변화시키고, 강철 같은 감정의 보호막을 녹이고, 모든 감수성을 눈에 띄게 부드럽고 참되게 만든다. 높고 추운 산중에서 3.6미터가 넘는 두께의 눈 아래에서도 미나리아재비가 봄볕의 첫 징조를 향해 부드러운 노란 싹을 틔우기 시작하듯이,[53] 사랑은 차갑고 외롭고 슬픈 황야의 한가운데에서 땅 밑에 숨은 채 다시 한 번 황홀한 꽃을 피울 수 있다. 여기에 재인식의 기적이 존재한다. (아마도 여러 해가 지나) 마침내 아주 오래고 익숙한 '목소리'가 다시 들리기 시작하고, 왕자의 모든 것이 친밀한 사랑의 음색 안에서 다시 공명할 것이다. 부드러운 기억, 거기 응축된 모든 문맥, 여전히 실현되지 않은 채 꿈처럼 기다리고 있는 언약, 이들과 더불어 아주 오랜 말들이 단번에 다시 돌아온다. 처음에는 여전히 주저하면서, 점점 더 급하게 베틀의 북처럼 오락가락하면서 연인들 사이에 교환되고, 오랜 무늬를 모두 새롭게 만들어낸다. 동화의 '옛날 옛적' 그 당시 사랑의 시간은 오류가 아니었고 그것은 막간극으로 남지 않을 것이다. 그것은 더는 부인할 수 없는 절대적 순간이다. 그것은 두 연인의 삶에서, 왕자와 라푼첼 모두에게, 앞으로 맞이할 모든 나날들에 더는 억압할 수 없는 결정적 순간이다. 왜냐하면 고독한 이별과 불행의 눈물조차도 오랜 시간이 지날수록 라푼첼과 왕자, 두 사람은 서로 사랑하기를 결코 그치지 않고 그칠 수도 없다는 사실을, 다만 그 사랑이 공동의 불행이 될지 공동의 행복이 될지를 선택하는 길밖에 남아 있지 않다는 사실을 더욱 강하게 증거하기 때문이다. 라푼첼이 이제 최종적으로, 영원히 사랑을 선택한다면, 지상의 어떠한 권력도 더는 그녀가 여기 매료되는 것을 억누를 수 없고, 그녀가 구하고 찾는 것을 저주할 수 없으며, 그녀의 본질적 소명, 소망, 의지인 그것을 피하도록 강요할 수 없다. 그것은 바로 왕자를 사랑하고 그의 사랑을 받아들일 용기를 내는 것이다.

슬픔의 눈물을 행복의 눈물로 영영 변화시키고, 왕자의 멀어버린 눈에 천상의 빛과 별들의 찬란함을 돌려주는 것은 '통찰'이다. 인간의 눈은 부드러운 사랑의 반짝이는 행복 안에서 서로를 바라볼 때 가장 아름답다. 칼릴 지브란의 말에 따르면 아름다움은 "단 한순간 일어나는 남자와 여자 간의 완전한 이해다. 모든 감정을 뛰어넘는 이 감정은 찰나에 생겨난다. 그리고 이 정신적 감정을 우리는 사랑이라고 부른다."[54] 그러나 여전히 이러한 사랑은 플라톤이 생각하는 일종의 상기(想起), 자기 본질의 원천과 다시 만남,[55] 자기 영혼 안에서 영원으로부터 온 형상이자 약속으로 살아 있는 것을 다시 얻는 것이다. 동화들은 말한다. 사랑은 영혼의 숨겨진 왕국으로 돌아가는 것이고, 본질적 소명의 장소로 함께 돌아가는 것이며, 찾음의 끝이고 그리움의 성취이고 천상의 시작이라고. 나아가 사랑은 서로를 보완하고 완전히 평등하며 내적으로 결속하는 삶이다. 그것은 고텔 부인의 그림자 안에서 자족적인 의존으로 이루어지는 낡은 체제와 정반대의 것이다. 바로 그 안에 사랑의 본질과 비밀이 들어 있다. 서로를 필요로 하면서도, 서로에게 종속되거나 서로를 종속적으로 만들지 않는 것.

칼릴 지브란 역시 이렇게 생각했고 사랑의 비밀에 대해 이렇게 말했다. "그대의 친구는 그대 곤궁에 대한 대답이다. 그대가 사랑을 씨 뿌리는 들판이고 감사 기도를 올리며 추수하는 들판이다. 그대의 밥상이자 아궁이다. 그대는 배가 고프면 그에게 오고 그에게서 평화를 찾기 때문이다. 친구가 자유롭게 의견을 말할 때, 그대는 의견을 내면서 '아니'도 겁내지 말고, '그래'도 숨기지 말라. 그리고 그가 침묵을 지키면 그대 가슴이 그의 가슴을 엿듣기를 그치지 말라. 우정 안에 모든 생각과 소망과 기대가 숨어 있고 나눠지기 때문이다. 아무 말 없이, 어떠한 갈채도 필요 없는 기쁨 속에서. …… 그리고 우정이 정신의 깊어짐 외의 다른 어떠한 목표도 좇지 않도록 하라. 스스로 신비를 드러내는 것 이외의 다른 것을 찾는 사랑은 사랑이 아니라 던져진 그물이기 때문이다. 거기에는 잡동사니만 걸려든다. 그대가 지닌 가장 좋은 것이 친구에게도 있게 하라. 그가 그대의 썰물을 알아야 한다면 그대의 밀물도 알게 하라. 그대가 친구를 오로지 시간을 보내기 위해 찾는다면 친구가 무엇이겠는가? 늘 그와 함께 시간을 함께 살기 위해서만 그를 찾으라. 그는 그대 안에 없는 것을 채우기 위해 있는 것이지, 그대의 공허를 채우기 위해 있는 것이 아니기 때문이다."[56]

"그리고 그대가 그렇게 사랑하는 데 여전히 소망이 있어야 한다면, 그대의 소망은 이런 것들이다. 그렇게 녹아들어 자신의 밤 노래를 부르는 흐르는 개울이 되는 것. 지나친 애정의 고뇌를 아는 것. 사랑에 대한 그대 자신의 이해 때문에 상처받는 것. …… 날개 달린 영혼을 가지고 아침놀에 깨어나서 새로운 사랑의 날을 감사드리는 것. 정오에 쉬고, 사랑의 매혹에 대해 명상하는 것. 날이 저물면 감사하며 집으로 돌아오는 것. 그리고 가슴속의 당신 사랑을 위해 기도하고 입술 위에 찬양의 노래를 읊으며 잠이 드는 것."[57]

영리한 엘제
Die Kluge Else

'영리한' 엘제는 '영리함'이란 다른 것이 아니라 스스로 생각하고
결정해도 좋음을 뜻한다는 사실을 결코 배운 적이 없다.
늘 똑똑해야 한다는 선한 의지의 실패는 인생 전체의 함정이고,
이는 쓰라리지만 필연적으로 완성되어 간다.
주인공이 몰락하면서 비극은 끝난다. 그러나 진짜 인생에서는
바로 끝 자체가 끝없이 지속될 수 있다. 그것이 인생의 진짜 비극의
참된 결말임을 우리는 깨닫지 못한다.

| 들어가는 글 |

자기 자신으로 돌아가는
길을 찾기 위하여

우리는 기본적으로 아는 것만을 본다. 그 때문에라도 동화를 아는 것이 중요하다. 그 이유는 세계 어디에나 퍼져 있는 동화라는 이야기 방식이 인간 존재의 성장과 혼란, 필연과 위기, 희극과 비극에 대해 수천 년에 걸쳐 얻은 지식과 인식을 독보적 방식에 담아서 이야기하기 때문이다. 특히 인간 행위와 태도의 무의식적 배경에 대한 지식 덕분에, 그리고 꿈처럼 상징적 응축의 방식으로 영혼의 깊은 층에 숨겨진 현실 영역을 파악하는 능력 덕분에, 동화는 경이로운 통찰력이 돋보이고, 지성의 심리학적 지식을 훌쩍 뛰어넘어 동서고금을 막론하고 인류사의 전체 범위에서 수집한 충만한 경험들이 넘친다. 이는 개인적 체험에서 의식 관점의 지나친 일면성 때문에 생겨난 문제들을 해결하는 데 한밤중에 꾸는 꿈이 일반적으로 의식의 노력보다 탁월한 것으로 입증된 것과 마찬가지다.

지금까지 개별 동화에서 나타나는 심리적이거나 실존적인 발달과 성숙 과정에 접근하는 여러 방법을 소개했다. 이제 새롭고 매우 유익하며 매력적인 과제가 나타난다. 그 과제란 단지 영혼의 위기와 구원을 다룬 지식 측면에서(가령 〈손 없는 소녀〉, 〈황금 새〉, 〈마리아의 아이〉), 혹은 동화의 세계관이 지닌 배경적 지혜 측면에서(가령 〈홀레 아주머니〉와 〈흰눈이와 빨간 장미〉), 혹은 불안과 신뢰, 분열과 치유, 마법과 사랑의 영원한 변증법에 대한 소설 같은 서술의 힘 측면에서(가령 〈수정구슬〉) 동화를 고찰하고 가치 평가하는 데에서 한 걸음 더 나아가, 이에 대한 필연적 보완으로 동화의 **유형학적 서술 기법**을 현상학적 날카로움과 적확함 측면에서 개별적으로 고찰하는 것이다. 심층심리학은 **신경증 이론**으로 이미 네 가지 성격학적 유형(과 혼합 형태)에 대해 각 유형에 적합한 토대와 정신 역동 구조를 서술했다. 우리는 인간의 운명을 이해하고, (이와 긴밀하게 결부된) 동화를 해석하는 데 신경증 이론의 유형학을 거듭 끌어들여야 한다. 그러나 정신분석의 병인론적 설득력은 언제나 현상학적 구체성을 어느 정도 희생해야 얻을 수 있다. 그리고 성격적 특징의 원인과 진행 방식들로부터 인간의 성격이 나타나는 방식과 기본 형태를 얻기 위한 방법이 구체적 직관과 경험을 잃지 않으려면 아울러 거꾸로 된 **환원적** 문제 제기가 필요하다. 그러므로 정신분석의 발생적 유형학을 보완하는 데 동화를 유형화하는 현상학을 끌어들이는 일은 늘 의미 있고 유용하다. 일련의 성격 구조와 삶의 '뒤엉킴'은 그래야만 감지할 수 있기 때문이다.

그에 버금가는 **성격 유형적 동화 해석**의 장점은 정신분석적 신경증 이론을 어떤 의미에서는 보통 사람을 인식하는 수단으로 바꾼다는 데 있다. 동화 언어가 지닌 형상의 힘은 목판화의 간명함, 직관적 분명함, 유쾌한 유머를 통해 되풀이하여 민중 언어로 돌아가는 길을 발견한다. 이런 측면을 조명해보면 동화는 근원적으로 민중 언어에 힘입고 있음을 알 수 있다. 누군가를 '행운아 한스'라거나 '용감한 재단사'라거나 '힘센 한스'라고 부를 때, 혹은 '곰가죽을 입은 사내'라거나 '만물박사'라고 부를 때, 민중 언어에서 이들이 무엇을 뜻하는지 누구나 안다. 그러나 개별 인물뿐 아니라 성장의 이야기들도 모두 유형적 성격 묘사로 읽을 수 있다. 그리고 누구든지 환상에서나 현실에서나, 가령 '빨간 모자'나 '백설공주' 유형에 걸맞은 삶을 살아가는 사람을 알고 있을 것이다. 동화에서는 특정 성격 유형을 심리학적으로 서술하면서 인간 운명과 삶의 경로를 탁월한 방식으로 기술하는데, 이들은 정신분석적 고찰에서는 단지 사후적으로, 미흡하게 재구성될 뿐이다. 그러므로 동화의 유형학적 성격 스케치가 가세하면 심리적 맥락에 대한 지각과 민감성이 눈에 띄게 확장된다. 나아가 동화는 특히 우리가 이따금 특정 동화 유형의 한 사례로 보이는 인물을 만날 때, 그의 인격과 인생 경로에 대한 덜 '동화적'이고 말 그대로 산문적인 고찰을 하기보다는 동화가 보통 약속하는 행복한 결말을 기대하면서 좀 더 참을성과 이해심을 가지고, 희망을 즐기며, 심지어 유머러스하게 그 인물들과 동행하도록 가르친다.

그러나 바로 상당수 동화들의 유머러스한 측면과 경향이 성격 이론을 종종 석연치 않은 촌스러운 익살쯤으로 전락시키기도 한다. 그리고 이 책에서 동화에 나타날 수 있는 여러 성격 유형으로부터 특히 영리한 엘제라는 형상을 뽑아내고자 할 때, 우리의 의도는 동화가 낳을 수 있는 효과를 인식하고 해명하려는 것이다. 이는 실제로 무의식적이고 통제되지 않은 채 잔혹성을 생산해내는 효과다. 실제로 잔혹성 때문에 동화의 **내용**을 비난하는 일은 잘못된 것이지만 늘 일어난다. 우리는 도덕적 검열을 넘어 그리고 수많은 교육적 반대에 맞서서, 특정 동화에서 나타나는 **행동 차원**의 '가학적' 특징을 심리적 체험 측면에서 볼 때 철저히 해방적이고 심지어 필연적인 일로 이해할 수 있다.[1] 반면 수많은 동화의 **서술 차원**과 의도된 효과 차원에서, **누군가를 희생해 대중을 즐겁게 하는 계기**도 쉽게 찾아볼 수 있다. 〈영리한 엘제〉는 우리가 이웃을 볼 때 웃는 이유가 대체 무엇인지, 그렇게 웃을 때 어떤 잘못을 저지르는지,[2] 우리가 서로 어떤 식으로 험담을 늘어놓고, 이런 험담이 결국 누군가를 어떻게 바보로 만드는지를 검토해볼 기회를 제공한다. 자신이 영리한 척하기 위해 누군가를 바보로 만드는 것이 우리의 바보스러움이다. 우리는 비록 개별 동화에 반대하더라도 언제나 동화에서 무언가를 배울 수 있다. 그리고 〈영리한 엘제〉라는 동화의 비인간적 서술 방식에 가장 단호하게 **반대**하는 방식은 바로 영리한 엘제라는 **인격체**를 인간적으로 서술하는 일이다. 그래야만 비교적 잘 알려진 이 골계극이 실은 어떤 비극을 이야기하고 있는지 이해하게 된다. 그러므로 이는 보람 있는 테마다.

덧붙여 말하면, 우리는 영리한 엘제의 운명이 거의 대중적 증상이 되어버린 시대에 살고 있다. 한 세대의 청소년 모두에게 어떤 상황에서도 '영리'해야 하고 이를 통해 악몽같이 과도한 기대와 요구에 굴복하라는 지침을 이처럼 뚜렷하게 하달해서 삶으로 들여보낸 적은 거의 없었다. 그 결과 그들은 문자 그대로 자신을 대할 때 자신이 '안에 있는지' 아니면 '밖에 있는지' 알 수 없는 지경에 이르렀다. 수백 년 전에는 그래도 시골의 우스운 이야기쯤으로 전해지고 소비되었을 많은 것들이 현대 소비 사회에서는 그야말로 그저 즐길 수 없는 것이 되었다. 여성과 남성에게 각각 다르게 나타나는 영리한 엘제라는 성격 유형이 오늘날 대부분의 젊은이들의 체험에서처럼 현실적이 된 적은 결코 없었다. 한편 모든 동화에서 관찰할 수 있는 그밖의 사실이 이 동화에서도 나타난다. 동화는 영원한 이야기다. 다만 각 시대가 상이한 방식으로 한 동화의 진실에 다가가거나 멀어질 뿐이다. 바로 우리의 시대 때문에 그래도 우리는 영리한 엘제 이야기를 받아들일 만큼 성숙해졌다. 우리는 자기 자신에게 돌아가는 길을 조금이라도 찾기 위해서라도 이 동화를 이해해야 한다.

| 동화 읽기 |

영리한 엘제
(34번 동화)

 옛날에 영리한 엘제라는 딸을 가진 남자가 있었습니다. 엘제가 다 자라자 아버지가 말했어요. "우리 이제 딸아이를 결혼시켜야겠소." 어머니는 "그래요."라고 말했습니다. "이 아이를 원하는 사람이 오기만 하면요."

 마침내 멀리에서 한스라는 남자가 와서 청혼했지만, 그는 영리한 엘제가 정말 영리해야 한다는 조건을 내걸었습니다. 아버지가 말했습니다. "오, 내 딸은 머릿속에 실타래가 있어요." 그리고 어머니는 말했습니다. "아, 그 아이는 골목에서 바람이 달리는 것을 보고 파리들이 기침하는 것을 들어요." 한스는 "네, 그녀가 정말로 영리하지 않으면 데려가지 않겠어요."라고 말했습니다.

 그들이 식탁에 앉아 밥을 먹을 때 어머니가 말했습니다. "엘제야, 지하실에 가서 맥주를 가져오너라." 영리한 엘제는 벽에서 항아리를 꺼내 지하실로 가면서, 지루하지 않으려고 얌전하게 뚜껑을 열었다닫았다 두드렸습니다. 아래에 이르자 작은 의자를 가져와서 통 앞에 놓았습니다. 그러면 몸을 구부리지 않아도 되고 등이 아프지도 않을 것이고 갑자기 다치지 않을 수 있으니까요. 그리고 항아리를 앞에 세우고 통의 꼭지를 돌려서 열었습니다. 맥주가 그 안으로 흘러들어오는 동안 아이는 눈이 심심하지 않도록 위쪽 벽을 올려다보았습니다. 이리저리 여러 번 바라보다가 자기 바로 위에 미장이들이 실수로 그대로 달아 둔 곡괭이를 보았습니다. 그때 영리한 엘제는 울기 시작하며 말했습니다.

"내가 한스를 얻게 되면 우리는 아이를 얻을 것이고, 그 아이가 크면 우리는 아이를 지하실로 보내 여기에서 맥주를 따라 오라고 할 것이고, 그러면 곡괭이가 머리 위로 떨어져서 아이를 죽게 만들 거야."

엘제는 거기 앉아 엉엉 울었고 앞으로 닥칠 불행 때문에 젖 먹던 힘까지 다해서 울었습니다. 위에서는 사람들이 마실 것을 기다렸지만 영리한 엘제는 오지 않았습니다. 그때 아내가 하녀에게 말했습니다. "아래 지하실로 가서 엘제가 어디 있는지 보고 오너라." 하녀는 그리로 가서 엘제가 통 앞에 앉아 크게 소리 지르는 것을 발견했습니다. "엘제야, 왜 우니?" 하녀가 물었습니다. 엘제가 대답했습니다. "아, 어찌 내가 울지 않겠어요? 한스를 얻으면 우리는 아이를 얻을 것이고, 아이가 커서 여기에서 마실 것을 따를 때 아마도 곡괭이가 아이 머리로 떨어져서 아이를 죽일 거예요." 그러자 하녀가 말했습니다. "엘제는 정말 영리해!" 하녀도 옆에 앉아 닥쳐올 불행을 슬퍼하며 울기 시작했습니다. 한참이 지나도 하녀는 돌아오지 않았고 위에서는 사람들이 목이 말랐습니다. 남편이 하인에게 말했습니다. "아래 지하실로 가서 엘제하고 하녀가 어디 있는지 보고 오너라." 하인은 아래로 내려갔습니다. 거기에는 영리한 엘제와 하녀가 앉아서 같이 울고 있었습니다. 그래서 하인이 물었습니다. "너희 왜 우니?" 엘제가 말했습니다. "아, 어찌 내가 울지 않겠어요? 한스를 얻으면 우리는 아이를 얻을 것이고, 아이가 커서 여기에서 마실 것을 따를 때 아마도 곡괭이가 아이 머리로 떨어져서 아이를 죽일 거예요." 그러자 하인은 말했습니다. "엘제는 정말 영리하구나!" 그리고 엘제 옆에 앉아 역시 큰 소리로 울부짖기 시작했습니다.

위에서 사람들은 하인을 기다렸습니다. 그러나 하인마저 오지 않자 남편이 아내에게 말했습니다. "아래 지하실로 가서 엘제가 어디 있는지 보고 와요." 아내는 내려가서, 세 사람이 모두 슬피 울고 있는 것을 발견하고 그 이유를 물었습니다. 그래서 엘제가 어머니에게도 장래의 아이가 커서 맥주를 따라야 할 때 곡괭이가 떨어지면 아마도 거기 맞아 죽을 것이라고 이야기했습니다. 그러자 어머니도 말했습니다. "아, 엘제는 얼마나 영리한지!" 그리고 거기 앉아서 함께 울었습니다. 위에서는 남편이 여전히 기다리고 있었습니다. 그러나 아내는 돌아오지 않았고 차츰 더 목이 마르자 남편은 이렇게 말했습니다. "내가 직접 지하실로 가서 엘제가 어디 있는지 보고 오겠소." 그러나 지하실로 가서 모두 거기 함께 앉아 울고 있는 것을 보고 그 이유를 들었을 때, 그러니까 아마도 언젠가 엘제가 아이를 낳을 것이고, 그 아이가 곡괭이가 떨어지는 바로 그때 그 아래에 앉아 맥주를 따르고 있다가 곡괭이에 맞아 죽게 될 것임을 들었을 때, 그는 외쳤습니다. "아, 엘제는 얼마나 영리한지!" 그리고 앉아서 역시 울었습니다.

한스는 오랫동안 위에 혼자 있었습니다. 아무도 돌아오지 않자 생각했지요. "저 아래에서 그들이 나를 기다리나 보다. 나도 가서 그들이 무얼 하는지 봐야겠다." 그가 내려왔을 때 거기에는 다섯 명이 앉아 소리 지르고 서로 뒤질세라 아주 딱하게 엉엉 울고 있었습니다. 한스는 "무슨 변고라도 일어났나요?"라고 물었습니다. 엘제가 "아, 친애하는 한스 씨."라고 말했습니다. "우리가 결혼하고 아이를 낳게 되고 아이가 자라고 아마도 우리가 아이를 이리로 보내 마실 것을 따라오게 하면 저 위에 박혀 있는 곡괭이가 떨어져 아이 머리를 부숴버려 아이가 고꾸라질 거예요. 우리가 어찌 울지 않겠어요?" 한스는 말했습니다. "집안일을 하는 데 이 정도 영리하면 될 것이오. 당신이 너무나 영리한 엘제이므로 당신을 얻었으면 좋겠소."라고 말하고 엘제 손을 잡고 데리고 올라가 결혼식을 올렸습니다.

엘제가 얼마 동안 한스와 지냈을 때 그가 말했습니다. "여보, 나는 나가 일을 하고 돈을 벌어오겠소. 당신은 우리가 빵을 얻을 수 있도록 들로 나가 곡식을 베어 오구려." "네, 사랑하는 한스 씨, 그렇게 하겠어요." 한스가 떠나고 나자 엘제는 맛있는 죽을 쒀서 들로 가지고 나갔습니다. 엘제는 밭에 도착하자 혼잣말을 했습니다. "뭘 해야 하지? 먼저 곡식을 벨까, 먼저 먹을까? 에이, 먼저 먹자." 엘제는 죽이 든 냄비를 비웠고 배가 불러오자 다시 말했습니다. "뭘 해야 하지? 먼저 곡식을 벨까, 먼저 잘까? 에이, 먼저 자야겠다." 그리곤 곡식 사이에 누워 잠이 들었습니다.

한스는 오래 전에 집에 왔지만, 엘제는 돌아오지 않았습니다. 그래서 한스는 말했습니다. "영리한 엘제는 얼마나 부지런한가. 집으로 와서 먹을 생각도 안하는구나." 그러나 저녁이 되었는데도 엘제가 돌아오지 않자 한스는 밖으로 나가 엘제가 벤 곡식을 보려고 했습니다. 그렇지만 엘제는 아무것도 베지 않았고 곡식 사이에 누워 자고 있었습니다. 한스는 부랴부랴 서둘러 집으로 돌아와 작은 방울들이 달린 새 그물을 가져와 그녀 주위에 달았습니다. 엘제는 그때까지 계속 잠을 잤습니다. 한스는 집으로 돌아가 문을 잠그고 의자에 앉아 일을 했습니다.

　날이 어두워지자 마침내 영리한 엘제는 잠에서 깨어났습니다. 그녀가 일어나자 몸 주위에서 딸랑딸랑 소리가 났고, 한 걸음 뗄 때마다 방울들이 울렸습니다. 그러자 엘제는 놀라서 자기가 정말로 영리한 엘제인가 헷갈려서 말했습니다. "내가 엘제인가, 엘제가 아닌가?" 그러나 엘제는 어떻게 대답해야 할지 몰랐고, 얼마 동안 미심쩍게 서 있었습니다. 마침내 그녀는 생각했습니다. "집으로 가서 내가 엘제인지 아닌지 물어보아야겠다. 거기에서는 아마 알겠지." 엘제는 집으로 갔지만 문이 잠겨 있었습니다. 그래서 창문을 두드리며 외쳤습니다. "한스, 엘제가 안에 있어요?" 한스는 "네, 엘제는 안에 있어요."라고 대답했습니다. 그러자 엘제는 깜짝 놀라서 말했습니다. "아, 하느님, 그러면 저는 엘제가 아니네요." 그리고 다른 집 문 앞으로 갔습니다. 그러나 사람들은 방울이 울리는 소리를 들었을 때 문을 열지 않았고 엘제는 어디에서도 잠을 잘 수 없었습니다. 그래서 엘제는 계속 걸어서 마을을 떠났고 그녀를 다시 본 사람은 아무도 없었습니다.

| 심층심리학적 해석 |

지질학자는 때로는 돌 하나만으로, 고고학자는 파편 하나만으로, 지질학적 연대나 시대 전체를 재구성할 수 있다. 심층심리학자에게는 종종 단 하나의 문장, 단 하나의 꿈의 상징, 단 하나의 유년기 기억이 이런 역할을 한다. 〈영리한 엘제〉에서는 특히 도입부의 얼마 안 되는 문장들이 이런 역할을 한다. 이 문장들은 동화가 시작되자마자 이 불행한 소녀, 결국 미쳐서 무력하게 방황하게 될 이 여성의 본래 문제가 무엇인지를 은밀하게 표현하고 있다. 나중에 이야기를 규정하는 수다스러운 장난질과 익살은 도입부의 토대 위에 놓여 있다. 이후에 일어나는 일들의 핵심이 이미 여기에 포함되어 있기 때문에, 나중에 극적으로 전개되는 영리한 엘제 이야기를 제대로 이해하려면 도입부를 풀이해야 한다. 물론 이 지점에서 중요한 것은 단지 한 편의 동화를 해석하는 일만이 아니다. 아이가 아이 때부터 벌써 어른보다 더 어른이어야만 한다면, 그리고 '어려도' 좋다고 허락받기 전에 이미 '커야

한다면, 어떤 일이 일어나는지를 이 이야기에 토대를 두고 이해하는 것이 중요하다.

아버지의 소유물
"딸을 가진 남자가 있었습니다."

아버지 눈에 착하게 보이기 위해 이름 앞에 매일매일 '영리하다'는 형용사를 달고 살아야 하는 아이는 어떤 아이일까? 영리한 엘제가 아버지의 아이로 그려져 있음은 분명하다. "딸을 가진 남자가 있었습니다." 이 문장의 의미를 적절히 강조한다면, 아버지를 가진 아이는 애초에 없다. 영리한 엘제에게 아버지의 아이라는 사실은 오로지 아버지의 딸이라는 역할 안에서 스스로를 보여주고 보호받아야 함을 뜻한다. 아이는 마치 오직 아버지의 부록으로, 긍지이자 간판으로 기능하기 위해 이 세상에 온 것 같다. 반대로 아버지는 그런 딸을 '소유'하는 데에서 자신의 가치와 위대함과 긍지를 확인할 것이다.

물론 이야기의 맨 처음에 나오는 짧은 문장 하나는 전적으로 무해하고 부차적인 것으로 보일 수도 있다. 그러나 〈영리한 엘제〉에서 이 문장은, 앞으로 보게 될 것처럼, 이 여성의 성장과 성격 형성에서 작용하는 삶과 경험의 배경 전체를 이루고 있다. 그러므로 잠시 이 동화 텍스트를 넘어서, 영리한 엘제의 아버지의 특징과 성격 유형을 생각해보고 가늠해보아도 좋을 것이다. 그러면 아마도 열등감 덩어리인 한 남자가 우리 눈앞에 나타날 것이다. 무엇보다도 그는 지적 능력과 관련해서 낭패만 당했을 것이고 아울러 자신에게 부과된 지나친 요구들을 조금이라도 바로잡을 능력이 없었을 것이다. 그러나 그는 그러한 실패를 겪을수록 더욱 처절하게 어떤 목표, 그것을 이루지 못하는 것이 자신에게 크나큰 고통과 상처를 뜻하는 어떤 목표에 매달리게 될 것이라고 짐작할 수 있다. 우리는 이 남자를 이렇게 생각한다. 그의 자기 존중은 시종일관 특정한 지적 능력(중고등학교 졸업장, 대학 졸업장, '박사'나 최소한 '석사' 학위가 필요한 직업 등)을 문패에 걸어 눈에 잘 보이게 보여주어야만 비로소 사랑과 존경을 받는다고 생각하는 데 있다. 그러나 이러한 자기 존중의 고착된 기준, 절대적이고 경직된 표준은 자아로부터, 사유와 가치 평가로부터 나오는 것이 아니다. 그것은 내면에서 이미 초자아의 일부로 만들어진 메커니즘으로 작동하는 것이고, 빠져나올 수 없이 잔인하게 자아를 거듭 실패자, 무능력하고 쓸모없는 자, 바보, 어릿광대라고 선언하며 마침내 정말 그렇게 만드는 것이다. 그런 사람은 사실은 모든 싹을 짓뭉개고 낙담하게 만드는 무시무시한 비판의 맷돌이 객관적 좌절의 원인이라는 것을 느끼고 있을 수도 있다. 그러나 그는 지속적인 모순을 내면으로부터 성공적으로 극복할 만큼 강하지 않다.

아이든 어른이든 어떤 사람이라도 한 걸음 한 걸음 걸을 때마다 혹평이 따른다면, 가령 떠올리는 생각이나 품고 있는 계획이나 표현하는 소망에 대해, 그가 쓰는 한 문장 한 문장에 대해, 악수 한 차례에 대해서도, "틀렸어!", "그렇게 하는 게 아냐!", "내가 방금 말했잖아!", "너는 절대 못 배울 거야.", "그렇게 게으르게 아무 데나 앉아 있지 마.", "다른 사람들 좀 봐라!", "너는 절대 똑똑해지지 못할 거다.", "이건 전부 틀렸어", "그러려면 아예 시작도 하지 마." 따위의 혹평이 끝없이 따른다면, 어떤 것을 배우거나 시험이나 연습을 해보 거나 성취할 수 없다. 그러한 조건에서는 아주 쉽게 낙담과 실패의 악순환에 빠진다. 그러한 자아가 초자아라는 심급(즉 원래는 아버지나 어머니)의 선입견과 예단에 겸손하게 몸을 맡길수록, 그러한 국면을 전환할 유일한 기회는 즉시 사라진다. 우리는 스스로 의식에 기초를 만들어주려면 특히 부모의 형상으로 나타나 심판하는 초자아에 맞서 사력을 다해 싸워야 하리라. 그렇지만 심판과 굴욕이 자아에 큰 타격을 줄수록, 지속적 자기 검열이라는 파괴적 작업으로 토대가 더 불안해지고 동요할수록, 초자아가 인격 영역을 결국 폭군처럼 점유할수록, 그만큼 자아는 자기 입장의 정당성과 권리를 어느 정도 신뢰하면서 저항하기 위해 필요한 힘이 줄어든다. 무기력해지고 절망한 자아가 계속 새롭게 시도하더라도, 자신을 더 깊이 모욕하고 파멸시키는 가치 체계에 오히려 갈수록 집착하게 된다. 자아는 결국 지속적이고 고통스러운 자기 반박과 자책의 의무를 가장 집요하게 요구하고 재촉하는 내용이 진실이라고, 정말로 가장 열정적으로 신봉하게 된다. 앞으로 자아는 진정한 인간이 되는 일이 자기 능력의 한계를 넘어서 있음을 알게 된다. 결국 자기 실현 노력은 무능과 비통한 자기 모욕 속에서 다른 사람들과 어깨를 나란히 할 수 없음을 절망적으로 확인하면서 모두 소진된다.

그렇기는 해도 열등감과 자신에 대한 지나친 요구 사이의 딜레마에서 빠져나오기 위해 자연스레 자신이 늘 이미 마련해 둔 것 같은 비상구가 하나 있다. 위대한 것, 도달할 수 없는 것, 유일하게 필연적인 것이 경우에 따라서는 자기 실존 **안에서는** 아니라고 해도 어쩌면 자기 실존**으로부터** 만들어질 수 있을 것이다. 바로 자식이라는 인물 안에서! 우리는 자식 안에서 생물학적으로 다시 살아간다. 그리하여 우리는 스스로가 어떤 존재이어야 하지만 그럴 수 없을 때, 자식이라는 타인에게서 그러한 존재를 이루고자 희망한다. 얼마나 많은 아이들이 사실은 오로지 부모의 물음, 그들 자신이 누구인가라는 물음에 답하기 위해 태어나는가! 그러나 이 세상의 어떤 아이도 이 물음에 대답할 수 없다. 한 아이가 이러한 의미에서 부모의 행복이어야 한다면 이는 불행으로 가는 지름길이다. 그러한 열등감을 배경으로 하여 태어난 아이는 곧 부모 자신이 어린 시절 내맡겨졌던 바로 그 기준에 따라 평가되고 괴롭힘을 당한다. 인생에서 실패를 겪었다는 느낌, 더 강하게는 모든 일에서 실패자라는 느낌 때문에, 자신이 이 세상에서 진실로 무엇을 할 수 있는지를 보여주는 수단, 자기 안에 어떤 인물이 숨어 있는지를 보여주는 수단으로 아이를 마치 트로피처럼 대리자로 이용하게 된다. 이러한 방식으로 아이는 아무도 모르게 아버지의 참된 인격, 이상적 자아, 더 순수한 존재라는 역할을 맡게 된다. 아이는 문자 그대로 아버지의 더 나은 부분, 유일하게 참된 부분이 된다. 그러므로 아이의 성장에는 처음부터 가장 뜨거운 소망과 기대와 요구가 들러붙는다. 사람들은 언제나 되어야 한다고 느꼈으나 그럴 만한 능력은 갖추지 못했던 모습을 아이에게 바라고 기대하며 강요한다. 아이에 대한 압력은 결코 줄어들지 않는다.

그러므로 영리한 엘제 같은 아이는 아버지의 삶과 인격이 어떠한 의미와 가치와 재능을 지니는가라는 물음에 자신의 존재 전체로 대답해야 한다. 프로이트의 언어로 말한다면, 그런 아이는 오로지 아버지

의 거세 콤플렉스를 완화시키기 위해 이 지상에 존재하는 것이다.[3]
그 아이는 마치 아버지 몸에 딸린 존재처럼 아버지의 '가장 사랑하는
부분'이다. 아버지가 딸에게 베푸는 배려와 보살핌은 기본적으로 자
기 존재의 확장과 입증을 위한 것이다. 아이가 아버지의 자아 이상으
로부터 조금이라도 벗어나면 그런 아버지는 어쩔 수 없이 매우 격렬
한 절망에 빠져든다. 그리고 바닥 없는 불안, 울화와 초조함에 빠져
일찌감치 강력한 감독과 권유로써 딸의 태도에서 위협적으로 드러나
는 단점을 교정하고자 한다. 이때 이러한 개입이 자신의 인격이 평생
짊어져야 했던 자기 가치에 대한 절망, 실패할지도 모른다는 불안, 열
등감을 아이에게 심어준다는 것을 결코 깨닫지 못할 것이다. 아버지
는 자신의 현재 문제를 해결하기보다는 이런 식으로 문제를 자기에게
서 떼어내 철저히 딸에게 밀어 넣는다. 아버지의 열등감에서 비로소
영리한 엘제의 문제가 나타난다. "딸을 가진 남자가 있었습니다.
······" 인생 전체를 결정짓는 단 하나의 문장이 바로 이것이다.

영리해선 안 되는 '영리한 엘제'

"제 딸은 머릿속에 실타래가 있어요."

자신에게 일찍부터 요구되는 기대를 충족시켜 부모를, 특히 아버지
를 정말로 기쁘게 하는 천재적 재능을 지닌 아이도 있을 것이다. 모차
르트[4]나 키르케고르[5] 같은 아이다. 그들은 다섯 살 때 벌써 아버지의
실존적 위기, 존재의 불안, 잠재적 절망을 감지하고 어느 정도 덜어줄
수 있었다. 그러나 영리한 엘제 이야기는 천재의 탄생 이야기가 아니

다. 이 이야기는 차츰 진행되는 실패 이야기, 천천히 그러나 막을 수 없이 차차 빠듯하게 압박해 오는 병리 현상 이야기, 기구한 운명처럼 조금씩 짜여 가는 비극에 관한 이야기다.

'영리한 엘제'라는 이름 자체가 별명일 수밖에 없다. 다시 말해 우리는 마치 쉬쉬하듯이 은밀하게 그 이름을 부른다. 칭송하는 시늉을 하지만 실은 조롱하고 있음을 당사자가 깨닫지 못하게 하려는 듯이. 달리 말하면 이른바 '영리한 엘제'라는 이름에서 그 수식어는 이러한 성격의 캐리커처를 그리려고 겨냥한다. 우리도 '영리함' 자체는 무조건 요구한다. 그렇지만 아이가 이미 영리하다고 받아들이는 척하면서 그것을 정말로 믿는 것은 아니다. 〈영리한 엘제〉에서 (그리고 현실에서) 일찌감치 깨달을 수 있는 것은 아버지와 딸의 관계 전체에서 드러나는 양가감정이다. 양가감정이 말로 표현되지는 않지만, 이어지는 촌극 전체에서, 점점 일관성 있게 형성되는 비극 전체에서 쓰디쓴 배경을 이룬다.

정신의학에서는 심각한 의식 장애의 원인을 이해하는 열쇠로 **이중 구속** 혹은 **관계의 함정**[6)]이라는 개념이 정착되고 입증되었다. 이 개념은 어떠한 일을 하더라도, 그 행동은 결정적 애착 대상(들)의 평가에 따라 그릇된 것으로 입증되고 따라서 어쩔 수 없이 실패로 귀결되는 상황을 뜻한다. 우리는 영리한 엘제와 아버지의 관계를 '이중 구속'이라는 절망적 술래잡기의 의미에서 해석해야 한다. 영리한 엘제의 성격 형성에서 전제가 되는 아버지의 근본 형상에 따르면, 아버지는 주관적으로는 딸의 성공을 원하지만, 객관적으로는 진정한 성공으로 가는 싹마저 거부하는 데 전력투구하기 때문이다. 아니, 정신분석학적으로 고찰한다면, 아버지의 무의식에서는 딸의 성장 과정에서 아버지 자신이 평생 고통받은 환멸과 실망을 만들어내는 일이 가장 큰 목표일 것이다.

예를 들어 영리한 엘제 유형에 속하는 어느 여대생은 이렇게 말한다. "어릴 때 학교 숙제를 할 때 아버지는 늘 제 뒤에 서서 손을 비비면서 욕을 하거나 벌을 주거나 제가 당신을 파멸시킬 거라고 말씀하시곤 했어요." 이 학생은 오늘날까지도 다른 사람들 앞에서 글 읽기를 힘들어하고, 학기말 시험 생각을 하기만 해도 완전히 공황 상태에 빠진다. 물론 그 학생의 아버지에게 그런 지나친 돌봄은 딸의 정신적 성장에 공헌하기보다 장애가 된다고 말해보았자 아무 소용이 없으리라. 그는 딸이 잘되기만을 바라고 딸이 자기보다 나은 삶을 살도록 하는 것이 자신의 책임이라고 입버릇처럼 말할 것이다. 참된 진실은 그에게는 숨겨진다. 즉 그는 자신이 만들어낸 소망의 이미지에 딸이 정말로 가깝게 되는 것을 참아내지 못할 것이라는 그 진실을 알지 못한다.

우리가 '영리한 엘제'의 기원을 상상해본다면, 전체 메커니즘에는 내면의 변증법이 들어 있다. 그것은 아버지가 무의식적 태도를 통해 바로 자식의 실패를 그야말로 손수 만들어내고 있다는 사실, 이른바 교육적 조치가 실은 딸을 방해하기를 추구한다는 사실이다. 아버지는 딸을 자기 인생의 부분으로, 무너진 자존감을 치유할 수단으로 여기기 때문에, 한편으로는 수단 방법을 가리지 않고 딸을 통해 자신을 완성하기를 추구한다. 그러나 딸이 고유하고 독립적인 존재이며 그렇게 되고자 한다는 사실을 완전히 간과하지는 못한다. 그래서 야심 찬 목표 설정이라는 가면 뒤에서 딸의 독립적 발전을 방해할 두 가지 이유가 나타난다. 첫 번째로 영리한 엘제가 어떤 형태로든지 독립성을 드러내는 것은 아버지가 '자기' 딸을 나르시시즘적으로 동일시하는 일을 방해한다. 아버지가 이를 막기 위해 (자기 발전과 인격 성숙이 아니라) 지속적으로 의존성과 비자립성을 교육하는 최상의 수단은 바로 아이를 낙담시키는 비판을 통해 아이에게 자신감이 타오르기 전에 그 불씨부터 짓밟는 것이다. 두 번째로 아버지와 딸 사이에는 수면 아래에서 필연적으로 처절한 경쟁과 투쟁이 나타난다. 딸이 아버지의 이상에 정말로 부합한다고 치자. 이는 명백히 성취 가능한 목표를 이루는 데 아버지는 실패했다는 것이고 그래서 아버지를 실패자로 여길 근거가 있다는 증거를 무심코 보여주는 것이다. 아버지는 자기 자신을 위해 바로 이런 일이 일어나지 않도록 방해해야 한다. 딸의 진정한 성공이야말로 딸을 아버지로부터 근본적으로 갈라놓는 것이다. 그러니까 아버지는 겉보기에는 각고의 노력을 기울이는 바로 그것, 즉 딸의 성공을 실은 방해하고자 정력적으로 투쟁하는 것이다.

그러므로 여기에서 역설은 아버지가 자신의 정체성을 형성하는 방식 때문에 딸의 성공이 아버지를 위협한다는 데 있다. 다른 말로 하면, 아버지는 자신이 원하는 척하는 딸의 성공을 정말로 원할 수는 없지만, 아울러 딸의 성공에 대한 소망을 정말로 포기할 수도 없다. 왜냐하면 아버지의 자기 존중은 딸에 대한 기대와 너무 긴밀하게 결부되어 있기 때문이다. 바로 이런 해소할 수 없는 모순이 지니는 양가감정으로 말미암아 빠져나올 수 없는 함정이 생겨나고 커진다.

외부에서 관찰할 때 이런 딜레마는 아버지가 딸에게 어떤 기량과 능력을 갖추라고 끊임없이 요구하면서 그 말이 끝나자마자 성취할 수 없는 일이라고 말하는 데에서 가장 분명하게 드러날 것이다. 아버지의 간섭과 비난에는 박차를 가하는 일과 용기를 꺾는 일이 아주 불행한 방식으로 끊임없이 뒤섞인다. 이때 유념할 점은 이러한 모순이 분명하게 표현되는 것이 아니라 '미묘한 뉘앙스'에서 나타난다는 사실이다. 그래서 이들이 끼치는 해악의 흔적은 객관적으로는 상세하게 입증할 수 있지만, 주관적으로는 늘 감춰지고 부정된다.

예를 들어 아버지가 직장에서 돌아오자마자 딸 옆에 앉아 걱정스러운 표정으로 "너, 또 이거 못하는구나. 나눗셈 하는 법을 한 번 보여줄까?"라고 말하는 것을 단지 자상하고 친절하고 책임감 있는 태도라고 생각하면 안 될까? 아버지의 그런 말이 "너를 도와주고 싶다."는 의미가 아니라, 실은 "**내가** 결코 실패자가 아니었음을, 너보다 훨씬 잘할 수 있음을 보여주겠어. 내가 할 수 있는 일을 너는 결코 할 수 없을 거야. 나는 스스로를 쓸모없는 놈이라고 생각하지 않아도 돼. 최소한 네 앞에서는."이라는 의미라고 생각하는 것은 악의적인 모함이 아닐까? 그렇지만 바로 그러한 '메시지'와 '신호'야말로 영리한 엘제를 독특한 문제에 빠져들게 만드는 것들이다. 아마도 아버지는 되풀이해서 이런 말을 할 것이다. "너는 부지런하고 쓸모 있어야 해. 그러지 않으면 내가 창피할 테니까." 그러나 사실 훨씬 더 분명히 이렇게 말하고 있는 것이다. "가장 두려운 것은 네가 언젠가 인생에서 정말 성공하는 일이야. 나처럼 너도 실패해야 네 앞에서 창피해하지 않아도 좋을 테니까." 그러니까 딸 **때문에** 창피하거나 딸 **앞에서** 창피한 것이고, 아버지의 긍지인 딸은 늘 수치인 것이다. 딸이 '수치'일 때에야 비로소 진정 자신의 긍지를 북돋을 수 있기 때문이다.

이런 아버지의 그늘 아래에서 자라는 소녀라면 여기 주어진 역설을 어떤 식으로든 내면화하지 않을 수 없으리라. 아버지의 말에 따르면 소녀가 **영리하지 않은 것**을 싫어하지만, 아버지의 태도에 따르면 소녀가 **영리하면** 훨씬 더 싫어한다. 이 딜레마에서 벗어나는 유일한 출구, 아니 이러한 아버지의 양가감정의 미로를 통해 끝없이 에둘러 가는 길은 영리한 엘제가 어려서부터 받아들여야 하는 두 가지 가르침이다. 한 가지 가르침은 "언제나 불가능을 추구하라.", "어떤 상황에서도 이를 수 없는 것을 시도하라." 혹은 "할 수 있는 것을 피하고 확실히 할 수 없는 것을 추구해 스스로에게 과도한 부담을 주어라."라는 것이다. 이는 아버지 자신이 스스로에게 지웠던 과도한 요구가 미리 규정하고 있는 방해 프로그램이다. 그러나 이와 다른, 이보다 한결 중요한 가르침은 이렇게 말한다. "(요구되는 동시에 금지되는) **영리하기**가 아니라, 최소한 영리해 **보이기**를 시도하라." 이는 오직 **겉보기**에 영리해보이는 것이 아버지의 병리적 자의식을 위협하지 않으면서도 나르시시즘적 만족이라는 환상을 충족시킬 수 있기 때문이다. 그러니까 영리한 엘제의 과제는 자신과 타인 앞에서 영리함이라는 **겉모습**을 보여주면서도 결코 정말로 지성과 능력을 보유하거나 입증해서는 안 된다는 것이다.

이것만 해도 매우 복합적 문제이지만, 이를 더욱 어렵게 하는 사실이 덧붙는다. 그것은 영리한 엘제 유형의 아이는 아버지가 아버지 자신에게 요구하는 일들도 제대로 해낼 수 있는 남자가 결코 아니라는 것을 어느 시점부터 자연스럽게 눈치 챈다는 것이다. 이를 확인한 후에는 보통 공격적인 반응이 나타나고, 이런 반응은 아버지가 계속 지나친 기대로 딸을 괴롭히고 골탕 먹일 권리가 없다는 격앙된 비난에서 정점에 달할 것이다. 아버지는 우선 자기 일부터 수습해야 할 것이고, 타인에게 지시하고 요구하는 것을 먼저 스스로 성취해야 한다는 것이다. 일이 제대로 진행된다면, 영리한 엘제의 자연스러운 지성은 실제로 그러한 공격성이 분출하고 폭발하는 방식으로 나아갈 수밖에 없다. 언젠가 딸은 아버지 삶의 핵심적 비밀, 근원적 분열과 모순을 건드리고 표현하는 일을 피할 수 없게 되리라. 어떠한 대가를 치르더라도. 그러나 영리한 엘제라는 성격 유형의 소녀의(혹은 소년의) 삶에서 결정적인 점은 애초에 아버지의 전능한 권위에 맞서 저항할 수 없다는 사실이다. 아버지에게 순종하고 공손해야 한다는 요구 때문에, 갈등이 생겼을 때 아버지의 지성에 회의를 드러내거나 아버지의 우월한 지혜에 의문을 제기하기보다는 차라리 자신의 지성을 의문시해야 한다.

이에 따르면 아버지와 딸의 갈등에서 딸은 위압적 권력의 차이 때문에 늘 불리하다. 그러나 이것이 다가 아니다. 훨씬 더 곤란한 일은 아버지에게 전적으로 의존하고 있는 영리한 엘제로서는 스스로를 어리석다고 말하는 것이야말로 바로 지성의 징표이자 증거로 간주된다는 점이다. 이는 어떠한 비판에 대해서도 애초부터 아버지를 보호하고, 자기 죄를 인정함으로써 아버지를 무조건 편들기 위한 것이다.[7] "네가 영리하다면 자신을 어리석다고 말할 것이다. 그래야 아버지가 자신을 영리하다고 느낄 테니까." 거꾸로 "네가 자신을 영리하다고 말한다면 어리석은 것이다. 그러려면 네 아버지를 어리석다고 해야 하는데, 이는 정말로 어떠한 어리석음보다 더 심각하기 때문이다. 아버지가 네가 어리석지 않도록 하기 위해 그렇게 애를 썼는데도, 네가 자신은 영리하고 아버지는 어리석다고 믿는다면 이는 몰염치하고 부당한 짓이다." 영리한 엘제가 자신을 평가할 때 겪는 혼란은 대강 이렇게 서술할 수 있을 것이다. 감히 아버지를 비판하지 못하고 무조건적으로 자신의 가치를 회의하고 죄책감을 느낀다. 이에 따라 진정한 인식을 할 수 없게 되고, 그 대신 아버지의 불완전성을 인정하는 일로부터 아버지를 보호하기 위해 사유를 날조하게 된다. 그리고 아버지가 객관적으로는 심각한 모순을 보였는데도 사실 우월한 통찰력과 계획적인 교육적 의도에 따라 행동한다는 온갖 설명들을 **만들어내는** 데 자신의 지성을 오롯이 바쳐야 한다. 이러한 공허한 통찰과 의도를 아버지가 정말로 가졌다고 생각하려면 영리한 엘제는 사유의 날카로움과 정신의 힘을 포기해야 한다.[8]

그러나 이러한 발견만으로 영리한 엘제의 성격 구조의 혼란을 완전히 분석한 것이 아니다. 그러니까 딸은 아버지의 무기력과 무능력과 정신적 혼란에 불과한 것을 '영리하다'고 부르려고 노력하고, 이에 응답하여 아버지는 거꾸로 딸이 영리하다고, 환상적이고 비현실적인 방식으로, 그야말로 마구잡이로 인정한다. 그리하여 아버지와 딸은 둘 다 현실에서 멀어진 채 서로에 대한 환상의 세계 안에서 살아간다. 가령 영리한 엘제 유형의 소녀(혹은 소년)는 드물지 않게 이유도 제대로 모르는 채 칭찬을 받거나 책망을 받는다. 그러한 아이의 과제는 칭찬과 책망의 이유를 나중에 **환상 속에서** 위험한 방식으로 계속 마련하는 것이다. 현실을 끝없는 만화경으로 계속 변화시키는 일은 이후 영리한 엘제의 성장에서 핵심적 증상으로 나타나기까지 한다. 여기에는 나름의 이유가 있다. 그것이 두 사람, 즉 아버지와 딸이 모두 환상 속의 영리함이라는 요구를 포기하지 않도록 지켜주는 것이다. 물론 이러한 '장점'에 못지않게 심각한 단점도 다시 나타난다. 그것은 갈등이 발생할 때에는 영리한 엘제가 스스로 고안해낸 이론의 도움으로 어떤 경우에도 자신을 부당하다고 여겨야 한다는 점이다. 아버지(그리고 그 계승자)를 보호하기 위해 마련된 모든 이론들이 인위적일 뿐이라는 의식이 아이에게 여전히 남아 있다고 하더라도, 아이는 아버지와의 부정적 공생을 돌파하기 위해 아버지와 충분히 거리를 둘 수는 없을 것이다.[9] 또한 아버지는 딸이 이처럼 거리 두기를 못하는 것을 딸과의 동일시를 위해 이용한다. 영리한 엘제의 아버지는 결코 딸이 '어리석다'고 공공연하고 단호하게 선언하지 않을 것이다. 그러나 아이의 영리함을 정말로 믿을 수도 없다. 영리한 엘제는 **자신의** 딸인 것이다! 그리하여 아버지에 대한 딸의 인정이 참으로 양가적이고 불안하며 비현실적이라면, 딸에 대한 아버지의 인정은 한쪽 눈을 껌뻑이는 아이러니한 면을 지닌다. 그러니까 "머릿속에 실타래가 있어요."라는 말은 아버지가 '자기의' 영리한 엘제를 존중하면서 멸시한다는 고전적 표현이다. 또한 이 대목에서 나타나는 바로 이런 표현은 도입부의 첫 문장을 앞서 우리가 아버지와 딸의 관계에 대해 제안한 윤곽에 따라 이해해야 함을 처음으로 분명하게 입증한다. 이 문장은 이미 영리한 엘제의 성장의 비극적 결과를 전체적으로 미리 보여주고 있다. 이 문장은 비극적 결과의 토대이면서 자기 안에 그 결과를 완전하게 포함하고 있다.

나의 다소 주관적인 연상에 따르면, '머릿속의 실타래'라는 말을 들으면 어린 시절 우리 반의 한 소녀가 했던 대답이 아프게 떠오른다. 종교 수업 시간에 교사가 물었다. "사람의 머릿속에는 무엇이 있지요?" 교사는 분명히 '정신'이나 '의식'과 같은 대답을 듣고자 했을 것이다. 그렇지만 여느 때는 전혀 나서지 않고 모든 급우들이 특히 모자란다고 생각하던 한 소녀가 손을 들었다. 농부의 딸인 이 아이는 대부분이 광부의 자식이던 우리 고향 마을의 학생들 사이에서 그렇지 않아도 상당히 외롭고 자신을 감추는 아이로 힘겹게 살아왔다. 그러니까 평소에 무시당하는 리스베트가 이례적으로 손을 든 것을 보자마자 선생님은 그 아이를 지목했다. "그러면 한번 말해봐라. 너는 머릿속에 뭐가 있지?" 그러나 교사는 아이의 너무도 진지한 대답을 듣는 순간 소스라치게 놀랐다. "짚 다발이요, 선생님!" 반 아이들은 포복절도했고 소동은 끝날 줄 몰랐다. 그러나 소녀는 석회처럼 하얗게 질린 채 그저 우둔한 표정으로 앞을 바라보고 앉아 있었다. 마치 그런 불운에도 자기 대답이 여전히 옳음을 바로 자기 자신을 예로 들어 강조하려는 듯이.

리스베트는 부모의 냉소적인 비판을 이겨내지 못한 것이다. 아홉 살밖에 안 된 아이에게서 벌써 자신감을 빼앗는 부모의 몹쓸 예언이 그대로 성취되도록 행동한 것이다. 이와 마찬가지로 그림 동화의 영리한 엘제에게도 분명 머릿속에 '실타래'를 가진 딸이라는 역할을 모두에게 보여줄 의무가 있다. 이런 성격의 아이는 자신이 처한 조건들 때문에 전혀 '영리'할 수 없을 때에도 겉으로 영리하게 보여야 한다. 그 아이는 사실 전혀 할 말이 없을 때에도 쉴새없이 말하는 능력을 보여주어야 한다. 그리고 자신의 실제 이해력을 훌쩍 뛰어넘는 일들도 잘 이해하고 있는 것처럼 보여야 한다. 한마디로 말해서, 아이는, '실타래가 된' 머리라는 강렬한 표현력을 지닌 이미지에 들어맞도록, 지혜로움이 아니라 복잡다단함을, 영리함이 아니라 성격의 혼란을 보이고, 명료한 개념과 표상이 아니라 어수선한 단어와 착상을 내뱉는다. 오직 아버지의 칭찬에만 의지하는 아이의 존재 전체가 그 때문에라도 마치 털실 꾸러미같이 뒤죽박죽일 것이다. 그런 아이가 묻는 것은 어떤 일에 대해서 스스로 어떻게 생각하는가일 수 없기 때문이다. 아이의 첫 번째 생각은 이런 물음을 던지는 데 바친다. 내가 이 일에 대해 생각하는 것을, (혹은 더 적당하게 표현한다면) 나의 견해라고 **말하는** 것을 다른 사람은 어떻게 여길 것인가? 이를 통해 사고와 숙고는 언제나 "다른 사람들이 어떻게 생각하는가에 대한 생각"에 얽혀 들어가면서 복잡해진다.[10] 그리고 다른 사람들이 어떻게 생각하는지를 결코 정확히 알 턱이 없기에 다시 불분명한 가설과 확정되지 않은 가능성 안에서 생각을 거듭하게 된다. 진정한 지각과 인식의 능력을 갖추는 일은 더욱 어려워질 것이다.

그러나 이러한 종류의 환상 속의 현실 왜곡이 낳는 결과는 언뜻 그렇게 보이는 것만큼 낯설고 예외적으로 느껴지지 않는다. 아니, 〈영리한 엘제〉는 어쩌면 오늘날에야 비로소 참으로 눈에 확연히 드러나는 시사성을 지니고 있다. 대학들은 이제까지 묘사한 영리한 엘제의 초상에 가까운 젊은이들로 절망적일 만큼 가득 차 있지 않은가? 무조건 (지적) 업적을 이루라는 요구와 심리적으로 과도한 요구를 받고 있는 아버지 사회 속의 아이들. 외부에서 조종하고 미리 주어진 기성 사고의 철저하게 틀에 박힌 체계 안에서 의지를 잃어버린 희생자들. 성공에 신들리고 내적으로 깊이 불안정하고 불안해하는 자의반 타의반 사상가들. 이들은 상아탑의 메커니즘에 의해 계속 지원을 받고 있다. 그러한 메커니즘의 방정식에 따르면 이해할 수 없는 것 자체가 지성과 영리함의 증거가 된다. 이에 반해 진정한 삶은 이른바 현실을 설명한다는 뒤죽박죽의 논리와 추상적 추론 속에서 멋대로 해소되어버린다. 에스파냐의 화가 프란시스코 데 고야는 〈카프리초스〉라는 판화 연작 중 하나에서 이마가 높고 천재처럼 머리카락이 엉클어진 채 책을 읽고 있는 토끼처럼 생긴 얼굴을 그렸다. 그리고 이 그림에 "그는 영리할 것이다."라는 설명을 달았다.[11] 이 그림은 이러한 부류의 심오한 학식을 담아낸 단연 돋보이는 캐리커처다. 오늘날 학술 분야에서 온갖 이론과 저서와 인생 경험으로 무장한 채 도도한 허구의 실력과 과시적인 허구의 지식이 '동학들의 만남'을 위한 서곡으로 진열되는 것을 두 눈으로 목격한 사람이라면, 이러한 교육 및 연구 제도가 '영리한 엘제'라는 성격 유형의 인간을 생산하는 최고의 인큐베이터로 변질되었음을 확신할 것이다. 동화를 해석하는 데 현대적 지평이 있을 수 있다면, 오늘날 우리 사회와 교육 체계의 일반적 상황이야말로 〈영리한 엘제〉에서의 그러한 지평이다. 이에 따르면 오로지 '영리한' 인간만이 사랑받을 만하다는 것이다.

그러나 영리한 엘제 신드롬의 진짜 비극은 아무리 근면하게 노력하더라도 좌절과 환멸이라는 기존 사슬은 결코 끊어지지 않고 더욱 강고해질 뿐임을 계속 지켜봐야 한다는 데 있다. 그런 상황에서 영리한 엘제 유형의 사람은 "어떠한 희생을 치르더라도 영리해야 한다."는, 인간을 소외시키는 강요를 극복하기 위한 자기 믿음을 결코 쌓을 수

프란시스코 데 고야, 카프리초스(Los Caprichos) 연작 29번(1799년)

없다. 이런 상황에서는 아무리 인정하는 말을 듣는다고 해도 그것을 믿을 수 없고 믿어서도 안 된다는 사실이 결정적으로 중요하다. 영리한 엘제는 칭찬을 받으면 사람들이 비웃는 것인지 아니면 인정하는 것인지 알지 못하고 알 수도 없다. 그것을 진짜 칭찬이라고 감히 믿을 수 없기 때문이다. 그리고 은밀한 불안이자 가장 심각한 두려움, 즉 조롱받을 것이라는 끊임없이 일렁이는 예감을 최대한 억압하고 슬쩍 넘겨버리고자 할 것이다. 그 결과 진정한 비판으로부터 배우고 진정한 통찰로부터 성장하는 일은 애당초 기대할 수 없다. 유일하게 남는 것은 언제나 똑같은 어린아이 같은 불안과 과부하와 좌절이라는 장 안에서 제자리걸음하는 일뿐이다.

아버지와 어머니의 뒤숭숭하고 우왕좌왕하는 "오!"와 "아!"로 뒤덮인 〈영리한 엘제〉를 특징짓는 것은 이런 과도한 칭찬과 무거운 의심 혹은 열등감의 대립이다. 이제까지 우리는 영리한 엘제의 운명을 단지 우월한 아버지와의 관계에서만 풀이했다. 그러나 영리한 엘제 유형의 아이에게는 주인처럼 지배하고 지시하고 명령하는 동시에 자상하게 인정하고 아첨으로 마음을 끄는 아버지만 있는 것이 아니다. "아!"를 연발하는 어머니, 대개의 경우 부정적인 어머니도 있는 것이다. 어머니는 그러한 불행을 매우 확실히 보고 느끼지만 거부할 수는 없다. 어머니의 기이한 칭찬은 기본적으로 아주 부당하지는 않다. 어머니가 "아!"라고 외치며 어쩔 수 없이 인정하는 것은 외부인이 보기에는 그야말로 전혀 납득할 수 없는 영리한 엘제의 능력, 즉 '골목에서 바람이 달리는 것'을 '보는' 능력이기 때문이다. 이는 영리한 엘제에게 전형적인, 이례적인 청각과 예민함, 문자 그대로 '대기'와 '기압'의 변동에 대한 믿을 수 없는 지각 능력, '바람과 같이' '보이지 않는' '흐름'과 '영향'에 대한 놀랄 만큼 비범한 예지력이다. 영리한 엘제의 제한된 지적 능력은 자아에 대한 무거운 제한과 학습장애 때문에라도 객관적으로 더는 나아지지 않을 것이고 칭찬과 비웃음 사이에서 오락가락할 것이다. 그래도 종종 예언자 수준에 이르는 듯한 정서적 공감의 재능은 명백히 진정한 지성의 징표로 평가해야 한다.

그렇지만 어머니에게는 딸의 특성을 칭찬하기보다는 오히려 한탄해야 할 이유가 충분하다. 들을 수 없는 것을 듣고 말하지 않은 것을 알아차리고 숨소리조차 신호로 이해한다면, 삶이 호락호락하지 않을 것이기 때문이다. 유년기의 곤경을 나이가 들어 미덕으로 만드는 것은 인생에서 위대한 능력 중 하나다. 이제 바로 이것이 모든 것을 결정하는 문제일 것이다. 영리한 엘제 유형의 드높은 인간적 능력을 정말 삶으로 옮겨 놓는 데 성공할 것인가. 이러한 운명적 물음에 대한 운명적 대답은 모든 인간의 삶에서 행복과 불행, 성공과 실패, 성숙과 좌절을 결정하는 핵심 영역에서 주어질 뿐이다. 그것은 사랑이라는 영역이다. 그러나 영리한 엘제 유형의 삶에서는 바로 이 영역이 보통 가장 극심한 혼란을 겪게 된다.

아버지와 똑같은 남자와 결혼하는 이유
"우리 이제 딸아이를 결혼시켜야겠소."

신부에 대한 구혼 전에도 우리는 이미 영리한 엘제와 **함께**, 그리고 영리한 엘제를 **위해** 사는 일이 쉽지 않음을 알 수 있다. 어머니가 자기 딸이 바람이 달리는 것을 볼 수 있을 뿐 아니라 "파리들이 기침하는 것"도 듣는다고 말하는 것은 옳다. 우리는 영리한 엘제라는 성격의 사람을 이례적으로 "날씨에 예민하다"고, 특히 **공격적** 자극이 막 시작되는 데 민감하다고 생각해야 한다. 이른바 정상인에게는 전혀 신경 쓰이지 않는 아주 사소한 일이 영리한 엘제에게는 위협으로 다가오고 아주 심각한 일이 일어난다고 두려워하게 만든다. 갑작스러운 분노에 대한, 특히 아버지의 예측 불가능한 역정에 대한 지속적 불안이 그녀를 지배하고 있다고 짐작할 수 있다. 많은 원시 부족이 지진에 대한 경고를 적시에 얻기 위해 개미의 움직임을 관찰하는 것처럼[12] 영리한 엘제는 주변의 미세한 '기침'조차 위험의 낌새임을 눈치 채고 깨달아야 한다. 위협적인 폭풍우가 정말 덮치면 어떠한 상황에서라도 자신의 언짢음, 분노, 울화를 억눌러야 한다. 그리고 맹렬하게 성질을 부리고 소리를 지르는 자는 그녀에게 자신이 원하는 모든 짓을 저지를 힘과 권리를 지니게 된다. 언제라도 도망칠 준비를 하고 내적으로 무방비 상태인 데다 눈치를 보며 불운을 각오하는 자세는 늘 파멸적 재앙이 벌어질 것을 예상하고 있다. 그뿐 아니라 객관적으로 전혀 위해가 없는 곳에서도 위해가 있을 것이라 추측하는 위태로운 상황에 처해 있다. 또한 우리는 어머니의 석연치 않은 칭찬에서 체념적이며 아이러니한 뉘앙스를 놓칠 수 없다. 영리한 엘제는 진짜 '파리들'이 '기침'하는 것을 듣는 '영리함'만 갖춘 것이 아니다. 이러한 능력의 이면에는 '파리들'이 벽에 드리운 그림자일 뿐이라도 그것들이 '기침'하는 것을 듣는다고 생각하는 지속적 불안감이 있다.

물론 재앙에 대한 끊임없는 불안은 공동 생활에서 서로의 접촉을 영속적으로 불안정하게 만든다. 선의와 친절에 보이지 않는 괄호를 친다면, 사랑이나 애정이 미덥지 못하다. 괄호는 친밀함과 이해를 경험하더라도 이것이 분명 격렬한 비바람을 품은 태풍이 도사리고 있는 잠깐 동안의 좋은 날씨에 불과함을 보여준다.[13] '기침하는 파리들'은 사랑에 꼭 필요한 신뢰를 황폐화시킬 수 있다. 중앙아프리카에서 메뚜기떼 출몰이 농경지의 한 해 수확을 모조리 황폐화시키는 것보다 더 심각하게. 그러니까 영리한 엘제는 대개의 경우 타인의 위협적 친밀함으로부터 자신을 지키기 위해 처음부터 적응과 순종과 어리석음으로 가장하고 도망칠 만한 과도한 거리를 둘 것이다. 비록 밖에서 보면 쉽게 접근할 수 있는 것 같지만, 사실 이러한 방식으로는 그녀에게 다가갈 수 없다. 영리한 엘제의 성격의 양가성과 절망을 극복하려면, 각별하게 예민한 반려자의 각별하게 굳건한 사랑이 부드럽고 참을성 있는 힘을 발휘해야 한다. 그러나 엘제와 결혼하는 한스는 대개의 경우 이러한 유형이 아니다.

그리하여 이제 결혼의 비극이 시작된다. 이 비극을 관찰하는 인간적인 사람이라면 영리한 엘제는 결혼에 전적으로 무능하다는 사실을 분명히 알게 된다. 대체 사람들은 왜 결혼을 하는가? 어리석은 질문일까? 그러나 영리한 엘제(그리고 다른 형태의 허다한 불행한 결혼)의 사례를 볼 때, 아마 가장 절실한 질문이리라. 성경에서는 사랑에 대해 남자가 "부모를 떠나 그의 아내와 합하여"(《창세기》 2장 24절)라고 말한다. 그러나 우리는 결혼 후에도 아버지와 어머니를 내적으로 떠나지 못하고 평생 동안 그들에게 '매달리는' 사례들을 자주 본다.[14] 이런 상황에서 사람들이 결혼하는 것은 (내적으로나 외적으로, 도덕적으로

나 사회적으로) 부모가 원하기 때문이다. 그들은 부모가 원하는 대로 결혼하는 것이다. 다만 이러한 사실이 영리한 엘제 이야기처럼 언제나 분명하게 드러나는 것은 아니다. 이러한 유형의 여성은 기본적으로 결혼을 하는 것이 아니라 결혼을 당하는 것이다. 자신이 결정을 내리는 것이 아니라 시집을 보내지는 것이고, 자기 감정에 따르는 것이 아니라 외부의 기대에 따른다. 오직 자신의 인격과 행복과 앞날을 생각해야 할 첫 번째 지점에서, 부모의 외부적 기대와 아버지의 구속이라는 게토를 폭파시키는 일이 가장 중대한 그 지점에서, 영리한 엘제는 아버지의 요구와 기대라는 기존 발자국을 그대로 밟는 남자와 연결되는 것이다. 구혼자 역시 미래의 신부를 사랑하기 위한 유일하게 본질적인 조건이 '영리함'이라고 말한다. 이런 말은 구혼을 위해 영리한 엘제의 아버지 앞에 내놓을 수 있는 최선의(그리고 유일한!) 자격이다. 그러한 결혼에서는 인생의 배필이 예나 지금이나 한결같이 아버지다. 장인이 사위로 교체되면서 실은 생물학적 나이만 바뀌는 것이다. 이때 영혼의 구조는 모두 그대로 유지된다. 아버지가 영리한 엘제에게 결혼하라고 압박하는 것은 결혼의 의미가 아버지의 구속을 공고히 하는 데 있을 뿐임을 보여준다.

이때 영리한 엘제가 결혼하겠다고 순순히 마음먹기까지 어떤 식의 심리적 테러가 가해지는지 주목해야 한다. 한편으로 아버지의 의지는 "**우리** 이제 딸아이를 결혼시켜야겠소."라는 매우 장엄한 복수형으로 표현된다. 만일 영리한 엘제가 자기보다 훨씬 지혜로운 아버지의 조언, 이후 자기 인생 전체를 규정하는 조언을 단박에 납득하고 감사한 마음으로 받아들이지 않는다면, 그것만으로도 더는 아버지의 순

영리한 엘제 435

종적이고 순응하는 딸이 아니게 될 것이다. 다른 한편 아버지의 요구와 지시에 담긴 억압적인 확고함을 어머니의 우울증적이고 회의하는 물음이 뒷받침한다. 누가 영리한 엘제 같은 여자와 결혼할 것인가? 이 동화가 잔혹할 정도로 노골적으로 표현하듯이, 누구라도 이런 여자를 '가지려' 한다면, 그녀는 그저 기뻐해야 하리라. 물론 여기에는 사랑, 애정, 상호 보완, 이해와 같은 낭만적이고 정서적인 축복 같은 것은 전혀 기대할 수 없다는 어머니 자신의 쓰디쓴 인생 경험이 반영되었으리라. 그런 어머니의 딸이 어떻게 한 남자의 눈에 사랑스럽게 보일 것이라는 주제넘은 상상을 할 수 있단 말인가! 오래 찾은 끝에 마침내 누군가 '멀리에서' 와서 그녀를 '가질' 용의가 있다고 말한다면, 딸은 부디 기뻐해야 하리라. 관계는 **그렇게** 되어 있고 그렇게 유지되어야 한다.

그리하여 여러 가지 정황으로 볼 때, 영리한 엘제의 결혼에서는 부모의 결혼에서 이미 일어났던 일들이 다음 세대에게도 반복된다. 구혼자가 미래의 장인의 태도와 위치에 완벽하게 적응하는 것처럼, 영리한 엘제의 역할도 모든 점에서 어머니와 같을 것이다. 그러므로 영리한 엘제의 결혼과 비교하여, (그에 대한 모범이자 거울상으로서, 선취이자 근거로서) 어머니라는 인물과 태도를 돌이켜 떠올려봐야 한다. 우리는 딸과 마찬가지로 무거운 열등감 속에서 고통받는 여성을 떠올릴 수 있을 것이다. 어머니는 기본적으로 삶의 모든 문제에서, 아내는 남편의 의지와 명령에 따라야 한다는 견해에 순응한다. 그러한 순응은 통찰과 확신이 아니라, 체념적 순종이라는 자세에서 이루어진다. "의문스러운 경우에 남편은 이미 올바른 것을 알고 있어."라는 모토에 따라 이루어지는 것이다. 물론 영리한 엘제와 어머니 사이에는 결정적 차이가 있다. 아버지는 아내가 억눌린 예속, 체념적 순종, 아니 의무에 의거해 스스로를 바보로 만드는 일에 전적으로 동의한다. 반면 딸에 대해서는 '영리함'을 기대한다고 믿는다. 그러한 '영리함'이 그의 아내에게는(실은 아마도 아버지 자신에게도) 모든 면에서 너무도 부족하게 보이기 때문이다.

이렇게 어머니와 딸의 성격과 태도에서 서로 유사한 면을 추정할 때, 영리한 엘제가 아버지의 (과잉 보상된) 요구하는 태도와 어머니의 체념적 자기 의심 사이에서 그야말로 맷돌에서처럼 끊임없이 갈린다는 사실을 좀 더 잘 이해할 수 있다. 어머니는 매우 정당하게 "아!" 하고 내뱉지만 곧바로 남편의 결혼 계획에 동의한다. 이는 비단 이 장면의 이미지를 넘어서 삶 전체의 기본적 범례로 유효하다. 뚜렷하게 가부장적인 관계에서, 남편은 생각하고 명령하고 아내는 복종하고 실행한다. 영리한 엘제의 어머니가 보이는 태도를 좀 더 고상하고 부자연스럽고 무거운 태도로 바꾸어 표상해보면, 이런 결혼은 〈시슬리 부부〉라는 그림에서 나타난다. 쾰른의 발라프-리하르츠 미술관에 소장된 이 그림은 오귀스트 르누아르가 그린 것이다.[15]

그녀, 이 어수룩한 미인은 희고 붉은 색깔의 넓은 치마를 입은 채 보호를 청하듯 주인이자 남편의 팔에 두 손으로 매달리려 한다. **그**, 이 완벽한 신사이자 귀족은 경의를 표하며 그녀에게 몸을 기울이고 있다. 이는 세기말의 정중한 명예 규범을 철저하게 따르는 관계인데, 이 규범은 여성에 대한 구조적이며 가부장적인 비하를 담고 있다. 지배적이고 고상한 역할을 맡은 사람이 즐겨 취하는 포즈를 취한 남자

오귀스트 르누아르, 〈시슬리 부부〉(1868년)

는 부인의 무방비 상태의 비이성에 대한 후견자라는 까다로운 의무와 과제에 자부심을 느끼고 있다. 이때 만일 그녀가 정말로 영리하다면, 이러한 뽐내는 품위에 담긴 진정한 어리석음을 남편이 자각하도록 하지 않을 것이다. 물론 영리한 엘제 이야기는 의심의 여지 없이 시골 농부들의 상황에서 벌어진다. 여기에는 시슬리 경의 오만한 고귀함은 전혀 어울리지 않는다. 그러나 여기에서도 여자는 의무적으로 어수룩한 공손함을 보이고 남자도 의무적이고 확고한 '책임'을 지닌다는 가부장적 역할 분담은 다를 바 없다. 보살피는 남자는 우월하다. 자상하게 보살핌을 받는 여자는 열등하다. 영리한 남자를 남편이라고 부를 수 있는 그녀는 얼마나 기쁠까! 그녀는 자신의 복종, 노예화, 정신적 자기희생에 대해 얼마나 감사해야 할까! 아마도 영리한 엘제의 부모의 결혼 생활도 이런 원칙을 따를 것이다. 영리한 엘제의 부모는 자기들 마음대로 딸 역시 이러한 결혼으로 밀어 넣는다.

  멀리서 온 한스는 장인 장모의 의견에 전적으로 동의하여 결혼의 주요 조건으로 신부가 어떠한 상황에서도, 특히 다른 사람에게 자신이 '영리하다'고 입증해야 한다고 요구한다. 이는 결코 우연이 아니다. 영리한 엘제에 대한 이러한 지속적 요구를 통해, 부모의 결혼은 오래잖아 분명 자식의 결혼이 된다. 우리가 본 것처럼 그저 장인의 자리에 한스가, 어머니의 자리에 영리한 엘제가 들어설 뿐이다. 더불어 이런 식으로 한쪽의 결혼은 다른 쪽의 결혼을 반영한다. 그리하여 부모의 강요에서 빠져나올 수 없게 된다. 모든 것은 그대로 계속 진행된다. 다만 요구가 더욱 강해지고, 서로 간의 '사랑'과 같은 것을 결코 기대할 수 없다는 예감도 더욱 강해진다. 다른 사람들에게 존중과 존경을 받는 일만 해도 쉽지 않기 때문에, 이를 위해서는 아버지 지시에 따라 오직 '영리함'이 필요하다. 혹시 이것이 없다 해도 최소한 '영리함'의 연극이 필요하다. 아이로서 그러한 아버지에게 내맡겨진 것은 비극이다. 그러한 아버지는 딸에게 인생의 토대로서, 애정의 보증으로서, 존재의 상징이자 삶의 내용으로서 지속적으로 지나친 요구를 충족시키라고 요구한다. 더욱 심각하게 느껴지는 것은 앞으로도, 이른바 성인의 삶에서도 지난날의 과도한 요구와 강요에서 벗어날 수 없고 계속 순종해야 하고, 어쩌면 지금까지보다 더욱 집중적으로 그에 부응할 수밖에 없다는 사실이다. 바로 이러한 운명이야말로 영리한 엘제의 삶의 구조를 그 무엇보다도 강력하게 규정한다. 그리하여 이 이야기는 이러한 삶의 구조를 **전형적인** 구조로 서술한다.

처벌의 불안과 강박

"아마 곡괭이가 떨어져 내 아이를 죽일 거예요."

아직 신부에게 실제로 구혼을 하지는 않았다. 영리한 엘제는 명성이 자자한 지적 능력에 반박할 수 없는 증거를 제시해야 한다. 이야기의 거의 절반에 달하는 부분이 한 장면을 다섯 차례에 걸쳐 거듭 그려내면서 아주 쾌활하게 묘사하는 데 주력한다. 영리한 엘제의 운명이 결정되는 응축된 이 순간의 상징은 우리가 이제 여성으로 간주해야 할 겉보기에 활기차고 '쓸모 있는' 아이가 어떤 성격이며, 어떤 위기에 처해 있으며, 어떠한 끔찍하게 무력한 상태에 빠져 있는지를 모두 누설한다.

그리스에는 다모클레스 이야기가 전해진다. 그는 시라쿠사의 참주 디오니시오스를 가장 행복한 자라고 칭송한 대가로 온갖 사치와 풍요를 맛보게 되었다. 그러나 진기한 진수성찬을 즐기려고 식탁에 앉으려는 바로 그 순간, 머리 위 천장에 가는 말총 한 올에 대롱대롱 매달린 칼을 발견한다. 전설에 따르면 다모클레스는 이런 종류의 행복에서 해방시켜 달라고 탄원해서 자비를 얻을 수 있었다.[16] 영리한 엘제의 삶은 이와 다르다. 엘제는 매일매일 비정한 다모클레스의 삶을 살아간다. 엘제에게는 그저 외적 향유의 행복만이 불안정하고 치명적 위협에 처해 있는 것이 아니다. 삶 전체가 징벌의 처형이라는 지속적 위험 아래 있다. **만일** 영리하지 않다면 치명적 판결을 받을 것이다. 바로 그래서 이런 아이는 무시무시한 판결 가능성을 예감하면서 급박한 참극을 회피하거나 적어도 조금 지연시킬 수 있을 것이라고 되풀이 상상하는 데 정신의 힘을 허비한다. 그러므로 영리한 엘제의 삶에서 신부에게 구혼하려는 순간에 스냅 사진처럼 묘사하는 내용을 우리는 실제로 존재 전체의 은밀한 진실로 읽어야 한다. 우리가 '실타래처럼 헝클어진' 영리한 딸 이미지의 가볍고 쾌활한 표면 아래로 조금 더 깊이, 문자 그대로 '지하실로' 내려간다면, 삶의 끝없는 위험이라는 정서가 드러난다. 경우에 따라서는 이제까지 해온 설명들이 부차적인 개별 언급을 과대평가하거나 과잉 해석하는 것이라고 생각할 수도 있겠지만, 이 대목에 이르러 이야기는 그동안 내내 말하고자 했던 바로 그것을 쾌활한 외관을 덮은 채 누설한다. 영리한 엘제라는 소녀, 가족을 즐겁게 하는 익살맞은 존재는 평생 동안 머리 위에 매달린 곡괭이의 불안 아래 서 있어야, 좀 더 정확하게 말한다면 '앉아 있어야 한다. 그녀는 빠져나올 수 없는 죄수이며, 아무 죄도 없이 다모클레스의 고통이라는 판결을 받은 자다. 이야기는 미장이들이 곡괭이를 '잊었다'고 말한다. 달리 말하면 '곡괭이'는 건물의 숨겨진 부분이고 영리한 엘제의 부모의 집의 오랜 토대에 속하는 것이다. 이런 의미에서 들보에 매달린 곡괭이 이미지는 (아버지에 의해 각인된) 초자아가 내리는, 늘 현존하는 치명적이고 지속적인 유죄 판결을 상징한다. 이러한 해석은 순수하게 심층심리학적으로도 이미 분명하다. 그러나 이 지점에서 이러한 해석을 보완하고 입증할 종교사적 근거를 들 수 있다.

우리는 이제까지 영리한 엘제가 탄생하는 데 아버지라는 월등하게 강력한 인물을 강조했다. 이제 이 점을 감안하면서 아울러 '곡괭이' 상징이 청동기 시대, 아니 이미 신석기 시대에 게르만 신화에서 어떤 역할을 했으며 〈영리한 엘제〉가 이 상징을 활용함으로써 어떠한 광대한 의미에 연결될 수 있는지 생각해보자. 그렇다면 이러한 아버지라는 형상에 대해 종교사가 상당히 불손한 언급을 하는 것처럼 느껴지리라.

곡괭이는 땅을 파는 도구이지 미장일이나 목공에 쓰는 도구는 아니다. 또한 손도끼나 도끼처럼 천장의 들보에 매달아 두지 않는다. 그런데도 동화가 이렇게 전한다면, 이는 제법 오래되고 널리 퍼져 있는 양날 도끼 상징과 비슷한 '곡괭이'의 생김새 때문인 듯하다. 양날 도끼 상징이 크레타인[17]을 비롯한 여러 민족[18]에게 등장하기 훨씬 오래 전에, 그러니까 이미 기원전 2000년대 중반에 이런 '곡괭이', 즉 석제 '전투용 도끼'가 양을 사육하던 (인도게르만 계열의?) 승문(밧줄 무늬) 토기 문화의 고분에서 발견된다.[19] 더 나아가 청동제 양날

'번개를 던지는 제우스' 조각상

도끼는 '봉분 청동기' 농경 문화에서 빠지지 않는 무덤 부장물이었다.[20] 무엇보다도 게르만족 권역에서 '곡괭이' 상징은 게르만의 신인 토르 혹은 도나르를 떠오르게 한다. 토르는 하늘의 신 오딘(보탄)의 아들로서 (프레이야의 전신인) 대지의 여신 외르드와 더불어 북유럽 농경 문화를 대표하는 신으로 올라섰다. 그의 망치 묠니르는 (곡괭이의 전신으로서) 땅을 갈고 비옥하게 만들었고, 나아가 '망치질'은 모든 중요한 일에서 막중한 의미가 있었다. "그들은 망치를 던져 거주 영역의 경계를 정했고, 망치질을 하여 경계석과 기둥을 세웠으며, 망치로 집의 문턱을 축성했다. 이 때문에 망치는 결혼식에도 사용되었다. 토르는 농부의 특성을 보여준다. 선량하고 기꺼이 돕고 …… 지

영리한 엘제 443

적으로 우둔하고 성마르고 상스럽다. 거대한 근육 때문에 곰이라는 별명을 얻었다."[21] 이러한 모델에 따라 영리한 엘제의 아버지라는 형상(그리고 그녀 남편의 형상)을 다시 한 번 상상해보는 일은 상당히 유혹적이다. 어쨌든 여기에서 이야기한 바에 따라 우리는 심층심리학적으로나 종교사적으로, 남근적 정력이라는 왕홀을 가진 전능한 천둥의 신이라는 풍모 안에서 자상하면서도 무시무시하게 딸의 삶에 그림자를 드리우는 자가 '목수들'이 아니라 바로 아버지임을 확인할 수 있다. 그래서 결국 딸은 이후 인생에서도 '토르' 유형의 아버지의 대리인만을 남편으로 '선택'할 수 있고 그래야 한다(이에 대해서는 번개를 던지는 제우스의 고대 조각을 담은 도판을 참조할 것).

영리한 엘제에게는 보통 사람들처럼 생각이 문제 해결에 이바지하기보다 그저 그 자체를 위해 이루어지는 것으로 퇴화된다. 여기에 주목하면 그녀의 다모클레스의 존재 방식이 어떻게 불가피하게 형성되는지 단박에 분명해진다.[22] 보통의 경우, 어떤 문제를 깊이 생각하는 것은 인식과 계획과 행위를 통해 문제를 해결하기 위해서지만, 영리한 엘제가 비탄에 빠져 골똘히 생각하는 일의 목표는 다르다. 어떤 유형의 어려움이든 제 힘으로 극복할 수 있다는 자신감이 특정 상황에서는 애초부터 매우 허약할 수밖에 없다. 그러나 그것이 다가 아니다. 더 중요한 것은, 영리한 엘제 성격의 아이의 관점에서 도나르 아버지라는 본질 유형에 맞서서는, 혹은 나중에는 한 여성의 관점에서 '곰' 같은 남편의 행동에 맞서서는, 아무리 의지가 굳고 현명하게 숙고하더라도 어떻게 해볼 도리가 없음을 알게 된다는 것이다. 영리한 엘제가 자신의 처지를 정말로 철두철미하게 생각할 수 있고 그래도 좋다면, 즉각 '양날 도끼'를 들고 달려들어 부모와 가족의 집을 기초에서 부터 해체할 위험에 처하게 된다. 그녀를 위협하는 것은 아버지의 공격적이고 과도한 요구뿐 아니라 자신의 공격성이기도 하다. 해석의 이 지점에서 '곡괭이' 이미지는 최소한 세 가지를 한꺼번에 상징한다. 그것은 영리한 엘제의 머리 위에 끊임없이 매달려 있는 아버지의 영구적인 유죄 판결을 상징하고, 소녀이자 여성인 영리한 엘제가 아버지의 남성적 폭정에 맞서 행하는 억눌린 반항을 상징하며, 나아가 자신의 공격적 감정으로 인해 나타나는 사후의 죄책감과 극적으로 강화된 처벌의 불안을 상징한다.

그러므로 영리한 엘제는 자신의 사유를 어느 정도는 마치 서커스의 말처럼 원형으로 맴돌도록 혹은 제자리걸음을 하도록 조종해야 한다. 그녀는 어떤 문제를 자기 눈으로 보고 그에 맞춰 표현할 능력을 분명 지니고 있기는 하다. 그러나 영리한 엘제가 아버지가 자신의 삶을 무기징역처럼 만들었다고 지목한다면, 혹은 미래의 남편이 아내를 결혼식장이 아니라 깊이 숨겨진 채 늘 기다리고 있는 처형장으로 질질 끌고 가고 있음을 깨닫게 한다면, 이는 가공할 파괴력을 지닌 폭탄이 터진 것과 마찬가지리라. 그래서 영리한 엘제의 눈에는 문제를 원인으로부터 분리하고, 이를 통해 자칫 공격적일 수 있는 자기의 충동을 억압하는 일이 훨씬 더 유익하게 보일 것이다. 팽팽하게 긴장된 감정과 거의 치명적인 갈등으로부터 이제 영리한 엘제의 진정한 영리함을 보여주는 궁극적 증거가 나타난다. 그녀는 위협적인 재난을 포착하자마자 '곡괭이'를 자기 손으로 쥘 능력이 없음을 대가다운 솜씨로 드러낸다. 결국 아버지나 남편이 자신을 그렇게 돕는다는 사실에 감사해야 한다. 이를 통해 원래 생명을 위협하는 공격자가 감사를 드려야 하는 생명의 은인이 된다. 물론 은인들은 영리한 엘제가 이런 배려와 도움을 받기 위해 어떤 대가를 치르는지 깨달을 수 없고 깨닫고자 하지도 않는다. 그녀는 불안에 가득 차서 자기의 행위와 자립성, 나아가 곤경에 대한 한탄을 넘어서는 사유를 싹에서부터 단념하는 것이다. 보라. 바로 이 단념이야말로 그녀가 가장 높이 인정받게 될 어떤 것이고 그녀에게 가장 높은 칭송을 가져다줄 것이며 삶의 기술의 핵심으로서 가장 확고하게 동의를 얻게 될 것이다. 그녀는 얼마나 '영리한가!'

물론 영리한 엘제가 그저 아무것도 하지 않는 것은 아니다. 다만 원래 활동이 행위에 있는 것이 아니라, 오히려 행위를 대체하는 사유, 불안과 절망을 안겨주는 출구 없음에 대한 사유 혹은 심사숙고에 있다. 우리는 이러한 '사유 유형'을 **비탄의 복수**라고 부를 수 있으리라.[23] 그 이유는 영리한 엘제가 해묵은 우울함으로 주변 환경을 모조리 감염시킬 때, 확실히 여기에서 어떤 승리를 거두기 때문이다.

교사들이라면, 과도할 정도로 **"그건 해결할 수 없어."**라는 논리를 만들려고 애쓰는 아이들, 이 점에서 다른 아이들보다 탁월하여 주목받는 아이들을 만난 적이 있으리라. 이를 위해 내놓는 논리와 사유의 연결은 지적 능력과 교육 정도에 따라 어느 정도 설득력이 있을 수도 있고 반박할 수 없을 수도 있다. 그래서 우리는 쉽게 깨닫지 못한다. 여기에서는 어떤 특정 사고를 증명하거나 특정 사태를 서술하려는 것이 아니라, 기본적으로 정말로 '영리하다'는 필사적인 증거를 내놓으려 하고 있음을. 이는 늘 다음과 같은 모토에 따라 이루어진다. "내가 누구도 풀 수 없는 질문이나 문제를 제기한다면, 내가 다른 사람들보다 영리하다는 사실이 틀림없이 입증된다."[24]

이러한 아이들에게는 갈등 해결(그리고 그로부터 나오는 태도)에 대해 보상이 아니라 오히려 정반대 일이 일어난다는 예감이 무의식적으로 지배한다. 스스로 행동하지 않을수록, 자기 손으로 무엇인가를 잡으려는 노력을 하지 않을수록, 더 착하고 똑똑하다고 간주된다. 삶의 결정적 문제에서는 결국 해결책이 절대 있을 수 없음을 분명하게 보여줄수록, 주변 사람들은 말없이 놀라움을 금치 못하고 자신을 더욱 지적이고 '영리하게' 본다는 것이다. 사실 주변 사람들은 이 문제를 한 번도 그러한 관점에서 바라본 적이 없기 때문이다. 영리한 엘제가 궤변을 성공적으로 과시할수록, 이러한 경로로 청중의 인정을 받을수록, 그녀의 부정적 설득력이 청중과 주변 사람들에게 끼치는 영향력이 더욱 위험하게 발휘된다. 나아가 마지막에는 영리한 두뇌들이 각각 자신이 가장 위대한 회의주의자임을 입증하기 위해 그야말로 각축을 벌이게 된다.

예를 들어 온갖 세미나 시간에 영리한 엘제 성격 유형에 속하는 리더의 비호를 받으며 진리는 존재하지 않고 가치도 존재하지 않으며 자유는 환상에 지나지 않고 인간은 자연의 결함이며 문화, 환경, 아니 지구 전체의 붕괴가 예정되어 있다는 등의 허튼 사변을 증명하는 데 시간을 허비한다. 물론 이런 유의 생각에 객관적 정당성과 진실이 들어 있을 수도 있다. 그렇지만 이런 이론의 주관적인 의미는 그러한 유의 주장의 합리적 핵심에 대한 동의나 거부 차원에 있는 것이 아니다. 그 의미는 합리적 외피를 쓴 감정, 혹은 암호화된 메시지로 해독하고

자 할 때만 발견할 수 있다.[25]

영리한 엘제의 성격 유형에게는 진리란 존재하지 않는다. 그녀가 예감하고 느끼는 진리는 자신의 총체적인 (어린이의) 세계를 산산조각 낼 것이 틀림없다. 아울러 그녀에게는 정말로 어떠한 가치도 있어서는 안 된다. 어떤 가치들이 타당하다고 말한다면 그 말이 끝나기가 무섭게 부모의 생각이 부당하다고 말해야 하기 때문이다. 또한 그녀는 자신이 정말로 의도하지 않은 결함으로 이 세상에 태어났음을 확인한다. 그렇지 않다면 부모가 자신을 불청객인 양 이 세상으로 밀어냈다고 비난해야 하기 때문이다. 마침내 그녀에게는 이 세계가 몰락할 운명임이 분명해 보인다. 그렇지 않다면 자기 눈앞에 나타나는 이 세상을 모조리 잿더미로 만들고 싶다는 마음속 깊은 곳의 큰 희망을 자발적으로 고백해야 하기 때문이다.

이러한 회의주의자의 생각을 이해하려면 내재적 논리를, "만일 이렇고 만일 저렇다면, 그 결과로 아마도……"라는 식의 논리를 따라가기를 거절해야 한다. 오히려 이런 일들이, 즉 해법의 단초가 아니라 아포리아의 증명에 집중하고, 그래도 다른 상황도 가능하다는 제안에 매우 결연하게 "아니다, 그러나 ……"라는 영리한 선언을 내놓는 일들이 회의주의자에게 어떤 이득을 가져오는가라는 물음을, 우리의 정신적 힘을 총동원하여 거듭 제기해야 한다. 그러면 이런 태도가 그녀가 주관적으로 깊이 느끼는 출구 없음과 내적 체념을 표현하는 것임을 깨달을 수 있다. 아울러 여기에서는 여러 해에 걸친 습관으로 자신에게 이미 제2의 천성처럼 나타나는 침울함, 딜레마, 비탄과 똑같은 상태로 다른 사람을 이끌고 들어갈 수 있다는, 승화된 복수심이 지배하고 있음을 제때 깨달을 수 있다. 영리한 엘제가 마침내 다른 사람들도 똑같은 애가(哀歌)를 부르도록 한다면 충분히 성공한 것이다. 이제 적어도 그녀는 혼자가 아니다. 그녀는 하녀에서부터 어머니에 이르기까지, 하인에서 아버지에 이르기까지 가족 전체를 자신의 절망적인 비탄에 동조하도록 만드는 데 성공한다. 함께 살아가는 가족 모두의 은밀한 기본 악보가 마침내 연주되는 것처럼 보인다.

물론 이러한 방식으로는 근본 문제인 (부모의 과도한 요구에 대한 반응으로 나타나는) 억압된 엄청난 공격성이 진실로 해결된 것이 아니다. 잠재적 공격성의 많은 부분은 오히려 처벌에 대한 불안이라는 형태로 초자아로 넘어가고, 〈영리한 엘제〉에서는 무엇보다도 젊은 여성의 건강염려증으로 드러난다. 이 이야기를 처음 읽을 때는, 영리한 엘제의 어수선한 행동을 유쾌한 연극으로, 아니면 아주 단순히 명백한 게으름으로 해석하면서 상당히 재미있게 받아들일 수도 있다. 그러나 조금 더 깊이 들여다본다면, 영리한 엘제의 신중한 '자리 잡기'와 산만하게 이리저리 돌아보기, 단 한순간도 아무 일도 하지 않는 것으로 보이지 않으려는 노력, 고생스러운 지나친 노고가 곧 불안이자 선한 의지의 무의미한 과잉임을 인식하게 된다. 그리하여 우리는 이 이야기 혹은 이 여성의 의식 상태를 염려하지 않을 수 없다. 특히 영리한 엘제가 공연한 힘을 허비하지 않으려고 과도하게 주의를 기울이는 일이 눈에 띈다. 분명 그녀는 삶의 토대의 지속적 상실, 혹은 갑작스럽게 덮쳐오는 신체적 허약함을 두려워한다.[26] 그러나 이러한 유형의 건강염려증적 근심과 불안은 단지 영리한 엘제의 만성적인 정신적 과로에 대한 신체적 대응물만을 보여주는 것이 아니다. 거기에는 또한 자기에 대한 공격성이 일부 신체적으로 드러나는 것 같다.

다른 한편 영리한 엘제의 심리적 압박감은 실제로 자연스럽게 지속적인 나태한 태도로 나타나는 경향이 있다.27) 그러면 외부 관찰자는 쉽사리 이러한 태도를 단순한 무기력이자 하찮은 무감각증으로 볼 수 있다. 만일 영리한 엘제에게 **불안의 영리함**이라는 딜레마에서 탈출하는 해법이 있다면, 그것은 정말로 외부에서만 올 수 있는 듯하다. 그러므로 강력한 한스의 등장을 기다리는 일이 중요하다. 그는 아무짝에도 쓸모없는 머리 쓰기와 한탄을 끝장내고 힘차고 정력적으로 사태를 이끌어 나갈 것이다. 다만 두려운 점은 이러한 '실천적' 길 위에는 진정한 도움이 없으며, 남편의 우호적이고 즐거운 '극복'과 '이성적 조치'라는 위장 아래 실은 진정한 마지막 참사로 가는 길이 준비되고 있다는 사실이다. 영리한 엘제의 '몰락'은 **"우리는 그걸 이룰 수 있다."**라는 한낱 가부장적인 발언이 결국 불합리함을 입증한다. 그 이유는 타인을 진정 도울 수 있으려면, "곡괭이가 어떻게 자루에 달려 있는지", 즉 사태가 어떤 식으로 되어 있는지를 아는 것만으로는 충분치 않고, 다른 사람과 더불어 불안의 심연으로 함께 내려가는 일이 필요하다는 명백한 사실 때문이다. 그 사람의 생각의 기저에 잠복해 있는 불안은 어떠한 생각의 도움을 받더라도 덮개가 걷히기보다는 오히려 덮여버리고, 의식에서 제거되기보다는 무의식으로 밀려나기 때문이다.

'곡괭이'가 특히 영리한 엘제가 아버지의 의지, 어머니의 체념, 한스의 단호함을 통해 강요받는 바로 그 미래의 결혼이라는 전망을 상징한다면, 이른바 도움과 실제적 파괴 간의 대조는 더욱 현저하게 드러난다. 이제까지 영리한 엘제의 삶은 끝나지 않는 다모클레스 상황과 같았다. 그러나 이러한 진실이 바로 지금 구혼 시점에 공공연하게 드러난다는 사실 때문에, 일차적으로 결혼 자체(혹은 영리한 엘제의 결혼에 대한 태도)를 불가피하게 위협하는 (말 그대로의 의미에서) '액운'*의 전조 아래 볼 수밖에 없다.

이제까지 우리는 위협적인 '곡괭이'가 영리한 엘제의 머리 바로 위에 매달려 있는 것처럼 말했다. 분명 이 이미지 안에는 이러한 측면도 있다. 그렇지만 영리한 엘제의 불안이 자신의 치명적 운명이 아니라 자식들에게 닥칠 수 있는 위험에 의해 발화된다는 점에 주목할 수 있다. 영리한 엘제는 자기 자식들(혹은 **자기 자식** — 이 단수형은 여러 자식들을 대표한다)의 운명이 어떻게 될지를 떠올렸을 때 비로소 자신의 처지를 진실로 깨닫는 것 같다. 이미 우리는 아버지도 지극히 불운한 방식으로 딸의 운명과 스스로를 동일시한다고 추정했다. 이와 마찬가지로 이제 영리한 엘제도 오로지 동일시를 통해 자식들의 (상상적) 삶에서 자신을 체험하는 듯하다.

유년기에 어린아이로서 자신의 삶을 펼쳐 나가는 것을 차단당한 많은 여성들은 자식에게서 대체적 삶의 길을 걷고자 한다. 이는 자식을 통해 최소한 대리적으로라도 자기 소망대로 살아내고 소망을 실현하려는 것이다. 그러나 영리한 엘제는 장래 결혼의 일상을 악몽과 같이 상상한다. 그것은 자식이라는 거울상에서 자신의 소망을 뒤늦게 실현

---

* 독일어에서 액운을 뜻하는 Verhängnis는 '매달린 것'이란 의미에서 나왔다.

영리한 엘제

하기보다 오히려 그동안 지체되어 온 자기 인식을 일부 이루어내기 때문이다. 아이들이 결혼 생활의 지하 현실, '지하실'을 알게 된다면 그야말로 피할 수 없는 위험 속에서 살아가게 되듯이, 영리한 엘제 자신이 매일매일 그렇게 불안에 떨고 위협을 받으며 살아가고 있다. 그러니까 어떤 의미에서 위협적인 '곡괭이'에 대한 영리한 엘제의 불안은 실은 자식들을 향한 것이 아니다. 오히려 자식들은 그저 자신의 경험이 투영되는 스크린일 뿐이다. 아울러 우리는 역설적이게도 영리한 엘제가 느낌의 또 다른 차원에서 지나치게 '자식들'에 얽매여 있다고 강조해야 한다. 결혼을 약속하기도 전에 벌써 영리한 엘제의 생각은 자식들 곁과, 그들에게 닥칠지 모르는 불행 주위를 뱅뱅 돌고 있다. 여기에서는 결혼이 상호 간의 사랑과 보완이라기보다는 희망하는(혹은 두려워하는!) 자식들을 가지는 '축복'을 뜻한다는 생각이 분명하게 지배한다. 그러니까 **아이들을 염려하는** 불안은 우선 **아이들에 대한 불안**이다.

만일 스스로를 사랑하고 존중하고 높일 줄 모른다면, 이 세상의 어떤 여자도 자식이 태어나는 것을 가슴 깊은 곳에서부터 기뻐할 수 없다. 그런데 영리한 엘제의 의식에서는 기본적으로 이러한 사랑과 보호라는 계기가 전혀 떠오르지 않는다. 사랑이라는 주제는 완전히 억압되어 있다. 달리 말해 상징적으로 응축된 채 남성적 성에 대한 불안으로 돌아온다. '곡괭이' 이미지는 이러한 성에 대한 불안의 상징이기도 하다. '전투용 도끼', '토르의 망치'는 일반적으로 남성의 힘을 상징할 뿐 아니라, 뚜렷하게 남근적 상징이기도 하다. 이 상징은 분명 영리한 엘제에게 불안을 불어넣어 남녀의 만남을 오로지 생식과 출산을 위한 일종의 능욕으로 보이게 할 수 있다. 영리한 엘제에게 이러한 유형의 불안은 특히 과거에나 현재나 아버지와 맺은 결속에서 유래하며 강도 높은 근친상간적 특징을 지닌다. 어쨌든 이런 불안이 사랑을 지나치게 억압하도록 만들기 때문에, 이제 반대로 자기 '자식들' 역시 곧바로 문제로 드러난다. 우리는 앞에서 영리한 엘제가 아버지의 (동일시를 통한) 보살핌에 맞서야 했음을 살펴보았다. 이제 우리는 영리한 엘제 자신도 아버지 못지않게 장래의 자식들을 돌보는 의무를 느낄 것이라고 짐작할 수 있다. 따라서 그 아이들은 세상의 빛을 보기 훨씬 이전부터 영리한 엘제의 평생에 걸친 과도한 요구를 연장시키고 상승시킬 뿐이다. 아버지가 딸을 자기의 '영리함'과 자기 존중의 척도로 받아들였다면, 이제 영리한 엘제의 가치도 자식들을 무엇으로 키울지에 근거해 측정된다. 이 지점에서 '곡괭이' 상징을 다시 한 번 완전히 다른 조명 아래 드러나게 하는 무시무시한 생각이 떠오른다.

도스토예프스키는 **코르닐로바** 사건의 법정 변호를 맡은 적이 있다. 코르닐로바는 임신 중에 여섯 살인 의붓딸을 창문에서 밀어 떨어뜨렸다.[28] 정신분석의 창안보다 수십 년 앞서 도스토예프스키는 여자가 아이를 사랑하기 때문에 미워하는 것, 나아가 과도한 책임감 탓에 외부에서 보기에는 완전히 '무책임한 짓'을 하는 것이 충분히 양립 가능함을 예감했다. 영리한 엘제에게는 환상 안에서 바로 그런 감정의 모순이 시작되는 듯하다. 아버지가 자신을 '보살폈던 것'과 마찬가지로 자신도 자식들을 책임지고 배려해야 한다는 의무가 그녀를 압박한다. 의무의 압박은 영리한 엘제에게 자기의 어린 시절을 지배했던 증오와 거부, 불안과 안정 추구, 체념과 집착이라는 격렬한 감정을 다시 떠오르게 했음에 틀림없다. 덧붙여서 이제 미래의 과제 때문에 한없이 과도한 요구를 받고 있다는 극심한 불안, 강렬한 감정, 그리고 (이에 대한 반작용으로) 견뎌낼 수 없을 만큼 무리한 의무에 대한 끓어오르는 분노가 영리한 엘제를 덮쳤을 것이다. 그리하여 우리는 그녀가 아이를 낳기도 전에 극심한 불안에 휩싸여 오직 장래의 자식의 안녕을 염려하는 듯하지만, 사실은 아이들이 곡괭이에 맞아죽기를 기꺼이 소망한다고 가정할 수 있으리라.

이러한 가정은 전혀 예외적이지 않다. 우리는 사람들이 어떤 위험을 소망하면서도 그 위험으로부터 자신과 다른 사람을 보호하기 위해 **강박신경증적** 안전 조치들을 취함을 자주 볼 수 있다.[29] 영리한 엘제가 결혼을 하기도 전에 장래 자식의 비극적 운명에 눈물을 쏟는다는 것은, 사실 무의식적으로는 아이들이 정작 태어난다면 때맞춰 (곡괭이에 맞아) 급사하기를 바라는 강렬한 소망을 품고 있음을 뜻한다. 물론 '곡괭이' 상징에서는 이러한 소망에서 엘제 자신의 공격성은 무의식 안으로 깊이 억압되어 있다. 분노 때문에 자신의 손으로 자식들에게 곡괭이를 휘두르는 것이 아니라, 불행의 위협이 다음 운명을 (마술적으로) 결정짓는다. 깊은 곳의 소망이 원하지만 양심이 아주 엄격하게 금지하고 있는 운명을.[30] 억압된 소망의 환상 속에서는 현존하는 갈등과 투쟁하는 대신 우울증, 체념, 슬픔이 나타나고, 영리한 엘제에게 이미 익숙한 성격적 특징만을 남겨 둔다. 그것은 행위를 **대신하는** 생각, 진지한 심사숙고를 **대신하는 끊임없는 골똘한 생각**, 자신의 (가학적) 행동에 대한 두려움에서 나오는 상습적 수동성이다.

위협적인 '곡괭이' 이미지를 간추려보면, 이 상징이 매우 다중적으로 구성되고 규정되어 있음이 드러난다. 우리는 '곡괭이'가 평생 다모클레스처럼 살아가는 영리한 엘제의 삶을 매우 적절하게 서술하고 있음을 보았다. 아울러 '곡괭이'는 아버지의 폭정에 대한 딸의 억눌린 분노와 저항도 상징한다. 더 나아가 '곡괭이'는 아버지와 남편의 남성적 정력과 힘을 상징하고, 그 때문에 단순히 아버지 대리인으로서 남편의 접근에 대한 젊은 여성의 (오이디푸스적) 불안을 나타낸다. 마지막으로 '곡괭이'는 자식들에 대한 여성의 잠재적 살해 욕구를 응축하면서, 이를 통해 모든 방향으로부터 과도한 요구를 받고 있다고 느끼는 인물의 이미지에 다시 한 번 방점을 찍는다. 영리한 엘제가 품은, '곡괭이'를 들고 돌진하려는 잠재적 소망을 더욱 잘 이해하기 위해, 이러한 비극적인 절망감을 특히 늘 명랑한 한스의 태도와 견주어볼 수 있다. 유능한 남편이 상황을 손아귀에 움켜쥐자마자 곧 '곡괭이' 문제는 (앞으로는 아마 다른 문제들도) 손바닥을 뒤집듯 쉽게 사라진다. 한스는 영리한 엘제가 자기에게 적당한 여자라고 여긴다. 따라서 조속한 혼인에 대한 장인과 사위의 긴밀한 합의를 가로막을 것은 아무것도 남지 않는다. 다만 한스 같은 남편은 '자기' 아내가 진정으로 어떤 사람인지는 조금도 알지 못하고 이해하지 못한다. 다소 기묘하다는 점을 빼면 아주 선량하고 재미있는 아내라는 호감과 즐거운 인상에 만족한다. 그리하여 영리한 엘제에게는 가공할 재앙이, 남편이 문자 그대로 그 재앙을 '장악했다'고 생각하는 바로 그 지점에서 비로소 제대로 시작된다. 자기 만족적이고 피상적인 남성의 '친절함'이 가져오는 심각한 결과를 이처럼 부르짖듯 분명하게 드러내주는 민담은 그리 많지 않다.

내면을 보지 못하는 남편
"집안일을 하는 데 이 정도 영리하면 될 것이오."

그렇다면 처음부터 자유와 자아 실현이 아니라 적응을 통한 자기 보존에 토대를 두는 결혼을 한다는 것은 영리한 엘제에게 무엇을 의미하는가? 수많은 동화들이 행복한 결혼식으로 끝나는 인생의 운명에 관해 이야기한다. 그러나 이러한 행복한 연인들이 불행하고 절망하고 문자 그대로 희망 없는 사랑의 고통에 대해 무엇을 안단 말인가? 그러한 감정에 담긴 질식시키는 비명, 억눌린 눈물, 둔중한 불감증을 짐작이나 하겠는가? 고통보다 더 심각한 것은 마비된 지각, 죽어버린 감정, 뿌리 뽑힌 희망으로 인한 고통의 불감증이다. 자기 자신을 더는 느끼지 못하는, 절망 속의 무감각이다. 이렇듯 불행하게 (서로 사랑하는 사람은 아니지만 그래도) 함께 살아가는 사람들을 한 번쯤 이해하고 공감하며 변호하려면, 우리는 〈영리한 엘제〉 같은 이야기를 집중적으로 연구해야 한다.[31]

먼저 한스 같은 사람이 이 결혼을 통해 어디로 들어가는지를 깨달을 수 있는지, 아니 대체 깨닫고 싶어 하는지를 묻게 된다. 반드시 '영리한' 여자를 '자기' 아내로 삼아 '집으로 데려가겠다'는 요구는 그가 애당초 아무런 문제가 없고 깔끔한 관계, 앞을 내다볼 수 있으면서도 새로운 것을 추구하는 관계, 갈등 없는 관계, 즉 바로 '합리적' 관계를 원하고 있음을 분명히 보여준다. 사실 한스는 자신이 결혼하게 될 영리한 엘제 같은 여자를 원하는 것이 아니다. 다시 말해, 모든 일이 여러 차원에서 복잡다기하고 불편하고 모순적으로 진행되는

'실타래 같은' 것을 원하는 것이 아니다. 그가 사랑을 위해 제시한 조건은 분명하다. 머릿속이 '명료한' 여자를 원한다. 그렇기 때문에 그가 특히 장래의 장모가 선언하는데도 자기 신부가 실로 어떠한 상태인지를 깨닫지 못하는 것은 더욱 의아스럽다. 현실에 대한 중대한 부정을 그저 둔한 성품이나 쾌활한 경솔함으로 설명할 수는 없다. 오히려 '영리함'에 가치를 부여하는 청년이 어떻게 인생의 결정적 지점에서 그토록 중대하고 '어리석은' 과실을 범할 수 있는가라는 물음이 제기된다.

여기에서 전제해야 할 것은 한스가 영리한 엘제 가족이 얼마나 혼란스러운 상황에 놓여 있는지 매우 정확하게 눈치 채고 있다는 것이다. 그리하여 그의 구혼 자체가 그에게 은밀하게 기괴한 상황이 된다. 거기에서는 결혼을 하기도 전에, 영리한 엘제의 한탄을 포함하여, 모든 가족이 결혼을 미래의 자식들에게 곧 닥칠, 피할 수 없는 액운이라고 만장일치로 선언한다. 말로 하는 모든 확약을 뒤집는 이 결혼의 '지하실의 진실'을 깨닫는 데는 이것으로 충분하다. 숙연한 낯빛으로 "집안일을 하는 데 이 정도 영리하면 될 것이오."라는 한스의 진지한 선언이 진심일 수는 없다. 오히려 그는 자기 지각을 무의식적이거나 절반쯤 의식적으로 왜곡하면서, 진실로 보고 있는 것을 전혀 받아들이지 않는다. 그가 틀림없이 보고 있는 것은 바로 현실의 더 깊은 차원에서는, 즉 그저 스스로 한 걸음 더 '지하실로' '들어가 본다면', 결혼식날 이미 고통과 불행이 드러나기 시작한다는 사실이다. 영리한 엘제는 (자신이 낳을 아이가 아니라) 자기 자신인 그 아이가 이미 결혼식에서 맞아죽은 것처럼 느낀다.[32] 결혼식 **전에** 함께 의논하고 숙고하고 함께 철저히 다루어야 할 것은 바로 결혼을 앞둔 영리한 엘제의 끝없는 불안, 전염되는 슬픔, 목숨을 위협하는 위험이다. 그러나 한스는 그런 일을 하지 않는다. 그 대신 주저 없이 단숨에 문제 전체를 부인하고, 화창한 곳으로 가볍게 몸을 돌리는 수상한 재능을 보인다. 그의 '집안일'에는 영리한 엘제라면 충분하다. 그러나 이런 '사랑 고백'은 어느 정도 가치가 있을까? 아니, 대체 그것이 사랑 고백이기나 한 것일까?

　실제로 한스와 영리한 엘제 사이에는 불행을 완성하는 그릇된 상호 보완이 있는 듯하다. 영리한 엘제의 지적 능력이라는 것이 풀 수 없는 문제를 어디에서나 찾아내고 만드는 것이라면, 분명 한스는 그와 정반대되는 유형이다. 그의 지적 능력은 바로 그에게는 문제라는 것이 전혀 없거나 만일 있다고 하더라도 쉽게 해결할 수 있는 것으로 나타난다는 데에 있다. '태평한 한스'가 동시대인들에게는 매우 유쾌하게 보였을 수도 있지만, 그럴수록 겉보기에 평범함과 갈등 없음이 철저히 병리적임을 이해해야 한다. 물론 그는 영리한 엘제 같은 여자에 대해 언제나 유리한 입장일 것이다. 그러나 결혼 상황을 끝내 모조리 무산시키는 것은 다름 아닌 한스의 만성적 우월함이다. 그러한 우월함은 문제를 해결하는 것이 아니라 오히려 덧나게 하기 때문이다. 게다가 이런 태도는 어떤 식으로든 모든 일을 제대로 하고 있다는 기이한 자기 확신으로 피둥피둥 살이 찐다.

　그렇다면 이러한 '한스'는 어떻게 만들어지는가?

　한스는 (영리한 엘제의 집과 마찬가지로) 문제를 인정하고 고백하는 일을 결코 허용하지 않는 분위기에서 쉽게 만들어진다. 한스의 삶에는 문제를 끊임없이 부인하는 태도가 존재한다. (현대 독일어에서 가장 끔찍한 말인) '**해결 가능**(machbar)'해 보이지 않는 어려움은 어떠한 경우에도 존재하지 않아야 한다. 한스가 오로지 (문제 없음이라는 의미에서) '영리'하다고 간주하는 여자를 '가지고자' 하는 것을 보면서, 우리는 한스의 **어머니**가 (그 자신의 무력감 혹은 요구하는 태도 때문에) 한스가 아내에게 내놓는 전망과 똑같이 아들을 대했을 것이라고 가정할 수 있다. 그것은 '문제'를 느끼거나 만드는 즉시 사랑을 모두 잃게 된다는 전망이다.

예를 들어 권위 있고 명망 있는 학자가 여비서와 맺은 관계에 대해 말하는 것을 들어보자. 그는 결혼 생활에서 치명적 오류에 빠지지 않았다면 결코 비서를 사랑하지 않았을 것이라고 고백했다. 그는 어렸을 때부터 가정에서 만성적 우울증에 시달리는 어머니를 위해 견딜 수 없을 만큼 배려하고 이해해야 한다는 요구를 받았다. 그는 코흘리개 때부터 어머니에게 깊은 연민을 느꼈다. 그러나 상심한 어머니를 위로하고 즐겁게 해주고 싶었지만 도움이 되는 일을 하는 것은 실제로는 불가능했다. 그러니까 어머니에게 힘이 되고 어쩌면 서로에게 이익이 되는 관계를 맺을 수 없었다. 이 남자는 아주 어려서부터 그렇지 않아도 지나친 부담을 안고 있는 어머니를 자기 문제로 더 괴롭혀서는 안 된다는 사실을 배워야 했고, (실제로 자기가 보기에는 해결할 수 없는) 어머니 문제를 이해하고 극복하기보다는 피상적 유머로 슬쩍 **넘겨버리는** 법을 배워야 했다. 그러므로 유년기부터 이 남자가 배운 교훈은 세상에서 가장 끔찍한 존재는 무기력하게 퍼질러 앉아 울면서 스스로 어리석음의 화신이라고 자학하는 여자, 자기 중심적 고통이 너무 커서 그밖의 문제, 가령 자식의 문제에는 결코 다가서지 못하는 여자라는 사실이다.

이러한 경험을 배경으로 지닌 남자는 이미 사춘기에 심리적 문제, 특히 여성의 심리적 문제에 그야말로 공황 상태로 반응하는 데 익숙해졌다. 그리고 자기 인생에서는 결코 그러한 '문제가 있는 여성'과는 상종하지 않겠다고 결심한다. 이러한 모토에 충실한 그는 해를 거듭하면서 유쾌한 매력으로 자신을 둘러칠 줄 알게 된다. 덕분에 그는 바로 내적으로 불안정하고 의존을 필요로 하는 여자들에게 무의식적으로 남다른 매력을 행사할 수 있다. 그런 여자들은 이 남자가 온갖 문제들을 다루는 외적인 안정성과 경쾌함만을 보고 자기 삶에 도움과 보호를 얻기를 희망한다. 달리 말하면, 그는 자신이 사랑하기를 가장 주저하는 바로 그러한 여자들에게 애정과 호감을 불러일으킨다. 아울러 그는 유년기가 반복되는 데 대한 불안 때문에, 살아오면서 내내 자신과 타인의 심리적 문제들을 조금이라도 깊이 이해하는 데 온 힘을 다해 저항해 왔기에, 이제 곧 마치 마법에 이끌린 듯 무의식의 강박에 굴복한다. 그가 결혼으로 끌어들이는 여자는 처음에는 자신과는 전혀 다르게 아무 문제도 없는 듯 보이는 남자를 마침내 찾았다는 사실에 황홀해한다. 반대로 그는 어머니에게 줄 수 없었던 모든 것들, 즉 기쁨과 행복을 줄 수 있는 여자를 '가지게' 되었다고 믿는다. 물론 이런 상황에서 이와 같은 형태의 결혼은 오직 피상적인 방식으로만 유지될 수도 있다. '사람들은' 즐거움을 누리고 손님을 초대하고 춤추러 가고 필요한 물건을 산다. 그리고 마침내 아내는 숨 막히는 피상성, 문제 없이 작동해야 한다는 강박감, 아무 생각 없이 시간을 죽이고 영혼을 파묻는 일을 견디지 못하게 되고, 남편은 느닷없이 아내를 대하는 일을 힘들어하게 된다. 드디어 남편이 여비서야말로 진정 아무 문제 없는 여자라고 생각하게 되고 이와 함께 결혼 관계는 더욱 소모전으로 변질하기 시작한다. 남자는 부인이 무력감에 빠져 있기 때문에 자신에게 지나친 요구를 한다고 힐난하고, 아내는 남편을 영혼 없는 기계, 감동 없는 목석, 역겨운 마마보이라고 비난한다.

실제로 우리는 한스 같은 남자가 결혼에 적용하는 삶의 규칙을 잘 짜인 순서를 갖춘 다섯 가지 굳건한 규준으로 서술할 수 있다. 1. 문제란 없다. 2. 문제가 있다고 해도 너와는 상관없다. 3. 문제가 너와 상관 있다고 해도 그 문제는 그 자체로 변화시킬 수 없다고 선언하라. 4. 만일 문제를 변화시킬 수 있다고 부당하게 요구한다면 분노와 흥분으로 반발하라. 5. 너의 성마른 분노가 다른 사람, 가령 너의 아내에게 아주 깊은 상처를 주었다면, 네가 자비로운 사마리아인임을 입증하라. 그러니까 배려와 보호를 통해 네가 얼마나 자상한 남자인지 보여주라.

문제란 없다는 1번 규준의 추가 규칙은 이렇다. 만일 네가 늘 똑같은 순환에 빠져들었음을 깨닫는다면, 3번 규준을 떠올려라. 그리고 신부에게 구혼할 때 성공적이었던 수단을 다시 집어들어라. 그저 지하실에 맥주를 가지러 가서 (너 자신의 혹은 네 아내의) 가정과 가족 문제, 유년기 문제 모두가 그저 제대로 장악하기만 하면 되는 사태라고 선언하라. 반복 강박과 전이, 투사와 퇴행, 초자아와 이드의 어떤 뒤엉킴도 없이, 여기 이 자리에서, 바로 이 순간에 해결할 수 있는 사태라고 선언하는 것이다. 이런 실천적 태도를 지닌 한스는 정말로 겉보기에 아무 문제 없는 세계 안에서 겉보기에 아무 문제 없이 살아간다. 대부분의 문제가 바로 자신의 '문제 없음'과 '간단명료함' 때문에 야기되거나 촉발된다는 사실을 결코 깨달을 수 없고 깨달으려 하지도 않을 것이다.

이런 남편 곁에서 살아가는 영리한 엘제가 어찌 심리적 현기증 때문에 점차 몰락하지 않을 수 있을까? 한스와 결혼해 함께 살면서 해결되지 않은 물음은 전혀 없을 것이므로, 두 사람은 다음 순간 '할 일'이 무엇인지에 대해서만 대화한다. 영리한 엘제는 이미 부모의 집에서부터 자기 감정을 이야기할 때 상징적 암호화라는 방식 이외에는 배운 적이 없다. 그런데 이제 복잡한 심리적 문제를 그 무엇보다도 두려워하는 남자의 수중에 있다. 그러므로 자기의 체험에서 중요한 순간마다 어찌 이 남자에게 너무 복잡한 여자로 보이지 않겠는가? 이런 상황에서는 그녀의 감정과 표현 방식이 실질적인 유용성의 문제로 밋밋하게 변질된다.

가령 영리한 엘제는 이렇게 말한다. "잘 모르겠어요. 머릿속이 아주 나른해요." 혹은 "사지가 너무 차갑게 느껴져요." 혹은 "다리가 후들거려요." 그러면 한스는 대답한다. "아마도 기압 때문일 거요. 날씨도 끔찍하구려. 조금 자는 게 제일 좋을 것 같소. 그동안 나는 카드놀이나 몇 판 하고 오리다. 그 후에 알비네 아주머니네로 놀러 갑시다." 아니면 이렇게 말할 것이다. "심리치료사가 처방해준 알약을 먹어요. 내가 우리가 늘 행복하기만을 원한다는 것을 당신도 잘 알 거요." 이에 대해 영리한 엘제는 (물론 그럴 수 없지만!) 아주 단호하게 대답해야 하리라. "내게는 사실 집처럼 편안하게 느낄 곳이 없어요. 내 감정을 다스릴 수 없어요. 당신을 증오해서 큰 죄책감을 느껴요. 당신이 애면글면 노력하고 있고, 당신 자신도 스스로를 가로막는 그런 방식을 어쩔 수 없다는 것을 알면서도요. 그러나 당신을 사랑할 수는 없어요. 때로는 도망치고 싶어요. 그렇지만 두려워요. 바로 이 불안 때문에 머릿속에 안개가 끼고 팔다리에 오한이 들고 다리가 후들거려요." 영리한 엘제는 결코 이렇게 대답하지 않으리라. 그렇게 말한다고 해도 남편은 분명 또다시 실용적인 물음과 충고를 쏟아부을 것이기 때문이다. "또 시작이요! 당신을 위해 무엇을 더 해야 하는지 정말 모르겠소. 다른 여자가 당신 처지라면 기뻐할 거요. 우리는 함께 견뎌내야 하오. 당신은 누구나 느낄 수 있는 기우를 느끼는 것 뿐이오. 자, 이제 가축을 돌보러 가봐야겠소."

우리는 한스와 엘제의 관계가 하루하루 이런 방식을 따른다고 상상할 수 있다. 그리고 하루하루 지나갈수록 더욱 분명해질 뿐이다. 두 사람이 아무리 좋은 의도를 지니고 있고 각고의 노력을 기울인다고 해도 서로를 사랑할 수 없고 서로에게 도움이 될 수도 없음을. 오히려 한스의 영악하고 능란한 조치들은 영리한 엘제가 지닌 문제의 핵심에 전혀 와닿지 않는다. 정확히 말하자면, 그것은 조치라고 볼 수도 없다. 그러니까 한스는 사실 그저 조용히 살고 싶을 뿐이다. 그가 시도하는 것은 아내를 향해 은밀하지만 분명하게 "이제 제발 만족하시오."라고, "대체 무얼 더 원하는 거요?"라고 표현하는 것이다. 그렇지 않아도 한스는 남편으로서 그 자리를 피할 만한 운신의 여지가 있기에 그런 결혼도 그럭저럭 견딜 수 있다. 일로 도망칠 수 있고, 지위를 통해 스스로를 확인할 수도 있고, (우리가 충분히 가정할 수 있듯이) 주변 사람들 대부분에게 번듯한 남자, 붙임성 있는 사람으로 보인다. 하지만 영리한 엘제의 결혼 생활은 **뒤집힌 삶**이 된다. 그것은 본래 느끼고 희망하고 그리워하고 소망하고 말하고 행할 수 있는 것들을 철저하게 부정하고, 자신을 억압하고 굴욕을 안기고 괴롭히고 질식시키고 좁히고 파괴하는 것들을 의무적으로 긍정하는 삶인 것이다.

이때 영리한 엘제에게는 자기 마음을 전달할 가망이 전혀 없다! 종교가 있는 수많은 여성들은 이러한 순간 마치 망명지처럼 동네 성당이나 교회에서 성모상 앞의 초나 경건한 창문을 바라보며 몇 시간씩 침묵과 고독의 기도를 드린다. 그러나 〈영리한 엘제〉는 종교 귀의는 전혀 언급하지 않는다. 다만 세속적 서술에 머물면서 영리한 엘제의 지상에서의 구금을 **총체적** 사태로 보여준다. 그리고 이는 올바른 것이리라. 신과 이야기할 수 없다면, 어떤 사람과 이야기할 수 있으며 이를 통해 그 사람을 넘어 신에게 이르는 길을 찾아낼 수 있겠는가? 그 누구도 영리한 엘제의 정서, 겉보기에는 밝고 성공적인 결혼("당신은 모든 것을 가지지 않았소?")이지만 그 안에 홀로 남겨지고 이해받지 못하고 모든 면에서 참된 삶이 가로막혀 있다는 느낌을 이해하지 못할 것이다. 그러므로 그녀의 삶의 기술은 모두 유년기와 마찬가지로 고분고분하고 체념하는 적응과 순종을 통해 남편의 기대의 그물 안에 스스로를 끼워 넣는 일이 될 것이다. 남편은 아내의 자아 실현과 자립성에는 어떠한 가치도 부여하지 않을 것이다. 어떻게 '그 일'이 작동하고 '질서'를 이룰 수 있는지가 유일한 관심사다. 이런 상황에서는 영리한 엘제가 '사랑하는 남편'이 현명하게 지시한 일들을 하겠노라고 선뜻 선언하는 게 가장 중요한 사랑의 징표로 여겨질 것이다. 그러한 결혼 생활을 하는 여성에게는 외부에 경계를 긋는 일이 결코 허용되지 않는다. 남편은 아내가 스스로 결정하고 자발적으로 행동할 기회를 줄 생각이 털끝만큼도 없다. 생각, 판단, 행위는 오직 그에게만 속하는 것이다. 한마디로 말해 영리한 엘제는 한스 옆에서 의존적이고 순종적이고 비자립적이고 독자적 사유 능력이 없는 것으로 보일 때에만 영리한 것이다. 거기에 적응하고 무엇이라도 할 준비가 된 채로 의무에 충실하게 남편의 지시에 따를 **때에만** 그녀는 '영리하다.'

문제를 회피하는 구강기적 퇴행
"곡식을 먼저 벨까, 밥을 먼저 먹을까?"

이처럼 자아가 심각하게 제한되는 처지에서는 당연히 어떤 일이라도 자기 내면으로부터, 자기의 동력으로 시도하고 실행할 수 없다. 오히려 행동의 세부사항은 모두 바깥으로부터 추동되고 조종된다. 영리한 엘제는 의뢰를 받고 감독을 받으면서 어떨 때는 불안과 적응 때문에라도 객관적으로 쓸모 있는 시도를 많이 할 수 있다. 그렇지만 이 모든 일에 참여하면서도 영혼 없는 자동기계 이상이 될 수는 없다. 다른 한편 바로 그러한 적응 능력이 타인들의 눈에 특출한 부지런함과 재능이라는 인상을 남긴다. 그래서 그들은 영리한 엘제가 실제로 견딜 수 있는 정도를 훨씬 넘어서는 일들을 떠맡기게 된다. 이 때문에라도 벌써 영리한 엘제의 이미지에 복잡하게 뒤얽히는 일들이 겹쳐 나타난다. 그러나 삶에서 진정한 위기는 누군가 그녀의 진정한 인격을 완전히 오인하면서 마치 당연한 듯이 다짜고짜 독자적 행동을 요구하고 기대할 때 시작된다. 왜냐하면 영리한 엘제는 무저항의 적응과 순종하는 태도 때문에 외부의 요구에 충분한 거리를 둘 수 없을뿐더러, 더 중요하게는 자신에게 주어진 과제를 주도적으로 해결하는 일을 애초부터 스스로에게 허용하지 않기 때문이다. 영리한 엘제가 갑자기 무언가를 혼자 해결해야 하는 경우에는 '곡괭이' 에피소드에서 이미 드러난 것과 같은 딜레마가 발생할 것이다. 다시 말해, 그녀는 자기 손으로 어떤 일을 시도하지 않을 것이다. 그러나 영리한 엘제의 문제는 불안에 흠뻑 젖은 의존성만이 아니다. 간단한 과제에서도 앞을 가로막는 것은 다른 게 아니라 바로 과도한 요구를 받고 있다는 감정이다.

정도의 차이는 있지만, 스트레스 상황에 있는 사람은 누구나 영리한 엘제와 유사한 태도를 보일 것이다. 그는 특정한 사안을 해결해야 한다(의식에서는 그러고자 한다). 하지만 일을 시작하기도 전에 하기 싫다는 격렬한 느낌이 일어난다. 그 과제의 종류를 보건 그 과제를 해결하기 위해 필요한 노동을 보건 간에, 어쨌든 자기 능력이 부족하다고 느끼기 때문이다. 그러면 시장기와 피로 같은 느낌이 그를 압도한다. 예를 들어 어느 여대생은 최근 석사 논문을 완성할 때, 이전에도 비슷한 상황에서 나타나곤 하던 증상을 다시 겪었다고 한다. 막 자리에 앉아 논문의 다음 장을 쓰려고 한다. 아이디어는 있기 때문에, 이제 종이에 옮기기만 하면 된다. 그때 강렬한 내적 불안에 빠져든다. 그래서 책상 주위를 서성거리다가 다시 앉는다. 결국 다시 일어나 부엌으로 가서, 정신을 차리기 위해 커피를 끓인다. 그리고 시장기를 느끼지 않는데도 먹기 시작한다. 탐욕스럽게 버터빵을 서너 개나 먹고 마침내 (자기 생각에는 지나치게 먹었기 때문에) 심한 두통을 느낀다. 새로이 일을 시작하려고 하지만 무거운 피로가 덮친다. 그렇다. 그녀가 하소연하는 것처럼, 저녁 9시에 벌써 침대에 누워 자고 싶다는 강렬한 욕구를 느낀다.

우리가 보는 것처럼, 그녀의 태도는 상세한 내용들 하나하나에서 그림 동화의 영리한 엘제의 독특한 행동과 같다. 그러나 동화를 피상적으로 읽을 때와는 달리 이런 행동이 부지런함과 게으름의 문제가 전혀 아님이 분명하게 보인다. 오히려 성과를 내야 한다는 요구가 지나치게 높아지면서 성과의 의지가 절망을 겪는 증상이다. 제기된 과제 앞에서 무의식적으로 불안과 저항이 나타나면 결국 '내적 파업' 형태로 심각한 작업 장애가 나타날 수밖에 없다. 영리한 엘제는 요구받은 성과를 내려면 성과에 대한 과도한 기대를 어느 정도 조절할 수 있어야 하리라. 과제를 정하고 작업하는 방식을 정의할 수 있고, 중요한 것과 덜 중요한 것을 분별할 수 있으며, 때로는 불완전성을 감수할 수 있고, 작업 프로그램의 많은 요소를 우회하거나 포기할 수 있을 때에만, 한마디로 말해 의존적 순종이 아니라 독립적 인간의 자발적 창의성으로 과제를 해결할 수 있을 때에만 심각한 작업 장애를 극복할 수 있을 것이다. 그러나 영리한 엘제에게는 바로 이를 위한 전제조건이 본질적으로 부재한다. 기본적으로 외부의 결정에 순응하는 유아적 특징을 지닌 그녀에게 모든 과제는 유년기의 해묵은 좌절감 속에서 과도한 요구처럼 보인다. 이에 대한 그녀 자신의 대답도 거기에 부합하여 나타난다.

앞에서 우리는 아버지가 마치 당연한 듯이 제기하는 과도한 요구와 어머니의 애도하는 "아!" 사이의 대조를 언급했다. 이제 요구하는 강경한 아버지 세계와 어머니의 마비된 체념 간의 대립 안에, 외부에서 주어지는 어려움에 대한 반응으로 어머니 치맛자락으로 후퇴하는 강렬한 경향이 처음부터 포함되어 있다고 말해야 한다. 영리한 엘제 유형의 태도에서는, 앞서 여대생의 예에서나 동화의 사례에서나 특히 **구강기적 퇴행**이 전형적으로 나타난다. 현존하는 갈등에 직면하여 억제할 수 없는 폭식증,[33] 단것에 대한 욕구, 영리한 엘제가 처음 자신을 위해 요리한 '맛있는 죽'에 대한 욕구가 터져 나온다. 물론 손가락 빨기,[34] 손톱 물어뜯기,[35] 흡연과 음주[36]도 같은 증상의 변종이다.

  기본적으로 이러한 태도는 매우 이른 유아기 경험과 결부된다. 그런 경험에서는 (아버지가 제기하는) 좌절을 불러일으키는 과도한 요구가 불안, 자기 가치에 대한 의심, 열패감을 불러일으킬 뿐 아니라, 영원히 어머니의 커다란 아기로 남고 싶다는 격한 소망과 경향도 불러일으킨다. 그러한 불안의 분위기에서는 성장이 자발적이 아니라 강제적으로만 나타난다. 그리고 앞으로 나아가면 갈수록 아직 아무 요구도 없던 인생의 시기로 회귀하려는 향수가 더욱 강해진다. 그것은 출생 이전과 직후인 시기이고, 어머니와의 일체감이 아직 흐려지지 않았던 시기다. 스스로도 체념하고 있는 어머니가 여전히 이러한 소망에 응답해 온다면, 아버지의 업적 요구와 대조를 이루면서 독특한 퇴행 경향이 나타난다. 마치 젖먹이 때의 낙원 같은 시절처럼 전지전능하다고 여기는 어머니와 결합하여 자신을 전지전능하게 만드는 음식을 먹을 수 있고, 문제를 해결할 수는 없어도 최소한 잊게 하는 잠에 빠져들 수 있다는 듯이. 현존하는 갈등 앞에서 문자 그대로 눈을 질끈 감음으로써 갈등을 유아의 방식으로 지우고자 함은 강한 우울증적 특징이다. 주관적으로 출구가 없다고 느끼는 삶의 상황에서는 셰익스피어의 햄릿처럼 말하지 않겠는가. "죽음, 잠./ 그 이상은 아니다! 잠이 가슴이 미어지는 고통과 무수한 충격들을 끝냄을 아는 것./ 그것은 우리 몸이 물려받은 것이고 가장 내밀하게 원하는 목표다."[37]

그러므로 이 대목을 해석할 때 두 가지 오류를 모두 피해야 한다. 하나는 마치 영리한 엘제 유형의 사람들이 그저 서투르고 굼뜨다는 피상적 인상을 지우는 것이다. 그들은 그렇지 않다. 단지 평생 반복하여 과도한 요구를 받으며 낙담한 채 혼자 내버려지기 때문에, 수많은 아이들이 고통받고 수많은 어른들이 멸시받는다. 그들의 문제는 규율과 굳은 의지의 결핍이 아니라, 역설적으로 굳은 의지가 과도하다는 데, 외적이고 내면화된 지속적인 거대한 요구 때문에 의지가 무력화된다는 데 있다.[38] 다른 한편 이 증상의 심각성과 범위를 모두 인정해야 한다. 그러지 않으면 불가피하게 〈영리한 엘제〉의 한스의 태도가 끌어들인 결과에 도달하게 된다. 아내의 현존하는 문제를 부인하고, 나아가 문제 회피라는 세계관에 근거해 아내가 매우 유능하고 부지런하다고 스스로를 설득하게 된다. 그러나 한스가 아무리 원치 않아도 마침내 진실을 회피할 수 없게 되면, 아내의 쓰디쓴 진실을 익살로 변화시키고 그녀를 광기로 몰아넣는다.

자기 밖에서 자기를 찾는 불가능한 여정
"내가 엘제인가, 엘제가 아닌가?"

한스는 밭에서 '잠자는' 아내를 찾은 후, 그녀에게 작은 방울들이 달린 새 그물을 매달기 위해 '부랴부랴' 집으로 달려온다. 이것은 이제 시작되는 정신이상의 원인인가, 아니면 다만 그 표현일 뿐인가? 분명 둘 다. 영리한 엘제가 조금씩 이성을 잃게 만드는 것은 한스의 이해할 수 없는 경멸과 조롱 때문이고, 다른 한편 한스의 (그리고 다른 사람들의) 경멸과 조롱을 유발하는 것은 실제로 '정상'에서 많이 벗어난 그녀 자신의 태도이기 때문이다. 이는 인간적 의존과 굴종이 서로를 규정하는 악순환이다. 세계문학이나 세계사에는 **미치광이 사랑**(l'amour fou)이라는 영웅적이고 비극적인 모티프가 있다. 이는 현실에 만족하지 않으려 하고 만족할 수도 없으며, 외적인 상황을 부정하면서 무분별하게 파괴와 몰락으로 나아가는 사랑이다. 거의 예외 없이 이러한 사랑의 광기는 매혹에서나 광기에서나, 여성이 어린 시절부터 아버지에게 느껴 왔고 나중에 다른 남자들에게 전이하는, 지나치게 강렬하고 매우 양면적인 결속의 결과다.[39)] 그러나 사실 우리는 그와 반대되는 경우를 훨씬 더 자주 본다. 다만 그것이 너무 자주 나타나기에 대부분 간과하는 것이다. 그것은 〈영리한 엘제〉에서처럼 사람들이 평생에 걸쳐 주변의, 즉 처음에는 부모의 집, 나중에는 결혼 '공동체'의 비정함 때문에, 외적인 적응 압력을 받으며 온갖 혼란, 날조, 현실 부정들을 감수하고 그 결과 자신의 정체성 상실에 이르게 된다는 사실이다.

 먼저 강조할 점은, 한스 유형의 남자는 이후 그렇게 얼기설기 이어지는 진행을 의도하지도 않았고 내다볼 수도 없다는 점이다. 그러나 한스라는 인물의 특징과, 공동 생활의 방식 때문에 필연적으로 이러한 진행이 **촉발**된다. 이는 사무치게 비극적인 필연성이며, 이 이야기에 따르면 이러한 필연성은 한스가 사태의 심각성을 무시하고 명랑하고 나태하게 받아들이고자 할수록 더욱 잔혹해진다. 그는 비록 의식하지 못하지만 행동을 통해서, 유년기부터 해결되지 않은 영리한 엘제의 갈등이 자기 옆에서 불가피하게 반복 강박의 방식에 따라 나타나고 폭발하게 만든다. 물론 그 자신은 이런 일에 영향을 끼쳤다는 사실을 주관적으로는 전혀 모른다. 이야기는 한스를 건실하고 부지런하고 유능한 사람으로 서술한다. 그는 마치 당연하다는 듯이, 옆에 있는 아내도 자신처럼 일에서 열성을 보여주기를 기대했을 것이다. 그런 남자는 영리한 엘제의 '게으름'의 이유를 전혀 납득할 수 없었을 것이다. 그러나 영리한 엘제 자신에게는 (남편의 말보다 오히려) 남편의 태도로부터, 이전에 아버지로부터 받은 것 같은, 성과를 내야 한다는 압박을 받는다. 그리하여 영리한 엘제의 유년기를 규정했던 것과 동일한 불안, 분노, 무력감, 죄책감, 외적인 순응 의지, 무방비 상태, 자기희생이 그녀의 마음에서 피할 수 없이 나타난다. 그러므로 한스가 제안하는 '노동 분업'("나는 …… 돈을 벌어오겠으니, 당신은 들로 나가시오.")은 유년기의 감정을 불가피하게 다시 끌어낸다. 게다가 이제 이런 오랜 문제에, 아내의 (인정할 수밖에 없는) 신경증적 과정과 전이에 대한 한스의 가볍고 냉소적인 대답이 덧붙는다. 사실 여기에서 과거의 인상과 체험이 결정적 변화를 겪는다.

동화에서 한스가 '잠든' 영리한 엘제에게 '방울 달린 그물'을 던진다고 말하는 것은 개별적 장면이 아니라, 한스와 엘제의 관계 전체를 상징하는 표현으로 평가해야 한다. 우리는 불행하게 문자 그대로 서로 묶여 있는 두 사람의 결혼 생활을 한스가 '자신의' 엘제를 마치

'새처럼' 붙잡아 두고 있는 촘촘한 '그물' 같은 것으로 떠올려야 한다. 영리한 엘제가 한 걸음 걸을 때마다 말과 평가로 짜인 보이지 않는 그물이 그녀의 움직임과 감정들마다 따라다닐 것이다. 이러한 이미지에 부합하여 그녀는 자신이 원하는 일을 하더라도 빠져나올 수 없이, 지속적으로 우스꽝스러움의 장막, 비판과 비난의 물샐틈없는 그물로 '옥죄어진다.' 아니, 이제부터 존재 전체가 방울 달린 살아 있는 나무와 같아진다. 〈영리한 엘제〉는 이러한 사실의 발견을 매우 올바르게, 긴 '잠'에서 느닷없이 깨어나는 것으로 서술한다. (인생의 혹은 의식의) '낮'은 이미 지나갔고 오로지 '밤'만이 어둠 속에서, 출구도 없이 기다리고 있는 듯하다. 공허하게 변하고 고단하게 견뎌냈으며 무의미하게 느껴지는 결혼의 공동 생활을 여러 해 보낸 많은 여성들이 보통 자기 삶을 철저히 출구가 없는 것으로 느낀다. 그 때문에 그녀의 자아는 저항과 적응 간의, 반항과 불안 간의, 공격성과 우울증 간의 지속적 갈등을 더는 견디지 못하게 된다. 그러면 정신이상의 시작은 사실 마치 더 깊은 인식을 향한 돌파처럼, 오랜 진실에 대한 깨어남과 눈뜸처럼 체험된다. 그리고 이 진실, 이 의미를 '광기' 안에서 포착하고 의식적으로 만드는 것이 가장 중요하게 된다.

어떤 의미에서 정신이상 발병은 단지 운명적 질병일 뿐 아니라, 무한한 고독과 내맡겨져 있음이라는 '들판'에서 자가 치유의 시도로도 볼 수 있다.[40] 그렇다. 만일 자아가 내면화된 강박에서 해방되기 시작하면서 이를 다른 사람이 덮어씌운 그물로 관찰할 수 있다면, 성숙이 시작되는 조짐으로도 보인다. 우스꽝스러운 '종 연주'는 영리한 엘제 가슴에 아로새겨진 채 평생 울려 퍼지리라. 다만 그것은 이제 그녀 자신에게는 피할 수 없는 것처럼, 어떤 의미로는 아주 '정상'으로 여겨질 것이다. 우리가 이제까지 아버지가 요구하는 '영리함'이라는 환경에서 영리한 엘제의 심리적 성장의 배경에 있었다고 미루어 짐작한 것을 이제 '방울 소리'의 **내용**으로 떠올려야 한다. 이러한 이미지에 따르면 영리한 엘제의 생각, 계획, 행동, 태도에 끈질기게 그치지 않고 피할 수 없는 메커니즘이 언제나 동일한 말을 귓속에 속닥일 것이다. "사람들이 어떻게 생각하겠어!" "네가 하는 짓은 광대 짓이야." "사람들이 널 보고 웃는 걸 모르겠니?" "아니, 이게 무슨 망신이야." "너무 어리석어." "전형적이군. 이 여자는 원래 그래." 그렇게 계속된다! 언제나 그랬다. 이제 남편의 '현명한 지시' 때문에 영리한 엘제에 대한 압력은 엄청나게 늘어났다. 그리고 이제까지는 겉으로 적응을 하며 살아왔지만 이제 그런 보호의 껍질도 깨져버렸다. 나아가 그릇된 동일시들의 무한한 사슬이 끊어지고, 이제 자신이 누구인지 이해하지 못하는 자아만 남는다. 영리한 엘제는 자기에게서 울리고 딸랑거리는 것이 무엇인지 알지 못하고 자신이 처한 상황에 대해 갈피를 잡을 수도 없다. "나사가 빠져 있다"거나 "제정신이 아니다"라고 자신에 대해 숙덕이거나 자신에게 대놓고 말하는 사람들이 옳다고 마음속 깊이 생각할 수밖에 없다.

적어도 영리한 엘제는 이 '방울들'(우리는 이를 내면화된 '입 방울〔따귀〕'이라고 부르자)이 객관적으로 그물처럼 짜여 있음을 명백하게 느낀다. 그러나 주관적으로는 누가 '방울 그물'을 뒤집어씌웠는지 알지 못한다.[41] 그리고 이제 우리는 또다시 처음에 언급했던 추측, 즉 이미 영리한 엘제의 초기 유년기에 지각 능력의 영역에서 심각한 장애들이 나타났다는 추측을 할 수밖에 없다. 당시에 영리한 엘제는 아버지가 자신의 자존감에 끼치는 불행한 영향력을 간과하거나 부정해야 한다는 도덕적 의무를 안고 있었다. 마찬가지로 이제 이런 장애들은 무거운 죄책감을 작동시키고, 이 때문에 정신이상이 발병한 데 남편이 희비극적으로 간여하는 것을 일부러 지각하지 않으려 한다. 이는 유년기 때부터 갈등 상황에서 발현하는 특정한 공격성에 현실 부정으로 응답하도록 강요했던 것과 같은 메커니즘이라고 할 수 있다.[42] 영리한 엘제는 남편을 (당시 자신의 아버지처럼) '사랑'해야 한다. 감정적으로 그럴 수 있는지 없는지는 늘 아무래도 좋다. 그리고 애정이라는 감정을 끌어올릴 수 없고 심지어 반감, 저항, 반항심, 증오, 분노, 울분과 노여움 등의 아주 격한 감정을 느낄수록, 그녀는 더욱 남편이 이 세상에서 가장 훌륭한 남자라고 확인해야 하리라. 다만 그녀 자신이 너무 어리석고 몰염치하고 못되고 우스꽝스럽고, 아니 전적으로 너무 참을 수 없는 사람이라는 것이다.

이와 더불어 외부 세계와의 갈등은 불안과 죄책감 때문에 내면의 갈등으로 바뀐다. 그리하여 영리한 엘제는 남편에게(혹은 다른 사람들에게) "나는 당신을(당신들을) 견딜 수 없어요."라고 말할 수 없다. 차라리 자기 자신을 견딜 수 없어야 한다는 도덕적 의무를 느끼기 때문이다. 그러므로 (우리가 짐작할 수 있는 것처럼, 매우 격렬한 반작용적 공격성이라는 토대에서 생겨난) 죄책감의 한가운데에서, 영리한 엘제는 결국 자기에게 씌워진 '방울 그물'의 원인 제공자가 바로 자신이라고 선언할 수밖에 없다. 마치 본질상 자신과 완전히 낯선 것이 자신의 본질이고, 폭력과 심리적 테러를 통해 강요된 것이 자신으로부터 자발적으로 생겨난 것인 양. 이전에는 머릿속 '실타래'가 영리한 엘제의 참된 본성으로 간주되었다면, 이제는 방울 달린 새 그물이 그렇다. 이 그물은 객관적으로는 이미 오래 전부터 존재하고 준비된 아주 낡은 것이지만, 이제 영리한 엘제에게 주관적으로도 자기 본성의 낯섦을 표현하는 것이 된다.

외적 소외의 순간에 절망하고 혼란에 빠진 사람들이 훨씬 이전에 훨씬 자주, 그 어떤 것보다도 훨씬 더 공격적으로 갈등을 불사하면서 반드시 제기해야 했을 물음, 그러나 결코 감히 제기하지 못했던 물음을 이제 표현하고자 발버둥치는 일은 늘 충격적이다. "그게 나인가 아니면 내가 아닌가?" 인생에서 가장 중요한 이 물음, 자아의 정체성을 발견하고 규정하기 위해서 언제나 계속 던져야 하는 이 물음이 영리한 엘제 유형의 사람들에게는 기본적으로 자아가 사라진 후에야 비로소 밀려든다. 의미 있는 대답을 할 만한 전망이 어느 때보다도 어두운 바로 지금, 이 '한밤중'에 이리저리 방황하면서 하소연하고 묻고 굴욕 속에서 대답을 구걸하며 영원히 닫혀 있는 문들을 당혹스럽게 두드리는 일이 시작된다. 이 이야기의 수미일관한 전개와 현실의 삶에서 피할 수 없는 수많은 운명의 연쇄에서, 우리는 영리한 엘제의 삶이 지닌 모든 모순이 최종적으로 광기로 터져 나오고 표현되는 것 외에 어떤 다른 결말을 기대할 수 있을까? 특히 영리한 엘제 같은 '사례'에 대한 주변 반응은 예나 지금이나 여기에서 동화가 서술하는 것과 같을 것이다. 바로 그렇게 모욕적일 것이다.

한 인간이 스스로 생각할 수 없음을 보여줄 때면 그의 곁에는 언제나 충고하고 경고하면서 '책임이 있는' 체하는 자들이 있게 마련이다.

그들은 다른 자아의 '텅 빈' 거처에 자기 생각이 들어가 살도록 한다. 우리가 상상할 수 있듯이, 영리한 엘제의 삶 전체는 이제까지 '영리한' 충고자들로 그야말로 가득 찼다. 그러나 그녀가 결국 무력한 자기 방기라는 결말에 도달한 지금, 지난날 전적으로 악의는 아니었던 타인들의 간섭은 조롱과 냉소로 뒤집힌다. 본디 다른 사람에게 힘이 되고자 했던 사람들이 어느 날 자신들이 무리한 짓을 했음을 깨달을 때는 늘 이런 일이 벌어진다. 그러면 스스로 과도한 요구를 내세웠던 선의는 쉽게 다른 사람에게 선의가 결여되어 있다는 비난으로 바뀐다. 이제 사람들은 무한한 불안 속에서 사는 인생의 국면에서 '의지'를 가지고 스스로를 곧추세우는 일이 얼마나 힘든지를 깨닫는 것이 아니라, 다만 '선의'의 나르시시즘에 더욱 격렬하게 집착한다. 그들은 이제 죄책감의 채찍에다 조롱의 가시를 더한다.

가장 끔찍한 일은 이러한 관점에서 볼 때 언제나 당사자가 자연스럽게 가장 열심히 이런 일을 밀고 나간다는 점이다. 이 경우에는 영리한 엘제의 남편이다. 영리한 엘제의 곁에서 자신을 부각하기 위해 장인을 모범으로 삼고 장인의 발자국을 따르던 그는 이제 매우 수치스러운 스캔들로부터 빠져나오고자 애쓴다. 사람들의 조소의 대상이 되지 않으려고 스스로 그들의 조롱에 동조해야 하고, 아내를 손쉬운 먹이로 조롱에 던져주어야 한다. 바보를 아내로 맞을 만큼 어리석고 바보스럽다고 사람들이 쑥덕대서는 안 되므로, 이제 아내만이 바보인 것처럼 외부에 보여야 한다. 그리고 그가 집을 '자기 집'이라고 분명하게 요구하고 확인할수록, 아내는 더욱 분명하게 남편으로부터 배제되고 집 아닌 곳에 남게 된다. 이런 상황을 피하여 한스는 노동으로 도망치고 만다. 한밤중까지 부지런히 일하고 의무와 책임에서 흠잡을 것이 없다. 그러므로 아내의 상태 때문에 그를 비난할 거리가 추호도 없다. 그렇지만 정말 그런가? 대체 어떻게! 그때 아내는 자기가 안에 있는지 바깥에 있는지 묻는다. 물론 그는 그녀가 안에 있다고 대답한다. 늦어도 이 대목부터 이 세상의 그 어떤 한스도 더는 용서되지 않는다. 거짓을 말하기 때문이다. 그는 고의로 거짓말을 한다. 자신의 아내가 얼마나 절망적으로 창문을 두드리는지 정확히 알고 있다. 그러나 해묵은 과거의 상황에 따라 계속 진실을 왜곡해야 한다. 영리한 엘제에게 말해야 한다(그리고 자신도 설득해야 한다!). 전혀 '괜찮지' 않은 곳에서 '다 괜찮다'고. 그는 영리한 엘제의 소외, 바깥에 머묾, 제정신이 아님이 그녀의 진정한 고향, 진정한 정체성, 본래적 상태라고 선언한다.

그렇게 안이하게 은폐하고 진정시키려는 메시지를 담은 말들은 물릴 만큼 많다. "당신은 모든 걸 갖지 않았소?" "여기에서 행복할 수는 없소? 이제 변덕 좀 그만 부릴 수 없겠소?" "어디 속하는지 모르겠다고 매번 불평하는 일을 그만둘 수 없소?" "이건 알아두어요. 우리는 15년 전에 결혼했소. 부부는 일심동체요. 그런데 (아직도) 당신이 무얼 생각하는지 전혀 모르겠소." 이렇게 자상하고 의무에 충실하고 비난할 수 없는 가식은 주관적으로는 그 말 그대로를 뜻하고 원하는 것일 수 있다. 그러나 그 말들은 야비하고 치명적이다. 그것은 다른 사람이 한번이라도 자기 자신에게 돌아갈 기회를 남겨 두지 않기 때문이다. 그 말들은 영리한 엘제가 어떠한 갈등 상황에서도, 매일매일 최소한 수십 번씩 남편에 대해 불리한 입장이 되도록 만든다. 늘 어떤 잘못에 대한 잘못된 증거들을 끌어들인다. 이를 통해 영리한 엘제의 본질적인 고향 없음을 강화하면서, 받아줄 사람이 아무도 없는 무인도로 추방한다. 자신의 가족에게 절망한 영리한 엘제는 마침내 주변 사람들에게 자신을 누구로 생각하는지, 자신이 누구인지를 묻는다. 이러한 물음은 때로는 말로 표현되고 때로는 말로 표현되지 않는다. 그리고 점점 커지는 불안과 의존이 나선형으로 증폭되면서 잃어버린 자아를 찾는 방랑은 계속된다. 그리하여 영리한 엘제는 자기 자신을 만날 수 있을 유일한 장소인 자신으로부터 점점 멀어져 간다.

결코 자기 자신에 대한 질문을 받은 적이 없는 엘제는 자신에 대해 물어서는 안 되었다. '영리함'이란 다른 것이 아니라 스스로 생각하고 결정해도 좋음을 뜻한다는 사실을 결코 배운 적이 없다. 그래서 다만 주변 사람들에게 자신을 위해, 자신을 대신하여 생각하고 결정해 달라고 더욱 무력하게 애걸한다. 그리고 그녀의 어깨와 발 주위에서 방울 그물은 차츰 더 답답하게 조여 온다. 야심의 실패, 결혼의 실패, 늘 똑똑해야 한다는 선한 의지의 실패는 인생 전체의 함정이고, 이는 쓰라리지만 필연적으로 완성되어 간다.

그러니 이제 더 전할 것이 무엇이 있겠는가? 주인공이 몰락하면서 비극은 끝난다. 주사위가 던져지면 막이 내린다. 이에 반해 진짜 인생에서는 바로 끝 자체가 끝없이 지속될 수 있다. (더는 바뀔 수 없고 지긋지긋하게 단조롭고 침울하기에 아무 관심도 불러일으키지 못하겠지만) **그것이** 인생의 진짜 비극의 참된 결말임을 우리는 깨닫지 못한다. 우리는 영리한 엘제 이야기가 마지막에 "누구도 그녀를 다시 보지 못했습니다."라고 말할 때 그것을 믿는다. 극작가 게오르크 뷔히너(Georg

Büchner)를 차용해 "그렇게 그녀는 근근이 살아갔다."고 말할 수도 있을 것이다.[43] 새 그물이 영리한 엘제의 영혼을 포로로 잡은 그 밤, 아니 그녀가 영원한 포로 상태임을 마치 새로운 사건인 것처럼, 끝나지 않을 액운처럼 발견하기 시작한 바로 그 밤은 어떠한 해가 뜨더라도 더는 밝아질 수 없을 것이다. 그리고 영원히 주거 부정인 사람에게 집은 결코 있을 수 없다.

불안의 그물 풀어내기
"엘제는 계속 걸어 마을을 떠났습니다."

우리는 아직까지도 동화가 낙관적이라는 '동화'를 듣는다. 실제로는 〈영리한 엘제〉의 결말보다 끔찍한 결말은 생각하기 힘들 정도다. 특히 이 구김살 없는 익살이 지닌 둘도 없는 '낙관주의', 허울에서의 거침없는 웃음은, 한낱 오락을 넘어서 한번 깊이 생각해보고 주모자들과 곁에서 웃는 자들이 조롱거리가 된 사람의 불행과 맺는 은밀한 공모 관계를 발견해낼 수 있는 사람에게는 목에 걸린 가시처럼 느껴질 것이다. 그렇지만 바로 이 이야기의 수미일관한 절망 때문에라도, 〈영리한 엘제〉의 결말을 부정적으로만 보는 것은 옳지 않다. 부정적인 것만큼 교훈적인 것은 없다. 그리고 비판이라는 관점은 단호하고 엄밀하게 수행되기만 한다면, 마지막에는 더 깊은 이해로 들어가는 문을 열어준다. 영리한 엘제가 어린 시절부터 어떤 구속을 받으며 자라나야 했는지, 구속의 얽힘과 옭아맴이 어떻게 갈수록 더 좁아졌는지를 지켜본 사람이라면, 모든 것이, 문자 그대로 모든 것이 이 불행한 여성을 어떻게 파멸로 몰아갔는지를 목격한 사람이라면, 영리한 엘제 이야기를 읽으면서, 그녀의 운명을 그 모든 일에도 불구하고 어떻게 바람직한 방향으로 돌릴 수 있는지, 혹은 그 운명을 어떻게 미리 막을 수 있는지를 최소한 흐릿하게라도 볼 수 있어야 비로소 만족하리라.

여기까지는 분명하다. 영리한 엘제 유형의 사람들을 '새 그물'에서 풀어주려면, 어떤 선행 조치, 특히 '영리함'을 요구하지 않는 강한 사랑과 애정이 있어야 한다. 그러므로 영리한 엘제의 삶에서는 양가감정과 죄책감, 전이와 좌절, 과도한 요구와 왜곡을 동반하는 아버지 콤플렉스의 악몽을 최종적으로 극복할 수 있을 만큼 연대를 맺을 수 있는 사람들이 어디 있는가라는 것이 모든 것을 결정하는 물음이다.[44]

우리 문화에서 큰 불행은 사람들이 아직도 아주 젊은 상태에서, 아직 자신과 진정한 친숙함이 없는 상태에서 결혼을 하고 서양의 기독교적 윤리가 생각하는 대로 영원히 서로에게 묶이게 된다는 상황에서 나온다. 이로써 내면의 결속 문제 대신 너무도 이르게 도덕적이고 법적인 구속의 문제가 나타난다. 이것만으로도 이미 '새 그물'을 짜기 위한 베틀이 움직이기 시작한다. 아버지 콤플렉스에서 벗어나기 위한 영리한 엘제의 청은 그런 상황에서는 대개 배우자를 향하기 때문이다. 그러나 이러한 청은 거의 언제나 오도된다. 보통의 경우 적어도 배우자를 성격을 보고 '선택'하는 것이 아니라, 순전히 외적으로 아버지 이마고(Imago)와 유사하게 '선택'하기 때문이다. 불교와 신약성서가 결혼과 가족에 대한 시민적 도덕과 법률 문제를 인간적 관점에서 고찰하면서 이 문제를 전적으로 이차적이고 파생적이라고 여기고 결혼 자체가 아니라 서로에 대한 열린 형제애와 진실한 우애가 본질적이라고 추천하는 것은 이러한 맥락에서 매우 주목할 만한 가치가 있다. 바로 〈영리한 엘제〉 같은 이야기를 보면 이러한 태도에 동의할 이유가 충분하다. 그것은 영리한 엘제가 던진 "내가 엘제인가, 엘제가 아닌가?"라는 물음은 결코 결혼 서약이나 결혼식으로 해소되는 것이 아니기 때문이다. 그 반대다! 모든 것은 인생을 살아가면서 친밀함 속에서 자신의 본질이 스스로에게 투명해질 수 있는 사람을 최소한 한 명이라도 만날 수 있느냐에 달려 있다. 도덕적으로 편협한 요구를 넘어서 자아 실현의 절대적 권리를 약속하는 신뢰를 그런 사람으로부터 얻어야 한다. 자기 본질의 풍요로운 아름다움을 발견하고 따뜻한 사랑의 햇볕 아래 무르익게 해야 한다.

다른 사람이 단지 나의 영리함(혹은 다른 개별적 '능력') 때문에 나를 사랑하는지, 아니면 앞으로 발현될 수 있는 나의 인격이 정말로 그에게 중요한지라는 불안, 이 오랜 불안은 끝날 수 있다. 성인에게 이런 물음은 각자의 짐과 기회, 이루지 못한 꿈과 기대, 억압된 불안과 어려서 각인된 행동 방식 등 각자의 과거를 교환하고 타개할 용기와 인내를 가질 때에만 대답을 얻을 수 있다. 천천히 무르익는 친밀함을 가꾸는 노력을 통해서야 비로소 우리가 의미 있게 '혼인'*이라고 부르는 것이 완성될 수 있다. 그래야 비로소 현재의 체험의 배경을 알고 이해하는 가운데 서로에 대한 사랑과 결속을 표현하는 언어가 진징 미덥게 된다.

----

* '혼인'을 뜻하는 'Trauung'은 '믿다'라는 의미의 'trauen'에서 나왔다.

그러나 어떠한 경우든 영리한 엘제는 아버지 형상의 어두운 그림자를 천천히 밝히고 해명하고 극복해야 한다. 아버지의 과도한 요구로 짠 '그물'을 한 매듭 한 매듭 풀어내고 이를 다른 '그물들'로부터 분리하여, 결국 '다른 사람들이 어떻게 생각할까'라는 생각 대신 자기의 동기와 의도를 자립적으로 심사숙고할 수 있어야 한다. 나아가 자존감과 자기 체험의 지평이 전체적으로 우호적이고 긍정적이며 인정하는 것으로 나타나야 한다. 그러나 이러한 과정을 통해 그저 과거의 아버지 자아 대신 사랑하는 배우자의 자아가 들어서는 것이 아니다. 오히려 배우자의 인격을 더 분명하게 경험하고 개인적으로 알아 갈수록, 그 인격은 어린 시절의 어두운 배경으로부터 더욱 분명하게 튀어나와 두드러진다. 베풀고 동행하고 북돋아주는 배우자 관계를 배경 삼아 더는 어떤 타인에게도 구속되지 않는다는 감정이 자라난다. 이러한 감정은 개인적 관계의 구조를 어느 정도는 절대적 경험의 차원으로 고양시킬 수 있다. 타인에게 인격적인 대우를 받고 자기를 실현할 수 있다는 것은 이제 가장 깊은 **종교적** 신념의 내용이자 징표가 된다.

사랑하는 대상은 그 자체로 절대적 인격이라 할 수 있는 치유력과 친밀함을 지닌 어떤 힘의 매개자다. 오로지 인격적 만남과 인격적 발현이 응축되는 가운데에서만 그런 힘을 경험할 수 있기 때문이다. 이러한 인격성은 절대적으로 본다면, 남자와 여자의 성차를 넘어선다. 물론 모든 민족들의 기도는 그 힘을 '아버지'나 '어머니'로 부른다. 하지만 영리한 엘제가 한 체험의 배경을 감안할 때 아버지에게 종속된 감옥으로부터 출구가 필요하기에, 여기에서는 오직 근본적으로 삶에 대한 '어머니적인' 무조건적 승낙이 요구될 뿐이다. 그러한 승낙을 매개하는 사람은 서로 보완하고 결속하는 '형제' 같은 상대이다. 성경에서 영리한 엘제 유형의 사람을 구원하는 것이 무엇인지, 혹은 그러한 사람이 구원받을 때 어떻게 느끼는지를 가장 적절하고 박진감 있게 표현한 고백이나 기도가 있다면, 의심의 여지 없이 〈시편〉 131장 1~3절의 몇 줄이다. 이 구절은 불안과 그릇된 길로 이끄는 적응에 따른 과도한 요구를 송두리째 거부하는 경이로움을 보여준다. "야훼여, 내 마음은 교만하지 않으며 내 눈 높은 데를 보지 않사옵니다. 나 거창한 길을 좇지 아니하고 주제넘게 놀라운 일을 꿈꾸지도 않사옵니다. 차라리 내 마음 차분히 가라앉혀, 젖 떨어진 어린 아기, 어미 품에 안긴 듯이 내 마음 평온합니다. 이스라엘아, 이제부터 네 희망을 야훼께 두어라."[45]

물론 이 말을 그저 아이를 버릇없게 만드는 어머니의 보호 속으로 돌아가는 것으로, 불안에 휩싸여 있기에 갈등 없는 목가적 장소로 퇴행하는 것으로, 혹은 주변의 요구에 직면하여 유아적으로 체념하는 것으로 해석한다면 완전한 오류다. 그 반대다. 역설적이지만, 자기 인격에 바로 유보 없는 존재를 허용하고 자기 실현을 할 수 있는 길은, 앞으로 있을 수밖에 없으며 있어야만 하는 갈등, 토론, 투쟁을 두려워하지 않는 용기와 결연함을 전제로 한다. 이를 통해 예수의 "그저 '예.' 할 것은 '예.' 하고 '아니오.' 할 것은 '아니오.'만 하여라"(〈마태복음〉 5장 37절)라는 규칙에 따라, 영리한 엘제 같은 사람은 자신의 공격성을 더는 지각의 뒤집힘을 통해 '해결'하려고 하지 않는 법을 그야말로 체계적으로 연습해야 한다. 과거의 방식에서는 다른 사람과의 갈등을 자신과의 갈등으로 변화시키고, 고분고분하고 순종적인 적응이라는 은폐 아래에서 다른 사람과 잘 지내기 위하여 불안에 잠겨 자신과 잘 지내기를 포기해 왔기 때문이다.

영혼을 내면의 구금 상태인 '새 그물'과, 외부의 조롱인 방울 소리로부터 해방시키려면, 평온하면서도 조용하고 목표 지향적인 발전이 필요하다. 그 발전의 끝에서 천천히 감사의 찬양을 부를 것이다. 〈시편〉 124장 1~8절에서처럼. "야훼께서 우리 편이 아니셨더면, 원수들이 우리를 치러 일어났을 때 야훼께서 우리 편이 아니셨더면 그들은 달려들어 살기등등, 산 채로 우리를 집어 삼켰으리라. 거센 물살에 우리는 휩쓸리고 마침내 물에 빠져 죽고 말았으리라. 거품 뿜는 물결에 빠져 죽고 말았으리라. 야훼를 찬미하여라. 우리를 원수들에게 먹히지 않게 하셨다. 새 잡는 그물에서 참새를 구하듯이 우리의 목숨을 건져내셨다. 그물은 찢어지고 우리는 살아났다. 하늘과 땅을 만드신 분, 야훼의 이름밖에는 우리의 구원이 없구나."

자신을 찾는 것과 신을 찾는 것, 그것은 언제나 하나다.

| 주석 |

재투성이

1) J. Bolte – G. Polivka: Anmerkungen zu den Kinder- und Hausmärchen der Brüder Grimm, 1. Bd., Leipzig 1913, 182.
2) W. Scherf: Lexikon der Zaubermärchen, Stuttgart 1982, 12; K. Ranke (Hrsg.): Enzyklopädie des Märchens, 1. Bd., Berlin 1977, Stichw. Cinderella.
3) 다음을 참조할 것. Brüder Grimm: Kinder- und Hausmärchen. Ausgabe letzter Hand mit den Originalanmerkungen der Brüder Grimm, hrsg. v. H. Rölleke, Bd. 3: Originalanmerkungen, Herkunftsnachweise, Nachwort, Stuttgart 1980, 36: "이 동화는 아주 유명한 동화이고, 도처에서 이야기된다." 그러나 이에 대한 다음의 반론을 참조할 것. S. Singer: Artikel Aschenputtel, in: J. Bolte – L. Mackensen: Handwörterbuch des deutschen Märchens, 1. Band, Berlin-Leipzig 1930-1933, p. 126.
4) 다음을 참조할 것. H. Gunkel: Das Märchen im Alten Testament. Religionsgeschichtliche Volksbücher für die deutsche christliche Gegenwart, II. Reihe: Die Religion des Alten Testaments, Heft 23/26, Tübingen 1917, 122: "사람들은 즐겨 …… 여러 형제에 대해 이야기하곤 하는데, 형제 중 막내가 제일 귀여움을 받고, 다른 형제의 부러움을 받는 운명의 총아이며, 하느님의 총애를 받는 아들이다. '그리고 그는 또한 가장 영리하고 가장 선한 자로 나타난다. …… 이러한 모티프는 동화에서 끝없이 수시로 반복되며' 또한 구약성서에서도 드물지 않게 나타난다. 구약성서에서는 약한 데에서 하나님의 능력이 온전하여진다는 성스러운 명제를 증명하는 데 사용된다."(〈고린도 후서〉 12장 9절) 다음도 참조할 것. 〈사무엘 상권〉 2장 11절 이하의 사무엘의 소명, 혹은 〈사사기〉 6장 15절에서 이스라엘의 가장 약한 지파인 므낫세 출신 기드온의 소명을 참조할 것. 혹은 요셉과 그 형제들의 이야기에서 가장 어리고 멸시받는 자가 결국 형제를 구원하는 사람이 된다는 이야기를 참조할 것.

5) 이 부분을 해석하기 위해서는 다음을 참조할 것. H. W. Hertzberg: Die Samuelbücher, ATD 10, Göttingen 1960, 107-110.
6) 다음을 참조할 것. H. Wöller: Aschenputtel. Energie der Liebe, Zürich 1984, 32: "사람들은 재투성이 동화를 '사회적으로 권리를 박탈당한 사람들의 행복을 향한 꿈'이라고 명명했는데, 재투성이와 자신을 동일시하는 소녀와 여성은 이런 사람들이 아니다." 유감스럽게도 이 저자는 본질적으로 여성들(계모, 의붓언니들) 사이에서 이루어지는 〈재투성이〉 동화의 심리학적 테마를 오해했다. 이는 이 동화를 절대적으로 "위대한 모신(母神)의 신화"(p. 21)이면서 그 몰락을 둘러싼 애도에 관한 신화로 읽고자 했기 때문이다. 저자는 심리학적 드라마를 가부장 사회에서 여성의 역할에 대한 비판으로 만들었다. 물론 그런 비판은 지극히 정당하다. 그러나 한 남자의 사랑이 지닌 구원의 힘에 대해서 이야기할 뿐 남성 지배의 종언에 대해서는 이야기하지 않는 그림 동화에서는 그런 비판은 전혀 찾아볼 수 없다. 물론 사랑과 '지배'는 조화를 이룰 수 없다. 이 책의 4장 〈정체성을 찾아서〉를 참조할 것. B. Bettelheim: Kinder brauchen Märchen, übers. v. L. Michel - B. Weitbrecht, Stuttgart 1977, 242-243에서는 베스타가 섬기는 화덕의 여신과 유사점을 발견할 수 있다고 본다. 그러나 재투성이는 어머니의 죽음 때문에 처음으로 '화덕'으로 내쫓기는 판결을 받은 것이다. 그러므로 재투성이는 화덕에서 숭배받는 (죽은) 여신의 추종자일 수 없다. 이보다는 B. Stammer (Hrsg.): Märchen von Dornröschen und dem Rosenberg, Frankfurt (Fischer Tb. 10466) 1985, 150에서 〈재투성이〉와 〈암송아지(Erdkühlein)〉 이야기를 비교하면서 "인간은 조상의 세계와 관계할 때 삶에 결정적 도움을 받을 수 있다."고 말하고 이 모티프가 "원시 문화권에서 광범위하게 퍼져 있는 조상 숭배와 사자 숭배를 암시한다."고 말하는데, 이것이 더 진실에 부합한다. 물론 우리는 재투성이의 '사자 숭배'를 심리학적으로 해석해야 한다.
7) 이 부분의 해석을 위해서는 다음을 참조할 것. H. Schürmann: Das Lukasevangelium, 1. Bd., Freiburg-Basel-Wien ³1984, 70-80.
8) 설화와 전설이라는 장르와 구별되는 동화 장르의 정신역동학에 대해서는 다음을 참조할 것. E. Drewermann: Tiefenpsychologie und Exegese, 1. Bd., Olten 1984, 132-154; 393-428.
9) S. Freud: Die Zukunfteiner Illusion (1927), Ges. Werke XIV, London 1948, 323-380.
10) K. Aland (Hrsg.): Luther Deutsch. Die Werke Luthers in Auswahl, 5. Bd.: Die Schriftauslegung, Göttingen 1991, 274-340: Das Magnificat verdeutscht und ausgelegt, 1521.
11) 같은 출처, p. 288-289. 여기에서 루터는 다른 두 처녀에 대해서는 "순결하지 못하고 자기 도취적" 인물, 혹은 "이기심을 품고" 하느님을 섬기는 인물로 해석한다. F.

Tegethoff: Französische VolksMärchen, I. II. Jena 1923, Anm. zu I Nr. 27에서는 신데렐라 모티프의 정신역동에 대해서 "비천한 것을 고양시키는 일을 서술하는 수많은 동화들 …… 진정한 꿈의 동화"라고 말하는데, 이는 매우 정확한 견해다. M. Lüthi: Deutung eines Märchens. Aschenputtel in: Süddeutsche Zeitung, Nr. 24, 28./29.1.67에서는 그 외에도 "땀과 청결함과 단정함을 찬양하고, 의붓언니들의 시기와 사악함과 게으름을 질타하는 단정하고 비더마이어적이며 시민적인 경향"을 지적한다.

12) S. Singer: Schweizer Märchen, Teil 1/2, Pullach-Berlin 1906; ²1917; 같은 저자: Aschenputtel, in: J. Bolte - L. Mackensen: Handwörterbuch des deutschen Märchens, Bd. 1, Berlin-Leipzig 1930-1933, 125-126.

13) W. Scherf: Lexikon der ZauberMärchen, Stuttgart 1982, 10-11. 역사적으로 본다면, 재투성이 동화가 (특정한 계절적 의례와 결혼식 풍습과의 유사성 외에도) "지벤뷔르겐 지역의 성회(聖灰) 수요일 축제에서 남자 재투성이인 예쉬포더가 맡은 역할"로 거슬러 올라갈 수도 있다고 본다. "여기에서는 하인 두 명이 예쉬포더가 되어 재를 채운 자루를 목에 걸고 온다. 그들은 우스꽝스러운 옷을 입고 남녀노소 모두에게 재를 뿌린다. 거기 저항하는 사람들에게는 입에 재를 들어부어 막는다. 성회 수요일이 민중의 의식 속에서는 참회일이라는 본래 성격을 완전히 상실하고 가장 흥겨운 날이 되었기 때문이다." S. Singer: Artikel Aschenputtel, in: J. Bolte - L. Mackensen: Handwörterbuch des deutschen Märchens, 1. Band, Leipzig-Berlin 1930-33, p. 126, Anm. 12. - R. Saintyves: Les Contes de Perrault et les récits parallèles. Leurs origines, Paris 1923, p. 187에서는 재투성이 혹은 털북숭이 공주(Allerleirauh) 모티프를 봄으로서의 계절 변화와 관련해 자연신화적으로 풀이했다. A. Nitschke: Soziale Ordnungen im Spiegel der Märchen, 2 Bde., Stuttgart-Bad Cannstatt 1976, 1. Bd.: Das frühe Europa, pp. 51-58에서는 재투성이 동화와 그 이본들을 "마지막 빙하기 이후의 사냥꾼과 양치기들"에게 귀속시키고, 이러한 시기 구분의 이유로 무엇보다도 동물의 우월성이 사라지는 것을 들었다. "더는 동물이 보유한 힘이 인간에게 분배되는 것이 아니다. 동물은 더는 인간을 건강하게 지탱하거나, 성장하게 하거나, 힘세고 빠르고 눈 밝게 하지도 않는다. 그 대신 인간에게 개별적인 소질이 분배된다. …… 그리고 인간은 그 소질을 다른 인간과 관계를 형성하는 데 사용할 수 있다. 그리하여 이 인간들이 찾고자 하는 것도 동물과의 유사성이 아니다. 그러한 유사성만으로는 더는 인간에게 도움이 되지 않는다. 인간을 돕는 것은 오로지 소질을 통해 분배된다."(p. 52) "여기에서 동물에 대해 이야기하는 것은 전부 후기 구석기 시대의 옛이야기들로부터 우리에게 익숙한 것이다. 이 동물들은 인간보다 우월하고 인간을 도우며 적대적인 인물은 벌한다."(pp. 53-54) "동물은 비록 여전히 활동성이 있지만, 우월한 지위를 어느 정도 잃어버렸

다. 그 대신 이제 (이야기의 중심에) 젊은 여성이 서게 된다."(p. 57) "인간이 이제까지 동물의 우월성에 전적으로 사로잡혀 동물에게 다른 생명체로 둔갑하는 역능이 있다고 여겼음을 생각해본다면, 열매를 맺는 새로운 나무의 등장을 해석하면서 힘 센 동물이 나무로 둔갑하여 새로운 형상으로 인간을 돕는다고 이해하는 것도 과히 놀랍지 않다. 이는 선물을 받은 젊은 여성에 대한 여러 동화들이 유럽에서 빙하기 이후 사회에 속한다는 것을 결정적으로 보여주는 것이리라."(p. 58) "여성이 사회의 중심에 있었다. 이때 남성과 여성 간의 성적 관계에는 큰 의미가 주어지지 않았다. 여성의 위치는 다른 기능에서 생겨나는 것이었다. 여성은 동물과 식물로부터 선물을 받을 수 있고, 여성이 옷을 만들고 채집한 열매를 주고 아기에게 젖을 물리는 것은 이 선물을 분배하는 것이었다."(p. 78) 그러니까 동화 속에서 그려진 것은 "모계 사회의 죽음"이 아니라, 오히려 신석기 시대 모계 사회의 특수성이었다.

14) 다음을 참조할 것. A. B. Rooth: The Cinderella Cycle, Lund 1951, 38. 여기에서는 〈외눈박이, 두눈박이, 세눈박이〉 동화를 재투성이 동화의 A 유형으로 본다. 이러한 형태의 동화는 대부분 슬라브 문화권과 발트 문화권에 널리 퍼져 있다. 재투성이 동화의 B 유형은 무엇보다도 서로 다른 세 가지 아름다운 옷을 입고 (궁정) 축제 혹은 교회를 세 차례 방문하는 것과 관련된다. 여기에는 잃어버린 신발과 신발 신어보기라는 모티프도 속한다. 계모 모티프는 A 유형으로부터 B 유형으로 넘어갔는데, B 유형에서는 다른 무엇보다도 도움을 주는 동물이라는 모티프가 A 유형보다 드물다. 그래서 A 유형은 B 유형의 도입부가 되었고 "이러한 형태로 핀란드, 스웨덴, 노르웨이, 덴마크, 아이슬란드, 페로 제도에서 발견된다."(pp. 98-99) 다음을 참조할 것. A. B. Rooth: Motive aus griechischen Mythen in einigen europäischen Mythen, in: W. Siegmund (Hrsg.): Antiker Mythos in unseren Märchen, Kassel 1984, 35-42. - M. R. Cox: Cinderella. Three Hundred and Forty-five Variants of Cinderella, Catskin and Cap o'Rushes, abstracted and tabulated with a Discussion of Mediaeval Analogues and Notes (1892), Reprint: Nendeln/Liechtenstein 1967에서는 세 유형을 구별한다. A) 학대받는 미녀가 신발 신어보기를 통해서 인정을 받는다. B) 여기에 눈에 띄지 않게 딸을 괴롭혀서 딸이 달아나게 만드는 아버지라는 모티프가 덧붙여진다. C) 리어 왕 모티프: 딸의 사랑의 표현이 아버지의 성에 차지 않기에 아버지는 부당하게 딸을 내쫓는다. 재투성이가 아버지와 맺는 관계가 얼마나 중요한지, 이때 B)와 C)의 모티프가 어떻게 은연중에 작용하는지는 이후 해석을 통해 드러낼 것이다. - M. Lüthi: Der Aschenputtel-Zyklus, in: J. Janning-H. Gehrts - H. Ossowski (Hrsg.): Vom Menschenbild im Märchen, Kassel 1980, pp. 39-58에서는 "네 개의 서로 다른 기본 유형"을 구별한다. "함께 모여서 이른바 재투성이 연작을 이루는 이 유형들은 각각 좁은 의미의 재투성이 유형, 암송아지 유형, 털북숭이 공주 유형, 리어 왕 유형이다." "특히 스

칸디나비아와 러시아에서 즐겨 이야기되는 재 속에 앉아 있는 남자에 대한 동화들은 여러 가지 이유로 대부분 재투성이 연작에 포함하지 않는다."(p. 39) - 암송아지 동화가 전해지는 곳은 다음과 같다. M. Montanus: Ein schön History von einer Frawen mit zweyen Kindlin, in: Ander theyl Gartengesellschaft, Straßburg 1560. B. Stamer (Hrsg.): Märchen von Dornröschen und dem Rosenberg, Frankfurt (Fischer Tb. 10566) 1985, 91-98. - 리어 왕 유형에 대해서는 다음을 참조할 것. S. Studer-Frangi (Hrsg. u. Übers.): Märchen aus Italien, Frankfurt (Fischer Tb. 10946) 1992, 42-47. 재투성이 동화의 광범위한 유포에 대해서는 다음을 참조할 것. W. Scherf: Aschenputtel in aller Welt, in: Westermanns Monatshefte, 105; 1964, Nr. 12., 66-75. 또한 다음을 참조할 것. H. Lüdeke: Das Aschenbrödel als griechische Volksballade, in: Zeitschrift für Volkskunde, 46, Göttingen 1938, 87-91. 근대 중국의 재투성이 이본들은 다음에서 전한다. A. Walley: The Chinese Cinderella story, in: Folklore, 58, London 1947, 1, 226-238. 다음도 참조할 것. P. Goswami: The Cinderella motif in Assamese-folk-tales. In: Indian historical quarterly, 23, Calcutta 1947, 311-319.

15) J. Bolte - G. Polivka: Anmerkungen zu den Kinder- und Hausmärchen der Brüder Grimm, 1. Bd., Leipzig 1913, 168-169에서 이미 재투성이 동화의 소재를 다섯 혹은 여섯 개의 상이한 행위 모티프의 고정된 연속으로 분석했는데, 이들은 그 자체로 다시 특정 변종들을 보여준다. "A_1 주인공은 계모와 의붓언니들로부터 학대받는다, 혹은 A_2 자신과 결혼하려는 아버지에게서 보기 흉한 옷을 입고 도망친다, 혹은 A_3 아버지를 소금처럼 사랑한다고 선언하여 아버지로부터 쫓겨난다, 혹은 A_4 하인에게 죽임을 당한다. B (제 집이나 친구의 집에서) 하녀로 일하면서 B_1 돌아가신 어머니, 어머니 무덤의 나무 혹은 초지상적 존재에게 B_2 새들에게 B_3 염소나 양이나 암소에게 충고를 듣고 도움을 받고 먹을 것을 얻는다. B_4 염소로서 도살되고 그녀 창자에서 기적의 나무가 싹튼다. C_1 화려한 옷을 입고 자신을 잡아두고자 헛되이 애쓰는 왕자와 여러 번 춤을 춘다. 혹은 교회 안에서 왕자의 눈에 띤다. C_2 하녀로서 견뎌야 했던 학대를 넌지시 암시한다. C_3 장신구를 단 그녀는 제 방에서나 교회 안에서 왕자의 눈에 띤다. D_1 신발 신어보기를 통해, 혹은 D_2 그녀가 왕자의 수프에 던지거나 빵에 넣고 구운 반지로 발견된다. D_3 그녀만이 기사가 원하는 황금 사과를 딸 수 있다. E 왕자와 결혼한다. F 아버지 앞에 소금을 치지 않은 음식을 놓게 하고 이를 통해 이전 자신의 대답의 의미를 보여준다." 이러한 도식을 보면 서로 비교할 만한 여러 동화를 한눈에 개관할 수 있다. "우리의 (그림 동화의) 21번은 A_1 B_1 C_1 D_1 E의 모티프로 이루어져 있고, 털북숭이 공주(65번 동화)는 A_2 C_1 D_2, 외눈박이(130번 동화)는 A_1 $B_{1,3,4}$ D_3 E, 샘 가의 거위치기 소녀(179번 동화)는 A_3 B_1 C_3

E로 이루어져 있다." 그렇지만 이러한 도식으로 얻을 수 있는 것이 무엇이겠는가? 도식을 이용하면 재투성이 동화의 역사적 기원의 흔적을 찾아나설 수 있을 것이다. 그런 탐색은 분명 문학사적으로 흥미롭지만, 만족스럽게 완성될 가능성은 거의 없다. 그리고 이야기 자체의 해석을 위해 대개의 경우 과히 보탬이 되지 않는다. 1812년 판본 그림 동화의 재투성이 이야기가 토대로 삼고 있는 원전들은 그리 어렵지 않게 찾아낼 수 있다. H. Rölleke에 따르면 이른바 〈마르부르크 동화의 여자〉라는 이야기가 원전이다. H. Rölleke: Die Marburger Märchenfrau. Zur Herkunft der KHM 21 und 57, in: Fabula 15, 1974, 87-94. 클레멘스 브렌타노의 말을 듣고 흥미가 생긴 빌헬름 그림은 1810년 9월에 마르부르크의 엘리자베트 요양원에 있는 한 노파를 찾아갔다. 그리고 노파의 이야기로부터 〈재투성이〉와 〈황금 새〉라는 두 동화가 나온 것이다. 그 초고에 대해서는 다음을 참조할 것. F. Panzer (Hrsg.): Kinder- und Hausmärchen der Brüder Grimm. Vollständige Ausgabe in der Urfassung, 2 Bde., München 1913, 1. Bd. Nr. 21. 또한 간과할 수 없는 것은 샤를 페로의 이야기의 영향이다. Charles Perrault: "Aschenputtel oder der gläserne Pantoffel": Histoires ou Contes du temps passé, avec des moralités (1697); 다음을 참조할 것. Conte de Fées. Die Märchen, dtv zweisprachig, dt. übers. v. U. F. Müller, München 1977, 76-93: Cendrillon ou La Petite Pantoufle de Verre; 그 외에도 그림 동화의 1812년 초판과의 관계에 대해서는 다음을 참조할 것. W. Scherf: Lexikon der ZauberMärchen, Stuttgart 1982, 47-50, 특히 p. 48-49. 더 나아가 보헤미안의 동화 〈라스코팔과 밀리브카〉에 대해서는 다음을 참조할 것. R. Hagen: Der Einfluß der Perraultschen Contes auf das volkstümliche deutsche Erzählgut und besonders auf die Kinder- und Hausmärchen der Brüder Grimm, 2 Bde., Dissertation, Göttingen (Maschinenschrift); P. Saintyves: Les Contes de Perrault et les récits parallèles. Paris 1923, 113-164. 특히 다음을 참조할 것. R. Hagen: Sagen der böhmischen Vorzeit aus einigen Gegenden alter Schlösser und Dörfer, Prag 1808, 1-66. 그림 형제는 1819년의 재판에서 페로를 통해 이차적으로 수용한 내용을 지웠고 "이와 더불어 다른 헤센의 세 이본으로부터 온갖 모티프들을 받아들여 내용을 상당히 확장했다. 그 중에는 츠베렌의 도로테아 피이만(결혼 전 성은 피에르존)에게서 나온 모티프도 있었다." W. Scherf: Lexikon der Zaubermärchen 9. 이제 "아버지가 여행을 떠날 때 막내딸이 숲에서 아버지 모자에 닿는 첫 번째 가지를 가져다 달라고 부탁하는 세 번째 문단"이 덧붙여졌다. J. Bolte - G. Polivka: Anmerkungen, I 165. 이 모티프는 〈노래하며 날아오르는 종달새〉(88번 동화; AT 425 A)를 연상시키지만, 이 이야기는 거기에서부터 완전히 다르게 진행된다. 재투성이는 가지를 "땅에 심고 거기에서부터 작은 나무가 자라서 금과 은을 떨군다.

…… 또 새로운 것은 비둘기 노래의 끝 부분이다. 예전 판본에서는 재투성이는 첫날 저녁 집에 머물면서 비둘기장으로부터 춤을 지켜보는데, 한 언니가 그 다음날 아침 시샘이 나서 비둘기장을 철거해버린다. 그리고 그 다음 이틀 동안 저녁마다 마차가 와서 재투성이를 축제가 열리는 곳으로 데려간다. 두 마리 비둘기는 부르지 않았어도 그녀에게 와서 충고를 한다. 그러나 그녀는 나무 위 새들이 아니라 나무로부터 값진 옷을 받는다." J. Bolte - G. Polivka: Anmerkungen, I 165. - "그림 형제가 1822년 이전에 이미 들은 적이 있던 파더보른에서 나온 한 이야기는 이렇게 시작한다. 어느 아름다운 백작 부인이 한 손에는 장미 한 송이를, 다른 손에는 눈송이를 들고서, 장미처럼 붉고 눈처럼 하얀 아이를 낳게 해 달라고 빌었다. 하느님이 그녀의 소원을 들어주었다." 이는 〈백설공주〉 동화(53번 동화)에서와 똑같은 것이다. "한번은 그녀가 창가에 서서 바깥을 내다보고 있을 때 유모가 그녀를 아래로 밀어 떨어뜨렸다. 그렇지만 사악한 여자는 비명을 지르면서 백작 부인이 제풀에 아래로 떨어진 것처럼 둘러댔다. 그리고 이 여자는 미모를 이용하여 백작의 넋을 잃게 했고 백작은 유모를 아내로 맞이했다. 유모는 백작에게 딸을 둘 낳아주었고, 아름다운 붉고 하얀 의붓딸은 재투성이로 일해야 했다. 그 아이는 입을 옷이 없어서 교회에 갈 수도 없었다. 그래서 어머니 무덤에서 울었다. 그때 어머니 무덤이 열쇠를 주면서 속이 빈 나무를 열라고 했다. 나무는 흡사 옷장처럼 열렸고 그 안에는 드레스와 비누와 기도서가 한 권 들어 있었다. 어느 백작이 아이를 보았고, 아이를 붙들기 위해 교회 문지방에 역청을 칠했다. 그리고 이제 모든 것은 다른 이야기와 똑같이 전개된다." J. Bolte - G. Polivka: 위의 책, I 166-167. - 페로의 판본(Cendrillon) 외에도 돌누아(D'Aulnoy) 부인의 소설 〈폰세 데 레온(Ponce de Léon)〉(Finette Cendron)도 재투성이 동화의 여러 형태의 배경을 이룬다. 다음을 참조할 것. P. Delarue - M.L.Teneze: Le conte populaire français, Bd. 2, Paris ²1977, 245-255; 278-280; 또한 Giambattista Basile의 Il Petamerone: La gatta cennerentola 안의 이야기를 중요하게 참조할 것.(Giambattista Basile: Lo cunto de li cunti, trattenemiento de li peccerille, 2 Bde., Napoli 1634-1636; dt.: v. F. Liebrecht: Der Pentamerone, 2 Bde., Breslau 1846). 다음을 참조할 것. M. R. Cox: Cinderella. Three Hundred and Forty-five Variants of Cinderella, 위의 책, Nendeln/Liechtenstein 1967, 159-161. 이 판본도 (페로와 그림의 판본과 마찬가지로) $A_1 B_1 C_1 D_1 E$의 순서를 따른다. 물론 여기에서 재투성이는 처음에는 다른 판본에서보다 훨씬 반항적으로 나타난다. 아이는 궤짝에 첫 번째 계모를 가둬 죽이지만, 두 번째 계모에게 더 심한 학대를 받는다. "그녀는 아버지가 사르데냐에서 가져다주신 대추를 심었고 그 나무에서 드레스와 마차와 하인을 얻었다." J. Bolte - G. Polivka: 위의 책, I 173. 그 외에는 그림 동화 판본과 거의 완벽하게 일치한다.

16) 다음을 참조할 것. J. Bolte - G. Polivka: Anmerkungen zu den Kinder- und

Hausmärchen der Brüder Grimm, 1. Bd., Leipzig 1913, 187. 여기에서는 신발을 신어보는 게르만 민족의 약혼 풍습을 언급한다.
17) W. Scherf: Lexikon der Zaubermärchen, Stuttgart 1982, 12.
18) 다음을 참조할 것. A. Wesselski: Deutsche Märchen vor Grimm, Bd. 2, Brünn-München-Wien 1938, 다음에서 재인용. M. Montanus: Gartengesellschaft, Straßburg 1559: Ein schön History von einer Frawen mit zweyen Kindlin. 다음을 참조할 것. W. Scherf: Lexikon der Zaubermärchen, Stuttgart 1982, 102-104.
19) 다음을 참조할 것. W. Scherf: Lexikon der Zaubermärchen, Stuttgart 1982, 103.
20) Aulnoy: Contes des fées, 1702, I 83 (Finette Cendron). 다음을 참조할 것. Französische Märchen von Charles Perrault und Madame Marie-Catherine d'Aulnoys, Hanau 1979, 94-123. 이 동화는 1175년경 Marie de France (Lai von Ywenec): Lais (Versnovellen)로 거슬러 올라간다. 다음을 참조할 것. K.F.K. Krüger: L'oiseau bleu, in: Krüger: Die Märchen der Baronin Aulnoy, Diss. Leipzig 1914, 55-57. W.E. Peuckert: Blauer Vogel, in: J. Bolte - L. Mackensen: Handwörterbuch des deutschen Märchens, I 270. W. Scherf: Lexikon der Zaubermärchen, 30-37. M. R. Cox: Cinderella. Three Hundred and Forty-five Variants of Cinderella, Catskin and Cap o'Rushes, abstracted and tabulated with a Discussion of Mediaeval Analogues and Notes, Nendeln/Liechtenstein (Neudruck von 1892) 1967, Nr. 56, p. 23.
21) 동화의 심층심리학적 해석에 대해서는 다음을 참조. E. Drewermann: Tiefenpsychologie und Exegese, 1. Bd., Olten 1984, 141-154; 393-443.
22) 원형적 이야기의 해석에서 '현실화 규칙'에 대해서는 다음을 참조할 것. E. Drewermann: Tiefenpsychologie und Exegese, 1. Bd., Olten 1984, 218-230.
23) 아버지 없는 가족의 한 세대 전체가 겪은 궁핍을 1945년 이후 전쟁 과부와 전쟁 고아의 운명에 비추어 범례적으로 묘사하고 있다. H. Böll: Haus ohne Hüter, Frankfurt-Berlin (Ullstein 185) 1962.
24) 다음을 참조할 것. S. Freud: Der Untergang des Ödipuskomplexes (1924), Ges. Werke XIII, London 1947, 393-402; 같은 저자: Über die weibliche Sexualität (1931), Werke XIV, London 1948, 515-537.
25) 원형적 이야기의 해석에서 '시간의 확장(Zeiterdehnung)'에 대해서는 다음을 참조할 것. E. Drewermann: Tiefenpsychologie und Exegese, 1. Bd., Olten 1984, 218-230.
26) 포유류 어미의 행동에 대한 일반적 설명은 다음을 참조할 것. M. H. Klaus - J. H. Kennell: Mutter-Kind-Bindung. Über die Folgen einer frühen Trennung, aus dem Amerik. übers. v. K. H. Siber, München (dtv 15033) 1987, 35-62. 특히 J.

Goodall: Ein Herz für Schimpansen. Meine 30 Jahre am Gombe-Strom, übers. v. I. Strasmann, Hamburg 1991, 134-146에서는 침팬지 새끼와 어미의 관계를 보여준다. 144쪽에서는 이유기에 새끼의 공격적 절망을 묘사한다. D. Fossey: Gorillas im Nebel. Mein Leben mit den sanften Tieren, übers. v. E. M. Walther, München 1989, 241-243에서는 38개월 된 암컷 새끼에게 어미의 죽음이 남긴 심리적 결과를 묘사한다. "어머니가 떠나거나 자살한다는 위협 이후 (자식이) 불안으로 (어머니에게) 집착하는 현상"에 대해서는 다음을 참조할 것. J. Bowlby: Trennung. Psychische Schäden als Folge der Trennung von Mutter und Kind, aus dem Engl. übers. v.E. Nosbusch, München (Kindler Tb. 2171) 1976, 276-287. 헤어짐의 공포에 대해서는 다음을 참조할 것. 같은 출처 221/225. 특히 헤어짐의 위협에서 (억눌린) 분노, 모호성, 불안의 혼합에 주목해야 한다. 같은 출처, pp. 306-310. 특히 다음을 참조할 것. E. Schmalohr: frühe Mutterentbehrung bei Mensch und Tier. Entwicklungspsychologische Studie zur Psychohygiene der frühen Kindheit, München (Kindler Tb. 2092), 3 (durchges.) 1980, 130-135: 여기에서는 원숭이 어미와 새끼의 분리를 통한 행동장애와 관련해, '긴장병' 습성과 자해 경향을 충격적일 만큼 탁월하게 묘사하고 있다. K. Asper: Verlassenheit und Selbstentfremdung, Olten 1987; München (dtv) 1990에서는 이러한 배경을 바탕으로 삼아 "나르시시즘 트라우마를 가진 인간"으로서 "재투성이"를 적절하게 묘사한다.(68)

27) 이에 관련된 희생 이데올로기의 형성에 대해서는 다음을 참조할 것. E. Drewermann: Kleriker. Psychogramm eines Ideals, Olten 1989, 85-96.
28) S. Freud: Die Verdrängung (1915), Ges. Werke X, London 1946, 247-261.
29) R. M. Rilke: Advent (1897), in: Sämtliche Werke, hrsg. vom Rilke-Archiv durch E. Zinn, 1. Bd., Frankfurt 1955, 133.
30) 다음을 참조할 것. Drewermann: Kleriker. Psychogramm eines Ideals, Olten 1989, 387-398.
31) 여기에 대해서는 다음을 참조할 것. 같은 출처, 499/525.
32) 다음을 참조할 것. E. Drewermann - I. Neuhaus: Marienkind. Grimms Märchen tiefenpsychologisch gedeutet, Bd. 5, Olten 1984.
33) 다음을 참조할 것. R. Stang: Edvard Munch der Mensch und der Künstler, aus dem Norwegischen übers. v. E. Neumann, Königstein 1979, p. 35: Die tote Mutter und das Kind (1894).
34) S. Schulze (Hrsg.): Munch in Frankreich. Katalog. Schirn Kunsthalle Frankfurt, Stuttgart 1992, 181: Die tote Mutter 1893; G. Fahrbecker-Sterner (Red.): Edvard Munch. Aus dem Munch Museum Oslo. Gemälde - Aquarelle

- Zeichungen - Druckgraphik - Fotografien, München 1987, 218: Die tote Mutter und das Kind (1901).
35) M. Arnold: Edvard Munch, Reinbek (rm 351) 1986, 12.
36) D. Gleisberg (Hrsg.): Max Klinger 1857-1920. Städtische Galerie im Städelschen Kunstinstitut Frankfurt, 12.2.-7.6.92, Edition Leipzig 1922, 167.
37) 같은 출처.
38) 라우라 뭉크는 정신병에 시달리다 1926년 사망했다. M. Arnold: Edvard Munch, Reinbek 1986, 152.
39) M. Arnold: Edvard Munch, 위의 책, 13.
40) A. Eggum: Edvard Munch. Gemälde, Zeichnungen und Studien, aus dem Engl. übers. v. G. u. K. Felten, C. Buchbinder-Felten, Stuttgart 1986, 16. 다음도 참조할 것. M. Arnold: Edvard Munch, 위의 책, 13.
41) A. Eggum: Edvard Munch. 위의 책, 171.
42) 그림 동화 중 〈일곱 마리 까마귀〉(25번 동화)는 자매들을 '까마귀'로 변하게 만든 소녀가 '죄'를 어떻게 씻어야 하는지에 대한 이야기다.
43) 다음을 참조할 것. W. F. Otto: Die Manen oder von den Urformen des Totenglaubens. Eine Untersuchung zur Religion der Griechen, Römer und Semiten und zum Volksglauben überhaupt, Darmstadt ²1958, 102-104: Die Frucht vor den Toten. - 승천이라는 테마에 대해서는 다음을 참조할 것. E. Drewermann: Ich steige hinab in die Barke der Sonne. Alt-Ägyptische Meditationen zu Tod und Auferstehung in bezug zu Joh 20/21, Olten 1989, 80-95.
44) 죄책감에 빠진 유족들이 부활을 믿음으로써 얻는 위로는 기독교에서는 무엇보다도 부활과 죄 사함의 결합에서 나타난다. 다음을 참조할 것. E. Drewermann: Ich steige hinab in die Barke der Sonne. A.a.O., 184-204: Verklärung und Vergebung; 같은 저자: Milomaki oder vom Geist der Musik. Eine Mythe der Yahuna-Indianer, Olten 1991, 36-40.
45) R. M. Rilke: Larenopfer (1895), Sämtliche Werke, 위의 책, I 32.
46) 다음을 참조할 것. W. Scherf: Aschenputtel in aller Welt, in: Westermanns Monatshefte, 105; 1964, 12, 66-75. 여기에서는 이 동화가 어디에서나 사랑받는 이유를 올바르게 보고 있다. "누구든지, 심지어 애지중지 키운 아이라도 고독과 버림받음"이 무엇인지 이해할 수 있다. 이는 "한낱 상상일 수도 있지만, …… 모욕과 굴종을 겪는 것이다."(p. 66) 전승되는 재투성이 이본들에 대해서는 다음을 참조할 것. A. B. Rooth: The Cinderella Cycle, Lund 1951, 51. 여기서는 동유럽 지역에서 이 이야기의 A 유형을 확인하고 있다.

47) M. Arnold: Edvard Munch, Reinbek (rm 351) 1986, 10; 13-15. 예를 들어 뭉크는 어린 시절 아버지와 벌인 토론을 상세히 서술하고 있는데, 이 토론은 신앙심이 없는 자가 얼마나 오래 지옥에서 고통을 겪는지, 즉 뭉크가 생각한 것처럼 '단지' 1천 년 동안인지, 아니면 아버지가 주장한 것처럼, 1천 년의 1천 배 동안인지라는 물음에 대한 것이었다.
48) 신화와 동화에서 나타나는, 앙숙인 형제 카인과 아벨 모티프의 정신분석적 해석에 대해서는 다음을 참조할 것. E. Drewermann: Strukturen des Bösen, 3 Bde., Paderborn ⁶erw.1988, II 267-294.
49) 대개의 경우 손위 형제가 동생의 인생을 힘겹게 만드는 것이 보통이다. 다음을 참조할 것. E. Drewermann: 위의 책, II 279-280. 그림 동화에서는 특히 '의붓언니들'이 독자적으로 가엾은 재투성이를 지배하는 것이 눈에 띄는 점이다. 여기에서 비록 그들 간의 터울을 강조하지 않지만, 암묵적으로 전제하고 있다. 이런 맥락에서 수많은 재투성이 여성들의 생애에서 그림 동화가 서술하는 상황을 만날 수 있다. 물론 재투성이 동화는 손위 자매 관점에서는 상당히 부당한 주장이고 멍에다. 그러나 재투성이 아이 관점에서는 언니는 자기에게는 금지된 것을 다 할 수 있다. (의붓)어머니가 평가할 때에도 언니는 영리하고 믿을 만하지만 재투성이는 언제나 문제아라는 인상을 받는다. 함께 길러주는 것만으로도 그 아이는 감사해야 한다는 것이다.
50) 셋과 넷의 상징에 대해서는 다음을 참조할 것. E. Drewermann: Strukturen des Bösen, II 36/37; M. L. von Franz: Zahl und Zeit. Psychologische Überlegungen an einer Annährung von Tiefenpsychologie und Physik, Stuttgart 1970; Frankfurt (st 602) 1980, 102-103. 특히 다음도 참조할 것. C. G. Jung: Versuch einer psychologischen Deutung des Trinitätsdogmas (1942), Werke 11, Olten 1963, 119-218, p. 206. 다음을 참조할 것. K. J. Obenauer: Das Märchen. Dichtung und Deutung, Frankfurt 1959, 81-91; Das Gesetz der Dreizahl. 여기(p. 92)에서는 재투성이 동화에서 숫자 '3'이 네 차례 반복되는 것을 지적한다. 세 명의 소녀, 세 번의 축제, 세 벌의 드레스, 세 번의 구두 신어보기.
51) 객관주의적 해석 방법과 주관주의적 해석 방법의 방법론적 근거에 대해서는 다음을 참조할 것. E. Drewermann: Strukturen des Bösen, 1. Bd., p. XXXI-XLVI; 같은 저자: Tiefenpsychologie und Exegese, I 154-158.
52) 자매간 적대 관계는 결핍 상황에서 더욱 고조된다. 카인과 아벨 이야기에 대한 실존주의적 설명에 대해서는 다음을 참조할 것. E. Drewermann: Strukturen des Bösen, III 251-278.
53) 재투성이의 경험에서 장기적 관점에서 (손위) 자매는 (의붓)어머니보다 훨씬 큰 역할을 할 것이다. 물론 해석에서도 이야기의 이러한 특징을 주목해야 한다. 특히 B. Bettelheim: Kinder brauchen Märchen, übers. v. L. Michel - B. Weitbrecht,

Stuttgart 1977, 225/264에서는 재투성이 이야기 전체를 자매 적대 관계를 중심으로 풀이했다.(pp. 226-229) 이때 '적대 관계'의 내용이 어디에 있는지를 간과하지 않는다면, 이는 올바른 해석이다. 그 내용은 어머니의 사랑과 사랑받고자 하는 감정이다.

54) F. M. Dostojewskij: Die Erniedrigten und Beleidigten, aus dem Russ. übers. v.K. Nötzel, München (Goldmann Tb. 936-937), 4. Teil, 7. Kap., p. 330. 도스토예프스키다운 재투성이 이야기에서는 특히 넬리가 모욕당하는 어머니의 모범에 스스로를 동일화함으로써 가난을 의무로서 여기게 되는 과정을 지극히 인상적으로 묘사하고 있다.

55) B. Bettelheim: Kinder brauchen Märchen, 243에서는 다음과 같이 올바르게 설명하고 있다. "'재는 재로'가 죽은 자와 재 간의 긴밀한 관계를 만들어내는 유일한 표현은 아니다. 스스로에게 재를 뿌리는 것은 …… 비탄의 상징이다. 더러운 넝마를 걸치고 돌아다니는 것은 침울함의 증상이다. 그리하여 재 안에 머무는 것은, 어머니와 함께 화덕 주위에 둘러앉은 즐거운 한때를 의미하기도 하고, 어머니와 맺었던 긴밀한 유대에 대한 깊은 애도의 상태를 의미하기도 한다." 고대의 재를 넣은 단지에 대해서는 다음을 참조할 것. H. Gärtner (Hrsg.): Der Kleine Pauly, 5. Bd., München 1979, Sp. 1070.

56) 주인과 노예의 변증법에 대해서는 다음을 참조할 것. G. W. F. Hegel: Phänomenologie des Geistes, hrsg. v. J. Hoffmeister, Hamburg (Philos. Bibliothek 114) ⁶1952, 146-150: "노동하는 의식은 …… 이를 통해 자립적 존재를 자기 자신으로 직관하게 된다."(p. 149)

57) 이러한 해석의 '중심화 규칙'에 대해서는 다음을 참조할 것. E. Drewermann: Tiefenpsychologie und Exegese, 1. Bd., Olten 1984, 212-218.

58) 가출과 귀환이라는 도식에 대해서는 다음을 참조할 것. E. Drewermann: 위의 책, I 397-413: das Motiv der besonderen Tat – das Motiv des besonderen Endes.

59) 이 장면의 오이디푸스적 특징에 대해서는 특히 다음에서 적절하게 지적하고 있다. B. Bettelheim: Kinder brauchen Märchen, 237. "아버지를 향한 오이디푸스적 소망은 억압되는데, 아버지가 신통력 있는 선물을 가져올 것이라는 기대는 예외다." "어머니를 제거하려는 재투성이의 소망은 (재투성이 동화의) 좀 더 현대적 판본들에서는 완전히 억압되고 치환과 투사를 통해 대체된다. 그래서 이제 소녀 삶에서 결정적 역할을 하는 것은 어머니가 아니라 계모다." 물론 그림 동화 해석을 위해서는 계모가 재투성이를 다루는 방식을 재투성이 심리 발생의 객관적 조건으로 삼고 시작해서는 안 되고, Bettelheim이 시도하는 것처럼 재투성이의 체험을 한갓 오이디푸스적 소망에 대한 처벌 환상으로 풀이해서는 안 된다. 그렇게 한다면 Bettelheim처럼, 이 동화에서 매우 중요한 사실, 즉 '계모'조차 의붓언니(들)로 대체된다는 사실을 그저

오이디푸스라는 핵심 모티프의 파생적 변형으로 간주해야 할 것이다. 우리가 오이디 푸스 콤플렉스를 (최소한 우리의 문화에서) 심리적 발달에서 필연적 국면으로 볼 때, 재투성이 동화는 '정상적' 경험에서 벗어나 재투성이를 낳게 되는 특수한 조건을 보여주는 것이다. 가난, 죽음, 애도, 계모, 자매간 적대 관계, 하녀로서의 삶 등 동화의 내용을 가능한 한 문자 그대로 받아들일 때 이 조건을 가장 잘 이해하게 된다. 우리는 심리학적으로 이 내용들의 조합으로 아주 깊이 파고 들어가야 한다.

60) 다음을 참조할 것. E. Drewermann - I. Neuhaus: Die Kristallkugel (KHM 197), Olten 1985, 48.
61) 이 부분 해석을 위해서는 다음을 참조할 것. E. Drewermann: Das Matthäus-Evangelium. Bilder der Erfüllung, 1. Bd., Olten 1992, 592-596.
62) 이 부분에 대해서는 다음을 참조할 것. E. Drewermann: 위의 책, I 571-578. 재투성이의 체험에서 핵심적인 종교적 요인에 대해서는 특히 다음을 참조할 것. R. Meyer: Die Weisheit der deutschen VolksMärchen, Stuttgart 1969, 180-181. "종교가 '어머니 무덤'을 신봉하는 것과 무엇이 다른가? 그것은 차가운 세상과 거만한 지성이 저 예감하는 정신의 심오함을 은폐하는 이 시대에, 이미 사라진 지혜를 기억하는 것이다. 그것은 인간의 영혼이 티끌 같은 허무 안에서 복종을 강요당하는 시대에 이 천지의 영혼이 어디에나 퍼져 있음을 믿는 것이다." "우리는 동화 안에서 사악한 영혼의 세력이 종종 이중으로 표현되는 것을 본다. 인간 존재가 두 방향으로 실족할 수 있다는 직관적 인식이다. 그것은 영혼 안에 오만과 공허한 외관에 대한 사랑을 불러일으키거나, 영혼을 물질의 힘에 내던져 영혼이 내적으로 굳어버리도록 만드는 것이다. 인문학 언어로는 '루시퍼적' 오류나 '아리만적' 오류다." 물론 재투성이의 '경건함'을 성급하게 이상화하지 말고, 그 아이의 우울증적 체험에서 굳어버릴 위험이 있는 불안의 내용을 분석해야 한다.
63) S. Kierkegaard: Furcht und Zittern (1843), übers. v. L. Richter, Reinbek (rk 89) 1961, 75-112: zur Differenzierung des Ästhetischen, Ethischen und Religiösen am Beispiel Abrahams.
64) 다음을 참조할 것. S. Kierkegaard: Die Krankheit zum Tode (1849), übers. v. L. Richter, Reinbek (rk 113) 1962, 31-33: die Verzweiflung der Endlichkeit. 이와 관련하여 다음을 참조할 것. E. Drewermann: Strukturen des Bösen, III 460-479.
65) B. Bettelheim: Kinder brauchen Märchen, 244에서는 다음과 같이 말한다. "우리는 이 이야기로부터 신데렐라(재투성이)가 고약한 여자와 결혼한 아버지에 대해 분노까지는 아니라고 해도 매우 실망했다고 추론할 수 있다." 그리고 p. 245에서는 이렇게 말한다. "재투성이가 그 나무를 어머니 무덤에 심고 눈물을 뿌리는 장면은 이 동화에서 가장 시적 감명을 주고 심리학적으로 매우 의미심장한 장면이다. 그 나

무는 유년기에 이상화된 어머니에 대한 기억이 우리 내면의 경험에서 중요한 부분으로서 생생하게 살아 있다면, 최악의 불행에서도 우리를 옹골차게 세우고 지지해 준다는 사실을 상징한다."

66) S. Freud: Die Traumdeutung (1900), Werke II/III, London 1942, 383-387, p. 383.

67) S. Freud: 위의 책, II/III 356-366. 한편 K. Asper: Verlassenheit und Selbstentfremdung, Olten 1987; München (dtv) 1990, 154-155에서는 아버지의 "모자"를 "한 인물이 대표하는 집단적 가치의 상징(사냥꾼 모자, 제빵업자 모자, 박사모)"으로 보면서 다음과 같이 말한다. "나르시시즘적 상처를 지닌 사람들은 …… 독자적 관점을 가져야 한다는 성가신 요구에서 벗어나기 위하여, 가치 있는 유서 깊은 모자 아래에서 자신을 지키고자 한다." 하지만 그렇다면 재투성이가 자신이 아버지 모자를 쓰려 한다고 서술해야 했으리라. 하지만 이런 이야기는 없고, 오히려 아버지를 "무력화"하고 아버지의 솟아오른 모자를 벗겨내려는 것에 대해서만 이야기된다. K. Asper가 이후에(pp. 256-266) 개암나무를 재투성이의 "자아 상징"으로 해석하는 것은 올바른 것이다.

68) 이런 의미는 그림 동화에서는 단지 암시될 뿐이다. 그러나 M. R. Cox: Cinderella, p. 54(위의 주석 14 참조)에 따르면 이런 의미는 이 동화 소재의 B 판본에서 잘 나타난다. 그림 동화 〈털북숭이 공주〉(65번 동화)는 이에 대한 고전적 범례다. 그렇지만 차이 역시 분명하다. 재투성이는 아버지가 "개암나무 가지"를 가지고 돌아오기 전부터 이미 추방당한 자였지만, 털북숭이 공주는 아버지의 (오이디푸스적) 사랑을 통해서 처음으로 일생일대의 딜레마로 빠져든다.

69) 매질 환상이 지닌 정신역동에 대한 고전적 서술은 다음을 참조. S. Freud: Ein Kind wird geschlagen. Beitrag zur Kenntnis der Entstehung sexueller Perversionen (1919), Ges. Werke XII, London 1947, 195-226. "'아버지가 나를 사랑한다.'는 것은 성기적 의미에서 생각되었다. (원저자: 전성기적이고 가학적이고 항문적인 성적 생활의 조직화를 지향하는 리비도의) 퇴행을 통해서 그것은 '아버지가 나를 매질한다(나는 아버지에게 매질당한다.)'로 바뀐다. 이러한 매질당함은 이제 죄책감과 에로티시즘의 만남이다. 그것은 금지된 성기적 관계에 대한 처벌일 뿐 아니라, 그에 대한 퇴행적 대체물이기도 하다. 그리고 그것은 후자의 원천으로부터 리비도의 흥분을 가져온다. …… 이것이 마조히즘의 본질이다."(209) 이를 통해 특히 모든 능동성이 재투성이의 독특한 수동성으로 대체되는 것을 해명할 수 있고, 프로이트가 "신경증 환자의 과소망상"이라고 부른 것을 해명할 수 있다. 프로이트는 이에 대해 "이미 잘 알려졌듯이 부분적 망상일 뿐이고, (오이디푸스 콤플렉스라는) 다른 원천에서 나오는 자신에 대한 과대평가와 완벽하게 양립할 수 있다."고 말한다.(214)

70) J. M. Masson: Was hat man dir, du armes Kind, getan? Sigmund Freuds

Unterdrückung der Verführungstheorie, Hamburg 1987은 아버지의 성적 유혹에 대한 네 여성의 기억이 지닌 '객관적' 현실성을 지적한다. 사내아이에 대한 성추행의 문제는 다음에 서술되어 있다. N. Glöer - I. Schmiedeskamp-Böhler: Verlorene Kindheit. Jungen als Opfer sexueller Gewalt, München 1990.

71) M.-L. von Franz: Erlösungsmotive im Märchen, München 1986, 31에서는 개암나무 가지를 "비인격적 현실성과 객관성"의 상징이며, "비인격적인 권위의 원리"로서의 왕홀(王笏)이라고 본다. 이러한 상징 언어에서는 "남근"의 의미는 간과하고 있다. F. Lenz: Bildsprache der Märchen, Stuttgart 1971, 166-167에서는 개암나무에 대해 이렇게 말한다. "유서 깊은 농부의 지혜에 따르면, 정원의 네 모퉁이와 울타리를 따라서 개암나무 덤불을 심는다. 이것이 대지가 필요로 하는 우주의 힘을 끌어오기 때문이다. 개암은 영양가가 높고 신경을 강하게 하며 활력을 준다. 마술지팡이로 수맥과 광맥을 찾는 사람이 하필 개암나무 지팡이를 이용하는 데에도 이유가 있는 것이다. 삶을 견뎌내고 활력을 끌어오는 개암나무는 생명의 나무 자체를 상징하게 되었다. 많은 민요가 개암나무를 찬미한다. 예를 들어 개암나무 가지는 '뱀'으로부터 보호해준다. 켈트 민족의 신화는 지혜의 송어가 아홉 그루 개암나무 아래 어두운 강에서 헤엄친다고 말한다." H. von Belt: Symbolik des Märchens. Versuch einer Deutung, Bern 1952, 726에서는 개암과 개암나무 가지가 "특히 알레만 지역 묘지들"의 시신이나 관 아래에서 발견된다고 전한다. R. Meyer: Die Weisheit der deutschen VolksMärchen, Stuttgart 1969, 180-181에서는 "이새의 뿌리"를 언급하고, 개암나무 관목이 성모를 뱀으로부터 구하는 그림 형제의 아동 성담 〈개암나무 가지(Die Halselrute)〉(Nr. 10)를 언급한다. 여기에서 개암나무는 (어머니의) 낙원의 나무가 되어 악을 물리친다. - 역사적으로 본다면 개암나무에 대한 찬양은 구석기 시대 빙하기의 식습관으로 거슬러 올라간다. "(2만 년도 더 된) 수백만 개의 개암 껍질을 보면, 구석기 시대 빙하기의 채집자와 사냥꾼에게 고기와 생선 이외의 신선한 음식이 개암밖에 남지 않았음을 알 수 있다. 그나마 이 최후의 비타민 함유 음식은 오래 보존할 수 있었다. (대략 1만 5천 년 전의) 순록 사냥꾼 시대에는 더는 개암 관목들조차 살아남을 수 없게 되었다." G. Kehnscherper: Hünengrab und Bannkreis. Von der Eiszeit an - Spuren früher Besiedlung im Ostseegebiet. Leipzig -Jena - Berlin 1983, 51. - 영혼의 상징으로서 새에 대해서는 다음을 참조할 것. E. Drewermann - I. Neuhaus: Der goldene Vogel (KHM 57), Olten 1982, 35-36; E. Drewermann: Tiefenpsychologie und Exegese, 2. Bd., Olten 1985, 511-541: 고대 이집트에서 기독교의 내세의 희망과 유사한 믿음에 대해서는 그중에서도 p. 516를 참조할 것. 바(Ba) 새의 상징에 대해서는 다음을 참조할 것. 같은 저자: Der Herr Gevatter, Der Gevatter Tod, Fundevogel, Olten 1990, 74-78. 비둘기가 지닌 의미에 대한 상세한 서술은 이 책의 주석 81 이하를 참조. F.

Lenz: Bildsprache der Märchen, 167에서는 하얀 새 상징에 나타나는 기도와 순결한 양심의 관계를 지적한다. "영혼이 어머니의 근원적 세계에 대한 기억을 보존하고 이를 내면화하기 위해 기도를 하면, 영혼 안에서는 생명력이 한 그루 나무와 같이 솟아오른다. 이때 어떤 중요한 법칙, 즉 반복과 율동이 나지막이 암시된다. 한 차례 기도가 아니라 반복하는 기도가 영혼에 넉넉한 힘을 준다. 사실 반복은 인간 내면을 강화한다. 동화에서는 (하루에 세 번) 규칙적으로 기도한다면 어떤 정신적 능력을 습득할 수 있는데, 이 능력은 마치 제2의 지고한 자연처럼 우리 안에서 싹을 틔우고 자라나 생명의 나무가 된다고 말한다. 그러면 순결한 정신성이라는 축복, 즉 하얀 새가 그 위에 내려앉는다. 하얀 새는 성경의 이야기들에서는 바로 비둘기다." ―〈암송아지〉의 모범에 따라서, 돌아가신 어머니가 조력자인 동물 형상으로 돌아오는 이 동화의 변종들도 상기하도록 하자. 이에 대해서는 앞의 주석 15를 참조할 것. B. Bettelheim: Kinder brauchen Märchen, 247에서는 다음과 같이 말하고 있다. "재투성이의 기도는 …… 그 아이가 희망에 차 있음을 증명한다. …… 근원적 신뢰가 다시 살아난다. …… 하얀 작은 새는 …… 어머니가 아이를 염려하여 아이에게 건네주는 자신의 혼이다. 그 혼은 근원적 신뢰로서 아이에게 심어진다." K. J. Obenauer: Das Märchen. Dichtung und Deutung, Frankfurt 19959, 135-147, 특히 p. 142에서는 "영혼의 새"로서 순백의 비둘기를 지적한다. K. Asper: Verlassenheit und Selbstentfremdung, 287에서는 재투성이의 경험 범위 안에서 "고통으로부터 방향을 잡는 일"에 대해 매우 적절하게 말하고 있다.(앞의 주석 67 참조) "깊이 느껴진 고통은 동경 그리고 소망과 하나가 된다. …… 그러나 고통과 비탄을 진정으로 체감하는 사람은 자신의 소망을 깨닫게 되고 재투성이처럼 이 소망을 …… 나무 아래에서 …… 환상으로 풀어놓게 된다."

72) 초야권의 심리학에 대해서는 다음을 참조할 것. S. Freud: Das Tabu der Virginität (1918), Ges. Werke XII, London 1947, 161-180, p. 174: "여성의 처녀성을 빼앗는 임무를 가장 나이 든 남자, 사제, 성스러운 남자, 즉 아버지의 대리인에게 …… 위임하는 원시 부족의 풍습은 초기의 (오이디푸스적) 성적 소망이라는 모티프에 어울리는 듯하다. 내가 보기에 이런 풍습은 많은 논란이 되어 온 중세 영주의 초야권으로 이어지는 지름길이다."

73) 다음을 참조할 것. P. von Matt: Liebesverrat. Die Treulosen in der Literatur, München ― Wien 1989, 67-78: Die Unvereinbarkeit von Liebe und Ehe, p. 67: "봉건 시대에 혼인은, 경제 상황을 단숨에 개선할 수 있는 기회와 관련해 말한다면, 오로지 전쟁이 주는 기대에 비견할 만하다. 봉건적 사회 구조가 존재하는 한, 봉건적 혼인의 준비와 체결과 수행은 군사 작전과 동일한 신중함, 전략적 계획, 그리고 경우에 따라서는 죽음을 두려워하지 않는 용맹을 갖추고 이루어졌다." p. 68: "근본적 사랑과 혼인의 일치에 대한 공공연한 요구로 이런 상황이 완전히 바뀌는 것

은 낭만주의 시대다."
74) 이 부분에 대해서는 다음을 참조할 것. H. W. Hertzberg: Die Samuelbücher, ATD 10, Göttingen ²1960, 53-57: "신하의 사적 영역에 간섭하고 경작지, 가축, 하인, 심지어 아들과 딸까지 지배하는 '권능을 누리는' 군주가 '(이방) 민족들이 가진 것 같은' 진정한 지배자다." 국왕의 특권이자 부와 권력의 징표로서 궁정의 하렘에 대해서는 다음을 참조할 것. R. De Vaux: Das Alte Testament und seine Lebensordnungen, übers. v. L. Hollerbach, 1. Bd., Wien - Freiburg 1963, 187-190.
75) 이 부분에 대해서는 다음을 참조할 것. A. Weiser: Die Psalmen, 1. Bd., ATD 14, Göttingen ⁶1963, 242-246. 〈시편〉은 "한 젊은 왕과 티루스의 공주인 왕비에 대한 찬가다.(V 13) 한 궁정 시인이 왕의 결혼식에서 이 노래를 지어 불렀다. 아마도 이 노래는 북방 왕국의 왕에게 바쳐진 듯하다."(243) 하느님의 축복은 왕자의 아름다운 외모뿐 아니라 그보다 오히려 '전쟁의 승리'에 바쳐졌다.(244)
76) 다음을 참조할 것. 같은 출처. 245.
77) 다음을 참조할 것. Drewermann: Kleriker. Psychogramm eines Ideals, Olten 1989, 330; 499-525.
78) Drewermann: 위의 책, 381-385.
79) G. B. Shaw: Pygmalion, London 1913; dt. übers. v. S. Trebitsch, Berlin 1913.
80) 자아 발달에서 '양심'과 '사회적 불안'에 대해서는 다음을 참조할 것. S. Freud: Wege und Irrwege in der Kinderentwicklung (1965), Stuttgart 1968, 50: "무력한 아이가 어떤 대상의 상실, 사랑의 상실, 처벌에 대한 불안에 처해 있을 때, 그로부터 아이는 훈육할 수 있게 된다. 그러한 훈육 가능성은 어른이 된 후에는 '사회적 불안'으로 표현된다. 부모의 권위를 내면화한 데서 생겨나는 양심의 불안은 곧바로 신경증적 갈등으로 이끈다."
81) 다음을 참조할 것. W. Richter: Art. Taube, in: Der Kleine Pauly, Lexikon der Antike in fünf Bänden, hrsg. v. K. Ziegler, W. Sontheimer, H. Gärtner, München (dtv 5963) 1979, V 534-535; F. Sühling: Die Taube als religiöses Symbol, 1930. - 아스타르테의 상징에 대해서는 다음을 참조할 것. M. H. Pope - W. Röllig: Syrien, in H. W. Haussig (Hrsg.): Wörterbuch der Mythologie, 1. Bd.: Götter und Mythen im Vorderen Orient, Stuttgart 1965, 250-252. 비둘기는 또한 "카르케미시의 여왕", 히타이트의 여신인 쿠바바의 동물(E. von Schuler: Kleinasien, 위의 책, I 311-312)이자 카르타고의 티니트의 동물(M. H. Pope - W. Röllig: 위의 책, I 311-312)이기도 했다. 메카에는 무트-임 아트-타이르가 있었는데 이 이름은 "새에게 먹이 주는 자"를 의미한다.: 비둘기는 메카에서 성스러운 새였다.(M. Höfner: Nord- und Zentralarabien, 위의 책, I 456) 아스타르테

의 존속에 대해서는 다음을 참조할 것. J. M. Blazquez: Die Mythologie der Althispanier, 위의 책, Bd. 2: Götter und Mythen im Alten Europa, Stuttgart 1973, 727-733.

82) 다음을 참조할 것. E. Simon: Die Götter der Griechen, München 1985, 229-254, p. 234; 239; 252. 비둘기는 아프로디테 혹은 사랑의 여신 '디오네'(제우스의 여성 명사)에게 거룩한 동물이었다. 미케네의 세 번째 수직갱 무덤에서는 "나신의 여신을 그린 작은 그림이 발견되었다. ······ 여신은 두 손으로 가슴을 잡고 있는데, 이는 오리엔트의 사랑의 여신에게는 널리 알려진 제스처다. 새들이 펄럭거리며 주위를 날고 있다······"(Abb. 225-26, p. 239) 아테네에서 '아프로디테 판데모스' 숭배에서 성소는 "제의를 통해 비둘기 피로 정화되었다. 판데모스 영역의 건축 장식에 비둘기가 활용되었다. ······ 여신의 성스러운 새들은 엄숙한 프리즈를 형성하고 매듭 지어진 두꺼운 제식용 띠를 부리에 물고 있다." 이러한 맥락에서 또한 주목할 것은 기원전 14~13세기 (유고슬라비아) 바나트 지방 두플리아자의 점토로 만든 새 수레다. "태양의 상징을 새겨 넣은 수레 본체와 입체적 새 조각, 그리고 앞쪽의 새 얼굴 두 개로 이루어져 있고, 두 얼굴 사이로 바퀴가 구르게 되어 있다." 이 마차는 분명 사자 숭배와 관련이 있다. H. Müller-Karpe: Das Vorgeschichtliche Europa, Baden-Baden 1968, 106 (Abb. 77); 111-113. 이외에도 사자 숭배에서 '마법의 수레'와 새에 의한 마술적인 길 인도에 대해서는 다음을 참조할 것. L. Mackensen (Hrsg.): Handwörterbuch des deutschen Märchens, II Berlin 1934/1940, 368-369.

83) 다음을 참조할 것. L.-A. Bawden: The Oxford Companion to Film, London 1976; dt.: rororo Filmlexikon, ed. v. W. Tichy, 1. Bd., Reinbek 1978, 77-78: A. Hitchcock: The Birds, USA 1963.

84) 비둘기들이 "깔끔하게 골라낸다"는 사실은 이미 다음에서 지적되었다. Brüder Grimm: Kinder- und Hausmärchen. hrsg. v. H. Rölleke, Stuttgart 1980, Bd. 3: Originalanmerkungen, Herkunftsnachweise, Nachwort, p. 38.

85) '도움 주는 동물'로서 새의 모티프에 대해서는 다음을 참조할 것. K. Heckscher: Art. Geflügel, in: L. Mackensen (Hrsg.): Handwörterbuch, 위의 주석 3, Bd. II, 352-388, p. 377-378. 또한 다음을 참조할 것. K. J. Obenauer: Das Märchen. Dichtung und Deutung, Frankfurt 1959, 188-205: Der Tierhelfer und sein Gegenbild; bes. 137-139: zu dem Seelen- und Totenvogel.

86) 고대로부터 비둘기의 특징으로 '불안, 부드러움, 그리고 배우자에 대한 부부애와 성실함'이 꼽혀 왔다. '부드럽고' 평화로운 성격 덕분에 비둘기는 속담에서 사랑과 온유의 상징이 되었다. 그러나 이와 더불어 겁약함과 ······ 쉽게 믿는 어리석은 태도의 상징이기도 했다. ······ 종종 비둘기와 독수리(까마귀)의 대립은 인간 행동의 대립

에 적용되었다." W. Richter: Art. Taube, in: Der Kleine Pauly, 위의 주석 10, V 535-536.

87) 이 부분에 대해서는 다음을 참조할 것. U. Luz: Das Evangelium nach Matthäus 1/2 (Mt 8-17), Zürich - Braunschweig - Neukirchen - Vluyn 1990, 109: "비둘기는 그리스인과 유대인에게 진정성, 비무장, 순결의 상징이었다." 또한 다음을 참조할 것. H. Greeven: Art. peristera, in: Theologisches Wörterbuch zum Neuen Testament, Bd. 6, hrsg. v. G. Friedrich, Stuttgart 1959, 63-72, 특히 p. 69.

88) 다음을 참조할 것. W. Richter: Artikel Taube, in: Der Kleine Pauly, 위의 주석 10, V 536.

89) H. von Beit: Symbolik des Märchens. Versuch einer Deutung, Bern 1952, 729에서는 '재'를 '남아 있는' '모성'으로 보고, 다산의 상징으로서 콩 모으기를 '혼돈스러운 무의식 안에서 구별하기와 분리하기'로 보고 있다. H. Wöller: Aschenputtel. Energie der Liebe, Zürich 1984, 58-63, p. 62에서는 재로부터 콩을 고르는 일을 '죽은 자와 산 자를 구분하는 일'과 관련시킨다. "완두콩과 재는 비슷한 색깔이다. 둘이 섞여 있으면 눈으로는 구분이 안 되게 뒤범벅된 혼합물이 나타난다." 그리고 58-59쪽에서는 이렇게 말한다. "완두는 오래 전부터 경작해 온 식물이다. 이는 이집트에서 기원전 3천년경 이후부터 알려졌다. 완두는 곡물 씨앗이고 번식력 있는 맹아이며, 깍지 있는 열매가 모두 그러하듯이 고래로부터 여성 생식의 상징이었다. 재 속에 완두를 뿌리는 것은 완두가 싹트는 것을 훼방 놓는 것이고 파종용 씨앗을 낭비하는 것이다. 계모가 재투성이에게 여성 생식의 징표를 재 안에 뿌리는 것은 죽음 소망과 통한다. 너는 삶을 시작하기도 전에 죽게 될 것이다. 계모는 다음과 같은 이유로 거듭 거절한다. '너는 드레스가 없잖니, 너는 춤을 못 추잖니.'" 저자는 유감스럽게도 이런 주장의 심리적 의미를 상술하지 않고, 그 다음에 다만 수메르의 이슈타르가 지옥으로 내려가는 신화를 신데렐라 동화와 연결짓고 '계모'를 죽음의 여신 에레시키갈로 간주한다. 그래서 전체적 해석이 당연히 거꾸로 나아간다. 이슈타르는 죽은 초목의 신 두무지를 구하기 위해 하계로 내려간다. 그에 비해 그림 동화의 재투성이는 남자의 '희생자'도 아니고 '구원자'도 아니다. 아무리 선의로 본다고 해도, 여기에서는 '여성성에 대한 가부장적 폄훼'(p. 63)를 찾아볼 수 없다. 물론 가부장적으로 '의붓언니들'과 '계모'를 타락한 여성으로, 그리하여 '여성적 종교의 전승'을 근절하려는 가부장적 문화의 첨자로 선언한다면 그렇게 볼 수도 있을 테고, 실제로 저자는 그렇게 선언하고 있다. 그러나 이보다 자연스러운 것은 그림 형제 자신이 굴욕당하는 재투성이와 비견할 만한 선례를 찾으면서 구드룬 민담을 환기하는 것이다. Brüder Grimm: Kinder- und Hausmärchen, 위의 주석 13, Bd. 3, 38. "불행에 빠진 구드룬은 천덕꾸러기 부엌데기가 되어야 했다. 그녀는 공주였지만 손수 불을 피우고 자기 머리카락으로 먼지를 닦아내야 했다." 구드룬 민

담에 대해서는 다음을 참조할 것. W. Wägner: Nordisch-germanische Götter- und Heldensagen, Leipzig 1934, 444-455. K. Simrock (Übers.): Kudrun, eingel. u. überarb. v. F. Neumann, Stuttgart (reclam 46567) 1958, 20. Abenteuer, Str. 995, p. 156: "그때 악마(게를린트)가 아름다운 하녀(구드룬)에게 말했다. '네가 즐거움을 누리고자 하면 괴로움을 겪게 될 것이야. 주위를 모두 돌아보아라. 누가 네게서 그 고통을 덜어줄지. 너는 내 방에 불을 때고 혼자서 불을 피워야 한다.'" Str. 999, p. 157: "너는 고귀하다고 자부하고 있구나. 그런 건 쉽게 알 수 있다. 그러니까 여기에서 고생을 겪어봐야겠다. 나는 네가 분한 마음으로 괴로워하도록 만들리라. 네게서 고귀한 것을 모조리 빼앗아 저 아래 처박으리라."

90) '계모'가 재투성이를 학대하는 '의미'는 동화에서 '공주'의 수미일관한 굴종에 있다. 여기에 실제로 구드룬이라는 인물의 심리와 어떤 유사성이 있다.

91) 이에 대해서는 다음을 참조할 것. W. Scherf: Lexikon der Zaubermärchen, Stuttgart 1982, 415-419.

92) T. Williams: The Glass Menagerie, New York 1945; dt.: Die Glasmenagerie. Ein Spiel der Erinnerung, übers. v. B. Viertel, Bad Nauheim 1947; Neudruck: Frankfurt (Fischer Tb. 52) 1954.

93) J. Rapper (Regie): Die Glasmenagerie, USA 1950.

94) 다음을 참조할 것. H. Schultz-Hencke: Lehrbuch der analytischen Psychotherapie, Berlin 1951; Neudruck: Stuttgart 1965, 42-46: Härte und Verwöhnung als hemmende Faktoren.

95) H. von Beit: Symbolik des Märchens. Versuch einer Deutung, Bern 1952, 729-730에서는 이 옷을 "내적 태도 변화에 대한 상징적 기술"로 본다. "옷을 갈아입는 것은 거듭남을 뜻한다." 황금빛이라는 색깔에 대해서는 다음을 참조할 것. I. Riedel: Farben. In Religion, Gesellschaft, Kunst und Psychotherapie, Stuttgart 1983, 89-90. 여기에서는 태양 색깔인 황금빛이 영원과 불멸을 상징하고 성취와 종말의 때를 상징하는 것으로 본다. 그리고 흰색은 장례식의 색으로 간주된다.(p. 186) 이는 "늪의 물 위에서 희게 빛나면서 더러운 것을 이겨내는 빛의 상징", "부활의 상징"(p. 182)이고, "시작의 색"이자 "입문의 색"(p. 180)이고 "아직 규정되지 않은 것, 허깨비 같은 것"(p. 180)이다. C. G. Jung: Zur Empirie des Individuationsprozesses (1950), Werke IX 1, Olten 1976, 309-372, p. 325에서는 "금빛은 햇빛, 가치, 나아가 신성을 표현한다."라고 말한다. 같은 출처, p. 334에서는 "은빛"을 달, "금빛"을 태양과 연결한다.

96) W. Wickler: Stammesgeschichte und Ritualisierung. Zur Entstehung tierischer und menschlicher Verhaltensmuster, München (1970), dtv 4166, 1975, p. 164 에서는 예를 들어 청소놀래기의 교미의 춤을 묘사한다. 그 춤의 동기와 춤 동작의

유전적 좌표는 지질학적으로는 4억 년 이전의 실루리아기까지 거슬러 올라갈 정도로 깊이 자리잡고 있다!

97) 발리 섬의 레공 춤에 대해서는 다음을 참조할 것.
I. Eibl-Eibesfeldt: Menschenforschung auf neuen Wegen. Die naturwissenschaftliche Betrachtung kultureller Verhaltensweisen, Wien - München - Zürich 1976, 250-253.

98) 다음을 참조할 것. I. Eibl-Eibesfeldt: Liebe und Hass. Zur Naturgeschichte elementarer Verhaltensweisen, München - Zürich 1970, 67-69: "동물의 표현적 동작과 마찬가지로 인간의 의례도 기본적으로는 신호다. 의례는 권력, 복종, 우호 따위의 신호다. 의례의 기능은 집단의 단결이다."(p. 69) 다음을 참조할 것. 같은 출처, 225-228: zum Imponier- und Beschwichtigungstanz der Weika-Indianer.

99) R. M. Rilke: Advent (1897), in: Sämtliche Werke, hrsg. durch E. Zinn, 1. Bd., Frankfurt 1955, 99-141, pp. 133-134.

100) S. Monneret: Renoir, aus dem Franz. übers. v. St. Barmann, Köln 1990.

101) 같은 출처 97.

102) O. Rank: Das Inzestmotiv in Dichtung und Sage. Grundzüge einer Psychologie des dichterischen Schaffens, Leipzig - Wien 1912에서는 최초로 문학의 정신분석에 대한 시도를 제시했다.

103) 이에 대해서는 다음을 참조할 것. Voretzsch: Allerleirau, in: L. Mackensen (Hrsg.): Handwörterbuch des deutschen Märchens, Bd. 1, Berlin - Leipzig 1930/33, 47-49. 여기에서는 이 이야기를 '중세적 운명 소설의 사유'와 결합한다. 이러한 소설은 "주인공에게 커다란 부정의와 재앙을 안겨주지만, 결국 예전의 상태로 돌려놓는다."(p. 48) 물론 이런 해석에서는 심리학적으로 가장 중요한 모티프가 완전히 은폐되어 있다. 그것은 아버지가 딸에게 가하는 성적 위협이다. B. Bettelheim: Kinder brauchen Märchen, (s. o. 1): Der Tod der Mutter, Anm. 31, p. 251에서는 매우 적절하게 다음과 같이 서술한다. "재투성이가 아버지와 오이디푸스적 관계에 묶여 있는 한 왕자는 그녀를 얻을 수 없다. 그래서 자기 힘으로 그녀를 따라가지 못하고, 재투성이 아버지에게 대신 그렇게 해 달라고 청한다." 오이디푸스 모티프는 실제로도 존재한다. 〈털북숭이 공주〉 같은 동화는 '아버지의 추적'이 '왕자'의 사랑을 얻고자 하며 깨어나는 소녀의 주관적 환상에 불과한 것이 아닐 수 있음을 보여준다. 그것은 재투성이 혹은 털북숭이 공주로 살아야 했던 많은 여성의 현실적 기억일 수도 있다. 그것은 아버지의 성적 위협에 대한 불안이었고 또 여전히 그렇다. 그러한 불안 탓에 아버지 외의 다른 남자에게 사랑이 생겨날 때 도피하려는 경향이 나타난다. 역설적인 사실은 결국 (아버지 대리자인) 연인으로부터의

도주가 연인의 팔 안으로의 도주로 (그리고 이를 통해 아버지의 인정 안으로의 도주로) 바뀔 수 있다는 사실이다. 그러한 감정 변화를 진실로 납득하기 전에는 재투성이 동화를 전혀 이해할 수 없다. 방법론적으로는 다음과 같은 것이 필요하다. 우리는 동화에 나오는 정보들을 일단 힘 닿는 데까지 '현실적으로' 읽고자 노력해야 하고, 그 다음에야 여성(혹은 남성)의 '전형적' 발달에서 정체성을 형성하기 위한 일반적('오이디푸스적') 국면으로 그 정보들을 해석할 수 있다. 그러지 않으면 하나의 이야기가 지니는 특수한 디테일들이 너무도 많이 상실된다.

104) 동화의 나선형 구성에 대해서는 다음을 참조할 것. E. Drewermann: Tiefenpsychologie und Exegese, 1. Bd., Olten 1984, 188-190; 378.

105) 다음을 참조할 것. W. Bauer - I. Dümotz - I. Golowin: Lexikon der Symbole, Wiesbaden 1980, 206; 209; 210; 또한 다음을 참조할 것. H. Greeven: Art. peristera, ThWNT, 앞의 주석 87, Bd. VI 63-72.

106) B. Bettelheim: Kinder brauchen Märchen, 252에서는 다음과 같이 올바르게 말하고 있다. "재투성이의 도주는 처녀성을 지키려는 시도로 볼 수 있다." 그렇지만 저자는 이를 재투성이의 도주처와 관련 짓지 않는다. 그보다는 '비둘기장'과 '배나무'를 단지 '재투성이를 돕는 마법적 사물들'로 본다. "재투성이는 현실 세계에서 바로 서기 위해 마법적 사물과 그 사물의 도움에 대한 믿음을 포기해야 한다. 분명 아버지는 이를 깨달았기에 재투성이의 도피처를 부숴버리는 것이다." 하지만 이러한 해석에 따르면, 왜 아버지가 별안간 재투성이를 도우려고 하는지, 특히 이른바 '마법'의 의미가 무엇인지를 전혀 납득할 수 없게 된다. 게다가 '비둘기장'이라는 피난처에서 '배나무'를 거쳐서 마침내 재투성이가 발견되고 재투성이와 왕자가 서로 가까워지는 내재적 전개도 이해하기 어렵다. 동화 전체 분량의 무려 3분의 1이나 되는 이 부분을 제대로 이해하려면 재투성이의 도주의 장소와 도주의 방식이 지니는 상징을 독자적으로 해석해야 하는 것이다! E. Berne: Was sagen Sie, nachdem Sie "Guten Tag" gesagt haben. Psychologie des menschlichen Verhaltens, übers. v. W. Wagmuth, München (Kindler Tb. 2192) 1975, 205에서는 페로 판본에 따라 재투성이, 계모, 아버지 역할을 다음과 같이 서술한다. "재투성이. 그녀는 행복한 유년기를 보냈지만, 그 다음에는 특별한 사건이 일어나기 전까지 오랫동안 고초를 겪어야 했다. 그런데 결정적 장면은 시간적 구조를 지닌다. 시계가 자정을 알릴 때까지 자신이 원하는 대로 삶을 즐길 수 있지만, 그 다음에는 다시 이전 상태로 변신해야 한다. 재투성이는 아버지와 '무섭지?' 연극하기를 회피했다. 무도회와 함께 참된 행위가 시작되기 전까지 그녀는 그저 우울하고 외로운 소녀였을 따름이다. 무도회에서 처음에는 왕자와 '나 잡아봐라!' 연극을 하고, 그 다음에는 대본에 적힌 대로 웃음을 지으면서 언니들과 '내게 비밀이 있지' 연극을 한다. 그 다음에는 재투성이가 짓궂은 미소를 지으며, 자기에게 주어진 승리의 대본에 따라 게임에서 얻은 이익

을 '수금'하고 나면 '이제 그녀가 명령하지!'라는 극적 연극으로 절정에 이른다. 아버지는 어떤가. 대본은 아버지가 첫 번째 부인을 잃고 그 다음에 우악스러운(그리고 아마 불감증의) 여자와 결혼하도록 강요한다. 여자는 아버지에게, 그리고 아버지가 초혼에서 낳은 딸에게 무수한 고통과 불행을 안겨준다. 그러나 곧 드러나게 되듯이, 아버지는 여전히 비장의 카드를 쥐고 있다. 계모는 어떤가. 그녀는 패배의 대본을 받았다. 자신과 결혼하도록 남자를 유혹한 후 결혼 직후 추악한 진면목을 드러내는 그녀도 '이제 그녀가 명령하지!' 연극을 한다. 그녀는 딸들을 위해 살고, 딸들을 위하는 음험한 행동을 통해서 군주로부터 호사스러운 보답을 받기를 바란다. 그러나 결국 그녀 역시 패배자가 된다." 이렇게 배역을 전형화하는 것은 복합적 행동 유형을 단순한 도식으로 재현할 수 있다는 장점이 있다. 그러나 단점은 '연극'의 실제 주연을 보지 못하기 쉽다는 점이다. 남는 것은 이미지와 장면으로 이루어진 일종의 행동주의뿐이고, 공연의 진정한 이유가 없는 단순한 인형극이고, 극의 '작가'의 내면에 대한 통찰이 없는 한낱 '대본'뿐이다. 예를 들어 "'나 잡아봐라!'라는 연극을 이제 그만두어야 한다."라고 재투성이에게 말한들, 대체 재투성이에게 어떤 도움을 줄 수 있다는 말인가? H. Wöller: Aschenputtel, Zürich 1984, 81-82는 아버지가 '비둘기장'과 '배나무'를 부술 때의 폭력성을 올바르게 지목한다. 하지만 그 다음에는 너무도 일반적으로 '성적 영혼'과 남성의 '가부장적' 학대를 언급할 뿐이다.

107) 나무의 상징에 대해서는 다음을 참조할 것. E. Drewermann: Strukturen des Bösen, 3 Bde. Paderborn 1977-78, II 52-69.
108) 같은 출처, II 61 ; 66-69.
109) 같은 출처, II 66. K. Koch: Der Baumtest. Der Baumzeichenversuch als psychodiagnostisches Hilfsmittel, Bern-Stuttgart 1949.
110) E. Drewermann: Strukturen des Bösen, 앞의 주석 107, II 60/61.
111) '구강기적' '억압'과 '우울증'의 관계에 대해서는 다음을 참조할 것. 같은 출처, II 62-66.
112) 여자가 추적하는 남자를 피해 나무로 변신한다는 생각은 민담에서 널리 퍼진 모티프다. 이는 오비디우스의 다프네 이야기에서 가장 인상적으로 나타난다. Ovid: Metamorphosen I 452-567. 이 이야기에서 아폴론을 피해 달아나던 다프네는 월계수로 변했다. 다음을 참조할 것. J. Brosse: Mythologie der Bäume, aus dem Franz. übers. v. M. Jacober, Olten 1990, 167-175. 여기에는 이에 대한 또 다른 예가 등장한다. 레우케는 은백양으로, 필리라는 보리수로, 피티스는 흑송으로, 카리아는 호두나무로, 필리스는 무화과나무로 변신한다. 나무의 상징에 대해서는 또한 다음을 참조할 것. H. W. Hammerbacher: Irminsul. Das germanische Lebensbaum-Symbol in der Kulturgeschichte Europas, Kiel 1984, 39-49. 여기(p. 46)에서는 '활짝 핀 삶의 기적'을 표현했다는 이르민술의 기원과 형상을 설명한

다. M. Lurker: Der Baum in Glauben und Kunst unter besonderer Berücksichtigung der Werke des Hieronymus Bosch, Baden-Baden 1976 (2. erw. Aufl.), 94에서는 새에 대해 설명하면서 도도나에 있는 떡갈나무 위의 비둘기들을 언급한다.

113) H. Wöller: Aschenputtel. Energie der Liebe, Zürich 1984, 87-88에서는 다음과 같이 말한다. "오늘날에도 누구라도 물오르고 탐스럽고 달콤한 황금빛 열매가 주렁주렁 열린 배나무를 보면 여성성과 모성의 비유를 쉽게 떠올릴 수 있을 것이다. 배는 다산의 상징인데, 이를테면 사과는 사랑하는 남성을 상징할 수도 있는 반면, 배는 언제나 여성적 상징이었다. …… 스위스에서 배나무는 어린이의 나무인데, 아이들이 잘 크라는 염원을 담아 부활절 후 첫 일요일에 나무 아래 아이들을 세워 둔다. 배나무에 열매가 풍성하게 열리면 다음해에 여자 아이들이 많이 태어난다는 뜻이다." 이는 모두 맞는 말이다. 그렇지만 저자는 이로부터 최종적 결론을 이끌어내지는 못하고 있다. 그것은 재투성이가 '배나무'로 달아나는 것이 '모성'이라는 관념 자체로 도망치는 것이라는 점이다. 저자는 이러한 결론에 이르는 대신, 거듭해서 '여성성 다루기'를 이야기하면서 다음과 같은 테제에 이른다. "그리하여 가부장적 시대에는 전시에 임신이나 수유를 하는 어머니와 아기들이 살해당했다. 반면 가령 유목 민족은 오늘날까지도 전쟁통에 여성을 보호한다."(p. 89) 티무르와 바부르 치세 몽골 민족이 인도 정복에서 얼마나 '여성 보호적' 태도를 보였는지에 대해서는 다음을 참조하라. B. Gascoigne: Die Großmoguln. Glanz und Größe mohammedanischer Fürsten in Indien, aus dem Engl. übers. v. K. u. R. D. Habich, München 1973, 7-9; 11-38. 실제로 재투성이 동화에서 '아버지'의 '난폭함'이 존재하는 것은 사실이다. 그렇지만 이는 구체적으로 재투성이 행동과 관련시켜야지, 계속해서 가부장제의 끔찍함과 '여성적 지혜의 사라짐'을 다음과 같이 한탄할 일은 아닌 것이다. "여성성은 정복하는 남자가 생각하는 것보다 더 깊이 감춰질 수 있다. 그 남자는 여성을 겁탈하거나 살해할 수 있지만, 여성의 영혼을 알아볼 수는 없다."(H. Wöller, p. 89) 이러한 해석과는 달리 다음과 같이 해석해야 한다. 재투성이는 여성성이 아니다. 그녀가 처해 있는 상황은 물론 아버지의 '가부장제'와도 관련이 있지만, 그보다는 어머니의 '계모다운' 태도와 언니(들)의 '의붓언니다운' 태도와 훨씬 더 관계가 깊다. 그리고 재투성이는 그러한 처지에 있는 여성의 삶에서 한 가지 가능한 삶의 방식이다. 한편 B. Bettelheim: Kinder brauchen Märchen, 252-253에서는 이보다 훨씬 정확하게, 아버지에 대한 불안과 그 불안이 왕자에게로 전이됨을 설명한다. "여주인공이 아버지의 추적에서 벗어나기 위해 도망치는 수많은 재투성이 이야기들에서는 재투성이가 유혹당하거나 아니면 자기의 욕망에 압도당하는 것을 피하기 위해 축제에서 달아난다고 말한다. 재투성이는 왕자가 자기를 아버지 집에서 찾도록 만드는데, 이는 신랑감이 신부 부모 집으로 와서 그 딸에게 구혼하는 것과 비슷하

다." 유감스럽게도 이런 설명에서도 '비둘기장'과 '배나무'가 지니는 구체적 상징 분석은 없다. 왜 재투성이가 아버지에 앞서 오는 왕자에 대한 두려움 탓에 비둘기장과 '배나무'로 도망치는가? 이 물음에 대답해야 한다. - K. Anderten: Umgang mit Schicksalsmächten. Märchen als Spiegelbilder menschlichen Reifens, Olten 1989, 256-266에서는 '나무 위의 공주'(Prinzessin auf dem Baum, Deutsche Märchen seit Grimm, Düsseldorf 1964) 이야기를 '개인화 행로'로 평가하지만, 이 이야기는 남성의 시선으로 읽힐 수 있다. 이에 비해 재투성이는 한 여성이 두려움 가득한 유년기와 끝없는 굴욕으로 모욕당한 청소년기라는 배경하에서 한 남자의 사랑을 통해 해방의 길을 가는 행로를 그리고 있는 것이다.

114) 다음을 참조할 것. H.-A. Freye: Andere Murmeltiere, übrige Erd- und Baumhörnchen, in: B. Grzimek (Hrsg.): Grzimeks Tierleben. Enzyklopädie in 13 Bden., München (dtv) 1979, XI 266-269.

115) '배나무' 상징과 '모성'과 '풍요로운 자식들'에 대해서는 앞의 주석 113을 참조할 것.

116) 다음을 참조할 것. J. Gründel: Die eindimensionale Wertung der menschlichen Sexualität, in: F. Böckle (Hrsg.): Menschliche Sexualität und kirchliche Sexualmoral, Düsseldorf 1977, 74-105.

117) 다음을 참조할 것. E. Drewermann: Der tödliche Fortschritt. von der Zerstörung der Erde und des Menschen im Erbe des Christentums, Freiburg (Herder Spektrum 4032) 1991, 221-232, 특히 p. 225-226.

118) 상징의 양성성에 대한 정신분석학적 언급은 다음에서 처음으로 이루어졌다. W. Stekel: Die Sprache des Traumes. Eine Darstellung der Symbolik und Deutung des Traumes in ihren Beziehungen zur kranken und gesunden Seele für Ärzte und Psychologen, München ³1927, 58.

119) 다음을 참조할 것. B. Bettelheim: Kinder brauchen Märchen, 252. "몸의 일부를 밀어넣고 거기에 딱 맞는 조그만 틀은 여성의 질의 상징으로 볼 수 있다. (페로에게 유리 구두와 같이) 깨지기 십상이고, 깨질까 봐 늘어나게 해서는 안 되는 것은 처녀막을 연상시킨다. 그리고 무도회가 끝날 무렵 연인이 사랑하는 사람을 붙들려고 할 때 쉽게 사라져버릴 수 있는 것은 처녀성에 대한 적합한 비유 같다." H. Bausinger: Aschenputtel. Zum Problem der Märchensymbolik, in: Zeitschrift für Volkskunde, 52, Göttingen 1955, 144-155, pp. 152-153은 신발 상징에서 아름다움이 지니는 의미를 인정하지만, 과잉 해석을 경계한다. 동화에 대한 문학사적 연구가 정신분석적 사고방식에 단호하게 문을 걸어 잠그는 것은 늘 계속되어 온 문제다.

120) 황금빛의 상징에 대해서는 앞의 주석 95를 참조할 것.

121) '무의식'과 '의식'이라는 의미에서 왼쪽과 오른쪽의 상징에 대해서는 다음을 참조

할 것. J. Jaynes: Der Ursprung des Bewußtseins durch den Zusammenbruch der bikameralen Psyche, übers. aus dem Amerik. v. K. Neff, Reinbek 1988, 148-158.

122) 다음을 참조할 것. N. U. G. O'Neill: Die offene Ehe. Konzept für einen neuen Typus der Monogamie, aus dem Amerik. übers. v. E. Linke, Reinbek (rororo 6891) 1981, 25. "결혼은 새로운 솔직함 위에 세워져야 한다. 자신에 대한, 배우자에 대한, 그리고 주변 사람들에 대한 솔직함." 옳은 말이다. 하지만 어떻게? 이에 대해서는 '인격적 독립성'을 권하는 "Richtlinie Nr. 6: Gleichberechtigung", p. 97-109, "Richtlinie Nr. 7: Eigene Identität", p. 110-121을 참조할 것.

123) 두 해석의 차원에 대해서는 다음을 참조할 것. E. Drewermann: Strukturen des Bösen, 3 Bde., Paderborn 1976, I Bd., p. XXXI-XLV.

124) 다음을 참조할 것. W. Schwidder: Hemmung, Haltung und Symptom (1961), in: Fortschritte der Psychoanalyse. Internationales Jahrbuch zur Weiterentwicklung der Psychoanalyse, 1. Bd., Göttingen 1964, 115-128.

125) F. Lenz: Bildsprache der Märchen, Stuttgart 1971, 169에서는 두 의붓언니가 "너무 발이 크다!"라고 간결하게 말하고 있다. 사실 이 모티프의 해석이 중요하다. 물론 그 다음에 저자는 의붓언니의 본질에 온갖 신비로운 내용을 집어넣는데, 이는 납득하기 어렵다. H. Wöller: Aschenputtel. Energie der Liebe, Zürich 1984, 112-113에서는 동화의 공격적 요소를 들춰낸다. "이제 두 언니에게 춤이라는 것은 영원히 사라졌다. 여성성에 대한 공격은 이제 언니들 자신에 대한 공격으로 잔인하게 변화했다." 큰언니는 엄지발가락을 잘라내야 했다. 그때부터 그녀는 발뒤꿈치를 디디면서 둔하고 굼뜨게 절룩거려야 한다. 여성의 몸을 자르는 일은 현대에도 일상적이다. 중국 여성들은 어린 시절에 발을 친친 동여매 자라지 않게 한다. 그들은 종종걸음으로 걸을 수밖에 없다. 발가락을 자르는 것은 클리토리스 할례를 연상시킨다. 이를 통해 여성은 오르가슴에 이르는 능력을 빼앗기고 출산 기계로 전락하고 만다. 무시무시한 점은 나이 든 여성이 이러한 의례를 집행한다는 사실이다. 이들은 딸에게 고귀한 결혼을 보장해주기 위해 의례를 집전한다. 다른 문화에서는 이런 일이 육체적 고문을 통해 이루어지나, 유럽에서는 훈육과 도덕이라는 좀 더 미묘한 방식으로 이루어진다." 작은언니는 발뒤꿈치를 잘라내야 한다. 그때부터 발가락을 디디며 걸어야 한다. 그녀에게서 정반대 훈육 이상이 선언된다. 더 '높은 것'에 헌신하는 무성적 존재로서 여성이다. 그후 그녀가 보호받아야 할 병약한 여성의 삶을 살지, 수녀의 삶을 살지, 혹은 '노처녀'의 삶을 살지는 그녀가 자라는 환경 나름이다." 이러한 해석도 그 자체로 가능하겠다. 하지만 의붓언니들이 몸을 자르는 이유가 왕자와 결혼하기 위해서라는 엄연한 사실 때문에 이 해석은 실패한다. 이 동화의 문제는 '가부장적' 왜곡이 아니라 그들의 허영심과 야심인 것이다.

126) B. Bettelheim: Kinder brauchen Märchen, 254에서는 이를테면 다음과 같이 말하고 있다. "대부분의 재투성이 이본들에 나타나는 아주 기이한 점은 의붓언니들이 귀여운 작은 신발에 맞추려고 발을 잘라낸다는 사실이다. 페로의 이야기에서는 이런 세부적 내용을 빼놓았다. Cox(Cinderella, Reprint: Nendeln/Liechtenstein 1967)에 따르면, 이 내용은 페로 판본에서 파생된 이야기들과 기타 몇 개 이야기들을 제외하고 모든 신데렐라 이야기들에서 나타난다. 이는 여성의 거세 콤플렉스의 어떤 측면이 상징적으로 표현된 것이라고 볼 수 있다." p. 255 "자기 몸을 불구로 만드는 일은 동화에서는 드물다. 이에 비해 처벌이나 기타 어떤 이유 때문에 다른 사람에 의해 불구가 되는 일은 드물지 않다. 재투성이 이야기가 처음 나온 시대에는 커다란 남자와 작고 귀여운 여자를 대비시키는 일은 상투적이었다. 그러므로 재투성이의 작은 발은 그녀를 특히 여성적으로 보이게 한다. 발이 너무 커서 신발이 맞지 않는 의붓언니들은 신데렐라보다 남성적으로 보이고 그래서 덜 욕망하는 대상이 된다. 왕자의 마음을 사고자 절망적으로 시도하는 언니들은 귀여운 여성적 존재로 변신하기 위해 어떤 일도 불사한다. - 자기 몸을 잘라 가면서 왕자를 호도하려는 의붓언니들의 노력은 피 때문에 발각된다. 그들은 몸의 한 부분을 잘라내 더 여성적이 되려 했으나, 그 탓에 피가 흐른다. 그들은 여성성을 증명하기 위해 상징적 거세를 실행한다. 거세를 실행한 몸의 부분에서 피가 흐른다는 사실은 여성성의 과시로 풀이할 수 있는데, 이는 생리를 상징하는 것일 수 있기 때문이다."
127) S. Freud: Einige psychischen Folgen des anatomischen Geschlechtsunterschieds (1925), Werke XIV, London 1948, 17-30, p. 28. 한편 H. von Beit: Symbolik des Märchens. Versuch einer Deutung, Bern 1952, 732에서는 상당히 일반적으로 이렇게 말한다. "신발 신어보기는 무의식과 영혼의 만남을 묘사한다. …… 이때 불경스러운 자매는 자연스러운 자신을 내놓는 것이 아니라 자신의 아니무스를 인위적으로 적응시키고 폭행을 저지름으로써 어떤 조화를 억지로 만들어내려고 하는데, 이를 통해 아니무스가 파괴된다."
128) B. Malinowski: Geschlecht und Verdrängung in primitiven Gesellschaften (1927), übers. aus dem Engl. von H. Seinfeld, Reinbek (rde 139-140) 1962, 163에서 "오이디푸스 콤플렉스는 사회적, 문화적 현상의 한갓 결과가 아니라 참된 원인(vera causa)."이라는 견해를 처음으로 반박했다.
129) 이러한 오랜 연관성에 대해서는 다음을 참조할 것. R. Bilz: Das Syndrom unserer Daseins-Angst (Existenz-Angst). Erörterungen über die Misere unseres In-der-Welt-Seins (1969), in: Paläoanthoropologie. Der neue Mensch in der Sicht einer Verhaltensforschung, Frankfurt 1971, 427-464, p. 434. 다음을 참조할 것. E. Drewermann: Strukturen des Bösen, 3 Bde., Paderborn 1977-78, II 223-226: Die Schuldangst.

130) 다음 어원 사전을 참조할 것. F. Kluge: Etymologisches Wörterbuch der deutschen Sprache, Berlin - New York ²¹1975, 114: "norw. butt 'stumpf, plump'".
131) 해석에서 시간의 확장 규칙에 대해서는 다음을 참조할 것. E. Drewermann: Tiefenpsychologie und Exegese, 2. Bde., Olten 1984, I 226-228.
132) 이와 비교할 만한 (아버지 혹은 마법사의 저주로 인한) 연인 얼굴의 위장이라는 모티프에 대해서는 다음을 참조할 것. E. Drewermann - I. Neuhaus: Die Kristallkugel (KHM 197), Olten 1985, 38-44. - 동화 해석에서 자연신화 학파에서는 진짜 신부와 가짜 신부라는 모티프를 달의 형태 변이와 관련시킨다. 다음을 참조할 것. E. Siecke: Die Liebesgeschichte des Himmels. Untersuchungen zur indogermanischen Sagenkunde, Straßburg 1892, 7-17: Das Märchen von der weißen und der schwarzen Braut. 재투성이가 나무에 머무는 것과 '비둘기장'으로 도피하는 것, 특히 '황금 신' 모티프와 앞쪽에서 뒤쪽의 순서로 '발 자르기'라는 모티프, 아울러 왕자(태양의 신랑)로부터 연인(달의 여신)의 도주라는 모티프도 오랜 도식에 들어맞는다. 〈털북숭이 공주〉에 대해서는 같은 출처 p. 40 참조할 것. 또한 다음을 참조할 것. E. Siecke: Über die Bedeutung der Grimmschen Märchen für unser Volksthum, Hamburg 1896. 여기(p. 17)에서는 사악한 마녀 혹은 계모라는 모티프도 이에 걸맞게 풀이한다. p. 20: Allerleirauh. - M. Lüthi: Der Aschenputtel-Zyklus, in: J. Janning u. a. (Hrsg.): Vom Menschenbild im Märchen, Kassel 1980, 39-58에서는 "현상과 실재의 엇갈림"을 이 동화의 중심적 테마로 정당하게 보고 있지만(p. 53) 다른 경쟁자들을 물리치고 신발을 통해 정체성을 찾는 시험도 이에 따라 풀이한다(40-41).
133) 이 부분에 대해서는 다음을 참조할 것. H. Gunkel: Genesis (³1910), Neudruck: Göttingen ⁸1969, 327-329. 여기에서는 신부에게 구혼하는 데서의 착각을 〈거위치기 소녀〉(89번 동화) 이야기와 비교한다.
134) 이는 텍사스 휴스턴 소재 베일러 대학의 약리학자 Georges Ungar가 했던 실험이다. 여기에 대해서는 다음을 참조할 것. H. V. Ditfurth: Im Anfang war der Wasserstoff, Hamburg 1972, 308-309. 한편, 연구 진보를 위한 "의학적" 필요가 있을 때 입법자가 동물에 대한 이런 고문을 어느 정도 허용해도 좋은지에 대한 의문은 여전히 남아 있다.
135) 이 비유에 대해서는 다음을 참조할 것. E. Drewermann - I. Neuhaus: Der goldene Vogel (KHM 57), Olten 1982, 52-55. 또한 다음을 참조할 것. E. Drewermann: Das Markus-Evangelium, 2 Bde., Olten 1988, II 166-187: Der Einzug Jesu in Jerusalem; K. J. Obenauer: Das Märchen: Dichtung und Deutung, Frankfurt 1959, 169-179: Zum Symbol des Pferdes(p. 171)에서는 켄타우로스 전설에서

'태고의 늠름한 기수'를 환기시킨다.

136) 원형적 이야기를 해석하는 데 합당한 '중심화' 문제에 대해서는 다음을 참조할 것. E. Drewermann: Tiefenpsychologie und Exegese, 2. Bde., Olten 1984, I pp. 212.

137) H. Mann: Der Untertan (1916), Frankfurt (Fischer Tb. 10168) 1991, Kap. 4, p. 238에서 최초로 '왕들'에 대한 존경을 동화와 관련시켰다. - A. Nitschke: Soziale Ordnungen im Spiegel der Märchen, 2 Bde., Stuttgart - Bad Cannstatt 1978에서는 재투성이 동화의 문화사적 배치와 관련해, 이 이야기의 발생을 구석기시대에서 메소포타미아의 초기 도시왕국으로 이행하는 데서 이해할 수 있다고 제안한다. 다음을 참조할 것. 1. Bd: Das frühe Europa, p. 194-195: "빙하기 이후 사회는 특히 여성을 존중했다. 여성은 가축과 과실수를 돌보고 옷가지를 만들기 위한 직물을 생산했다. 이때 그 노동은 우리가 보기에 매우 제의적 형태를 갖추고 있었다. 다른 사람의 삶에 보탬이 되는 새로운 것을 창조하는 여성은 이 시기에 죽음과 유사한 상태를 짊어져야 했다. 이 사회의 사람들이 스스로를 일반적으로 사계절의 변화와 동일시했다면, 여성은 어느 정도는 그 뒤에 봄이 뒤따르는 겨울로 변모했다. 어머니는 아이에게 젖을 물리는 동안, 그러니까 아이가 살 수 있게 하는 동안 흡사 죽은 자처럼 행동해야 했다. 여성은 직물을 만들 때에도 죽음 같은 상태로 들어가야 했다. 재투성이 전승은 아마 그들이 새로운 것을 만들어내는 노동이 이루어지는 동안 심지어 검댕으로 얼굴과 손을 시커멓게 만들었음을 이야기하는 것이리라."

138) 다음을 참조할 것. E. Drewermann: Das Matthäus-Evangelium, 1. Bd., Olten 1992, 92-101: In welchem Sinn Jesus doch ein König war.

139) 다음을 참조할 것. M. Buber: Geltung und Grenze des politischen Prinzips (1951), in: Werke, 3 Bde., München - Heidelberg 1962, I 1095-1108: "정치적 원리의 주재자들은 어떻게 해야 할지 방책을 모르면서도 의견을 내놓는다. 그들은 서로 다투고, 그들 각자의 영혼도 자신과 다툰다. 그들에게는 서로를 이해할 수 있는 언어가 있어야 하지만, 오로지 미사여구에 적합한 일반적 정치 언어 외에는 없다. 그들은 적나라한 권력 앞에서 무기력하고, 적나라한 술책 앞에서 결정적 행위를 할 능력이 없다."

140) 다음을 참조할 것. E. Drewermann: Strukturen des Bösen, 3 Bde., Paderborn 1976-77, 1. Bd., Nachwort zur 3. Aufl., p. 335-392: Von dem Geschenk des Lebens oder: das Welt- und Menschenbild der Paradieserzählung des Jahwisten (Gen 2,4 b-25), p. 368-387: Von der Geborgenheit im Ring der Liebe.

141) 아니마 개념에 대해서는 다음을 참조할 것. C. G. Jung: Die Beziehungen zwischen dem Ich und dem Unbewußten (1928), Werke VII, Olten 1964,

131-264, p. 207-232.
142) 다음을 참조할 것. 〈마태복음〉 11, 19: 〈누가복음〉 7, 34:15, 1.
143) 다음을 참조할 것. C. G. Jung: Einleitung in die religionspsychologische Problematik der Alchemie, in: Werke XII, Olten 1972, 15-54, p. 53 한편 H. Sauer: Art. Hieros Gamos, in: K. Ziegler - W. Sontheimer (Hrsg.): Der Kleine Pauly, München (dtv 5963) 1979, II 1139-1140에서는 제우스가 "목욕 제식을 통해 되풀이 처녀가 되는 여신"이자 아이이자 님프이고 처녀인 헤라와 매년 동침하는 것을 지적한다. 다음을 참조할 것. A. Klinz: Hieros Gamos, Halle 1933.
144) 왼쪽과 오른쪽에 대해서는 다음을 참조할 것. J. C. Eccles - H. Zeier: Gehirn und Geist. Biologische Erkenntnisse über Vorgeschichte, Wesen und Zukunft des Menschen, Frankfurt (Fischer Tb. 42225) 1984, 157-167.
145) M. Lüthi: Deutung eines Märchens. Aschenputtel in: Süddeutsche Zeitung, Nr. 24, 28./29.1.67은 '두 언니에 대한 잔인한 처벌'을 상당히 '역겹다'고 말한다. "재투성이가 어떠한 이의도 제기하지 않는 가운데, (하필이면 우리에게 보통 온유함의 상징인) 비둘기가 못된 언니들의 눈알을 파낸다. 그리고 교회로 가는 길에 두 언니들의 한쪽 눈을, 그리고 돌아오는 길에 다른 눈을 파낸다고 상세히 기술하고 있다." 그렇다고 해서 페로처럼 이 에피소드를 완전히 생략하고 착한 재투성이가 못된 언니들을 용서하고 "그들에게 자신을 언제나 사랑해 달라고 청한다."고 서술해야 할까? Lüthi가 여기에서 눈에는 눈, 이에는 이라는 일종의 탈리오의 법(jus talionis)이 작동하고 있다고 보는 것은 옳다. "의붓언니들은 발가락과 발뒤꿈치를 잘라낸다. 그리고 어떤 징벌의 힘이 그들의 눈을 앗아간다. 그들 자신이 시작한 것이 저 위에서 완성된다." F. Lenz: Bildsprache der Märchen, Stuttgart 1971, 178에서는 그 자체로는 단순한 이 부분의 의미를 이렇게 설명한다. "적대적 세력이 교회에 가는 길에 다시 한 번 최후의 시도를 함으로써 그들은 그러한 가식의 결과를 자초한다. 영원히 시각을 잃게 되고 아무것도 이제 꿰뚫어볼 수 없게 된다. '눈이 먼다는 처벌을 받고' 성령의 비둘기가 그들을 처형했다." H. Wöller: Aschenputtel. Energie der Liebe, Zürich 1984, 129에서는 여기에서 "오로지 권력과 돈의 표식만을 알아보는" "사팔뜨기 눈"을 파낸 것이라고 말한다. 그러나 여기에서도 처벌 자체는 "끔찍하다"고 보고 있다. C. H. Mallet: Kopf ab. Gewalt im Märchen, Hamburg - Zürich 1985, 163에서는 특히 동화에서 (못된) 어머니와 언니들에 대한 앙갚음을 환기시키면서 이렇게 말한다. "폭력의 환상은 창조적이지만 그리 취향이 까다롭지는 않다. …… 우리는 언제나 잔인하고 원시적인 소망의 세계에서 안락하고 아늑하게 느끼는 듯하다." K. Asper: Verlassenheit und Selbstentfremdung, Olten 1987; München (dtv) 1990, 150에서는 여기에서 "자신에 대한 부정적 시각이라는 가능성 제거", 그리고 재투성이의 버려진 느낌이라는 "나르시시즘적 상처"의 종말

과 관련된다고 본다. 한편, 여전히 눈에 띄는 것은 계모는 아무런 제재도 받지 않고 빠져나온 것 같다는 점이다. 계모는 못된 딸들이 겪은 공포로 함께 빠져 들어가서 어느 정도 그들과 융합한다. 그렇지만 "못된" "언니들"의 처벌 후 못된 어머니라는 형상이 어떻게 선한 어머니의 형상으로 통합할 기회를 얻는지 이야기했어야 하리라. 한편, 자연신화적으로 보면 "비둘기들"이 눈알을 쪼아내는 것은 해와 달의 신화에서 곧잘 등장하는 눈멂의 모티프와 관련된다. W. Mannhardt: Germanische Mythen. Forschungen, Berlin 1858, 547, Anm. 1에서는 독일의 봄 노래를 언급한다. "겨울의 눈알을 파내라." "세상의 눈"은 대개의 경우 태양이다. 그러나 가는 길과 오는 길에 "언니들"의 눈을 하나씩 파낸다는 것은 달이 부풀고 기우는 것에 가장 잘 들어맞는다. A. Ussher: The slipper on the stairs. An Interpretation of Cinderella, in: World Review 25, London 1951, 50-52에서는 의붓언니들의 눈을 파내는 것에 대해 이렇게 말한다. "그들은 이미 눈이 멀어 있었지만, 전통적인 해석은 이를 보지 못하고 있다."(p. 52)

146) '남성적' 재투성이 동화에 대해서는 다음을 참조할 것. J. Bolte – G. Polivka: Anmerkungen zu den Kinder- und Hausmärchen der Brüder Grimm, 1. Bd., Leipzig 1913, 183-185. 여기에서는 성경에서 아벨, 룻, 야곱, 다윗 등을 지적하면서, 널리 퍼져 있던 아래와 같은 생각을 환기시킨다. "그 생각에 따르면 세 형제 중 막내가 어리석다고 여겨지고 부엌의 재와 오물에서 어린 시절을 보낸 탓에 멸시를 받는다. 마침내 그의 때가 도래하면 그가 등장해 형제들을 훨씬 능가하며 최고의 목표를 이루게 된다."(p. 183) 가난한 돼지 치는 남자와 공주 간의 대조는 동화 〈나무 위의 공주〉의 소재를 이룬다. 다음을 참조할 것. K. Anderten: Umgang mit Schicksalsmächten. Märchen als Spiegelbilder menschlichen Reifens, Olten 1989, 256-266. B. Stamer (Hrsg.): Märchen von Dornröschen und dem Rosenberg, Frankfurt (Fischer Tb. 10566) 1985, 108-113에서는 메클렌부르크 지방의 동화 〈유리성 위의 말 타기〉를 소개하는데, 이는 삼형제 동화 〈수정 구슬〉(197번 동화)에 대한 이른바 남성 재투성이 유형의 이본이다.

147) R. Tagore: Der Gärtner, aus dem Engl. übers. v. G. M. Muncher und A. Haas, Freiburg 1959, Nr. 41, p. 51-52.

148) 같은 출처, Nr. 24, p. 34. B. Bettelheim: Kinder brauchen Märchen, 262-263에서처럼 그림 동화를 고립적으로 "정체성을 찾는 과정"으로 해석하는 경우에는, 이러한 사랑 안에서 상대에 대한 의존이 너무 미흡해 보인다. 그것은 "재투성이가 왕자의 신부라는 긍정적 정체성을 얻기 이전에 왕자가 그녀를 재투성이라는 부정적 정체성 안에서 보고 인정하도록 이 동화가 고집함을 통해"(263) 재투성이의 정체성이 이루어졌기 때문이다. 그러나 그렇다고 해도 재투성이 동화는 단순한 시기심 이야기도 아니고, 단순한 정체성 발견 이야기도 아니며, 본질적으로 잃어버렸다가 다시

찾은 사랑 이야기다. 이때 정신분석학적 "상징 해석"은, H. Bausinger: Aschenputtel. Zum Problem der Märchensymbolik, in: Zeitschrift für Volkskunde, 52, Göttingen 1955, 144-155, p. 155에서 두려워하는 것처럼, 동화의 "위조"가 아니라 오히려 동화의 의미를 표현하는 수단의 재구성이다.

149) G. Mistral: Wenn du mich anblickst, werd' ich schön. Gedichte. Chilenisches Spanisch/Deutsch, ausgew. v. W. Eitel, übers. v. A. Theile, G. Pape, H. Müller, P. Strien, München – Zürich (Piper 1158) 1991, 30-31.

가시장미 공주

1) 이 동화의 기원에 대해서는 다음을 참조할 것. Johannes Bolte – Georg Polívka: Anmerkungen zu den Kinder- und Hausmärchen der Brüder Grimm, 1. Bd. (Nr. 1-60), Leipzig 1913, 434-442. 두 저자는 네 가지 모티프를 구별한다. "A. 고대하던 공주의 탄생을 개구리가 알린다. B. (세례의) 즐거운 축제에 초대받지 못한 요정이 아이가 열다섯 살이 되는 참에 물레에 찔려 죽게 된다고 저주한다. 다른 요정이 이 죽음을 백 년 동안의 잠으로 변화시킨다. C. 예언이 실현된다. 처녀와 함께 궁전의 모든 것이 마법의 잠에 빠져들고, 주위에는 가시울타리가 자라난다. D. 백 년이 지나 왕자가 가시울타리를 뚫고 들어와 키스로 잠자는 미녀를 풀어주고 행복한 결혼식을 올린다." (434-435) 다음에서도 거의 똑같이 서술하고 있다. Charles Perrault: Conte de Fées (1696) – Die Märchen, übers. v. Ulrich Friedrich Müller, München (dtv zweisprachig 9033) 1962, 6-29: La Belle au Bois Dormant – Die Schöne, die im Walde schlief. 다음을 참조할 것. Rolf Hagen: Der Einfluß der Perraultschen Contes auf das volkstümliche deutsche Erzählgut und besonders auf die Kinder- und Hausmärchen der Brüder Grimm, Göttingen (Dissertation an der Georg-August-Universität) 1954, 106-119. 한편 Alfred Romain: Zur Gestalt des Grimmschen Dornröschenmärchen, in: Zeitschrift für Volkskunde, 42, 1932/1933, 84-116에서는 윌렌베르크 기록보관소의 그림 동화 텍스트 발전 과정(다음을 참조할 것. J. Lefftz: Märchen der Brüder Grimm. Aus dem Nachlaß C. L. Brentanos in der Urgestalt herausgegeben, Leipzig 1926)을 1812년 최초 원고와 1819년 두 번째 원고에 이르기까지 탁월하게 서술하고 있다. 페로 동화의 프랑스 이본들에 대해서는 다음을 참조할 것. Paul Delarue – Marie Louise Tenèze: Le conte populaire français. Catalogue raisonné des versions de France et des pays de langue française d'outre-mer, Paris 1. Bd. 1957; 2. Bd. 1963, II 68-71; 다음도 참조할 것. Marc Soriano: Les contes de Perrault. Culture savante et

traditions populaires, Paris 1968, 125-135: La Belle au bois dormant: 135-140: Les Fées. - Walter Scherf: Lexikon der Zaubermärchen, Stuttgart 1982, 50-56에 서는 정당하게 또한 돌누아 부인의 이야기의 시작을 지적하고 있다. Madame D' Aulnoy: La biche au bois, als Nr. 3 in: Contes nouveaux au les Fées à la mode, Paris 1698, Die Hindin im Walde, in: Französische Märchen von Charles Perrault und Madame D'Aulnoy, aus dem Franz. übers. v. S. Piroué, Hanau 1979, 138-167. 다음을 참조할 것. Lutz Mackensen: Handwörterbuch des deutschen Märchens, Bd. 1, Berlin-Leipzig 1930/1933, 144-148: Aulnoy, Baronin, in Deutschland. 우리는 앞으로 이 동화의 그림 형제 판본을 페로와 돌누 아의 이야기들과 계속 비교할 것이다. - 다음에서도 프랑스 중세 문학으로부터 이 이 야기를 이끌어내고 있다. Jan de Vries: Dornröschen, in: Fabula 2 (Berlin 1958), 110-121. 다음에서는 〈가시장미 공주〉의 그림 동화 판본만 담고 있으므로 이에 대해 서는 별도로 언급하지 않을 것이다. Ludwig Bechstein: Deutsches Märchenbuch (1857), Zürich 1974, 241-246: Das Dornröschen. - 〈가시장미 공주〉 모티프와 가 까운 것은 다음 동화이다. Giambattista Basile: Sole Luna e Talia, in: Lo cunto de li cunti o vero lo trattenemiento de peccerille (Die Erzählung der Erzählungen oder Unterhaltung für die Jugend), Neapel 1634-1636; Bari 1925 (Il Pentamerone ossio La fiaba delle fiabe), hg. v. Benedetto Croce, 2 Bde.; dt.: Das Pentamerone, übers. v. A. Potthof, mit Zeichnungen v. J. Hegenbarth, Nachw. v. Benedetto Croce, Hattingen 1958, V 5. 여기에서는 요정이 아니라 예 언자가 새로 태어난 아기가 삼실에 찔려 죽을 것이라고 고지한다. 그 이후로 궁전으 로 삼을 들이지 않았는데도 탈리아는 어느 날 실 잣는 노파가 지나가는 것을 보고 실 감는 막대에 손을 대다가 삼실에 손톱 아래를 찔린다. 왕은 땅에 쓰러져 죽은 탈리아 를 궁전 옥좌의 닫집 아래 넣고 봉인한다. 그러나 사냥 도중에 왕의 손에서 날아간 매 한 마리가 잠자는 미녀의 사랑을 누리게 되고 아홉 달이 지나 사내아이(솔Sole)와 여 자아이(뤼나Luna)를 낳는다. 요정들은 쌍둥이 아기를 잠자는 미녀의 가슴 위에 놓는 다. 아이들이 어머니 손가락을 빨자 몸의 독이 제거된다. 탈리아는 깨어난다. 왕은 공 주와 아기들을 데려오고자 하지만, (페로 동화에서와 마찬가지로) 왕비는 아이들을 죽여서 끓이고자 하는데 간신히 이를 모면할 수 있게 된다. Max Lüthi: Es war einmal. Vom Wesen des Volksmärchens, Göttingen 1962, 5-18: Dornröschen 에서는 이 이야기를 '식인적' 결말을 빼고 완벽하게 설명하면서(pp. 13, 14-15) 이렇 게 말한다. "아이들은 원하지도 않고 알지도 못하면서, 잠자는 미녀를 구원한다." 그 리고 저자는 이 모티프를 "특히 아름답고 유의미하다."(p. 15)라고 말한다. 실제로 이 장면은 심리학적으로 유의미하다. 탈리아는 가시장미 공주처럼 막 여성이 되려는 때 거의 죽음에 이르게 된 한 소녀를 상징한다. 그러나 탈리아는 어머니 역할 속에서

다시 '깨어난다'. 그녀는 자식들 안에서 살아난다. '먹어 치우는' 어머니의 배경에 그러한 태도가 있음을 통찰하는 것은 매우 중요하다. 그에 비해 그림 동화는 바로 한 소녀가 한 남자에 대한 사랑을 수용하고 통합하는 것을 배움으로써 여성됨의 '트라우마'를 극복하는 것을 서술한다. 아울러 이 맥락에서 언급할 것은 14세기 고대 프랑스어로 쓰여진 산문 소설 〈페르스포레스트(Perceforest)〉에 나오는 에피소드다. 젤랑딘(Zellandine) 공주가 탄생할 때 세 여신이 초대받았다. 루시나(로마의 탄생의 여신)는 건강을 선사하고, 그 자리에 칼이 없어서 화가 난 테미스(그리스의 운명의 여신)는 아이가 아마 실을 만져서 그 실이 다시 손가락에서 나올 때까지 잠 속으로 빠져들 것이라는 운명을 부여한다. 그러나 사랑의 여신 비너스가 치료를 약속한다. 트로일루스(Troylus)는 새를 타고 날아 성에 도착하여, 잠자는 여인을 수태시키고 그녀와 반지를 교환한다. 젤랑딘이 낳은 사내아이가 어머니 손가락에서 삼실을 빨아내고 그녀는 깨어난다. 왕이 마상시합 개최를 공지하자, 트로일루스가 나타나서 다른 기사를 물리치고 젤랑딘과 함께 달아난다. Le Roman de Perceforest (4 Manuskripte, 15. Jh., 2 Ausgaben, 16. Jh.), kritische Ausgabe 1. Teil von Jane H. M. Taylor, Genève 1979; 2., 3. und 4. Teil von Gilles Roussineau; II 1, Genève 1999, II 2, 2001; III 1, Paris-Genève 1988, III 2, 1991, III 3, 1991; IV 1, 1987; IV 2, 1987. 이야기의 내용과 구성에 대해서는 다음을 참조할 것. Jeanne Lods: Le Roman de Perceforest. Origines – Composition – Caractères – Valeur et Influence, Genève – Lille 1951, 15-34. 그 기원에 대해서는 같은 책의 pp. 37-94, 페로의 〈잠자는 숲속의 공주〉 및 그림 형제의 〈가시장미 공주〉 이야기와의 유사성에 대해서는 p. 87을 참조할 것. 〈페르스포레스트〉로부터 14세기 카탈루냐의 이야기 〈즐거움의 형제와 기쁨의 누이(Frayre de Joy e Sor de Plaser)〉가 영향을 받았다. 다음에 두 이야기가 서술되어 있다. Beat Mazenauer – Severin Perrig: Wie Dornröschen seine Unschuld gewann. Archäologie der Märchen, Leipzig 1995, 29-32; 33-37. 〈즐거움의 형제와 기쁨의 누이〉 텍스트는 다음에 출판되어 있다. Paul Meyer: Nouvelles Catalanes inédites, in: Romania 13, 1884, 264-284. 페르스포레스트 소설과 페로의 이야기의 관계에 대해서는 다음도 참조할 것. Pierre Saintyves: Les Contes de Perrault et les récits parallèles. Leurs origines, Coutumes primitives et liturgies populaires, Genève-Paris 1990, 99-100; Charles Deulin: Les contes de ma Mère L'Oye avant Perrault, Genève 1969, 127-143: La Belle au bois dormant. 특히 손가락을 빠는 모티프에 대해서는 다음 연구를 참조할 것. Albert Wesselski: Erlesenes, Prag 1928, 114-150. 그리고 Friedrich Vogt: Dornröschen – Thalia, in: Germanistische Abhandlungen, begr. v. Karl Weinhold, hg. v. Fr. Vogt, X. Heft: Die Bosa-Rimur, hg. v. O. L. Jiriczek, Breslau 1894, 195-235에서는 이 동화의 배경에서 "식물의 보호령의 사라

짐과 다시 나타남, 소멸과 부활이라는 표상"을 본다. "싹 트는 탈레이아(Tháleia)가 화산 같은 본질을 지닌 딸이자 어머니로서 나타날 때, 식물의 여신인 게르트 아르메 (Gerd Arme)가 빛을 발하고 공기와 바다가 그 빛을 받아 빛날 때, 가시장미 공주의 자리에 태양의 소녀가 나타날 때, 페트로지넬라와 라푼첼이 긴 황금색 머리칼을 마치 햇빛처럼 아래로 내려 보낼 때, …… 그 다양한 비유 안에는 …… 그러나 언제나 온기와 빛이 꽃의 피어남, 삶과 관련을 맺는다는 표상이 나타난다."(p. 235) 탈리아 (Talia)라는 이름은 아이스킬로스의 비극을 연상시킨다. Aischylos: Die Frauen von Aitna, in: Tragödien und Fragmente, übers. u. hg. v. Oskar Werner, Reinbek (rk 213-215) 1966, 276-279. 이는 단편으로만 남아 있다. 이 극은 분명 팔리키, 즉 '다시 오는 자들'을 위한 제의의 거행과 연관된다. 그들은 제우스와 탈레이아(혹은 아이트나Aitna) 사이에서 태어난 아들들이다. 제우스의 아내인 헤라를 두려워하여 탈레이아는 아이들을 지하에 숨겼다. 그리고 그녀는 풀려나자 두 아이와 함께 나타난다. 이 짧은 문학사적 개관을 감안하더라도 일종의 '통일적 역사'를 재구성할 수 없음이 드러난다. 다음에서는 이러한 '통일적 역사'를 자신의 해석으로 귀속시키고자 시도한다. Bruno Bettelheim: The Uses of Enchantment, New York 1975; dt.: Kinder brauchen Märchen, übers. v. Liselotte Mickel und Brigitte Weitbrecht, Stuttgart 1977, 214-224. Lutz Mackensen: Handwörterbuch des deutschen Märchens, Bd. 1, 410-411에서의 다음과 같은 주장에 우리는 동의해야 할 것이다. "우리는 그 기원이 미처 해명되지 못하는 동화 문학인 가시장미 공주의 특수성이 아니라, 다만 아름다운 왕비를 해방시키거나 그녀에게 구혼하는 보편적 이야기에 도달할 뿐이다." 〈가시장미 공주〉 모티프의 '전승사'로부터 심리학적으로 확인되는 것은, 아버지가 딸에게 가하는 성적 위협과 가시장미 공주의 어머니 혹은 시어머니의 질투다. 이때 아버지는 '새'가 되어 스스로 잠자는 소녀와 동침하거나, 사위에게 (무의식적으로) 궁전 안에서 잠자는 미녀에게 가는 입구를 만들어준다. Angela Waiblinger: Dornröschen. Auch des Vaters liebste Tochter wandelt sich zur Frau, Zürich 1988, 21에서는 왕을 '어떤 새로운 것'이 결여되고 '새로운 전개를 가져올 열매'가 결여된 '의식'의 대표자로 간주한다. 그에 상응해서 '여성성'을 구원자로 본다. 그러나 폴짝 뛰어오르는 '개구리'라는 상징 안에서만 한 남자와 만나는 여성은 어떤 느낌을 가질 것인가? 제일 먼저 '객관적 단계'에서 행위하는 개인의 구체적 감정과 갈등이 풀이되지 않는다면, 그러한 난점은 융 방식의 동화 연구의 전형화하는 해석들마다 도처에서 나타난다. 외적인 것이 '내적으로'도 나타나고 거기에서 상응물을 가진다는 것은 온당하다. 그러나 이야기(혹은 한 환자)가 특수 상황에서 서술하는 것을 면밀히 주시(혹은 경청)하지 않는 사람은 늘 사전에 이미 너무 많이 알고 있어서 최종적으로 '비생산적' 고정관념에 얽매이게 된다. Franz Vonessen: Der wahre König. die Idee des Menschen im Spiegel des Märchen, in: Vom

Menschenbild im Märchen, hg. im Auftrag der Europäischen Märchengesellschaft von Jürgen Jannig, Heino Gehrts und Herbert Ossowski, Kassel (Europäische Märchengesellschaft Rheine) 1980, 9-38에서는 다음과 같이 주장한다. "인간에게 왕다운 것은 오직 한 가지, 즉 이성이다. 그것은 그 자신의 이성이 아니라, 그리스인이 누스 혹은 로고스라고 불렀던 신적이고 위대한 이상이다. 그것은 사고하는 인간이 그 앞에 마땅히 머리를 조아리고 자신과 자기 생에 대한 진정하고 적법한 주재자로서 숭배하는 힘이다. 인식과 승인은 여기에서 하나가 된다." (p. 20) 그에 따라 저자는 '마법 거울'에 나타나는 '공주'의 '참된 아름다움'을 '정신적 아름다움'이라고 풀이한다. "어떤 사람이 의식보다 더 아름다운 것을 상상할 수 있음은 사실상 믿을 수 없다. …… 물론 의식은 일그러지지 않고 왜곡되지 않을 때에만, 때묻지 않고 흐려지지 않을 때에만, 달리 말해 잘 비출 때에만 아름답다."(p. 25) 그러므로 Vonessen에 따르면 '공주'에게는 "자아가 자기 지배권을 얻기 위해 무엇과 결합해야 하는가?"(p. 29)라는 문제가 제기된다.

2) Jacob Grimm: Deutsche Mythologie (1835), Frankfurt/M.-Berlin-Wien (Ullstein 35107) 1981, 2 Bde., I 347. 다음을 참조할 것. Die Edda, I. Heldendichtung, übertragen von Felix Genzmer, eingel. u. angemerkt von Andreas Heusler und Felix Genzmer, Düsseldorf-Köln 1963, Nr. 12: Brunhildens Helfahrt, Str. 10-11. "오딘은 전투의 숲에서 붉은 방패와 흰 방패들로 나를 에워싸고 점점 죄어 왔소. 나는 깊이 잠들지 않았고 두렵지 않았소. 그는 남쪽 비탈의 나의 방 주변에 불을 질러 나무를 활활 태웠소. 파프니르(Fafnir)의 금을 내게 가져다주는 자만이 말을 타고 그것을 넘을 수 있었소." 파프니르를 죽인 이 용사는 시구르트(Sigurd)다. Die Edda, I. Heldendichtung, Nr. 15: Die Vogelweissagung, Str. 8에서 그는 박새들이 노래하는 것을 듣는다. "산 위에 전투의 처녀(=브룬힐트)가 잠들어 있다. 그녀 둘레에는 보리수의 적인 불이 타오른다. 이그('무시무시한 자'라는 뜻의 오딘의 별명)의 가시가 그녀를 찌른다." 오딘이 발키리에게 내린 마법의 잠은 응징이었다. 그녀가 용사인 투구 쓴 군나르와 싸우는 젊은 아그나르가 이기도록 거들었고, 그래서 오딘의 약속이 실현되지 못했기 때문이다. 그녀를 해방시킬 수 있는 것은 오로지 두려움이 없는 사나이었고, 그는 틀림없이 파프니르를 살해하여 스스로를 입증한 지구르드였다. 게르만 민족의 발키리 전설이 〈가시장미 공주〉 동화와 어떤 관계가 있는지를 파악하는 일은 수월하지 않다. 그렇기는 하지만 그 '여자 영웅'을 찔러 잠들게 한 가시가 (아버지인) 최고 신의 것이라는, 즉 남성에게서 유래한다는 사실은 해석의 실마리를 제공한다. 다음을 참조할 것. Nordische Nibelungen. Die Sagas von den Völsungen, von Ragnar Lodbrok und Hrolf Kraki, aus dem Altnordischen übertr. v. Paul Herrmann, hg. u. mit Nachw. vers. v. Ulf Diederichs, München (DG 54: Abdruck der Texte nach Sammlung Thule, Bd.

21, Jena 1923) 1985, 49-55: Sigurd und Brynhild. - Wilhelm Mannhardt: Germanische Mythen, Berlin 1858, 613-615에서는 잠들게 하는 가시를 〈백설공주〉(53번 동화)의 독 묻은 빗과 비교한다. 저자는 잠들게 하는 가시 "혹은 살해하는 못"이 "원래는 창 혹은 다른 뾰족한 무기"였으며 "이를 가지고 운명의 여신이 죽음의 운명을 지닌 자를 몸소 쓰러뜨린다."(p. 615)라고 보고 있다. Reinhold Spiller: Zur Geschichte des Märchens vom Dornröschen, in: Programm der Thurgauischen Kantonsschule für das Schuljahr 1892/93, Frauenfeld 1893, 1-39에서는 이 그림 동화를 '지그르드리파와 브룬힐트 신화'와 관련지을 뿐 아니라(p. 37), 인도 동화를 원천으로 간주한다. 인도 동화는 잠의 약물을 가져오는 독수리(태양신) 신화로부터 비롯한다. Robert Petsch: Dornröschen und Brynhild, in: Beiträge zur Geschichte der deutschen Sprache und Literatur, 42/1916, 80-97에서는 오딘이 처벌과 해방을 동시에 명할 수 있고 "그 둘 다 영웅적으로 이루어진다"(p. 91)는 점에서 "동화〈가시장미 공주〉가 간접적으로 영웅 전설에 영향을 끼쳤을 수 있다."고까지 보고 있다.(p. 87) 이러한 추론들보다 설득력 있는 것은 Friedrich Panzer: Studien zur germanischen Sagengeschichte, Bd. 2: Sigfrid, München 1912, p. 137의 견해다. 저자는 '가시장미 공주라는 전형'이 그러한 '곰의 아들' 영웅담과는 무관하다고 본다. 그러나 우리는 Robert Petsch가 위의 책에서 고대 전설 문학에서 "어떤 축복을 통해서도 완화될 수 없는" '잔혹한 예언'을 암시하면서 다음과 같이 덧붙일 때 여기에 동의해야 하리라. "그러나 동화는 가령 그러한 예언의 역능을 입증하기 위해 고안된 것이 아니다. 그에 대해서는 아무도 의심하지 않는다. 하지만 이야기는 그러한 소재를 둘러싼 분위기, 선의 승리에 대한 어렴풋한 기대와 신실한 믿음이 훌륭하게 뒤섞인 분위기로부터 교묘한 방식으로 수준 높은 문학적 내용을 이끌어낸다." 그림 동화의 "신비로운 성격으로의, 좀 더 이교적이고 신화적인 성격으로의 전회"에 대해서는 다음에서도 이야기하고 있다. Alfred Romain: Zur Gestalt des Grimmschen Dornröschenmärchen, 위의 주석 1, p. 91. 그러나 저자는 여기에서 (그림 동화의 의미에 정당하게!) 오로지 "사악한 힘과 선한 힘 간의, 저주와 해방 간의 투쟁과 해방에 대한 각별한 강조"(p. 111)를 인식한다. - Tamás Kürthy: Dornröschens zweites Erwachen. Die Wirklichkeit in Mythen und Märchen, Hamburg 1985, 100-101에서는 그림 동화의 운명적 측면을 지적한다. "게르만 민족의 올림포스 산인 발할라의 지존 보탄 혹은 오딘도 그리스 신들과 마찬가지로 운명을 주재하는 것이 아니라 운명에 복속했다. 게르만 민족과 그리스 민족에게 최고의 신은 저만치 거리를 둔 으스스한 여성적 형상으로 상징되는 운명이었다. 이는 그리스인에게는 모이라였고 게르만인에게는 노르네 우르드였다." "운명, 즉 모이라와 노르네 우르드는 세 인물로 나타난다. 모이라는 세 명의 실 잣는 여인이었다. 생명의 실을 잣는 클로토, 운명을 나누어주는 라케시스, 생명의 실을 자르는 아트로포스, 즉 피할 수 없

는 자였다." "게르만 민족에게 이는 우르드, 베르단디, 스쿨드였다. 우르드는 생성된 자, 베르단디는 존재하는 자, 즉 현재, 스쿨드는 도래할 자, 즉 미래다."

3) Otto Rank: Der Mythus von der Geburt des Helden. Versuch einer psychologischen Mythendeutung, Leipzig-Wien ²(erw.) 1922, 79-80에서는 영웅 전설의 기본 도식으로 다음과 같은 특성을 들고 있다. "영웅은 가장 고귀한 양친의 자식이고 대개는 왕자다. - 출생 이전에 난관이 있는데, 가령 외적 금지나 장애로 인한 부모의 금욕이나 오랜 불임 혹은 은밀한 교합 같은 것이다. 임신 중, 혹은 그보다 전에 출생을 경고하는 고지(꿈, 신탁)가 있는데, 대개의 경우 아버지를 위협한다. - 그 결과로 신생아는 대개 아버지나 아버지 대리자에게 살해 혹은 추방 명령을 받는다. 대개의 경우 아이를 상자에 넣어 물에 빠뜨린다. - 그 다음에는 동물이나 평민(목자)이 구해내고 동물 암컷이나 평민 여성이 젖을 물린다. - 아이는 자라서 매우 부침 많은 길을 통해 고귀한 양친에게로 다시 가까이 가서, 한편으로는 아버지에게 설욕하고 다른 한편으로는 인정을 받으며 위대함과 명성을 얻는다." 이러한 '영웅 전설'의 도식에서는 맨 앞의 두 가지 사항만이 가시장미 공주 이야기에 맞아떨어진다. 그래서 가시장미 공주는 '영웅'이라 보기 어렵다. 그렇지만 우리가 〈가시장미 공주〉 동화를 반영웅 이야기로 읽는다면, 이것은 무엇을 뜻하는가? 딸이 죽을 뻔한 일은 '영웅적' 아들이 (오이디푸스식으로) 아버지를 살해하는 일을 뒤집는 듯하다. 그 배경에서 가시장미 공주 양친의 상호 관계, 소녀가 특히 아버지에게 품는 관계에 대한 물음이 제기된다. - Steff Bornstein: Das Märchen vom Dornröschen in psychoanalytischer Darstellung, in: Imago XIX, 1933, 505-517에서는 양친이 아이를 낳는 데서 겪는 어려움이 아이의 오이디푸스 소망을 상징한다고 본다. "부모님은 성교하지 않았다." "최소한 한 번은 아버지가 어머니를 사랑했으리라. 좋다, 그러나 그것은 오로지 딸을 낳기 위해서였다."(p. 507) - Mario Jacoby: Dornröschen und die böse Fee. Zum Problem des ausgeprägten Bösen, in: Mario Jacoby - Verena Kast - Ingried Riedl: Das Böse im Märchen, Fellbach ("psychologisch gesehen" 33) ²(erg.) 1980, 175-194에서는 융의 해석 방법에 따라 왕과 왕비 형상을 풀이하면서 "내면의 왕이 제한 없이 마음껏 권위적으로 다스리도록 하지 말라."(p. 178)고 경고한다. 프로이트식 정신분석에서는 내면의 권위적 지배라는 차원을 초자아로 이해한다. 그에 비해 Jacoby는 왕비를 달이라는 여성적 원리의 활동으로 본다. 그의 말을 들어보자. "오로지 여성성만이 수태 의지를 통해, 자연 및 영혼과 결속하여 새로운 것을 낳을 수 있다." 그러나 저자는 다음을 인정한다. "우리 동화에서는 왕과 왕비는 불임이다. 그들의 관계는 생산적이지 않다. 자연적 경과에서 무엇인가가 장애를 지닌다."(p. 179) 그렇다면 물론 우리는 동화의 상징 언어 자체가 그렇게 나타나도록 하는 근거가 무엇인지 보아야 할 것이다. - Robert Moore - Douglas Gillette: King, Warrior, Magician, Lover. Rediscovering the Archetypes of the Mature

Masculine, New York 1990; dt.: König, Krieger, Magier, Liebhaber. Die Stärken des Mannes, übers. v. Thomas Poppe, München 1992, 89에서는 완전한 "왕의 원형"이 "남성적 영혼의 질서, 사려 깊고 합리적인 형상 부여, 통합과 불가침이라는 특성"을 상징한다고 본다. 물론 이는 '원형적'일 수 있지만, 이것을 가지고 〈가시장미 공주〉 동화에서 부인과 아이의 비극에 연루되어 있는 왕을 이해할 수는 없다. 나중에 '왕국' 내 '물레'들을 '태우도록' 명하는 왕은 '남성성'을 '통합'한 것이 아니라, 오히려 딸의 삶에서 남성적 성욕 경험을 완벽히 억압한 것이다.

4) Mario Jacoby: Dornröschen und die böse Fee, 위의 주석 3, p. 179에서는 고대 그리스에서 '비교 제의'로서 목욕을 지적하면서 기독교 세례를 환기한다. "물에 접촉하고 물속에 잠기는 것은 또한 이 원소로 씻어내는 것이고 자신 안의 생명과 접촉하는 것이다."(p. 180) 저자는 개구리를 보고 "여기에서 신약성서의 수태고지 모티프의 기이한 변종이 작동한다는 이단적 생각"(p. 180)이 떠오른다. 출산 과정을 동물 상징 등장으로 대체하는 것이 "물질적인 생명의 조야하고 역겨운 측면에 대한 거부"를 상징하므로, 이는 옳은 것 같다. Ernest Jones: Die Empfängnis der Jungfrau Maria durch das Ohr, in: Jahrbuch der Psychoanalyse, Bd. 6, Leipzig-Wien 1914, 135-204, p. 136에서는 성모 마리아의 '무염 수태'에 대한 기독교 표상과 관련해서도 이 점을 명시한다. 그러나 '처녀'에게 비둘기로 변한 성령이나 천사 가브리엘이 나타나는 것과 '왕비'에게 개구리가 나타나는 것은 차이가 있다. Hedwig von Beit: Symbolik des Märchens. Versuch einer Deutung, Bern 1952, 128에서는 개구리를 '생식의 상징'으로 보기에 개구리를 '위대한 어머니 상'으로 본다. 그러나 이 지점에서는 개구리를 남성의 성에 대한 상징으로 풀이하는 것이 더 올바른 듯하다. – Marie-Louise von Franz: Das Weibliche im Märchen, Stuttgart 1977, 21-51: Dornröschen에서는 이렇게 지적한다. "개구리는 왕비가 목욕할 때 나타난다. 이에 대해 프로이트주의자라면 당연히 할 말이 있을 것이다! 동화와 전설에서 개구리는 상당히 정결하지 않은 존재로 간주된다. …… 개구리는 게다가 생식 성취, 삶의 향락, 양성적 사랑을 위한 무수한 요리에 포함된다. 그것은 왕비를 임신시킨 남성의 성기로 생각할 수 있다. 그러나 고대 관습에서 개구리는 오히려 여성의 출산을 돕고 생식을 가져오는 모성적 동물이다. 그러니까 개구리는 남근이면서 동시에 자궁이고 종종 아이이기도 하다." – 고대 이집트에서 개구리의 의미에 대해서는 다음을 참조할 것. Emma Brunner-Traut: Die Alten Ägypter. Verborgenes Leben unter Pharaonen, Stuttgart-Berlin-Köln-Mainz ²(durchges.) 1976, 50-67, p. 54 – Alfred Romain: Zur Gestalt des Grimmschen Dornröschenmärchens, 위의 주석 1, p. 93; 106에서는 1825년 판본에서야 처음으로 개구리가 등장한다는 사실을 지적한다. 그 전에는 게가 등장하는데 이는 돌누아 부인에게서도 마찬가지다. 이런 변화는 아이들에게 "게가 동화 속 동물로서 낯설기" 때문이라고 한다.(p. 106) 그러나 당

시에 민물 게는 여전히 인기 있는 먹거리였다. 이런 변화는 상징적 이유 때문일 것이다. - Tamás Kürthy: Dornröschens zweites Erwachen. 위의 주석 2, p. 102에서는 "개구리는 알 덩어리와 올챙이에서 나오고 그 다음에 다시 알 덩어리를 낳는다. 이렇듯 삶의 순환과 국면을 펼쳐 보이는 개구리"는 "생식과 출생, 삶의 태동과 부활"의 상징이라고 생각한다. 저자는 이렇게 말한다. "신화에서도 개구리는 상징으로 등장한다. 그리하여 이집트의 조산(助産)의 신인 헤케트는 개구리 머리를 하고 있다. …… 이와는 달리 유럽 동화에서는 개구리는 대개 성적 상징으로 등장한다. 남성의 성욕을 상징하는 것이다. 예를 들어 〈개구리 왕〉(1번 동화)에서 그렇다." 다음을 참조할 것. E. Drewermann: Der Froschkönig, Düsseldorf-Zürich 2003, 14-22; Psychologische Froschkunde. - Will Richter: Frosch, in: Der Kleine Pauly. Lexikon der Antike in fünf Bänden, hg. v. Konrat Ziegler und Walther Sontheimer, Bd. 2, München (dtv) 1979, 618-619에서는 무엇보다도 개구리와 지하 세계의 관계를 지적한다. "추함, 으스스함, 독은 두꺼비를 농부에게 이상적인 마법의 동물로 만든다."

5) Sigmund Freud: Studien über Hysterie, verfaßt von Dr. Josef Breuer und Dr. Sigmund Freud (1895), Ges. Werke, Bd. 1, London 1952, 75-312, p. 133.

6) Johann Wolfgang von Goethe: Faust. Der Tragödie erster und zweiter Teil. Urfaust, hg. u. komm. v. Erich Trunz, München 1972, p. 52. - 개구리의 '악마화'는 종교사적 배경이 있을 것이다. - Marie-Louise von Franz: Das Weibliche im Märchen, 위의 주석 4, p. 27에서는 다음과 같이 설명한다. "많은 나라에서 개구리는 독이 있는 마녀의 동물로 여겨졌다. 중세의 위대한 신비주의자이자 학자 힐데가르트 폰 빙엔(Hildegard von Bingen)도 그렇게 본다. 그녀는 아름다운 봄에 악마가 즐겨 사람의 머리에 추잡한 생각을 불어넣는다고 말한다. 이 악마는 "개구리의 꽥꽥거림을 좋아한다." 이는 또다시 성욕과의 연관이고 성적 욕구, 봄의 흥취, 자연의 솟아 넘침이라는 느낌과의 연관이다. 고대 그리스에서 개구리는 디오니소스의 동물이었다. 물론 기독교 관점에서 보면 개구리는 마녀와 악마에게 속할 수밖에 없다."

7) 다음을 참조할 것. Herder Lexikon Symbole, bearb. v. Marianne Oesterreicher-Mollwo, Freiburg-Basel-Wien 1978, 55-56. - Marie-Louise von Franz: Das Weibliche im Märchen, 위의 주석 4, p. 27에서는 다음과 같이 쓰고 있다. "동화와 전설에서 개구리는 상당히 정결하지 않은 동물로 간주된다. 개구리는 이전에는 별의 별 사랑의 묘약으로 이용되었고, 특히 뼈가 사용되었다." "많은 나라에서 봄에 개구리 울음이 태어나지 않은 아기 울음과 비슷하고 그래서 아직 육신을 얻지 못한 아이의 영혼을 나타낸다고 생각했다." - Friedel Lenz: Bildsprache der Märchen, Stuttgart 1971, 22에서는 인지학 전통에서 개구리가 "확고한 현실의 땅"에 상륙한 존재라고 말한다. "우리는 감각 세계를 파악한다. 유동적인 것 대신 확고하고 물질적

인 것이 들어서고, 흐르는 것 대신 항구적인 것이 나타난다." 이러한 일면적 합리성에 대한 경고는 다음 저자의 주저에서 철학적으로 완벽하게 표현되고 있다. Ludwig Klages: Der Geist als Widersacher der Seele, 3 Bde., ³1953, in: Sämtliche Werke, hg. v. Ernst Frauchinger u.a., Bd.1, mit einer Einleitung v. Albert Schuberth, Bonn ²1981, 378-394: 36. Kaptel: Symbolisches und begriffliches Denken. 지성의 일면성이 가져오는 해악은 분명 크지만, 이 모티프는 〈가시장미 공주〉 동화와는 아무 상관이 없다.

8) Ernest Jones: Die Empfängnis der Jungfrau Maria durch das Ohr, 위의 주석 4, p. 202에서는 처녀이자 동시에 어머니라는 성모 마리아 관념을 "아버지의 생식력에 대한 완전한 거부"라고 보고, 이 관념이 "또한 생각할 수 있는 가장 지고한 형상으로서 숭상된다."라고 말한다. 천사가 처녀의 출산을 고지하는 장면을 빈번히 묘사했던 예술은 점차 '다른 목적'을 향하게 되는데, 이를 통해, "종교의 몰락으로 가는, 그리고 쾌락 원리에 대한 현실 원리의 승리로 가는 최초의 진지한 국면"이 나타났다.(p. 204) 성모 마리아 관념에 따라 교육받은 많은 가톨릭 여성들의 문제는 '어머니'이기 위해서 심리적으로 '처녀'로 남아야 한다는 데 있다.

9) 신경학적으로 양성 간 차이는 뇌의 기본 지도에서 이미 나타난다. 여기에서 결정적인 것은 GnRH(성선 자극 호르몬, Gonadotropin-Releasing Hormone)을 조절하는 시상하부의 내측시각전핵이다. GnRH은 뇌하수체의 분비 세포에 작용하고 거기에서 남자와 여자에게 여포자극호르몬(FSH)과 황체형성호르몬(LH)을 분비시킨다. 남성의 고환 안에서 LH은 테스토스테론을 분비시키고 FSH은 정자세포를 성장시킨다. 성적으로 성숙한 여성에게 FSH은 생식 순환의 시작에서 여포(발달하는 난세포와 난소, 난소 안 주변 조직)의 성숙을 자극한다. 그것은 LH과 같이 작용하여 여포의 빠른 성장을 촉진하고 난소의 에스트로겐 분비를 증가시킨다. 혈액 속에 에스트로겐이 증가하면 부정적 피드백 작용에 따라 뇌하수체는 FSH 분비를 감소시킨다. 그러나 혈액 속 에스트로겐이 증가하면 뇌하수체로부터 LH 분비는 오히려 강화되고, 이는 다시 배란을 촉발한다. 동시에 (시상하부의 PRH(Prolactin-Releasing-Hormone) 분비를 통해) 뇌하수체 호르몬 분비는 프로락틴(유즙분비호르몬)을 늘린다. 이는 배란 후 여포에서 난소 내 구조인 황체(Corpus luteum) 형성을 용이하게 한다. 황체는 황체호르몬, 에스트로겐과 프로게스테론을 분비한다. 프로게스테론은 생식 체계로 하여금 수정된 난자의 착상을 준비하게 하고, 임신과 수유 능력을 유지시킨다. 여기에서도 피드백 메커니즘이 작용한다. 수정란이 없다면 황체는 퇴화하고 이를 통해 황체호르몬 분비도 감소한다. 이 순환은 새로운 황체 형성과 더불어 다시 시작된다. ('피임약'은 일군의 스테로이드 호르몬인 에스트로겐과 게스타겐을 통해 정상적 순환을 방해한다.) 남성과 여성에게 안드로겐을 분비시키는 부신피질호르몬이 여기에 덧붙는다. 이는 성장과 발달에 중요한 기능을 한다. 부신안드로겐은 여성의 몸에서는 성욕을 조

절하는데, 이는 남성에게서는 테스토스테론이 담당하는 과제다. – 이렇게 중요한 내측시각전핵은 쥐의 수컷의 뇌에서 암컷의 뇌보다 네 배나 더 크다. 그 대신 암컷 뇌에서 부피당 뉴런 양이 더 많다. "(작용 물질인 프로피온산 테스토스테론을 통한) 초기 호르몬 작용으로 야기된, 남녀 뇌 구조의 지속적 차이의 발달은 매우 중요하다. 행동은 뇌의 직접 통제를 받는데, 호르몬은 바로 뇌에 작용하여 행동에 영향력을 발휘한다."(Richard F. Thompson: The Brain, New York-Oxford 1985; dt.: Das Gehirn. von der Nervenzelle zur Verhaltenssteuerung, übers. v. Merlet Behncke, Heidelberg-Berlin-New York 1990, 163) – 호르몬이 어떻게 작용하는지는 특히 신경뇌하수체(시상하부 신경말단)에서 분비되고 혈액을 통해 신체 조직과 기관들로 전달되는 여성 호르몬의 일종인 옥시토신에서 잘 나타난다. 이는 유방 조직에 유선 수축을 가져오고 이를 통해 모유 분비를 촉진하지만, 이는 모유 생산이 이미 시작되었을 때, 다시 말해 수유하는 여성의 출산 직후에야 비로소 이루어진다. 임신 말기에 옥시토신은 자궁 수축을 야기한다. 유방 세포와 자궁 세포에 대한 다양한 영향은 오직 특정 시기(수유 시기와 임신 말기)에만 활동하는 그와 관련된 수용세포로부터만 나타난다.(동일 출처 155) 그러한 특수한 호르몬 분비가 일으키는 감정은 아이를 낳아본 적이 있는 여성들은 이미 잘 알고 있다.

10) 다음을 참조할 것. Rainer Beck: Otto Dix (1891-1969). Zeit Leben Werk, Konstanz 1993, Abb. 187: Familie Dix, Mischtechnik, 1927.
11) 다음을 참조할 것. Rudolf Bilz: Zur Grundlegung einer Paläoanthropologie. Eine Studie über archaische Funktionsbereitschaften und Phänomene der Bahnung (1944), in: Paläoanthropologie. Der neue Mensch in der Sicht einer Verhaltensforschung, 1. Bd., Frankfurt/M. 1971, 93-107, p. 104. "이후 부모로서의 기능은 최초의 사랑의 접근 안에서 '길을 낸다.' …… 나는 인간의 성적 사랑 안에서 실현되는 선취의 법칙을 말하는 것이다." 특히 "서로 돌봄을 위한 축소형 세계"가 그 증거가 된다.
12) Norbert Bischof: Das Rätsel Ödipus. Die biologischen Wurzeln des Urkonfliktes von Intimität und Autonomie, München (SP 989) 1985에서는 '근친상간 금기'를 문화적, 생물학적 토대 위의 억제 기제로 환원하고자 한다.
13) Sigmund Freud: Zur Einführung des Narzißmus (1914), in: Gesammelte Werke, London 1946, 137-170, pp. 153-158에서는 '나르시시즘적 대상 선택'을 '부모 의존 유형'의 대상 선택과 달리, 인간이 "자신을 사랑의 대상으로서" 발견하는 대상 선택이라고 정의한다.(p. 154)
14) Horst-Eberhard Richter: Eltern, Kind und Neurose. Psychoanalyse der kindlichen Rolle, Stuttgart 1963, 128-181에서는 아이를 남편 대체자로 서술한다.
15) 많은 여성 저자는 요정의 등장이 여성성 혹은 '위대한 어머니'의 신비를 상징한다고

본다. Sibylle Birkhäuser-Oeri: Die Mutter im Märchen. Deutung der Problematik des Mütterlichen und des Mutterkomplexes am Beispiel bekannter Märchen, Fellbach 1977, 219에서는 이런 맥락에서 다음과 같이 쓰고 있다. "가시장미 공주의 운명을 예비하는 열세 명의 요정은 실은 한 명의 요정이다. 이 요정은 한 측면에서는 좋은 것을 모두 주는 어머니의 특성을 가지고, 다른 측면에서는 자신이 창조해낸 가치들을 손바닥 뒤집듯이 전부 파괴한다. 그러고는 다시 파괴의 영향력을 완화시킨다. 〈가시장미 공주〉에서 요정은 그리스의 운명의 여신 모이라 혹은 노르네, 즉 실 잣는 여자다. 그녀는 운명의 여신으로서 시간과 영원의 개념과 관계하며, 가시장미 공주나 백설공주는 신성한 소녀, 그리스의 처녀 코레의 전형이다. 이 동화는 고대에 생생했던 운명에 대한 신앙(예정에의 신앙)을 표현한다. 이 동화는 의지의 전능에 대한 우리의 현대적이고 합리적인 신앙을 보완한다." 물론 〈가시장미 공주〉 동화에서 운명이라는 측면은 간과할 수 없다. 하지만 그림 동화에서, 열세 번째 요정을 배제함으로써 딸에게 불행을 가져오는 것은 왕 자신이다. 우리는 '여신의 어두운 측면'이 아니라, 현실적 인간의 성격장애와 관계 문제를 이야기해야 한다. 그러지 않으면 우리는 '남성적' 합리주의를 '여성적' 비합리주의 혹은 신비주의로 보완하거나 대체하자는 위험에 빠진다. 바로 여기에 정신분석적으로 수행해야 하는 계몽 작업이 놓여 있다. Angela Waiblinger: Dornröschen. 위의 주석 1, p. 50에서는 열두 개의 황금 접시가 '남성적 성향을 지닌 태양년의 원리'를 상징한다고 본다. 저자는 "달리 말한다면, 남성적 원리인 왕은 상상력을 발휘하여 가령 손가락으로 먹을 수 있는 음식을 대접하는 등의 새로운 것을 떠올릴 수 없고, 그저 안이함에 사로잡혀(대장장이에게 서둘러 열세 번째 접시를 만들도록 할 수도 있었으리라) 낡은 전승된 가치 표상과 규칙을 유연성 없이 엄격하고 경직되게 고집하고 있다. 매우 강하게 여성성에 속하는 직관적인 것, 비합리적인 것이 다시 한 번 배제되었고, 불행을 품은 먹구름이 오래잖아 온 나라를 뒤덮는다." - Hedwig von Beit: Das Märchen. Sein Ort in der geistigen Entwicklung, Bern-München 1965, 127에서는 "아직 유아적으로, 즉 신화적으로 사유하는 사람은 현재의 어떤 감각이 주는 부정확하지만 직관적으로 강력한 인상에 압도되거나 '신들릴' 수도 있다." 이를 통해 그녀는 〈가시장미 공주〉 동화 안에서 삶과 죽음이 주는 감정상의 엄청난 대립을 설명하고자 한다. 그렇지만 일반적인 '유아성'(이것은 '신화성'과 동일시되어서도 결코 안 된다)에 곧바로 호소하기보다, 축복과 저주, 행복과 불행, 사랑과 증오 간의 정서적 긴장의 특성과 기원을 동화의 구체적 전언으로부터 이해해야 한다. - Rudolf Geiger: Märchenkunde. Mensch und Schicksal im Spiegel der Grimmschen Märchen, Stuttgart 1982, 526-527에서는 아주 올바르게, 열세 번째 요정이 "다른 열두 요정만큼 현명하다."는 사실을 지적한다. "그녀는 '그들 중 하나'이기 때문이다. 아니, 아마도 집단에서 가장 강력하고 현명할 것이다. 그녀가 처음부터 사악한 속내를 품고 있었다고 누가 말할 수 있겠는가? 그녀는 원래는 전체 집단의 정점에 있다. 열두 요정이 공동으로 가지는 것이 모두 열세 번째 요정 안에 모여 더 높은 새로운 단계에서 변화하기 때문이다. …… 동화는 아무도 그녀를 알지 못하지만 열세 번째 현명한 여성이 왕국 안에 존재함을 말하고 있다. …… 그렇지만 물론 왕은 그녀를 알고 있고 알고 있음에 틀림없다." Rudolf Geiger는 지극히 정확하게 물음을 제기한다. 왕이 알기를 원치 않지만(혹은 알아서는 안 되지만) 알고 있는 그것은 무엇인가? 왕은 무엇을 간과하는가(혹은 간과해야 하는가)? 그에 대해 ('개구리'라는 기묘한 생식의 환상에 의거해) 대답하는 것이 아니라, Geiger는 신비스럽게 다음과 같이 설명한다. "왕은 이런 세계의 힘을 질서 있게 배열할 수 없고 그 힘을 제대로 다룰 수도 없다. 그리하여 재앙을 불러들이는 것이다. 그가 간과한 여자가 얼마나 강력한지, 나머지 열두 요정 모두보다 얼마나 더 강력한지를 그녀의 주문이 입증한다. 무시당하여, 아니 배제당하여 반항하도록 자극을 받은 그녀는 선의를 죽음으로 변화시킨다." 우리는 다만 '세계의 힘'이 아니라 '성욕'을 대입한다면 그리 어렵지 않게 배제된 자, 밀려난 자의 정신역동을 이해할 수 있다. - Pierre Saintyves: Les Contes de Perrault et les récits parallèles, 위의 주석 1, pp. 71-101: La Belle au bois dormant에서도 열세 번째 요정에서 로마인의 파툼이나 그리스인의 네메시스를 떠올린다. 이때 13은 태음년의 달을 상징한다.(pp. 84-85) 저자는 그로부터 게르만의 여신 베르흐타에 대한 관련도 통찰하고 도출한다.(pp. 86-87)

16) Erich Fromm: To Have or to Be, New York-San Francisco-London 1976; dt.: Haben oder Sein. Die seelischen Grundlagen einer neuen Gesellschaft, übers. v. Brigitte Stein, in: Gesamtausgabe, hg. v. Rainer Funk, Bd. 2, Stuttgart 1980, 269-414. Fromm은 "누가 누구를 지배하는가?"라고 말한다. "삶이 죽음을 주재해야 하는가, 아니면 죽음이 삶을 주재해야 하는가?"(p. 338) 다음을 참조할 것. Erich Fromm: The Anatomy of Human Destructiveness (1973); dt.: Anatomie der menschlichen Destruktivität, übers. v. Liselotte und Ernst Michel, überarb. v. Renate Oetker-Funk, in: Gesamtausgabe, Bd. 7, Stuttgart 1980, 295-334. Die bösartige Aggression: Die Nekrophilie.

17) Marie-Louise von Franz: Das Weibliche im Märchen, 위의 주석 4, p. 32에서도 마찬가지로 '모신(母神)'과 '여성성'의 표상을 활용한다. 이 지점에서 저자는 다음과 같이 쓴다. "무시된 모신은 모욕당함, 오만 혹은 원한의 화신으로 나타난다. …… 나는 여기에서 여성과 매우 가까운 관계에 있는 어떤 형상이 나타난다고 믿는다. 많은 여성의 삶에서 악과 도착의 본질적 원천은 감정의 상처를 다루고 극복하는 데 실패하는 것이다. 모욕당함은 이른바 아니무스의 공격에 문을 열어주기 때문이다. 이 공격은 여성의 부정적 남성화, 무정해지고 잔혹해짐을 수반한다." Steff Bornstein: Das Märchen vom Dornröschen, 위의 주석 3, p. 507에서는 프로이트의 정신분석 틀

안에서, 악한 요정을 아버지가 고통을 안겨주었던 악한 어머니의 형상으로 본다. 그는 다음과 같이 쓴다. "그러나 딸은 무의식적으로 어머니의 병을 원했던 탓에 벌을 받아야 한다. 여기에서 우리는 어린 소녀의 오이디푸스 콤플렉스를 본다." Bornstein이 왕이 행하는 것이 모두 아이를 사랑하기 때문이라고 보는 것은 매우 올바르다. 그렇지만 우리는 '오이디푸스 콤플렉스'가 자연적으로 주어지는 것이라고 교조적으로 보아서는 안 되고, '오이디푸스 콤플렉스' 안에서 특정한 가족 상황의 결과를 꿰뚫어보아야 한다. 그렇다면 동화에서 아버지가 딸에게 지니는 태도에 대해(그리고 그 부인이 성욕에 지니는 태도에 대해) 주어지는 내용을 가시장미 공주의 운명적 비극에서 결정적 전제조건으로 이해해야 하는 것이다. 그렇기는 해도 Bornstein이 (어머니가 아니라) 아버지의 역할을 자라나는 소녀의 체험의 중심에 놓은 것은 올바른 것이다.

18) Emil Nolde: Im Zitronengarten (1933), Leinwand, 73x89 cm, Hamburg, Sammlung Max Lutze, in: M. Gose-Bruch: Nolde, in: Kindlers Malerei Lexikon in 15 Bden., hg. v. Rolf Linnenkamp, Bd. 9, München 1985, 299-311, p. 310.

19) Sigmund Freud: Zur Kritik der "Angstneurose" (1895), Gesammelte Werke, Bd. 1, London 1952, 355-376, p. 372에서는 정신질환의 병인에서 다음을 구별한다. "a) 조건, b) 특수한 원인, c) 경쟁하는 원인, d) 앞의 것과 다른 용어로서 유인 혹은 촉발인." 그리고 그는 "마지막에 방정식 안으로 들어와서, 결과의 나타남에 곧바로 앞서는 그러한 원인을 유인 혹은 촉발인으로서 정의한다. 오로지 이러한 시간적 계기만이 유인의 본질을 이룬다."고 본다.

20) 다음을 참조할 것. Helmut Thomä: Anorexia nervosa. Geschichte, Klinik und Theorien der Pubertätsmagersucht, Stuttgart 1961, 7. Kap.: Psychogenese und Psychosomatik der Anorexia nervosa, pp. 251-329.

21) Oskar Kokoschka: Das moderne Bildnis 1909 bis 1914, im Auftrag der Neuen Galerie New York hg. v. Tobias G. Natter, Hamburger Kunsthalle, 5. Juli-29. Sept. 2002, p. 216: Die träumenden Knaben. 8 Lithographien in Schwarz, Blau, Gelb, Grün und Rot auf Illustrationspapier, jeweils 32.5x21.5 cm (Bildrand), Neue Galerie New York, Bild 1: Schlafende Frau.

22) Stanislaw Parnicky (Reg.): Dornröschen. CS/D 1987; Drehbuch: Jana Kakošova, Rolle der Königin: Judy Winter, Buch und Regie der deutschen Bearbeitung: Joachim Brinkmann.

23) Sigmund Freud: Vorlesungen zur Einführung in die Psychoanalyse (1917), in: Gesammelte Werke, Bd. 11, London 1944, 19. Vorlesung: Widerstand und Verdrängung, pp. 296-312. "그 문제 되는 정신 과정이 의식 안으로 밀고 들어오는데 대해 격렬하게 반발할 수밖에 없다. 그러므로 그 과정은 무의식에 머문다. 그것은

무의식적인 것으로서 증상을 형성하는 힘을 지닌다. 이와 똑같은 반발이 정신분석 치료 도중에, 무의식적인 것을 의식으로 이끌어내려는 노력에 다시 한 번 반발한다. 우리는 이를 저항으로 감지한다. 저항을 통해 우리에게 입증되는 이 병인(病因)적 과정을 억압이라고 부를 것이다."(p. 304) - Mario Jacoby: Dornröschen und die böse Fee, 위의 주석 3, p. 185에서는 다음과 같이 올바르게 말한다. "우리는 파괴적인 것을 어떤 식으로든 의식적으로 다루도록 강요받는다. 그러나 동화 속의 왕은 우리가 어떻게 이를 다루어서는 안 되는지에 대한 전형적 사례를 제공한다. 다시 말해 억압을 통해서." 저자는 구체적으로 '환상과 에로스의 억압'을 염두에 두고 있다.

24) Sören Kierkegaard: Der Begriff Angst. Eine simple psychologisch-hinweisende Erörterung in Richtung des dogmatischen Problems der Erbsünde von Vigilius Haufniensis, Kopenhagen 1844; übers. und komm. v. Liselotte Richter, in: Werke, 1. Bd., Reinbek (rk 71) 1960, Kap. 1, § 5: Der Begriff Angst, pp. 40-43: "이러한 (무죄와 무지의) 상태 안에 평화와 안식이 있다. 그러나 이와 더불어 거기에는 어떤 다른 것이 존재하는데, 그것은 불화와 투쟁이 아니다. 거기에는 우리가 투쟁할 수 있을 어떤 것도 존재하지 않기 때문이다. 그렇다면 그것은 무엇인가? 무이다. 그러나 이 무는 어떤 작용을 하는가? 그것은 불안을 낳는다." (p. 40)

25) 투사 개념에 대해서는 다음을 참조할 것. Leopold Szondi: Ich-Analyse. Die Grundlage zur Vereinigung der Tiefenpsychologie, 2. in sich abgeschlossener Band der Triebpathologie, Bern 1956, 335-341: Die projektiven Abwehrmechanismen.

26) Eric Frey: Schwarzbuch USA, Frankfurt 2004, Kap. 38: Visionen der Weltherrschaft: Buschs Präventivkriegsdoktrin, pp. 436-442.

27) 다음을 참조할 것. E. Drewermann - Ingritt Neuhaus: Marienkind. Grimms Märchen tiefenpsychologisch gedeutet, Olten 1984. 한편 Bruno Bettelheim: Kinder brauchen Märchen, 위의 주석 1, p. 221에서는 다음과 같이 말한다. "(불운한 출혈이) 일어날 때 부모 모두 일시적으로 부재한 것은 모든 인간이 겪어내야 할 다양한 성장의 위기에서 부모가 자식을 보호할 능력이 없음을 상징한다." 이는 올바른 견해지만, 흡족하지는 않다. 그들은 언젠가는 이러한 '보호'를 더는 수행해서는 안 된다.

28) Sigmund Freud: Die Traumdeutung (1900), in: Gesammelte Werke, Bd. 1, London 1942, 372-376: Ein Stiegentraum. - Angela Weiblinger: Dornröschen, 위의 주석 1, p. 92에서는 다음과 같이 말한다. "탑은 심리 구조에서 상부를 상징하고 지하실은 무의식 영역을 나타낸다. 그러나 탑은 또한 안전을 상징한다. …… 그렇지만 탑은 또한 처녀성의 상징이다. …… 그리하여 처녀인 공주가 탑에서 성적으로 성

숙한 여성으로 변함은 의외의 일이 아니다. 탑으로 올라가는 계단을 오르는 일은 더 높은 정신성으로 인간의 단계적 상승을 의미하기 때문이다." 만일 (남성) 성욕의 충격적 침입을 고려하지 않는다면, 이는 맞는 말이리라. 또한 그 자체로는 〈라푼첼〉 이야기와 비교할 수도 있지만, 마찬가지로 이러한 이유 때문에 실패한다.(위의 책, 93) 다음을 참조할 것. E. Drewermann - Die kluge Else - Rapunzel, Olten 1986, 73-79: Der Gesang der Einsamkeit. 한편 Rudolf Meyer: Die Weisheit der deutschen Volksmärchen, Stuttgart 1969, p. 12에서는 노파의 실 잣는 방이 있는 탑으로 가시장미 공주가 올라가는 일에 대해 (인류학적인 동화 해석의 틀 안에서) 더욱 단호하게 다음과 같이 말한다. "그렇지만 영혼 자체가 얼마나 빠르게 사유의 유령들 안에 고치처럼 갇히는가! 이를 통해 영혼은 그때까지 도처에서 산 채로 자신을 둘러싸고 있고 천사의 날개를 가지고 동심의 꿈을 보호하던 영들의 세계로부터 차단된다. 어제는 참이고 거룩하게 보였던 것이 오늘은 조소를 받고 버려진다. 의심은 한때 동심의 가장 사랑스러운 동무였던 익숙한 형상들의 세계를 죽인다. 궁전 전체는 그 세계와 더불어 마법 안으로 떨어진다. 그러나 거기 탑 위의 방으로부터 불행이 나온다! 이제 머리가 풍요로운 마음의 세계에 폭정을 실시한다." 이에 따르면 물레 바늘이 찌름은 합리성의 침입이다. 이러한 견해는 여성으로서 성숙함이 그저 충동 세계의 계속적 발전이 아니라, 세계를 합리적으로 다루는 능력의 계속적 발전도 의미한다는 점에서, 그리고 정신성의 일면적 형식이 인간 내부의 어린이다운 것을 파괴한다는 점에서는 물론 올바르다. 그렇지만 '윗방'의 일면성조차도 원인은 충동 세계에 대한 불안에 있는 것이다. Steff Bornstein: Das Märchen vom Dornröschen, 위의 주석 3, 508-509에서는 가장 분명하게 손가락을 찌름을 '자위에 대한 처벌로서 생리'(p. 509)의 상징으로 풀이했다. 저자는 다음과 같이 쓴다. "그렇다. 아버지는 딸을 그토록 사랑한다. 아버지는 딸의 몸에 어떤 일이 일어나는 것을 허용하지 않을 것이다. 그리고 그 속에서 딸은 제대로 예감하고 있다. 아버지는 성숙한 딸을 정말로 낯선 사내들에게 내주지 않을 것이고, 아버지는 남이 딸을 건드리지 못하게 하고 자기 소유로서 유지할 것이다. …… 우리는 열다섯 살 소녀가 혼자 있게 된 기회를 이용해 자신의 복잡한 성기를 알아보려 한다고 상상해볼 수 있다. 작은 문까지는 쉽게 이루어진다. 거기 닫힌 질 앞에서 위험이 시작된다. 동화는 소녀가 작은 문의 열쇠를 돌리고 그 문이 활짝 열린다고 서술한다. 소녀 자신이 질로 밀고 들어간다는 것은 환상에 불과한가? 나이든 아주머니는 소녀에게 이제 모든 것을 설명해주어야 한다." 그러나 "실뭉치에서 긴 실(남근)이 나오는 재미있는 실잣기, 여성의 남성에 대한 소망이 이처럼 환상을 동반하며 승화되는 일은 딸에게는 거부되어야 한다." "우리의 소녀의 자위 환상은 다음과 같다. 나도 그렇게 재미있게 튀어오르는 물건, 남근을 가지고 싶다. 나이든 어머니로부터 그것을 뺏고 싶다. …… 어머니는 소녀를 생리로써 처벌한다." "배경에는 …… 어머니가 소녀를 처벌하기 위해 거세했다는 고발이 있다."(pp. 508-509)

29) Rudolf Jockel: Götter und Dämonen. Mythen der Völker, Darmstadt 1953, 453-454.
30) 여러 문화에서 소녀의 할례에 대해서는 다음을 참조할 것. Angelika Gebhart-Sayer: Notizen zur Mädchenbeschneidung bei den Shipibo-Conibo, Ost-Peru, in: Die Braut. Geliebt-verkauft-getauscht-geraubt. Zur Rolle der Frau im Kulturvergleich, hg. v. Gisela Völger und Karin v. Welck, eingef. v. René König, 2 Bde., Köln (Rautenstrauch-Joest-Museum) 1985, Bd. 2, 592-597. 여기에서는 특히 "이방 문화의 제의를 납득하는 데서의" 난점을 지적한다. "제의는 상징적 행위이므로 외부 관찰자에게는 비합리적 행위로 평가되기 때문이다."(p. 596) - 소녀 할례에 대한 가장 포괄적 연구는 다음을 참조할 것. P. G. Roe: The cosmic zygote: cosmology in the Amazon basin, New Brunswick, N.J. 1982. 한편 Angela Waiblinger: Dornröschen. 위의 주석 1, p. 98-99에서는 "여성이 되기 시작할 때 소녀의 성인화 제의"와 (성인화 제의를 준비하기 위해) 종종 오래 지속되는 ("때로는 일 년에 이르는") 혼자 지내는 시간을 적절하게 지적한다. 이는 "엄격할 뿐 아니라, 또한 부분적으로는 거칠고 고통스럽다. 이는 성인이 되는 소녀를 새로운 인생의 시기가 지니는 과정과 요구에 익숙하게 만들고 또한 저항력과 인내력을 키워주어야 하기 때문이다." 다음을 참조할 것. Mircea Eliade: Das Heilige und das Profane, Hamburg (rde 31) 1957, 113-115; Männerbünde und Weiberbünde; 115-116 - Tod und Initiation. Sigmund Freud: Das Tabu der Virginität (1918), in: Gesammelte Werke, Bd. 12, London 1947, 159-180에서는 많은 원시 부족에서 처녀막 파괴 제의를 심리학적으로 나르시시즘 증상의 여성이 자기 기관의 파괴에 대해 행하는 복수로부터의 방어, 그리고 "젊은 남편을 거세하고 그의 남근을 가지려는 여성의 소망으로부터의 방어"(p. 167)라고 본다. Steff Bornstein: Das Märchen vom Dornröschen, 위의 주석 3, p. 510에서는 아프리카의 바쿨리아와 마사이 종족이 클리토리스 할례를 '지혜로운 여성들'이 행하도록 함을 지적한다. "욤부스 종족에서 할례를 행하는 연로한 여성은 …… 수술을 하면서 소녀에게 이런 말을 외운다. '나는 아무것도 모른다. 나는 어린아이다.' 이는 다음과 같은 의미다. 이제 클리토리스를 가지고 있지 않으니 나는 아이처럼 순결하다." 이러한 '어린아이 같은' 순결에 대한 소망은 의심의 여지 없이 첫 번째 성적 경험 이후의 가시장미 공주의 심리 상태의 특징을 보여준다.
31) 다음을 참조할 것. E. Drewermann: Schneewittchen. Grimms Märchen tiefenpsychologisch gedeutet, Neudruck, Düsseldorf-Zürich 2003, 16-25.
32) Johann Wolfgang von Goethe: Gedichte, hg. u. komm. von Erich Trunz, München 1974, 78-79: Heidenröslein. 한편 Lutz Mackensen: Handwörterbuch des deutschen Märchens, 위의 주석 1, Bd. 1, 409에서는 다음과 같은 견해를 피력

한다. "1660년 그리피우스(Gryphius)의 희극에서 사랑하는 도른로제(die geliebte Dornrose)로 등장하는 Dornröschen라는 이름을 독일의 동화는, 흰 찔레꽃, 울타리 장미, 담장 장미와 관련하여, 가시울타리로부터 도출해냈다. 알브레히트 폰 샤르펜베르크(Albrecht von Scharfenberg)의 문디로자(Mundirosa)와 피렌체 판본의 로자(Rosa)가 프랑스의 〈잠자는 숲속의 미녀(Belle au bois dormant)〉의 로즈(Rose)에서 유래하는지는 확정할 수 없다." 다음을 참조할 것. Johannes Bolte - Georg Polívka: Anmerkungen zu den Kinder- und Hausmärchen der Brüder Grimm, 위의 주석 1, Bd. 1, 441. 한편 Alfred Romain: Zur Gestalt des Grimmschen Dornröschenmärchen, 위의 주석 1, p. 96에서는 가시장미 공주라는 이름을 플뢰르 데핀(Fleur d'Epine) 이야기로부터 도출하려고 하는 Reinhold Spiller: Zur Geschichte des Märchens vom Dornröschen, 위의 주석 2, p. 16의 테제를 반박한다. 다음을 참조할 것. Antoine Hamilton: Histoire de Fleur d'Epine, Bibliothèque de Campagne, Bd. VII, 1749. - Romain은 이 이야기에서는 "잠자는 여인을 둘러싼 가시울타리에 대해서는 …… 아무런 언급이 없다."는 점을 지적하고 다음과 같이 말한다. "이에 반해서 …… 독일 전승에는 이미 '가시장미'가 나타난다. 이는 〈들장미〉라는 민요의 흔적이 잘 보여준다. 여기에서는 또한 미녀의 이름이 가시울타리와 맺는 관계가 이미 존재하는 것이다."(pp. 96-97) 물론 저자는 이 모티프 자체를 별로 비극적으로 받아들이지 않으면서 이렇게 쓴다. "…… 잠자는 여자를 둘러싼 정적이 우호적이고 전원적이며 거의 경건한 것처럼, 땅에서 돋아나는 가시울타리 역시 잠자는 어린 소녀를 사랑스럽게 보호하고 있다."(p. 110) 한편 Rudolf Geiger: Märchenkunde, 위의 주석 15, p. 528에서는 모든 해석자들의 중론이 다음과 같다고 말한다. "소녀가 물레가 있는 방으로 혼자 가는 것"은 사춘기 시기에 일어나는 일을 나타낸다. 그러나 저자는 "가시장미 공주라는 소녀의 성적 성숙이 핵심적인지"에 대해서는 의심한다. 저자는 "그렇다면 왜 물레에 찔리는 것이 호기심 많은 소녀 외에도 이미 오래 전에 성숙기에서 멀어진 왕과 왕비도 불행에 빠뜨리고, 왜 궁전에서 유일하게 열다섯 살인 소녀의 사춘기 문제와는 아무 상관이 없는 신하와 하인과 동물들도 불행에 빠뜨리는가?"라고 묻는다. 이러한 흥미로운 물음은 이 동화에 대한 대부분의 해석에서는 간과되었다. 그러나 이 책에서는 그림 동화 판본의 바로 이러한 특성이 왜 심리적으로 필연적인지를 제시할 것이다.(아래 주석 37 참조)

33) 다음을 참조할 것. Karl Kerény: Die Mythologie der Griechen, 2 Bde., München (dtv 1345-1346) 1966, Bd. 1, 182-196.

34) Karl Kerény - C. G. Jung: Das göttliche Mädchen. Die Hauptgestalt der Mysterien von Eleusis in mythologischer und psychologischer Beleuchtung, Amsterdam-Leipzig (Albae Vigiliae VIII-IX) 1941, p. 20-24: Göttliche Mädchengestalten.

35) 주석 2 참조.
36) Das Nibelungenlied. Mittelhochdeutsch und Neuhochdeutsch, auf Grund der Übersetzung von Karl Simrock bearb. v. Andreas Heusler, Berlin-Darmstadt 1964, 14. Abenteuer: Wie die Königinnen sich schalten, p. 222-237.
37) Mario Jacoby: Dornröschen und die böse Fee, 위의 주석 2, pp. 186-187에서는 다음과 같이 말한다. "물레 바늘이 상처를 준다는 것은 심리학적으로는 에로틱한 환상과 충동의 침입이 마비적인 불안을 불러일으킨다는 것을 뜻한다. 가시장미 공주의 잠자는 상태는 아마도 그런 상황에 사로잡힌 여자들의 깨워지지 않은 상태 및 고독한 감정과 연관이 있을 것이다. 그러나 그들에게 정서적으로 다가가려는 시도는 공세적 방어로 거부된다. 가까이 가려는 남자들의 살 속으로 가시가 파고든다. 예를 들어 남자들과 그들의 남성성을 우스꽝스럽게 만드는 여자의 냉소적인 말은 두려운 친밀함으로부터 자신을 보호하려는 것이다. 장미는 사랑과 정서의 상징 자체다. 그러나 잘 알려져 있듯이 가시 없는 장미는 없다. 가시는 사랑과 헌신의 뒷면을 상징한다. …… 물레들을 태워 없애게 한 부왕은 지배적인 직관과 더불어 계속해서 그들 안에 살아 있다. 감정이 살아나게 하는 것은 위험천만한 일이다." Hedwig von Beit: Symbolik des Märchens, 위의 주석 4, p. 698에서는 다른 견해를 보인다. 저자는 물레의 찌름을 '위대한 어머니'의 '비밀스러운 남성적 측면'으로 고찰한다. 아버지는 자신의 행위(즉 여성에 대한 고유한 불안) 때문에 딸의 불행을 불러오는데, 그리하여 이러한 아버지에 대한 불안 때문에 근원적 어머니의 그늘 아래에서 '무의식이 확장된다.' 한편 Marie-Louise von Franz: Das Weibliche im Märchen, 위의 주석 4, p. 48에서는 이보다 좀 더 적절하게 지적한다. "가시장미 공주는 잠 속에서 무엇보다도 남성적 원리로부터 단절되었다가 왕자와 결속한 뒤에야 비로소 다시 깨어난다. 한편으로는 정말로 그러한 어머니 원형에 의해 '마비된' 여성은 피어나기 위하여 남자와의 관계에 의지한다. 다른 한편 그런 남자의 결여는 또한 정신적 격동의 결여이기도 하다." 그리고 Angela Waiblinger: Dornröschen, 위의 주석 1, p. 117에서는 백년 동안의 잠이 지니는 긍정적 측면을 강조한다. "죽음을 해방을 주는 친구로, 밤을 사랑의 갈망을 충족시키는 연인으로 보는 것이 여성의 슬기로움이다. 가시장미 공주는 재생을 위한 맛있는 잠을 잔다. 그것이 죽음이었는지, 구원의 잠이었는지, 사랑의 잠이었는지 누가 말할 수 있겠는가." "심리 과정에 대한 참을성 있는 기다림이 지나친 개입보다 종종 더 필요할 수 있다."는 것은 옳은 말이다. 그렇지만 이러한 '원형적' 해석 도식에서는 그림 동화의 일련의 구체적 디테일이 불분명해진다. 왜 부모도 잠에 빠지는가? 왜 궁전과 부모가 깨어나기 전에 가시장미 공주가 먼저 깨어나는가? Steff Bornstein: Das Märchen vom Dornröschen, 위의 주석 3, pp. 511-514에서 가시울타리 상징의 다중적 애매성을 지목한 것은 그른 것이 아니다. 저자는 이렇게 말한다. "(부족 문화권들의 사춘기 제의에서) 소녀의 추방은 아버지로부터 소녀를 고립시키는 것이자

아버지를 위해 소녀를 감금하는 것이다. 이는 어머니를 위한 제도다. 적수인 여성이 제거되는 것이다. 동시에 아버지의 딸에 대한 근친상간적 결속도 만족시킨다." 물론 모든 것은 아버지에게 이득이 되도록 바뀐다. "어머니가 함께 잠에 빠진다면 가시장미 공주가 제거된다고 해도 얻는 이득이 없다. 그러나 아버지의 의도는 상당한 정도로 실현된다. 딸에게 어떠한 연인도 들어오지 못하기 때문이다."(p. 511) 이에 덧붙여 가시울타리에서는 처녀성 제거에 대한 소녀의 복수의 소망이 나타나는 것이다. "가시장미 공주는 한편으로는 탑의 방에서 잠에 빠지고 처벌되었다. 그러나 그녀는 행복한 잠에 빠진 아무것도 모르는 순결한 측면과, 가시울타리가 상징하는, 가학적 복수를 마음껏 누리는 또 다른 측면으로 분열된다." 저자는 더욱 면밀하게, 그 안에서 이빨 달린 질(vagina dentata)이라는 환상의 표현을 본다.(p. 512) 마지막으로 저자는 가시울타리에서 '여성의 성기 체모를 떠올린다'. "마치 가시장미 공주가 '나의 거세를 두고 보지 않을 것이다.'라고, '내게는 그것이 더 많이 자라기 때문에 나를 거세할 수 없다.'고 말하는 듯하다."(p. 513)

38) 예를 들어 약 30년 후에 그린 다음 그림을 참조할 것. Paul Delvaux: Die Begegnung in Ephesus (Le rendez-vous d'Ephèse), 1973, Öl auf Leinwand, 150×240cm, Fondation Paul Delvaux, Saint-Idesbald. 여기에서는 전투 중의 아마조네스에게 피난처를 제공하는 사냥의 여신 아르테미스 신전에서 벌어진 한 장면을 그리고 있다. 이 그림에서도 시가 전차가 지나가는 '신전'은 짙고 검은 밤으로 둘러싸여 있다. 이 그림에서도 한 여인(여신 자신?)이 자주색 침대에서, 그러나 이번에는 눈을 뜬 채로 누워 있다. 물론 여인이 보는 것은 애도와 한탄이 아니라, 두 여인의 기이하게도 냉정하고 최면 같은 만남이다. 그중 한 여인은 금발이고 눈을 감은 채 완전히 옷을 벗고 있다. 다른 여인은 흑발이고 보라색 옷은 상체에서부터 땅까지 끌린다. 여인은 눈을 뜬 채로 부드럽게 구부린 오른손으로 그녀에게 보내진 동무의 몸을 쓰다듬고자 한다. 오른편으로부터 순백의 옷을 입은 여인이 흡사 순결한 수태고지의 천사처럼 그림 안으로 들어온다. 여인은 창문 유리 옆의 거울에 비친 자신을 바라보는데, 그 창문 유리를 통해 그림을 분명하게 들여다볼 수 있다. 다음을 참조할 것. Paul Delvaux, Kunsthalle der Hypo-Kulturstiftung München, 20.1.-19.3.1989, 106-107, Abb. 32.

39) R. M. Rilke: Der neuen Gedichte anderer Teil (1908), in: Sämtliche Werke, hg. vom Rilke-Archiv, in Verbindung mit Ruth Sieber-Rilke besorgt durch Ernst Zinn, 1. Bd.: Gedichte, 1. Teil, Frankfurt/M. 1955, 555-642, p. 622-623: Das Rosen-Innere.

40) R. M. Rilke: Das Buch der Bilder (1902 und 1906), Des ersten Buches erster Teil, in: Sämtliche Werke, Bd. 1, 위의 주석 39, 367-388, p. 376.

41) Hans-Christian Andersen: Sämtliche Märchen und Geschichten, aus dem

Dänischen von Eva-Maria Blühm und Gisela Perlet, 2 Bde., hg. v. Leopold Magon, Leipzig-Weimar 1982, Bd. 1, pp. 67-90에서는 이와 흡사한 상황을 서술한다. 다섯째 자매의 이야기에서 어린 인어는 긴 머리칼을 바람에 날리며 빙산 위에 앉아 있고 "바다가 높이 들어올린 거대한 얼음덩이들이 붉은 섬광 안에서 번쩍인다." 뱃사람들은 "두려움과 전율에 사로잡히지만, 그녀는 둥둥 떠가는 빙산 위에 조용히 앉아서, 빛나는 광선이 반짝이는 바다로 지그재그로 내리치는 것을 보고 있다." 다음을 참조할 것. E. Drewermann: Liebe, Leiden und Unsterblichkeit. Das Märchen von der Kleinen Meerjungfrau, Freiburg (1997: ⋯⋯ und gäbe dir eine Seele) 2003, 74. 한편 Marie-Louise von Franz: Das Weibliche im Märchen, 위의 주석 4, p. 49에서는 다음과 같이 쓴다. "꿈속에서 가시울타리가 나타나면 늘 공격성을 수반하는 과도한 감성을 암시한다." Steff Bornstein처럼 지나치게 나가지는 않더라도 (주석 37 참조), 억압된 성욕에는 무의식적 공격성이 어김없이 들어 있다.

42) 다음을 참조할 것. E. Drewermann: Strukturen des Bösen, Die jahwistische Urgeschichte in exegetischer, psychoanalytischer und philosophischer Sicht, 3 Bde., Paderborn 1976, Bd. 1, Nachw. zur 3. Aufl. 1984, 356-413, p. 396-397: Die Liebe entstammt dem Verlangen nach Ergänzung: die herausgeschnittene Rippe (Gn 2,22). 한편 Angela Waiblinger: Dornröschen, 위의 주석 1, p. 149에서는 〈가시장미 공주〉 동화에서 남녀가 서로에게 속해 있음이라는 이 모티프에서 '새로운 여성상과 새로운 남성상'이 나타난다고 본다. "그 주된 특성은 예민함과 민감성, 그리고 직관과 예술적 창조성이다."

43) C. G. Jung: Über den Archetypus mit besonderer Berücksichtigung des Animabegriffes (1936), in: GW, IX 1, Olten 1976, 67-87. ‒ Karl Anderten: Umgang mit Schicksalsmächten, Olten 1989, 328에서는 온당하게 다음과 같이 보충한다. "남성 안에서 작용하는 여성상인 아니마에 대한 짝으로서 아니무스는 여성 안에서 작용하는 정신적 원리를 표현한다. 이는 남자에게서 겪은 경험의 침전으로서 개인적이고 동시에 집단적인 성격을 지니며 잠재적 에너지로서 현실화를 위해 밀고 나간다." Hedwig von Beit: Gegensatz und Erneuerung im Märchen. Zweiter Band von 《Symbolik des Märchens》, Bern 1956, 127-206: Die Erlösung der verzauberten Prinzessin, p. 150에서는 "아니마 상이 부모 이미지에 의존함"을 적절하게 지적한다. 이외에도 저자는 다른 동화의 예를 들기는 하지만, 공주와 왕자에게 해방 과정의 상호연관성을 강조하면서 이렇게 요약한다. "그렇게 남자 주인공이 죽는 과정은 여자 주인공의 해방을 가져오고, 그녀가 받은 저주는 그의 성숙을 가져온다."(p. 159)

44) 다음을 참조할 것. Lutz Mackensen: Handwörterbuch des deutschen Märchens, 위의 주석 1, Bd. 1, p. 133-136: Aufgaben, schwierige. ‒ 이 모티프의 심리학적

의미에 대해서는 다음을 참조할 것. Otto Rank: Das Inzestmotiv in Dichtung und Sage, Leipzig-Wien 1912, 164-188: Der Kampf zwischen Vater und Sohn; 368-413: Die Beziehungen zwischen Vater und Tochter in Mythus, Märchen, Sage, Dichtung, Leben und Neurose.

45) C. G. Jung: Die psychologischen Aspekte des Mutterarchetypus (1938), in: GW, IX 1, Olten 1976, 89-123, p. 112-114: Der negative Mutterkomplex. 다음을 참조할 것. C. G. Jung: Psychologische Typen, in: GW, Bd. 6, Olten (⁹rev.) 1971, 444-528; Definitionen, p. 510-512: Seelenbild.

46) Angela Waiblinger: Dornröschen, 위의 주석 1, p. 51에서는 열세 번째 요정을 "한때 달의 여신이던 밤의 여왕"으로 보지만, 이를 지지해주는 논거는 거의 없다. 그러나 페로 판본에서 구원자 왕자의 어머니에 대한 서술은 다르다. (태양)신에 의해 떨어진 (⟨이사야⟩ 14장 12-15절 참조) 빛을 가져오는 자(루시퍼)라는 모티프는 가나안의 샛별 신화에서 유래한다. 다음을 참조할 것. H. Gese: Die Religionen Altsyriens, in: Religionen der Menschheit, 10, 2, Stuttgart 1970, pp. 116 – Wilhelm Mannhardt: Germanische Mythen, 위의 주석 2, p. 612에서는 ⟨가시장미 공주⟩ 동화의 전거로 다음 신화를 든다. "태양의 빛을 품고 있는 천상의 여신, 물의 여인, 아침놀과 낮의 어머니이자 달과 해의 어머니, 밤과 겨울에는 악마에게 살해되어, 빛의 신이 그녀를 감금하는 울타리를 부수고 새로운 삶으로 깨울 때까지 잠 속에 빠져 있는 어머니의 신화." (같은 책 pp. 505-507도 참조할 것)

47) Karl Abraham: Versuch einer Entwicklungsgeschichte der Libido auf Grund der Psychoanalyse seelischer Störungen (1924), in: GS, hg. u. eingel. v. Johannes Cremerius, 2 Bde., Frankfurt/M. 1982, Bd. 2, 32-102, p. 53-61: Der Introjektionsvorgang in der Melancholie.

48) Herman Melville: Pierre, Or, The Ambiguities, New York 1852; ed. by Henry Murray, New York 1949; dt.: Pierre oder Die Doppeldeutigkeiten, übers. v. Christa Schuenke, München-Wien 2002, Nachw. v. Hans-Joachim Lang, p. 621-667; Anmerkungen v. Daniel Göske, p. 679-740. 심리학적 해석에 대해서는 다음을 참조할 것. E. Drewermann: Moby Dick oder Vom Ungeheuren, ein Mensch zu sein, Düsseldorf-Zürich 2004, 177-226: Exkurs: Pierre oder: Die unnachsichtige Einsicht.

49) 알레고리는 기본적으로 '합리주의적'이다. 이것은 그 자체로는 분명한 내용을 유희적 포장을 입혀 전달한다. 상징은 다르다. 이것은 개념적 사유로 잡히지 않는 복합적 현실을 압축하고 있다.

50) Sigmund Freud: Neue Folge der Vorlesungen zur Einführung in die Psychoanalyse (1932), in: GW, Bd. 15, London 1940, 62-86: 31. Vorlesung:

Die Zerlegung der psychischen Persönlichkeit, der Psychoanalyse gegeben hat 에서 바로 이러한 목표를 설정한다. "이드가 있던 곳에서 자아가 생성된다." 여기에 덧붙인다. "이는 가령 조이데르 인근 바다를 간척하는 것 같은 문화적 작업이다."(p. 86)

51) Teresio Pignatti – Filippo Pedrocco: Giorgione, Mailand 1999; dt.: Giorgione, aus dem Italienischen v. Ulrike Bauer-Eberhardt, München 1999, Abb. 27: Schlummernde Venus, Leinwand, 108 x 174 cm, Dresden, Gemäldegalerie Alte Meister, 75-77; 172-175; P. Zampetti: Giorgione, in: Kindlers Malerei-Lexikon, hg. v. Rolf Linnenkamp, Bd. 5, München 1985, 41-47, p. 43.

52) José Gudiol: Francisco José de Goya y Lucientes, aus dem Engl. unter Berücksichtigung der span. Originalfassung übertr. von Susanne B. Milczewsky (Bildkommentare) und Herbert Frank, Köln 1968, Abb. 21, p. 112-113.

53) Girolamo Savonarola: O Florenz! O Rom! O Italien! Predigten, Schriften, Briefe, aus dem Lat. und Ital. übers. u. mit Nachw. vers. v. Jacques Laager, Zürich 2002. 우리는 도미니크 교단 수도원장인 지롤라모 사보나롤라(1452~1498)의 도덕주의를 로마 교회의 윤리적 타락에 대한 투쟁이라고 볼 때에만 제대로 이해할 수 있다. 이 위대한 설교자의 형상 안에는 엄숙주의와 인문주의가 독특한 방식으로 뒤섞여 있다.

54) Friedrich Hebbel: Auf ein errötendes junges Mädchen, das ich im Louvre sah, in: Hebbels Werke in 10 Teilen, 1. Teil: Gedichte – Mutter und Kind, hg. und mit einem Lebensbild versehen von Theodor Poppe, Berlin-Leipzig-Wien-Stuttgart o J., 19-208: Gedichte I, Gesamtausgabe (1857), p. 76-77.

55) Edvard Munch: Der Kuß (1895), in: Edward Lucie-Smith: Sexuality in Western Art, London 1972; dt.: Erotik in der Kunst, aus dem Englischen von Käthe Fleckenstein, München 1997, 187. 다음도 참조할 것. Barbara Eschenburg: Der Kampf der Geschlechter. Der neue Mythos in der Kunst 1850-1930, hg. v. Helmut Friedel, Städtische Galerie im Lenbachhaus, München 1995, Abb. 122, p. 255: Der Kuß III, 1898, Holzschnitt, Druck in Schwarz und Grün, Blatt 68: 44.5 cm, Bild 47: 47.5 cm. 이에 대한 설명은 다음과 같다. "우리는 여기에서 두 사람의 모습을 보는데, 그들의 얼굴은 서로에게 녹아들어 있다. 이러한 유형의 상징은 물론 다소 이례적이지만, 키스의 격정, 성적이면서 고통스럽게 헐떡이는 갈망의 무시무시한 힘, 개인 의식의 사라짐, 벗은 두 개인의 융합은 너무도 진지하게 느껴져서 역겨움과 기이함을 뛰어넘는다." (p. 253) 이에 비해 그림 형제에게 키스를 통한 해방의 장면은 지극히 부드럽고 초감각적 경지로 넘어간다. Alfred Romain: Zur Gestalt

des Grimmschen Dornröschenmärchen, 위의 주석 1, p. 111에서는 "관능적인 것은 도덕화되고 마술적인 것은 시가 된다."라고 말하면서 이렇게 덧붙인다. "그림 동화에서도 사랑은 말하자면 순수하고 죄 없는 아름다움을 보고자 하는 갈망이기 때문이다."(p. 103) 소설 〈페르스포레스트〉에서는 이와 완전히 다르다. (주석 1 참조) 거기에서 기사 트로일루스는 처녀의 "아름다움 때문에" "여러 차례" 입맞춤했을 때 더는 스스로를 억제할 수 없었다. 그는 "이불 아래로 기어들어가 실오라기 하나 걸치지 않은 하얗고 부드러운 처녀 옆에 누웠다. 트로일루스는 무한한 기쁨을 느끼고 지금 자신처럼 행복한 남자는 일찍이 없었다고 중얼거린다. 그리고 처녀가 무언가 말을 하기를 바랐지만 처녀는 그렇게 하지 않는다. 여전히 그를 위한 때가 도래하지 않았기 때문이다. 그리고 이러한 장애가 그의 기쁨을 반감시켰지만, 비너스의 격려를 받는 그는 더는 자제할 수 없게 되고 자기 욕구에 굴복했다. 그리하여 아름다운 젤랑딘은 처녀라는 이름을 잃게 되었다. 그리고 이런 일은 그녀가 잠자는 사이에, 미동도 하지 않는 사이에 일어났고, 너무 격하고 오래 걸려서 마지막에 그녀는 깊은 한숨을 내쉬었다." 이는 다음에서 인용했다. Beat Mazenauer - Serverin Perrig: Wie Dornröschen seine Unschuld gewann, 위의 주석 1, p. 31. 저자들은 이 이야기의 내용을 "강간의 합법화로서 혼인"(p. 60)이라고 치부하고, 독실한 가톨릭 신자인 페로도 "성모 마리아의 무염 수태와 비교"를 부추기지 않기 위해 '강간의 서술'을 회피했음을 지적한다. "그의 동화가 또한 교육적으로 귀족 소녀들을 겨냥하고 있었기 때문이다. 이에 비해 모든 왕조에서 왕위 계승자에 대한 소망은 중심 테마다."(p. 70) 한편 Steff Bornstein: Das Märchen vom Dornröschen, 위의 주석 3, p. 514에서는 그 자신의 해석의 결과 스스로 문제를 야기한다. "가시장미 공주의 즉각적 치유는 어떻게 일어났는가." 그의 대답은 다음과 같다. "성기적 불안이 극복되었으므로 전(前)성기적 쾌락도 승리할 수 있다."(p. 514) 그러나 동화의 문제는 그와 정반대로 설정되고 그와 정반대로 해결된다. 즉 (라이벌인 어머니에 대한) 성적 불안이 사라졌기 때문에 애정이 관용되는 것이 아니다. 그 반대로 그 장면의 시적 감수성이 어머니가 체험하는 여성됨의 불안을 해소하기 위한 조건이다. 그러나 Bornstein이 "가시장미 공주의 남자에 적대적인 가학증이 …… 일종의 승화 속에서 다른 대상으로 전이된다."라고 지적하는 것은 올바른 것이다. 수탉의 털이 뽑히고 부엌의 하인은 매를 맞는다.(p. 514)

56) 억제와 '거대한 요구' 간의 관계에 대해서는 다음을 참조할 것. Harald Schultz-Hencke: Der gehemmte Mensch, Stuttgart (1940) ²1947, 56-60: Die Gehemmtheit; 61-64: Die Haltungen; 75-79: Die Riesenansprüche.

57) 다음을 참조할 것. Werner Schwidder: Hemmung, Haltung und Symptom (1961), in: Fortschritte der Psychoanalyse. Internationales Jahrbuch zur Weiterentwicklung der Psychoanalyse, 1. Bd., Göttingen 1964, 115-128.

58) Stefan Zweig: Ungeduld des Herzens (Stockholm 1939) Frankfurt/M. 1963, 215-216.
59) 같은 출처, 225.
60) 같은 출처, 231.
61) Martin Luther: Ein Sendbrief vom Dolmetschen (1530), in: Luther Deutsch, hg. v. Kurt Aland, Bd. 5: Die Schriftauslegung, Göttingen 1991, 78-92, p. 86-87.
62) Rainer Maria Rilke: Verkündigung, in: Das Buch der Bilder (1902 und 1906), Des zweiten Buches erster Teil, in: Sämtliche Werke, Bd. 1, 위의 주석 39, 409-410. 한편 Rudolf Geiger: Märchenkunde, 위의 주석 15, p. 532에서는 이 동화가 특히 마지막 장면에서 전하는 전체적 인상을 다음과 같이 표현한다. "꽃처럼 순결한 마법이 빛을 내뿜는다. 이 동화에서 잠 이전에 내뿜었던 것보다 더욱 강하게. 영원한 젊음의 숨결이 우리에게 불어온다. 모든 해석을 넘어서."
63) Philip Rawson: Kangra-Schule, Radha und Krishna im Garten (um 1780), in: 100 Meisterwerke aus den großen Museen der Welt, hg. v. Wibke von Bonin, Bd. 2, Köln 1985, p. 124-129. - 정원이라는 모티프에 대해서는 다음을 참조할 것. Wolfgang Teichtert: Gärten, Paradiesische Kulturen, Stuttgart 1986, 51-65: Die Gärten der Liebe. - Franz Vonessen: Der wahre König, 위의 주석 1, p. 31에서는 '혼인'에서 노발리스(Novalis)를 떠올린다. "인간은 …… 스스로 행복하게 혼인하고 아름다운 가족을 이룰 때에야 비로소 혼인할 수 있고 가족을 이룰 수 있다. 스스로를 포옹하는 행위. 우리는 스스로를 사랑한다고 고백하지 않아도 좋다. 이러한 고백의 비밀은 유일하게 참되고 영원한 사랑이 지닌 삶의 원리다. 이렇게 이해할 때 첫 키스는 영원히 성장하는 스스로와 결속을 이루는 것이다."
64) E. Drewermann: Ich steige hinab in die Barke der Sonne, Düsseldorf-Zürich ⁷2001, 119-154: Ich bin Isis, deine Schwester oder: Die Auferstehung der Liebe. 한편 Friedel Lenz: Bildsprache der Märchen, 위의 주석 7, p. 29에서는 왕자의 가시장미 공주와의 결혼을 "완전히 기독교화된 지고한 자아의 진정한 상징"으로 본다. "우리의 동화는 깨우는 자를 학수고대하는 처녀라는 여전히 이교적인 상징으로 시작됐다. 이 동화는 장미라는 상징 속에서 도래할 신랑이라는 기독교적 상징으로 끝을 맺는다. 가시장미 공주는 운명의 동화다. 자신의 죄도 없이 인간은 인류 전체의 운명에 연루된다. 그러나 또한 자신의 공적도 없이 은혜를 통해 구원이 시작된다." 이러한 (인지학적) 해석은 일련의 "증거들"을 필요로 하는데, 이런 증거들은 동화 자체에서 주어지지는 않는다. 가령 물레의 위험이 "하나의 생각에 또 다른 생각이" 꼬리를 물고 전개되는 그러한 "환영" 속에 있다는 주장(p. 24), 그리고 "자기 자신이 사유하려는 욕구가 …… 열세 번째 요정의 저주"를 받으며, 이런 욕구가 "로키(북유럽 신화에서 파괴와 재난의 신)와 같은 것, 루시퍼 영향을 받은 자기 중심적 사유"를 서

술한다는 주장(p. 26)이 그러하다. 한편 "운명적인 것"과 "은혜로운 것"은 의문의 여지없이 그림 동화 내에 존재한다.
65) Friedrich Hebbel: Ich und Du, in: Hebbels Werke, 1. Teil, 위의 주석 54, p. 77.

라푼첼

1) 객관주의적 해석과 주관주의적 해석 간의 방법론적 상호작용에 대해서는 다음을 참조할 것. E. Drewermann: Tiefenpsychologie und Exegese, 2. Bde., Olten 1984-1985, 1. Bd.: Traum, Mythos, Märchen, Sage und Legende, p. 154
2) 은폐 기억 개념에 대해서는 다음을 참조할 것. S. Freud: Über Deckerinnerungen (1899), Ges. Werke I, London 1952, 529-554; E. Drewermann: Tiefenpsychologie und Exegese, (각주 1), I 350-374
3) 가족 로맨스 개념에 대해서는 다음을 참조할 것. S. Freud: Der Familienroman der Neurotiker (1909), Ges. Werke VII, London 1941, 225-231; E. Drewermann: Strukturen des Bösen. Die jahwistische Urgeschichte in exegetischer, psychoanalytischer und philosophischer Sicht, 3 Bde., Paderborn³ (erw.) 1981, 2. Bd., 339-341
4) 정신분석학 문헌들에서 한 가지 큰 문제가 거의 의심을 받지 않고 있다. 그것은 심층 심리학적 용어들이 마치 삶의 문제들을 차디찬 '의식화'와 합리적 연구로 해결할 수 있을 것 같은 인상을 불러일으킨다는 문제다. 수많은 정신분석학 저술들은 특히 애초에 감정을 지성화하는 경향을 지닌 환자들을 바로 이런 미신의 방향으로 오도한다. 그러나 실제로는 정신분석적 이론은 오로지 정서적 따뜻함과 애정의 장 안에서 생겨나는 경험들의 농축을 통해 형성될 뿐이다. 또한 정신분석은 실제 적용에서 일방적인 지성적 작업이 아니라, 오히려 프로이트가 초기 저술에서 이미 구상했던 바로 그것이다. S. Freud: Erinnern, Wiederholen und Durcharbeiten (1914), Ges. Werke X, London 1946, 125-136
5) 무엇보다도 성경에서 명명은 늘 의미 부여라는 가치를 지닌다. 예를 들어 사랑의 낙원에서 아담('인간')은 자기 부인을 이시(남자)에게 취했다는 의미에서 이시샤(여자)라고 불렀고(〈창세기〉 2장 23절), 그리고 원죄 이후에는 하와('삶')라고 불렀다(〈창세기〉 3장 20절). 다음을 참조할 것. E. Drewermann: Strukturen des Bösen (위의 주석 3) I 97-99; 399-400. "그밖에도 라푼첼이라는 이름은 18세기 번역자가 처음으로 이야기에 도입했다. 프랑스의 드 라 포르스(de la Force)의 동화에서는 여주인공을 여전히 파슬리라고 불렀다. …… 그림 형제는 17세기 동화를 다시 민담 양식으로 번역했다." M. Lüthi: Es war einmal…… Vom Wesen des Volksmärchens,

Göttingen 1962, 89. 몰타의 어느 한 판본에서는 라푼첼을 작은 파슬리라고 부른다 (앞의 책, 83).
6) KH. Gibran: Al Agniha al-mŭtakassira (1921); dt.: Gebrochene Flügel, übers. v. U. Assaf-Nowack u. S. Yussuf Assaf, Olten 1985, 39.
7) 무엇보다도 구강적 양가성에 기초한 죄책감의 피치 못할 비극에 대해서는 다음을 참조할 것. E. Drewermann: Strukturen des Bösen (위의 주석 3), II 56-69; 178-202; 594-615.
8) 이 신화소가 지닐 수 있는 의미들에 대해서는 다음을 참조할 것. E. Drewermann: 앞의 책, II 108-115.
9) 배설강 이론에 대해서는 다음을 참조할 것. S. Freud: Drei Abhandlungen zur Sexualtheorie (1905), Ges. Werke V, London 1942, 27-145, p. 87; 96.
10) 다음을 참조할 것. L. Szondi: Lehrbuch der experimentellen Triebdiagnostik, Bd. I: Textband, Bern-Stuttgart^2(völlig umgearb.) 1960, 182. 여기에서는 프로이트의 '구강성' 개념을 '집착 충동'으로 올바르게 해석한다. "입과 손을 가지고 (마치 생명의 나무 같은) 어머니 가슴과 몸에 굳건히, 거의 떼어놓을 수 없이 매달리고 거기에 집착하려는 욕구, 어머니와 그에 대한 이후의 모든 대체적 대상들을 오로지 자신만을 위해 영원히 확보하려는 욕구, 어머니 품으로 기어들어 가고 품속의 아늑함을 영원히 유지하려는 욕구, 근원적 신뢰 안에서 자신의 모습 그대로 어머니에게 무조건적으로 받아들여지려는 욕구, (선하든 악하든) 모든 특성들에서 어머니로부터 남김없이 완전히 확인받으려는 욕구, 손과 입으로 서로를 붙들려는 연인들의 욕구, 이 모든 강력한 요구들은 인간 안에서 집착의 추구에 토대를 두는 것이다."
11) 다음을 참조할 것. P. Rietschel: Ordnung Fangschrecken, in: Grzimeks Tierleben. Enzyklopädie des Tierreichs in 13 Bden., hrsg. v. B. Grzimek, Bd. 2, Zürich 1970; Neudruck: München (dtv) 1979, 122-124. 여기에서는 사마귀의 '동족 호식(同族互食)'을 이렇게 말한다. 그 결과 "구애하는 수많은 수컷들이 목표에 도달하지 못하고, 자신이 선택한 암컷 팔 안으로, 최후에는 위장 안으로 들어간다. 사마귀 암컷은 종종 교미 중에조차 수컷을 머리부터 먹기 시작하는데, 그때에도 교미를 계속한다. 우리에게 역겹게 보이는 배우자 살해 관습은 종의 보존을 위해서는 그리 기이한 일이 아니다." 암컷의 살해 욕구는 알을 생산하기 위해 암컷의 단백질 수요가 더욱 높아지기 때문이다. 물론 이는 또한 자연의 경제에서 개별적 생명이 '유전자의 이기주의'에 비해 대단히 사소한 문제라는 쓰라린 인식을 확인해준다. 다음을 참조할 것. W. Wickler-u. seibt: Das Prinzip Eigennutz. Ursachen und Konsequenzen sozialen Verhaltens, Hamburg 1977, 114 여기에서는 개체들이 "일차적으로 종의 보존이 아니라 자신의 유전자 보존과 확산"을 추구한다는 사실을 입증하는 논리로 동족 살해를 평가한다.

12) 신화, 동화, 전설, 민담의 주제적 유사성에 대해서는 다음을 참조할 것. E. Drewermann: Tiefenpsychologie und Exegese (위의 주석 1), I. Bd., 393-413.
13) 다음을 참조할 것. E. Drewermann: Strukturen des Bösen (위의 주석 3), II 134-135; 346; Abb. 7.
14) 다음을 참조할 것. S. Freud: Einige psychischen Folgen des anatomischen Geschlechtsunterschieds (1925), Ges. Werke XIV, London 1948, 17-30, 같은 저자: Über die weibliche Sexualität (1931), Ges. Werke XIV, London 1948, 515-537.
15) E. Siecke: Über die Bedeutung der Grimmschen Märchen für unser Volksthum, Rede am 15.3.1895, Hamburg 1896, 14; 20의 개별적 내용들은 진부하지만, 전체적으로는 올바를 수 있다. 여기에서는 "믿기 어려울 만큼 긴" 황금빛 머리카락이 "하늘에서 땅까지" 이른다는 것을 달의 여신의 형상과 연결시키고 있다. 같은 저자: Die Liebesgeschichte des Himmels. Untersuchungen zur indogermanischen Sagenkunde, Strassburg 1892, 13; 101 (Anm. 109); 105-106 (Anm. 128)에서는 특히 어머니의 추방 후에 언제나 아이가 고독 속에서 태어난다는 모티프 역시 달 신화의 고전적 요소(서쪽 밤하늘에서 커지는 달의 탄생)로 본다.
16) 다음을 참조할 것. D. H. Klein (Hrsg.): Das große Hausbuch der Heiligen. Namenspatrone, die uns begleiten - Berichte und Legenden, Aschaffenburg 1984, 607-608.
17) E. Siecke: Über die Bedeutung der Grimmschen Märchen (위의 주석 15), 19에서는 다음과 같이 올바르게 지적한다. "달의 처녀는 용이 지키는 탑이나 마법에 걸린 성에 갇히고, 해의 영웅이 탑을 부수고 용을 죽여 해방시킨다. 이 외에도 나는 다음과 같은 비유들을 강조한다. 월식은 상자, 관, 호두 등에 갇힘으로, 검은 옷으로 휘감김으로 표현된다. 달이 새로워지는 것은 상자에서 꺼내지는 것, 혹은 검은 옷이 벗겨지고 그 아래 금빛이나 은빛 옷이 나타나는 것으로 표현된다. 월식은 또한 자주 찬란한 살갗이 벗겨짐으로 표현되기도 한다." 같은 곳, p. 28: "초승달 시기에 가려진 달의 여신은 그야말로 상자나 관, 호두, 성곽 혹은 탑에 가두어진 것으로 표현된다(가령 다나에를 보라)." 아르고스의 왕 아크리시오스는 외손자가 자신에게 화가 될 것이라는 불길한 신탁 때문에 딸 다나에를 궁정의 지하 방에 유모와 함께 가둔다. "다나에는 하늘의 빛에 작별을 고해야 했다. 어둠 속에 영원히 묻혀 아들을 가지지 못하게 되었다. 그러나 소녀 다나에를 요구한 것은 바로 신들의 왕이었다. 제우스는 황금의 비로 둔갑하여 지하 방의 지붕을 통해 흘러든다. 처녀는 옷 안으로 그를 받아들인다. 비로부터 하늘의 지배자가 나타난다. 무덤은 신혼방이 된다. 제우스의 아들이 태어난다." K. Kerényi: Die Mythologie der Griechen, 2. Bd.: Die Heroengeschichten, München (dtv 1346) 1966, 44-45. 그렇지만 다나에가 아들 페르세우스를 낳았을

때 아크리시오스는 그 딸을 내쫓는다. 다나에와 아이를 궤짝에 실어 바다에 버리게 한 것이다. 그들은 세리포스에 이른다.
18) 황금빛 머리에 대해서는 위의 주석 15 참조. 하늘 사다리 상징에 대해서는 다음을 참조할 것. E. Drewermann: Strukturen des Bösen (위의 주석 3), II 511; 517.
19) 다음을 참조할 것. E. Siecke: Die Liebesgeschichte des Himmels (위의 주석 15), 9-14, die verschiedenen Bilder für die Zerstörung der Schönheit der Mondgöttin durch die Intrigen eifersüchtiger Mächte des Dunkels.
20) 다음을 참조할 것. E. Siecke: Drachenkämpfe, Untersuchungen zur indogermanischen Sagenkunde, Leipzig 1907, 48, Anm. 4: "가령 리즈라스바(Rv I, 116, 16; 117, 17), 이삭, 야곱, 삼손, 오이디푸스, 피네우스와 그 아이들, 테이레시아스, 에리만투스 등에서 달의 신의 흐려짐이나 눈멂은 널리 알려진 특성이나, 하늘의 눈 중 하나인 달은 검은 그믐달일 때 눈이 멀어 있는 것이다. 태양신은 기껏해야 일식 때에야 눈이 멀거나 흐려진 것으로 표현된다." 여기에서 인용한 내용은 동화를 해석하는 데 과거의 달 신화 학파가 단초에서는 옳지만, 이 해석 도식을 무차별적이고 과도하게 고대 전승의 모든 형상들로 확장하고 있음을 보여준다. 예를 들어 삼손은 이름에서부터 이미 분명 태양의 영웅이고, 태양의 '눈멂'에는 밤마다 해가 지는 것이 부합한다. 다음을 참조할 것. L. Frobenius: Das Zeitalter des Sonnengottes, Berlin 1904, 202; 277; 394.
21) 다음을 참조할 것. E. Siecke: Die Liebesgeschichte des Himmels (위의 주석 15), 3.
22) 해석에서 '전체성의 규칙'에 대해서는 다음을 참조할 것. E. Drewermann: Tiefenpsychologie und Exegese (위의 주석 1), I 201-204; 379.
23) R. Geiger: Märchenkunde, Mensch und Schicksal im Spiegel der Grimmschen Märchen, Stuttgart 1982, 216-217에서는 다음과 같이 올바르게 지적한다. "마법사의 사랑은 아이를 관대하게 돕는 인간의 보살핌과 배려를 넘어선다. 그녀의 사랑은 마법처럼 일방적이다. 그 사랑은 교육하지 않고 덮어씌우며 복종을 만들어낸다. 그것은 꿈에 고착되도록 만든다." "그녀가 처음부터 간교하고 사악하다고 몰아세울 이유는 없다. 그녀를 마녀(Hexe)가 아니라 계속 마법사(Zauberin), 혹은 '노파'로 부른다는 사실, 그리고 라푼첼이 그녀를 방언에서 대모(代母)를 뜻하는 '고텔 부인'이라고 부른다는 사실은 모신(母神)이 인간에게 커다란 영향력을 행사했던 역사의 초창기를 떠올리게 한다." "그녀가 원하는 대로 라푼첼은 그녀에게 속한다. 그녀는 젊은 것을 통해 자신을 유지하고 싱싱하게 한다. 그것이 마법사의 기쁨이다. 라푼첼은 탑 안에서 위대한 늙은 어머니의 기관이 된다." 그러나 Geiger의 이 올바른 주장은 다른 한편 고텔 부인과 라푼첼의 갈등의 핵심에 있는 성적인 주제를 고상하게 건너뛰고 있다. 이미 라푼첼 부모의 관계를 "유혹 이야기"라고, "원죄의 미니어처"(앞의 책, p. 215)라고 아주 올바르게 표현했던 그는 〈라푼첼〉 안에서 사랑의 '죄'에 대해

반드시 이야기했어야 했다. "개성화하는 힘"(앞의 책, p. 217) 혹은 "인간적 생명을 입은 것"(앞의 책, p. 217)과 같은 일반적 표현들 뒤로 숨어서는 안 되는 것이다. 라푼첼의 진정한 비극은 그림 동화 3번 〈마리아의 아이〉에서와 마찬가지로, 질투에 눈이 멀어 지키고 있는 어머니와의 결속과 여기 부합하는 이상 형성을 통해 성적 충동이 억압되기 때문에 발생하는 것이다. 다음을 참조할 것. E. Drewermann – I. Neuhaus: Marienkind. Grimms Märchen tiefenpsychologisch gedeutet, Olten 1984, 29–38.

24) R. M. Rilke: Das Stundenbuch (1905), in: Sämtliche Werke, hrsg. v. Rilke, Archiv, in Verbindung mit R. Sieber-Rilke besorgt durch E. Zinn, 6 Bde., Frankfurt 1955-1966; 1. Bd.: Gedichte. I. Teil, 1955, 249–366, enthaltend die drei Bücher: Vom mönchischen Leben (1899); Von der Pilgerschaft (1901); Von der Armut und vom Tod (1903), p. 345.

25) 물론 그림 동화 53번 〈백설공주〉도 과거의 달 신화 학파에게는 아름다운 달의 모험적인 행로에 대한 비유로 읽힌다. 다음을 참조할 것. E. Siecke: Über die Bedeutung der Grimmschen Märchen (위의 주석 15), 22-25. 이때 무엇보다도 유리관 안의 잠이 큰 역할을 한다. 단순한 동화에서조차 단순한 심리적 사실들을 적절히 이해하는 것이 얼마나 어려운지를 다음에서 보여준다. E. Storck: Alte und neue Schöpfung in den Märchen der Brüder Grimm, Bietigheim 1977, 364-369. 여기에서는 의붓어머니에게서 "원죄의 그림자가 드리워진 세상"을, 백설공주에게서 "천상의 세계에서 존재하는 현실"을 본다. 이에 따라 저자는 라푼첼의 감금을 "인류 발전의 법칙들을 반영하는 정신적 태도"(앞의 책, p. 99)의 작용으로 본다. R. Meyer: Die Weisheit der deutschen Volksmärchen, Stuttgart 1969, 218에서는 백설공주의 '죽음'에서 "영혼의 내적인 달력", "영혼의 강림절 분위기"를 본다. 그러나 이러한 방식으로는 인간 사이의 문제와 그로부터 귀결하는 심리적인 갈등이 신비로운 의미의 그물 안에서 지상에서 천상으로 승화되지만, 진정으로 철저히 처리되고 해결되지 못한다. 정신분석학적으로 설득력 있는 동화 해석은 다음에서 제시된다. J. F. Grant-Duff: Schneewittchen. Eine psychoanalytischen Deutung (1934), in: W. Loublin (Hrsg.): Märchenforschung und Tiefenpsychologie (Wege der Forschung, Bd. 102), Darmstadt 1975, 88-99. 여기에서는 '난쟁이들'을 백설공주의 형제들로 올바르게 해석하고 거기에서 (불안 때문에 작아진) 아버지의 남근을 발견한다(앞의 책, p. 97). 그러나 어머니의 유혹이라는 특수한 계기는 간과한다.

26) 심층심리학적 관점에서 원죄의 상징에 대해서는 다음을 참조할 것. E. Drewermann: Strukturen des Bösen (위의 주석 3), II 52-69; 69-152.

27) '예외성'이라는 감정이 발생하는 배경에 대해서는 다음을 참조할 것. S. Freud: Einige Charaktertypen aus der psychoanalytischen Arbeit (1915), Ges. Werke

X, London 1946, 364-391, p. 365-370.
28) Dschelal Ad-Din Ar-Rumi, zitiert nach É. Dermenghem: Mohammed in Selbstzeugnissen und Bilddokumenten, übers. aus dem Franz. v. M. Gillod, Hamburg (rm 47), 1960, 152-153.
29) R. M. Rilke: Advent (1897), in: Sämtliche Werke, Bd. I (위의 주석 24), 99-141, p. 103; 104.
30) 달 신화 학파는 '노루'나 염소와 산양 역시 당연히 달의 상징으로 여겼다. 다음을 참조할 것. E. Siecke: Drachenkämpfe. Untersuchungen zur indogermanischen Sagenkunde, Leipzig 1907, 30. 대립하는 두 자매 모티프에 대해서는 다음을 참조할 것. B. Bettelheim: The Uses of Enchantment, New York 1975; dt.: Kinder brauchen Märchen, übers. v. L. Mickel u. B. Weitbrecht, Stuttgart 1977, 88-93, p. 89. 여기에서는 〈오누이〉가 다음과 같은 '선택'을 상징한다고 올바르게 보고 있다. "우리가 동물적 본성에서 나오는 충동들을 따를 것인지, 아니면 사람됨을 위해서 몸의 욕구들을 길들일 것인지의 선택이다. 그러니까 그 형상들은 우리가 어떠한 방향으로 나아가야 하는지를 숙고할 때 내면에서 오가는 대화의 구체적 상징들이다."(p. 89)
31) 이는 생텍쥐페리(A. De Saint-Exupéry)가 〈어린 왕자〉에서 친구 사이의 '길들이기'로 서술한 것이다. E. Drewermann - I. Neuhaus: Das Eigentliche ist unsichtbar. Der kleine Prinz tiefenpsychologisch gedeutet, Freiburg, Basel, Wien 1984, 42-49.
32) 이는 자신의 (의붓)어머니의 귀환이거나, 혹은 그림 동화 〈마리아의 아이〉에서 특히 분명히 볼 수 있는 것처럼, 어머니로부터 넘겨받은 초자아-행위 도식의 활성화다. 다음을 참조할 것. E. Drewermann - I. Neuhaus: Marienkind (위의 주석 23), 48-54. 한편 〈라푼첼〉과 〈마리아의 아이〉 간의 긴밀한 유사성(주석 23 참조)은 '전승사적'으로도 드러난다. Fr. Schultz는 Kleine Romane(Leipzig 1790) 5, 269-288에서 구전 전승으로부터 이 동화를 취해 이야기한다. 마녀는 자기가 데리고 있는 어린 소녀에게 열쇠를 모두 맡기지만 방 하나만은 들어가지 말라고 금지한다. 소녀가 호기심을 못 이겨 방문을 열었을 때 그 안에는 큰 뿔을 두 개 지닌 마녀가 앉아 있었다. 마녀는 소녀를 처벌하기 위해 문이 없는 높은 탑에 가둔다. 이 이야기는 다음에 나온다. H. Rölleke (Hrsg.): Brüder Grimm, Kinder- und Hausmärchen. Ausgabe letzter Hand mit den Originalanmerkungen der Brüder Grimm, mit einem Anhang Sämtlicher, nicht in allen Auflagen veröffentlichten Märchen und Herkunftsnachweisen, 3 Bde., Stuttgart (reclam 3191-93) 1980, III 22.
33) 다음을 참조할 것. E. Drewermann: Ehe - tiefenpsychologische Erkenntnisse für Dogmatik und Moraltheologie, in: Psychoanalyse und Moraltheologie, 3 Bde., Mainz 1982-84, 2. Bd.: Wege und Umwege der Liebe, 38-76, p. 61-76.

34) 성경의 중요한 대목인 〈창세기〉 2장 24절의 해석에 대해서는 다음을 참조할 것. E. Drewermann: Strukturen des Bösen (위의 주석 3), I 400-402.
35) W. A. Mozart: Die Entführung aus dem Serail, Wien 1782. 전체적으로 보아, 라푼첼이 탑에 갇혀 살아가는 것을 어떻게 이해할 수 있는가가 문제다. 오로지 그곳으로부터 탈출할 가능성들을 계산할 수 있기 때문이다. Max Lüthi: Es war einmal. Vom Wesen des Volksmärchens, Göttingen 1962, 83에서는 탑에 감금된 것을 성장 과정으로 보며, 많은 원시 부족의 입문 의식을 환기시킨다. "사람이 익숙하고 친밀한 실존 방식에서 벗어나는 일은 어렵다. 이미 가지고 있는 것을 경직되게 고수하는 경향이 있기 때문이다. 그는 모든 발전에 죽음이 내재함을 느낀다. 모든 성장 과정과 성숙 과정은 용맹한 가슴을 요구한다. 손에서 놓고 작별하는 데에는 용기가 필요하다." 사실 인간의 발달에서 성적 성숙의 시기만큼 금제와 보호 제의가 많은 시기는 없다. 사회적 규정들이 사라진 후에도 이런 표상은 심리적으로 신경증적 불안의 경향에 자발적으로 되풀이해 생겨남을 부인할 수는 없다. 그러므로 동화들에서 나타나는 이와 비견할 만한 모티프들에서는, 과거의 원시적 제의들에 대한 역사적 기억이 중요한 것이 아니다. 동화의 원시적 성격은 인간 정신의 깊은 층위들에 대한 꿈과 같은 관련으로부터 새로이 생겨난다. 그러므로 이를 특정 원시 부족 제의들과 비교하는 것은 그 자체로 사회학적이거나 문화사적 설명의 가치를 지닌다기보다, 영혼을 잠식하는 불안들과 그 처리 방식들을 이해하는 데 유용한 심리학적 모델을 제공한다. A. Winterstein: Pubertätsriten der Mädchen (1928), in: W. Laiblin (Hrsg.): Märchenforschung und Tiefenpsychologie (Wege der Forschung, Bd. 102), Darmstadt 1975, 56-70, pp. 64-67에서는 그러므로 사춘기에 소녀(와 소년)를 가족과 격리시키는 무수한 원시 부족들의 관습을 올바르게 환기시킨다. "아버지에게서 딸을 떼어놓아야 한다. 이를 위해 딸은 다시 어머니 몸 안으로 옮겨진다. 그 상징적 표현을 위해 외딴 오두막, 우리, 나무껍질로 만든 상자, 해먹, 동굴 등이 사용된다."(p. 64) 또한 성장하는 소녀는 종종 (예를 들어 감금 중에는 아버지인 태양도 볼 수 없고 어머니인 땅도 접촉할 수 없다는 식으로) 어머니와도 떼어놓지만, "아버지에게서 떼어놓는 것이 본질적인 것으로 보인다. 추방 자체는 어머니 자궁에 머무는 것을 환기시키고, 수련자의 식사와 교육을 (그리고 훈육을) 돌보는 이른바 감옥의 관리자, 즉 노파는 어머니를 상징하는 인물이기 때문이다."(p. 65) 이러한 주장 자체는 올바르지만, (M. Lüthi와는 달리) 〈라푼첼〉에는 합당하지 않다. 라푼첼의 '소녀 추방'에서는 아버지가 딸에게서 눈을 돌리도록 하는 것이 중요한 것이 아니라, 우리가 살펴본 것처럼, 오히려 평생에 걸친 아이의 어머니에 대한 결속과 그 가혹함을 분명하게 드러내고 이를 통해 새로운 국면으로 들어서는 일이 중요하기 때문이다. 그러나 A. Winterstein(위의 책, pp. 67-70)이 〈라푼첼〉과 〈마리아의 아이〉의 유사성을 지목하는 것은 올바르다. 〈마리아의 아이〉에서 아이가 '성모'의 '하늘'에 머무는 일과 열세

번째 문을 여는 것을 금지한 일은 분명 어떤 성적 환상들, 특히 자위 환상들을 보여주는 것이다. 다음을 참조할 것. E. Drewermann - I. Neuhaus: Marienkind (위의 주석 23), 31-38. 한편 H. Silberer: Phantasie und Mythos. Jahrbuch für psychoanalytische und psychopathologische Forschungen, II, 2 (Leipzig und Wien 1910), p. 585에서는 이에 상응하여 〈마리아의 아이〉의 금지된 문 뒤의 삼위일체를 성기 주위 삼각형과의 접촉으로 보고, 천상의 비에 꺼지는 불길을 아버지의('천상의') 정자에 꺼지는 성적 불길로 본다. 그리고 〈라푼첼〉과 〈마리아의 아이〉 사이에 또 하나의 유사한 부분은 특히 참회 모티프에 있다. A. Winterstein(앞의 책, 70)은 이것도 마찬가지로 사춘기 제의들과 결부시킨다. 그러나 여기에는 차이도 있는데, 이는 기본적으로 종교 제의와 이에 상응하는 동화의 상징 형성의 차이다. 원시 부족의 제의는 지혜를 보여주고, 발달심리학적으로 이행의 시기에 필연적으로 나타나는 문제를 해결하는 데 일조하는 것일 수 있다. 그러나 〈라푼첼〉에서 고텔 부인이 하는 행동은 어떠한 문제도 해결하지 못하고, 오히려 자라나는 소녀의 삶 전체를 문제로, 기본적으로 해결할 수 없기에 끊임없이 나타나는 문제로 변화시킨다. 물론 종교 제의들에서도 상징의 신경증적 측면이 지배적일 수는 있다. 그러나 상징의 신경증적 측면은 동화들에서는, 즉 영혼의 지혜와 불안으로 인한 인간의 잔인성을 동시에 서술하는 것이 아닌 동화들에서는 확실히 지배적이다.

36) 이러한 의미에서 거짓말은 언제나 저항할 방법이 없는 사람들의 무기다. 다음을 참조할 것. E. Drewermann: Ein Plädoyer für die Lüge oder: vom Unvermögen zur Wahrheiten, in: Psychoanalyse und Moraltheologie (위의 주석 33), 3. Bd.: An den Grenzen des Lebens, 199-236, pp. 204-215. 여기에서 〈마리아의 아이〉와의 비교가 다시 한 번 도움이 된다. 마리아의 아이의 문제는 '죄'가 발각된 후의 삶이 꼬리를 무는 거짓말로 변하는 데 있다면, 이와 달리 라푼첼은 발각되지 않기 위해 연거푸 거짓말을 해야 한다.

37) 그러나 이 상징은 가령 〈흰눈이와 빨간 장미〉(161번 동화)에서처럼 "머리카락(혹은 수염)이 잘렸다."라는 표현에만 나오는 것은 아니다. 다음을 참조할 것. E. Drewermann - I. Neuhaus: Schneeweißen und Rosenrot. Grimms Märchen tiefenpsychologisch gedeutet, Olten 1983, 38-39. 특히 여기에는 사회적 매장과 추방이라는 의미에서 처벌 행위가 들어 있다. 이에 따라 머리카락을 자르는 것은 대개 "민중의 수치와 해충들"에게 공개적으로 굴욕을 주기 위해 행해졌고 지금도 행해지고 있다. 동성애자, 반역자, 창녀, 투항자 등 모든 "천한 것들"은 머리털이라는 천연의 장식을 잘라낼 때 더욱 "천해질 수" 있다. 프랑스 작가 마르그리트 뒤라스는 《히로시마 내 사랑》(M. Duras: Hiroshima mon amour, übers. v. W. M. Guggenheimer, Frankfurt (st 112) 1973, 13; 58-71)에서 충격적인 방식으로 한 여성의 체험을 묘사했다. 제2차 세계대전이 끝날 무렵 스무 살이던 그 여자는 프랑스 여자로서 독일 군

인을 사랑하는 범죄를 저질렀다. 그리하여 사람들은 그녀가 "제정신"을 찾게 하기 위해 여러 날 동안 지하실에 가두었다. 그리고 "해방일"에 그녀를 마녀라고 부르며 머리칼을 잘라낸다. 그녀는 지쳐서 말한다. "나는 명예를 뺏겼다는 명예를 누린다. 머리에 면도칼을 대는 사람들은 '개념 없음'에 대해 아주 특이한 개념을 가지고 있다."(p. 69)

38) 이는 정확히, 생텍쥐페리가 〈어린 왕자〉에서 "인간의 사막"이라고 부른 것이다. 감정과 온기가 없고, 인간성과 내용이 없는 '땅', 사랑의 마법이 없는 '땅'인 것이다. 다음을 참조할 것. E. Drewermann - I. Neuhaus: Das Eigentliche ist unsichtbar (위의 주석 31), 42-47.

39) 내면화된 폭력의 형식인 죄책감 발생을 다루는 프로이트의 이론에 대한 다음 설명을 참조할 것. E. Drewermann: Strukturen des Bösen (위의 주석 3), II 178-202.

40) 성직자의 특징으로서 머리 중앙부 삭발 관습은 나지르인 서약(〈사도행전〉 18장 18절, 21장 24절)을 차용하여 4~5세기에 시작되었다. 동방 교회에서는 머리를 모두 밀었고 서방 교회에서는 정수리 가장자리 부분의 머리털은 남겨두었다. 나중에는 위계에 따라 삭발의 정도가 정해졌다. 기이하게도 순종을 나타내는 이러한 외적 행위가 '성직의 품계'를 얻는 것과 결합되었다. 물론 삭발의 '특권'은 사랑의 금지와 같은 것이다. 〈주교 전례서(Pontificale Romanum)〉의 기도에 따라서 앞으로 오로지 그리스도에게만 사랑을 바쳐야 하는 것이다. 정수리는 깎고 가장자리에 머리칼을 남겨둔 것은 그리스도의 면류관을 모방한 것이다. 이에 따라 트리엔트 공회의는 삭발하는 자는 성직자가 되고 성직에 충실할 것이라는 정당한 기대를 충족한다고 규정한다. 정신분석적이고 행위심리학적으로 보면 슬픔, 고통, 분노 같은 격정적 동요의 순간에 머리를 쥐어뜯는 일을 떠올릴 수 있다. 신경증적 증상으로서 머리를 쥐어뜯는 일은 대개 "한편으로는 억압된 분노의 충동 혹은 공격 의지와 다른 한편으로는 매우 강한 애정 욕구 혹은 의존 욕구의 눈에 띄는 결합"을 보여준다. 다음을 참조할 것. A. Dührssen: Psychogene Erkrankungen bei Kindern und Jugendlichen. Eine Einführung in die allgemeine und spezielle Neurosenlehre, Göttingen 1954, 183.

41) '전면자(Vordergänger)'와 '배후자(Hintergänger)' 사이의 '회전무대(Drehbühne)' 개념에 대해서는 다음을 참조할 것. L. Szondi: Lehrbuch der experimentellen Triebdiagnostik, Bd. I: Textband, Bern-Stuttgart² (völlig umgearb.) 1960, pp. 103, am Beispiel des epileptiformen Triebfaktors (Kain und Abel).

42) A. Miller: Death of a Salesman. Certain Private Conversations in Two Acts and a Requiem, New York 1949; dt.: Der Tod eines Handlungsreisenden, übers. v. K. Janecke; in: Hexenjagd. Der Tod eines Handlungsreisenden, Frankfurt (Fischer Tb. 7008), p. 99. 아서 밀러(A. Miller)는 이 유명한 희곡에서 윌리 로먼(Willy Loman)이라는 인물을 통해 소외된 삶의 집착을 묘사한다. 그는 자신과 아들

들에게 오로지 물질적으로 성공한 삶이 누릴 수 있는 이른바 행복에 대한 상투어들을 가득 채워 넣을 수 있었다. 하지만 그 자신은 실은 완전히 실패했고 내적으로 텅 빈 인간이 되어 오로지 죽음만을 눈앞에 두고 있다.

43) F. Mowat: Die Völker der Arktis, in: E. Evans-Pritchard (Hrsg.): Peoples of the World; vol. 5: Islands of the Atlantic including the Caribbean; vol. 16: The Arctic; dt.: Bild der Völker. Die Brockhaus Völkerkunde in 10 Bden., Bd. 3: Westindien, Atlantische Inseln und Arktis, übers. v. M. Auer und V. Matyssek, Wiesbaden 1974, Teil 2, 144-149, pp. 146-147. 여기에서는 특히 내륙 이누이트들이 천연두, 독감, 디프테리아, 소아마비, 결핵으로 멸종되는 과정을 서술한다. 그밖에도 생존에 중요한 순록이 거의 사라지고, 삶의 방식이 단순한 수렵과 채취에서 모피 동물 사냥으로 재앙과 같이 바뀌었으며, 그 결과 유럽에서 가죽 값이 급락한 이후 이누이트가 파멸하게 되었다. 1958년 캐나다의 이누이트 생존자 중 8분의 1은 결핵에 시달렸다. "당시 평균 수명은 약 24세였다. 유아 사망률은 1천 명당 260명에 달했다."(앞의 책, 149)

44) 〈빨간 모자〉(26번 동화) 해석에 대해서는 다음을 참조할 것. Erich Fromm: The Forgotten Language. An Introduction to the Understanding of Dreams, Fairy Tales and Myths, 1951; dt.: Märchen, Mythen, Träume. Eine Einführung in das Verständnis einer vergessenen Sprache, übers. v. L. u. E. Mickel; in: E. Fromm: Gesamtausgabe in 10 Bden., hrsg. v. R. Funk, Bd. IX: Sozialistischer Humanismus und Humanistische Ethik, Stuttgart 1981, 169-309, pp. 295-297. 여기에서는 〈빨간 모자〉에서 "월경의 상징"을 발견한다. 이를 통해 소녀는 처음으로 자신의 성에 직면한다. 프롬에게 늑대는 "무자비하고 교활한 동물"인 남자를 상징하고, "성행위는 식인 행위로 묘사"된다. 다른 한편 '늑대'는 여자처럼, "살아 있는 존재를 몸 안에 지닌 임산부 역할"을 함으로써 남자를 우스꽝스럽게 만든다. 그러나 '늑대'는 그 자신의 불모성('자갈들') 때문에 파멸한다. 그러므로 프롬은 이 동화를 "남자를 증오하는 여자가 승리하는 이야기"로 보고 "오이디푸스 신화의 정반대"(p. 297)로 본다. 하지만 프롬이 완전히 간과한 것은, '늑대'가 '빨간 모자'를 먹기 전에 할머니 옷을 입는다는 중요한 대목이다. 자세히 고찰해보면 '늑대'는 그저 단순히 '남자'가 아니라 오히려 성욕에 대한 내적 양가성을 상징한다. 성욕은 한때 어머니의 금지에 맞서 소녀를 자신의 숲이라는 '옆길'로 오도하는 유혹적인 맹수로 보였던 것이다. 다른 한편 성욕은 초자아('할머니')를 삼키는 괴물로 변화시킨다. '남자'도 아니고 성욕도 아니라, "꽃을 꺾는 일"에 대한 "양심의 가책"이 비로소 빨간 모자를 먹어치우는 특징을 지니게 된다.

45) W. Shakespeare: The Taming of the Shrew (ca. 1591-1594); dt.: Der Widerspenstigen Zähmung, übers. v. W. Graf Baudissin, in: W. Shakespeare:

Sämtliche Werke in einem Band, Wiesbaden (Löwit) o.J., 235-255, p. 243 (II. Akt, I. Szene).
46) 이러한 유형의 텍스트들은 '저속 촬영 규칙'에 상응하여 해석될 수 있다. 다음을 참조할 것. E. Drewermann: Tiefenpsychologie und Exegese (위의 주석 1), I 218-230.
47) 이는 사랑을 언제나 위험한 것으로서 회피하도록 만든다. J. Knittel(J. Knittel: Via Mala (1934), Stuttgart 1985, p. 528 (3. Buch, XI. Kap.))은 유명한 통속소설의 아름다운 질벨리 라우레츠(Silvelie Lauretz)라는 인물 안에서, 아버지 살해와 어머니 결속에 대한 기념비적 드라마를 서술했다. 그녀는 예심판사 안디 폰 리헤나우(Andy von Richenau)를 사랑한다. 그러나 아무리 그를 그리워하더라도 한동안 조심해야 했다. 그래야 가족이 폭군적인 아버지 요나스 라우레츠(Jonas Lauretz)를 살해한 것이 들통나지 않기 때문이다. 아버지 형상은 죽음 이후에도 악마의 그림자같이 당사자들 위에 드리워져 있다. 마치 치명적인 (오이디푸스적) 죄책감으로부터 사랑으로부터의 도피가 거듭 생겨나는 것 같다. 감독 T. Toelle는 1985년 이 원작에 기초한 J. Graser의 시나리오에 따라 대가다운 솜씨로 삼부작 영화를 만들었다.(M. Adorf와 M. Detmers가 주연을 맡았다.) 영화는 원작의 해피엔딩과는 달리 완전한 비극을 서술한다. 죄의 진상 규명 자체가 재앙으로 이끌어가고, 낯선(무의식적) 범죄의 짐 아래에서 사랑이 파멸한다.
48) 꿈과 신화와 동화와 전설에서 '자식들'은 종종 자기 인격의 부분들을 상징한다. 다음을 참조하라. C. G. Jung - Karl Kerény: Das göttliche Kind in mythologischer und psychologischer Beleuchtung, Amsterdam-Leipzig (Albae Vigiliae VI-VII) 1940. 쌍둥이는 종종 자기 본질의 분열을 보여준다.
49) 묵시론적 환상의 예에 대해서는 다음을 참조할 것. E. Drewermann: Tiefenpsychologie und Exegese (위의 주석 1), II 477-485.
50) W. Shakespeare: The Tragedy of King Lear, 1606; dt.: König Lear, übers. v. W. Graf Baudissin, in: W. Shakespeare: Sämtliche Werke in einem Band, Wiesbaden (Löwit) o.J., 731-756, p. 743-744, (Akt III, Szene II; Szene IV).
51) 〈가시장미 공주〉(50번 동화) 해석에 대해서는 다음을 참조할 것. L. J. Friedman: Dornröschens Erweckung (1963), in: W. Laiblin (Hrsg.): Märchenforschung und Tiefenpsychologie (Wege der Forschung, Bd. 102), Darmstadt 1975, 408-409; Max Lüthi: Es war einmal …… Vom Wesen des Volksmärchens, Göttingen 1962, 5-18.
52) R. Tagore: The Gardener (ca. 1910), aus dem Engl. übers. v. G.M. Muncker u. A. Haas, Freiburg 1969, Nr. 35, p. 45.
53) 다음을 참조할 것. L.J. Milne - M. Milne: The Mountains, New York 1962; dt.:

Die Berge. Eingef. v. G. Niethammer; übers. v. M. Auer, Hamburg (rororo life 45) 1975, 93.
54) KH. Gibran: Gebrochene Flügel (위의 주석 6), 24.
55) 플라톤의 상기설에 대해서는 다음을 참조할 것. N. Hartmann: Das Problem des Apriorismus in der platonischen Philosophie, Sitzungsberichte der Berliner Akademie 1935. 다음도 참조할 것. Platon: Menon (ca. 380 v. Chr.), übers. v. F. Schleiermacher, in: Platon: Sämtliche Werke in 7 Bden., hrsg. v. W. F. Otto, E. Grassi, G. Plamböck, Bd. 2, Hamburg (rk 14) 1957, 7-42, pp. 21-28 (Stephanus-Numerierung 80e-86c).
56) KH. Gibran: The Prophet, New York 1972; dt.: Der Prophet. Wegweiser zu einem sinnvollen Leben, übers. v. C. Malignon, Olten[14] 1982, 44.
57) 앞의 책, 14-15.

영리한 엘제

1) B. Bettelheim: The Uses of Enchantement, New York 1975; dt.: Kinder brauchen Märchen, übers. v. L. Michel u. B. Weitbrecht, Stuttgart 1977, 13에서는 매우 적절하게 이렇게 말한다. "우리 문화에는, 특히 아이와 관련해서는, 마치 인간에게 어두운 면이 존재하지 않는 척 짐짓 시치미를 떼고 행동하는 경향이 있다. 그러한 경향은 진보에 대한 낙관적 믿음을 선포한다. 우리는 정신분석학이 삶을 쉽게 만들어주기를 기대하지만, 이것은 정신분석학의 시조가 당초 품었던 의도가 아니다. 정신분석학의 목표는 삶에서 문제가 되는 사실을 인정하면서도 그것에 압도되지 않도록 인간을 돕는 것이다. ……" "동화는 바로 이러한 교훈을 다채로운 방식으로 아이들에게 전달한다. 삶의 격렬한 어려움과 투쟁하는 일은 피할 수 없고 인간 존재에게 불가피하게 속한다. 그러나 그것이 두려워 물러서지 않고, 기대하지 않던, 그리고 종종 부당한 강요에 굳건히 맞선다면, 온갖 장애를 극복하고 마침내 승리자로서 투쟁을 끝낼 수 있다." "'건전한' 이야기들은 죽음과 노화가 우리 존재의 한계임을 말하지 않는다. 그런 이야기들은 영생의 욕망에 대해서도 이야기하지 않는다. 그와는 달리 동화는 아이를 인간의 근본적 곤경에 직면하게 한다." C. H. Mallet: Kopf ab. Gewalt im Märchen, Hamburg Zürich 1985, 15-16에서도 마찬가지로 이렇게 선언한다. "폭력 그리고 또다시 폭력. 이는 신화와 전설, 구약과 신약, 인간 역사의 현실에서도 마찬가지다. 폭력이 태고부터 인간의 삶과 결합되어 있다는 반박할 수 없는 인식에 따라, 나는 우울하게 동화로 돌아왔다. 동화는 적어도 폭력이라는 음울한 주제에 거리를 두게 만든다. 그 안에서 폭력 장면은 동화적이고 비현실적으로 나타난

다. …… 우리가 감히 생각하지 않는 것은 동화가 폭력을 거리낌 없고, 매우 구김살 없이 서술한다는 것이다. …… 폭력은 악마화되지도 않고 칭송되지도 않는다. 그것은 그저 일어난다. 그리고 폭력은 그것의 부인할 수 없는 근원으로 돌이켜진다. 인간에게로. 인간은 폭력을 행사하는 자이고 폭력을 겪는 자이고 폭력에 매혹되는 자다." "(동화에서 폭력에 대한) 다수의 이미지와 사례들은 폭력의 구조를 눈에 드러내고 동기를 인식하게 하고 언제나 새롭게 역동성을 보여준다. …… 그리하여 거의 필연적으로 폭력의 본질에 대한 인식이 확장되고 또한 자신에 대한 인식이 확장된다."

2) R. Bilz: Das Syndrom unserer Daseins-Angst (Existenz-Angst). Erörterungen über die Misère unseres In-der-Welt-Seins (1969), in: Paläoanthoropologie. Der neue Mensch in der Sicht einer Verhaltensforschung, 1. Bd. Frankfurt 1971, 427-464에서는 예를 들어(p. 434) "말더듬이에 대한 농담"이 지닌 치명적 특징을 환기시킨다. 거기에서는 불안에 사로잡힌 국외자를 고립시키는 대가로 한 집단 전체가 결속한다. 바로 그러한 공격적 따돌리기 방식에서 나타나는 무반성적 가학성은 집단적 역동성의 법칙 안에, 이탈하는 행동방식을 억압하여 이러한 '정상성'을 형성하는 메커니즘이 깊이 뿌리내리고 있음을 보여준다.

3) S. Freud의 거세 콤플렉스 이론에 대해서는 다음 서술을 참조할 것. E. Drewermann: Strukturen des Bösen. Die jahwistische Urgeschichte in exegetischer, psychoanalytischer und philosophischer Sicht, 3 Bde., Paderborn ⁵1985-86, II 184-185. 한편 H. E. Richter: Eltern, Kind und Neurose. Psychoanalyse der kindlichen Rolle, Stuttgart 1963, 202-205에서는 아버지와 딸 사이의 철저한 나르시시즘적 관계를 서술하면서, 아이가 주로 "가족의 위신을 세우는 수단"으로 기능한다면 "이상적 자신의 대체물"로 기능하게 된다고 본다. "아이는 때로는 부모님을 대신하여 지위, 호칭, 소유를 정복하거나 회복해야 하고, 때로는 교육, '세련된 삶의 방식' 혹은 영화에 나오거나 스케이트를 타거나 음악을 하는 스타 아이로서 부모의 야망을 사후 충족시켜주어야 한다."(위의 책, 205) 그러한 태도의 전제는 아버지(혹은 어머니)가 비교적 허약한 자아를 가지고 있다는 데 있다. 허약한 자아는 초자아의 요구에 결코 참으로 거리를 두지 않고 그래서 어린 시절의 풀리지 않은 자신의 갈등을 모두 자식에게 넘겨주게 된다. J. Roth: Zipper und sein Vater, München (dtv 1376) 1978, 58에서는 바로 이런 아이가 겪는 아버지로부터의 만성적이고 환상적인 과도한 요구를 매우 공감적 방식으로 표현했다. "아르놀트를 칭찬하는 것은 하루 일과였다. …… 그는 쥐꼬리만큼 봉급을 받는 하급 관리였다. 그러나 아버지는 아르놀트가 곧 재무부 장관이 될 것처럼 생각했다. 아르놀트는 아버지의 낙관주의를 공유하지 않았다." 그리고 22쪽을 보자. "아르놀트는 무엇이 될 것인가?! 아버지의 희망에 따르면 무엇이라도 될 수 있었다. 서커스의 곡예사이자 배우, 학자이자 시인, 발명가이자 신사, 외교관이자 마술사, 용병이자 작곡가, 돈 후앙이자 음악

가, 모험가이자 총리, 아르놀트는 무엇이나 될 수 있었다. 늙은 치퍼 씨가 되지 못했던 모든 것이." 대개의 경우 요구하는 아버지가 군림할 때 어머니는 체념적으로 복종한다. 그리하여 J. Roth(위의 책, 17-19)는 치퍼 부부의 부부 싸움의 결말을 이렇게 서술한다. "치퍼 씨는 자기 인생에 대해서는 걱정이 많았지만 아마도 고통은 없었던 것 같다. 그러나 바로 그 때문에 슬펐다. 마치 정결하게 치운 방처럼 슬펐고, 응달에 있는 해시계처럼 슬펐고, 녹슨 철로 위의 낡은 기차처럼 슬펐다." "그들이 결혼 생활 초기에 서로 싸울 때 마치 무기처럼 사용한 그 장애들은 이제 아무것도 남지 않았다. 두 사람의 예리한 날들은 갈아 없어졌고 탄약은 죄다 소진되었다. 전투 수단이 다 떨어져서, 마치 동맹이나 휴전 협정을 체결한 늙은 적들과 같았다." "치퍼 부인의 얼굴은 나의 기억 속에 늘 남아 있다. 그것은 축축한 베일 뒤에 있었다. 마치 언제나 눈물이 이미 쏟아진 채로 있는 것 같았고, 이미 그녀의 눈가를 넘어 흘러내린 것 같았다. …… 결코 큰 소리로 말하는 법이 없었다. …… 어떤 얼어버린 것 같은 면을 가지고 있었다. 마치 얼음 궤짝에서 막 꺼낸 것처럼. 긍지가 아니라 굴종, 무기력, 불행과 슬픔으로 굳어 있었다. …… 그녀의 웃음, 그 드문 웃음은 자신의 청춘에 대한 부드럽고 은밀한 장례식 같았다. 창백하고 젖은 눈에는 희미하고 어렴풋한 빛이 타올랐다가 곧 바로 꺼졌다. 마치 아주 멀리서 깜빡이는 등대 불빛처럼." 그러한 부모를 배경으로 지닌 자식들에게는 광기가 자라날 못자리가 깔린다.

4) 다음을 참조할 것. A. Greither: Wolfgang Amadé Mozart, mit Selbstzeugnissen und Bilddokumenten, Hamburg (rm 77) 1962, 9. 여기에서는 레오폴트 모차르트를 선하고 정의를 위해 노력하지만 "상당히 이질적인 특성들"이 한데 모인 남자로 묘사한다. 그중에는 이런 것들이 있다. "우직함의 옷을 입은 집요한 이기주의, 냉소주의와 결합된 편협한 맹신, 영주에 대한 표면적 충성과 애써 숨기는 내적 반항, 궤변을 늘어놓으며 때때로 예술적 취향이 전혀 없는 합리성과 진정한 신앙."

5) 다음을 참조할 것. P. P. Rohde: Sören Kierkegaard in Selbstzeugnissen und Bilddokumenten, übers. aus dem Dän. von Th. Dohrenburg, Hamburg (rm 28) 1959, 8-45. 여기에서는 아들의 삶에 저주이자 축복으로 짐을 안겨주었던 미하엘 페데르센 키르케고르(Michael Pedersen Kierkegaard)의 그림자를 상세히 묘사한다.

6) G. Bateson, D. D. Jackson, J. Haley, J. H. Weakland: Vorstudien zu einer Theorie der Schizophrenie, aus: Behavioral Science, Bd. I, Nr. 4, 1956, in: Steps to an Ecology of Mind. Collected Papers in Anthropology, Psychiatry, Evolution and Epistemology, 1972; dt.: Ökologie des Geistes. Anthropologische, psychologische, biologische und epistemologische Perspektiven, übers. v. H. G. Holl, Frankfurt 1981, 270-301. 여기에서는 매우 중요한 정신분열 이론을 의사소통 이론의 토대 위에서 다룬다. 이에 따르면 이중 구속

(double bind) 상황에는 여섯 가지 전제조건이 포함된다. 1) 두 명 이상의 사람이 있고 그들 중 한 사람은 관계의 "희생자"라야 한다. 2) 이중 구속은 종종 반복되는 "희생자" 경험인데, 이 경험은 그 자신에게 습관적으로 기대된다. 3) 일차적으로 부정적 명령이 존재한다.(이것이나 저것을 하지 말라, 그러지 않으면 너를 처벌할 것이다. 또는 이것이나 저것을 하면 벌할 것이다.) 4) "추상적인 차원에서 첫 번째 명령과 모순 관계에 있으며 첫 번째와 마찬가지로 처벌이나 생존을 위협하는 신호를 통해 강화되는 이차적인 명령"(위의 책, p. 277)이 존재한다. 이차적 명령은 대개의 경우 (제스처, 어조, 태도 등을 통해) 비언어적으로 전달되고, 부분적으로는 일차적 명령 부분을 정확하게 반대로 뒤집는다. 5) "희생자에게 그 현장에서 도망치는 것을 금지하는 세 번째 부정적 명령"(위의 책, p. 277)이 존재한다. 이때 이중 구속 상황으로부터 도피를 가로막기 위해, 약속과 종속 등 온갖 가능한 형식들이 투입될 수 있다. 6) "희생자가 자신의 세계를 이중 구속의 틀에 따라 지각하는 법을 일단 배웠다면 그러한 요소들의 집합 전체는 이제 불필요하다. 그러면 이중 구속의 계열 중 거의 모든 각 부분만으로도 공황 상태를 촉발할 수 있다. 서로 모순되는 명령이라는 틀은 심지어 환각적 목소리로부터 들려올 수도 있다."(위의 책, p. 277-278) 이러한 맥락에서 파블로프 (I. P. Pawlow)의 실험은 충격적이다. 그는 조건반사 실험에서, 둥근 빛이 먹이를 줄 것이라는 예상을 연상시키고, 타원형의 빛이 전기충격을 받을 것이라는 예상을 연상시키도록 개를 조련했다. 파블로프가 타원을 차차 원처럼 둥글게 만들자 개는 풀리지 않는 딜레마에 빠졌고 그 때문에 신경쇠약에 걸리게 되었다. 다음을 참조할 것. I. Asimov: Asimov"s New Guide to Science, New York 1984; dt.: Die exakten Geheimnisse unserer Welt. Bausteine des Lebens, München 1986, 306.

7) 정신분열적 반응이 발생하는 데 이러한 정신적 요소에 주목하는 것은 매우 중요하다. 신경증이 욕동 체험의 광범위한 심리적 압박으로 나타나는 반면, 분열증의 발병에서는 의무적인 사고 반전이 여기 덧붙는다. 진실을 본다는 것은 원래 전능하다고 여겼던 결정적 애착 대상들을 근본적으로 의심하거나 그들과 치명적 갈등에 빠지는 것이다. 다음을 참조할 것. E. Drewermann: Warte, bis Vater wiederkommt. Lebenskrisen aus Kindheitserinnerungen der Nachkriegszeit, in: Psychoanalyse und Moraltheologie, 3 Bde., Mainz 1982-1984; Bd. 2: Wege und Umwege der Liebe, 1983, 138-161, pp. 144-153.

8) R. D. Laing: Knots, London 1970; dt.: Knoten, übers. v. H. Elbrecht, Hamburg (Rowohlt, das neue Buch 25) 1972, 28에서는 이후의 인생에서 그러한 관계의 함정이 지니는 출구 없음을 탁월하게 형상화했다. 원래 내재된 다른 사람(아버지, 어머니)에 대한 비판은 자신에 대한 고착화된 지속적 비판으로 빠져든다. 다른 사람(친구, 애인 등)으로부터 비판받을 것이라는 부정적 기대로서 이 비판은 그 기대를 실현하기 위해 계속 새로운 이유를 찾으려 한다. "질: 너는 내가 멍청하다고 생각하는구나. /

잭: 나는 네가 멍청하다고 생각하지 않아. / 질: 내가 멍청하다고 네가 생각한다고 생각하다니, 나는 멍청해. / 너는 그렇게 생각하지 않는데. 아니면 네가 거짓말을 하거나. / 어떻게 돌려 생각하더라도 나는 멍청해. 내가 멍청한데 내가 멍청하다고 생각하더라도. / 내가 멍청하지 않은데 내가 멍청하다고 생각하더라도. / 내가 멍청하다고 네가 생각하지 않는데 내가 멍청하다고 네가 생각한다고 내가 생각하더라도. //

질: 나는 어리석어. / 잭: 아니, 그렇지 않아. / 질: 내가 그렇지 않은데 어리석다고 스스로 느낄 만큼 나는 어리석어. / 너는 우스울 거야. / 네가 나에 대해서 웃지 않는데 / 네가 나에 대해서 웃는다고 내가 생각하니까."

이러한 일은 경멸과 자기 경멸의 상호작용으로도 서술할 수 있다(위의 책, p. 24).

"나는 스스로를 존중하지 않아. / 나는 나를 존중하는 그 누구도 존중할 수 없어. / 나는 오로지 나를 존중하지 않는 사람만 존중할 수 있어. //

나는 잭을 존중해. / 왜냐하면 그는 나를 존중하지 않으니까. / 나는 톰을 경멸해. / 왜냐하면 그는 나를 경멸하지 않으니까. / 오직 경멸받을 만한 사람만이 / 나처럼 경멸받을 만한 누군가를 존중할 수 있어. / 나는 내가 경멸하는 사람을 사랑할 수 없어. / 내가 잭을 사랑하니까. / 나는 그가 나를 사랑한다고 믿을 수 없어. / 그가 나에게 그걸 어떻게 증명하겠어?"

9) 자신의 지적 능력을 의무적으로 자기 우매화로 전도하는 것에 대해서는 다시 한 번 다음을 참조할 것. R. D. Laing: Knoten, 29. "멍청하려면 얼마나 영리해야 하는가? / 다른 사람들이 그녀에게 멍청하다고 말했다. 그러므로 그녀는 스스로를 멍청하게 만든다. 그녀가 멍청하다고 다른 사람들이 생각하는 것이 / 얼마나 멍청한 것인지 보지 않으려고. / 그녀는 나쁘고 영리하기보다는 / 멍청하고 착한 것이 더 좋다. // 멍청한 것은 나쁘다. 그녀는 영리해야 한다. / 착하고 멍청하려면. / 영리한 것은 나쁘다. 그것은 / 그녀가 얼마나 멍청한지 / 다른 사람들이 그녀에게 말하는 것이 얼마나 멍청한지를 보여주기 때문이다."

10) R. V. Volkmann-Leander: Träumerin an französischen Kaminen (1871), Frankfurt (Fischer Tb. 1873) 1978, 103-107("어떻게 크리스토프와 베르벨이 늘 서로에게 헛된 소망을 품었는지.")에서는 짧으면서도 제법 재미있는 동화 이야기를 통해, 서로 사랑하는 사람들이 둘 다 각자의 소망과 욕구를 표현하는 것이 아니라 언제나 상대방의 소망과 욕구를 자기 것으로 만들어야 한다고 생각할 때 일어날 수밖에 없는 비극을 서술한다.

11) F. Goya: Caprichos. Vorwort v. U. Widmer. Übersetzung der Legende von T. Haffmanns, Zürich (Diogenes, Kunst detebe 3) 1972, Nr. 29 (Esto si que es leer).

12) 독일 영화감독 베르너 헤어초크(W. Herzog)는 1983년 〈녹색 개미가 꿈꾸는 곳에서〉라는 영화에서, 호주 원주민의 신앙에서 개미에 대한 종교적 숭배에 대한 아주 인

상적인 이미지를 전달하고자 했다. 거기에서는 개미가 삶과 죽음에 대한 신비로운 지식을 소유하고 있다고 믿는다.

13) 그러한 가설 안에서의 삶은 진실한 접근을 심각한 위협으로 만든다. 예를 들어 어떤 여자는 이렇게 말한다. "저는 결코 사랑을 말하지 않아요. 누군가 '당신을 사랑합니다.'라고 말한다면, 그것은 단지 모든 게 끝났다고 말하는 데 불과해요." 그렇게 생각하는 사람은 재앙의 발발을 미결 상태에 머물게 하기 위해서, 참사에 대한 불안 속에서 삶을 늘 해체해야 한다.

14) 〈창세기〉 2장 24절의 해석에 대해서는 다음을 참조할 것. E. Drewermann: Strukturen des Bösen (위의 주석 3), 1. Bd., pp. 400-402. 결혼 생활에서 전이의 사랑에 대해서는 다음을 참조할 것. E. Drewermann: Ehe - tiefenpsychologische Erkenntnisse für Dogmatik und Moraltheologie, in: Wege und Umwege der Liebe (위의 주석 7), 38-76, pp. 43-59.

15) A. Renoir: Das Ehepaar Sisley, in: Wallraf-Richartz-Museum in Köln.

16) M. T. Cicero: Tusculanae disputationes (ca. 45 v.Chr.), V 61-62, übers. v. O. Gigon: Gespräche in Tusculum, Stuttgart (reclam 5027-31) 1973, 189-190.

17) F. Schachermeyr: Die Minoische Kultur des alten Kreta, Stuttgart 1964, 161-162에서는 이미 고대 아나톨리아에서 차탈회위크 벽화에 나타나는 양날 도끼가 특히 소아시아에서 뇌신(雷神)의 상징이라고 한다. "이런 의미에서 우리는 카리아 지방의 제우스인 라브란데우스를 파악할 수 있다. 그에 대한 숭배지인 라브라운다는 라브리스, 즉 양날 도끼라는 표현에 따라 명명된 것이다. 이 말은 에게어에서 유래한다. 물론 이제 크레타에서는 남신이 아니라 여신만이 작은 양날 손도끼를 가진 것으로 그려졌음이 상당히 특징적이다. 그러므로 여기에는 정말로 모계 사회의 특징이 놓여 있다." "사람들은 조그만 양날 도끼를 가령 아르칼로코리 동굴에서 봉헌하거나 (프시크로 동굴에서) 종유석들 사이에 두었다. 사람들은 그것을 제단 위의 제의용 뿔들 안에 세웠다. …… 아니면 희생제단 곁의 기둥들 위에 세웠다. …… 가장 큰 예는 니루 카니에서 출토된 너비가 약 1.2미터인 양날 도끼다. 때때로 사람들은 날을 이중으로 만들었다. …… 아마도 특정 목적을 위한 종교적 의미를 더욱 강화하려는 것이었을 것이다. 종종 사람들은 그것을 다른 상징들과 결합하여 더욱 특정화했다. 그리하여 프세이라의 암포라는 …… 손잡이의 위쪽 끝마다 원반을 지니고 있는데, 이 원반은 카르피의 여신의 원반형 머리 장식을 떠올리게 한다. 암포라의 다른 양날 도끼는 백합 무늬로 장식되었는데, 이는 또한 백합을 소유하는 여신에게 바쳐진 것이다. …… 하기아 트리아다의 석관의 양날 도끼 위에는 …… 새(까마귀)가 있다. 크레타의 돌 주각(柱脚)은 양날 도끼 부조로 장식되었다. …… 그러나 사람들은 이를 궁정의 기초에 놓인 마름돌들 안에 새겨 넣는 것을 선호했다."

18) 이미 소아시아에서도 숱한 남성 신이 양날 도끼를 가지고 있었다. 거기에서는 뇌신의

상징으로 보인다. 그리스 본토에서 양날 도끼는 전적으로 남성적 인물의 손으로 넘어 갔다. "기하학 시대 이래로 라브리스는 신성의 상징으로 나타나고 그 다음에는 헤라클레스, 테세우스, 헤파이스토스 등의 상징으로 등장한다. 이에 비해 이탈리아 지역에서는 라브리스가 드물고, 오리엔트에서 도입된 (예를 들어 마-벨로나 여신의 사제들이 행하는) 숭배와 긴밀하게 결부되는 듯하다. 에트루리아인에게서는 라브리스가 아무런 역할도 하지 못했다. 카론의 망치나 (에트루리아에서 받아들인) 손도끼를 가진 파스케스 다발도 라브리스와는 관련이 없다." W. H. Groß: Artikel Labrys, in: Der Kleine Pauly. Lexikon der Antike in fünf Bänden, bearb. u. hrsg. v. K. Ziegler und W. Sontheimer, München (dtv 5963) 1979, Bd. III 431-432. 한편 F. Behn: Vorgeschichtliche Welt, Stuttgart (Große Kulturen der Frühzeit) 1958-66, 54에서는 신석기 시대 거석묘에서 호박(琥珀) 장식이 양날 손도끼 형태를 보여준다는 사실을 거론하는데, 이는 여기에서도 농경문화 내부에서 날씨의 신의 상징이었을 것이다.

19) 기원전 20세기 초 우랄과 카프카스 사이 지역으로부터 중유럽으로 새로운 문화가 들어왔는데, 이 문화는 승문 토기 문화 또는 전투용 도끼 문화 혹은 개별 분묘 문화라고 불린다. 이 문화에서는 더는 씨족 전체의 석실묘에 죽은 사람을 매장하지 않고 거대하고 둥근 흙무덤에 마지막 안식처를 마련했기 때문이다. 그들은 종종 아래로 날이 처진 무기인 전투용 도끼를 무덤 부장품으로 썼다. 다음을 참조할 것. K. Günther: Steinzeit und ältere Bronzezeit im Westfälischen Landesmuseum für Vor- und Frühgeschichte, (Einführung in die Vor- und Frühgeschichte Westfalens, Heft 1), Münster 1979, 38-42. 전투용 도끼가 쿠르간 문화의 서방의 지류를 보여준다는 증거가 많이 있다. 쿠르간 문화는 인도유럽 계열의 유목민 문화로서, 카프카스 지역에서는 '마이코프 문화'로, 발칸 반도 북부에서 오스트리아 사이에서는 '바덴 문화'로 명명되었다. 다음을 참조할 것. St. Piggott: The ancient Europe from the Beginnings of Agriculture to classical Antiquity; dt.: Vorgeschichte Europas. Vom Nomadentum zur Hochkultur, übers. v. R. v. Schaewen, München 1974, 132-139. H. Schmökel: Die Hirten, die die Welt veränderten. Die Geschichte der frühen Indo-Europäer, Hamburg 1982; Neudruck: Hamburg (rororo 7897) 1982, pp. 34. G. Bibby: The Testimony of the Spade, New York 1956; dt.: Faustkeil und Bronzeschwert. Erforschung der Frühzeit des europäischen Nordens, Hamburg (rororo 6718) 1972, 221; 225. 또한 H. Müller-Karpe: Geschichte der Steinzeit, München ²(erg.) 1976, 149에서는 어린이 묘에서 전투용 도끼가 발견되는 것이 아마 사자의 사회적 지위를 나타내기 위한 것이리라고 지적한다. 전투용 도끼 쿠르간 문화의 범위에 대해서는 다음을 참조할 것. K. J. Narr: Die europäisch-sibirische Kontakt- und Außenzone und die frühen Indogermanen,

in: Weltgeschichte der Frühkulturen und der frühen Hochkulturen, Freiburg, Basel, Wien 1965, 564-609; pp. 596-609. 여기에서는 물론 소아시아의 전투용 도끼가 꽤 일찍감치 등장하고 있고, 어쨌든 전투용 도끼 쿠르간 문화(임시변통으로 도입한 개념!)에 포함될 수는 없다고 지적한다(p. 605).

20) 고대 청동기 시대의 봉분묘에 있는 전통적 부장품에는 청동제 단검날과 테두리 장식이 있는 손도끼가 있다. 후자는 그 이전의 석제 손도끼를 대체하는 것이다. 청동기 시대 도끼 유형의 발전에 대해서는 다음을 참조할 것. F. Behn: 위의 책(주석 18을 참조), 65.

21) J. Jens: Mythologische Lexikon. Gestalten der griechischen, römischen und nordischen Mythologie, München (Goldmann Tb. 11310) 1958, 159-169. 다음을 참조할 것. R. Derolez: De Godsdienst der Germanen, Roermond 1959; dt.: Götter und Mythen der Germanen, übers. v. J. v. Wattenwyl, Weisbaden 1974, 128. 여기에서는 〈하르바르트의 노래〉 24장에 의거하여 오딘이 전사의 신으로, 토르가 농부의 신으로 간주되었다고 강조한다. "노예 민족에게는 토르가 있었고, 싸움터에서 전사한 왕에게는 오딘이 있었다." 토르의 망치는 루네 문자가 새겨진 비석들에 묘사되어 있고 (이와 유사하게 묘사된 기독교의 십자가에 맞서는 반응으로서) 부적으로 착용되었다. Derolez: 위의 책, 126. 다음을 참조할 것. M. Magnusson: Hammer of the North, London 1976; dt.: Der Hammer des Nordens. Mythen, Sagas und Heldenlieder der Wikinger; übers. v. U. Stadler; Freiburg 1977, 69-74. 번개를 던지는 제우스와 인드라와 관련하여 도나르 형상에 대해서는 다음을 참조할 것. P. Hermann: Deutsche Mythologie in gemeinverständlicher Darstellung, Wien (Magnus-V.) o J., 341-354.

22) S. Freud: Bemerkungen über einen Fall von Zwangsneurose (der 'Rattenmann'), 1909, Ges. Werke VII, London 1941, 378-463, p. 459에서도 이미 특히 강박신경증에서 사고가 행위를 대체하는 특징이 있으며, 이때 총체적인 "행위의 사고로의 퇴행"을 관찰할 수 있음을 지적한다. 그렇다면 강박 사고(강박 표상)는 좁은 의미의 강박 행위를 나타낸다. 사고 과정 자체는 성적인 것이 되고 골몰함은 신경증의 주요 증상으로 전개된다. 물론 영리한 엘제 사례에서는 사고의 왜곡이 객관적으로 체계적인 우매화로서 생존 불가능성의 임계점까지 작용하는 것이 아닌지 의심해야 한다. J. Jegge: Dummheit ist lernbar. Erfahrungen mit 'Schulversagen', Bern 1976; Neudruck: Hamburg (rororo 7680) 1983, 55-56에서는 정신적 발전의 기본 전제가 보호받음, 안전함, 인정이라는 정서에 있음을 강조한다. 오로지 그래야만 거기에 상응하는 성숙과 독립성이 발현될 수 있기 때문이다. 그렇지 않은 경우에는 손쉽게 부정적 강화가 나타난다. "오로지 아주 허약한 개인적 의식만을 발전시킨 아이라고 해도 때때로 한 인격으로 다루어진다. 그러나 대개의 경우 이는 부정적 의미에서 일

어난다. 아이는 욕을 먹고 웃음거리가 되고 처벌받는다. 이에 대한 반응은 상당히 다양하다. 그 반응은 도가 지나친 공격성, 방어기제, 완전한 자기 포기 등이다."

23) S. Freud: Trauer und Melancholie (1916), Ges. Werke X, London 1946, 427-446, p. 434에서는 내사화(內射化)된 부모 형상에 대한 본래의 고발로부터 어떻게 우울증 환자의 자기 고발이 발전되는지를 보여준다. 이에 비해 〈영리한 엘제〉의 문제는 자기 고발이 아니라 막 시작되는 편집증적 두려움이다. 여기에서는 (유아기의) 무력감이라는 토대 위에서 환경에 대한 불안과 공격성이 투사되는데, 이는 언제나 "도와줘요. 저는 할 수 없어요."라는 어조를 깔고 있다.

24) 이러한 태도는 S. Freud가 "예외"로 서술했던 것과 대략 통한다. "우리는 우리의 나르시시즘, 우리의 자기애에 대한 때 이른 모욕이 보상받기를 요구한다. 왜 자연은 우리에게 발데르의 금발 고수머리를 선물하지 않았고 지크프리트의 힘과 천재의 높은 이마를, 귀족의 고귀한 얼굴 형태를 선물하지 않았는가? 우리가 부러워하는 사람들과 마찬가지로 우리도 아름답고 고귀해도 좋을 것이다." S. Freud: Einige Charaktertypen aus der psychoanalytischen Arbeit (1915), Ges. Werke X, London 1949, 364-391, p. 369. 비열하다고 치부되지 않기 위해 자아는 스스로를 예외로, 특수성으로 그려낸다. 이때 섬세함은 아무리 불합리하더라도 놀라움을 주기 때문에 늘 어떤 주목을 확실히 받을 수 있다고 전제하는데, 이는 올바르다.

25) 그러한 합리화된 정서를 분석하고, 이념을 연구할 때는 그 이념을 필요로 하는 머리를 겨냥하여야 한다는 니체의 귀띔이 언제나 유효하다. "한 인간이 자신을 내보이더라도 우리는 물을 수 있다. 무엇을 숨기고 있는가? 무엇으로부터 시선을 돌리려는 것인가? 어떠한 선입견을 불러일으키는가? 나아가 이렇게 질문해야 한다. 이러한 왜곡의 정교함은 어느 정도까지 진행되는가? 이때 어디에서 오류를 범하는가? F. Nietzsche: Morgenröte. Gedanken über die moralischen Vorurteile (1881), Nr. 523 (Hinterfragen): München (Goldmann Tb. 630-631) 1960, 304.

26) S. Stifter: Der Waldsteig (1844), in: Werke in 3 Bden., hrsg. v. H. Geiger, Wiesbaden (Vollmer V.) o J., I 815-870, pp. 823-830에서는 티브리우스 (Tiburius) 씨의 사례를 들어 무엇보다도 "상상의" 질병의 희극적 측면을 탁월하게 서술한다. 사실 이 질병은 사랑에 대한 자명한 신뢰를 통해 제거될 때에만 치유할 수 있다.

27) 심리적 압박의 상관물로서, 신경증에서 나태한 태도에 대해서는 다음을 참조할 것. H. Schultz-Hencke: Der gehemmte Mensch, Entwurf eines Lehrbuchs der Neo-Psychoanalyse (1940), Stuttgart 1965, 73-75.

28) . M. Dostojewski: Tagebuch eines Schriftstellers (1877), übers. v. E. K. Rahsin, München 1963, 640 (Anhang). 다음을 참조할 것. K. Nötzel: Das Leben Dostojewskis (1925), Osnabrück 1967, 667.

29) S. Freud: Totem und Tabu (1912), Ges. Werke IX, London 1944, 39에서는 강박신경증적 안전 조치 혹은 방어 조치를 네 가지 특징의 조합으로 서술한다. a) (외견상의) 동기 부재, b) 내적 강제, c) 금지의 이전 가능성, d) 금기의 제의적 행위로의 확장.

30) S. Freud: Totem und Tabu (각주 29), 103-106에서는, 사유의 전능함 속에서 위협적 사건을 운명적이고 마법적인 과정으로 나타나게 하는 표상 안에서 이러한 공격적 행위가 억압됨을 서술하고 있다. 그리고 이를 강박신경증적 체험에 포함한다.

31) L. N. Tolstoi: Anna Karenina (1878), übers. v. A. Scholz, München (Goldmann Tb. 692-694) 1961, 5 (I. Teil, I. Kap.)도 이와 유사하게 다음과 같은 말로 시작한다. "화목한 가족은 서로 어슷비슷하다. 불행한 가족은 이에 반해 각각 색다르게 불행하다." 오블론스키의 집에서는 모두 "그들의 더불어 살아감이 어떠한 의미도 없다고 느낀다. 우연하게 처음으로 최상의 숙박지로 모여든 사람들이 서로 가족보다 더 가깝다고 느낀다." 톨스토이는 이 감동적 소설을 교회와 국가의 관할권에 반대하는 성경의 표현 아래 놓는다. "복수는 나의 것. 내가 이를 갚으리라."

32) 주관적 체험에 대한 암호로서 아이 상징에 대해서는 다음을 참조할 것. E. Drewermann: Strukturen des Bösen, (위의 주석 3), II 337-348.

33) 다음을 참조할 것. S. Freud: Normality and Pathology in Childhood. Assessments of Development, New York 1965; dt.: Wege und Irrwege in der Kinderentwicklung, Stuttgart 1968, 74: "우리는 분리라는 고통의 상태에서 식사에 대한 탐욕(식사에서 구강적 만족을 통한 어머니 몸의 상징적 대체)만큼이나 자주 완전한 식사 거부(어머니 대체의 거부)를 만난다."

34) 다음을 참조할 것. A. Dührssen: Psychogene Erkrankungen bei Kindern und Jugendlichen, Eine Einführung in die allgemeine und spezielle Neurosenlehre, Göttingen 1954, 176: "우리의 관찰에 따르면 (침팬지 새끼의 행동에서와 마찬가지로) 인간의 아이에 대해서도 지나치게 오래 지속되는 엄지손가락 빨기가 종종 애정 욕구 영역에서 결핍 체험과 결부된다. 여기에서는 어머니의 결여, …… 애정의 결여가 …… 어떤 역할을 하는 것일 수 있다." "어머니의 결여"는 물론 인간 성인에게는 상징적으로 이해해야 한다.

35) 손톱 깨물기는 엄지손가락 빨기와는 달리, 구강기적 욕구가 억압된 공격적 충동과 강하게 결합되어 있음을 포함한다. 이는 묶인 말이 구유의 테두리나 발굽을 갉기 시작하는 것과 유사하다. A. Dührssen: 위의 책 (주석 34 참조), 177. "압박"은 영리한 엘제에게는 물론 노동의 명령이 모순적인 회피할 수 없음 때문에 나타나는 것일 수 있다. 남편의 총애를 잃지 않으려면 주어진 과제를 처리해야 한다. 그러나 그녀가 남편을 체험하는 방식은 요구하는 아버지 이미지가 어머니 영역을 이미 완전히 그림자로 덮어버렸음을 의미한다.

36) 중독에 대한 정신분석학적 욕동 고찰은 다음을 참조할 것. G. Röhling: Sucht, in: G. Ammon (Hrsg.): Handbuch der Dynamischen Psychiatrie, 1. Bd., München 1979, 463-491, pp. 467-470에서는 구강성의 고착을 중심에 둔다. 그러나 정신분석에서 "구강성"은 단지 "먹기"만을 뜻하는 것이 아니라 무엇보다도 집착을 통해 스스로를 안정화하고, 무조건적 받아들임 안에서 보호받으려는 욕구를 뜻한다. 다음을 참조할 것. E. Drewermann: Strukturen des Bösen, (위의 주석 3), II 60.

37) W. Shakespeare: The tragicall Historie of Hamlet, Prince of Denmarke, 1604; dt.: Hamlet. Prinz von Dänemark, übers. v. A. W. Schlegel, in: W. Shakespeare, Sämtliche Werke, Wiesbaden (Löwit-V.) o.J., 800-830, p. 813. 햄릿의 경우 잠과 죽음의 소망은 햄릿의 아버지를 살해하고 어머니 거트루드와 결혼한 삼촌 클로디어스에 대한 원래의 살해 소망을 애써 덮고 있는 것이다. 이는 지극히 오이디푸스적 연극이다. 우리는 이와 유사하게 억압된 공격성이 영리한 엘제 사례에서도 있다고 가정할 수 있을 것이다. 그리고 아마도 방어로서 잠에 대한 심리학에서도 "보호의 은신 상황"이라고 표현했던 메커니즘이 여기에 덧붙을 것이다. 그렇다면 잠은 잠재적 추적자들에게 맞서는 투명 망토다. R. Bilz: Psychotische Umwelt. Versuch einer biologisch orientierten Psychopathologie, Stuttgart 1981, 84.

38) 확장된 심리적 압박의 등가물로서 거대한 요구 이론에 대해서는 다음을 참조할 것. H. Schultz-Hencke: Der gehemmte Mensch (위의 주석 27), 75-79.

39) 미치광이 사랑(l'amour fou)에 대한 유명한 예는 1975년 F. Truffaut가 감독하고 Isabelle Adjani가 주연을 맡은 영화 〈아델 위고 이야기〉가 보여준다. E. Drewermann: Ehe – tiefenpsychologische Erkenntnisse für Dogmatik und Moraltheologie, in: Psychoanalyse und Moraltheologie (위의 주석 7), Bd. 2, 48-49.

40) 다음을 참조할 것. E. Drewermann: Tiefenpsychologie und Exegese, 2 Bde., Olten 1984-85, Bd. 2: Wunder, Vision, Weissagung, Apokalypse, Geschichte, Gleichnis, pp. 334-335. 정신이상 이론에 대해서는 다음을 참조할 것. 위의 책, 478-481.

41) 영리한 엘제의 상황은 이 대목에서 성경(〈마가복음〉 5장 1~20절)에서 거라사인 지방의 신들린 사람의 고백과 상당히 대동소이하다. 그는 자신의 이름을 묻는 물음에 "군대"라고 말할 수밖에 없었다. 이 부분의 해석에 대해서는 다음을 참조할 것. E. Drewermann: Tiefenpsychologie und Exegese (위의 주석 40), II 247-277.

42) 다음을 참조할 것. S. Freud: Das Ich und die Abwehrmechanismen (1936), München (Kindler Tb. 2001) o.J., 55-65. 여기에서는 다음을 매우 적절하게 지적한다. 유아에게는 정상적이고 의미 있는, 환상 안에서 현실 부정이 "성인의 삶에서는 유해하게 되고, …… 성인이 망상적 형상들에서의 쾌락 획득으로 나아가는 것은 정신이상으로 가는 길이다. 부인을 통해 불안, 충동 포기, 신경증을 피하려고 시도하는 자

아는 이 메커니즘을 극단으로 몰고 가는 것이다."(위의 책, pp. 64-65).
43) G. Büchner: Lenz (1936), in: Ges. Werke, hrsg. v. H. Honold; München (Goldmann Klassiker 7510) o.J., 79-105, p. 105.
44) 그러나 동화 자체는 이 물음에 기껏해야 부정적으로 답변한다. 동화는 민중의 "농지거리"를 거리낌 없이 불행한 엘제에게 쏟아 붓는다. 이 대목에서 우리는 아무리 선의를 가지더라도, 동화의 심리학을 더는 다음에서와 같이 정당화할 수 없다. M. Lüthi: So leben sie noch heute. Betrachtungen zum Volksmärchen, Göttingen 1969, 114에서는 다음과 같은 말로 이를 정당화하고자 한다. "그러니까 (〈영리한 엘제〉의) 이러한 농지거리 역시 맛난 음식과 달콤한 잠에 대한 인간의 호감을 말하는 것이다. 이는 우리를 웃게 하고 우리가 완전히 비난하지 않는 호감이지만, 너무 과도하여 전복되는 것이다." 그리고 이렇게 말한다(p. 115). "이 농지거리는 자제력을 잃고 실컷 먹고 마시고 즐겁게 게으름을 피우는 인간들을 보면서 잠시 동안 즐겁게 만든다. 그러나 또한 이러한 동물적 영역에 탐닉하는 것이 인간에게 위엄 있는 일이 아님도 알고 있다." (〈영리한 엘제〉, 혹은 지벤뷔르겐 지방의 동화〈카트린〉과 같이) 맹렬하게 먹고 자고 육체적 욕구에 자신을 내맡기는 자들은 이제 자기를 잃고 그와 함께 모든 것을 잃기 때문이다." 그렇지만 (분열증의) "자기 상실"의 심리와, 무시무시한 정신역동에 진정으로 주의를 기울이지 않을 때에야 Lüthi처럼, 〈영리한 엘제〉에서 동물성과 정신성 사이에 있는 "인간 본질에 대한 물음"을 보는 것이다. 인생의 진실은 불안과 믿음 사이에서 결정되는 것이지, "먹기"와 "일하기" 사이에서 결정되는 것이 아니다. R. Geiger: Märchenkunde. Mensch und Schicksal im Spiegel der Grimmschen Märchen. Stuttgart 1982, 517에서는 이보다 훨씬 적절하게 서술한다. 여기에서는 특히 한스의 수상한 역할을 적절하게 강조한다. "물론 이 이야기에서 한스는 중요하고 수상쩍은 역할을 한다. 그는 한편으로 엘제의 매우 잘 작동하는 지성 때문에 그녀와 결혼한다. 다른 한편 그녀에게 걸맞은 일이지만, 그녀가 철저하게 고집이 세기 때문에, 그는 마지막에는 파렴치하게 행동한다. 그녀에게 방울 그물을 덮고 한밤중에 그녀를 부인하는 것이 바로 남편이다. 처음에는 그녀에게 그렇게 열광했다가 그녀에서 벗어나려고 분열증적 방식을 짜낸다. 엘제의 영리함을 변화시키고 다른 목표들을 향해 활용하는 능력에 대해서는 단지 희미하게 시작되는 흔적만 발견될 뿐이다. (그녀를 들로 일하러 보내려는) 최초의 시도에서 이미 그는 참을성을 잃고 그녀를 쫓아낸다. 명랑한 동화인가? 태어나기도 전에 벌써 불행해진 아이에 대해 다섯 차례나 반복해서 수다를 늘어놓는, 동화의 3분의 2를 차지하는 앞부분은 우리를 미소 짓게 만들 수도 있다. 그러나 우리가 예기하기도 전에 그로부터 심각한 심리적 위기가 나타나고, 그 위기는 심각하게 끝난다. 완전한 정체성의 상실 안에서. 엘제는 매우 현대적인 상태를 보여준다. 다른 것들은 모두 찾을 수 있지만 오로지 자기 자신만은 더는 찾을 수 없는 영리함. 방울들이 울리는 가운데 자아 없이 사라진다. 비극적

동화다."
45) 저자 자신의 번역.

| 찾아보기 |

ㄱ

〈가난과 죽음의 서〉(라이너 마리아 릴케) 350
《가신에게 바치는 제물》(릴케) 72
가족 로맨스 325, 326, 330, 334, 339, 345, 347
가학증 273
《강림절》(릴케) 53
강박신경증 273, 454
거세 상징 169
거세 콤플렉스 418
거식증 240, 245, 248, 260, 262
고야, 프란시스코 데 429
〈교회 뜰의 성모〉(에드바르 뭉크) 67, 72
구강기 281, 332, 465, 468
구강성 333
〈기타고빈다〉(자야데바) 307
《꿈의 해석》(프로이트) 103

ㄴ·ㄷ·ㄹ

나르시시즘 17, 224, 225, 282, 345, 362, 374, 421, 476
나르시시즘적 대상 점유 223
〈나와 너〉(프리드리히 헤벨) 311
〈낯을 붉힌 어린 소녀〉(헤벨) 394

〈노간주나무〉 130
누미노제 206
다모클레스 441, 442, 444, 451
도스토예프스키, 표도르 94, 453
〈도시의 무도회〉(르누아르) 139
돌누아 부인 196, 221, 229, 230, 255
동일시 138, 255, 330, 343, 346, 352, 369, 376, 377, 390, 421, 426, 451, 473
드미비에주 370
〈레몬 정원에서〉(에밀 놀데) 235
루미, 잘랄 아드 딘 아르 359
루터, 마르틴 21, 303
리비도 반대집중 55
〈리어 왕〉(셰익스피어) 392
〈리칠데〉(무조이스) 275, 279
릴케, 라이너 마리아 53, 55, 72, 75, 137, 267, 268, 304, 350, 360

ㅁ·ㅂ·ㅅ

〈마리아의 아이〉 58, 253, 256, 404
마조히즘 82
〈말괄량이 길들이기〉(셰익스피어) 386
뭉크, 에드바르 60, 62~70, 72, 75, 295, 346
미스트랄, 가브리엘라 190
반복 강박 389, 393, 461, 471

찾아보기 565

배설강 이론 333
〈백설공주〉 257, 273, 279, 350~353
버나드 쇼 122
뵐, 하인리히 38
〈불쌍한 방앗간 젊은이와 고양이〉 186
〈불쌍한 아이〉(릴케) 72
〈빨간 모자〉 385
사보나롤라, 지롤라모 292
사춘기 102, 117, 124, 157, 342, 346~348, 460
《상처받은 사람들》(도스토예프스키) 94
〈새〉(히치콕) 125
〈석상의 노래〉(릴케) 268
성 바바라 전설 347
〈성모 마리아 송가〉 19, 21, 57, 82, 119
성적 불안 150, 247, 250, 254, 287
〈세일즈맨의 죽음〉(아서 밀러) 382
수태고지 304
〈숲속의 암사슴〉(돌누아 부인) 196, 221
〈시슬리 부부〉(르누아르) 437
시체 성애 232
신경증 212, 238, 239, 260, 261, 263, 384, 404, 471
《신(新)시집 별권》(릴케) 267
신성혼 185
신화소 340
심층심리학 24, 38, 57, 87, 142, 182, 315, 316, 318, 327, 404, 413, 442, 443

ㅇ

아니마 182, 276, 278
아니무스 363
아버지 콤플렉스 480
아브라함, 카를 281

〈암송아지〉 23
〈예술가의 가족〉(오토 딕스) 215
〈오누이〉 196, 363
오이디푸스 단계 99, 105
오이디푸스 콤플렉스 222
〈옷 벗은 마야〉(고야) 289
〈외눈박이, 두눈박이, 세눈박이〉 22
우울증 156, 274, 281, 332, 352, 436, 454, 459, 468, 472
〈유리 동물원〉(테네시 윌리엄스) 131, 149
융, 카를 G. 182, 316, 317
융 심리학 276, 278
은폐 기억 325
이드(Id) 103, 260, 288, 368, 461
〈이렌 캉 단베르 양의 초상〉(르누아르) 271
이마고 480
이중 구속 419
이중 단일체 39, 281, 294, 340, 341, 352, 353, 369

ㅈ·ㅊ

자매 경쟁 86
자존감 119, 127, 145, 222, 223, 232, 234, 420, 474, 482
잠복기 102
〈잠자는 비너스〉(조르조네) 288, 291
〈잠자는 비너스〉(폴 델보) 264
〈잠자는 숲속의 미녀〉(페로) 275
〈잠자는 여인〉(오스카어 코코슈카) 245
〈장미의 안〉(릴케) 267
전위(=치환) 73, 250, 332
전이신경증 384
접촉 불안 158, 346, 362
정신분석 102, 161, 165, 206, 212, 221,

223, 226, 238, 240, 249, 254, 261~262, 281, 285, 316, 318, 327~328, 332, 384~385, 404, 453
정신분열증 369, 383
《정원사》(타고르) 186, 396
〈죽은 어머니〉(뭉크) 60
증상 전통 207
지브란, 칼릴 330, 398~399
처벌 불안 378, 394
《초조한 마음》(슈테판 츠바이크) 299

ㅋ·ㅌ·ㅍ·ㅎ

카이저스베르크, 가일러 폰 21
〈카프리초스〉(고야) 429
케레니, 카를 258
코르닐로바 사건 453
크라우스, 카를 261
클링거, 막스 62, 64
키르케고르, 쇠렌 101, 249, 418
〈키스〉(뭉크) 295
타고르, 라빈드라나트 187, 190, 396

〈털북숭이 공주〉 24, 150, 226
토포스 339
퇴행 461, 468
투사 20, 250, 461
트라우마 66, 85, 277, 293
〈파랑새〉(돌누아 부인) 24
《파우스트》(괴테) 213
패배자 게임 82
페로, 샤를 196, 229~230, 253, 260, 275, 279, 283, 293~294
폭식증 468
프로이트, 지크문트 20, 103~104, 169, 212, 218, 222, 238, 316~318, 343, 378, 417
프롬, 에리히 232
《피에르, 혹은 그 모호성들》(허먼 멜빌) 282
하센플룩, 마리 196
형제간 경쟁 105
〈후궁으로부터의 유괴〉(모차르트) 371
히스테리 273~274

김태희

서울대 철학과를 졸업하고 독일 본대학에서 철학, 독문학, 독어학을 공부한 뒤 철학 석사 학위를 받았으며 서울대학교에서 에드문트 후설의 현상학에 대한 연구로 철학 박사 학위를 받았다. 경희대, 서울대, 한신대 등에서 현대 서양 사상, 윤리학, 인식론, 현상학 등을 강의하고 있다. 《생각 없이 살기》《괴벨스, 대중 선동의 심리학》《자동차의 역사》《자원전쟁》《시간 추적자들》《인간이라는 야수》《정당하게 이기기 위한 대화 교본》《축구란 무엇인가》《우리의 어머니, 마더 테레사》《종교본능》《우리가 꼭 알아야 할 마음의 병 23가지》《행복부터 가르쳐라》《사회연대의 이론과 실천》《생활 속 수학의 기적》《젠틀러닝》《밥상머리의 행복한 기적》등을 우리말로 옮겼다.

어른을 위한 그림 동화 심리 읽기

2013년 3월 15일 초판 1쇄 발행
2023년 1월 27일 초판 7쇄 발행

- 지은이 ─────── 오이겐 드레버만
- 옮긴이 ─────── 김태희
- 펴낸이 ─────── 한예원
- 편집 ─────── 이승희, 윤슬기, 양경아, 김지희, 유가람
- 펴낸곳   교양인
    우 04020 서울시 마포구 포은로 29 202호
    전화 : 02)2266-2776 팩스 : 02)2266-2771
    e-mail : gyoyangin@naver.com
    출판등록 : 2003년 10월 13일 제2003-0060

ⓒ 교양인, 2013
ISBN 978-89-91799-81-3   03180

* 잘못 만들어진 책은 바꾸어드립니다.
* 값은 뒤표지에 있습니다.